ESTUDOS DE DIREITO EUROPEU
E INTERNACIONAL
DOS DIREITOS HUMANOS

ESTUDOS DE DIREITO EUROPEU
E INTERNACIONAL
DOS DIREITOS HUMANOS

Coordenação de
ANA MARIA GUERRA MARTINS

ALMEDINA

ESTUDOS DE DIREITO EUROPEU E INTERNACIONAL DOS DIREITOS HUMANOS

COORDENAÇÃO
ANA MARIA GUERRA MARTINS

EDITOR
EDIÇÕES ALMEDINA. SA
Rua da Estrela, n.º 6
3000-161 Coimbra
Tel.: 239 851 904
Fax: 239 851 901
www.almedina.net
editora@almedina.net

EXECUÇÃO GRÁFICA
G.C. – GRÁFICA DE COIMBRA, LDA.
Palheira – Assafarge
3001-453 Coimbra
producao@graficadecoimbra.pt

Março, 2005

DEPÓSITO LEGAL
223519/05

Toda a reprodução desta obra, seja por fotocópia ou outro qualquer processo,
sem prévia autorização escrita do Editor
é ilícita e passível de procedimento judicial contra o infractor.

NOTA PRÉVIA

No ano lectivo 2002/2003 fui incumbida pelo Conselho Científico da minha Faculdade – a Faculdade de Direito de Lisboa – da regência da disciplina de Direito Internacional Público (Turma A), no âmbito do Curso de Mestrado e Aperfeiçoamento.

Tendo em conta o papel, cada vez mais relevante, que a pessoa humana tem vindo a assumir no domínio do Direito Internacional, resolvi dedicar os respectivos seminários ao estudo do Direito Internacional dos Direitos Humanos ao nível regional, com especial destaque para os Sistemas Europeu e Americano. Verificou-se, todavia, que alguns Mestrandos e Aperfeiçoandos traziam experiências profissionais que militavam a favor da aceitação de exposições e relatórios que extravasavam dessa temática mais restrita. Assim, resolvi dedicar os seminários de Mestrado ao Direito Internacional e Europeu dos Direitos Humanos.

As razões desta escolha prenderam-se, por um lado, com a importância prática, científica e pedagógica que a matéria tem vindo a adquirir nas últimas décadas e, por outro lado, com o facto de o Direito Internacional e Europeu dos Direitos Humanos se encontrar quase inexplorado em Portugal. Na verdade, para além de alguns estudos monográficos[1] e de um comentário à Convenção Europeia dos Direitos Humanos[2], existem também alguns artigos sobre esta matéria[3], mas deve salientar-se que estamos muito longe da produção científica e didáctica de alguns dos

---

[1] V., por exemplo, FAUSTO DE QUADROS, *A protecção da propriedade privada pelo Direito Internacional,* Coimbra, 1998; MARIA JOSÉ MORAIS PIRES, *As reservas à Convenção Europeia dos Direitos do Homem,* Coimbra, 1997.

[2] V. IRINEU CABRAL BARRETO, *A Convenção Europeia dos Direitos do Homem,* 2.ª ed., Coimbra, 1999.

[3] V., por exemplo, ANA MARIA GUERRA MARTINS, *L'accès à la justice – l'application de la Convention européenne des droits de l'homme au Portugal,* Revue Européenne de Droit Publique, 2001, p. 567 e ss; FAUSTO DE QUADROS, *La Convention Européenne des Droits de l'Homme: un cas de ius cogens regional?, in* ULRICH BEYERLIN e. a., Recht zwischen Umbruch und Bewahrung – Festschrift für Rudolf BERNHARDT, Berlim, 1995,

6 Estudos de Direito Europeu e Internacional dos Direitos Humanos

nossos parceiros comunitários, como, por exemplo, a Espanha, a França ou o Reino Unido.

Uma palavra é devida ao papel que a Revista de Documentação e Direito Comparado do Ministério da Justiça tem desempenhado na divulgação dos Direitos Humanos em Portugal.

Devido à mencionada escassez doutrinária, incentivei, desde logo os Mestrandos e aperfeiçoandos à publicação conjunta dos relatórios, sob a minha coordenação.

Com o intuito de conferir uma certa harmonia a estes Estudos, entendi dividi-los em três partes.

A Parte I intitula-se O Direito Europeu dos Direitos Humanos e inclui os seguintes relatórios:

1. *Mateus Kowalski, O direito à vida no âmbito da Convenção Europeia dos Direitos do Homem;*
2. *Raquel Resende, A liberdade de imprensa na Convenção Europeia dos Direitos do Homem;*
3. *José Eduardo Lopes, A Convenção Europeia e a reforma do Contencioso Administrativo de 2002;*
4. *Inês Marinho, O direito de asilo na União Europeia: problemas e soluções. Algumas reflexões em sede do quadro geral da Convenção de Genebra relativa ao Estatuto do Refugiado.*

A Parte II tem por título A Convenção Americana dos Direitos Humanos e contém os seguintes trabalhos:

5. *Carlos Neves Filho, O direito à participação política na Convenção Americana sobre Direitos Humanos e na Constituição da República Federativa do Brasil;*
6. *Patrícia do Couto Villela, O papel da Corte Interamericana na interpretação da Convenção Americana dos Direitos Humanos.*

A Parte III subordina-se ao Direito Internacional dos Direitos Humanos Universal e inclui os seguintes textos:

---

p. 555 e ss; ANTÓNIO VITORINO, *Protecção constitucional e protecção internacional dos Direitos do Homem: concorrência ou complementaridade?*, Lisboa, AAFFDL, 1993; FAUSTO DE QUADROS, *O princípio da exaustão dos meios internos na Convenção Europeia dos Direitos do Homem e a Ordem Jurídica portuguesa*, ROA, 1990, p. 119 e ss.

Nota Prévia

7. *Agenor Martins Pereira, O direito de associação dos trabalhadores na perspectiva da OIT: A compatibilidade entre o princípio da liberdade sindical e a atribuição de prerrogativas à entidade mais representativa;*

8. *Fabrício Pinto, Os direitos humanos ao meio ambiente e ao desenvolvimento numa perspectiva de proteção do direito fundamental à vida em sua ampla dimensão;*

9. *Candice Gentil Fernandes, A proteção internacional do direito do consumidor: A questão do Brasil no Mercosul.*

Sem qualquer pretensão de esgotar o tema, ouso esperar que esta publicação sirva de incentivo à doutrina portuguesa para entrar no fascinante mundo do Direito Internacional dos Direitos Humanos.

Lisboa, Janeiro de 2005

AMGM

ÍNDICE

PARTE I – O DIREITO EUROPEU DOS DIREITOS HUMANOS

1 – O direito à vida no âmbito da Convenção Europeia dos Direitos do Homem

Mateus Kowalski

Introdução	25
1 – O direito à vida na CEDH	25
1.1 – O direito à vida	25
1.2 – O direito à vida na CEDH	26
1.2.1 – O artigo 2.º da CEDH	26
1.2.1.1 – Análise do artigo 2.º	27
1.2.1.2 – As excepções ao direito à vida	32
1.2.2 – O Protocolo n.º 6 e o Protocolo n.º 13	38
1.2.2.1 –O Protocolo n.º 6	38
1.2.2.2 –O Protocolo n.º 13	40
1.3 – A CEDH na ordem jurídica portuguesa – breve referência	41
2 – A complexidade no entendimento do direito à vida em relação à pena de morte, eutanásia e interrupção voluntária da gravidez	42
2.1 – A pena de morte	42
2.1.1 – Do artigo 2.º ao Protocolo n.º 13	42
2.1.2 – A pena de morte em Portugal e na Turquia	45
2.1.2.1 – A pena de morte em Portugal	46
2.1.2.2 – A pena de morte na Turquia	47
2.2 – A eutanásia	49
2.2.1 – A problemática	49
2.2.2 – A eutanásia em Portugal e nos Países Baixos	54
2.2.2.1 – A eutanásia em Portugal	54
2.2.2.2 – A eutanásia nos Países Baixos	55
2.3 – A interrupção voluntária da gravidez	57
2.3.1 – A problemática	57

10   *Estudos de Direito Europeu e Internacional dos Direitos Humanos*

2.3.2 – A interrupção voluntária da gravidez em Portugal
e na Bélgica 61
   2.3.2.1 – A interrupção voluntária da gravidez em
   Portugal 61
   2.3.2.2 – A interrupção voluntária da gravidez na Bélgica   63

Conclusão 64

Bibliografia 67

2 – A liberdade de imprensa na Convenção Europeia dos Direitos do Homem

Raquel Resende

Razão de ser 79

1 – Perspectiva histórica 80

2 – Definição do conceito de "imprensa" 88

   2.1 – O conceito de "imprensa" na doutrina 88
      2.1.1 – A "imprensa" em sentido lato 89
      2.1.2 – A "imprensa" em sentido restrito 89
         2.1.2.1 – O conceito material de imprensa 90
         2.1.2.2 – O conceito formal de imprensa 91
            2.1.2.2.1 – O critério da técnica de reprodução 9 1
            2.1.2.2.2 – O critério do processo de difusão 91
            2.1.2.2.3 – O critério da dimensão pública 91
            2.1.2.2.4 – O critério da periodicidade 92
   2.2 – O conceito de "imprensa" no direito interno 92
   2.3 – O conceito de "imprensa" no direito internacional 94

3 – A liberdade de imprensa na Convenção Europeia dos Direitos do
Homem 95

   3.1 – Considerações prévias 95
   3.2 – O conteúdo do direito à liberdade de imprensa na Convenção
   Europeia dos Direitos do Homem 97
      3.2.1 – As diferentes formas de informação 97
         3.2.1.1 – Os factos, as notícias e os dados factuais 97
         3.2.1.2 – O discurso político 98
         3.2.1.3 – As reportagens sobre a administração da justiça 99
         3.2.1.4 – As informações comerciais 100
         3.2.1.5 – A protecção do discurso critico 102
      3.2.2 – Os diferentes tipos de media 103

3.2.2.1 – A imprensa falada e por imagens e suas restrições – o sistema de licenças 104
3.2.2.2 – Os monopólios 106
3.2.3 – As diferentes etapas do processo de comunicação 107
3.2.3.1 – A liberdade de transmitir informações 107
3.2.3.2 – A liberdade do público receber informações 108
3.3 – O exercício do direito à liberdade de imprensa 110
3.3.1 – A ingerência das autoridades públicas 110
3.3.1.1 – A noção de "autoridade pública" 111
3.3.1.2 – A noção de "ingerência" 111
3.3.1.3 – A noção de "vítima" 113
3.3.2 – As restrições à liberdade de imprensa........................ 114
3.3.2.1 – O princípio da legalidade..................... 115
3.3.2.2 – A legitimidade do fim............................ 116
3.3.2.2.1 – Segurança nacional, integridade territorial e segurança pública 117
3.3.2.2.2 – Manutenção da autoridade e da imparcialidade do poder judicial........................... 117
3.3.2.2.3 – Não divulgação de informações confidenciais 118
3.3.2.2.4 – Defesa da ordem e prevenção do crime . 118
3.3.2.2.5 – Protecção da saúde e da moral............... 119
3.3.2.2.6 – Protecção da reputação e direitos alheios. 119
3.3.2.3 – A necessidade numa sociedade democrática 121
3.3.2.3.1 – O princípio da proporcionalidade e o conceito de "medida necessária numa sociedade democrática" 122
3.3.3 – O exercício da liberdade de imprensa no contexto da Convenção Europeia dos Direitos do Homem: sua relação com outros artigos e direitos 124
3.3.3.1 – Outros artigos 125
3.3.3.1.1 – O artigo 14.º 125
3.3.3.1.2 – O artigo 17.º 125
3.3.3.1.3 – O artigo 15.º 126
3.3.3.1.4 – O artigo 16.º 126
3.3.3.2 – Outros direitos 126
3.3.3.2.1 – Direitos que limitam o exercício da liberdade de imprensa..................... 126
3.3.3.2.1.1 – O direito a um processo equitativo 127
3.3.3.2.1.2 – O direito ao resto pela vida privada 127
3.3.3.2.2 – Direitos que se relacionam com o exercício da liberdade de imprensa 128

12 Estudos de Direito Europeu e Internacional dos Direitos Humanos

3.3.3.2.2.1 – O direito à liberda de de pensamento, consciência e religião	128
3.3.3.2.2.2 – O direito à liberdade de reunião e de associação..........	128
3.3.4 – O exercício do direito à liberdade de imprensa no contexto do direito internacional............	128
3.3.5 – A função dos Estados face ao direito à liberdade de imprensa........	129
3.3.5.1 – Abstenção e acção positiva...........	130
3.3.5.1.1 – Abstenção...........	130
3.3.5.1.2 – Acção positiva...........	130
3.3.5.2 – Regulamentação da concentração dos media.......	131
3.3.5.3 – Efeito horizontal do artigo 10.º...........	131
4 – Considerações finais............	132
Bibliografia	135

3 – A Convenção Europeia dos Direitos do Homem e a reforma do contencioso administrativo português de 2002

José Eduardo de Oliveira Gonçalves Lopes

Plano da investigação

1 – Introdução............	149
1.1 – Objecto da investigação............	149
1.2 – A CEDH............	149
1.3 – O novo contencioso administrativo............	152
1.4 – Metodologia............	154
2 – A CEDH e o contencioso administrativo............	156
2.1 – Direito a um processo equitativo – art.º 6.º............	157
2.2 – Direito a um recurso efectivo – art.º 13............	170
3 – Soluções do novo contencioso compatíveis com a CEDH............	174
3.1 – Processo equitativo............	174
3.2 – Novos meios processuais............	178
3.3 – O acto administrativo impugnável............	181
3.4 – Prova............	182
3.5 – Audiência pública............	183
3.6 – Obrigatoriedade das decisões judiciais............	183
3.7 – Ministério Público............	183

Índice

4 – Soluções do novo contencioso eventualmente incompatíveis com a CEDH 185

   4.1 – Recurso dos actos do CSM e do CSTAF 186

   4.2 – Juízes recrutados em agentes do Ministério Público 189

5 – Conclusão 190

4 – O Direito de Asilo na União Europeia: problemas e soluções. Algumas reflexões em sede do quadro geral da Convenção de Genebra relativa ao Estatuto do Refugiado

Inês Filipa Pires Marinho

Introdução 205

1 – Evolução Histórica 206

   1.1 – Notas Introdutórias 206

   1.2. – Evolução histórica do ponto de vista internacional 207

   1.3 – Evolução da protecção do direito de asilo na União Europeia . 211

2 – Direito de Asilo e a sua consagração internacional: A Convenção de 1951, relativa ao Estatuto de Refugiado e o Protocolo de 1967, relativo ao Estatuto dos Refugiados 216

   2.1 – Notas Introdutórias 216

   2.2 – Definição de refugiado 217

   2.3 – Princípios Gerais 224

   2.4 – Valor da Convenção de Genebra 226

   2.5 – Os desafios actuais 227

3 – Direito de Asilo na União Europeia 229

   3.1 – Notas Introdutórias 229

   3.2 – Os artigos 61.° e 63.° do TCE e medidas adoptadas ou propostas para seu cumprimento 233

   3.3 – A menção à Convenção de Genebra e demais tratados pertinentes 238

   3.4 – Após revisão pelo Tratado de Amesterdão 240

Conclusão 241

Bibliografia 243

PARTE II – A CONVENÇÃO AMERICANA DE DIREITOS DO HOMEM UNIVERSAL

5 – O Direito à participação política na Convenção Americana sobre Direitos Humanos e na Constituição da República Federativa do Brasil

Carlos da Costa Pinto Neves Filho

1 – Introdução 255
    1.1 – A escolha do tema 255
    1.2 – A metodologia do trabalho 256

2 – O direito à participação política 256
    2.1 – Considerações preliminares 257
    2.2 – O conceito 259
        2.2.1 – Os direitos políticos e os direitos civis 260
        2.2.2 – Os direitos políticos e o direito à participação política 262
        2.2.3 – O direito político em sentido restrito ou o direito à participação política 263

3 – O direito à participação política na Convenção Americana sobre Direitos Humanos 266
    3.1 – A origem e a evolução 266
    3.2 – O enquadramento na Convenção Americana – o artigo 23.º .. 271
        3.2.1 – Inciso I – os direitos políticos 271
        3.2.2 – Inciso II – a regulamentação no direito interno 274

4 – O direito à participação política na Constituição da República Federativa do Brasil 277
    4.1 – Breve histórico 277
    4.2 – O enquadramento constitucional 278
        4.2.1 – Os direitos políticos positivos 280
        4.2.2 – Os direitos políticos negativos 283

5 – A relação entre o direito à participação política na Convenção Americana sobre Direitos Humanos e na Constituição Brasileira 286
        5.1.1 – Breve Histórico 286
        5.1.2 – A incorporação da CADH pelo Direito Interno Brasileiro 287
        5.1.3 – O impacto jurídico da Convenção Americana sobre os Direitos Humanos no Direito interno brasileiro 290

6 – Conclusões 294

7 – Bibliografia 297

6 – O papel da Corte Interamericana na interpretação da Convenção Americana dos Direitos Humanos

Patrícia do Couto Villela

1 – Introdução 303

    1.1 – Relevância científica 303

    1.2 – Limites da abordagem 303

2 – Interpretação de Tratados Concernentes a Direitos Humanos 304

    2.1 – Ato interpretativo 305

    2.2 – Elementos 311

    2.3 – Peculiaridades 313

3 – Interpretação na Convenção Americana dos Direitos Humanos: Diretrizes Estatuídas no artigo 29 324

    3.1 – Alínea *a*: observância dos direitos preceituados na própria Convenção Americana 325

    3.2 – Alínea *b*: observância dos direitos catalogados no âmbito interno e outra convenção ratificada pelo Estado 328

    3.3 – Alínea *c*: observância dos direitos inerentes ao ser humano e a forma democrática de governo 332

    3.4 – Alínea *d*: observância dos efeitos da Declaração Americana dos Direitos e Deveres do Homem e outros atos internacionais da mesma natureza 336

4 – Competência Interpretativa da Corte Interamericana 338

    4.1 – Corte Interamericana e os povos signatários 339

    4.2 – Modalidades 341

        4.2.1 – Contenciosa 342

        4.2.2 – Consultiva 345

5 – Reflexões Conclusivas 345

6 – Bibliografia 347

PARTE III – DIREITO INTERNACIONAL DOS DIREITOS HUMANOS UNIVERSAL

7 – O direito de associação dos trabalhadores na perspectiva da OIT: A compatibilidade entre o princípio da liberdade sindical e a atribuição de prerrogativas à entidade mais representativa

Agenor Martins Pereira

1 – Introdução 355

    1.1 – A escolha do tema 355

    1.2 – Metodologia do trabalho 358

2 – A liberdade sindical como expressão qualificada do direito de associação 359

    2.1 – Considerações iniciais 359

    2.2 – Seus titulares sob as perspectivas individual e coletiva 361

    2.3 – Os destinatários do direito fundamental à liberdade sindical .. 363

3 – Os modelos de organização sindical 366

    3.1 – Parâmetros de aglutinação dos trabalhadores em sindicatos ... 366

        3.1.1 – Pelo ofício ou profissão 368

        3.1.2 – Por categoria profissional 369

        3.1.3 – Por ramo da atividade empresarial 371

        3.1.4 – Por empresa 372

    3.2 – A questão do monopólio ou pluralismo sindical 373

4 – A interpretação da Organização Internacional do Trabalho sobre a concessão de prerrogativas ao sindicato mais representativo 379

    4.1 – Critérios de determinação da entidade com maior representatividade 379

        4.1.1 – Considerações iniciais 379

        4.1.2 – Notas de direito comparado 381

            4.1.2.1 – A representatividade sindical na França 381

            4.1.2.2 – A representatividade sindical na Itália 382

            4.1.2.3 – A representatividade sindical na Espanha 385

    4.2 – A harmonia entre privilégios ao sindicato mais representativo e o princípio da liberdade sindical 387

5 – Conclusões 391

6 – Referências Bibliográficas 393

8 – Os Direitos Humanos ao Meio Ambiente e ao Desenvolvimento numa perspectiva de proteção do direito fundamental à vida em sua ampla dimensão

Fabrício Pinto

1 – Introdução 399

2 – Direitos Humanos, Meio Ambiente e Desenvolvimento: prévias considerações a uma análise integrada no âmbito internacional 403

    2.1 – Meio Ambiente e Direitos Humanos 409

    2.2 – Desenvolvimento e Direitos Humanos 420

3 – Os Direitos Humanos ao Meio Ambiente e ao Desenvolvimento como meios de proteção ao Direito Fundamental à Vida em sua amplia dimensão 434

4 – O Direito Fundamental ao Desenvolvimento e ao Meio Ambiente: a aplicação dos documentos de direito internacional na ordem jurídica interna 439

    4.1 – Considerações Preliminares 439

    4.2 – Aplicação das Normas de Direito Internacional do Meio Ambiente e Desenvolvimento em países integrantes do Sistema Interamericano de Proteção dos Direitos Humanos: Brasil e Argentina 446

        4.2.1 – Aplicação do Direito Internacional no Brasil 446

        4.2.2 – Aplicação do Direito Internacional na Argentina 453

5 – Considerações Finais 455

6 – Referências Bibliográficas 459

9 – A Proteção Internacional do Direito do Consumidor: a questão do Brasil no Mercosul

Candice Gentil Fernandes

1 – Introdução 465

    1.1 – Objetivos 465

    1.2 – Razões da escolha do tema 466

    1.3 – Importância e atualidade 467

2 – Antecedentes	468
2.1 – Nações Unidas	471
2.2 – Comunidade Européia	474
2.3 – Mercosul	477
3 – Consumidor e Direitos Humanos	481
3.1 – Princípio da Universalidade	482
3.2 – Principio da Indivisibilidade	483
3.3 – Classificação por gerações: crítica	484
3.4 – Consumo Sustentável	487
4 – Direito do Consumidor no Brasil	491
4.1 – Princípios e normas constitucionais aplicáveis	491
4.2 – O Código de Proteção e Defesa do Consumidor	495
4.3 – A posição do Brasil no que tange ao Direito do Consumidor no Mercosul e a questão do Regulamento Comum	500
5 – Conclusão	503
6 – Referências Bibliográficas	507

PARTE I

O DIREITO EUROPEU
DOS DIREITOS HUMANOS

1

O direito à vida no âmbito da
Convenção Europeia dos Direitos do Homem

Mateus Kowalski

SUMÁRIO

Introdução 25

1 – O direito à vida na CEDH 25

  1.1 – O direito à vida 25

  1.2 – O direito à vida na CEDH 26

    1.2.1 – O artigo 2.º da CEDH 26

      1.2.1.1 – Análise do artigo 2.º 27

      1.2.1.2 – As excepções ao direito à vida 32

    1.2.2 – O Protocolo n.º 6 e o Protocolo n.º 13 38

      1.2.2.1 – O Protocolo n.º 6 38

      1.2.2.2 – O Protocolo n.º 13 40

  1.3 – A CEDH na ordem jurídica portuguesa – breve referência 41

2 – A complexidade no entendimento do direito à vida em relação à
pena de morte, eutanásia e interrupção voluntária da gravidez 42

  2.1 – A pena de morte 42

    2.1.1 – Do artigo 2.º ao Protocolo n.º 13 42

    2.1.2 – A pena de morte em Portugal e na Turquia 45

      2.1.2.1 – A pena de morte em Portugal 46

      2.1.2.2 – A pena de morte na Turquia 47

  2.2 – A eutanásia 49

    2.2.1 – A problemática 49

    2.2.2 – A eutanásia em Portugal e nos Países Baixos 54

22 *Estudos de Direito Europeu e Internacional dos Direitos Humanos*

2.2.2.1 – A eutanásia em Portugal 54
2.2.2.2 – A eutanásia nos Países Baixos 55
2.3 – A interrupção voluntária da gravidez..................................... 57
2.3.1 – A problemática.. 57
2.3.2 – A interrupção voluntária da gravidez em Portugal e na Bélgica 61
2.3.2.1 – A interrupção voluntária da gravidez em Portugal 61
2.3.2.2 – A interrupção voluntária da gravidez na Bélgica 63

Conclusão 64

Bibliografia 67

ABREVIATURAS

AcTC	–	Acórdão do Tribunal Constitucional
CADH	–	Convenção Americana sobre Direitos Humanos
CAfDH	–	Carta Africana dos Direitos Humanos e dos Povos
CEDH	–	Convenção Europeia dos Direitos do Homem
CmEDH	–	Comissão Europeia dos Direitos do Homem
CP	–	Código Penal Português
CRP	–	Constituição da República Portuguesa
DUDH	–	Declaração Universal dos Direitos do Homem
PIDCP	–	Pacto Internacional sobre Direitos Civis e Políticos
TC	–	Tribunal Constitucional
TEDH	–	Tribunal Europeu dos Direitos do Homem
UE	–	União Europeia

Introdução

A CEDH consagra no seu artigo 2.º o direito à vida, o mais fundamental dos direitos humanos, direito que é condição de exercício de todos os outros. Mas o entendimento do que aparentemente é simples, o direito à vida consagrado pela CEDH, revela-se, afinal, complexo. O presente trabalho tem como objectivo, precisamente, demonstrar a complexidade que envolve o direito à vida no âmbito da CEDH, procurando, ao mesmo tempo, clarificar o artigo 2.º da CEDH, no intuito de tornar o seu conteúdo mais límpido e de mais fácil apreensão. Se por um lado, a CEDH, e no que ao direito à vida diz respeito, não é conclusiva em relação a diversas questões, por outro lado, de um Estado Parte para outro, o entendimento do direito à vida é, por vezes, diferente.

Movido por este objectivo procurarei, primeiro, fazer uma abordagem mais geral ao direito à vida no âmbito da CEDH. Em seguida, centrar-me-ei nas complexas questões relativas à pena de morte, eutanásia e interrupção voluntária da gravidez, comparando, simultaneamente, a ordem jurídica portuguesa com a de outros Estados parte da CEDH no que a estas questões diz respeito.

Nesta viagem que, espero, dê tanto prazer ao leitor como deu ao autor, socorrer-me-ei de jurisprudência que citarei de forma mais ou menos demorada, conforme o necessário para a boa compreensão da problemática.

1 – O direito à vida na CEDH

1.1 – O direito à vida

Os direitos do homem, categoria na qual se enquadra o direito à vida, não são uma criação ou concessão do poder político aos seus súbditos: são anteriores ao poder político que apenas os positiva. Assim, o positivar do direito à vida não é mais do que o reconhecimento, por parte do poder político, de um direito que, radicado na eminente dignidade da pessoa

26 *Estudos de Direito Europeu e Internacional dos Direitos Humanos*

humana, transcende o próprio acto de reconhecimento jurídico-legal, sendo-lhe anterior. A sua consagração em textos legais traduz apenas a vontade do poder político em criar mecanismos de garantia e protecção deste direito.

O direito à vida ocupa uma posição central no sistema dos direitos humanos, uma vez que, dizendo respeito à vida, à existência humana, o seu reconhecimento é condição necessária para a concretização de todos os outros.

O direito à vida enquanto direito universal intangível e que, portanto, não permite qualquer derrogação, encontra-se consagrado no artigo 6.º do PIDCP, no artigo 4.º da CADH e no artigo 2.º da CEDH[1].

1.2 – O direito à vida na CEDH

A Convenção Europeia para a Salvaguarda dos direitos do Homem e das Liberdades Fundamentais, também designada por Convenção Europeia dos Direitos do Homem, concluída sob a égide do Conselho da Europa, assinada em Roma, a 4 de Novembro 1950, e cuja entrada em vigor aconteceu a 3 de Setembro de 1953, consagra o direito à vida no seu artigo 2.º que deve ser lido em conjunto com o Protocolo n.º 6 e com o Protocolo n.º 13 que dispõem sobre a abolição da pena de morte.

1.2.1 – O artigo 2.º da CEDH

O direito à vida encontra-se consagrado no artigo 2.º da CEDH:

1 – O direito de qualquer pessoa à vida é protegido pela lei. Ninguém poderá ser intencionalmente privado da vida, salvo em execução de uma sentença capital pronunciada por um tribunal, no caso de o crime ser punido com esta pena pela lei.

2 – Não haverá violação do presente artigo quando a morte resulte do recurso à força, tornado absolutamente necessário:

a) Para assegurar a defesa de qualquer pessoa contra uma violência ilegal;

b) Para efectuar uma detenção legal ou para impedir a evasão de uma pessoa detida legalmente;

---

[1] Na CAfDH o direito à vida não é intangível.

O direito à vida no âmbito da Convenção Europeia dos Direitos do Homem   27

c) *Para reprimir, em conformidade com a lei, uma revolta ou uma insurreição.*

Este artigo 2.º é influenciado pelo artigo 3.º da DUDH[2]. Durante os trabalhos preparatórios, na primeira proposta de redacção da futura CEDH, o direito à vida nem sequer foi autonomizado. Foi só na sequência de um projecto elaborado em Março de 1950, pelo Comité de Peritos Governamentais, que viria a sair dos trabalhos preparatórios um texto que, com ligeiras alterações, corresponde à actual redacção do artigo 2.º da CEDH.

Se a redacção do próprio artigo é frequentemente alvo de críticas por ser pouco esclarecedora, também a história legislativa do artigo 2.º da CEDH é inconclusiva em relação a muitas das questões que surgem no âmbito deste artigo[3], o que, aliás, procurarei evidenciar ao longo deste trabalho.

1.2.1.1 – *Análise do artigo 2.º da CEDH*

O artigo 2.º consagra, pois, o direito à vida. É o reconhecimento de uma dimensão inerente ao próprio homem e à sua eminente dignidade.

Decorre do artigo 1.º, em relação aos direitos e liberdades definidos no título I da CEDH em geral, e do artigo 2.º, em relação ao direito à vida em particular, que os titulares do direito à vida reconhecido pela CEDH são todas as pessoas dependentes da jurisdição das Partes. "Pessoas" porque o direito à vida positivado no artigo 2.º da CEDH é um direito dos indivíduos da espécie humana dotados de vida. "Todas" porque «o direito à vida é protegido independentemente das condições físicas e mentais»[4]. "Dependentes da jurisdição das Partes" significando que um Estado que é Parte deverá reconhecer o direito à vida aos seus nacionais, aos nacionais

---

[2] Dispõe o artigo 3.º da DUDH que «todo o indivíduo tem direito à vida, à liberdade e à segurança pessoal».

[3] Como observam, entre outros, OPSHAL, Torkel; *«The right to life», in The European System for the protection of human rights, organização de MACDONALD, R. / MATSCHER, F. / PEZTOLD, H., págs. 207 a 223;* Martinus Nijhoff Publishers; Dordrecht, 1993 – pág. 209; VELU, Jacques / ERGEC, Rusen; *La Convention Européenne des Droits de l'Homme;* Bruylant; Bruxelas,1990 – pág. 169.

[4] BARRETO, Irineu Cabral; *Convenção Europeia dos Direitos do Homem;* Aequitas – Editorial Notícias; Lisboa, 1995 – pág. 48; VELU, Jacques / ERGEC, Rusen; *op. cit.* – pág. 174.

28   *Estudos de Direito Europeu e Internacional dos Direitos Humanos*

de outros Estados que são Partes assim como a nacionais de outros Estados não contratantes e a apátridas desde que se encontrem dependentes da jurisdição do Estado que é Parte[5].

Titulares das obrigações decorrentes do direito à vida são os Estados que são Partes e também os indivíduos. Mas esta conclusão não está isenta de complexidade e controvérsia.

A discussão tem sido intensa[6]. Segundo uma primeira posição, as obrigações que decorrem do artigo 2.º da CEDH recaem apenas sobre os Estados, uma vez que os indivíduos não são partes contratantes (artigo 1.º da CEDH) e que os titulares do direito à vida consagrado na CEDH só podem dirigir uma queixa contra os Estados (artigo 25.º da CEDH)[7].

Segundo uma outra tese, o direito à vida previsto na CEDH impõe--se quer aos Estados que são Partes quer aos indivíduos[8]. Em favor desta segunda tese têm sido apresentados vários argumentos. Em primeiro lugar, o artigo 1.º, utilizando o vocábulo "reconhece" sugere que os direitos consagrados na CEDH têm um valor *erga omnes*. Por outro lado, o argumento que invoca o artigo 25.º da CEDH, artigo segundo o qual apenas os titulares do direito à vida podem dirigir uma queixa contra o Estado, também não parece ser válido, pois este situa-se no plano institucional e não no plano normativo[9].

Na jurisprudência dos órgãos da CEDH encontram-se diversas afirmações que apoiam esta segunda tese[10].

---

[5] VELU, Jacques / ERGEC, Rusen, *op. cit.* – pág. 67.

[6] Refira-se que a discussão diz respeito não apenas ao direito à vida, mas aos direitos e liberdades reconhecidos pela CEDH em geral. Aqui fez-se apenas a adaptação da discussão geral em relação ao direito à vida em especial.

[7] *Vide*, por todos, DIJK, P. van / HOOF, G. Van; *Theory and Practice of the European Convention on Human Rights*; Kluwer Law International; The Hague, 1998.

[8] Neste sentido VELU, Jacques / ERGEC, Rusen; *op. cit.* – pág. 75; defendendo a mesma posição: BARRETO, Irineu Cabral; *op. cit.* – pág. 50; VASAK, Karel; *La Convention Européenne des Droits de l'Homme*; LGDJ; Paris, 1964 – pág. 249; SUDRE, Fréderic; *Droit International et Européen des Droits de l'Homme*; PUF; Paris, 1989 – pág. 182.

[9] Note-se que Jacques Velu e Rusen Ergec, para além destes argumentos, invocam, para sustentar esta posição: o artigo 29.º da DUDH – atendendo à sua influência na CEDH; os artigos 13.º e 17.º da CEDH; os artigos 8.º, 9.º, 10.º e 11.º da CEDH – VELU, Jacques / ERGEC, Rusen; *op. cit.* – pág. 76.

[10] *Vide* Young, James e Webster c/ o Reino Unido, Decisão do TEDH de 13 de Agosto de 1981, Queixa n.º 7601/76 – 7806/77; X e Y c/ Países Baixos, Decisão do TEDH de 26 de Março de 1985, Queixa n.º 8978/80; W. c/ Reino Unido, Decisão da CmEDH de 28 de Fevereiro de 1983, Queixa n.º 9348/81.

O *direito à vida no âmbito da Convenção Europeia dos Direitos do Homem*   29

Concluindo, o direito à vida positivado no artigo 2.º da CEDH goza de aplicabilidade horizontal. Trata-se da consagração da teoria alemã da *Drittwirkung*.[11]

Porém, e nomeadamente no que diz respeito à violação do artigo 2.º da CEDH, só os Estados que são Partes podem ser postos em causa no âmbito do sistema da CEDH. Se um particular violar o direito à vida consagrado na CEDH, apesar de este também se lhe impor, não será responsabilizado perante o sistema da CEDH. Apenas o Estado, que não pode tolerar que um particular viole o direito à vida, poderá ser responsabilizado. A fonte directa dessa responsabilização será a eventual abstenção do Estado. A fonte indirecta será a violação do direito por parte do particular, cujo comportamento deverá ser julgado pela jurisdição interna do Estado.

Questão também complexa, e que o enunciado do artigo 2.º deixa em aberto, é a que está relacionada com o princípio e o fim da vida. A CEDH, tal como os outros instrumentos de Direito Internacional dos Direitos do Homem que consagram o direito à vida, não diz o que entende por "vida" que é, de resto, o bem jurídico objecto da protecção. Esta questão será analisada com mais pormenor no ponto 2.

O direito à vida consagrado no artigo 2.º da CEDH refere-se ao direito a não ser privado dela, a não ser morto, e já não ao direito a viver em condições de vida decentes ou ao direito ao pleno desenvolvimento da personalidade[12]. Por outro lado, creio poder afirmar-se que o direito à vida *lato sensu* está intimamente relacionado com direitos como o direito à paz e à segurança, o direito ao ambiente, o direito ao desenvolvimento, podendo mesmo englobá-los. No entanto, parece-me também claro que o âmbito do direito à vida positivado no artigo 2.º da CEDH está circunscrito ao direito a não ser privado da vida.

Como já foi referido, o direito à vida impõe-se directamente ao Estado que é Parte na CEDH resultando para ele obrigações de *non facere* e de *facere*. Assim, por um lado, o Estado deverá abster-se de qualquer comportamento que ponha em causa o direito à vida. Por outro lado, sobre o Estado recai a obrigação de adoptar comportamentos positivos no sentido de assegurar a efectividade do direito à vida[13].

---

[11] Velu, Jacques / Ergec, Rusen; *op. cit.* – pág. 78

[12] Neste sentido Velu, Jacques / Ergec, Rusen; *op. cit.* – págs. 174 e ss; Barreto, Irineu Cabral; *op. cit.* – pág. 48.

[13] *Vide*, entre outros, Associação X. c/ Reino Unido, Decisão de 12 de Julho de 1978, Queixa n.º 7154/75.

Assim, o artigo 2.º n.º 1 da CEDH começa por enunciar que o direito que todos têm à vida «é protegido pela lei». É, no entanto, necessário delimitar o âmbito da obrigação de protecção que daqui decorre para o Estado. O acesso fácil a produtos tóxicos, armas, explosivos, a inexistência de limites de velocidade adequados nas estradas são causa de muitas mortes. Mas não há, nestes casos, violação do artigo 2.º. «Não é a vida, mas o direito à vida que deve ser protegido pela lei»[14]. A protecção pela lei deverá ser feita quer através da proibição de comportamentos que constituam atentados à vida (nomeadamente através da sua criminalização) acompanhada da previsão de sanções, quer através da regulamentação e limitação de certos riscos[15]. Esta obrigação vai mesmo para além do mero dever de legislar. Sobre o Estado recai também a obrigação de implementar a lei, de investigar a morte de alguém que tenha morrido em circunstâncias pouco claras, fazendo o possível por responsabilizar os autores das privações ilegítimas da vida. Só assim haverá efectiva protecção. No caso Kaya c/ Turquia[16], por exemplo, o queixoso alegou que o seu irmão fora deliberadamente morto por forças de segurança turcas. O Governo turco alegou, por seu lado, que o irmão do queixoso tinha sido morto na sequência de um tiroteio entre as forças de segurança e um grupo terrorista de que faria parte o irmão do queixoso. Embora concluindo que a morte do irmão do queixoso pelas forças de segurança não violava o artigo 2.º da CEDH, o TEDH, afirmando a obrigação dos Estados de conduzirem uma investigação efectiva sempre que alguém seja morto por um agente do Estado, entendeu que a Turquia não tinha cumprido esta obrigação, havendo violação, quanto a este aspecto, do artigo 2.º da CEDH.

Por outro lado, as amnistias para crimes contra a vida não parecem ir contra o disposto no artigo 2.º n.º 1 da CEDH. No caso Dujardin c/ França[17], estava em causa uma lei de amnistia geral na Nova Caledónia. Essa amnistia abrangeu também um processo que envolvia o assassinato de quatro polícias. Os queixosos, familiares das vítimas, alegaram que essa amnistia ia contra a obrigação do Estado francês de responsabilizar os autores do crime, obrigação essa que decorre do artigo 2.º da CEDH.

---

[14] J. Fawcett citado por DIJK, P. van / HOOF, G. van; *op. cit.* – pág. 297.

[15] Neste sentido OPSAHL, Torkel; *op. cit.*

[16] Kaya c/ Turquia, Decisão do TEDH de 19 de Fevereiro de 1998, Queixa n.º 22729/93.

[17] Dujardin c/ França, Decisão da CmEDH de 2 de Setembro de 1991, Queixa n.º 16734/90.

O direito à vida no âmbito da Convenção Europeia dos Direitos do Homem   31

A CmEDH entendeu que um Estado, no quadro da sua política criminal, pode adoptar as amnistias que entender serem necessárias desde que haja um equilíbrio entre os interesses legítimos do Estado e a necessária protecção legal do direito à vida. A CmEDH concluiu que, no caso, esse equilíbrio tinha sido respeitado.

Em relação aos casos de ameaça de morte, existindo um dever por parte do Estado de garantir a segurança pública e de conferir protecção a uma pessoa ameaçada de morte, esse dever é de amplitude reduzida, deixando para o Estado uma larga margem de apreciação. Não decorre da CEDH um dever geral para o Estado de fornecer um serviço de protecção especial para o ameaçado. Haverá sim um dever de protecção da pessoa ameaçada quando haja um ataque actual ou imediatamente iminente a uma pessoa em circunstâncias em que a acção efectiva das forças de segurança possa prevenir a agressão (da qual resulte a morte). No caso Osman c/ Reino Unido[18], os queixosos alegaram que as forças de segurança não tinham cumprido a sua obrigação positiva de adoptar medidas para a protecção da vida do indivíduo que tinha sido ameaçado e que efectivamente foi morto. O TEDH entendeu que as ameaças proferidas pelo autor do crime não chegavam para que as forças de segurança, num momento decisivo, soubessem ou pudessem saber, que os membros da família Osman tivessem a sua vida ameaçada por um terceiro de uma forma real e imediata. Como tal, o TEDH concluiu pela não violação do artigo 2.º.

As pessoas têm, pois, o direito de exigir do Estado os comportamentos (positivos ou negativos) necessários à efectivação do direito à vida. O artigo 2.º abre caminho ao direito a uma indemnização a cargo do Estado por este não ter respeitado o direito à vida previsto na CEDH. Não parece que o Estado possa ser condenado a legislar. Porventura poderá haver apenas uma recomendação nesse sentido.

Continuando a análise do artigo 2.º da CEDH, dispõe o seu n.º 1 que «ninguém poderá ser intencionalmente privado da vida». Mas isto não significa que qualquer privação não intencional da vida esteja fora do âmbito de protecção do artigo 2.º. Inicialmente, a expressão «ninguém poderá ser intencionalmente privado de vida» foi interpretada pela CmEDH de uma forma estrita, entendendo aquele órgão que para que houvesse uma violação do artigo 2.º a privação da vida teria que ser, necessaria-

---

[18] Osman c/ Reino Unido, Decisão do TEDH de 28 de Outubro de 1998, Queixa n.º 23452/94.

mente, intencional.[19] Mas, mais tarde, a CmEDH entendeu estar também abrangida, no âmbito de protecção do artigo 2.º, a morte por imprudência[20]. A morte involuntária pode, de facto, constituir uma violação do direito à vida.

A proibição da privação intencional da vida abrange também a morte intencional de pessoas levada a cabo por forças de segurança fora das excepções previstas no artigo 2.º n.º 2 da CEDH. Constituem violações do direito à vida a prática de execuções sumárias, de "pelotões da morte" ou de políticas de "atirar para matar" como forma de combater o crime.

Por outro lado, o desaparecimento, por exemplo, de detidos, não constitui uma violação do direito à vida se não ficar demonstrado que as pessoas desaparecidas foram de facto privadas da sua vida.

1.2.1.2 – As excepções ao direito à vida

O direito à vida consagrado no artigo 2.º da CEDH não é um direito absoluto. Não constituem uma violação do artigo 2.º a execução de uma sentença capital e «a morte que resulte do recurso à força, tornado absolutamente necessário» numa das três situações previstas no n.º 1 do artigo 2.º.

A pena de morte não é interdita pelo artigo 2.º da CEDH, antes constitui uma forma de privação intencional da vida que não cai no âmbito da protecção conferida por este artigo, desde que a sentença capital seja pronunciada por um tribunal e o crime seja punido com esta pena pela lei. Porém, para além das salvaguardas expressas na segunda frase do n.º 1 do artigo 2.º, existem outras disposições da CEDH que deverão ser observadas. São elas: a decisão judicial deverá ser precedida de um julgamento justo e público (artigo 6.º); a execução da sentença não pode implicar um tratamento desumano e degradante (artigo 3.º)[21]; o crime

---

[19] X. c/ Bélgica, Decisão da CmEDH de 21 de Março de 1969, Queixa n.º 2758//66.

[20] Stewart c/ Reino Unido, Decisão da CmEDH de 10 de Julho de 1984, Queixa n.º 10044/82.

[21] É duvidoso que a pena de morte não seja, ela mesma, uma pena desumana e degradante. Alguns autores referem que a desproporção entre o crime cometido e a pena constitui um tratamento desumano e degradante para efeitos do artigo 3.º – *vide*, nomeadamente, DIJK, P. van / HOOF, G. van; *op. cit.*; OPSAHL, Torkel, *op. cit.*

O direito à vida no âmbito da Convenção Europeia dos Direitos do Homem 33

deverá ser punido pela lei com a pena de morte no momento em que foi cometido (artigo 7.º); a condenação e execução da pena de morte não podem ser discriminatórias (artigo 14.º)[22]. Tem sido discutida a questão de saber se a sentença capital tem que ser pronunciada sempre respeitando as exigências do artigo 6.º. Isto porque o artigo 15.º permite a derrogação do artigo 6.º «em caso de guerra ou de outro perigo público que ameace a vida da nação». A sentença capital deverá ser, em qualquer situação, pronunciada por um tribunal e o crime em causa tem que ser punido com esta pena pela lei (situação salvaguardada pelo próprio artigo 15.º n.º 2 que não autoriza qualquer derrogação ao artigo 2.º). Mas, e face ao disposto na CEDH, nada impede que nas situações previstas no artigo 15.º e dentro dos limites aí impostos, o artigo 6.º possa ser derrogado, mesmo em relação a um processo que conduza à condenação à pena de morte. No entanto, em meu entender, as garantias do artigo 6.º, e no que à pena de morte diz respeito, deveriam ser, em qualquer circunstância, respeitadas. Porém, para que assim fosse, teria que ser feita uma emenda ao artigo 15.º da CEDH, nomeadamente acrescentando-se esta hipótese às situações de excepção previstas no n.º 2 do artigo 15.º[23].

No caso Soering c/ Reino Unido[24], Soering, cidadão alemão, tinha cometido dois homicídios nos Estados Unidos da América tendo fugindo em seguida para o Reino Unido. Foi requerida a sua extradição. O TEDH afirmou que a CEDH não consagra um direito a não ser extraditado, mesmo para um Estado onde haja a possibilidade de ser aplicada a pena de morte. Isto porque a CEDH não proíbe a pena de morte. Mas o TEDH entendeu também que a sua extradição para os Estados Unidos da América violaria o artigo 3.º da CEDH (proibição de tratamentos desumanos ou degradantes) pois considerou que o "síndrome do corredor da morte", a que os condenados estavam sujeitos, constituía um tratamento degradante. Não podia na altura ser invocado o Protocolo n.º 6, pois este só entrou

---

[22] DIJK, P. van / HOOF, G. van; *op. cit.* Jean Pradel e Geert Corstens além de não referirem os artigos 7.º e 14.º, referem o artigo 9.º que consagra a liberdade de consciência e de religião. Mas, parece-me que, no presente contexto, o conteúdo do artigo 9.º está salvaguardado no artigo 14.º que consagra a proibição da discriminação – PRADEL, Jean / CORSTENS, Geert; *Droit Pénal Européen*; Dalloz; Paris, 1999.

[23] A este propósito *vide* VELU, Jacques / ERGEC, Rusen; *op. cit.* – págs. 183 e 184; OPSAHL, Torkel; *op. cit.* – pág. 218.

[24] Soering c/ Reino Unido, Decisão do TEDH de 7 de Junho de 1989, Queixa n.º 14038/88.

em vigor no Reino Unido a 1 de Junho de 1999. A invocação do artigo 3.º neste caso, sem que dele se possa retirar uma proibição à pena de morte, constitui uma decisão com pendor político, em que o TEDH afirma implicitamente que a pena de morte é contrária ao património axiológico europeu.

O artigo 2.º da CEDH deve ser lido em conjunto com o Protocolo n.º 6 que estabelece a abolição da pena de morte em tempo de paz.[25]

O n.º 2 do artigo 2.º da CEDH dispõe que não haverá violação do direito à vida «quando a morte resulte do recurso à força, tornado absolutamente necessário» numa das três situações aí previstas[26].

A CmEDH entendeu que a lista do n.º 2 do artigo 2.º é taxativa[27]. Ao invés de prever uma cláusula geral de proibição da privação arbitrária da vida, a CEDH adoptou uma fórmula mais rigorosa, prevendo de forma exaustiva as situações em que a privação da vida resultante do recurso à força tornado absolutamente necessário, não constitui, ela mesma, uma violação do direito à vida.

A expressão «absolutamente necessário» traduz a exigência da verificação de proporcionalidade entre o recurso à força de que venha a resultar a morte e o objectivo que se pretenda atingir. O critério de absoluta necessidade é, pois, referido ao acto de recurso à força. É o recurso à força que deve ser absolutamente necessário e não a morte, uma vez que, a uma intervenção em situações limite de forças de segurança equipadas com armas para matar, está associada uma possibilidade muito forte de o recurso à força implicar a morte.[28] Possibilidade, essa, que deverá ser tida em conta aquando do recurso à força. A CmEDH entendeu que na avaliação da existência ou não de "absoluta necessidade", deverá ser tida em conta a natureza do objectivo perseguido, os perigos inerentes para a vida e integridade física e o risco de a força empregue poder

---

[25] Este assunto será debatido com maior profundidade no ponto 2.1

[26] Independentemente de a morte, resultado do recurso à força tornado absolutamente necessário, ser ou não intencional – neste sentido DIJK, P. van / HOOF, G. van; *op. cit.*; OPSAHL, Torkel; *op. cit.* Também neste sentido Stewart c/ Reino Unido, Decisão da CmEDH de 10 de Julho de 1984, Queixa n.º 10044/82; e Kelly c/ Reino Unido, Decisão da CmEDH de 13 de Janeiro de 1993, Queixa n.º 17579/90.

[27] Stewart c/ Reino Unido, Decisão da CmEDH de 10 de Julho de 1984, Queixa n.º 10044/82.

[28] *Vide* neste sentido Ergi c/ Turquia, Decisão do TEDH de 28 de Julho de 1998, Queixa n.º 23818/94; e McKerr c/ Reino Unido, Decisão do TEDH de 4 de Maio de 2001, Queixa n.º 28883/95.

O direito à vida no âmbito da Convenção Europeia dos Direitos do Homem   35

resultar na perda da vida[29]. Existe, assim, a obrigação de treino e planeamento no uso da força, para que sejam escolhidos os meios e os métodos adequados à situação, de acordo com o princípio da proporcionalidade. No caso McCann c/ Reino Unido[30], as autoridades do Reino Unido, Espanha e Gibraltar sabiam que o IRA-provisório planeava um atentado em Gibraltar. As forças de segurança (SAS – forças especiais, altamente treinadas), ao efectuarem a detenção dos suspeitos, e pensando que estes iriam detonar explosivos no imediato, dispararam a curta distância matando-os. Veio a verificar-se que os suspeitos não tinham nem armas, nem detonadores, nem explosivos. O TEDH entendeu que as forças de segurança acreditaram que era necessário disparar sobre os suspeitos, matando-os, para evitar que estes detonassem os explosivos, prevenindo assim a morte de pessoas inocentes. No entanto, para além de questionar o facto de os suspeitos não terem sido detidos na fronteira, o TEDH entendeu também que a actuação das autoridades se tinha baseado num conjunto de pressupostos que afinal não correspondiam à realidade. Assim, o TEDH concluiu pela violação do artigo 2.º da CEDH.

A obrigação de planeamento e de treino é de grande importância, pois o acto de uso da força pelas forças de segurança está frequentemente envolto em circunstâncias que não permitem uma reflexão em tempo real sobre se o recurso à força é ou não "absolutamente necessário", antes havendo lugar a comportamentos instintivos (de acordo com o que foi treinado) – situação que deve ser prevista no acto da planificação. No caso de morte resultante do recurso à força não "absolutamente necessário", poderá surgir a dúvida se a responsabilidade é de quem planifica ou do agente operacional.

As situações de excepção previstas no n.º 2 do artigo 2.º da CEDH são, como já foi referido, três:

a) *Assegurar a defesa de qualquer pessoa contra uma violência ilegal*[31] – Esta excepção diz respeito à legítima defesa contra uma

---

[29] *Vide* Stewart c/ Reino Unido, Decisão da CmEDH de 10 de Julho de 1984, Queixa n.º 10044/82; e W. c/ República Federal da Alemanha, Decisão da CmEDH de 6 de Outubro de 1986, Queixa n.º 11257/84.

[30] McCann c/ Reino Unido, Decisão do TEDH de 27 de Setembro de 1995, Queixa n.º 18984/91.

[31] Note-se que, no *supra* citado caso McCann c/ Reino Unido, Decisão do TEDH de 27 de Setembro de 1995, Queixa n.º 18984/91, o TEDH entendeu haver violação do artigo 2.º porque não ficou convencido de que a morte dos três terroristas tinha resultado do recurso à força tornado absolutamente necessário para assegurar a defesa de qualquer pessoa contra uma violência ilegal.

36 *Estudos de Direito Europeu e Internacional dos Direitos Humanos*

«violência ilegal». Em primeiro lugar há que dizer que nesta excepção não está incluída a defesa, ainda que legítima, de coisas[32]. Não está verificado o princípio da proporcionalidade (vida pela coisa) e, logo, não há absoluta necessidade de recurso à força.

Nesta alínea a) é utilizada a expressão "qualquer pessoa", de onde se conclui que a legítima defesa é autorizada para proteger não apenas a própria vida, mas também a dos outros.

Por outro lado, esta excepção, tal como as restantes disposições do artigo 2.º, diz respeito não apenas ao Estado e seus agentes, mas também aos indivíduos nas suas relações mútuas[33]. Nomeadamente, o Estado tem que assegurar na sua legislação o direito à legítima defesa[34].

b) *Detenção legal ou impedir a evasão de uma pessoa detida legalmente* – Nestes casos, a morte só pode ser uma consequência involuntária da utilização da força[35] tendo em vista a neutralização do indivíduo para efectuar uma detenção legal ou para impedir uma evasão, não havendo outro meio menos gravoso para o fazer. É por isso que o procedimento das forças de segurança, nestas situações, deve ser o de, por exemplo, disparar para as pernas ou para os pneus e nunca o de tentar atingir mortalmente. No entanto, é óbvio que deste recurso à força pode resultar a morte do indivíduo a ser detido ou do indivíduo que se tenta evadir. Mas, repita-se, a morte não pode, nestas situações, resultar do recurso à força com intenção de matar. Por outro lado, a pessoa em causa deve representar um perigo grave para a sociedade ou as acusações que sobre ela recaem devem ser revestidas de uma especial gravidade[36]. Não está aqui incluída como excepção a prevenção de crimes. A privação intencional

---

[32] Neste sentido VELU, Jacques / ERGEC, Rusen; *op. cit.*; PRADEL, Jean / CORSTENS, Geert; *ob. cit.*; BARRETO, Irineu Cabral; *op. cit.*

[33] Neste sentido VELU, Jacques / ERGEC, Rusen; *op. cit.* Posição contrária parece ser a de Jean Pradel e Geert Corstens – PRADEL, Jean / CORSTENS, Geert; *op. cit. Vide* a este propósito o que foi dito no ponto 1.2.1.1.

[34] O ordenamento jurídico português consagra o direito de resistência no artigo 21.º da CRP onde se pode ler que «todos têm o direito (…) de repelir pela força qualquer agressão» e de onde decorre a definição da legítima defesa como causa de exclusão da ilicitude nos artigos 31.º, 32.º e 33.º do CP.

[35] Assim VELU, Jacques / ERGEC, Rusen; *op. cit.*; PRADEL, Jean / CORSTENS, Geert; *op. cit.*

[36] Neste sentido VELU, Jacques / ERGEC, Rusen; *op. cit.*; DIJK, P. van / HOOF, G. Van; *op. cit.*; BARRETO, Irineu Cabral; *op. cit.*

O *direito à vida no âmbito da Convenção Europeia dos Direitos do Homem*   37

da vida como única forma de prevenir um crime apenas se pode enquadrar no âmbito da legítima defesa[37].

Da expressão "legal", utilizada duplamente, pode concluir-se que a morte na sequência de uma acção levada a cabo para impedir a evasão de alguém detido ilegalmente, ou da detenção de alguém de forma ilegal, poderá constituir uma violação do artigo 2.º.

c) *Repressão de uma revolta ou de uma insurreição em conformidade com a lei* – Esta disposição não é de fácil interpretação. Desde logo não é claro quais são as situações que se enquadram nas definições de revolta e insurreição. Poder-se-á dizer que «os termos "revolta" e "insurreição" designam uma situação de extraordinária gravidade que, se não for terminada, pode causar às pessoas e aos bens um prejuízo excepcional»[38]. São estes os limites genéricos traçados por esta alínea c), permitindo uma ampla margem de apreciação ao Estado. Exigindo que a repressão da revolta ou insurreição seja feita em conformidade com a lei, a CEDH exige do Estado a concretização legal desta disposição.

Assim, sempre que seja absolutamente necessário o recurso à força para reprimir uma revolta ou insurreição, e se desse recurso à força resultar a morte de alguém, não haverá violação do direito à vida. Põe--se, no entanto, a questão de saber se só a morte involuntária está abrangida por esta excepção ou se também o estará a morte causada de forma intencional. Penso que esta excepção apenas abrange a morte involuntária e já não a morte intencional. Tanto mais que a resposta adequada a actos violentos como o atirar de pedras ou a destruição de imóveis e viaturas não passa pela utilização de armas letais pelas forças de segurança, ou pelo menos pela sua utilização com a intenção de matar – não seria proporcional. A repressão deverá ser feita com recurso a balas de borracha, gás lacrimogéneo, canhões de água, cargas policiais. Se os revoltosos ou insurrectos agem comprometendo a integridade física de "qualquer pessoa" é evidente que as forças de segurança, e sendo absolutamente necessário, poderão recorrer à força, mesmo com a intenção de matar. Só que, neste caso, já se estará numa situação de legítima defesa prevista na alínea a) do n.º 2 do artigo 2.º e já não na excepção prevista na alínea c).

A estas excepções deve ainda ser acrescentada aquela que resulta do artigo 15.º n.º 2 da CEDH. Este artigo dispõe que não poderão haver

---

[37] É o caso, por exemplo, de um agente das forças de segurança que mata uma pessoa que se prepara para matar um refém.

[38] VELU, Jacques / ERGEC, Rusen; *op. cit.* – pág. 189.

quaisquer derrogações ao artigo 2.º, «salvo nos casos de morte resultante de actos lícitos de guerra». Situação que deverá ser apreciada à luz do *jus in bello*.

1.2.2 – O Protocolo n.º 6 e o Protocolo n.º 13

O artigo 2.º da CEDH deve ser lido em conjunto com os Protocolos n.º 6 e n.º 13. Se o primeiro estabelece a abolição da pena de morte para actos praticados apenas em tempo de paz, o segundo, posterior, impõe a abolição total da pena de morte. Enquanto o Protocolo n.º 13 não entrar em vigor em todos os Estados membros do Conselho da Europa – altura em que o Protocolo n.º 6, absorvido pelo conteúdo mais amplo do Protocolo n.º 13, ficará desprovido de sentido – interessa analisar separadamente os dois Protocolos.

1.2.2.1 – *O Protocolo n.º 6*

O artigo 2.º da CEDH deve, pois, em relação a alguns Estados, ser lido em conjunto com o Protocolo n.º 6 adicional à CEDH que aboliu a pena de morte em tempo de paz[39], nomeadamente com os seus artigos 1.º e 2.º:

ARTIGO 1.º

Abolição da pena de morte

A pena de morte é abolida. Ninguém pode ser condenado a tal pena ou executado.

ARTIGO 2.º

Pena de morte em tempo de guerra

Um Estado pode prever na sua legislação a pena de morte para actos praticados em tempo de guerra ou de perigo iminente de guerra; tal pena não será aplicada senão nos casos previstos por esta legislação e de

---

[39] Por oposição a «tempo de guerra ou de perigo eminente de guerra» – artigo 2.º do Protocolo n.º 6.

O direito à vida no âmbito da Convenção Europeia dos Direitos do Homem   39

acordo com as suas disposições. Este Estado comunicará ao secretário-
-geral do Conselho da Europa as disposições correspondentes da legislação
em causa.

Tendo sido assinado a 28 de Abril de 1983 e tendo entrado em vigor
a 1 de Março de 1985, o Protocolo n.º 6 estabelece a abolição da pena
de morte. O artigo 1.º do Protocolo confere um direito subjectivo aos
particulares, dispondo que ninguém pode ser condenado à pena de morte
ou executado[40]. A abolição deve ser de Direito e de facto. Sendo necessário
remover qualquer lei que estabeleça a pena de morte, não parece ser, no
entanto, necessário introduzir na legislação ordinária ou na Constituição
uma disposição proibindo a pena de morte[41].

O artigo 2.º do Protocolo n.º 6 estabelece uma excepção: «O Estado
pode prever na sua legislação a pena de morte para actos praticados em
tempo de guerra ou de perigo eminente de guerra». O termo "guerra"
deve significar guerra em sentido material, por oposição à guerra formal,
com hostilidades de grandes proporções, já em curso ou previstas num
futuro imediato. Em todo o caso é seguro que se refere a conflitos armados
internacionais e nunca internos[42].

Não sendo alterado o artigo 2.º da CEDH, as garantias aí previstas
quanto à aplicação da pena de morte deverão ser mantidas em relação aos
Estados que prevejam a sua aplicação em tempo de guerra[43]. Dispõe
ainda o artigo 3.º do Protocolo n.º 6 que não é permitida nenhuma
derrogação às disposições do Protocolo com fundamento no artigo 15.º
da CEDH (que prevê a derrogação em circunstâncias excepcionais de
alguns direitos consagrados pela CEDH, onde não se inclui o artigo 2.º).
O artigo 6.º refere que todas as disposições da CEDH são aplicáveis ao
Protocolo n.º 6.

Como consequência da adesão a este Protocolo, o Estado não poderá
extraditar um indivíduo para um outro Estado onde exista um risco real
do indivíduo ser condenado à pena de morte (uma vez que o Protocolo
proíbe a execução bem como a condenação).

---

[40] Relatório do Conselho da Europa explicativo do Protocolo n.º 6.

[41] No comentário ao artigo 1.º do relatório do Conselho da Europa explicativo do
Protocolo n.º 6 é referido que «um Estado tem que, onde apropriado, eliminar esta pena
da sua legislação para que possa ser parte do protocolo» – vide *http://conventions.coe.int/
Treaty/EN/cadrepricipal.htm*. Não me parece que seja correcta a afirmação. A obrigação
de eliminar da sua legislação a pena de morte só surge para o Estado após este se tornar
Parte do Protocolo, e nunca antes.

[42] VELU, Jacques / ERGEC, Rusen; *op. cit.* – pág. 185.

[43] Relatório do Conselho da Europa explicativo do Protocolo n.º 6.

Assim sendo, como proceder relativamente aos Estados que tenham abolido a pena de morte apenas em tempo de paz e que se encontrem numa situação de guerra ou de perigo iminente de guerra? Será que esta proibição também vale? É o caso, por hipótese, de um Estado que para o crime de "traição" preveja, em tempo de paz, a pena de prisão perpétua e, em tempo de guerra ou de perigo iminente de guerra, puna o mesmo crime com a pena de morte. Ora, estando em tempo de guerra, poderá extraditar para outro Estado um indivíduo que neste último tenha cometido o crime de "traição", aí punido com a pena de morte? Poder-se-ia argumentar que, se em tempo de guerra ou de perigo iminente de guerra, a legislação do Estado que extradita prevê a pena de morte para o crime em causa, nada obsta a que o indivíduo possa ser extraditado. No entanto, parece-me que não pode. Considerando que a excepção é admitida no artigo 2.º do Protocolo em nome da paz, segurança e ordem do Estado, seriamente abaladas em "tempo de guerra ou de perigo iminente de guerra", a extradição não contribuiria em nada para a sua manutenção e eventual restabelecimento, não se enquadrando teleologicamente na justificação da excepção. Tanto mais que o artigo 2.º do Protocolo n.º 6 deve ser lido à luz do espírito abolicionista que presidiu à sua redacção.

1.2.2.2 – O Protocolo n.º 13

Como se pode ler no preâmbulo do Protocolo n.º 13 adicional à CEDH, «resolvidos a dar o passo final no sentido da abolição da pena de morte em todas as circunstâncias», trinta e seis Estados membros do Conselho da Europa assinaram, a 3 de Maio de 2002, em Vilnius, o Protocolo n.º 13 que, após ter sido atingido o número mínimo de 10 ratificações, entrou em vigor a 1 de Julho de 2003. Este Protocolo estabelece a abolição da pena de morte em todas as circunstâncias, incluindo, pois, actos cometidos em tempo de guerra ou de perigo iminente de guerra:

ARTIGO 1.º

Abolição da pena de morte

A pena de morte é abolida. Ninguém pode ser condenado a tal pena ou executado.

Daqui advém para as Partes do Protocolo a obrigação de remover qualquer disposição legal que preveja a pena de morte. Por outro lado, a

O direito à vida no âmbito da Convenção Europeia dos Direitos do Homem   41

segunda frase deste artigo sublinha o facto de o direito garantido ser um direito subjectivo do indivíduo, que não pode ser condenado a tal pena ou executado[44].

Os artigos 2.º e 3.º do Protocolo estabelecem, respectivamente, a proibição de derrogações e de reservas. De acordo com o artigo 5.º, sendo os primeiros quatro artigos do Protocolo tidos como artigos adicionais à CEDH, todas as disposições da CEDH são também aqui aplicáveis.

Sendo Parte do Protocolo n.º 13, o Estado não poderá extraditar um indivíduo para um outro Estado onde haja um risco real de ser condenado à pena de morte. Sendo a abolição total, não há aqui lugar às dúvidas que se levantavam em relação ao Protocolo n.º 6.

1.3 – A CEDH na Ordem Jurídica portuguesa – breve referência

Tendo sido assinada a 22 de Setembro de 1976, Portugal aderiu à CEDH a 9 de Novembro de 1978, depois desta ter sido aprovada, para ratificação, pela Lei n.º 65/78 de 13 de Outubro. O Protocolo n.º 6 foi assinado a 28 de Abril de 1983 e ratificado a 2 de Outubro de 1986, tendo entrado em vigor a 1 de Novembro do mesmo ano. Já o Protocolo n.º 13, assinado a 3 de Maio de 2002, foi ratificado a 3 de Outubro de 2003, tendo entrado em vigor a 1 de Fevereiro de 2004.

Por via do artigo 8.º n.º 2, a CEDH vigora na Ordem Jurídica portuguesa após a sua regular ratificação e publicação oficial, dispensando qualquer outro meio de incorporação jurídica, e enquanto vincular internacionalmente o Estado português.[45] Alguns autores entendem que a CEDH tem, na ordem jurídica portuguesa, uma força supra-legal mas infra constitucional.[46] Outros autores vão mais longe, afirmando que, tratando-se a CEDH de *ius cojens* e de acordo com o artigo 16.º n.º1 da CRP, a CEDH tem em Portugal um grau supra-constitucional.[47]

---

[44] Neste sentido *vide* o comentário ao artigo 1.º do relatório do Conselho da Europa explicativo do Protocolo n.º 13.

[45] Neste sentido MARTINS, Ana Maria Guerra; «L'accès à la justice – l'application de la Convention Européenne des Droits de l'Homme au Portugal», Estudos de Direito Público – vol. I, págs. 285 a 303; Almedina; Coimbra, 2003 – pág. 287.

[46] Assim DUARTE, Maria Luísa; *O Conselho da Europa e a protecção dos direitos do homem*; Gabinete da Documentação e Direito Comparado; Lisboa, 1991 – págs. 237 e ss.

[47] Neste sentido PEREIRA, André Gonçalves / QUADROS, Fausto de; *Manual de Direito Internacional Público*; Almedina; Coimbra, 1997 – págs. 607 e ss.

42 *Estudos de Direito Europeu e Internacional dos Direitos Humanos*

As normas constantes da CEDH e, logo, também o seu artigo 2.º, têm efeito directo, traduzido na possibilidade de os particulares poderem invocar as normas da CEDH perante os tribunais para tutela dos seus interesses. A CEDH é, pois, um tratado *self-executing*.

2 – A complexidade no entendimento do direito à vida em relação à pena de morte, eutanásia e interrupção voluntária da gravidez

O direito à vida, o mais fundamental dos direitos humanos, estando consagrado no artigo 2.º da CEDH (que deve ser lido em conjunto com os Protocolos n.º 6 e n.º 13), impõe-se, portanto, a todos os Estados que são Partes da CEDH. Todos eles reconhecem, pois, o direito à vida tal como está consagrado na CEDH. Porém, é curioso verificar que existem entendimentos diferentes sobre o conteúdo do direito à vida. De um Estado para outro, aquilo que é aparentemente comum na CEDH, é radicalmente diferente na realidade jurídica interna, e isto sem nunca ir contra, pelo menos declaradamente, uma, por vezes pouco conclusiva, CEDH. Assim, por exemplo, enquanto em Portugal a pena de morte, há muito abolida, choca com o nosso património axiológico, na Turquia ela só recentemente foi abolida debaixo de grande discussão e críticas. Se a eutanásia é criminalizada em Portugal, ela é permitida nos Países Baixos. Em Portugal a interrupção da gravidez só não é punida em casos excepcionais: na Bélgica a legislação sobre a matéria é bastante mais liberal.

No âmbito da própria CEDH, estas questões não estão devidamente esclarecidas, não tendo ainda os órgãos da CEDH formulado um critério uniforme que dê resposta a estas questões, dando origem a uma certa confusão e até contradição.

2.1 – A Pena de Morte

2.1.1 – Do artigo 2.º ao Protocolo n.º 13

O artigo 2.º da CEDH, embora consagrando o direito à vida, permite que os Estados prevejam na sua legislação a pena de morte, que condenem à morte e que executem a sentença pronunciada por um tribunal em relação a um crime punido com esta pena pela lei.

O *direito à vida no âmbito da Convenção Europeia dos Direitos do Homem* 43

A proposta de uma redacção que permitisse a pena de morte partiu do Reino Unido e não há notícia de ter havido uma forte oposição ou de que tivessem sido discutidas, nos trabalhos preparatórios, restrições ou limitações à sua aplicação.

Na segunda metade do século XX, o movimento abolicionista foi ganhando uma força crescente. A abolição da pena de morte foi sendo vista, com crescente interesse e paixão, como um passo importante na promoção do direito à vida. Este movimento começou primeiramente ao nível interno, tendo depois tido reflexo ao nível internacional (nomeadamente, e em relação aos textos de carácter universal, que por sua vez influenciaram os de carácter regional, o debate foi intenso em redor do artigo 3.º da DUDH de 1948 e do artigo 6.º do PIDCP de 1966 e seu 2.º Protocolo facultativo que entrou em vigor em 1991 e prevê a abolição da pena de morte).

No âmbito europeu, a 28 de Abril de 1983 é aberto à assinatura dos Estados membros do Conselho da Europa o Protocolo n.º 6 adicional à CEDH, tendo entrado em vigor a 1 de Março de 1985. O seu artigo 1.º, além de impor a obrigação de abolição da pena de morte, confere um direito subjectivo ao indivíduo, dispondo que «ninguém pode ser condenado a tal pena ou executado»[48]. O artigo 2.º dispõe que «um Estado pode prever na sua legislação a pena de morte para actos praticados em tempo de guerra ou de perigo eminente de guerra». Não há, pois, a imposição de uma abolição total da pena de morte. Na sequência da adopção do Protocolo n.º 6, a Assembleia Parlamentar passou a exigir que os Estados que desejassem tornar-se membros do Conselho da Europa decretassem imediatamente uma moratória em relação a eventuais execuções, e que assinassem e ratificassem o Protocolo n.º 6.

Não há dúvida de que o Conselho da Europa tem desempenhado um papel extremamente importante no que diz respeito ao movimento para a abolição da pena de morte (não apenas na Europa, mas também no resto do mundo[49]). Assim, e na sequência de uma proposta apresentada pelo governo sueco, em Vilnius, a 3 de Maio de 2002, dá-se um passo decisivo para a abolição total da pena de morte: trinta e seis Estados membros do Conselho da Europa assinam o Protocolo n.º 13 que estabelece a abolição da pena de morte em todas as circunstâncias. Dispõe o seu

---

[48] Relatório do Conselho da Europa explicativo do Protocolo n.º 6.

[49] *Vide*, por exemplo, a Resolução 1253 da Assembleia Parlamentar do Conselho da Europa de 25/6/2001.

44 Estudos de Direito Europeu e Internacional dos Direitos Humanos

artigo n.º 1 que «a pena de morte deverá ser abolida. Ninguém será condenado a tal pena ou executado». Tendo sido atingido o número mínimo de dez ratificações, o Protocolo n.º 13 entrou em vigor a 1 de Julho de 2003. Walter Schwimmer, Secretário-Geral do Conselho da Europa, disse esperar que este fosse um passo decisivo para a abolição universal desta «punição bárbara» em todas as circunstâncias.

Não querendo discutir aqui a questão da pena de morte em si, nomeadamente no que diz respeito aos argumentos pró e contra a sua admissibilidade, existem, em meu entender algumas contradições na própria CEDH que convém referir.

Em primeiro lugar, parece-me correcto argumentar que, sendo a consagração no artigo 2.º da CEDH do direito à vida um mero "reconhecimento" de um direito que, radicado na dignidade da pessoa humana, é anterior ao acto do seu reconhecimento, não se tratando, pois, de uma simples concessão dos Estados (leia-se neste sentido o artigo 1.º da CEDH), então o artigo 2.º não poderia permitir a pena de morte. É que, não sendo uma criação dos Estados, estes estão a reconhecer o transcendente direito à vida e depois não o positivam por inteiro, não permitindo que ele assuma toda a sua plenitude (contrariar esta afirmação seria dizer que a pena de morte se enquadra no âmbito do direito à vida, o que seria, no mínimo, perverso). O Estado está, pois, a limitar o direito à vida logo no momento da sua positivação. Ora, esta limitação teria então que respeitar o princípio da proporcionalidade.[50] O que não acontece no caso da permissão da pena de morte pelo artigo 2.º da CEDH: a limitação do direito à vida, em sacrifício do bem jurídico vida, não consegue a protecção de um bem jurídico de igual valor. A permissão da pena de morte é uma limitação ao direito à vida que não é nem adequada, nem necessária, nem estritamente proporcional – logo, não é proporcional.[51] Assim, e na minha opinião, do ponto de vista jurídico, e de acordo com uma concepção filosófico-antropológica dos direitos do homem (acolhida aliás pela CEDH), não parece correcta a permissão da pena de morte pelo artigo 2.º da CEDH.

---

[50] Note-se que a verificação da proporcionalidade é expressamente exigida pela letra do n.º 2 do artigo 2.º da CEDH em relação às excepções aí previstas.

[51] *Vide*, a propósito desta temática, ANDRADE, José Carlos Vieira de; *Os direitos fundamentais na Constituição Portuguesa de 1976*; Almedina; Coimbra, 2001; CANOTILHO, José Joaquim Gomes; *Direito Constitucional e Teoria da Constituição*; Almedina; Coimbra, 2002; MIRANDA, Jorge; *Manual de Direito Constitucional – tomo IV*; Coimbra Editora; Coimbra, 2000.

Esta perspectiva é reforçada pelo artigo 1.º do Protocolo n.º 6, lido em conjunto com o seu preâmbulo. Os Estados, felizmente, voltam atrás e confessam a sua contradição: a pena de morte não é compatível com o direito à vida. Ao reconhecerem que esta privação intencional da vida também não é legítima, estão, tardiamente, a reconhecer algo que, precisamente por se tratar de um reconhecimento, sempre existiu e sempre esteve ligado ao homem e à sua irredutível dimensão humana. Mas o artigo 2.º do Protocolo n.º 6, permitindo a pena de morte em tempo de guerra, faz com que a questão não fique encerrada com a sua entrada em vigor em todos os Estados. Não faz qualquer tipo de sentido, de um ponto de vista jurídico-teleológico, que o reconhecimento de que o direito à vida não é compatível com a pena de morte (leia-se, neste sentido, o artigo 1.º do Protocolo n.º 6 em conjunto com o preâmbulo do próprio Protocolo) seja seguido, no artigo 2.º, de uma permissão aos Estados de poderem «prever na sua legislação a pena de morte para actos praticados em tempo de guerra ou de perigo eminente de guerra». Mais uma vez, os aspectos políticos sobrepuseram-se ao espírito que preside à consagração dos direitos humanos.

Não que todas estas contradições tenham passado despercebidas aos Estados. Estes deixaram foi que considerações de ordem política se interpusessem no caminho para a efectiva garantia do respeito dos direitos humanos. É certo que talvez este fosse o único caminho possível em direcção à abolição da pena de morte. Mas o facto de ser politicamente justificável não invalida que juridicamente seja incorrecto. De qualquer forma, com a entrada em vigor do Protocolo n.º 13, a questão foi superada.

2.1.2 – A pena de morte em Portugal e na Turquia

Existem entendimentos diferentes sobre o conteúdo do direito à vida, nomeadamente no que diz respeito à admissibilidade da pena de morte e à sua compatibilidade com o direito à vida e seu reconhecimento. Assim, e por exemplo, enquanto em Portugal a pena de morte, há muito abolida, choca com o nosso património axiológico, na Turquia, ela só recentemente foi abolida e apenas em relação a actos praticados em tempo de paz.

Embora exista uma tendência para a abolição da pena de morte em todas as circunstâncias por parte de todos os Estados membros do Conselho da Europa, o que é certo é que tal ainda não se verifica. A Turquia, ao prever a aplicação da pena de morte para certos actos praticados em

46 *Estudos de Direito Europeu e Internacional dos Direitos Humanos*

tempo de guerra ou de perigo iminente de guerra, não está a violar nenhuma regra de Direito Internacional. Esta questão espelha bem não só as diferenças de sensibilidade que os Estados têm em relação ao conteúdo direito à vida, mas também a dificuldade de consagração efectiva e plena do direito à vida na CEDH.

2.1.2.1 – *A pena de morte em Portugal*

Uma das marcas fortes e vincadas do ordenamento jurídico português é a já antiga recusa de consagração da pena de morte, matéria em que Portugal se pode reivindicar pioneiro[52].

O Acto Adicional à Carta Constitucional datado de 5 de Julho de 1852 aboliu a pena de morte para os crimes políticos. A 1 de Julho de 1867 era abolida a pena de morte para os crimes de delito comum (ou civis, como se pode ler no artigo 1.º da lei abolicionista).[53] A pena de morte subsistiu para os crimes militares, embora tenha sido restringida pela Constituição de 1933 (artigo 8.º, n.º 11) aos crimes militares cometidos em caso de guerra com outro Estado e em teatro de operações (o Decreto-Lei n.º 45308 de 1963 determinou a aplicação da pena de morte apenas aos casos de crimes militares praticados no teatro de operações, quando essas operações integrem actos de beligerância contra outro Estado). A CRP de 1976, por votação obtida por unanimidade, veio reforçar a tradição portuguesa na matéria, proibindo no n.º 2 do artigo 24.º, que consagra o direito à vida, a pena de morte de forma absoluta, com a frase forte e determinada «em caso algum haverá pena de morte».

Consequência imediata da proibição absoluta da pena de morte pelo artigo 24.º, n.º 2 da CRP é o artigo 33.º, n.º 3 da CRP que «proíbe a extradição por crimes cuja punição com pena de morte seja juridicamente possível, de acordo com o ordenamento penal e processual penal do

---

[52] Em 1772 foi pela última vez sentenciada à morte uma mulher, em 1834 aconteceu a última execução por crime político, em 1846 foi executado pela última vez um homem. Portugal foi o terceiro país do mundo a abolir a pena de morte para os crimes de delito comum (depois de São-Marino em 1848 e Venezuela em 1863).

[53] Em 1867 Victor Hugo, depois de ter tido conhecimento da abolição da pena de morte para os crimes de delito comum, escreveu: «Felicito o vosso Parlamento, os vossos pensadores, os vossos filósofos! Felicito a vossa Nação. Portugal dá o exemplo à Europa» – Victor Hugo, em carta enviada a Eduardo Coelho, citado por VASCONCELLOS, Pedro Paes de; *Conselheiro Augusto César Barjona da Freitas – jurista e estadista que aboliu a pena de morte*; ADC Editores; s.l., 2001 – pág. 158.

O *direito à vida no âmbito da Convenção Europeia dos Direitos do Homem*   47

Estado requisitante, sendo, por isso, incompatível com quaisquer garantias de não aplicação ou de substituição da pena capital prestadas pelo Estado requerente, que não se traduzam numa impossibilidade jurídica da sua aplicação»[54]. Foi por esta razão que o Tribunal Constitucional julgou inconstitucional em 1995[55] e declarou a inconstitucionalidade em 1996[56] da norma constante do artigo 4.º, n.º 1, alínea a), do Decreto-Lei n.º437/ /75, em vigor no território de Macau.

2.1.2.2 – *A pena de morte na Turquia*

Já na Turquia a abolição da pena de morte, abolição apenas em relação a crimes cometidos em tempo de paz, é muito recente.

A Turquia assinou a CEDH a 4 de Novembro de 1950 e ratificou- -a a 18 de Maio de 1954[57]. Assim, a CEDH foi incorporada na ordem jurídica turca. No entanto, não é claro qual é a posição que ocupa na hierarquia das fontes de Direito turco. De acordo com o artigo 90.º, n.º 5 da Constituição turca, os tratados internacionais não podem ser contestados perante o Tribunal Constitucional com fundamento na sua eventual inconstitucionalidade. Enquanto alguns autores defendem que a CEDH tem uma força igual à Constituição ou pelo menos supra-legal, a maioria da doutrina entende que a CEDH tem, no ordenamento jurídico turco, mera força legal[58].

A Turquia só em Agosto de 2002 aboliu a pena de morte. Foi o culminar de um longo percurso, nada pacífico, mas a que não é estranha a vontade da Turquia em aderir à UE. Para o desenrolar do processo, muito contribuiu também a visibilidade que gozou o processo do líder curdo Abdullah Ocalan, preso em 1997 no Quénia por forças especiais turcas e condenado à morte por enforcamento a 19 de Junho de 1999, de acordo com o artigo 125.º do Código Penal turco. A grande pressão da

---

[54] AcTC n.º 1146/96 de 12 de Novembro.

[55] AcTC n.º 417/95 de 4 de Julho.

[56] AcTC n.º 1146/96 de 12 de Novembro.

[57] Depois da Grande Assembleia Nacional ter adoptado a lei de ratificação n.º 6366, a 10 de Março de 1954.

[58] *Vide* POLAKIEWICZ, Jorg / JACOB-FOLTZER, Valérie; «*The European Human Rights Convention in domestic law: the impact of the Strasbourg case-law in States where direct effect is given to the Convention – second part*», in Human Rights Law Journal, n.º 4 – vol. 12, 1991, págs. 128 a 141.

UE para que Ocalan não fosse executado, acompanhada de avisos sérios de que tal comprometeria seriamente as negociações com vista à eventual adesão da Turquia à UE[59], contrastou com a forte campanha do sector político e dos meios de comunicação turcos para que a sentença capital fosse executada[60]. O Conselho da Europa também ameaçou suspender a Turquia da Assembleia Parlamentar no caso de Ocalan ser executado. Tudo isto porque haviam sérias dúvidas sobre a legalidade do processo que culminou com a condenação à pena de morte. Ocalan recorreu para o TEDH, que decidiu, de forma unânime, que a Turquia tinha violado os artigos 3.º, 5.º e 6.º da CEDH[61].

A 3 de Outubro de 2001 o Parlamento turco procedeu à alteração de algumas disposições da sua Constituição no âmbito de um esforço para a consolidação da democracia e da protecção dos direitos humanos. Nomeadamente, os casos em que a pena de morte poderia ser aplicada foram restringidos. De acordo com as alterações ao artigo 38.º e que entraram em vigor 17 de Outubro de 2001, a pena de morte apenas poderia ser aplicada em tempo de guerra, de ameaça iminente de guerra ou em relação a crimes de terrorismo. Nota-se nestas alterações uma clara convergência com o disposto no Protocolo n.º 6 adicional à CEDH que, na altura, ainda não tinha sido assinado pela Turquia.

A 2 de Agosto de 2002, após um aceso debate de vinte e duas horas, o Parlamento turco aprovou finalmente uma lei estabelecendo a abolição da pena de morte. A nova lei proíbe a pena de morte para todos os crimes cometidos em tempo de paz sendo aplicada, em sua vez, a pena de prisão perpétua. A 15 de Janeiro de 2003 a Turquia assinou o Protocolo n.º 6 adicional à CEDH, ratificou-o a 12 de Novembro de 2003, tendo este entrado em vigor a 1 de Dezembro de 2003. A Turquia assinou o Protocolo n.º 13 a 9 de Janeiro de 2004.

---

[59] Em 1997, a UE excluiu a Turquia das negociações tendo em vista a adesão à UE devido à persistente violação dos direitos humanos por aquele Estado.

[60] Note-se, no entanto, que quer o então Primeiro-Ministro turco Bulent Ecevit, quer o Presidente da República turco Ahmet Sezer mostraram-se a favor da abolição da pena de morte.

[61] Ocalan c/ Turquia, Decisão do TEDH de 12 de Março de 2003, Queixa n.º 46221//99.

O direito à vida no âmbito da Convenção Europeia dos Direitos do Homem   49

2.2 – A Eutanásia

2.2.1 – A problemática

Uma das questões mais complexas que se colocam em relação à protecção da vida é a da eutanásia. Distingue-se do suicídio assistido, pois, enquanto na eutanásia é a intervenção, que se pode traduzir numa acção ou numa omissão, de um terceiro que provoca a morte, no suicídio assistido a intervenção do terceiro traduz-se no auxílio à pessoa que consuma a sua própria morte. Note-se, no entanto, que a discussão em redor das duas questões é semelhante. Aqui será abordada em particular a eutanásia pois trata-se da prática mais extrema, complexa e polémica, uma vez que a morte é consumada através da acção ou omissão de um terceiro. A eutanásia pode ser activa ou passiva, conforme seja, respecti-vamente, a morte intencional do doente a seu pedido ou a renúncia a medidas susceptíveis de conservar ou de prolongar a vida.[62]

A questão da eutanásia, enquanto questão ética relacionada com o fim da vida, e portanto com a própria vida, é uma questão que não é de fácil apreensão jurídica, nomeadamente no que diz respeito às normas internacionais que protegem o direito à vida. Neste domínio, as incertezas do Direito traduzem as hesitações de ordem ética que o problema suscita.[63]

O saber se a eutanásia, enquanto intervenção médica para a morte, é ou não compatível com o artigo 2.º de CEDH, não pode ser separado da discussão, da admissibilidade da própria eutanásia em geral. É uma questão, também ela apaixonante, que será abordada de forma sumária.

Trata-se de determinar as faculdades que assistem ao titular do direito à vida, daquele que se encontra condenado a sofrer de forma desumana até que o alívio chegue com a morte. Tem-se assistido, com a evolução das ciências médicas, ao aumento da possibilidade técnica de prolongar a vida, mesmo da que perdeu todas as suas características humanas, possibilitando o atraso da morte mas nem sempre a regressão ao estado de digna humanidade. O prolongar da vida pode, assim, também significar o prolongar do sofrimento contra a vontade do paciente. A questão é a de saber se não existirá um direito a morrer em paz e com dignidade, quando

---

[62] DIAS, Jorge de Figueiredo (direcção); *Comentário conimbricense do Código Penal – tomo I*; Coimbra Editora; Coimbra, 1999.

[63] FRUMER, Philippe; *La renonciation aux droits et libertés – la Conveention Européenne des Droits de l'Homme à l'épreuve de la volonté individuelle*; Bruylant; Bruxelas, 2001.

50   *Estudos de Direito Europeu e Internacional dos Direitos Humanos*

a vida perdeu significado, dignidade e perspectivas, quando a vida se resume a uma mera existência física em martírio e não exista qualquer esperança de melhoria das condições clínicas do doente que lhe permitam viver em dignidade e sem sofrimento desumano.

Na discussão que tem sido intensa, aguerrida, apaixonada, têm-se digladiado diversas posições, pensando a vida e, logo, a eutanásia de perspectivas diferentes. Se, por exemplo, a tradição religiosa judaico--cristã propugna o princípio da inviolabilidade da vida humana que se encontra apenas na disponibilidade de Deus criador, já uma perspectiva mais laica prefere pôr a tónica na autonomia do indivíduo cuja vida se encontra na sua própria disponibilidade. Se por um lado o sofrimento pode ser visto como algo que põe em causa a qualidade de vida, chocando, em última análise, com a dignidade humana, pode, por outro lado, ser encarado de uma perspectiva mais fatalista que realça os seus aspectos positivos (para quem entender que os há).[64] No entanto, apesar de a discussão em redor da eutanásia estar, também, claramente associada a questões de ordem religiosa, a discussão não se pode, de forma redundante, reduzir a um confronto religioso/laico.

De um ponto de vista mais marcadamente jurídico, a admissibilidade ou não da eutanásia, reside na própria concepção do direito à vida. A doutrina encontra-se dividida entre aqueles que defendem a concepção objectiva, segundo a qual o direito à vida não se encontra na disponibilidade do seu titular (o homem não é mais do que o depositário da sua própria vida), e aqueles outros que, pelo contrário, entendem que o direito à vida se encontra na esfera de liberdade individual do seu titular (consagração do direito subjectivo à autodeterminação)[65]. A primeira concepção, contrária à eutanásia, defende, pois, que não cabe ao homem a decisão de terminar a sua vida: ele não tem um direito de morrer. Tem apenas direito de viver nas condições o mais dignas possível (terá então um dever de

---

[64] «A dor humana representa uma tripla realidade ou razão de ser: a sua função natural, porque é um sinal de alarme que descobre o nascimento e o desenvolvimento – às vezes insidioso – da enfermidade oculta e induz ou impulsiona a procurar o seu remédio; o seu valor humano, porque obriga a que se coloquem as questões fundamentais do destino do homem, da sua atitude face a Deus e face aos demais homens, da sua responsabilidade individual e colectiva, do sentido da sua peregrinação terrena; e, finalmente, o seu valor teleológico propriamente dito, como instrumento de redenção e libertação do pecado em Cristo» – discurso de Pio XII de 11 de Novembro de 1944 citado por Basso, Domingo; *Nacer y morir con dignidad*; Ediciones Depalma; Buenos Aires, 1991, pág. 416.

[65] *Vide* Frumer, Philippe; *op. cit.* – págs. 267 e ss.

O direito à vida no âmbito da Convenção Europeia dos Direitos do Homem 51

viver). Os defensores da segunda posição aceitam a eutanásia com base no direito de cada pessoa à dignidade humana (noção que pode ser retirada do artigo 3.º da CEDH que garante a protecção contra tratamentos desumanos e degradantes). Assim, o direito à dignidade humana comportaria o direito a viver em dignidade[66]. O conteúdo deste direito implicaria o direito a morrer sem estar sujeito a dores que alienem a consciência humana, sem ter a vida sustentada artificialmente sem hipóteses de recuperação, o direito a morrer num contexto humanamente digno. Ou seja, num conflito entre a vida e a dignidade, a escolha seria deixada ao livre arbítrio do indivíduo. Não faz sentido falar num dever de viver enquanto dimensão do direito à vida. Parece-me ser esta a melhor doutrina.

Alguns autores referem a possibilidade de o direito ao respeito pela vida privada servir de fundamento a uma não criminalização da eutanásia, pois o Estado não teria o direito de se imiscuir na opção do paciente em pôr termo à sua vida.

A doutrina não é unânime em relação a saber se a eutanásia é ou não compatível com o artigo 2.º da CEDH. De acordo com uma primeira opinião, a eutanásia não vai contra o disposto no artigo 2.º e a jurisprudência dos órgãos de CEDH não fornece critérios que permitam tirar uma conclusão[67]. Uma segunda posição defende que, falando o artigo 2.º da CEDH em "privação da vida", e se na eutanásia o que acontece é que a pessoa que decide pôr termo à sua vida pede a intervenção de um terceiro para que consume a sua morte, então essa pessoa não está a ser privada da vida[68]. É talvez um argumento que peca pela interpretação excessivamente literal que faz do artigo, fazendo radicar na ideia de "contra vontade" inerente ao vocábulo "privar" ali empregue, a prova de que o artigo 2.º não proíbe a eutanásia: é difícil de acreditar que os redactores quisessem transmitir, com esta redacção, essa ideia. Uma terceira opinião defende que, se a eutanásia não se encontra entre as excepções à proibição da privação intencional da vida, então é porque a prática da eutanásia é contrária ao artigo 2.º.[69] No meu entender, a eutanásia não é

---

[66] O Tedh afirmou que o artigo 2.º «combinado com o artigo 3.º da CEDH, consagra um dos valores fundamentais das sociedades democráticas que formam o Conselho da Europa» – McCann c/ Reino Unido, Decisão de 27 de Setembro de 1995, Queixa n.º 18984/91.

[67] Dijk, P. van / Hoof, G. van; *op. cit.* – pág. 302; Frumer, Philippe; *op. cit.* – pág. 271; Opsahl, Torkel; *op. cit.* – 222.

[68] *Vide* Frumer, Philippe; *op. cit.* – pág. 267.

[69] Velu, Jacques / Ergec, Rusen; *op. cit.* – pág. 174.

contrária ao artigo 2.º. De facto, os órgãos da CEDH têm-se abstido de se pronunciarem de forma conclusiva sobre a questão – talvez de forma propositada, para não terem que tomar posição numa questão que é muito complexa e em relação há qual não há consenso.

Poder-se-ia ainda encarar a questão de uma outra perpectiva, e querendo apenas problematizar, entendendo a vida *lato sensu* com uma dupla dimensão: a existência (a vida *strictu sensu*) e a não-existência (a morte – acto de morrer) como fim dessa existência. Acto de morrer este, referido ao momento da morte, que não pode ser separado do acto de existir, sendo ambos momentos de um processo que é a vida *lato sensu*. Ora, é esta vida *lato sensu* que o artigo 2.º da CEDH garante. Dispondo que «ninguém poderá ser intencionalmente privado da vida», este artigo diz que ninguém se pode imiscuir no processo da vida *lato sensu*, no existir e no não-existir, ressalvando, portanto, a autodeterminação do titular do direito à vida e o seu direito de viver (de existir e de não-existir, isto é, de morrer). Assim, uma pessoa que, por exemplo, sofresse de uma doença degenerativa, irreversível e incurável encontrando-se paralisada, poderia, no exercício do seu direito subjectivo à vida, por sua livre e consciente vontade, não-existir pondo termo a uma existência não humanamente digna, pedindo para tal a ajuda de um terceiro pois não teria autonomia suficiente que lhe permitisse exercer o direito à vida garantido pelo artigo 2.º da CEDH. Assim, de acordo com esta concepção, a eutanásia não seria apenas admitida, como haveria uma obrigação de todos os Estados parte da CEDH de legislar nesse sentido (dispõe o artigo 2.º n.º 1 que «o direito de qualquer pessoa à vida é protegido por lei»), assim se distinguindo esta concepção daquela outra que defende que a eutanásia é, apenas, permitida ou não proibida pela CEDH, não impondo, no entanto, um dever de legislar. Não se trataria, pois, de uma renúncia ao direito à vida mas apenas do seu exercício.

Em qualquer das situações, admitindo-se a eutanásia, surge o complexo problema dos casos em que o doente se encontra reduzido a um estado puramente vegetativo, não havendo possibilidade de declarar a sua vontade.

A jurisprudência dos órgãos da CEDH também não tem sido conclusiva. Em 1993 a CmEDH decidiu, no caso Widmer c/ Suíça[70], que não decorre do artigo 2.º a exigência da criminalização da eutanásia passiva

---

[70] Widmer c/ Suíça, Decisão da CmEDH de 10 de Fevereiro de 1993, Queixa n.º 20527/92.

O direito à vida no âmbito da Convenção Europeia dos Direitos do Homem 53

por uma disposição específica. O queixoso, entendendo que o falecimento do seu pai no hospital em que se encontrava deu-se em consequência da prática de eutanásia passiva, alegou que a não criminalização de forma específica da eutanásia passiva pela legislação penal suíça constituía uma violação do artigo 2.º da CEDH. A CmEDH entendeu que o legislador suíço não poderia por tal ser criticado, afirmando que, no caso, a previsão na legislação penal do crime de homicídio por negligência era suficiente para que o artigo 2.º da CEDH se tivesse por respeitado.

Mas a jurisprudência dos órgãos da CEDH nada diz sobre a criminalização da eutanásia activa e a sua compatibilidade com o artigo 2.º.

O caso Sanles Sanles c/ Espanha[71] de 2000 foi um caso que teve uma grande mediatização. Ramón Sampedro, tetraplégico desde os seus vinte e cinco anos, requereu ao Estado espanhol que não interferisse na sua decisão de pôr termo à sua vida, acto para o qual necessitava da intervenção de um terceiro. Tendo sido recusado o seu pedido, levou a questão à CmEDH que entendeu não estarem ainda esgotados todos os meios jurídicos internos ao seu dispor. A 12 de Janeiro de 1998, Sampedro morreu assistido por uma ou mais pessoas anónimas. Foi iniciado um processo-crime contra desconhecidos por auxílio ao suicídio. Manuela Sanles Sanles, enquanto herdeira de Ramón Sampedro tentou prosseguir o processo iniciado por este último. Tendo recorrido para o TEDH, alegando a violação por parte do Estado espanhol dos artigos 2.º, 3.º, 5.º, 6.º, 8.º, 9.º e 14.º da CEDH, este órgão entendeu que Sanles não tinha capacidade para agir em nome do falecido Sampedro pois a queixa tinha natureza não-transferível.

Num outro caso mais recente, Pretty c/ Reino Unido[72], o TEDH, e face aos argumentos apresentados pela queixosa (de que teria havido violação dos artigos 2.º, 3.º, 8.º, 9.º e 14.º da CEDH), entendeu que não decorre da CEDH um direito ao suicídio assistido (ou mesmo um direito a morrer, neste caso referindo-se ao artigo 2.º em concreto). Apesar de esta decisão poder aparentar a negação pelo TEDH da compatibilidade do suicídio assistido com a CEDH, tal não significa precisamente isso. Em primeiro lugar, o facto de não decorrer da CEDH um direito ao suicídio assistido ou um direito a morrer não significa que a legislação que permita o suicídio assistido ou mesmo a eutanásia seja contrária à CEDH. Por

---

[71] Sanles Sanles c/ Espanha, Decisão do TEDH de 26 de Outubro de 2000, Queixa n.º 48335/99.

[72] Pretty c/ Reino Unido, Decisão do TEDH de 29 de Abril de 2002, Queixa n.º 2346/02.

54 *Estudos de Direito Europeu e Internacional dos Direitos Humanos*

outro lado, noutras circunstâncias e ao abrigo do artigo 8.º da CEDH (que consagra o direito à vida privada) é possível vislumbrar um direito ao suicídio medicamente assistido (mas já não assistido por outro que não medicamente qualificado para tal como pretendia a queixosa – no caso o seu marido)[73].

Embora estes dois casos digam respeito ao suicídio assistido, a discussão e os argumentos utilizados num caso de eutanásia não seriam, creio, muito diferentes. O que é certo é que a posição do TEDH não é conclusiva. Talvez por ainda não ter tido oportunidade para se pronunciar, talvez também por não querer tomar uma posição definida numa questão tão complexa e em relação à qual se manifestam sensibilidades tão diferentes, mesmo ao nível estadual.

2.2.2 – A eutanásia em Portugal e nos Países Baixos

Também o contraste entre a aceitação da eutanásia nos Países Baixos e a sua criminalização em qualquer circunstância em Portugal reflecte a existência de diferentes entendimentos da vida e do direito à vida no espaço onde vigora a CEDH. A complexidade da apreensão do conteúdo do direito à vida consagrado no artigo 2.º agrava-se sabendo que, com soluções diametralmente opostas, ambos os Estados são Partes da CEDH.

2.2.2.1 – *A eutanásia em Portugal*

Em Portugal, juridico-constitucionalmente não existe o direito à eutanásia activa: «o respeito da vida alheia não pode isentar os "homicidas por piedade"»[74]. Em relação à eutanásia passiva, podendo existir um direito de se opor ao prolongamento artificial da própria vida, tal não confere aos médicos e pessoal de saúde um direito de se absterem de prestar os cuidados médicos necessários.[75]

Em Portugal, a eutanásia constitui crime punível com pena de prisão até 3 anos. O artigo 134.º do CP estabelece a criminalização da

---

[73] Neste sentido MORRIS, Dan; «*Assisted suicide under the European Convention on Human Rights: a critique*», *European Human Rights Law Review, n.º1, 2003, págs. 65 a 91.*

[74] CANOTILHO, José Joaquim Gomes / MOREIRA, Vital; *Constituição da República Portuguesa anotada*; Almedina; Coimbra, 1993 – pág. 175.

[75] Neste sentido CANOTILHO, José Joaquim Gomes / MOREIRA, Vital; *op. cit.* – pág. 176.

O direito à vida no âmbito da Convenção Europeia dos Direitos do Homem   55

eutanásia enquadrando-a no crime de "homicídio a pedido da vítima". Situa-se, pois, na categoria dos crimes contra a vida das pessoas ao lado do crime de "homicídio", havendo uma atenuação da censura penal. A distinção entre o "homicídio" puro e o "homicídio a pedido da vítima" faz-se através das características que têm que estar presentes no consentimento da vítima no segundo tipo de crime. O consentimento terá que ser determinante, sério, instante e expresso.

A declaração da vontade do paciente através de um seu pedido ocupa aqui uma posição central. Em primeiro lugar, e no que à eutanásia passiva diz respeito, é importante a manifestação da vontade do paciente em relação ao tratamento, seus limites e eventual vontade de o não prosseguir. Por outro lado, é o pedido determinante, sério, instante e expresso, para morrer que distingue o "homicídio" do "homicídio a pedido da vítima". Surge, assim, a questão complexa das situações em que o paciente se encontra num estado em que não pode declarar a sua vontade. Em relação à eutanásia passiva, quer a vontade dos parentes e pessoas próximas, quer os chamados "testamentos do paciente" não têm mais do que um valor meramente indiciário na determinação da vontade presumida do paciente.[76] Por outro lado, se o paciente for inimputável, o caso cairá no âmbito do "homicídio privilegiado" (artigo 133.º do CP) uma vez que a vontade se encontra viciada por incapacidade psíquica.[77]

2.2.2.2 – A eutanásia nos Países Baixos

Os Países Baixos, depois de assinarem a CEDH a 4 de Novembro de 1950, no seguimento da lei de aprovação de 28 de Julho de 1954, ratificaram a CEDH a 31 de Agosto de 1954. O Protocolo n.º 6 foi assinado a 28 de Abril de 1983 e ratificado a 25 de Abril de 1986. Tendo sido assinado a 3 de Maio de 2002, o Protocolo n.º 13 não foi ainda ratificado. A CEDH tem, de acordo com a Constituição, uma força supra-constitucional.

A 1 de Abril de 2002, entrou em vigor a "Lei sobre Terminação da Vida sob Pedido e Suicídio Assistido". A eutanásia e o suicídio assistido continuam a constituir crimes, são é descriminalizados em certas circunstâncias.

---

[76] DIAS, Jorge de Figueiredo (direcção); *op. cit.*

[77] LEAL-HENRIQUES, Manuel / SANTOS, Manuel José Simas; *Código Penal anotado*; Rei dos Livros; Lisboa, 2000 – pág. 165.

A referida Lei, alterou o código penal dos Países Baixos, nomeadamente os seus artigos 293.º e 294.º, que se referem respectivamente à eutanásia e ao suicídio assistido. Se, o seu n.º 1 o artigo 293.º dispõe que «qualquer pessoa que ponha termo à vida de outra pessoa a pedido expresso e sério dessa pessoa será condenado a uma pena de prisão não superior a doze anos ou a uma multa de quinta categoria», já o n.º 2 do mesmo artigo 293.º salvaguarda que a eutanásia não constituirá crime quando for levada a cabo por um médico que respeite os requisitos do artigo 7.º da Lei e que notifique o patologista municipal (artigo 7.º, 2.º parágrafo da Lei sobre Enterro e Cremação – também ela alterada). Os requisitos cuja a observância é exigida são: o médico tem que estar convicto de que o pedido do paciente foi voluntário e reflectido; o médico tem que estar convicto de que o sofrimento do paciente é duradouro e insuportável[78]; o médico tem que informar o paciente da sua situação e das suas perspectivas; o paciente tem que estar convicto de que não há outra solução razoável para a sua situação; o médico tem que consultar pelo menos um outro médico independente que tem que observar o paciente e dar a sua opinião escrita sobre a observância dos requisitos anteriores; terminar a vida ou assistir num suicídio com os cuidados medicamente adequados.

O médico informa, depois de ter terminado a vida do paciente, o comité regional competente para examinar os actos do médico. O comité regional enviará a sua opinião, se entender que os requisitos não foram observados pelo médico, para os Serviços de Acusação Pública a quem compete decidir iniciar ou não um procedimento criminal.

Em relação aos menores, a lei distingue: para os menores com idades entre os 12 e os 16 anos é necessária a autorização de quem exerça o poder paternal; em relação aos menores com idades entre os 16 e os 18 anos é apenas necessário o pedido do paciente, embora quem exerça o poder paternal tenha que estar envolvido no processo de decisão.

Em 2002 foram comunicados aos comités regionais competentes 1882 casos de eutanásia ou de suicídio assistido. Em 2001 foram comunicados 2054 casos. Não fora ainda apontadas razões que expliquem este decréscimo. Em quase todos os casos, os comités entenderam que foram observados os requisitos exigidos pela lei para a prática da eutanásia e do

---

[78] Em 1991 um médico auxiliou uma senhora que sofria de depressão a cometer suicídio. Em 1994 o Supremo Tribunal dos Países Baixos entendeu que o importante era a quantidade de sofrimento e não a sua origem, embora casos deste tipo devessem ser lidados ainda com mais cuidado.

O direito à vida no âmbito da Convenção Europeia dos Direitos do Homem 57

suicídio assistido. Em 2002 só em 5 casos é que os comités se pronunciaram pela não observância dos critérios legais, tendo enviado os respectivos processos para os Serviços de Acusação Pública. A grande maioria dos pacientes sofre de cancro. Normalmente a terminação da vida acontece na casa dos pacientes.[79]

A posição oficial do Governo dos Países Baixos é a de que a lei sobre a eutanásia é compatível com o artigo 2.º da CEDH: «a prática da eutanásia em resposta a um pedido voluntário de um paciente não constitui uma privação intencional da vida no sentido dos artigos das convenções citadas[80]. (…) O Governo dos Países Baixos afirma vigorosamente estes direitos, mas não vai tão longe como proibir os indivíduos de decidirem por si próprios se as suas vidas são ou não merecedoras de serem vividas»[81].

Uma outra questão que tem sido levantada é a de saber se as pessoas de outros países que queiram ver a sua vida terminada, através da prática da eutanásia ou do suicídio assistido, poderão fazê-lo nos Países Baixos. Em princípio não, pois terá que haver uma relação próxima e duradoura entre o médico e o paciente para que os requisitos exigidos pela lei sejam cumpridos, o que dificilmente acontecerá com uma pessoa que resida noutro país.

2.3 – A interrupção voluntária da gravidez

2.3.1 – A problemática

Questão também complexa é a que diz respeito à compatibilidade da interrupção voluntária da gravidez com o direito à vida consagrado no artigo 2.º da CEDH. O ponto fulcral da problemática é a determinação do momento do começo da vida, a determinação do momento a partir do qual se é titular do direito à vida positivado no artigo 2.º. Será que a exigência de protecção da vida pela lei e a proibição da privação intencional da vida se aplica aqueles que ainda não nasceram? Trata-se de saber se a ordem jurídica de um Estado que é Parte na CEDH e que admita a interrupção voluntária da gravidez, mesmo que limitada temporalmente, está ou não a violar o direito à vida consagrado pela CEDH.

---

[79] Fonte: Ministério da Saúde, Bem-estar e Desporto dos Países Baixos
[80] Referindo-se à CEDH e ao PIDCP.
[81] Fonte: Ministério dos Negócios Estrangeiros dos Países Baixos.

Num âmbito mais geral, também em relação à interrupção voluntária da gravidez a discussão tem sido intensa, envolvendo e dividindo as sociedades contemporâneas, mobilizando-as em torno de um assunto que, impregnado de questões éticas e morais, é de duvidáveis certezas e de respostas questionáveis. Têm sido divididos os campos de opinião nesta matéria, sendo vulgarmente distinguidos, de uma forma excessivamente simplificadora, em movimentos "pró-vida" e "pró-escolha", conforme seja acentuada a protecção da vida intra-uterina e do direito a nascer do feto, ou a liberdade de escolha dos progenitores – especialmente a da mãe. Actualmente, a discussão sobre a interrupção voluntária da gravidez tem sido centrada não tanto na sua admissibilidade pura e simples, mas mais em questões como o limite temporal até ao qual deva ser permitida, as razões que o justificam e quem deve decidir. De uma maneira geral, é assente que, não devendo a interrupção voluntária da gravidez ser proibida de forma absoluta, a vida intra-uterina deve, no entanto, ser juridicamente protegida.

Pode ser entendido que quando se fala em vida, quer referir-se à vida intra-uterina e à vida extra-uterina: "a vida humana toda". E isto com o argumento de que o momento do começo da vida humana seria o momento da concepção. Assim, o princípio da inviolabilidade da vida humana exigiria que os Estados adoptassem medidas para defender a vida assim entendida e que as fizesse respeitar por terceiros, incluindo a mãe. À vida intra-uterina seria garantido o direito à vida, na dimensão direito do feto a nascer, feto que, embora não sendo pessoa, já teria vida e como tal gozaria da protecção conferida pelo direito à vida. Em contrário, poder-se-á argumentar que o regime de protecção da "vida humana", mesmo incluindo neste conceito a vida das pessoas e a vida intra-uterina (de quem ainda não é pessoa), «não é o mesmo que o do direito à vida enquanto direito das pessoas, no que diz respeito à colisão com outros direitos ou interesses (v.g. vida, saúde, dignidade, liberdade da mulher, direito dos progenitores a uma maternidade e paternidade conscientes)»[82]. Parece-me ser esta última a posição mais correcta.

Assim, de acordo com esta posição, e no âmbito da CEDH, o importante seria determinar o momento do começo da vida para efeitos de delimitação do âmbito de protecção do direito a vida, isto é, o momento em que se é "pessoa". Tanto mais que o artigo 2.º dispõe que é o direito de "qualquer pessoa" à vida que tem que ser protegido por lei. Ou seja,

---

[82] CANOTILHO, José Joaquim Gomes / MOREIRA, Vital, *op. cit.* – pág. 175.

O direito à vida no âmbito da Convenção Europeia dos Direitos do Homem 59

para se ser titular do direito garantido pelo artigo 2.º é necessário ser-se pessoa, ter personalidade jurídica.

Voltando à questão de saber se a interrupção voluntária da gravidez é ou não permitido pelo artigo 2.º da CEDH, a resposta não é clara. Já em relação a outros textos internacionais de protecção dos direitos humanos, a resposta parece ser mais simples. O artigo 6.º, n.º 5 do PIDCP e a CADH no seu artigo 4.º, n.º 5 proíbem a execução da pena de morte em relação a mulheres grávidas. Por outro lado, a CADH protege a vida humana desde a concepção (artigo 4.º, n.º 1). Tudo isto poderia levar à conclusão que, em relação a estes textos internacionais, o feto beneficia da protecção concedida pelo direito à vida.[83] O texto da CEDH não é claro sobre este assunto e os trabalhos preparatórios não ajudam a clarificar a questão. Mas a este respeito, e atendendo à manifesta influência que a DUDH tem sobre a CEDH, é de lembrar que quando foi elaborada a DUDH foi recusada uma proposta que pretendia proteger a vida a partir do momento da concepção, para que não fosse incompatível com as legislações nacionais que permitiam a interrupção voluntária da gravidez.[84]

Os órgãos da CEDH ainda não adoptaram uma posição clara e definitiva sobre o assunto. Nos casos da interrupção voluntária da gravidez examinados até hoje, o artigo 2.º nunca foi tido como violado.

No caso X. c/ Noruega[85], o queixoso alegou que a lei norueguesa de 1960 que permitia a interrupção voluntária da gravidez em certas circunstâncias violava o artigo 2.º da CEDH. A CmEDH pronunciou-se no sentido da não admissibilidade da queixa, entendendo que não era competente para apreciar a compatibilidade da lei com a CEDH uma vez que o queixoso não era uma vítima directa da lei: ele alegou agir em nome dos pais e das vítimas da prática da interrupção voluntária da gravidez.

No caso Buggeman e Scheuten c/ República Federal da Alemanha[86], os queixosos puseram em causa a lei alemã sobre a interrupção voluntária da gravidez. Tendo, desta vez, se pronunciado no sentido da sua admissibilidade, a CmEDH não examinou a legislação alemã à luz do artigo 2.º mas apenas à luz do artigo 8.º, concluindo pela sua não violação.

---

[83] Neste sentido BARRETO, Irineu Cabral; *op. cit.* – pág. 49.
[84] Como observa BARRETO, Irineu Cabral; *op. cit.* – pág. 49, nota 6.
[85] X. c/ Noruega, Decisão da CmEDH de 29 de Maio de 1961, Queixa n.º 867/60.
[86] Buggeman e Scheuten c/ República Federal da Alemanha, Decisão da CmEDH de 19 de Maio de 1976 e Relatório da CmEDH de 12 de Julho de 1977, Queixa n.º 6959/ /75.

No caso X. c/ Reino Unido[87] a CmEDH foi chamada a pronunciar-se sobre a legislação do Reino Unido de 1967 sobre a interrupção voluntária da gravidez. A esposa do queixoso abortou. O queixoso, que se opunha a que a sua esposa abortasse, alegou que haveria violação dos artigos 2.º e 8.º da CEDH. Em primeiro lugar, a CmEDH afirmou que não era possível, à luz do artigo 2.º da CEDH, reconhecer ao feto um direito absoluto à vida – caso contrário a interrupção voluntária da gravidez não seria permitida, mesmo quando a vida da mãe estivesse em risco. Depois, a CmEDH entendeu que, nas circunstâncias determinantes do caso concreto, como estava em causa a vida da mãe e a sua integridade física, estaria legitimada uma limitação do direito à vida do feto. Tudo o que se pode concluir desta decisão é que não existe um direito absoluto à vida do feto (porventura nem sequer um direito à vida) e que qualquer protecção jurídica a conceder ao feto terá sempre que ter em conta os direitos da mãe, nomeadamente o seu direito à vida e o seu direito à integridade física[88].

No caso H. c/ Noruega[89], a esposa do queixoso abortou quando o feto tinha quatorze semanas e um dia. Respeitando a lei norueguesa, a esposa do queixoso compareceu perante uma comissão médica que, atendendo às razões de ordem social invocadas, autorizou a interrupção voluntária da gravidez. O queixoso alegou que, atendendo ao caso concreto, a legislação norueguesa sobre a interrupção voluntária da gravidez violava os artigos 2.º, 3.º, 6.º, 8.º, 9.º, 13.º e 14.º da CEDH. A CmEDH entendeu que num assunto tão delicado como este, e em relação ao qual a CEDH não é conclusiva, os Estados têm uma certa margem de apreciação: a Noruega legislou dentro dessa margem.

Concluindo, e mesmo entendendo que o feto deva ser juridicamente protegido, não me parece que esta protecção jurídica se enquadre na conferida pelo artigo 2.º da CEDH que é, assim, compatível com a previsão da interrupção voluntária da gravidez nas legislações nacionais dos Estados que são Partes na CEDH.

---

[87] X. c/ Reino Unido, Decisão da CmEDH de 13 de Maio de 1980, Queixa n.º 8416/78.

[88] Neste sentido VELU, Jacques / ERGEC, Rusen; *op. cit.* – pág. 178.

[89] H. c/ Noruega, Decisão da CmEDH de 19 de Maio de 1992, Queixa n.º 17004//90.

2.3.2 – A interrupção voluntária da gravidez em Portugal e na Bélgica

Também a interrupção voluntária da gravidez é encarada de forma diferente pelos Estados que são Partes na CEDH que consagram, em relação a esta prática, diferentes soluções. Se Portugal tem uma das legislações mais restritivas nesta matéria, já a Bélgica, depois de ter regulado a interrupção voluntária da gravidez de uma forma muito restritiva, tem desde 1990 uma legislação bastante liberal. Foi, aliás, este contraste entre a rigidez do antes 1990 e a flexibilidade do pós 1990 que justificaram, neste contexto, o estudo do ordenamento jurídico belga. O contraste é não só geográfico, mas também temporal, nomeadamente no seio de um mesmo Estado.

2.3.2.1 – A interrupção voluntária da gravidez em Portugal

A CRP, no seu artigo 24.º, não garante apenas o direito à vida, enquanto direito fundamental das pessoas, mas também a própria vida humana como valor ou bem objectivo, abrangendo não só a vida das pessoas, mas também a vida intra-uterina.[90] Não existindo uma proibição absoluta da interrupção voluntária da gravidez, também não existe o reconhecimento constitucional de um direito à interrupção voluntária da gravidez.[91]

O artigo 140.º do Código Penal, inserido no capítulo respeitante aos crimes contra a vida intra-uterina (distinguindo-se dos crimes contra a vida), estabelece a criminalização da interrupção voluntária da gravidez, prevendo a punição quer da mulher grávida que dá o consentimento (prevendo uma pena de prisão até 3 anos), quer daquele que a fizer abortar (prevendo uma pena de prisão de 2 a 8 anos se não houver consentimento da mulher grávida ou até 3 anos se houver consentimento). O artigo 142.º estabelece os casos de interrupção da gravidez não puníveis.

Até 1984, o crime de aborto em Portugal era punido sem excepções. Com a Lei 6/84, de 6 de Maio foram consagradas, de forma taxativa, algumas situações em que se tornou admissível a interrupção voluntária da gravidez, consagrando o legislador situações medicamente indicadas em que o valor "vida intra-uterina" pode ser sacrificado face a outros

---

[90] *Vide* neste sentido AcTC 25/84 de 19 de Março e AcTC 85/85 de 29 de Maio.
[91] Canotilho, José Joaquim Gomes / Moreira, Vital, *op. cit.* – pág. 175.

62   Estudos de Direito Europeu e Internacional dos Direitos Humanos

valores constitucionalmente relevantes. É a solução da impunidade da interrupção da gravidez fundada numa ideia de conflito de valores.[92]

A Lei 90/97, de 30 de Julho veio alterar os prazos de exclusão da ilicitude nos casos de interrupção voluntária da gravidez.

Assim, de acordo com o artigo 142.º do CP, «não é punível a interrupção da gravidez efectuada por um médico, ou sob a sua direcção, em estabelecimento de saúde oficial ou oficialmente reconhecido e com o consentimento da mulher grávida» nas situações de aborto terapêutico, profilático, eugénico e sentimental. Excluindo a hipóteses do aborto terapêutico (quando constitua o único meio de remover perigo de morte ou de grave e irreversível lesão para o corpo ou para a saúde física ou psíquica da mulher grávida) que pode ser realizado a qualquer tempo, os prazos para as outras três hipóteses são de, respectivamente, doze, vinte e quatro e dezasseis semanas de gravidez.[93]

Mas, a Lei 6/84, que estabeleceu os casos, consagrados no artigo 142.º do CP, em que a interrupção da gravidez não é punida, foi, na altura, envolta em grande polémica. Nomeadamente, o Provedor de Justiça requereu ao TC a declaração de inconstitucionalidade dos artigos 140.º e 141.º do CP (actual artigo 142.º) alterados pela Lei 6/84, com fundamento na violação do artigo 24.º da CRP que garante o direito à vida. O TC decidiu não declarar a inconstitucionalidade dos referidos artigos. Bem demonstrativos da polémica gerada pela Lei 6/84, são as declarações de voto dos Conselheiros Costa Mesquita, Messias Bento, Mário Afonso e Raul Mateus. Invocaram-se argumentos que espelham bem a paixão e a discussão acesa que envolveram a Lei: «as normas em apreço são alguma coisa como despenalizar o homicídio relativamente a quem age, invocando a legítima defesa, contra a vida de um ser humano amarrado de pés e mãos»[94].

A 28 de Junho de 1998 foi referendada a despenalização da interrupção voluntária da gravidez, se efectuada até às dez semanas, por

---

[92] DIAS, Jorge de Figueiredo (direcção); *op. cit.* – comentário ao artigo 140.º do CP; também neste sentido AcTC 25/84 de 19 de Março e AcTC 85/85 de 29 de Maio.

[93] «A extrema restritividade das condições previstas pela legislação portuguesa parecem-nos manifestamente desproporcionadas. Neste domínio Portugal está entre os últimos vagões do comboio europeu» – DELMAS-MARTY, Mireille (organização); *The European Convention for the Protection of Human Rights: international protection versus national restrictions;* Martinus Nijhoff Publishers; Dordrecht, 1992 – pág. 178.

[94] Declaração de voto do Conselheiro Costa Mesquita – AcTC 85/85 de 29 de Maio.

O direito à vida no âmbito da Convenção Europeia dos Direitos do Homem 63

iniciativa da mulher, em estabelecimento de saúde legalmente autorizado.[95] Mas, e tendo havido uma elevada abstenção, os eleitores pronunciaram-se em sentido negativo. Portugal tem, pois, uma das leis europeias mais restritivas nesta matéria.

2.3.2.2 – A interrupção voluntária da gravidez na Bélgica

Tendo assinado a CEDH a 4 de Novembro de 1950, a Bélgica ratificou-a a 14 de Junho de 1955 depois do Parlamento ter adoptado a lei de aprovação a 13 de Maio de 1955. O Protocolo n.º 6 foi assinado a 28 de Abril de 1983 e ratificado a 10 de Dezembro de 1998. A Bélgica assinou o Protocolo n.º 13 a 3 de Maio de 2002 e ratificou-o a 23 de Junho de 2003. Em caso de conflito entre a CEDH e uma lei interna, prevalece a CEDH. A prevalência dos tratados sobre as disposições legais internas, não é contestada.[96]

A 3 de Abril de 1990, o Parlamento belga aprovou uma lei que alterou o código penal belga de 1867, liberalizando de forma significativa a interrupção voluntária da gravidez.[97] Antes desta lei, o código penal belga não previa excepções à proibição geral da interrupção voluntária da gravidez. No entanto, princípios gerais de ordem jurídico-criminal justificavam a permissão da prática da interrupção voluntária da gravidez no caso de tal ser necessário para salvar a vida da mulher grávida. A violação da lei era severamente punida.

As tentativas para liberalizar a interrupção voluntária da gravidez na Bélgica começaram em 1971. Daí até à lei de 1990, embora a lei não tivesse sido modificada, eram raras as condenações. Nos casos em que houveram condenações, as penas eram leves ou mesmo suspensas.

Assim, e de acordo com o artigo 350.º do código penal belga, a interrupção voluntária da gravidez não constituirá uma infracção, deste que a mulher grávida, estando num estado de angústia[98], peça a um

---

[95] Vide a este propósito o AcTC n.º 288/98 de 17 de Abril de 1998.

[96] Neste sentido o Cour de Cassation num julgamento de 27 de Maio de 1971 citado por POLAKIEWICZ, Jorg / JACOB-FOLTZER, Valérie; «*The European Human Rights Convention in domestic law: the impact of the Strasbourg case-law in States where direct effect is given to the Convention – first part*», in Human Rights Law Journal, n.º 3 – vol. 12, 1991, págs. 65 a 73.

[97] O rei Balduíno abdicou durante um dia para não ter que assinar a lei de 1990.

[98] Deve ser interpretada como uma condição subjectiva que não pode ser objectivada por um juiz.

médico que interrompa a sua gravidez, e desde que essa interrupção seja praticada respeitando um certo número de condições: seja realizada antes da décima segunda semana de concepção; seja realizada, em boas condições médicas, por um médico; o médico informe a mulher grávida dos riscos que corre, relembrando-a das outras possibilidades que tem (v.g. adopção) e assegurando-se da determinação da mulher em interromper a gravidez (seis dias depois do primeiro consentimento). Depois do prazo das doze semanas, a interrupção da gravidez só pode ser praticada se o prosseguimento da gravidez puser em perigo grave a saúde da mãe ou se houver um diagnóstico que demonstre que a criança, uma vez nascida, irá sofrer de uma doença/malformação de particular gravidade e tida como incurável no momento do diagnóstico. O médico tem que pedir uma segunda opinião a um outro médico. A lei sobre a interrupção voluntária da gravidez belga não tem qualquer cláusula respeitante a menores.

Conclusão

Nesta viagem através do supremo direito à vida consagrado na CEDH, foi possível constatar que, de facto, este direito é de complexo entendimento e de difícil apreensão. O seu conteúdo vago leva a que nem sempre seja fácil retirar uma conclusão quanto à sua relação com algumas questões como a pena de morte, a eutanásia e a interrupção voluntária da gravidez. Prova desta complexidade são, quer a falta de certezas por parte da, por vezes, divergente doutrina, quer pela frequente insuficiência de critérios fornecidos pela jurisprudência, que nem sempre se quer comprometer, principalmente quando estão em causa questões de ordem ética e moral.

A CEDH revela os valores comuns aos Estados que dela são Partes. No entanto, apesar do reconhecimento destes valores comuns explanados na CEDH de acordo com uma concepção comum dos direitos humanos, constata-se que existem diferentes sensibilidades em relação a questões concretas. São, pois, questões de ordem política que impedem uma maior concretização do conteúdo do direito à vida na CEDH, que porventura levam a que os órgãos da CEDH nem sempre sejam conclusivos, e que se assista, neste âmbito, à adopção de soluções legais diferentes no espaço da CEDH. Não é o desejável. Mas é, talvez, a bem da efectiva consagração e protecção do direito à vida.

Esta viagem permitiu também observar que a evolução na protecção do direito à vida tem sido positiva. E tem-no sido não só pelo progressivo esclarecimento – porventura ainda insuficiente – do conteúdo do direito à vida por parte dos órgãos da CEDH e também por parte da doutrina, como também pelo sucesso que tem sido a grande batalha do Conselho da Europa pela abolição da pena de morte. Em relação a outras questões de índole marcadamente ético-moral, como a eutanásia e a interrupção voluntária da gravidez, quer-me parecer que a tendência é para a lenta uniformização de soluções legislativas no espaço da CEDH, no sentido da admissão da eutanásia baseado no modelo dos Países Baixos e da relativa liberalização da interrupção voluntária da gravidez à semelhança de soluções como a belga. O contemporâneo pensamento liberal que põe a tónica na liberdade pessoal e na autodeterminação do indivíduo, conjugado com a queda de fronteiras, a abertura dos Estados, o nascimento de uma verdadeira "consciência europeia" e de um pensamento progressivamente europeu e que cada vez mais fácil e rapidamente se transmite, assim o parecem indicar.

Entretanto, perece-me que podemos encarar de forma positiva o futuro da protecção do direito que todos temos à vida – a caminho da liberdade, da justiça e da paz no mundo.

BIBLIOGRAFIA

ANDRADE, José Carlos Vieira de, *Os direitos fundamentais na Constituição Portuguesa de 1976*, Almedina, Coimbra, 2001.

BARRETO, Irineu Cabral, *Convenção Europeia dos Direitos do Homem*, Aequitas – Editorial Notícias, Lisboa, 1995.

BASSO, Domingo, *Nacer y morir con dignidad*, Ediciones Depalma, Buenos Aires, 1991.

BERISTEIN, Antonio, *«Aspects philosophiques et religieux de la peine de mort», in La peine de mort au seuil du troisiéme millenaire – hommage au Professeur Antonio Beristain, organização de* CARIO, *Robert, págs. 55 a 71*, Érès, Paris, 1993.

BERNHARDT, Rudolf, *«The Convention and domestic law», in The european system for the protection of human rights, organizção de* MACDONALD, *R. /* MATSCHER, *F. /* PETZOLD, *H., págs. 25 a 40*, Martinus Nijhoff Pubishers, Dordrecht, 1993.

CANO, Ana Maria Marcos del, *La eutanásia – estúdio filosófico-jurídico*, Ediciones Jurídicas y Sociales, Barcelona, 1999.

CANOTILHO, José Joaquim Gomes / MOREIRA, Vital, *Constituição da República Portuguesa anotada*, Almedina, Coimbra, 1993.

CANOTILHO, José Joaquim Gomes, *Direito Constitucional e Teoria da Constituição*, Almedina, Coimbra, 2002.

COHEN-JONATAHAN, Gérard, *Aspects européens des droits fondamentaux: libertés et droits fondamentaux*, Montchrestien, Paris, 1999.

COMISSÃO EUROPEIA, *Euthanasia and assisted suicide in the Netherlands and in Europe: methodology of the ethical debate – proceedings of a european conference, Maastricht, 10 and 11 June 1994*, Office for Official Publications of the European Communities, Luxemburgo, 1996.

CSONKA, Peter, *«La peine de mort – le point de vue des droits de l'homme», in La peine de mort au seuil du troisiéme millenaire – hommage au Professeur Antonio Beristain, organização de* CARIO, *Robert, págs. 105 a 121*, Érès, Paris, 1993.

DANELIUS, Hans, «*The case-law of the European Comission of Human Rights as regards the right to life and the prohibitions against torture and forced labour*», in *The birth of european human rights law – studies in honour of Carl Aage Norgaard, organização de* SALVIA, *Michele de /* VILLIGER, *Mark, págs. 53 a 59*, Nomos, Baden--Baden, 1998.

DAVIES, Jean, «*The case for legalising voluntary euthanasia*», in *Euthanasia examined – ethical, clinical and legal perspectives, organização de* KEOWN, *John, págs. 83 a 95*, Cambridge Universty Press, Cambridge, 1997.

DELMAS-MARTY, Mireille (organização), *The European Convention for the Protection of Human Rights: international protection versus national restrictions*, Martinus Nijhoff Publishers, Dordrecht, 1992.

DIAS, Jorge de Figueiredo (direcção), *Comentário conimbricense do Código Penal – tomo I*, Coimbra Editora, Coimbra, 1999.

DIAS, Jorge de Figueiredo, *Direito Penal português – as consequências jurídicas do crime*, Editorial Notícias, Lisboa, 1993.

DICKSON, Brice, *Human rights and the European Convention – the efects of the Convention on the United Kingdom and Ireland*, Sweet & Maxwell, Londres, 1997.

DIJK, P. van / HOOF, G. Van, *Theory and practice of the European Convention on Human Rights*, Kluwer Law International, The Hague, 1998.

DROOGHENBROECK, Sébastien van, *La proportionnalité dans le droit de la Convention Européenne des Droits de l'Homme*, Bruylant, Bruxelas, 2001.

DUARTE, Maria Luísa, *O Conselho da Europa e a protecção dos direitos do homem*, Gabinete da Documentação e Direito Comparado, Lisboa, 1991.

DUPUIS, Jean, *De l'euthanasie*, Téqui, Paris, 1991.

FARINHA, João de Deus Pinheiro, «*L'article 15 de la Convention*», in *Protecting human rights: the european dimension – studies in honor of Gérard Wiarda, organização de* MATSCHER, *Franz /* PETZOLD, *Herbert, págs. 521 a 529*, Carl Heymanns Verlag, Colónia, 1990.

FRUMER, Philippe, *La renonciation aux droits et libertés – la Conveention Européenne des Droits de l'Homme à l'épreuve de la volonté individuelle*, Bruylant, Bruxelas, 2001.

GOLCUKLU, Feyyaz, «*Quelques príncipes fondamentaux de la nouvelle Constitution de la République de Turquie (1982) et la Convention Européenne des Droits de l'Homme*», in *Protecting human rights:*

the european dimension – studies in honor of Gérard Wiarda, organização de Matscher, Franz / Petzold, Herbert, págs. 231 a 238, Carl Heymanns Verlag, Colónia, 1990.

Griffiths, John / Bood, Alex / Weyers, Heleen, *Euthanasia and law in the Nethernds,* Amsterdam University Press; Amsterdão, 1998.

Kamm, F., *Creation and abortion – a study in moral and legal philosophy,* Oxford University Press, Oxford, 1992.

Leal-Henriques, Manuel / Santos, Manuel José Simas, *Código Penal anotado,* Rei dos Livros, Lisboa, 2000.

Loureiro, Joaquim, *«Convenção Europeia dos Direitos do Homem – queixas contra o Estado português»,* in Separata da Scientia Iuridica, n.º 259/261, 1996.

Loureiro, João, *«Aborto: algumas questões jurídico-constitucionais (a propósito de uma reforma legislativa)»,* in Separata do Boletim da Faculdade de Direito de Coimbra, volume LXXIV, 1998.

Macdonald, R., *«Derogations under article 15 of the European Convention on Human Rights»,* in International Law in the 21st Century – essays in honor of professor Louis Henkin, organização de Charney, Jonathan / Anton, Donald / O'Connell, Mary, págs 209 a 247, Martinus Nijhoff Publishers, The Hague, 1997.

Martins, Ana Maria Guerra, *«L'accès à la justice – l'application de la Convention Européenne des Droits de l'Homme au Portugal»,* Estudos de Direito Público – vol. I, págs. 285 a 303, Almedina, Coimbra, 2003.

Massini, C., *«El derecho a la vida en la sistemática de los derechos humanos»,* in El derecho a la vida, organização de Massini, C. / Serna, P., págs 179 a 222, EUNSA, Pamplona, 1998.

Merrills, J., *«The Council of Europe: The European Convention on Human Rights»,* in An introduction to the international protection of human rights – a textbook, organização de Hanski, Raija / Suksi, Markku, Abo Akademi University, Abo, 2000.

Merrills, J., *The development of international law by the European Court of Human Rights,* Manchester University Press, Manchester, 1995.

Miguel, Alfonso Ruiz; *«Autonomia individual y derecho a la propria vida – un análise filosófico-jurídico»,* in Revista del Centro de Estudios Constitucionales, n.º14, 1993, págs. 135 a 165.

Miranda, Jorge, *Manual de Direito Constitucional – tomo IV,* Coimbra Editora, Coimbra, 2000.

Morris, Dan, *«Assisted suicide under the European Convention on Human Rights: a critique»,* in European Human Rights Law Review, n.º1, 2003, págs. 65 a 91.

OPSAHL, Torkel, «*The right to life*», in *The european system for the protection of human rights*, organizção de MACDONALD, R. / MATSCHER, F. / PETZOLD, H., págs. 207 a 223, Martinus Nijhoff Pubishers, Dordrecht, 1993.

PÉDROT, Philippe, «*Existe-t-il un droit de mourir dans la dignité?*», in *Revue de Droit Sanitaire et Social*, n.º 3 – ano 38, 2002, págs 475 a 480.

PEREIRA, André Gonçalves / QUADROS, Fausto de, *Manual de Direito Internacional Público*, Almedina, Coimbra, 1997.

PETERSEN, Kerry, *Abortion regimes*, Dartmouth, Aldershot, 1993.

PEUKERT, Wolfgang, «*Human rights in international lawand the protection of unborn human beings*», in *Protecting human rights: the european dimension – studies in honor of Gérard Wiarda*, organização de MATSCHER, Franz / PETZOLD, Herbert, págs. 511 a 519, Carl Heymanns Verlag, Colónia, 1990.

PIRES, Maria José Morais, *As reservas à Convenção Europeia dos Direitos do Homem*, Almedina, Coimbra, 1997.

POLAKIEWICZ, Jorg / JACOB-FOLTZER, Valérie, «*The European Human Rights Convention in domestic law: the impact of the Strasbourg case-law in States where direct effect is given to the Convention – first part*», in *Human Rights Law Journal*, n.º 3 – vol. 12, 1991, págs. 65 a 73.

POLAKIEWICZ, Jorg / JACOB-FOLTZER, Valérie, «*The European Human Rights Convention in domestic law: the impact of the Strasbourg case-law in States where direct effect is given to the Convention – second part*», in *Human Rights Law Journal*, n.º 4 – vol. 12, 1991, págs. 128 a 141.

PRADEL, Jean / CORSTENS, Geert, *Droit Pénal Européen*, Dalloz, Paris, 1999.

RIPOLLÉS, José / SÁNCHEZ, Juan (coordenação), *El tratamiento jurídico de la eutanasia: una perspectiva comparada*, Tirant lo Blanch, Valencia, 1996.

ROBERTSON, A. / MERRILLS, J., *Human Rights in Europe – a study of the European Convention on Human Rights*, Manchester University Press, Manchester, 1991.

SANTOS, António Furtado dos, *A abolição da pena de morte*, s.n., Lisboa, 1968.

SCOCKENHOFF, Eberhard, *Ética della vita – un compendio teológico*, Queriniana, Brescia, 1997.

O *direito à vida no âmbito da Convenção Europeia dos Direitos do Homem* 71

SILVA Jr., José Peixoto, *Discurso contra a pena de morte recitado nos saraus litterários de Santarém em 1866*, Typographia de Castro Irmão, Lisboa, 1866.

SOUSA, Marcelo Rebelo de / ALEXANDRINO, José de Melo, *Constituição da República Portuguesa comentada*; Lex, Lisboa, 2000.

STEINER, Henry J. / ALSTON, Philip, *International human rights in context*, Oxford University Press, Oxford, 2000.

SUDRE, Fréderic, *Droit International et Européen des droits de l'homme*, PUF, Paris, 1989.

SUDRE, Fréderic, *Les grands arrêts de la Cour Européene des Droits de l'Homme*, PUF, Paris, 1997.

VASAK, Karel, *La Convention Européenne des Droits de l'Homme*, LGDJ, Paris, 1964.

VASCONCELLOS, Pedro Paes de, *Conselheiro Augusto César Barjona da Freitas – jurista e estadista que aboliu a pena de morte*, ADC Editores, s.l., 2001.

VOGLER, Theo, *«The scope of extradition in the light of the European Convention on Human Rights», in Protecting human rights: the european dimension – studies in honor of Gérard Wiarda, organização de* MATSCHER, *Franz /* PETZOLD, *Herbert, págs. 663 a 671*, Carl Heymanns Verlag, Colónia, 1990.

VELU, Jacques / ERGEC, Rusen, *La Convention Européenne des Droits de l'Homme*, Bruylant, Bruxelas,1990.

VITORINO, António, *Protecção constitucional e protecção internacional dos direitos do homem: concorrência ou complementaridade?*, AAFDL, Lisboa, 1993.

JURISPRUDÊNCIA

AcTC 25/84, de 19 de Março.
AcTC 85/85, de 29 de Maio.
AcTC n.º 417/95, de 4 de Julho.
AcTC n.º 1146/96, de 12 de Novembro.
AcTC n.º 288/98, de 17 de Abril.
Associação X. c/ Reino Unido, *Decisão de 12 de Julho de 1978, Queixa n.º 7154/75.*
Buggeman e Scheuten c/ República Federal da Alemanha, *Decisão da CmEDH de 19 de Maio de 1976 e Relatório da CmEDH de 12 de Julho de 1977, Queixa n.º 6959/75.*
Dujardin c/ França, *Decisão da CmEDH de 2 de Setembro de 1991, Queixa n.º 16734/90.*
Ergi c/ Turquia, *Decisão do TEDH de 28 de Julho de 1998, Queixa n.º 23818/94.*
H. c/ Noruega, *Decisão da CmEDH de 19 de Maio de 1992, Queixa n.º 17004/90.*
Kaya c/ Turquia, *Decisão do TEDH de 19 de Fevereiro de 1998, Queixa n.º 22729/93.*
Kelly c/ Reino Unido, *Decisão da CmEDH de 13 de Janeiro de 1993, Queixa n.º 17579/90.*
McCann c/ Reino Unido, *Decisão do TEDH de 27 de Setembro de 1995, Queixa n.º 18984/91.*
McKerr c/ Reino Unido, *Decisão do TEDH de 4 de Maio de 2001, Queixa n.º 28883/95.*
Osman c/ Reino Unido, *Decisão do TEDH de 28 de Outubro de 1998, Queixa n.º 23452/94.*
Pretty c/ Reino Unido, *Decisão do TEDH de 29 de Abril de 2002, Queixa n.º 2346/02.*
Sanles Sanles c/ Espanha, *Decisão do TEDH de 26 de Outubro de 2000, Queixa n.º 48335/99.*

Ocalan c/ Turquia, *Decisão do TEDH de 12 de Março de 2003 Queixa n.º 46221/99.*
Soering c/ Reino Unido, *Decisão do TEDH de 7 de Junho de 1989, Queixa n.º 14038/88.*
Stewart c/ Reino Unido, *Decisão da CmEDH de 10 de Julho de 1984, Queixa n.º 10044/82.*
W. c/ Reino Unido, *Decisão da CmEDH de 28 de Fevereiro de 1983, Queixa n.º 9348/81.*
W. c/ República Federal da Alemanha, *Decisão da CmEDH de 6 de Outubro de 1986, Queixa n.º 11257/84.*
Widmer c/ Suíça, *Decisão da CmEDH de 10 de Fevereiro de 1993, Queixa n.º 20527/92.*
X. c/ Bélgica, *Decisão da CmEDH de 21 de Março de 1969, Queixa n.º 2758/66.*
X. c/ Noruega, *Decisão da CmEDH de 29 de Maio de 1961, Queixa n.º 867/60.*
X. c/ Reino Unido, *Decisão da CmEDH de 13 de Maio de 1980, Queixa n.º 8416/78.*
X e Y c/ Países Baixos, *Decisão do TEDH de 26 de Março de 1985, Queixa n.º 8978/80.*
Young, James e Webster c/ o Reino Unido, *Decisão do TEDH de 13 de Agosto de 1981, Queixa n.º 7601/76 – 7806/77.*

Outros documentos:

Relatório do Conselho da Europa explicativo do Protocolo n.º 6.
Relatório do Conselho da Europa explicativo do Protocolo n.º 13.
Resolução 1253 da Assembleia Parlamentar do Conselho da Europa de 25/6/2001.

2

A liberdade de imprensa na
Convenção Europeia dos Direitos do Homem

Raquel Resende

SUMÁRIO

Razão de ser 79

1 – Perspectiva histórica... 80

2 – Definição do conceito de "imprensa" 88

    2.1 – O conceito de "imprensa" na doutrina 88

        2.1.1 – A "imprensa" em sentido lato.............................. 89

        2.1.2 – A "imprensa" em sentido restrito 89

            2.1.2.1 – O conceito material de imprensa 90

            2.1.2.2 – O conceito formal de imprensa 91

                2.1.2.2.1 – O critério da técnica de reprodução 91

                2.1.2.2.2 – O critério do processo de difusão.......... 91

                2.1.2.2.3 – O critério da dimensão pública 91

                2.1.2.2.4 – O critério da periodicidade 92

    2.2 – O conceito de "imprensa" no direito interno.................... 92

    2.3 – O conceito de "imprensa" no direito internacional 94

3 – A liberdade de imprensa na Convenção Europeia dos Direitos do
Homem... 95

    3.1 – Considerações prévias.. 95

    3.2 – O conteúdo do direito à liberdade de imprensa na Convenção
Europeia dos Direitos do Homem.. 97

        3.2.1 – As diferentes formas de informação............................ 97

            3.2.1.1 – Os factos, as notícias e os dados factuais 97

76 Estudos de Direito Europeu e Internacional dos Direitos Humanos

3.2.1.2 – O discurso político 98
3.2.1.3 – As reportagens sobre a administração da justiça 99
3.2.1.4 – As informações comerciais 100
3.2.1.5 – A protecção do discurso critico 102
3.2.2 – Os diferentes tipos de media 103
   3.2.2.1 – A imprensa falada e por imagens e suas restrições – o sistema de licenças 104
   3.2.2.2 – Os monopólios 106
3.2.3 – As diferentes etapas do processo de comunicação 107
   3.2.3.1 – A liberdade de transmitir informações 107
   3.2.3.2 – A liberdade do público receber informações 108
3.3 – O exercício do direito à liberdade de imprensa 110
3.3.1 – A ingerência das autoridades públicas 110
   3.3.1.1 – A noção de "autoridade pública" 111
   3.3.1.2 – A noção de "ingerência" 111
   3.3.1.3 – A noção de "vítima" 113
3.3.2 – As restrições à liberdade de imprensa 114
   3.3.2.1 – O princípio da legalidade 115
   3.3.2.2 – A legitimidade do fim 116
      3.3.2.2.1 – Segurança nacional, integridade territo-
      rial e segurança pública 117
      3.3.2.2.2 – Manutenção da autoridade e da impar-
      cialidade do poder judicial 117
      3.3.2.2.3 – Não divulgação de informações confi-
      denciais 118
      3.3.2.2.4 – Defesa da ordem e prevenção do crime.. 118
      3.3.2.2.5 – Protecção da saúde e da moral 119
      3.3.2.2.6 – Protecção da reputação e direitos alheios 119
   3.3.2.3 – A necessidade numa sociedade democrática 121
      3.3.2.3.1 – O princípio da proporcionalidade e o
      conceito de "medida necessária numa
      sociedade democrática" 122
3.3.3 – O exercício da liberdade de imprensa no contexto
da Convenção Europeia dos Direitos do Homem: sua
relação com outros artigos e direitos 124
   3.3.3.1 – Outros artigos 125
      3.3.3.1.1 – O artigo 14.º 125
      3.3.3.1.2 – O artigo 17.º 125
      3.3.3.1.3 – O artigo 15.º 126
      3.3.3.1.4 – O artigo 16.º 126
   3.3.3.2 – Outros direitos 126
      3.3.3.2.1 – Direitos que limitam o exercício da liber-
      dade de imprensa 126

A liberdade de imprensa na Convenção Europeia dos Direitos do Homem   77

3.3.3.2.1.1 – O direito a um processo equitativo 127

3.3.3.2.1.2 – O direito ao resto pela vida privada 127

3.3.3.2.2 – Direitos que se relacionam com o exercício da liberdade de imprensa 128

3.3.3.2.2.1 – O direito à liberda de de pensamento, consciência e religião ... 128

3.3.3.2.2.2 – O direito à liberdade de reunião e de associação 128

3.3.4 – O exercício do direito à liberdade de imprensa no contexto do direito internacional 128

3.3.5 – A função dos Estados face ao direito à liberdade de imprensa 129

3.3.5.1 – Abstenção e acção positiva 130

3.3.5.1.1 – Abstenção 130

3.3.5.1.2 – Acção positiva 130

3.3.5.2 – Regulamentação da concentração dos média 131

3.3.5.3 – Efeito horizontal do artigo 10.º 131

4 – Considerações finais 132

Bibliografia 135

Razão de ser

Para Mirabeau[1] a liberdade de imprensa era essencial: sem ela nenhuma outra liberdade podia ser alcançada. Portanto, o direito à liberdade de imprensa enquanto componente essencial da liberdade de expressão, seria, não só um dos princípios básicos de uma democracia, mas também um pré-requisito para o gozo de outros direitos e liberdades[2].

Na verdade, é hoje unanimemente aceite que é através da imprensa que tomamos conhecimento da maioria dos factos que ocorrem na vida em sociedade e que formamos a nossa vontade da qual vão inevitavelmente depender as decisões estaduais.

Assistimos, hoje, a uma intrincada rede de relações que começa nos cidadãos e passa pelos meios de comunicação, associações e partidos políticos e que influencia decisivamente os órgãos do poder. O movimento do Estado como uma forma de organização da sociedade fica condicionado

---

[1] Como refere Christine Fauré, "La Déclaration des droits de 1789, le sacré et l'individuel dans le succès de l'acte", *in La Declaration des droits de l'homme et du citoyen de 1789 – Ses origines – Sa pérennité*, Colloque organisé par Claude-Albert Colliard, Gérard Cognac, J. Beer-Gabel e S. Frogé, Paris, La documentation française, 1990, págs. 72 a 79, a Declaração Universal dos Direitos do Homem e do Cidadão de 1789 teve como fonte de inspiração um projecto elaborado pelo Comité dos Cinco (Demeunier, Mirabeau, La Luzerne, Redon e Tranchet) e foi apresentada por Mirabeau à Assembleia Nacional em 17 de Agosto de 1789; Michel-Henri Fabre, "Mirabeau député du Tiers et la Déclaration de 1789", *in La Declaration des droits de l'homme et du citoyen de 1789 – Ses origines – Sa pérennité*, Colloque organisé par Claude-Albert Colliard, Gérard Cognac, J. Beer-Gabel e S. Frogé, Paris, La documentation française, 1990, págs. 144 a 155.

[2] Para D. J. Harris, M. O'Boyle e C. Warbrick, *Law of the European Convention on Human Rights,* Londres, Butterworths, 1995, no contexto da própria Convenção Europeia dos Direitos do Homem e considerando os fins e os fundamentos do Conselho da Europa, é bastante óbvio que a liberdade de expressão e a liberdade de imprensa se revelam extremamente importantes, não só de per si, mas também em virtude do seu papel fundamental na protecção de outros direitos.

80   *Estudos de Direito Europeu e Internacional dos Direitos Humanos*

pelos meios de comunicação que adquirem no nosso tempo cada vez mais de relevo[3].

Ora, sobressai de tal forma a enorme responsabilidade social da imprensa no contexto da realização da democracia[4], fim último da maioria dos Estados actuais, que nos pareceu fundamental para compreendermos toda esta dinâmica, abordar o tema da liberdade de imprensa no contexto do direito internacional, e em particular, no âmbito da Convenção Europeia dos Direitos do Homem.

Deste modo, e considerando que a apreensão da maior parte das realidades passa, em larga medida, pela compreensão do seu enquadramento histórico, começaremos por abordar esta questão de uma perspectiva histórica. Seguidamente, e porque o objecto do presente relatório visa, acima de tudo, alcançar o âmbito da protecção conferida pela Convenção Europeia dos Direitos do Homem à liberdade imprensa, passaremos a definir o conceito de "imprensa" de que partiremos e por fim, analisaremos a forma como a liberdade de imprensa se encontra consagrada na Convenção Europeia dos Direitos do Homem.

1 – Perspectiva histórica

A imprensa foi inventada nos meados do século XV por Gutenberg, um humilde ourives e mecânico da Mogúncia[5], tendo sido, durante cerca de um século, controlada pelas autoridades religiosas, as quais implementaram um sistema de autorização prévia cujo desrespeito podia conduzir à morte do infractor.

---

[3] Nuno e Sousa, *A liberdade de imprensa,* Coimbra, Gráfica de Coimbra, Dezembro 1984, págs. 1 e 2.

[4] Cfr., entre outros, M.ª Cruz Llamazares Calzadilla, *Las Libertades de expresion e informacion como garantia del pluralismo democratico*, 1.ª ed., Madrid, Civitas Ediciones, 1999, págs. 79 e 80, para quem a imprensa como corolário do direito à informação é um dos fundamentos do Estado democrático; M. M. Bullinger, "Rapport sur "Liberté d'expression et d'information: élément essentiel de la démocratie", *Sixième Colloque International sur la Convention Européenne des Droits de l'Homme organisé par le Secrétariat Général du Conseil de l'Europe en collaboration avec les Universités de la Communauté autonome d'Andalousie – Séville, 13-16 Novembre 1985*, Estrasburgo, Éditions du Conseil de l'Europe, 1985, pág. 12.

[5] José Pijoan, "Origens da Imprensa", *in História do mundo*, Volume 7, Publicações Europa-América, Lda., 1973, págs. 171 a 192.

A partir de 1566, a impressão dos livros passou a consubstanciar um privilégio real, tendo-se incumbido um procurador geral de fazer uma selecção dos livros e queimar aqueles que considerasse desapropriados. No entanto, apesar do aparente rigor deste regime, assistiu-se nessa altura a uma oscilação entre a rigidez e *"a tolerância incerta e episódica da autoridade sob pressão da opinião pública"*[6] que foi, aliás, durante muito tempo, considerada como um dos traços característicos do direito da imprensa.

Esta imprensa, inicialmente tímida, começou o seu combate pela liberdade em países como Inglaterra, França e Holanda, afirmando-se, primeiro, contra os governos[7] e depois, contra a sua tentativa de domesticação[8].

Com efeito, a imprensa conheceu, na Inglaterra do século XVIII, um desenvolvimento vigoroso que se deveu em larga medida ao emergir das Luzes e do espirito filosófico que começaram a demonstrar uma enorme preocupação com a liberdade de expressão.

Em França, também se reconheceu a importância da liberdade de imprensa, sendo a mesma reclamada violentamente contra os filósofos que a hostilizavam e a consideravam medíocre quando comparada com as obras literárias da sua autoria.

A emancipação e a independência dos Estados Unidos, nas quais a imprensa teve um papel fundamental, teve também uma enorme importância em todo este processo de consciencialização de massas, que culminou com a Declaração dos Direitos do Estado da Virgínia em que se proclamou de forma pioneira que *"a liberdade de imprensa é um dos apoios mais poderosos da liberdade"*[9] e a Declaração de Independência de 4 de Julho de 1776 que incluiu esta liberdade entre os direitos fundamentais e inalienáveis do homem.

---

[6] Alberto A. Carvalho e A. Monteiro Cardoso, *Da liberdade de imprensa,* Lisboa, Editora Meridiano, Lda., 1971, pág. 14.

[7] Segundo J. J. Gomes Canotilho e Vital Moreira, *Constituição da República Portuguesa Anotada,* 2.ª edição revista e ampliada, Coimbra, Coimbra Editora, 1984, 1.º volume, pág. 238, *"a liberdade de imprensa começou por ser como as restantes liberdades, uma "liberdade-resistência" contra os poderes públicos".*

[8] Jean-Noël Jeanneney, *Une histoire des medias – Des origines à nos jours,* Paris, Editions du Seuil, Janeiro 1996.

[9] Jorge Miranda, *Textos históricos do Direito Constitucional,* Lisboa, Imprensa Nacional-Casa da Moeda, 1980.

Entre 1775 e 1785, assistiu-se a uma diminuição da oposição, outrora violenta, entre filósofos e jornalistas, mas apesar das divergências se atenuarem, o ponto de viragem só se deu verdadeiramente com a Revolução Francesa.

A imprensa passou a ser vista, não só como um espelho do poder político mas, acima de tudo, como um dos seus actores principais, na medida em que conferia aos eventos um ritmo considerável, tendo sido proclamada na Assembleia Nacional e consagrada no artigo 11.º da Declaração Francesa dos Direitos do Homem e do Cidadão[10].

Surge, nessa altura, a noção de "opinião pública" vista como a principal figura do dinamismo histórico, o motor da história e, entre 1788 e 1789, assiste-se a uma verdadeira "explosão" da imprensa[11] e à multiplicação dos quotidianos, os quais, gozando da máxima liberdade, transcrevem as mais violentas provocações, apelando inclusivamente ao assassínio e ao massacre.

No período que medeia entre 1789 e 1792, a liberdade de imprensa é total pois a autoridade recém constituída recua perante o seu poder e não instituí qualquer sistema de controle que passe pela censura ou pela autorização prévia.

Com a queda da realeza francesa em 10 de Agosto de 1792, a liberdade absoluta vai perder-se nas discórdias civis, e com a queda das facções e dos jornalistas, inicia-se a opressão. Contudo, esta época de liberdade que se viveu entre 1789 e 1792 jamais será esquecida e servirá de ponto de referência para todos aqueles que, ao longo do século XIX, vão procurar reduzir a repressão do pensamento e dos escritos.

Ao longo do século XIX, a liberdade de imprensa afirma-se segundo ritmos variáveis nos diferentes países ocidentais (assistindo-se a períodos de repressão intensa marcados pela ausência de consagração legal desta liberdade e pela nacionalização da imprensa, seguidos de épocas de liberalismo em que se pugna pelo fim da censura) mas acaba por se impor

---

[10] Cfr. a Declaração Francesa dos Direitos do Homem e do Cidadão, de 26 de Agosto de 1789, Jorge Miranda, *Textos históricos...*, a qual, dispôs no seu artigo 11.º que *"A livre comunicação dos pensamentos e das opiniões é um dos direitos mais preciosos do homem; todos os cidadãos podem falar, escrever e imprimir livremente, salva a responsabilidade por abuso de liberdade nos casos previstos na lei"*.

[11] Georges Levasseur, "Les grands principes de la Déclaration des droits de l'homme et le droit répressif français", *in La Declaration des droits de l'homme et du citoyen de 1789 – Ses origines – Sa pérennité*, Colloque organisé par Claude-Albert Colliard, Gérard Cognac, J. Beer-Gabel e S. Frogé, Paris, La documentation française, 1990, pág. 240.

A liberdade de imprensa na Convenção Europeia dos Direitos do Homem 83

em virtude, por um lado, do progresso da democracia que implicava a necessária informação dos eleitores pelos jornais e por outro lado, devido aos progressos técnicos que se fizeram sentir em relação à impressão e difusão dos jornais.

Com a introdução da impressão a vapor em Inglaterra e o aparecimento de jornais importantes, começa a nascer no mundo ocidental um movimento geral em direcção à liberdade que, apesar dos "vai-e-vens" de uma Europa dominada por Napoleão se transforma numa tendência irresistível.

A imprensa escrita atravessa a sua idade de ouro no período que vai do inicio dos anos 70 do século XIX até à I.ª Guerra Mundial, época durante a qual os jornais alargam as suas bases ainda sem a concorrência de outros media. Uma vez conquistada, a liberdade de imprensa só voltará a ser posta em causa nos anos 20 e 30 do século XX pelas ditaduras alemã, italiana e bolchevique.

Durante a I.ª Guerra Mundial, nasce uma enorme tensão entre, por um lado, o interesse pelo conhecimento da verdade e por outro, a necessidade de preservar o interesse público do Estado e entre as duas guerras emerge a radio que tem desde cedo um papel fundamental ao serviço da liberdade.

No fim da II.ª Guerra Mundial, atravessa-se um período difícil em que os governantes revelam uma atitude autoritária face à imprensa em geral mas que acabará por se atenuar, levando ao reconhecimento desta liberdade ao nível internacional.

Na verdade, embora a origem dos direitos do homem, *"entendidos como um conjunto de normas que visam defender a pessoa humana contra os excessos do poder cometidos pelos órgãos do Estado"*[12] remonte aos tempos mais recuados[13], a sua protecção internacional só terá sido oficialmente adoptada em virtude da reacção provocada pelas atrocidades cometidas contra a pessoa humana durante a II.ª Guerra Mundial, entre as quais se destaca, desde logo, a Declaração de Roosevelt de 26 de Janeiro de 1941 acerca das liberdades de opinião e de expressão religiosa, em que se chama particular atenção para o direito de estar defendido das

---

[12] Ireneu Cabral Barreto, *A Convenção Europeia dos Direitos do Homem Anotada*, 2.ª ed., s.l., Coimbra Editora, 1999, pág. 19 e segs.

[13] Para mais desenvolvimentos sobre uma perspectiva histórica dos direitos do homem ver, entres outros, Vieira de Andrade, *Os Direitos Fundamentais na Constituição Portuguesa de 1976*, Coimbra, 1983, págs. 10 e segs.

necessidades materiais e para a importância da garantia de uma vida onde o medo estivesse excluído[14].

Neste contexto, foi aprovada, em 10 de Dezembro de 1948, a Declaração Universal dos Direitos Humanos que consagra um conjunto de princípios que definem um ideal comum a atingir por todos os povos e por todas as nações e que devem considerar-se património comum da Humanidade[15] e proclamado, no seu artigo 19.º, o direito de todo o indivíduo à liberdade de opinião e de expressão, bem como, o direito de receber e de transmitir as informações e ideias através de qualquer meio de expressão.[16]

Em 1949, foi criado o Conselho da Europa do qual fazem parte os Estados capazes de observar a premência do direito e o princípio de que qualquer pessoa sob a sua jurisdição goza dos direitos do homem e das liberdades fundamentais e que visa, por um lado, promover, defender e garantir os direitos do homem e por outro, alcançar a cooperação internacional em áreas diversas.

Na sequência da Declaração Universal dos Direitos Humanos e com vista à sua concretização, surgiram diversos instrumentos de âmbito e valor jurídico variável, entre os quais, o Pacto das Nações Unidas sobre os Direitos Civis e Políticos que, no seu artigo 19.º consagra as liberdades de expressão e de opinião, garantindo inclusivamente o direito à procura das informações[17].

---

[14] Segundo refere J. A. Castro Fariñas, *De la libertad de prensa,* Madrid, Editorial Fragua, 1971, pág. 31, este discurso de Franklin D. Roosevelt ficou conhecido como o discurso das "Quatro liberdades" – liberdade de expressão, liberdade de culto, liberdade económica e liberdade social.

[15] Como defende Ireneu Barreto Cabral, *ob. cit.,* pág. 25, *"com a Declaração, os direitos do homem evoluiram, ganhando projecção universal a dois niveis de tratamento: primeiro, a sua universalidade permite a qualquer pessoa invocá-los contra qualquer Estado e reclamar para si as condições humanas inerentes, onde quer que esteja e independentemente da situação concreta em que se encontre colocada; segundo, o respeito dos princípios e regras relativos aos direitos fundamentais da pessoa humana passou a constituir uma obrigação de cada Estado perante os outros Estados".*

[16] Cfr. a Declaração Universal dos Direitos do Homem, Paula Escameia, *Colectânea de Leis de Direito Internacional,* 3.ª ed., Lisboa, Instituto Superior de Ciências Sociais e Políticas, Janeiro 2003, pág. 236, que dispõe no seu artigo 19.º que *"Todo o indivíduo tem direito à liberdade de opinião e de expressão, o que implica o direito de não ser incomodado pelas suas opiniões e o direito de procurar, receber e difundir, sem considerações de fronteiras, as informações e as ideias mediante qualquer meio de expressão".*

[17] Cfr. o Pacto Internacional dos Direitos Civis e Políticos, Paula Escameia, *ob. cit.,* pág. 310, que dispõe no seu artigo 19.º n.º 2 que *"Toda e qualquer pessoa tem direito*

A liberdade de imprensa na Convenção Europeia dos Direitos do Homem   85

Para além deste, no âmbito de um movimento que procurava dotar a Europa de uma carta comum de direitos e liberdades, foi assinada em Roma em 4 de Novembro de 1950, a Convenção Europeia dos Direitos do Homem ("Convenção") que entrou em vigor no dia 3 de Setembro de 1953.

Esta Convenção de alcance regional contempla no seu artigo 10.º sob a epígrafe *"liberdade de expressão"* o direito de qualquer pessoa receber e comunicar informações e ideias sem considerações de fronteiras, mas, tal como a Declaração Universal dos Direitos Humanos e o Pacto dos Direitos Civis e Políticos, também não refere de forma expressa o direito à liberdade de imprensa.

Efectivamente, este artigo foi moldado nos artigos da Declaração Universal dos Direitos Humanos de 1948 e do Pacto dos Direitos Civis e Políticos e conheceu, durante a fase dos trabalhos preparatórios[18] da Convenção, duas variantes: a variante A do projecto adoptado pelo Comité de Experts em Março de 1950 que preconizava um sistema de enumeração dos direitos e continha duas disposições, uma relativa à liberdade de opinião[19], enunciando-a em termos idênticos aos do artigo 19.º da Declaração Universal dos Direitos do Homem de 1948 e a outra, respeitante à liberdade de expressão[20] que previa entre os interesses superiores susceptíveis de justificar a limitação dos direitos fundamentais, a integridade territorial e o bom funcionamento da administração da justiça; a variante B, baseada num sistema de definição dos direitos, tinha uma redacção muito próxima da actual, mas especificava que a liberdade de expressão podia exercer-se *"sob a forma oral, escrita, impressa ou artística ou por processos visuais ou auditivos devidamente licenciados"*[21], não referindo

---

à liberdade de expressão; este direito compreende a liberdade de procurar, receber e expandir informações e ideias de toda a espécie sem consideração de fronteiras, sob a forma oral ou escrita, impressa ou artística, ou qualquer outro meio à sua escolha".

[18] Para uma melhor compreensão deste assunto, ver, entre outros, Jacques Velu e Rusen Ergec, *La Convention Européenne des Droits de l'Homme*, Extrait du répertoire pratique du droit belge, Complément, Tome VII, Bruxelles, 1990, págs. 593 e segs. e J.E.S. Fawcett, *The application of the European Convention on Human Rights,* 2.ª ed., Nova Iorque, Oxford University Press, 1987, págs. 250 e segs.

[19] Artigo 2.º n.º 6 do Projecto adoptado pelo Comité de Experts, Jacques Velu e Rusen Ergec, *ob. cit.,* pág. 597.

[20] Artigo 6.º do Projecto adoptado pelo Comité de Experts, Jacques Velu e Rusen Ergec, *ob. cit.,* pág. 597.

[21] Artigo 10.º da Variante B, Jacques Velu e Rusen Ergec, *ob. cit.,* pág. 597.

em compensação, o regime das autorizações para as empresas de radiodifusão, cinema ou televisão.

Durante os trabalhos preparatórios foi proposta uma emenda que permitia expressamente as restrições à difusão de ideias extremistas, a qual foi, no entanto, rejeitada. Em 19 de Junho de 1950, a Conferência dos Altos Funcionários introduziu algumas alterações ao texto do artigo, mas a principal modificação foi efectuada, em Agosto de 1950, pelo Subcomité dos Direitos do Homem que veio esclarecer que o direito consagrado na Convenção não impedia os Estados de submeterem as empresas de radiodifusão, cinema ou televisão a um regime de autorizações e suprimiu a referência às diferentes formas de exercício da liberdade de expressão, nomeadamente à forma impressa.

Jacques Velu e Rusen Ergec[22] apontam para toda uma série de textos que foram concebidos no seio do Conselho da Europa, na sequência e como prolongamento do artigo 10.º da Convenção Europeia dos Direitos do Homem, entre os quais se destacam, a Declaração sobre a liberdade de expressão e de informação do Comité de Ministros[23], a Recomendação sobre os Princípios relativos à Publicidade na Televisão[24] e toda uma série de Resoluções da Assembleia Parlamentar sobre o Direito de Resposta[25], as Concentrações de Imprensa[26], o Acesso à Informação detida por Autoridades Públicas[27], os Princípios da Publicidade na Televisão[28] e por fim, uma resolução relativa à Protecção de Dados e à Liberdade de Informação[29].

É de tal modo evidente a importância e a essencialidade da liberdade de imprensa como instrumento de operacionalidade dos princípios da transparência e da publicidade, tão próprios de um Estado de Direito Democrático que, no direito interno foi reconhecida juridicamente ao mais alto nível pela Constituição da Republica Portuguesa (constituição).

---

[22] Jacques Velu e Rusen Ergec, *ob. cit.*, pág. 600.

[23] Cfr. Declaração sobre a liberdade de expressão e de informação aprovada pelo Comité dos Ministros em 29 de Abril de 1982.

[24] Cfr. Recomendação (84)3 do Comité dos Ministros, de 23 de Fevereiro de 1984.

[25] Cfr. Resolução (74)26 da Assembleia Parlamentar.

[26] Cfr. Resolução (74)34 da Assembleia Parlamentar.

[27] Cfr. Resolução (81)19 da Assembleia Parlamentar.

[28] Cfr. Resolução (83)4 da Assembleia Parlamentar.

[29] Cfr. Resolução n.º 1037(1986) da Assembleia Parlamentar.

A liberdade de imprensa na Convenção Europeia dos Direitos do Homem 87

Com efeito, em Portugal, a liberdade de imprensa encontra-se expressamente consagrada a nível constitucional desde a Carta Constitucional de 1826[30], sendo, desde 1976, merecedora de tratamento autónomo no artigo 38.º da Constituição.

Em 1978[31], Portugal aderiu à Convenção Europeia dos Direitos do Homem e do Cidadão, passando a mesma a vinculá-lo na ordem jurídica interna e internacional a partir de 9 de Novembro desse mesmo ano, data da sua entrada em vigor[32]. Para superar algumas incompatibilidades com a Constituição e por forma a evitar a responsabilização do Estado a nível internacional, Portugal formulou oito reservas[33], uma das quais respeitante ao artigo 10.º e mais precisamente, à propriedade privada da televisão, pois a nossa Constituição proibia a existência de televisões privadas[34]. Contudo, devido a uma melhor análise da Constituição e a alterações entretanto ocorridas no nosso ordenamento constitucional[35], essa reserva acabou por ser retirada.

---

[30] A Carta Constitucional de 1826, Jorge Miranda, *As Constituições Portuguesas de 1822 ao texto actual da Constituição,* 3.ª ed., Lisboa, Livraria Petrony, Lda., 1992, pág. 136, dispôs no seu artigo 145.º n.º 3 que *"Todos podem comunicar os seus pensamentos por palavras, escritos, e publicados pela Imprensa sem dependência de Censura, contando que hajam de responder pelos abusos, que cometerem no exercício deste direito, nos casos, e pela forma que a Lei determinar"*; Cfr. J.J. Gomes Canotilho e Vital Moreira, *ob. cit.,* págs. 232 e segs.

[31] A Assembleia da República aprovou para ratificação a Convenção Europeia dos Direitos do Homem e do Cidadão e os seus cinco primeiros Protocolos através da Lei n.º 65/78, de 13 de Outubro.

[32] Segundo refere Ana Maria Guerra Martins, *Estudos de direito público*, Lisboa, Almedina, 2003, pág. 287, de acordo com o disposto no n.º 2 do artigo 8.º da Constituição da República Portuguesa, o direito internacional convencional regularmente ratificado ou aprovado é aplicável desde a sua publicação, e enquanto vincula internacionalmente o Estado Português e portanto, a Convenção Europeia dos Direitos do Homem vincula o Estado Português na ordem jurídica interna e internacional.

[33] Cfr. Alínea c) do artigo 2.º da Lei n.º 65/78, de 13 de Outubro.

[34] Cfr. n.º 6 do artigo 38.º da Constituição da Republica Portuguesa de 1976, Jorge Miranda, *As Constituições Portuguesas...,* pág. 432, que, na sua versão originária dispunha, sob a epígrafe "Liberdade de imprensa" que *"a televisão não pode ser objecto de propriedade privada"*.

[35] A abertura da televisão ao sector privado foi operada pela Lei n.º 12/87, de 7 de Abril e a alteração da Constituição nessa matéria foi efectivada pela Lei Constitucional n.º 1/89, de 8 de Julho, através da qual foi aprovada a segunda revisão constitucional que veio liberalizar o acesso à propriedade privada da televisão mediante concurso público.

2 – Definição do conceito de "imprensa"

Terminada esta breve referência à evolução histórica da liberdade de imprensa, cumprir-nos-á, antes de mais, definir o conceito de "imprensa" de que partiremos para efeitos do presente estudo.

Efectivamente, quando se procura analisar o âmbito de protecção da liberdade de imprensa num determinado contexto, torna-se imprescindível fixar o conceito de imprensa adoptado, na medida em que a extensão da garantia só poderá ser verdadeiramente apreendida se conhecermos o conceito de "imprensa" utilizado, do qual ela é, aliás, indissociável.

Assim, procuraremos, através de uma breve incursão por alguma doutrina nacional e estrangeira, e pontualmente, através do direito interno e internacional, examinar os vários sentidos que pode apresentar este termo[36].

2.1 – O conceito de imprensa na doutrina

Começaríamos, deste modo, por referir que segundo Rivero "*a imprensa no sentido original do termo é a primeira máquina de imprimir*"[37], a "*máquina de imprimir caracteres tipográficos em papel ou em qualquer outra matéria*", tendo, depois, passado a designar o estabelecimento onde trabalham essas mesmas máquinas e outras com elas relacionadas, ou seja, a tipografia. Finalmente, e por extensão, o instrumento terá acabado por se confundir com o produto, passando a designar os próprios impressos.

Mas, a actual noção de "imprensa" é susceptível de diversas classificações[38], defendendo alguns autores como Alberto Carvalho e A. Cardoso que "*a liberdade de imprensa como todas as liberdades públicas, é inseparável dos sistemas políticos em que se insere pelo que uma definição de*

---

[36] Na opinião de José Tengarrinha, *História da imprensa periódica portuguesa,* 2.ª edição Revista e Aumentada, Lisboa, Editorial Coimbra, S.A., Junho 1989, págs. 15 e segs., o termo "imprensa" tem um âmbito bastante amplo e envolve aspectos muito diversos.

[37] Jean Rivero, *Les libertés publiques – Le régime des principales libertés,* 2.º Vol., 4.ª edição, Paris, Presses Universitaires de France, Junho 1989, pág. 203.

[38] Para Dominique Breillat, *Les libertés de l'esprit: examen d'entrée ao CRFPA,* Paris, Montchrestien, 1996, pág. 81, "*o termo "imprensa" é multiforme, mesmo se inicialmente surgiu ligado à tecnica*".

A liberdade de imprensa na Convenção Europeia dos Direitos do Homem   89

liberdade de imprensa envolveria uma adesão fundamentada e prévia a um determinado sistema político-social"[39].

Segundo Nuno e Sousa[40] a noção de imprensa pode apresentar-se em sentido amplo ou restrito, e neste último caso em sentido material ou formal.

2.1.1 – A imprensa em sentido lato

Em sentido lato, o conceito de imprensa abrange, não só a imprensa escrita mas inclui também outros meios de difusão da informação.

Aliás, como diria Nuno e Sousa *"o direito da imprensa, tomada esta no sentido mais alargado, isto é, não restringindo à imprensa escrita, abrange, pois, toda a comunicação de pensamentos e opiniões através de uma técnica de difusão. No fundo, neste conceito amplo de imprensa opera-se a passagem da noção de liberdade de imprensa para a de liberdade de informação; a expressão empresa de informação abarcaria as empresas de imprensa, de radio, de televisão e de cinema"*[41].

2.1.2 – A imprensa em sentido restrito

Contudo, e não obstante o conceito de "imprensa" ser muitas vezes entendido em sentido lato, em vastos sectores da doutrina, o termo é comumente utilizado para referir somente a imprensa escrita, ou seja, o direito que agrupa as normas jurídicas relativas aos órgãos de imprensa (livros, jornais, cartazes) no respeitante à sua impressão, edição e difusão[42].

Este conceito restrito da imprensa pode apresentar-se sob várias formas, consoante os autores adoptem um critério material, que ponha o acento tónico no conteúdo da imprensa ou partam de uma concepção mais formal, baseando-se a distinção na técnica de reprodução, no processo de difusão, na dimensão publica ou na periodicidade da publicação.

---

[39] Alberto A. de Carvalho e A. Monteiro Cardoso, *ob. cit.*, pág. 9.
[40] Nuno e Sousa, *ob. cit.*, págs. 3 e segs.
[41] Nuno e Sousa, *ob. cit.*, pág. 4.
[42] Nuno e Sousa, *ob. cit.*, pág. 5.

2.1.2.1 – O conceito material de imprensa

Os autores que procuram definir a "imprensa" em função de um critério material, não consideram "imprensa" todo e qualquer produto da imprensa, mas tão só *"a publicação de produtos impressos no sector publico geral, no âmbito de uma função pública da imprensa, do qual se teriam de excluir as publicações derivadas de um mero interesse comercial do publicador, ou de interesses de puro recreio ou sensação do leitor"*, *"imprensa, segundo este ponto de vista é apenas a publicação de noticias sobre questões politico-cultural-ideologicas e informações ou reportagens objectivas em jornais ou revistas. Está-se, perante um critério finalista, em que não basta só a qualidade do produto impresso, mas também o fim a que se destina"*[43].

Ora, esta opção por um interesse ideal de liberdade de expressão da opinião pela imprensa no seu valor intrínseco, pode originar, em certa medida, uma negação da protecção conferida a certas actividades que caiam fora do seu âmbito, ou, pelo menos, um tratamento jurídico preferencial dos âmbitos de actividade que caibam precisamente no conceito material de imprensa.

Com efeito, a adopção de um conceito material de imprensa implicaria consequências a três níveis, designadamente, ao nível do âmbito da liberdade de imprensa, ao nível do seu regime jurídico e ao nível da unidade da legislação que a rege. Na verdade, as formas que não se enquadrassem no âmbito material da liberdade de imprensa, ou veriam a sua protecção negada, ou ficariam em regime de desfavor perante as formas por ela abrangidas. Os prospectos, anúncios e outros artigos com fins meramente comerciais ou profissionais não estariam, deste modo, protegidos pela liberdade de imprensa.

A escolha desta forma de conceber a imprensa, iria gerar a coexistência de dois regimes distintos, consoante se tratassem de artigos inseridos no conteúdo material do conceito ou não, sendo os últimos sujeitos a restrições sem controle e, aos primeiros, assegurada uma garantia considerável.

Finalmente, esta diferenciação da noção de "imprensa" em função do seu conteúdo impediria uma unidade total da legislação nos vários campos da imprensa.

---

[43] Nuno e Sousa, *ob. cit.,* pág. 6.

A liberdade de imprensa na Convenção Europeia dos Direitos do Homem   91

2.1.2.2 – O conceito formal de imprensa

Conforme anteriormente referimos, os autores que preconizam um entendimento do conceito de "imprensa" em sentido restrito, optam por classificá-la segundo critérios que respeitam a técnica de reprodução utilizada, o processo de difusão empregue, a sua dimensão pública ou ainda, a sua periodicidade, entre outros.

2.1.2.2.1 – O critério da técnica de reprodução

Deste modo, começaríamos por mencionar que, segundo alguns autores, o critério de distinção por excelência deveria ser o da técnica de reprodução. Efectivamente, de acordo com esta corrente doutrinária, a "imprensa" não deveria ser entendida de um ponto de vista material, mas meramente formal e, por forma a abranger no seu âmbito de protecção, apenas os métodos que dão origem à impressão da palavra.

2.1.2.2.2 – O critério do processo de difusão

Uma outra classificação afasta do sentido restrito de imprensa a radio, a televisão e o cinema por consubstanciarem processos de difusão diferenciados. Estes transmitem sons, palavras ou imagens, mas não dão azo à *"reprodução de um número ilimitado de exemplares idênticos e não se pode, na sua difusão, prescindir de instalações especiais emissoras ou receptoras, não se originando propriamente um objecto material para distribuir como na imprensa"*[44].

2.1.2.2.3 – O critério da dimensão pública

Para os apologistas do critério da dimensão pública *"para se tratar de imprensa, não basta só a impressão da palavra, precisa-se de um*

---

[44] O facto da radio, a televisão e o cinema não consubstanciarem processos de difusão susceptíveis de originar um objecto material para distribuir como na imprensa, entendida em sentido restrito não é, segundo Nuno e Sousa, *ob. cit.*, pág. 10, irrelevante, pois quanto maior for a extensão concedida à liberdade de imprensa, maior é a probabilidade de causar lesões dos direitos de terceiros. Acresce, que deste modo, assistiremos a um aumento do número de titulares activos desta liberdade e a uma correspondente diminuição dos direitos do Estado.

92   *Estudos de Direito Europeu e Internacional dos Direitos Humanos*

efeito de multiplicidade"[45]. Estes autores consideram que a garantia da liberdade de imprensa deve ter por base a utilidade da divulgação de informações correctas e opiniões, perante um número indeterminado de pessoas, deixando portanto fora do seu âmbito de protecção a impressão individual para fins particulares que não se destine à publicação. Os seguidores desta tese consideram que a protecção da liberdade de imprensa só actuaria perante a publicação de um número suficiente de exemplares[46].

2.1.2.2.4 – *O critério da periodicidade*

Finalmente, para aqueles que tutelam o critério da periodicidade, apenas os periódicos estariam protegidos pela liberdade de imprensa.

Examinadas as inúmeras formas de conceber o termo "imprensa", procuraremos através da análise da questão, no direito interno e internacional, determinar qual a tendência maioritariamente seguida.

2.2 – O conceito de imprensa no direito interno

Começaremos pois, por analisar o conceito de imprensa no direito interno português, através da abordagem da forma como esta questão é tratada pela Constituição[47] e passaremos depois, a analisar o assunto à luz do direito internacional.

A nossa Constituição consagra no seu artigo 38.º a liberdade de imprensa e meios de comunicação, mas não define o que se entende por imprensa, pelo que, dependendo o âmbito de protecção da liberdade de imprensa da compreensão que tivermos deste conceito, impõe-se uma tarefa interpretativa da noção de imprensa face às leis constitucionais portuguesas.

---

[45] Nuno e Sousa, *ob. cit.,* pág. 11.

[46] Esta tese coloca, desde logo, o problema da determinação daquilo que se entende pela expressão "número suficiente de exemplares".

[47] Sobre a estrutura juridico-constitucional da liberdade de imprensa, ver, entre outros, Artur Rodrigues da Costa, "A liberdade de imprensa e as limitações decorrentes da sua funções", *Revista do Ministério Público*, a.10 n. 37, Janeiro-Março 1989, págs. 13 a 19.

A *liberdade de imprensa na Convenção Europeia dos Direitos do Homem* 93

Assim, o exame da nossa legislação anterior revela-nos que o entendimento do conceito de imprensa se processou sempre em termos restritos, não abrangendo até à Constituição de 1976 outros domínios como a rádio, a televisão e o cinema. Ora, se atendermos à impossibilidade óbvia para o legislador do século XIX prever tais meios de difusão facilmente compreenderemos esta abordagem da questão.

Contudo, *"admitindo-se"*, hoje *"que a radio, a televisão e o cinema preenchem em certos âmbitos missões semelhantes às dos jornais, podia-se pensar em estender a liberdade de imprensa para o campo mais vasto da liberdade de informação, referindo a noção de imprensa à de informação"*[48].

Segundo Gomes Canotilho e Vital Moreira *"mais do que um direito a liberdade de imprensa é um complexo ou constelação de direitos e liberdades: direitos a criar órgãos de comunicação, direitos dos jornalistas dentro daqueles, direitos dos próprios órgãos de comunicação social..."*[49].

Para além do mais, nos diversos números deste artigo são especificados toda uma série de direitos parciais ou sectoriais, não se esgotando, no entanto, todos os aspectos em que se analisa a liberdade de imprensa e que decorrem do seu enunciado[50].

Não é, pois, segundo estes autores, claro o conceito de imprensa envolvido na noção constitucional de liberdade de imprensa, pois parece haver um conceito restrito e um conceito amplo, que variam consoante a forma de expressão, a natureza e o conteúdo da comunicação.

Não obstante, a Constituição menciona expressamente no artigo referente à liberdade de imprensa, a radio e a televisão[51], o que leva estes autores a apontar para a adopção de um conceito de imprensa em sentido amplo. Aliás, o tratamento constitucional da imprensa escrita, como também o dos demais meios de comunicação social é referido por Jorge

---

[48] Nuno e Sousa, *ob. cit.,* pág. 15.

[49] J. J. Gomes Canotilho e Vital Moreira, *ob. cit.,* págs. 237 e 238.

[50] Na verdade, a proibição que impende sobre o Estado de impor aos órgãos de comunicação, a publicação ou a difusão de qualquer comunicação não é contemplada neste artigo pois, tratando-se este direito de uma qualificação da liberdade de expressão e informação consagrada no artigo 37.º da Constituição, compartilha do seu regime constitucional que preconiza a proibição da censura e o direito de resposta e rectificação.

[51] O artigo 38.º da Constituição da República Portuguesa dispõe no seu n.º 5 que *"o Estado assegura a existência e o funcionamento de um serviço público de rádio e de televisão"*. Para mais desenvolvimentos acerca do tratamento constitucional da actividade de televisão, cfr. José Alberto de Melo Alexandrino, *Estatuto constitucional da actividade de televisão*, Coimbra, Coimbra Editora, 1998.

94   *Estudos de Direito Europeu e Internacional dos Direitos Humanos*

Miranda como um dos traços característicos do regime da Constituição de 1976[52]. Acresce que o artigo em análise abrange toda uma multiplicidade de direitos, o que nos leva a aderir a esta tese.

2.3 – O conceito de imprensa no direito internacional

Passando agora a abordar a questão ao nível do direito internacional, começaremos por referir as fórmulas utilizadas pela ONU, no âmbito da Convenção relativa ao direito internacional de rectificação de 1952, de "empresa de informação" e de "agência noticiosa", na qual se incluem *"as empresas de imprensa, radiodifusão, cinematográfia, televisão, telefotocopia, públicas ou privadas, cuja actividade regular consiste em recolher e divulgar documentos de informação"* e de "despachos noticiosos" que mais não são do que *"...documentos de informação transmitidos por escrito ou por via de telecomunicações, na forma habitualmente usada pelas agências noticiosas para transmitir esses documentos, antes da sua publicação, aos jornais, aos periódicos e às organizações das emissões radiofónicas"*[53] que englobam a actividade de várias empresas dedicadas à comunicação.

Para além do mais, parece-nos que não devemos esquecer alguns instrumentos de direito internacional que, apesar de terem valores distintos no que respeita à sua força vinculativa, nos poderão fornecer algumas linhas de orientação.

Assim, começaríamos por referir a Declaração Universal dos Direitos do Humanos[54] e em especial o seu artigo 19.º, que visa assegurar a todos

---

[52] Sobre a comunicação social nos textos constitucionais, ver, entre outros, Jorge Miranda, *Manual de Direito Constitucional, Tomo IV, Direitos Fundamentais*, 3.ª ed. Coimbra Editora, 2000.

[53] Artigo 1.º da Convenção da ONU relativa ao Direito Internacional de Rectificação.

[54] A Declaração Universal dos Direitos do Homem foi aprovada por resolução da Assembleia Geral da Organização das Nações Unidos e como tal, não sendo um tratado ou uma convenção não vincula os Estados. No entanto, na opinião dos Professores André Gonçalves Pereira e Fausto de Quadros, *Manual de direito internacional,* 3.ª ed., Coimbra, Almedina, 1995, o artigo 8.º integra as normas e os princípios de direito internacional geral ou comum e as normas convencionais internacionais no direito português. Para além do mais, nos termos do artigo 16.º n.º 2 da Constituição, os preceitos constitucionais e legais relativos a direitos fundamentais devem ser interpretados e integrados de harmonia com a Declaração Universal dos Direitos do Homem que consagra princípios gerais de direito internacional que fazem parte da Constituição em sentido material.

A *liberdade de imprensa na Convenção Europeia dos Direitos do Homem*   95

os homens, o direito à liberdade de opinião e de expressão, implicando este, o direito de receber e difundir informações e ideias por qualquer meio de expressão.

Quanto ao Pacto dos Direitos Civis e Políticos, é o mesmo também merecedor da nossa atenção porquanto garante a todos, no seu artigo 19.º, o direito à liberdade de expressão, incluindo a liberdade de difundir informações e ideias de qualquer natureza, sob a forma oral, escrita, impressa ou artística ou por qualquer outro meio à escolha.

Verificamos pois, que nem um, nem outro destes instrumentos de direito internacional consagram a liberdade de imprensa de forma autónoma, e, embora o Pacto Internacional dos Direitos Civis e Políticos se refira expressamente à forma de difusão impressa, a imprensa aparece sempre subsumida numa disciplina mais lata e dentro de um único artigo respeitante à liberdade de informação e de expressão.

À laia de conclusão, diríamos pois que, apesar de existirem argumentos em sentido contrário, parece-nos haver uma opção, tanto a nível interno como internacional, por um conceito de imprensa em sentido lato, abrangendo tanto a imprensa escrita como todas as outras formas de comunicação de pensamentos e opiniões e, em especial, por uma liberdade de imprensa que garanta todos estas vertentes.

Na verdade, a opção por um conceito restrito baseado numa classificação material ou formal poderia favorecer o reaparecimento de uma forma de censura relativamente às actividades que, de acordo com esta classificação, não fizessem parte do seu âmbito de protecção, o que seria dificilmente conciliável com os princípios da dignidade humana, da igualdade de protecção e da democracia.

3 – A liberdade de imprensa na Convenção Europeia dos Direitos do Homem

3.1 – Considerações prévias

Entrando agora no ponto principal do presente relatório, o estudo da liberdade imprensa no contexto da Convenção Europeia dos Direitos do Homem, começaríamos por referir que a mesma não tem consagração expressa em nenhum artigo da Convenção. Não obstante, em virtude da interpretação abundantemente desenvolvida pela jurisprudência do Tribunal Europeu dos Direitos do Homem ("Tribunal") nesta matéria, é hoje, unani-

96   *Estudos de Direito Europeu e Internacional dos Direitos Humanos*

memente aceite que esta é uma das componentes essenciais da liberdade de expressão consagrada no artigo 10.º da Convenção, disposição esta, que é aliás frequentemente referida como a carta europeia da liberdade de expressão[55].

Efectivamente, a liberdade de imprensa, enquanto componente essencial de um sistema democrático[56] e uma das condições básicas do progresso social e da realização dos homens e mulheres que a compõem, não poderia deixar de ser um dos direitos garantidos pela Convenção Europeia dos Direitos do Homem[57]. Na verdade, num contexto de realização de uma verdadeira democracia e de protecção da identidade cultural, a política de informação e dos média é um dos principais temas de debate, razão pela qual se optou por através do artigo 10.º da Convenção garantir o exercício da liberdade de imprensa.

No entanto, como qualquer outro direito, também a liberdade de imprensa não é um direito absoluto, nem beneficia de uma protecção ilimitada. Deste modo, e por forma a podermos apreender de forma correcta as vertentes e os efeitos desta protecção que lhe é conferida, procuraremos, primeiro, fixar o conteúdo dado ao direito à liberdade de imprensa pela Convenção e abordaremos depois, a forma do seu exercício e os limites que se lhe impõem.

---

[55]   Charles Debbash, *Droits des Médias,* s.l., Dalloz, 1999, pág. 999.

[56] Nos Acórdãos Handyside c. Reino-Unido, de 7 de Dezembro de 1976, Queixa n.º 5493/72, www.gddc.pt, Sunday Times c. Reino-Unido (n.º 1), de 26 de Abril de 1979, Queixa n.º 6538/74, www.gddc.pt e Acórdão Lingens c. Austria, de 8 de Julho de 1986, Queixa n.º 9815/82, www.gddc.pt, o Tribunal considerou que *"tal como havia sido estabelecido no caso Handyside, a liberdade de expressão é um dos fundamentos essenciais de uma sociedade democrática; sob reserva do 2.º parágrafo do art. 10.º, ela vale não somente para as informações ou ideias acolhidas favoravelmente ou consideradas inofensivas ou indiferentes, mas também em relação àquelas que choquem ou preocupem o Estado ou uma qualquer facção da população. Estes princípios revestem uma importância especial para a imprensa (...) pois, se os media não devem desrespeitar os limites fixados para os fins de uma boa administração da justiça, incumbe-lhes comunicar informações e ideias acerca de questões do conhecimento dos tribunais bem como aquelas que digam respeito a outros sectores de interesse público".*

[57] Para Jacques Velu e Rusen Ergec, *ob. cit.,* pág. 604, embora não seja expressamente referida pelo artigo 10.º, a liberdade de imprensa constitui, sem qualquer margem para dúvida, uma das componentes essenciais da liberdade de expressão e o espaço primordial de debate político e filosófico.

A liberdade de imprensa na Convenção Europeia dos Direitos do Homem 97

3.2 – O conteúdo do direito à liberdade de imprensa na Convenção Europeia dos Direitos do Homem

O conteúdo do direito à liberdade de imprensa tem sido progressivamente determinado pela jurisprudência do Tribunal e da Comissão Europeia dos Direitos do Homem ("Comissão"), os quais, a partir do disposto no n.º 1 do artigo 10.º[58] da Convenção têm vindo a conceber a construção de uma garantia susceptível de abranger formas de informação distintas[59], oriundas de diferentes tipos de media e independentemente da etapa do processo de comunicação.

3.2.1 – As diferentes formas de informação

O exercício da liberdade de imprensa como uma das principais manifestações da liberdade de expressão pode envolver diversos tipos de informações desde os simples dados factuais até às informações comerciais, e o artigo 10.º fala em liberdade de expressão sem especificar formas de expressão em particular. Contudo, tem-se verificado haver diferenças de rigidez significativas na aplicação da Convenção, consoante o tipo de expressão envolvido, razão pela qual, se nos afigura importante definir quais as formas de informação que beneficiam de protecção, e qual a amplitude dessa mesma protecção em função das circunstâncias.

3.2.1.1 – *Os factos, as notícias e os dados factuais*

Na óptica da jurisprudência, desenvolvida desde cedo pelo Tribunal, o artigo 10.º da Convenção protege toda uma diversidade de tipos de

---

[58] Cfr. Ireneu Cabral Barreto, *ob. cit.*, pág. 203, n.º 1 do artigo 10.º *"Qualquer pessoa tem direito à liberdade de expressão. Este direito compreende a liberdade de opinião e a liberdade de receber ou de transmitir informações ou ideias sem que possa haver ingerência de quaisquer autoridades públicas e sem considerações de fronteiras. O presente artigo não impede que os Estados submetam as empresas de radiodifusão, de cinematografia ou de televisão a um regime de autorização".*

[59] Sobre o âmbito de protecção do artigo 10.º da Convenção, ver, entre outros, Francis G. Jacobs e Robin C. A. White, "Freedom of expression", *in the European Convention on Human Rights*, 2.ª ed., Reino-Unido, Oxford Unversity Press, 1996, págs. 222 a 236.

Estudos de Direito Europeu e Internacional dos Direitos Humanos

informação desde as opiniões, as ideias filosóficas, até aos meros factos, noticias ou dados factuais[60].

3.2.1.2 – O discurso político

Não obstante, o inegável reconhecimento da protecção conferida aos meros dados factuais, importará verificar o âmbito em que os mesmos ocorrem. Efectivamente, o Tribunal tem salientado que, quando formuladas num contexto político, estas mesmas realidades, beneficiarão de uma protecção acrescida, na medida em que a liberdade de imprensa, enquanto veículo de informação de intenções políticas, é encarada como uma das peças fundamentais do pluralismo democrático[61].

Deste modo, os limites da crítica aceitável são consideravelmente mais vastos em relação aos políticos do que em relação ao homem comum[62]. Contrariamente a este último, os primeiros colocam-se inevitavelmente, e com conhecimento de causa, numa situação exposta ao escrutínio de cada uma das suas palavras, tanto pelos jornalistas, como pelo publico em geral e devem, portanto, ter um elevado grau de tolerância. O artigo 10.º n.º 2 protege indubitavelmente a reputação de terceiros e esta protecção também se estende aos políticos, mesmo quando não actuem na sua capacidade privada[63]. Não obstante, em tais casos os requisitos

---

[60] Cfr. Acórdão Autonic AG c. Suíça, de 22 de Maio de 1990, Queixa n.º 12726/87, www.gddc.pt, em que o Tribunal reconheceu que a protecção conferida pelo artigo 10.º à liberdade de imprensa abrangia as simples ideias ou dados factuais.

[61] No Acórdão Lingens, cit., § 5, o Tribunal considerou que a liberdade de imprensa *"funciona para o publico como um dos principais meios de descobrir e formar uma opinião acerca das ideias e atitudes dos líderes políticos"*. E admitiu que, de uma forma genérica, a liberdade do debate politico está no seio do conceito de sociedade democrática que prevalece ao longo de toda a Convenção.

[62] Ver entre outros, Pierre Lambert, "La liberté de la presse et la réputation de l'homme politique", *Revue trimestrielle des droits de l' homme*, a.3 n.º 11, Julho 1992, págs. 379 a 388; Sébastien Depré, "La liberté d'expression, la presse et la politique", *Revue belge de droit constitutionnel*, n.º 3, 2001, págs. 375 a 383 e R. S.T.J. Macdonald, "Politicians and the press", *in Protecting Human Rights: The European Dimension – Studies in honour of Gérard J. Warda, edited by Franz Matscher / Herbert Petzold*, 2.ª ed., s.l., Carl Heymenns VErlag KG, 1990, págs. 361 a 372.

[63] Relativamente à problemática do abuso da liberdade de imprensa por parte dos jornalistas que acabam por cometer verdadeiros crimes de difamação, ver, entre outros, Sébastien Depré, *ob. cit.*

A *liberdade de imprensa na Convenção Europeia dos Direitos do Homem*   99

desta protecção deverão ser cuidadosamente contrabalançados com o interesse em manter uma discussão aberta acerca de assuntos políticos[64].

Deste modo, os órgãos da Convenção defendem que uma qualquer regulamentação restritiva da liberdade de imprensa no contexto de um debate político deve ser interpretada com o máximo de acuidade, só se aplicando quando e se se afigurar realmente necessária.

Na opinião de Mark Janis, Richard Kay e Anthony Bradley, em virtude do papel fundamental do acesso ao discurso político para a formação de uma vontade democrática, a orientação da jurisprudência do Tribunal e da Comissão tem ido no sentido de considerar que, quando o exercício do direito à liberdade de imprensa incidir sobre uma figura pública, haverá um maior interesse em conhecer o seu comportamento e como tal, o mesmo irá beneficiar de uma protecção mais ampla[65].

3.2.1.3 – *As reportagens sobre a administração da justiça*

Por diversas vezes, a Comissão e o Tribunal tiveram também, a oportunidade de sublinhar a importância da liberdade de imprensa no contexto da administração da justiça. Com efeito, e de acordo com a orientação que defendem, "*o elevado grau de protecção acordado à liberdade de imprensa quando incida sobre questões de interesse publico também será aplicável no domínio da administração da justiça, na medida em que esta serve os interesses de toda a colectividade e exige a cooperação de um público esclarecido*"[66]. Novamente, se acentuou que a

---

[64] No Acórdão Oberschlick c. Áustria, de 23 de Maio de 1991, Queixa n.º 11662/ /85, www.gddc.pt, o Tribunal dispôs que, face à essencialidade da plenitude de funcionamento da liberdade de imprensa na construção de uma democracia, a imposição de uma multa a um jornalista no contexto de um debate político poderia deter estes profissionais de contribuir para discussões públicas acerca de questões susceptíveis de afectarem a vida em comunidade. Para além do mais, através do Acórdão Castells c. Espanha, de 23 de Abril de 1992, Queixa n.º 11798/85, www.gddc.pt, estabeleceu que "*num sistema democrático, as acções ou omissões do governo devem ser minuciosamente examinadas não só pelas autoridades legislativas e judiciais, mas também pela imprensa e pela opinião pública*".

[65] Mark W. Janis, Richard S. Kay e Anthony W. Bradley, *European Human Rights Law. Text and Materials*, Nova Iorque, Clarendon Press, Oxford University Press, 1995.

[66] Nos Acórdãos Sunday Times c. Reino Unido (n.º 1), cit., Oberschlik c. Áustria, cit. e na opinião de vencido proferida pelo Juiz Gölcüklü (§ 4) no Acórdão Barfod c. Dinamarca, de 22 de Fevereiro de 1989, Queixa n.º 11508/85, www.gddc.pt, considerou-se que o facto dos tribunais serem competentes para regular os diferendos não significava

100 Estudos de Direito Europeu e Internacional dos Direitos Humanos

democracia é um sistema aberto onde a liberdade de expressão tem um papel fundamental e portanto, para os cidadãos terem um controle crítico acerca do exercício do poder público, é essencial que limites particularmente rigorosos sejam impostos às interferências com a publicação de opiniões que referem actividades das autoridades publicas, incluindo judiciárias.

Desta feita, apesar de por vezes se admitirem certas restrições em virtude do risco de as mesmas poderem influir de forma nefasta sobre um julgamento, ou de transformarem um processo judicial num processo de imprensa ou, até mesmo, de habituarem o público ao espectáculo dos meios de comunicação social, o que, a longo termo, poderia ter consequências nefastas no reconhecimento dos tribunais como órgãos qualificados para resolver as questões jurídicas, o Tribunal tem considerado dever nestes casos ser dada alguma prioridade à liberdade de informação e de imprensa.

3.2.1.4 – As informações comerciais

Inicialmente, suscitaram-se algumas dúvidas acerca da protecção conferida pelo artigo 10.º da Convenção às informações comerciais. Contudo, também nesta matéria a jurisprudência do Tribunal e da Comissão foi bastante esclarecedora, tendo-se considerado que *"este tipo de informações não poderia ser excluído da aplicação do art. 10.º que não vale somente para certos tipos de informações, ideias ou formas de expressões"*[67].

---

que os mesmos não pudessem ser discutidos em revistas especializadas, na imprensa ou pelo público em geral, e que mesmo que o exercício do direito à liberdade de imprensa pudesse ser interpretado como um ataque à integridade e à reputação dos juizes, o interesse geral em permitir o debate público sobre o funcionamento do poder seria mais importante do que o interesse dos juizes em serem protegidos das criticas.

[67] O Acórdão Markt InternVerlag GmbH e Klaus Beerman c. Alemanha, de 20 de Novembro de 1989, Queixa n.º 10572/83, www.gddc.pt, foi decisivo para situar a informação de natureza comercial no campo de aplicação da liberdade de imprensa porque se considerou que o facto da mesma ser exercida fora da discussão de assuntos de interesse publico não a priva da protecção do artigo 10.º. Posteriormente, o Juiz Pettiti na sua decisão de vencido proferida no Acórdão Barthold c. Alemanha, de 8 de Junho de 1976, Queixa n.º 8734/79, www.gddc.pt dipôs que *"a liberdade de expressão na sua verdadeira acepção é o direito de receber e de transmitir informações e ideias. O discurso comercial está directamente relacionado com essa liberdade"*.

A *liberdade de imprensa na Convenção Europeia dos Direitos do Homem* 101

Para R. ST. J. Macdonald, F. Matscher e H. Petzold, as principais questões que se suscitam no seio da liberdade de informação, da liberdade do mercado da televisão e do uso da comunicação por satélite, não podem ser resolvidas sem ter em conta o fenómeno da publicidade, na medida em que uma total proibição de publicitar equivaleria a uma total proibição de difundir pela televisão, privando este media do seu meio de sustento financeiro. Assim, a regulamentação nesta matéria é legitima, mas, para manter o livre curso da informação, toda e qualquer restrição imposta deve responder a uma necessidade social ponderosa e não a um mero expediente[68].

Estas decisões, relatórios e acórdãos demonstram claramente que a liberdade de imprensa protege as informações de conteúdo comercial. Contudo, importa referir que a protecção, que lhes é conferida, situa-se a um nível inferior à que é acordada ao discurso político. Na verdade, embora lhe reconheça alguma protecção, nem a Comissão, nem o Tribunal atribuem grandes efeitos a esta qualificação, na medida em que as restrições impostas à publicidade são suficientemente claras e coerentes para permitir aos media de regular a sua conduta nesse contexto, sendo facilmente consideradas conformes ao artigo 10.º. Segundo Dirk Voorhoof, do Comité Director sobre os Meios de Comunicação de Massa, *"a jurisprudência indica claramente que o que a Convenção oferece por um lado (ao permitir a aplicação do art. 10.º às informações comerciais) retira por outro (ao controlar de forma limitada e ao aceitar as restrições). O facto de rasíssimas vezes uma limitação ao discurso comercial ter sido considerada como uma violação do art. 10.º evidencia claramente esta situação, daí que o seu impacto nesta matéria seja considerado meramente simbólico"*[69].

Esta diferença de tratamento pode explicar-se para Mark Janis, Richard Kay e Anthony Bradley por duas ordens de razões, primeiro, porque é indiscutível que este tipo de informação não tem a mesma importância que o discurso político para a afirmação da democracia e, em segundo lugar, porque existe uma prática estabelecida, no âmbito da regulamentação económica, que determina que estas restrições sejam indissociáveis deste tipo de discurso[70].

---

[68] R. ST. J. Macdonald, F. Matscher e H. Petzold, *The European System for the Protection of Human Rights*, Países Baixos, Martinus Nijhoff Publishers, Kluwer Academic Publishers, 1993, págs. 465 e segs.

[69] Dirk Voorhoof, *Analyse critique de la portée et de l'application de l'article 10 de la Convention Européenne des Droits de l'Homme*, Estrasburgo, Éditions du Conseil de l'Europe, Outubro 1993, pág. 35.

[70] Mark Janis, Richard Kay e Anthony Bradley, *ob. cit.*, págs. 205 e 206.

3.2.1.5 – A protecção do discurso crítico

Finalmente, cumprir-nos-á mencionar que, apesar de proteger todo o tipo de informações, a liberdade de imprensa tem um efeito particularmente importante no que respeita à protecção do discurso crítico.

Com efeito, por diversas vezes, o Tribunal tem considerado que a liberdade de expressão constitui um dos fundamentos essenciais de uma sociedade democrática e, sob reserva do parágrafo 2 do artigo 10.º, ela vale, não só para as "informações" ou "ideias" favoráveis, ou consideradas inofensivas ou indiferentes, mas também, para aquelas que chocam ou preocupam o Estado ou uma qualquer facção da população[71]. Assim o exigem o pluralismo, a tolerância e o espírito de abertura sem os quais não haverá "sociedade democrática"[72].

Para além do mais, de acordo com a orientação seguida por este órgão, devem distinguir-se os factos dos juízos de valor, na medida em que a existência dos factos pode ser demonstrada e a veracidade dos juízos de valor não é susceptível de prova, beneficiando assim de uma protecção acrescida no quadro do artigo 10.º[73].

Segundo Van Dijk e Van Hoof, a prova da veracidade das críticas no que toca aos juízos de valor, é um critério que não é aceite pela Comissão na medida em que estes são elementos essenciais da liberdade de imprensa e a impossibilidade de prova é-lhes inerente[74].

---

[71] Para Beate Rudolf, "Le droit allemand face au discours raciste et aux partis racistes", *Revue trimestrielle des droits de l'homme*, a.12 n.46, Março 2001, pág. 302, esta orientação não implica que "*o Estado de direito deva ser um espectador inactivo quando o seu valor fundamental, a dignidade humana, é posta em questão*".

[72] No Acórdão Lingens c. Áustria, cit., o Tribunal considerou que, mesmo que os termos usados fossem muito negativos e fortes, se não fossem de todo desapropriados no contexto em que tivessem sido empregues, não deveriam ser censurados.

[73] No Acórdão Lingens c. Áustria, cit., o Tribunal criticou a Lei da Difamação austríaca por sobrecarregar o acusado com o ónus da prova das suas declarações e referiu que deveria fazer-se "*uma distinção cuidadosa entre factos e juízos de valor. A existência de factos pode ser demonstrada, enquanto a veracidade de juízos de valor não é susceptível de prova ...(de acordo com a lei austríaca) os jornalistas num caso semelhante não podem escapar à condenação...excepto se conseguirem provar a veracidade das suas declarações... Quanto aos juízos de valor este requisito é impossível de preencher e infringe a própria liberdade de opinião, que é uma parte fundamental do direito garantido pelo art. 10.º.*" Cfr. Acórdão Bladet Tromso e Stensaas c. Noruega, de 20 de Maio de 1999, Queixa n.º 21980/93, http://hudoc.echr.coe.int.

[74] P. Van Dijk e G. J. H. Van Hoof, *Theory and Practice of the European Convention on Human Rights*, 2.ª ed., Países Baixos, Kluwer Law and Taxation Publishers, 1990.

A liberdade de imprensa na Convenção Europeia dos Direitos do Homem   103

Apesar desta distinção, o Tribunal não deixa de apontar para a importância da veracidade da base factual sobre a qual recaem os juízos de valor para avaliar da eventual protecção que aos mesmos deve ser conferida no âmbito da liberdade de imprensa.

Em suma, esta breve incursão pela jurisprudência do Tribunal e da Comissão permite-nos concluir que a liberdade de imprensa, tal como se encontra concebida na Convenção, garante as mais diversas formas de informação[75], desde o simples relato de factos, às informações comerciais, passando pelo discurso político e, ainda que as mesmas nem sempre se apresentem de forma positiva ou favorável. Não obstante, dever-se-á avaliar qual o tipo de informação que está em causa e qual a forma usada pelos titulares deste direito para exprimirem as suas opiniões[76].

3.2.2 – Os diferentes tipos de media

A liberdade de imprensa consagrada na Convenção no âmbito da liberdade de expressão garante não só o conteúdo das informações transmitidas, mas também os seus meios de transmissão ou de captação, na medida em que, como reconheceu o tribunal, toda e qualquer restrição aos mesmos interfere com o direito de receber e comunicar os informações e as ideias[77]. Deste modo, deve assegurar-se protecção não só aos dados difundidos através da imprensa escrita, mas também àqueles que se dão a conhecer através de outros meios como a rádio ou a televisão[78], pelo

---

[75] Sobre as diversas formas de informação que abrange a liberdade de imprensa na Convenção, ver entre outros, Donna Gomien, *Short Guide to the European Convention on Human Rights,* 2.ª ed., Belgica, Council of Europe Publishing, 1998, págs. 78 a 86; Jessica Simor / Ben Emmerson, *Human Rights Practice,* Londres, Sweet & Maxwell, 2001, págs. 10.002 a 10.005.

[76] Para Matthijs de Blois, "The Fundamental Freedom of the European Court", *in The Dynamics of the Protection of Human Rights in Europe, Essays in Honour of Henry G. Schermers,* Volume III, Países Baixos, Martinus Nijhoff Publishers – Kluwer Academic Publishers, 1994, págs. 56 a 59, esta avaliação deve ser feita casuisticamente, tendo em conta o contexto de cada situação.

[77] Cfr. Acórdão Autonic AG c. Suíça, cit.

[78] A interpretação do artigo 10.º da Convenção, pela Comissão e pelo Tribunal revela uma clara opção por uma noção de imprensa em sentido amplo, na qual se incluem necessariamente a rádio e a televisão, como aliás referiu o Tribunal no Acórdão Groppera Rádio e AG e Outros c. Suíça, de 28 de Março de 1990, Queixa n.º 10890/84, www.gddc.pt, em que considerou que tanto a transmissão por cabo, como a difusão por via hertziana

104   *Estudos de Direito Europeu e Internacional dos Direitos Humanos*

que, as limitações impostas à difusão e à recepção de emissões por via destes devem respeitar os requisitos impostos à generalidade das restrições à liberdade de imprensa[79].

Não obstante, para Christian Jacq e Francis Teitgen[80], considerando o disposto na última frase do n.º 1 do artigo 10.º[81], não podemos ignorar de forma alguma o meio utilizado na comunicação que é um critério fundamental utilizado em larga medida pela jurisprudência para definir os deveres e as responsabilidades às quais se encontram adstritos os beneficiários da liberdade de imprensa. Na opinião destes autores, enquanto as duas primeiras frases do n.º 1 do artigo 10.º estabelecem o principio da não interferência das autoridades públicas no direito à liberdade de expressão, a terceira e última frase deste parágrafo limita severamente o seu âmbito.

Deste modo, ainda que os direitos conferidos aos Estados neste contexto consubstanciem um mero poder sistematicamente exercido, estabelece-se uma distinção nítida entre, por um lado, a imprensa falada e com imagens e, por outro, a imprensa escrita, estando a primeira sujeita a mais restrições do que a segunda.

3.2.2.1 – *A imprensa falada e por imagens e suas restrições – o sistema de licenças*

A exiguidade dos meios de radiodifusão disponíveis e o investimento financeiro e tecnológico que envolviam, implicavam um mínimo de

---

são proeminentes para efeitos deste direito. Para além do mais, no Acórdão Autronic AG e Outros c. Suíça, cit. estabeleceu que a recepção de programas de televisão por intermédio de uma antena relevam para efeitos do direito previsto no artigo 10.º.

[79] Para Dirk Voorhoof, *ob. cit.*, pág. 38, esta interpretação segundo a qual a liberdade de imprensa também abrange a comunicação de informações por via de emissões televisivas, pode retirar-se do artigo 4.º da Convenção Europeia sobre a Televisão Transfronteiriça (a Convenção n.º 132 e respectivo Protocolo de alteração entraram em vigor no dia 1 de Maio de 1994 e foram ratificadas pelo Decreto do Presidente da República n.º 36/2001, de 13 de Julho de 2001), segundo o qual os Estados contratantes asseguram a liberdade de expressão e de informação nos termos do artigo 10.º da Convenção.

[80] Christian Jacq e Francis Teitgen, "The Press", *in The European Convention for the Protection of Human Rights: International Protection versus National Restrictions*, Países Baixos, Martinus Nijhoff Publishers – Kluwer Academic Publishers, 1992, págs. 59 e segs.

[81] Cfr. a terceira frase do n.º 1 do artigo 10.º, Ireneu Cabral Barreto, *ob. cit.*, pág. 203, "*O presente artigo não impede que os Estados submetam as empresas de radiodifusão, de cinematografia ou de televisão a um regime de autorização*".

A liberdade de imprensa na Convenção Europeia dos Direitos do Homem 105

regulamentação, pelo que os Estados passaram a supervisionar estes media através de um sistema de concessão de licenças. No entanto, a doutrina e a jurisprudência consideram que tal regime não limita os direitos garantidos pela segunda e terceira frase do n.º 1 do artigo 10.º, nem tão pouco implica que estas medidas de autorização e de licenciamento fiquem subtraídas às exigências do n.º 2 do artigo 10.º[82, 83].

Contudo, também não deixa de reconhecer-se aos Estados uma margem de manobra considerável, podendo os mesmos limitar-se a conceder as licenças, ou ir mais longe no exercício da sua supervisão[84], impondo restrições a certos tipos de programas[85]. Apesar desta tolerância, o poder conferido aos Estados não é ilimitado, nem discricionário, na medida em que estes estão sempre vinculados à garantia da protecção dos direitos previstos no artigo 10.º da Convenção[86].

---

[82] Cfr. n.º 2 do artigo 10.º, Ireneu Cabral Barreto, *ob. cit.*, pág. 203, *"O exercício destas liberdades, porquanto implica deveres e responsabilidades, pode ser submetido a certas formalidades, condições, restrições ou sanções, previstas pela lei, que constituam providências necessárias, numa sociedade democrática, para a segurança nacional, a integridade territorial ou a segurança pública, a defesa da ordem e a prevenção do crime, a protecção da saúde ou da moral, a protecção da honra ou dos direitos de outrem, para impedir a divulgação de informações confidenciais, ou para garantir a autoridade e a imparcialidade do poder judicial."*

[83] No Acórdão Groppera Rádio AG e outros c. Suiça, cit., o Tribunal declarou expressamente que o objecto e o fim da última frase do n.º 1 do artigo 10.º da Convenção, bem como o seu campo de aplicação devem ser encarados no contexto do artigo no seu todo e, nomeadamente de acordo com as exigências do n.º 2 deste artigo, às quais as medidas de autorização se encontram sujeitas.

[84] Estes procedimentos não funcionam somente quando os beneficiários da liberdade de imprensa tentam invadir o sistema de licenças. Com efeito, como reconheceu o tribunal no Acórdão X c. Reino-Unido, de 4 de Maio de 1978, Queixa n.º 8266/78, www.gddc.pt, o Estado deve também perseguir e condenar aqueles que "procurem promover ou encorajar estações piratas não licenciadas."

[85] No Acórdão X e Associação de Z c. Reino Unido, de 12 de Julho de 1971, Queixa n.º 4515/70, www.gddc.pt, reconheceu-se legitimidade aos Estados para imporem limites aos programas de propaganda política. Noutras situações, em que os queixosos vieram invocar a ilegitimidade da imposição de determinadas condições pelo Estado, a Comissão e o Tribunal defenderam quase sempre a sua viabilidade ao abrigo da terceira frase do n.º 1 do artigo 10.º ou do n.º 2 deste mesmo artigo. Cfr. Acórdão Rádio X., S., W. e A c. Suiça, de 17 de Maio de 1984, Queixa n.º 10799/84, www.gddc.pt e Acórdão X e Y c. Bélgica, de 13 de Maio de 1982, Queixa n.º 8962/80, www.gddc.pt.

[86] Cfr. Acórdão Hertel c. Suíça, de 25 de Agosto de 1998, Queixa n.º 25181/94, http://hudoc.echr.coe.int.

Não obstante, entre o sistema de licenciamento expressamente reconhecido pelo artigo e o sistema de monopólio existente em alguns Estados existem diferenças substanciais pois, embora ambos tenham como efeito limitar o âmbito e a efectividade da liberdade de imprensa dos media em questão, a situação de total ausência de concorrência gerada pela existência de monopólios de rádio e televisão coloca sérias dúvidas de compatibilidade com a Convenção.

3.2.2.2 – Os monopólios

Actualmente, e porquanto tornam impossível a criação de estações de difusão pelos demais, os monopólios tendem a ser encarados como barreiras ao pluralismo e à liberdade de expressão. Aliás, a questão da sua compatibilidade com o n.º 1 do artigo 10.º coloca-se com uma acuidade tal, que este assunto foi pela primeira vez objecto de um exame cuidadoso pela Comissão, em 1968, quando um cidadão sueco veio invocar que o plural do termo "empresas" empregue pelo legislador da Convenção precludia os monopólios. Ora, apesar dos argumentos apresentados, essa não foi a interpretação que vingou no seio da Comissão, a qual, depois de referir que o plural do termo "empresas" se relacionava com o plural de Estados, considerou que tendo muitos deles estabelecido um sistema de monopólio das empresas de rádio ou de televisão, o termo "autorização" não poderia de forma alguma, ser entendido como excluindo os monopólios.

Os desenvolvimentos entretanto ocorridos no modo de agir dos Estados contratantes, levaram a Comissão a recuar neste seu entendimento[87], e nestes últimos anos a evolução das técnicas e das ideias politicas levaram muitos Estados a suprimir os monopólios estatais do audiovisual e a criar rádios e televisões privadas, tornando-se muito difícil defender a existência de monopólios da radiodifusão com base no artigo 10.º n.º 1 in fine, acima de tudo porque, conforme anteriormente havia sido mencionado, as regras de autorização não devem colidir com o n.º 2 deste mesmo artigo[88].

---

[87] No Acórdão Roberto Sacchi c. Itália, de 1 de Março de 2001, Queixa n.º 44461//98, http://hudoc.echr.coe.int, a Comissão afirmou não estar preparada para, face à evolução da situação, pura e simplesmente, manter o seu anterior entendimento.

[88] Acerca do abandono do monopólio da rádio e da televisão pelos Estados, ver, entre outros, M. M. Bullinger, ob. cit., pág. 24.

A liberdade de imprensa na Convenção Europeia dos Direitos do Homem   107

Presentemente, a maior parte da doutrina defende que o artigo 10.º pode tornar-se um argumento jurídico de peso contra a manutenção dos monopólios estatais. Na verdade, se um monopólio enquanto tal, ainda se pode conformar com a terceira frase do n.º 1 do artigo 10.º da Convenção, na medida em que pode contribuir para a qualidade e o equilíbrio dos programas, dificilmente se justificará a necessidade imperiosa das limitações a ele inerentes.

Finalmente, e no que a esta questão toca, restar-nos-á apenas referir que, para determinarmos se uma ingerência no direito à liberdade de imprensa é ou não necessária, as particularidades do meio de comunicação em causa também deverão ser consideradas, tendo em conta o impacto acrescido de determinados meios face aos demais[89].

3.2.3 – As diferentes etapas do processo de comunicação

Uma das grandes particularidades do artigo 10.º da Convenção é a protecção geral e profunda que garante aos diversos aspectos do processo da liberdade de comunicação.

3.2.3.1 – *A liberdade de transmitir informações*

No âmbito do direito à liberdade de imprensa, encontram-se protegidos, não só a liberdade de comunicar as informações, mas também o direito de difundir e transmitir as informações alheias[90], não se reconhecendo, todavia, protecção a aspectos exteriores do processo, como a distribuição ou as condições comerciais da venda[91].

---

[89] Na Decisão de 16 de Abril de 1991, proferida pela Comissão no âmbito do Acórdão Betty Purcell e Outros c. Irlanda, Queixa n.º 15404/89, www.gddc.pt, veio a mesma considerar que o *"impacto da rádio e da televisão é mais imediato do que o da imprensa escrita e as possibilidades para o responsável corrigir, atenuar, interpretar ou comentar declarações proferidas na rádio ou na televisão são limitadas em relação às dos jornalistas da imprensa escrita"*.

[90] De acordo com a opinião expressa pelo Tribunal no Acórdão Groppera Rádio, cit., é não só a difusão inicial dos programas por via hertzinana que merece protecção, mas também a retransmissão dos mesmos por cabo e portanto, quem quer que quisesse comunicar informações de outrem poderia invocar a liberdade de imprensa.

[91] Dirk Voorhoof, *ob. cit.,* pág. 42.

3.2.3.2 – A liberdade do público receber informações

A liberdade do público receber informações sem interferência de autoridades públicas tem sido reconhecida de forma genérica pelo tribunal como corolário da liberdade de transmissão de informações reconhecida à imprensa[92]. Contudo, determinar em que medida é que o artigo 10.º poderia servir de base jurídica para reclamar o acesso às informações oficiais é algo que se nos afigura deveras pertinente. Com efeito, muito embora o Tribunal reconheça abertamente o direito do público ser informado, ou seja, de aceder às fontes gerais de informação, tal não significa que a intenção do legislador tenha ido no sentido de reconhecer um direito de acesso geral ou parcial às informações privadas ou oficiais.

Aliás, é tal a profundidade da dúvida que ainda subsiste, que os órgãos da Convenção têm sido particularmente cuidadosos ao desenvolver qualquer tomada de posição radicalmente firmada no que a este assunto diz respeito[93], reconhecendo, não obstante, que, se o direito de receber informações consagrado no artigo 10.º visa antes de mais garantir o acesso a fontes gerais de informação, não se poderá excluir em absoluto que, em certas circunstâncias, também abranja o direito de acesso a documentos que geralmente não seriam acessíveis[94].

Tomando por base alguns dos textos elaborados no seio do Conselho da Europa[95], os quais não obstante serem desprovidos de força vinculativa, parecem apontar no sentido da liberdade de expressão, de informação e de imprensa incluir a liberdade de procurar, receber, comunicar, publicar e difundir as informações, o que implica para os poderes públicos, o correspondente dever de comunicar, dentro dos limites do razoável, as informações relativas a questões de interesse público e para os meios de comunicação, o dever de fornecerem informações completas e variadas sobre assuntos públicos, alguns autores[96] defendem que a Comissão pro-

---

[92] Cfr. Acórdão Sunday Times c. Reino-Unido (n.º 2), de 26 de Novembro de 1991, Queixa n.º 13166/87, http://hudoc.echr.coe.int

[93] No Acórdão Leander c. Suécia, de 26 de Março de 1987, Queixa n.º 9248/81, http://hudoc.echr.coe.int, o Tribunal preferiu contornar o problema mediante a aplicação de outros artigos.

[94] Cfr. Decisão da Comissão de 7 de Dezembro de 1981.

[95] Cfr. Resolução n.º 428 (1970), de 23 de Janeiro de 1970 da Assembleia Consultativa do Conselho da Europa; Recomendação da Assembleia Parlamentar, de 1 de Fevereiro de 1979.

[96] Ver entre outros, M. M. Bullinger, *ob. cit.,*, pág. 16.

A liberdade de imprensa na Convenção Europeia dos Direitos do Homem   109

tege, pelo menos de forma abstracta, o direito de acesso a informações oficiais em certas circunstâncias ou relativamente a determinadas categorias de informações. Efectivamente, a democracia parlamentar nunca poderia funcionar convenientemente sem que houvesse uma informação plena dos cidadãos e dos seus representantes eleitos.

Ademais, na Declaração sobre a Liberdade de Expressão e de Informação, os Estados contratantes declararam que, no domínio da informação e dos meios de comunicação em massa prosseguem objectivos de salvaguarda do direito de se exprimir, de procurar e de receber as informações e de as difundir nas condições previstas no artigo 10.º e visam uma politica aberta de informação que compreenda o acesso à informação[97].

Na opinião de Van Dijk e de Van Hoof[98], não parece, no entanto, fácil retirar-se tal interpretação da letra do artigo que não fala em procurar informação, contrariamente ao que acontece com o artigo 19.º da Declaração Universal dos Direitos Humanos. Contudo, se os desenvolvimentos legais forem nesse sentido e os Estados os aceitarem, não julgam estes autores que a alteração do texto da Convenção seja um meio absolutamente necessário para legitimar a aceitação desta interpretação.

Em sentido inverso se pronuncia Dirk Voorhoof para quem *"o direito de acesso às informações oficiais se encontra directamente relacionado com a liberdade de expressão e de informação garantida pelo art. 10.º da Convenção, mesmo que este não forneça por si próprio uma base jurídica suficiente para garantir um direito de acesso directamente exequível"*[99]. Para este autor, o artigo 10.º conheceu uma evolução dinâmica no sentido da liberdade de acesso às informações e da obrigação de ajuda por parte das autoridades, proporcionando, como tal, um tipo de interpretação da qual é possível retirar uma obrigação para os Estados contratantes de tomar medidas positivas para facilitar o acesso às informações oficiais.

Em suma, mesmo para os autores que defendem que o artigo 10.º não fornece uma base jurídica suficientemente consistente para tornar efectivo o direito de acesso às informações detidas pelos poderes públicos, nota-se uma certa tendência para o reconhecimento deste direito de obter, a pedido, as informações detidas pelas autoridades públicas e a iniciar esta reivindicação ao abrigo do artigo 10.º.

---

[97] Cfr. Declaração sobre a liberdade de Expressão e de Informação, de 29 de Abril de 1982, www.gddc.pt.

[98] P. van Dijk e G.J.H. van Hoof, *ob. cit.*, págs. 407 e segs.

[99] Dirk Voorhoof, *ob. cit.*, pág. 45.

110 Estudos de Direito Europeu e Internacional dos Direitos Humanos

À laia de conclusão, diríamos pois, que o direito à liberdade de imprensa abrange o direito de transmitir, difundir, receber e eventualmente até aceder a uma multiplicidade de formas de informação, começando pelos simples dados factuais, o discurso político, a administração da justiça e terminando nas informações comerciais. Contudo, a amplitude da protecção que lhes é conferida não é idêntica nos diversos casos, dependendo nomeadamente, do tipo de comentários que está em causa. Segundo sustentam, Christian Jacq e Francis Teitgen[100], ao discurso político é garantida uma protecção especial, ao discurso civil é conferida uma protecção intermédia e à publicidade comercial é acordada uma protecção diminuta. Finalmente, e apesar de existirem algumas diferenças técnicas de tratamento, as informações divulgadas ao abrigo da liberdade de imprensa são merecedoras de protecção, independentemente do meio usado para as transmitir.

3.3 – O exercício do direito à liberdade de imprensa

3.3.1 – A ingerência das autoridades públicas

O n.º 1 do artigo 10.º da Convenção garante o direito à liberdade de expressão, de informação e de imprensa, ou seja, o direito à liberdade de exprimir uma opinião e de receber ou comunicar as informações, sem que possa haver ingerência de autoridades públicas e sem considerações de fronteiras.

Ora, para que possamos compreender o verdadeiro sentido desta afirmação, teremos necessariamente de determinar aquilo que o redactor da Convenção pretendeu significar ao mencionar a ausência de ingerências de autoridades públicas.

Deste modo, começaríamos por referir que da análise dos demais preceitos da Convenção, observamos que, tal como acontece com todos aqueles que consagram liberdades, a liberdade de imprensa garantida pelo artigo 10.º é, antes de mais, "um direito por abstenção"[101], cujo objectivo primordial consiste em impor aos Estados uma proibição de se imiscuírem, ou seja, obrigá-los a abster-se em matéria de comunicação.

---

[100] Christian Jacq e Francis Teitgen, *ob. cit.*, pág. 52.
[101] Cfr. Dirk Voorhoof, *ob. cit.*, pág. 10.

A liberdade de imprensa na Convenção Europeia dos Direitos do Homem   111

No entanto, esta liberdade não é absoluta[102] e, como tal, o seu exercício implica determinados deveres e responsabilidades[103] e por vezes até, certas ingerências por parte do governo ou de qualquer outra autoridade pública, nas condições expressamente previstas pelo n.º 2 do artigo 10 da Convenção[104].

Atendendo ao carácter restritivo que, segundo a jurisprudência do Tribunal e da Comissão, devem assumir as restrições aos direitos humanos (sob pena de se verem privados do seu conteúdo essencial), parece-nos fundamental – para fixarmos de forma clara e precisa as restrições a que poderá sujeitar-se a liberdade de imprensa – proceder à definição dos conceitos de "autoridade pública", de "ingerência" e de "vítima".

3.3.1.1 – *A noção de "autoridade pública"*

Assim, começaríamos por referir que a noção de "autoridade pública" abrange, não só os legisladores dos Estados e os respectivos governos, mas também as autoridades administrativas, militares ou judiciais[105].

Para além do mais, para averiguarmos se estamos ou não perante uma violação da liberdade de imprensa tal como se encontra protegida pelo artigo 10.º da Convenção, teremos de concretizar as noções de "ingerência" e de "vítima".

3.3.1.2 – *A noção de "ingerência"*

Nestes termos, tem sido propugnado pela maioria da doutrina e jurisprudência[106] que são consideradas "ingerências" susceptíveis de res-

---

[102] Segundo Patrick Auvret, "Les príncipes du droit des médias. La liberté de la presse", in Henri Blin, *Droit de la presse*, Fascículo n.º 11 – 2000, Paris, Editions Litec, 2001, pág. 3, *"não existe um direito absoluto no sentido que o abuso de direito nem sequer seria admissível"*.

[103] Cfr. Acórdão Bladet Tromso e Stensaas c. Noruega, cit.

[104] Para Jacques Velu e Rusen Ergec, *ob. cit.*, pág. 611, *"a estrutura do art. 10.º indica claramente que estamos perante um princípio fundamental – a liberdade de expressão – picotada aqui e ali de excepções que fazem apelo a uma interpretação restritiva"*.

[105] Para Dirk Voorhoof, *ob. cit.*, pág. 10, os veredictos e as sentenças dos tribunais civis relativamente a diferendos entre indivíduos devem ser consideradas como decisões do Estado representado pelos Tribunais.

[106] Cfr. entre outros, Acórdão Markt InternVerlag GmbH e Klaus c. Alemanha, cit.; Acórdão Schöpfer c. Suiça, de 20 de Maio de 1998, Queixa n.º 25405/94, http://hudoc.echr.coe.int.

Estudos de Direito Europeu e Internacional dos Direitos Humanos

tringir o exercício pelos media da sua liberdade de imprensa e de informação, entre outras, as proibições, as recusas ou a apreensão das autorizações de difusão, de transmissão de emissões de rádio ou de televisão; as sanções penais e disciplinares infringidas em virtude de uma determinada publicação ou da revelação de informações ou opiniões; as sentenças judiciais que concedam indemnizações em caso de difamação; as injunções determinadas por ordem do juiz de restringir a publicação de certas informações ou de reembolsar os benefícios da publicação de informações confidenciais ou secretas; as apreensões e proibições de circulação de publicações; as proibições de publicar, manifestar sem autorização dos poderes públicos, as proibições de fazer entrevistas e de produzir programas ou de participar em emissões de rádio ou de televisão; as proibições de fazer publicidade comercial; as proibições do direito de exercer a profissão de jornalista ou de autor e as restrições de acesso às informações.

Para além do mais, tem também sido reconhecida como uma ingerência, a imposição a um jornalista da obrigação de divulgar as suas fontes[107]. Efectivamente, considera o Tribunal que, implicando o artigo em análise, um direito negativo (correspondente à não obrigação de revelação de informações), sempre que se impuser a um dos seus beneficiários a revelação das suas fontes, estar-se-á a limitar de forma clara a sua capacidade de receber e difundir livremente as informações[108].

Por outro lado, não serão consideradas ingerências ao direito à liberdade de imprensa[109], designadamente, as restrições ao direito à liberdade linguística[110], ou seja, ao direito de usar uma qualquer língua nas comunicações, a recusa a uma sociedade privada de distribuir jornais num supermercado, as restrições ao direito de instalar equipamentos técnicos para explorar uma rádio amadora, as limitações impostas às transmissões

---

[107] Philippe Toussaint, "Le secret des sources du journaliste", *Revue trimestrielle des droits de l'homme,* a.7 n. 27, Julho 1996, págs. 433 a 444, refere que o Tribunal qualifica o segredo das fontes jornalísticas como uma das pedras angulares da liberdade de imprensa.

[108] Cfr. Acórdão Goodwin c. Reino-Unido, de 27 de Março de 1996, Queixa n.º 17488/90, http://hudoc.echr.coe.int.

[109] Cfr. entre outros, Acórdão Lehideux e Isorni c. França, de 23 de Setembro de 1998, Queixa n.º 24662/94, http://hudoc.echr.coe.int.

[110] Sobre o direito de escolha da língua, ver Albert Verdoot, "Le droit d'utiliser la langue de son choix", *Huitième Colloque International sur la Convention Européenne des Droits de l'Homme – Budapest, 20-23 Septembre 1995*, Estrasburgo, Éditions du Conseil de l'Europe, 1996, págs. 59 a 66.

A *liberdade de imprensa na Convenção Europeia dos Direitos do Homem*   113

em directo de encontros desportivos pois muitas vezes são as únicas fontes de rendimento dos clubes e as restrições às emissões na prisão.

Acresce que neste contexto, tem sido sublinhado pela Comissão que caso se trate de uma ingerência realizada por uma pessoa privada ou uma organização não governamental, não será considerada como uma ingerência de uma autoridade pública[111].

3.3.1.3 – A noção de "vítima"

No que respeita à noção de "vítima"[112], a jurisprudência tem desenvolvido um entendimento de acordo com o qual considera que o facto dos órgãos da Convenção não estarem habilitados para examinar queixas formuladas in abstracto[113], não impede que possa ser abrangido pelo conceito em análise o interessado que correr o risco de se ver prejudicado por uma determinada medida, não sendo necessário que haja uma medida que o afecte individualmente[114]. Efectivamente, o sistema da Convenção não prevê o meio da acção popular[115], e a noção de vítima não é, como tal, susceptível de ser interpretada em sentido demasiado amplo[116], devendo o requerente demonstrar, em concreto, que a medida da qual reclama foi aplicada em seu prejuízo[117].

---

[111] Relativamente a este assunto, convirá referir que, posteriormente, quando abordarmos a questão do efeito horizontal do artigo 10.º da Convenção, poder-se-á colocar o problema da responsabilidade do Estado, atendendo à sua inércia em face da violação de um direito negativo por parte de um privado.

[112] Cfr. Groppera Radio AG e Outros c. Suíça, cit.

[113] Cfr. Acórdão Open Door e Dublin Well Women c. Irlanda, de 29 de Outubro de 1992, Queixas n.º 14234/88 e 14235/88, www.gddc.pt.

[114] Cfr. Acórdão Klass e Outros c. Alemanha, de 6 de Setembro de 1978, Queixa n.º 5029/71, www.gddc.pt.

[115] Cfr. Decisão da Comissão de 16 de Abril de 1991, no caso Betty Purcell e Outros c. Irlanda, cit.

[116] De acordo com a posição defendida pelo Tribunal, no Acórdão Observer e Guardian c. Reino-Unido, de 26 de Novembro de 1991, Queixa n.º 13585/88, http://hudoc.echr.coe.int, a noção de vitima não pode ser interpretada em sentido amplo por forma a englobar todo o jornal ou jornalista susceptível de ser tocado por uma restrição judicial ou por uma medida genérica, o prejuízo tem efectivamente de ser menos longínquo e mais directo.

[117] Tal circunstância não impede que uma lei (de carácter abstracto) possa violar um direito de um particular, se o afectar directamente e se for possível estabelecer que, em razão do seu efeito, determinadas pessoas podem presumir-se vitimas, como reconheceu a Comissão na sua Decisão de 6 de Março de 1985, proferida no Caso Times Newspapers

114 Estudos de Direito Europeu e Internacional dos Direitos Humanos

Deste modo, facilmente concluiremos que muitos são os casos em que se poderá considerar que estamos perante um ingerência ao exercício da liberdade de imprensa, mas mais difícil será provar a qualidade de vítima invocada pelo queixoso.

3.3.2 – As restrições à liberdade de imprensa

A liberdade de imprensa como aliás, qualquer outro direito, não pode exercer-se em termos absolutos, sob pena de provocar a lesão de outros direitos igualmente protegidos, pelo que, o n.º 2 do artigo 10.º autorizou expressamente a imposição de certas restrições ao seu exercício[118].

Desta feita, as formalidades, as condições, as restrições ou as sanções impostas ao exercício do direito à liberdade de imprensa verão a sua legitimidade condicionada à sua compatibilidade com os critérios fixados pelo n.º 2 do artigo 10.º, o qual contem uma lista simultaneamente limitativa e exaustiva das situações em que as restrições à liberdade de imprensa são admissíveis. Acresce que, relativamente à forma de avaliação destas restrições, os órgãos da Comissão têm preconizado um entendimento de acordo com o qual deve ser acordada a máxima prioridade ao direito à liberdade de imprensa[119].

Assim, de acordo com o disposto no n.º 2 do artigo 10.º da Convenção, as restrições impostas à liberdade de imprensa devem obedecer a três requisitos cumulativos, caso contrário, estaremos perante uma violação deste direito.

Ltd., Frank Thomas Robertson Giles, Philip Knightley e Elaine Potter c. Reino Unido, Queixa n.º 10243/83, www.gddc.pt.

[118] Para mais desenvolvimentos acerca deste assunto, ver, entre outros, Lord McGregor of Durris, Rapport sur "Liberté d'expression et d'information: conditions, restrictions et limitations découlant des exigences de la démocratie", *Sixième Colloque International sur la Convention Européenne des Droits de l'Homme organisé par le Secrétariat Général du Conseil de l'Europe en collaboration avec les Universités de la Communauté autonome d'Andalousie – Séville, 13-16 Novembre 1985*, Estrasburgo, Éditions du Conseil de l'Europe, 1985.

[119] De acordo com a orientação seguida pelo Tribunal, no Acórdão Sunday Times c. Reino-Unido (n.º 1), cit., "*o Tribunal não deverá agir como se estivesse perante uma escolha entre dois princípios opostos mas perante um único princípio – a liberdade de expressão – à qual se impõem determinadas excepções que implicam uma interpretação mais restrita*". Nos Acórdãos Autronic AG c. Suíça, cit., e Observer e Guardian c. Reino--Unido, cit., dispôs-se que a necessidade de restringir o direito fundamental à liberdade de expressão deve ser estabelecida de forma convincente.

3.3.2.1 – O princípio da legalidade

Primeiramente, começaríamos por referir que, segundo a orientação seguida pela jurisprudência do Tribunal, as restrições à liberdade de imprensa devem ser "previstas por lei". Ora, esta expressão mais não implica do que necessidade da obediência de toda e qualquer regra restritiva a determinadas condições de precisão e de acessibilidade. Na verdade, esta expressão deve ser interpretada à luz dos princípios gerais que regem os termos correspondentes no n.º 2 do artigo 8.º[120], e como tal, deve ser entendida no sentido de ser exigível que a lei seja adequadamente acessível, permitindo ao cidadão de ter uma indicação adequada face as circunstâncias em que as regras legais se aplicam, e de a norma ser formulada com precisão suficiente para lhe permitir regular a sua conduta. O beneficiário desta liberdade tem de ser capaz de prever, com razoabilidade, as circunstâncias e as consequências de uma determinada acção[121].

Esta definição de "lei" não implica que a norma restritiva tenha inevitavelmente de ser uma lei formal emanada do Parlamento pois, não só o direito escrito como também as regras de direito comum ou costumeiro podem fornecer uma base jurídica suficiente, incluindo-se deste modo no conceito de lei, a "common law"[122] e os códigos de deontologia profissional.

Não obstante, o Tribunal tem perfeita consciência que nem sempre a lei apresenta um grau de precisão absoluto e que a interpretação e a aplicação dos textos muda incessantemente no domínio dos meios de comunicação que dependem, em larga medida, da prática que se vai desenvolvendo. Deste modo, se existir sobre esta questão jurisprudência clara e constante, esta poderá ser considerada de natureza a permitir aos jornalistas regular a sua conduta[123].

---

[120] Cfr. Acórdão Tolstoy Miloslavsky c. Reino-Unido, de 13 de Julho de 1995, Queixa n.º 18139/91, http://hudoc.echr.coe.int.

[121] Cfr. Acórdão Sunday Times c. Reino-Unido (n.º 1), cit.; Acórdão Margareta e Roger Anderson c. Suécia, de 25 de Fevereiro de 1992, Queixa n.º 12963/87, http://hudoc.echr.coe.int.

[122] No Acórdão Sunday Times c. Reino-Unido (n.º 1), cit., o Tribunal relembrou que o termo "lei" abrange simultaneamente a lei estatutária e a "common law".

[123] Cfr. Acórdão Markt InternvVerlag GmbH e Klaus Beerman c. Alemanha, cit.; Acórdão Groppera Rádio AG e outros c. Suíça, cit.; Acórdão Sunday Times c. Reino--Unido (n.º 1), cit.

116 Estudos de Direito Europeu e Internacional dos Direitos Humanos

Apesar da lucidez com que o Tribunal e a Comissão têm encarado toda esta problemática, a princípio, observou-se uma tendência para nem sequer abordar a violação deste requisito, contornando sempre a questão através do critério da necessidade. No entanto, mais recentemente temos assistido a uma inversão desta tradição enraizada e a frequentes apreciações valorativas acerca da insuficiência da base legal.

3.3.2.2 – A legitimidade do fim

Para além do mais, toda e qualquer restrição à liberdade de imprensa tem de obedecer a um dos fins legítimos previstos no n.º 2 do artigo 10.º os quais prosseguem, não só o interesse geral, mas também interesses privados ou direitos de outros particulares.

Efectivamente, estas restrições podem dividir-se em vários grupos de interesse, designadamente, interesses do Estado, no que respeita à segurança nacional, à integridade territorial e à segurança pública, interesses da justiça quanto à manutenção da autoridade e da imparcialidade do poder judicial, interesses do Estado, da administração e da justiça, no que respeita à não divulgação de informações confidenciais, interesses da sociedade ou interesse geral quanto à defesa da ordem e prevenção do crime, interesses da população na protecção da saúde e da moral e interesses privados ou de protecção de outros direitos dos indivíduos, no que concerne à protecção da reputação dos direitos de outrem.

No entanto, apesar da precisão desta classificação que, à primeira vista poderia sugerir um enorme rigor e uma exaustão considerável, o Tribunal tem, na maior parte dos casos, considerado que as ingerências se justificam sempre, por referência a um ou outro fim ou valores legítimos, chegando mesmo a gerar-se suposições acerca da eventual tendência desta lista para abranger muitos mais fins do que os legalmente previstos. Contudo, não pode deixar de reconhecer-se que a exigência feita aos Estados de indicar o fim legítimo que visa cada uma das restrições impostas à liberdade de imprensa se revela particularmente importante à luz do artigo 18.º da Convenção. Com efeito, ao prever que as restrições aos direitos e liberdades da Convenção só podem ser aplicadas para os fins para os quais foram previstas, este preceito contribui de forma decisiva para obrigar os Estados a desenvolver uma argumentação rigorosa e pertinente para justificar cada ingerência e, consequentemente, a repensar cada uma das suas intrusões.

A liberdade de imprensa na Convenção Europeia dos Direitos do Homem 117

3.3.2.2.1 – *Segurança nacional, integridade territorial e segurança pública*

Passando a abordar de forma mais pormenorizada os fins que podem justificar as ingerências estaduais, começaríamos por referir que, razões de segurança nacional e de ordem pública podem ser invocadas para legitimar os limites impostos ao exercício da liberdade de imprensa. Contudo, dever-se-á zelar para que o entendimento desta questão não se processe de forma de tal modo ampla que permita proibir, à partida, a expressão ou a comunicação de ideias que possam entrar em conflito com estes valores, ainda que em termos meramente abstractos[124].

3.3.2.2.2 – *Manutenção da autoridade e da imparcialidade do poder judicial*

De acordo com a posição sufragada pelos órgãos da Convenção, a administração da justiça, como qualquer outro serviço público deve poder ser discutida nos média, na medida em que ela própria não saberia funcionar sem a cooperação de um público esclarecido, ao qual pertence, além do mais, o direito de receber informações sobre assuntos de interesse público[125].

Ora, sendo essencialmente através da imprensa que o público obtém este tipo de informação, a mesma assume um papel particular no controle da administração da justiça, não podendo, deste modo, ser sujeita a restrições infundadas[126].

---

[124] Para M. M. Bullinger, *ob. cit.*, este artigo não deve ser interpretado como proibindo pura e simplesmente a expressão ou a comunicação de ideias que pudessem conduzir, se aceites, à violação da segurança nacional, pública ou da integridade territorial, enquanto o autor não concretizasse a sua opinião ou incitasse terceiros a fazê-lo.

[125] Para mais desenvolvimentos acerca desta questão, ver Antoine Berthe, «Le compte-rendu d'audience et l'autorité et l'impartialité du pouvoir judiciaire», *Revue trimestrielle des droits de l'homme,* a. 9 n.° 35, Julho 1998, Bruxelas, págs. 609 a 637 ; Mariavaleria del Tufo / Giovanni Fiandaca, "Déclarations à la presse et devoir de réserve des magistrats à l'épreuve du principe d'impartialité", *Revue trimestrielle des droits de l'homme,* a. 11 n.° 43, Julho 2000, Bruxelas, págs. 543 a 551.

[126] No Acórdão Barfod c. Dinamarca, cit., a Comissão considerou que o artigo 10.° n.° 2 não podia ser invocado para limitar as criticas a um tribunal constituído em violação do artigo 6.° da Convenção.

118 Estudos de Direito Europeu e Internacional dos Direitos Humanos

No entanto, enquanto último guardião das liberdades, o poder judiciário deve também estar em condições de cumprir as suas funções com o mínimo de serenidade[127], cujo respeito se impõe a todos, em geral e à imprensa, em especial[128].

3.3.2.2.3 – Não divulgação de informações confidenciais

Para Jacques Velu e Rusen Ergec, a não divulgação de informações confidenciais é um motivo de limitação regra geral estranho ao próprio caracter confidencial das fontes de informação. Este fim não justifica por si mesmo a obrigação imposta a uma determinada pessoa de revelar as fontes de informação que detém, permitindo antes cominar as proibições de divulgar as informações confidenciais. No fundo, defendem estes autores que a publicação da informação é que sofre limitações e não a confidencialidade das fontes[129].

3.3.2.2.4 – Defesa da ordem e prevenção do crime

A protecção da ordem e a prevenção do crime consubstanciam o quarto objectivo que permite impor certos limites à liberdade de imprensa, tendo a Comissão reconhecido a sua especial relevância quando esteja em causa a segurança nos estabelecimentos prisionais e independentemente de poder originar restrições à comunicação com os detidos[130].

---

[127] Sobre a forma como deve ser interpretada esta cláusula restritiva da liberdade de imprensa, ver, entre outros, João Luis de Moraes Rocha, "Tribunal e comunicação social", *Revista portuguesa de ciência criminal, a. 6 n. 4*, Outubro – Dezembro 1996, págs. 545 a 552; Patricia Kinder, "Sur la liberté de la presse en Grande-Bretagne: de l' affaire Sunday Times à l'affaire Harriet Harman ou les tribulations du contempt of court", *Revue du droit public et de la science politique en France et à l'étranger*, n.º 2, Março--Abril 1983, págs. 285 a 332.

[128] No Acórdão Sunday Times c. Reino-Unido (n.º 1), cit., o Tribunal dispôs que a noção de "autoridade e imparcialidade do poder judiciário" era bastante mais objectiva do que o conceito de "moral" e portanto, sujeito a um controle da necessidade das medidas impostas bastante mais rigoroso. No Acórdão De haes e Gijsels c. Bélgica, de 24 de Fevereiro de 1997, Queixa n.º 19983/92, http://hudoc.echr.coe.int, o Tribunal considerou que a liberdade de imprensa não podia exercer-se em termos tais que prejudicasse o bom funcionamento dos órgãos judiciais.

[129] Jaques Velu e Rusen Ergec, *ob. cit.*, pág.

[130] Na sua decisão de 8 de Julho de 1974, Queixa n.º 5270/72, a Comissão considerou que a necessidade de manter a ordem nas prisões poderia justificar a imposição de

A liberdade de imprensa na Convenção Europeia dos Direitos do Homem   119

3.3.2.2.5 – Protecção da saúde e da moral

A protecção da saúde e da moral são outro dos motivos frequentemente invocados para legitimar restrições ao exercício do direito em análise no contexto do presente relatório.

Não obstante serem objecto de um tratamento conjunto, as restrições impostas no quadro de cada destes motivos distinguem-se, desde logo, pela complexidade de avaliação que envolve a protecção da moral[131].

Segundo Fawcett, tendo em conta que a moral varia de tempo para tempo, e de local para local, e em razão da sua estreita conexão com as forças vitais dos países, tem sido propugnado que as autoridades estaduais se encontram numa posição melhor do que o Tribunal Internacional, para se pronunciarem acerca do conteúdo exacto destes requisitos e para avaliar da necessidade de uma restrição[132].

Ademais, a protecção da moral nos termos do n.º 2 do artigo 10.º visa, não só as normas morais aplicáveis às pessoas que se encontram sob a jurisdição do Estado contratante que se prevalece desta protecção, como também o interesse que pode revelar um determinado Estado, em que certas publicações não sejam divulgadas no estrangeiro a partir do seu território[133].

3.3.2.2.6 – Protecção da reputação e dos direitos alheios

As ingerências necessárias à protecção da reputação e dos direitos alheios, têm *"particular aplicação em matéria de liberdade de imprensa. Tanto nos sistemas constitucionais como no da Convenção, esta liberdade conhece determinados limites quando entra em conflito com o direito à honra e à consideração de outrem. A liberdade de expressão do cronista tem como limite a proibição de atingir estes direitos. Estamos perante um*

---

restrições à correspondência dos detidos que pretendessem comunicar informações à imprensa, devendo no entanto ser assegurada a sua possibilidade de receber notícias do exterior através da rádio e dos jornais.

[131] Jacques Velu e Rusen Ergec, *ob. cit.*, págs. 593 e segs.

[132] J.E.S. Fawcett, *ob. cit.*, págs. 250 e segs.

[133] Na sua decisão de 5 de Março de 1983 proferida no âmbito da queixa n.º 9615/ 81, a Comissão considerou serem lícitas, as perseguições por parte do chefe de exportação, de publicações que não tenham ainda sido divulgadas no território do Estado de destino.

120 Estudos de Direito Europeu e Internacional dos Direitos Humanos

jogo de balança delicado entre a liberdade de imprensa e os direitos da pessoa atingido pela pena do jornalista"[134].

A protecção dos direitos alheios, cujo livre exercício constitui um dos pressupostos fundamentais da ordem democrática é um dos traços característicos do sistema da Convenção[135] e coloca, logo à partida uma outra questão que surge como corolário desta protecção e assume uma relevância estratégica no contexto de uma ofensa à dignidade alheia[136].

Com efeito, no que à matéria do jogo de balança entre os direitos do jornalista e os da pessoa atingida pela sua pena, diz respeito, o tema da admissibilidade ou não do direito de resposta por parte daquele, ou daqueles cuja reputação foi posta em causa através do exercício do direito à liberdade de imprensa afigura-se um assunto de extrema importância[137].

Este é, sem dúvida, um ponto sensível que, na opinião de Yves Mayaud raramente é esquecido, na medida em que se afirma como um princípio geral e absoluto quando uma qualquer pessoa se vê posta em causa por um artigo ou uma publicação[138].

Assim, não obstante o artigo 10.º da Convenção Europeia dos Direitos do Homem não mencionar expressamente este direito, Charles Debbash considera que podemos subsumi-lo ao n.º 1 do artigo 6.º da Convenção

---

[134] Jacques Velu e Rusen Ergec, *ob. cit.,* pág. 622.

[135] Cfr. Acórdão Glasenapp c. Alemanha, de 28 de Agosto de 1989, Queixa n.º 9228/80, http://hudoc.echr.coe.int

[136] Sobre os conflitos que surgem entre a liberdade de imprensa e o direito à reserva da intimidade da vida privada, ver, entre outros, Ricardo Leite Pinto, "Liberdade de imprensa e vida privada", *Revista da Ordem dos Advogados*, a. 54 n. 1, Abril 1994, págs. 27 a 47; Cristophe Caron / Agathe Lepage / Laure Marino, "Droits de personnalité", *Receuil Le Dalloz. Jurisprudence. Sommaires commentés*, n.º 25, Junho 2001, págs. 1987 a 1993; Jacques Ravanas, "La liberté d'information et le respect de la dignité de la personne humaine", *La semaine juridique. Jurisprudence*, a. 75 n. 21-22, Maio 2001, págs. 10533 e segs.

[137] Na Constituição da Republica Portuguesa, Gomes Canotilho e Vital Moreira, *ob. cit.*, pág. 236, consideram que o direito de resposta *"é constitucionalmente concebido como elemento constituinte do direito de expressão e de informação em geral, independentemente da forma de exercício e do seu suporte ou veículo"*.

[138] Para Yves Mayaud, "L'abus de droit en matière de droit de réponse", *in Liberté de la presse et droit de la personne*, Jean-Yves Dupeux e Alain Lacabarats, Paris, Editions Dalloz, 1997, pág. 5, o caracter peremptório com que se apresenta o direito de resposta deve-se, não à necessidade de dar resposta a um ataque mas sim ao reconhecimento do direito que cabe a uma pessoa designada de expor o seu ponto de vista e as suas razões acerca das circunstâncias e das condições especificas que causaram a situação.

A liberdade de imprensa na Convenção Europeia dos Direitos do Homem   121

de acordo com o qual *"qualquer pessoa tem direito a que a sua causa seja examinada equitativa e publicamente, num prazo razoável por um tribunal independente e imparcial..."*[139]. A importância fulcral deste direito no âmbito da liberdade de expressão, e mais especificamente no contexto do exercício da liberdade de imprensa, levou o Comité dos ministros do Conselho da Europa a fazer uma recomendação aos Estados Membros no sentido de organizarem o direito de resposta na televisão[140] e de regularem uniformemente esta questão[141].

Contudo, o facto de se reconhecer este direito a toda e qualquer pessoa que sofra um atentado no âmbito do exercício da liberdade de imprensa, não implica necessariamente que o mesmo possa exercer-se de forma ilimitada. Efectivamente, para Jean-Paul Levy, consubstanciando o direito de resposta um limite à liberdade de imprensa (na medida em que na prática irá ter como consequência a imposição de uma obrigação a um órgão da imprensa, o qual se verá forçado a publicar um texto contra a sua vontade), deverá ele próprio ser limitado ao estritamente necessário para assegurar a protecção da reputação e dos direitos alheios[142].

3.3.2.3 – A necessidade numa sociedade democrática

O critério da necessidade da restrição numa sociedade democrática, tem sido claramente apontado como o terceiro requisito a que devem obedecer as restrições ao exercício do direito à liberdade de imprensa, o critério último e decisivo que deve presidir a estas limitações.

Ora, de acordo com a orientação seguida pelo Tribunal, o termo "necessário" não é sinónimo de indispensável, mas também não pode ser interpretado com a ligeireza de conceitos como "admissível", "normal", "útil", "razoável" ou "oportuno" pois, ao impor-se uma restrição à liberdade de expressão de uma determinada pessoa, tem de haver uma necessidade social imperiosa. Deste modo, a Comissão e o Tribunal têm defendido,

---

[139] Para Charles Debbash, *ob.cit.*, pág. 1003, o critério da equidade implica que ao particular que vê a sua honra atingida seja dada a oportunidade de resposta.

[140] Resolução (74) 26, Charles Debbash, *ob. cit.*, pág. 1003.

[141] Recomendação (84) 22, de 27 de Dezembro de 1984, Charles Debbash, *ob. cit.*, pág. 1003.

[142] Jean-Paul Levy, "Pratique du droit de réponse dans la presse écrite et la communication audiovisuelle", *in Liberté de la presse et droit de la personne*, Jean-Yves Dupeux e Alain Lacabarats, Paris, Editions Dalloz, 1997, pág. 33.

122 *Estudos de Direito Europeu e Internacional dos Direitos Humanos*

de forma particularmente exigente, a análise da pertinência e da exigência das razões invocadas pelas autoridades ao aplicarem uma restrição, e têm controlado a aplicação do artigo 10.º através do exame destes critérios e da emissão de um juízo de proporcionalidade da restrição imposta face ao fim visado.

Efectivamente, o critério da necessidade apela à apreciação de diversos factores relacionados com a natureza da restrição, o grau da ingerência, a natureza das opiniões ou informações em causa, o contexto social e político do caso, as pessoas em causa e o tipo de meios de comunicação em jogo, bem como a eficácia da restrição[143].

3.3.2.3.1 – *O princípio da proporcionalidade e o conceito de "medida necessária numa sociedade democrática"*

Para Charles Debbash, o princípio da proporcionalidade que assume um papel fundamental no contexto do direito europeu, alcança a sua efectividade plena na referência às exigências de uma sociedade democrática. Na realidade, para encontrarem justificação nos seus objectivos, as medidas restritivas de uma determinada liberdade devem ser proporcionais aos fins que prosseguem[144].

Ora, para avaliar da proporcionalidade da medida restritiva, o Tribunal estabelece comparações[145] com as legislações dos demais Estados contratantes e aprecia o grau da ingerência no direito do requerente e o efeito

---

[143] No Acórdão Open Door e Dublin Well Women c. Irlanda, cit., o Tribunal concluiu que se o objectivo de uma restrição for evitar a disseminação de uma informação já divulgada noutro local, pode concluir-se que a medida imposta não é eficaz e portanto também não será necessária. Neste mesmo sentido, decidiu a Comissão nos Acórdãos Observer Guardian c. Reino-Unido, cit., e Weber c. Suíça, de 22 de Maio de 1990, Queixa n.º 11034/84, http://hudoc.echr.coe.int. Em sentido contrário foi o desfecho do Acórdão Groppera Rádio AG e Outros c. Suiça, cit., no qual se dispôs que uma certa ingerência podia reforçar a sua pertinência, consubstanciando um argumento da não violação do artigo 10.º da Convenção.

[144] Charles Debbash, *ob. cit.,* pág. 1006.

[145] A comparação é um método habitualmente usado pelos órgãos da Convenção, na medida em que reconhecem que a ausência em todos os Estados de um certo tipo de restrições pode significar que a ingerência do Estado na liberdade de expressão não é susceptível de justificação.

A liberdade de imprensa na Convenção Europeia dos Direitos do Homem   123

provocado ao exercício da liberdade de imprensa[146] no contexto geral da situação, não proibindo em absoluto as restrições prévias à liberdade de imprensa[147].

Não obstante, a politica seguida em inúmeros casos, tem sido reveladora de uma certa abertura, de acordo com a qual se reconhece aos Estados uma ampla margem de discricionariedade para avaliar a necessidade das medidas impostas, pois estes, melhor que ninguém, estão em posição de fazer uma tal apreciação[148]. Contudo, a margem de apreciação não será nunca total[149] e poderá variar em função do carácter mais ou menos objectivo do fim visado[150].

Alguns autores como Jacques Velu e Rusen Ergec[151] consideram que, em comparação com os parágrafos segundos dos artigos 8.º, 9.º e 11.º da Convenção, o parágrafo 2 do artigo 10.º parece autorizar restrições mais amplas aos direitos garantidos no n.º 1 pois, enquanto aqueles usam uma formula negativa que imprime às limitações um carácter excepcional[152], o

---

[146] Sobre o princípio da proporcionalidade das restrições impostas à liberdade de imprensa, ver, entre outros, Christophe Bigot, "L'affaire dite du canard enchainé devant la Cour Européenne des Droits de l'Homme", *Revue trimestrielle des droits de l' homme,* a. 10 n.º 39, Julho 1999, Bruxelas, págs. 689 e 690.

[147] Cfr. Acórdãos Sunday Times c. Reino-Unido, cit., e Markt InternvVerlag GmbH e Klaus Beerman c. Alemanha, cit. Contudo, no Acórdão Observer Guardian c. Reino-Unido, cit., o Tribunal admitiu que *"essas restrições apresentam tantos perigos que implicam por parte do Tribunal um exame mais escrupuloso. Assim será no caso da imprensa; a informação é um bem que perde a sua actualidade tão depressa que retardar uma publicação, mesmo que por um período breve, representa um risco forte de a privar de todo e qualquer valor e interesse".*

[148] Cfr. Pierre Lambert, "Les restrictions à la liberté de presse et la marge d'appréciation des états du sens de la jurisprudence de Strasbourg", *Revue trimestrielle des droits de l'homme,* a. 7 n.º 26, Abril 1996, Bruxelas, pág. 143 a 156.

[149] Para uma melhor compreensão da forma como se compatibilizam os interesses estaduais com a realização dos objectivos da Convenção ver, entre outros, Mireille Delmas-Marty e Gérard Soulier, "Restraining or Legitimating the Reason of State?", *in The European Convention for the Protection of Human Rights: International Protection Versus National Restrictions,* Cristine Chodkiewicz, Países Baixos, Martinus Nijhoff Publishers – Kluwer Academic Publishers, 1992, págs. 7 a 14.

[150] Para uma melhor compreensão desta questão, ver entre outros, Howard Charles Yourow, *The margin of appreciation doctrine in the dynamics of European Human Rights Jurisprudence,* Países Baixos, Kluwer Law International – Academic Publishers, 1996.

[151] Jacques Velu e Rusen Ergec, *ob. cit.,* págs. 593 e segs.

[152] Cfr. n.º 2 dos artigos 8.º, 9.º e 11.º da Convenção Europeia dos Direitos do Homem, que dispõem que a liberdade só pode ser limitada "senão quando", "senão as que.." ou que "o exercício do direito só pode ser objecto de restrições que..".

124 *Estudos de Direito Europeu e Internacional dos Direitos Humanos*

artigo 10.º n.º 2 emprega um enunciado positivo[153] e implica, para além do mais, deveres e obrigações. O leque de medidas restritivas parece consideravelmente mais extenso, mencionando a Convenção "formalidades, condições, restrições ou sanções", mas, para a maioria dos autores, esta redacção não tem qualquer consequência. Na verdade, sendo a liberdade de expressão um principio fundamental de uma sociedade democrática a aplicação de qualquer restrição deve ser feita com grande prudência e sujeita a uma interpretação restritiva[154] afim de não atingir o núcleo duro ou essencial do direito[155].

> 3.3.3 – O exercício da liberdade de imprensa no contexto da Convenção Europeia dos Direitos do Homem: sua relação com outros artigos e outros direitos

Segundo Macdonald, Matscher e Petzold *"a linguagem e a estrutura do art. 10.º evidenciam a existência de valores diferentes e por vezes concorrenciais respeitantes, por um lado à expressão individual e o livre curso da informação e por outro, outros direitos, liberdades e necessidades sociais também importantes, bem como os deveres e as responsabilidades de comunicar e receber informações e ideias"*[156], pelo que o artigo 10.º tem necessariamente de ser lido à luz da Convenção como um todo e compatibilizar-se com outros artigos e direitos igualmente consagrados[157].

---

[153] Cfr. n.º 2 do artigo 10.º que dispõe que "o exercício destas liberdades....pode ser submetido a ...".

[154] Neste mesmo sentido, Héctor Faúdez Ledesma, "La libertad de expressión", *Revista de la Facultad de Ciencias Jurídicas y Politicas,* a.35 n.78, 1990, pág. 307, concluiu que as limitações à liberdade de expressão e de imprensa devem interpretar-se sempre de maneira restritiva por forma a interferirem o menos possível com a mesma.

[155] De acordo com a opinião expressa pela Comissão, Comission Européenne des Droits de l'Homme, *Sujets de Jurisprudence,* Estrasburgo, Éditions du Conseil de l'Europe, 1974, pág. 39, só serão aplicáveis as restrições expressamente previstas na Convenção, não sendo admissível a imposição de qualquer tipo de limite implícito.

[156] R. ST. J. Macdonald, F. Matsher e H. Petzold, *ob. cit.,* pág. 465 e segs.

[157] Para Jacques Ravanas, *ob. cit.,* pág. 1052,*"o direito é partilha".*

A liberdade de imprensa na Convenção Europeia dos Direitos do Homem

3.3.3.1 – Outros artigos

3.3.3.1.1 – O artigo 14.º

Segundo o artigo 14.º da Convenção o gozo dos direitos e liberdades reconhecidos na Convenção deve ser assegurado sem quaisquer distinções tais como as fundadas no sexo, raça, cor, língua, religião, opiniões políticas ou outras, a origem nacional ou social, a pertença a uma minoria nacional, a riqueza, o nascimento ou qualquer outra situação, pelo que, também as diferenças de tratamento no gozo da liberdade de imprensa têm de ter uma justificação objectiva e razoável.

Na realidade, toda e qualquer restrição de carácter arbitrário poderia entrar em colisão com o artigo 14.º, razão pela qual se considera que o artigo 14.º tem um efeito extensivo do âmbito do artigo 10.º na medida em que garante o gozo dos seus direitos e liberdades sem qualquer discriminação.

3.3.3.1.2 – O artigo 17.º

Lado a lado com certos preceitos que ampliam o âmbito da liberdade de imprensa, convivem outras provisões que, como o artigo 17.º têm um efeito restritivo do âmbito da liberdade consagrada no artigo 10.º. Ao preceituar que *"nenhuma das disposições da convenção se pode interpretar no sentido de implicar para um Estado, grupo ou indivíduo qualquer direito de se dedicar a actividade ou praticar actos em ordem à destruição dos direitos e liberdades reconhecidos na presente Convenção ou a maiores limitações de tais direitos e liberdades do que as previstas na Convenção"*, esta norma impede que todo e qualquer direito seja invocado em sentido contrário ao que nela se dispõe[158], o que se revela deveras importante, na medida em que simultaneamente impossibilita a manipulação de determinados artigos como meio de justificação para o desenvolvimento de actividades contrárias ao espírito da Convenção e que contribuam claramente para a destruição os direitos e liberdades que aí se encontram consagrados

Contudo, a própria aplicação do artigo 17.º deve obedecer a critérios rigorosos, pois uma interpretação menos cuidadosa deste preceito poderia

---

[158] Cfr. Decisão da Comissão proferida no âmbito do caso Betty Purcell e outros c. Irlanda, cit.

126 *Estudos de Direito Europeu e Internacional dos Direitos Humanos*

destruir a substância do direito à liberdade de imprensa relativamente aos beneficiários que, de forma mais radical, defendessem ideias impopulares ou extremistas, pelo que a estratégia dos órgãos da Convenção tem passado, primeiramente, pela verificação dos critérios do n.º 2 do artigo 10.º e só depois, e se necessário, pela sua conjugação com o disposto no artigo 17.º.

3.3.3.1.3 – *O artigo 15.º*

O artigo 15.º da Convenção permite que em tempo de guerra ou de emergência pública sejam impostas derrogações ao artigo 10.º. Contudo, tais derrogações só poderão aplicar-se na estrita medida do necessário e mediante a condição das medidas impostas não serem contrárias a outras obrigações emergentes do direito internacional. Efectivamente, também aqui se coloca o problema de uma interpretação mais extensiva da norma, poder pôr em perigo a liberdade de expressão em tempos conturbados.

3.3.3.1.4 – *O artigo 16.º*

O artigo 16.º da Convenção dispõe que nada no artigo 10.º deverá ser interpretado como impedindo as altas Partes Contratantes de imporem restrições à actividade política dos estrangeiros. Também neste caso se atendermos ao carácter inteiramente ilimitado da excepção consagrada, facilmente se concluirá que, caso seja interpretado de forma ampla, esta norma permitirá às autoridades públicas de censurar ou suprimir a expressão política dos estrangeiros de forma arbitrária e desnecessária.

3.3.3.2 – *Outros direitos*

3.3.3.2.1 – *Direitos que limitam o exercício da liberdade de imprensa*

Protegendo outros valores, os direitos e liberdades positivamente garantidos por outros artigos da Convenção e com reflexo no n.º 2 do artigo 10.º também poderão ter um efeito limitador do âmbito do direito à liberdade de imprensa.

A liberdade de imprensa na Convenção Europeia dos Direitos do Homem 127

3.3.3.2.1.1 – *O direito a um processo equitativo*

Na verdade, o direito a um processo equitativo garantido pelo artigo 6.º da Convenção de acordo com o qual *"o julgamento deve ser público mas o acesso à sala de audiências pode ser proibido à imprensa ou ao público durante a totalidade ou parte do processo, quando a bem da moralidade, da ordem pública ou da segurança nacional numa sociedade democrática, quando os interesses de menores ou a protecção da vida privada das partes no processo o exigirem, ou, na medida julgada estritamente necessária pelo tribunal, quando, em circunstâncias especiais, a publicidade pudesse ser prejudicial para os interesses da justiça"* justifica a imposição de algumas restrições à liberdade de imprensa[159], sob pena da atmosfera criada por uma campanha de imprensa poder gerar um prejuízo considerável para o andamento do processo, ou até, entrar em clara contradição com o principio da presunção de inocência genericamente garantido aos arguidos[160].

3.3.3.2.1.2 – *O direito ao respeito pela vida privada*

O direito ao respeito pela vida privada e familiar garantido pelo artigo 8.º da Convenção, como valor por excelência de protecção da honra e da reputação contra os ataques desnecessários pode, por sua vez, gerar o aparecimento de medidas que impliquem restrições à liberdade de imprensa[161].

Considerando que o direito ao respeito da vida privada garantido pelo artigo 8.º pode sofrer determinadas violações em razão de publicações ou de revelações pelos media, tem sido sublinhada pela Comissão a obrigação positiva que cabe aos Estados contratantes de se imiscuírem no exercício do direito à liberdade de imprensa de modo a assegurarem a protecção do direito à intimidade dos outros e a garantirem um justo equilíbrio entre estes dois direitos.

---

[159] Cfr. Acórdão Sunday Times c. Reino-Unido (n.º 1), cit.

[160] Cfr. Acórdão Fayed c. Reino-Unido, de 21 de Setembro de 1994, Queixa n.º 17101/90, http://hudoc.echr.coe.int.

[161] Cfr. Acórdão Lingens c. Áustria, cit..

3.3.3.2.2 – *Direitos que se relacionam com o exercício da liberdade de imprensa*

A liberdade de imprensa, tal como se encontra consagrada no artigo 10.º, pode por vezes estar associada a outros direitos e liberdades também garantidos pela Convenção.

3.3.3.2.2.1 – *O direito à liberdade de pensamento, de consciência e de religião*

Efectivamente, o direito à liberdade de expressão e de imprensa está intimamente relacionado com o direito de manifestar uma religião ou um pensamento previsto no artigo 9.º. Contudo, o direito à liberdade de imprensa funciona como lex specialis face ao direito à liberdade de pensamento, de consciência e de religião, pelo que, sempre que estejam ambos em causa, a análise passará, em primeira mão, pela liberdade de imprensa.

3.3.3.2.2.2 – *O direito à liberdade de reunião e de associação*

O direito à liberdade de reunião e de associação, encontra-se estreitamente ligado ao direito à liberdade de imprensa. No entanto, sendo o primeiro destes direitos lex specialis face ao artigo 10.º que é lex generalis, toda e qualquer questão que abranja ambos será examinada à luz do artigo 11.º.

O direito à liberdade de imprensa como uma das principais manifestações da liberdade de expressão consagrada no artigo 10.º da Convenção tem pois de analisar-se à luz da Convenção como um todo, considerando não só os artigos que restringem ou alargam o seu âmbito, mas também atendendo aos outros direitos igualmente garantidos que, em alguns casos limitam o seu exercício e noutros se relacionam com ele.

3.3.4 – O exercício do direito à liberdade de imprensa no contexto do direito internacional

No contexto das relações que se estabelecem entre artigos, direitos e alguns instrumentos de direito internacional público, terminaremos com

A liberdade de imprensa na Convenção Europeia dos Direitos do Homem 129

uma breve referência ao artigo 19.° do Pacto Internacional dos Direitos Civis e Políticos[162] que, tendo sido abordado no início deste trabalho é um dos preceitos com os quais o artigo 10.° da Convenção deve ser conjugado.

Com efeito, o direito à liberdade de expressão está consagrado no artigo 10.° com uma linguagem menos incisiva do que no artigo 19.° do Pacto dos Direitos Civis e Políticos, nomeadamente, porque não cria um direito independente de opinião ao qual seja garantida uma total ausência de interferências, nem refere expressamente qualquer tipo de ideias em concreto ou o direito de procurar informações[163]. Deste modo, o Tribunal e a Comissão têm procurado fazer uma interpretação conjunta e coerente destas duas normas[164].

3.3.5 – A função dos Estados face ao direito à liberdade de imprensa

Segundo Gomes Canotilho e Vital Moreira[165], a relação do Estado com a liberdade de imprensa não consiste apenas no dever de não a desrespeitar directamente, mas também no dever de não a ofender por via indirecta e de a assegurar e promover perante terceiros, designadamente o poder económico. O Estado não pode lesar a liberdade de imprensa através de medidas fiscais, de crédito ou de comércio externo que sejam discriminatórias contra a imprensa, ou que se afigurem de tal modo gravosas que directamente a atinjam. O Estado deve impedir o domínio da imprensa pelo poder económico e apoiá-la adequadamente. O primeiro é um dever negativo, de abstenção, o segundo é de natureza positiva, de intervenção e de prestação pois, a liberdade de imprensa não é apenas a liberdade perante o Estado, é também a liberdade através do Estado.

---

[162] O Pacto dos Direitos Civis e Políticos, de 19 de Dezembro de 1966, é um instrumento vinculativo em matéria de protecção dos direitos do homem.

[163] R. ST. J. Macdonald, F. Matscher, H. Petzold, *ob. cit.,* pág. 466.

[164] Cfr. Acórdão Groppera Rádio AG e Outros c. Suiça, cit.; Acórdão Muller c. Suíça, de 24 de Maio de 1988, Queixa n.° 10737/84, http://hudoc.echr.coe.int.

[165] Gomes Canotilho e Vital Moreira, *ob. cit*, págs. 241 e 242.

130   *Estudos de Direito Europeu e Internacional dos Direitos Humanos*

3.3.5.1 – *Abstenção e acção positiva*

3.3.5.1.1 – *Abstenção*

A principal característica do direito à liberdade de expressão consagrado no artigo 10.º é, sem qualquer margem de dúvida, a protecção que oferece contra as ingerências das autoridades públicas. A liberdade de expressão e de imprensa são formuladas como um direito defensivo de onde se retira o paradigma de uma liberdade negativa, garantida pela formulação da interdição para o Estado de se imiscuir. Na verdade, do ponto de vista histórico, são os Estados e os governos que mais ameaçam esta liberdade, de tal modo, que se dizia que a melhor legislação era a ausência de legislação, e que a melhor intervenção era a ausência de intervenção. Podemos pois dizer que há um verdadeiro "direito à abstenção".

3.3.5.1.2 – *Acção positiva*

Contudo, de certa forma, o artigo 10.º também implica uma obrigação para o Estado de tomar medidas para garantir ou estimular a liberdade de expressão e de imprensa, visão esta da situação que está relacionada com a evolução geral daquilo que denominamos de "socialização" dos direitos e liberdades garantidos pelas convenções europeias. O próprio Tribunal reforça a ideia do duplo caracter dos direitos e liberdades consagrados na Convenção, reconhecendo, in abstracto, a importância virtual de uma acção positiva de iniciativa das autoridades públicas para garantir efectivamente os direitos, mediante normas contra os monopólios de imprensa excessivos que poderiam comprometer a liberdade de imprensa.

Com efeito, o Estado moderno, na esfera de aplicação da Convenção, tem uma espécie de obrigação de promoção[166], de responsabilidade

---

[166] No seio do Conselho da Europa muitos têm sido os argumentos a favor de uma acção positiva dos Estados. Exemplo dessa situação foram, a Declaração sobre a Liberdade de Expressão e de Informação, de 1982, cit., em que se reconheceu expressamente que os Estados têm o dever de zelar para que não haja violação da liberdade de expressão e de imprensa, devendo, como tal, adoptar uma política susceptível de favorecer, na medida do possível, a diversidade dos meios de comunicação e a pluralidade das fontes de informação por forma a permitir a diversidade das ideias e das opiniões, e a Convenção Europeia sobre a Televisão Transfronteiriça de 1989, cit., que refere a importância da promoção e do encorajamento da liberdade de expressão e de imprensa no domínio da informação.

A liberdade de imprensa na Convenção Europeia dos Direitos do Homem   131

ecológica em matéria de direitos do homem, de tal modo que o seu papel o obriga a ultrapassar a simples abstenção e a tomar medidas positivas[167].

3.3.5.2 – Regulamentação da concentração dos media

Mais recentemente, a Comissão e o Tribunal têm considerado que a concentração dos media representa uma ameaça para a liberdade de imprensa garantida pelo artigo 10.º da Convenção, o qual, segundo tem defendido a jurisprudência, pode servir de base para legitimar uma legislação anti-concentrações. A noção de pluralismo serve para limitar o âmbito da liberdade de expressão, e o fim legítimo da protecção dos direitos alheios e das restrições consiste em garantir a diversidade da informação transmitida ao público.

Por sua vez, Dirk Voorhoof, considera que, em virtude da aplicação do artigo 10.º, o Estado pode limitar a liberdade de empreendimento dos media por forma a salvaguardar o pluralismo mas, sempre e tão só, na medida do estritamente necessário numa sociedade democrática e pluralista para garantir os direitos dos outros a receber e comunicar informações[168].

A liberdade de imprensa não é apenas um direito que proteja os indivíduos contra a intervenção do Estado, reveste em si mesma um interesse social, pelo que, a acumulação do poder nas mãos de alguns consórcios representa uma ameaça potencial à mesma. Deve pois, estimular-se uma regulamentação no sentido de proteger esta liberdade e salvaguardar o pluralismo dos media e a diversidade de informação.

3.3.5.3 – Efeito horizontal do artigo 10.º

No que respeita à protecção e à promoção da liberdade de expressão e de informação, um outro aspecto do papel do Estado está relacionado com o efeito horizontal indirecto do artigo 10.º[169].

---

[167] Em 1993, no âmbito do caso Informationsverein Lentia e Outros c. Áustria, de 24 de Novembro de 1993, Queixas n.º 13914/88 e 15041/89, http://hudoc.echr.coe.int, a Comissão considerou que, fundando-se o artigo 10.º na ideia de salvaguarda de um pluralismo de opinião, o Estado, como guardião último do princípio do pluralismo dos média audiovisuais, deve organizar o acesso aos media para garantir e encorajar o pluralismo e a multiplicação das fontes de informação.

[168] Dirk Voorhoof, *ob. cit.*, pág. 59.

[169] Sobre as obrigações positivas dos Estados e a controvérsia do efeito horizontal das disposições da Convenção ver, entre outros, Dean Spielmann, "Obligations positives

Ainda que se coloquem dúvidas acerca do efeito horizontal directo deste direito tem se admitido, sem qualquer sombra de dúvida, que esta liberdade tem um efeito horizontal indirecto, implicando para o Estado uma responsabilidade em assegurar o respeito pela liberdade de expressão nas relações entre privados.

Não obstante a ampla margem de apreciação que é reconhecida aos Estados contratantes nesta matéria, compete a cada um deles um dever de assegurar as condições necessárias para que a liberdade de expressão e de imprensa não sejam postas em causa ou limitadas por pessoas ou organizações privadas através de meios claramente incompatíveis com o disposto no artigo 10.º.

4 – Considerações finais

Embora não se encontre expressamente consagrada em nenhum artigo da Convenção, é inegável o reconhecimento da importância da liberdade de imprensa no contexto da protecção internacional dos direitos do homem.

Contudo, se nos parece relativamente fácil articular os princípios legais em matéria de interpretação do artigo 10.º, bastante mais complicado se tem revelado aplicá-los de forma consistente em situações de tensão entre a liberdade de imprensa e o poder e as necessidades sociais do Estado.

Ultimamente, temos assistido a uma evolução nítida das relações que se estabelecem entre a liberdade de comunicação e a regulamentação dos media, que, de uma liberdade clássica, individual e liberal, se transformou num direito cultural e social. Este direito, que se justificava inicialmente como um direito natural e exclusivo do cidadão, é hoje encarado como um direito democrático e funcional.

Ao expor publicamente os abusos do poder político e os comportamentos anti-democráticos dos governos, do legislador e da própria justiça, a imprensa adquire uma enorme responsabilidade social, a qual não poderá deixar de reflectir de forma pluralista as diversidades da própria realidade.

---

et effet horizontal des dispositions de la Convention", *Droit et Justice 21, L'interpretation de la Convention Européenne des droits de l'homme*, Bruxelles, Bruylant, 1998, págs. 133 a 174.

É pois inegável o papel que assumem os Estados no processo de criação das condições necessárias a uma concorrência viável dos media e à realização das tarefas que têm para com a colectividade.

Face à eminente relevância dos interesses em jogo, claramente reconhecidos pela jurisprudência mais recente, deve estabelecer-se definitivamente uma relação entre os Estados e a imprensa que, longe de ser sinónimo de uma forma de censura, permita encorajar, estimular e proteger a liberdade de expressão e de informação, tão próprias do ideal democrático de sociedade propugnado pela Convenção.

BIBLIOGRAFIA

ALEXANDRINO, José Alberto de Melo, *Estatuto constitucional da actividade de televisão,* Coimbra, Coimbra Editora, 1998.

ANDRADE, Vieira de, *Os Direitos Fundamentais na Constituição Portuguesa de 1976,* Coimbra, 1983.

AUVRET, Patrick, "Les principes du droit des médias. La liberté de la presse", in Henri Blin, *Droit de la presse,* Fascículo n.º 11 – 2000, Paris, Editions Litec, 2001.

BARRETO, Ireneu Cabral, *A Convenção Europeia dos Direitos do Homem Anotada,* 2.ª ed., s.l., Coimbra Editora, 1999.

BERTHE, Antoine, "Le compte-rendu d'audience et l'autorité et l'impartialité du pouvoir judiciaire", *Revue trimestrielle des droits de l'homme,* a. 9 n.º 35, Julho 1998, Bruxelas, págs. 609 a 637.

BIGOT, Christophe, L'affaire dite du canard enchainé devant la Cour Européenne des Droits de l'Homme», *in Revue trimestrielle des droits de l' homme, a. 10 n.º 39 (juil. 1999),* Bruxelas, págs. 673 a 694.

BLOIS, Matthijs de, "The Fundamental Freedom of the European Court", *in The Dynamics of the Protection of Human Rights in Europe, Essays in honour of Henry G. Schermers,* Volume III, Países Baixos, Martinus Nijhoff Publishers – Kluwer Academic Publishers, págs. 56 a 59.

BREILLAT, Dominique, *Les libertés de l'esprit: examen d'entrée au CRFPA,* Paris, Montchrestien, 1996.

CALZADILLA, M.ª Cruz Llamazares, *Las libertades de expresion e informacion como garantia del pluralismo democratico,* 1.ª ed., Madrid, Civitas Ediciones, 1999.

CANOTILHO, J. J. Gomes / MOREIRA, Vital, *Constituição da República Portuguesa Anotada,* 2.ª edição revista e ampliada, Coimbra, Coimbra Editora, 1984, 1.º volume.

CARON, Cristophe / LEPAGE, Agathe / MARINO, Laure, "Droits de personnalité", *Receuil Le Dalloz. Jurisprudence. Sommaires commentés,* n.º 25, Junho 2001, págs. 1987 a 1993.

136 *Estudos de Direito Europeu e Internacional dos Direitos Humanos*

CARVALHO, Alberto A. de / CARDOSO, A. Monteiro, *Da liberdade de imprensa*, Lisboa, Editora Meridiano Lda., 1971.

COSTA, Artur Rodrigues da, "A liberdade de imprensa e as limitações decorrentes das suas funções", *Revista do Ministério Público*, a.10 n. 37, Janeiro-Março 1989, págs. 13 a 19.

DEBBASH, Charles, *Droit des Médias*, s.l., Dalloz, 1999.

DELMAS-MARTY, Mireille / SOULIER, Gérard, "Restraining or Legitimating the Reason of State ?", *in the European Convention for the Protection of Human Rights: International Protection versus National Restrictions*, Países Baixos, Martinus Nijhoff Publishers – Kluwer Academic Publishers, 1992, págs. 7 a 14.

DEPRÉ, Sébastien, "La liberté d'expression, la presse et la politique", *Revue belge de droit constitutionnel*, n.º 3, 2001, Bruxelas, págs. 375 a 383.

DIJK, P. Van / HOOF, G. J. H. Van, *Theory and Practice of the European Convention on Human Rights*, 2.ª ed., Países Baixos, Kluwer Law and Taxation Publishers, 1990.

ESCARAMEIA, Paula, *Colectânea de Leis de Direito Internacional*, 3.ª ed., Lisboa, Instituto Superior de Ciências Sociais e Políticas, Janeiro 2003.

FABRE, Michel-Henri, "Mirabeau député du Tiers et la Déclaration de 1789", *in La Declaration des droits de l'homme et du citoyen de 1789 – Ses origines – Sa pérennité*, Colloque organisé par Claude-Albert Colliard, Gérard Cognac, J. Beer-Gabel e S. Frogé, Paris, La documentation française, 1990, págs. 144 a 155.

FARIÑAS, J. A. Castro, *De la libertad de prensa*, Madrid, Editorial Fragua, 1971.

FAURÉ, Christine, "La Déclaration des droits de 1789, le sacré et l'individuel dans le succés de l'acte", *in La Declaration des droits de l'homme et du citoyen de 1789 – Ses origines – Sa pérennité*, Colloque organisé par Claude-Albert Colliard, Gérard Cognac, J. Beer-Gabel e S. Frogé, Paris, La documentation française, 1990, págs. 72 a 79.

FAWCETT, J. E. S., *The Application of the European Convention on Human Rights*, 2.ª ed., Nova Iorque, Oxford University Press, 1987.

GOMIEN, Donna, *Short Guide to the European Convention on Human Rights*, 2.ª ed., Bélgica, Council od Europe Publishing, 1998.

HARRIS, D. J. / O'BOYLE, M. / WARBRICK, C., *Law of the European Convention on Human Rights*, Londres, Butterworths, 1995.

JACOBS, Francis G. / WHITE, Robin C.A., "Freedom of expression", *in The*

European Convention on Human Rights, 2.ª ed., Reino-Unido, Oxford University Press, 1996, págs. 222 a 236.

JACQ, Christian / TEITGEN, Francis, "The Press", *in The European Convention for the Protection of Human Rights: International Protection versus National Restrictions*, Países Baixos, Martinus Nijhoff Publishers – Kluwer Academic Publishers, 1992.

JANIS, Mark. W. / KAY, Richard S. / BRADLEY, Anthony W., *European Human Rights Law. Text and Materials*, Nova Iorque, Clarendon Press, Oxford University Press, 1995.

JEANNENEY, Jean-Noël, *Une histoire des médias – Des origines à nos jours*, Paris, Éditions du Seuil, Janeiro 1996.

KINDER, Patricia, «Sur la liberté de la presse en Grande-Bretagne: de l'affaire Sunday Times à l'affaire Harriet Harman ou les tribulations du contempt of court», *Revue du droit public et de la science politique en France et à l'étranger*, t. 99, n.º 2, Março-Abril 1983, Paris, págs. 285 a 332.

LAMBERT, Pierre, «La liberté de la presse et la réputation de l'homme politique», *Revue trimestrielle des droits de l' homme*, a.3 n.º 11, Julho 1992, págs. 379 a 388.

LAMBERT, Pierre, "Les restrictions à la liberté de presse et la marge d'appréciation des états au sens de la jurisprudence de Strasbourg", *Revue trimestrielle des droits de l'homme*, a. 7 n.º 26, Abril 1996, Bruxelas, págs. 143 a 156.

LEDESMA, Hector Faúdez, "La libertad de expressión", *Revista de la Facultad de Ciencias Jurídicas y Politicas*, a. 35 n. 78, 1990, págs. 243 a 307.

LEVASSEUR, Georges, "Les grands principes de la Déclaration des droits de l'homme et le droit répressif français", *in La Declaration des droits de l'homme et du citoyen de 1789 – Ses origines – Sa pérennité*, Colloque organisé par Claude-Albert Colliard, Gérard Cognac, J. Beer-Gabel e S. Frogé, Paris, La documentation française, 1990, págs. 240 e segs.

LEVY, Jean-Paul, "Pratique du droit de réponse dans la presse écrite et la communication audiovisuelle", *in Liberté de la presse et droit de la personne*, Jean-Yves Dupeux e Alain Lacabarats, Paris, Editions Dalloz, 1997.

MACDONALD, R. S.T.J., «Politicians and the press », *in Protecting Human Rights: The European Dimension – Studies in honour of Gérard J. Warda, edited by Franz Matscher / Herbert Petzold*, 2.ª ed., s.l., Carl Heymenns VErlag KG, 1990, págs. 361 a 372.

MACDONALD, R. S.T.J. / MATSCHER, F. / PETZOLD, H, *The European System for the Protection of Human Rights*, Países Baixos, Martinus Nijhoff Publishers, Kluwer Academic Publishers, 1993.

MARTINS, Ana Maria Guerra, *Estudos de direito público*, Lisboa, Almedina, 2003.

MAYAUD, Yves, "L'abus de droit en matière de droit de réponse", *in Liberté de la presse et droit de la personne*, Jean-Yves Dupeux e Alain Lacabarats, Paris, Editions Dalloz, 1997, págs. 5 a 15.

MIRANDA, Jorge, *Textos históricos do Direito Constitucional,* Lisboa, Imprensa Nacional-Casa da Moeda, 1980.

MIRANDA, Jorge, *As Constituições Portuguesas de 1822 ao texto actual da Constituição,* 3.ª ed., Lisboa, Livraria Petrony, Lda., 1992.

MIRANDA, JorgE, Manual de Direito Constitucional, Tomo IV, Direitos Fundamentais, 3.ª ed. Coimbra Editora, 2000.

PEREIRA, André Gonçalves / QUADROS, Fausto de, *Manual de direito internacional,* 3.ª ed., Coimbra, Almedina, 1995.

PIJOAN, José, "Origens da Imprensa"*, in História do mundo*, Volume 7, Publicações Europa-América, Lda., 1973, págs. 171 a 192.

PINTO, Ricardo Leite, "Liberdade de imprensa e vida privada", *Revista da Ordem dos Advogados*, a. 54 n. 1, Abril 1994, págs. 27 a 147.

RAVANAS, Jacques, "La liberté d'information et le respect de la dignité de la personne humaine», *La semaine juridique. Jurisprudence*, a. 75 n. 21-22, Maio 2001, págs. 10533 e segs.

RIVERO, Jean, *Les libertés publiques – Le régime des principales libertés*, 2.º Vol., 4.ª edição, Paris, Presses Universitaires de France, Junho 1989.

ROCHA, João Luis Moraes, "Tribunal e comunicação social", *Revista portuguesa de ciência criminal, a. 6 n. 4*, Outubro – Dezembro 1996, págs. 545 a 552.

RUDOLF, Beate, "Le droit allemand face au discours raciste et aux partis racistes", *Revue trimestrielle des droits de l'homme,* a.12 n.46, Março 2001, págs. 277 a 303.

SIMOR, Jessica / EMMERSON, Ben, *Human Rights Practice,* Londres, Sweet & Maxwell, 2001.

SOUSA, Nuno e, *A liberdade de imprensa,* Coimbra, Gráfica de Coimbra, Dezembro 1984.

SPIELMANN, Dean, "Obligations positives et effet horizontal des dispositions de la Convention", *Droit et Justice 21, L'interprétation de la Convention Européenne des droits de l'homme*, Bruxelles, Bruylant, 1998, págs. 133 a 174.

TENGARRINHA, José, *História da imprensa periódica portuguesa*, 2.ª edição Revista e Aumentada, Lisboa, Editorial Coimbra, S.A., Junho 1989.

TOUSSAINT, Philippe, "Le secret des sources du journaliste", *Revue trimestrielle des droits de l'homme*, a.7 n. 27, Julho 1996, págs. 433 a 444.

TUFO, Mariavaleria del / FIANDACA, Giovanni, "Déclarations à la presse et devoir de réserve des magistrats à l'épreuve du principe d'impartialité", *Revue trimestrielle des droits de l'homme*, a. 11 n.º 43, Julho 2000, Bruxelas, págs. 543 a 551.

VELU, Jacques / ERGEC, Rusen, *La Convention Européenne des Droits de l'Homme*, Extrait du répertoire pratique du droit belge, Complément, Tome VII, Bruxelles, 1990.

YOUROW, Howard Charles, *The margin of appreciation doctrine in the dynamics of European Human Rights Jurisprudence*, Países Baixos, Kluwer Law International – Academic Publishers, 1996.

OUTROS DOCUMENTOS

BULLINGER, M. M., "Rapport sur "Liberté d'expression et d'information: élément essentiel de la démocratie", *Sixième Colloque International sur la Convention Européenne des Droits de l'Homme organisé par le Secrétariat Général du Conseil de l'Europe en collaboration avec les Universités de la Communauté autonome d'Andalousie – Séville, 13-16 Novembre 1985*, Estrasburgo, Éditions du Conseil de l'Europe, 1985.

COMMISSION EUROPÉENNE DES DROITS DE L'HOMME, *Sujets de Jurisprudence*, Estrasburgo, Éditions du Conseil de l'Europe, 1974.

DURRIS, Lord McGregor of, Rapport sur "Liberté d'expression et d'information: conditions, restrictions et limitations découlant des exigences de la démocratie", *Sixième Colloque International sur la Convention Européenne des Droits de l'Homme organisé par le Secrétariat Général du Conseil de l'Europe en collaboration avec les Universités de la Communauté autonome d'Andalousie – Séville, 13-16 Novembre 1985*, Estrasburgo, Éditions du Conseil de l'Europe, 1985.

VERDOOT, Albert, "Le droit d'utiliser la langue de son choix", *Huitième Colloque International sur la Convention Européenne des Droits de l'Homme – Budapest, 20-23 Septembre 1995*, Estrasburgo, Éditions du Conseil de l'Europe, 1996, págs. 59 a 66.

VOORHOOF, Dirk, *Analyse critique de la portée et de l'application de l'article 10 de la Convention Européenne des Droits de l'Homme*, Estrasburgo, Éditions du Conseil de l'Europe, Outubro 1993.

JURISPRUDÊNCIA

COMISSÃO EUROPEIA DOS DIREITOS DO HOMEM

Decisão da Comissão de 8 de Julho de 1974, www.gddc.pt.
Decisão da Comissão de 7 de Dezembro de 1981, www.gddc.pt.
Decisão da Comissão no caso Betty Purcell e Outros c. Irlanda, Queixa n.º 15404/89, www.gddc.pt.
Decisão da Comissão de 5 de Março de 1983, Queixa n.º 9615/81, www.gddc.pt

TRIBUNAL EUROPEU DOS DIREITOS DO HOMEM

Acórdão Autonic AG c. Suíça, de 22 de Maio de 1990, Queixa n.º 12726/ /87, www.gddc.pt.
Acórdão Barfod c. Dinamarca, de 22 de Fevereiro de 1989, Queixa n.º 11508/85, www.gddc.pt.
Acórdão Barthold c. Alemanha, de 8 de Junho de 1976, Queixa n.º 8734/ /79, www.gddc.pt.
Acórdão Bladet Tromso e Stensaas c. Noruega, de 20 de Maio de 1999, Queixa n.º 21980/93, http://hudoc.echr.coe.int.
Acórdão Castells c. Espanha, de 23 de Abril de 1992, Queixa n.º 11798/ /85, www.gddc.pt.
Acórdão De haes e Gijsels c. Bélgica, de 24 de Fevereiro de 1997, Queixa n.º 19983/92, http://hudoc.echr.coe.int.
Acórdão Fayed c. Reino-Unido, de 21 de Setembro de 1994, Queixa n.º 17101/90, http://hudoc.echr.coe.int.
Acórdão Glasenapp c. Alemanha, de 28 de Agosto de 1989, Queixa n.º 9228/80, http://hudoc.echr.coe.int.
Acórdão Goodwin c. Reino-Unido, de 27 de Março de 1996, Queixa n.º 17488/90, http://hudoc.echr.coe.int.

142 *Estudos de Direito Europeu e Internacional dos Direitos Humanos*

Acórdão Groppera Rádio e AG e Outros c. Suiça, de 28 de Março de 1990, Queixa n.º 10890/84, www.gddc.pt.

Acórdão Handyside c. Reino-Unido, de 7 de Dezembro de 1976, Queixa n.º 5493/72, www.gddc.pt.

Acórdão Hertel c. Suíça, de 25 de Agosto de 1998, Queixa n.º 25181/94, http://hudoc.echr.coe.int.

Acórdão Informationsverein Lentia e Outros c. Áustria, de 24 de Novembro de 1993, Queixas n.º 13914/88 e 15041/89, http://hudoc.echr.coe.int.

Acórdão Klass e Outros c. Alemanha, de 6 de Setembro de 1978, Queixa n.º 5029/71, www.gddc.pt.

Acórdão Leander c. Suécia, de 26 de Março de 1987, Queixa n.º 9248/ /81, http://hudoc.echr.coe.int.

Acórdão Lehideux e Isorni c. França, de 23 de Setembro de 1998, Queixa n.º 24662/94, http://hudoc.echr.coe.int.

Acórdão Lingens c. Austria, de 8 de Julho de 1986, Queixa n.º 9815/82, www.gddc.pt.

Acórdão Margareta e Roger Anderson c. Suécia, de 25 de Fevereiro de 1992, Queixa n.º 12963/87, http://hudoc.echr.coe.int.

Acórdão Markt InternVerlag GmbH e Klaus Beerman c. Alemanha, de 20 de Novembro de 1989, Queixa n.º 10572/83, www.gddc.pt.

Acórdão Muller c. Suíça, de 24 de Maio de 1988, Queixa n.º 10737/84, http://hudoc.echr.coe.int.

Acórdão Oberschlick c. Áustria, de 23 de Maio de 1991, Queixa n.º 11662/85, www.gddc.pt.

Acórdão Observer e Guardian c. Reino-Unido, de 26 de Novembro de 1991, Queixa n.º 13585/88, http://hudoc.echr.coe.int.

Acórdão Open Door e Dublin Well Women c. Irlanda, de 29 de Outubro de 1992, Queixas n.º 14234/88 e 14235/88, www.gddc.pt.

Acórdão Rádio X., S., W. e A c. Suiça, de 17 de Maio de 1984, Queixa n.º 10799/84, www.gddc.pt.

Acórdão Roberto Sacchi c. Itália, de 1 de Março de 2001, Queixa n.º 44461/98, http://hudoc.echr.coe.int.

Acórdão Schöpfer c. Suiça, de 20 de Maio de 1998, Queixa n.º 25405/ /94, http://hudoc.echr.coe.int.

Acórdão Sunday Times c. Reino-Unido (n.º 1), de 26 de Abril de 1979, Queixa n.º 6538/74, www.gddc.pt.

Acórdão Sunday Times c. Reino-Unido (n.º 2), de 26 de Novembro de 1991, Queixa n.º 13166/87, http://hudoc.echr.coe.int.

Acórdão Times Newspapers Ltd., Frank Thomas Robertson Giles, Philip Knightley e Elaine Potter c. Reino Unido, Queixa n.º 10243/83, www.gddc.pt.

A liberdade de imprensa na Convenção Europeia dos Direitos do Homem 143

Acórdão Tolstoy Miloslavsky c. Reino-Unido, de 13 de Julho de 1995, Queixa n.º 18139/91, http://hudoc.echr.coe.int.

Acórdão Weber c. Suíça, de 22 de Maio de 1990, Queixa n.º 11034/84, http://hudoc.echr.coe.int.

Acórdão X e Associação de Z c. Reino Unido, de 12 de Julho de 1971, Queixa n.º 4515/70, www.gddc.pt.

Acórdão X c. Reino-Unido, de 4 de Maio de 1978, Queixa n.º 8266/78, www.gddc.pt.

Acórdão X e Y c. Bélgica, de 13 de Maio de 1982, Queixa n.º 8962/80, www.gddc.pt.

3

A Convenção Europeia dos Direitos do Homem e a reforma do contencioso administrativo português de 2002

José Eduardo de Oliveira Gonçalves Lopes

Plano da investigação

1 – Introdução 149
    1.1 – Objecto da investigação 149
    1.2 – A CEDH 149
    1.3 – O novo contencioso administrativo 152
    1.4 – Metodologia 154

2 – A CEDH e o contencioso administrativo 156
    2.1 – Direito a um processo equitativo – art.º 6.º 157
    2.2 – Direito a um recurso efectivo – art.º 13 170

3 – Soluções do novo contencioso compatíveis com a CEDH 174
    3.1 – Processo equitativo 174
    3.2 – Novos meios processuais 178
    3.3 – O acto administrativo impugnável 181
    3.4 – Prova 182
    3.5 – Audiência pública 183
    3.6 – Obrigatoriedade das decisões judiciais 183
    3.7 – Ministério Público 183

4 – Soluções do novo contencioso eventualmente incompatíveis com a CEDH 185
    4.1 – Recurso dos actos do CSM e do CSTAF 186
    4.2 – Juízes recrutados em agentes do Ministério Público 189

5 – Conclusão 190

ABREVIATURAS

AAFDL – Associação Académica da Faculdade de Direito de Lisboa
BMJ – Boletim do Ministério da Justiça
CEDH – Convenção Europeia dos Direitos do Homem
CJA – Cadernos de Justiça Administrativa
CPC – Código do Processo Civil
CPTA – Código de Processo nos Tribunais Administrativos, aprovado pela Lei n.º 15/2002, de 22 de Fevereiro
CRP – Constituição da República Portuguesa
CSM – Conselho Superior da Magistratura
CSTAF – Conselho Superior dos Tribunais Administrativos e Fiscais
DAR – Diário da Assembleia da República
DR – Diário da República
EMJ – Estatuto dos Magistrados Judiciais, aprovado pela Lei n.º 21/ /85, de 30 de Julho
ETAF – Estatuto dos Tribunais Administrativos e Fiscais, aprovado pela Lei n.º 13/2002, de 19 de Fevereiro
LOFTJ – Lei de Organização e Funcionamento dos Tribunais Judiciais, aprovada pela Lei n.º 3/99, de 13 de Janeiro
p – página
pp – páginas
RMP – Revista do Ministério Público
s – seguinte
ss – seguintes
STA – Supremo Tribunal Administrativo
STJ – Supremo Tribunal de Justiça
TC – Tribunal Constitucional
TCA – Tribunal Central Administrativo
TEDH – Tribunal Europeu dos Direitos do Homem

Indicações de leitura

Os artigos citados sem indicação de origem são da CEDH.

Os acórdãos do TEDH citados forma consultados na página *web* do TEDH, http://www.echr.coe.int/

Com excepção da primeira referência de cada obra, todas as restantes citações da mesma são feitas mediante indicação do seu autor e do título simplificado.

1 – Introdução

1.1 – Objecto da investigação

A CEDH entrou em vigor na ordem jurídica portuguesa em Novembro de 1978.

Desde então, paulatinamente, vem-se multiplicando as referências, tanto à CEDH, como à jurisprudência do TEDH.

No domínio do contencioso administrativo português, afigura-se que apenas com o Acórdão do TC n.º 157/2001[1] a CEDH ganhou um estatuto de maioridade.

Embora o parâmetro de constitucionalidade tenha sido considerado o art.º 20.º, n.º 4, da CRP, no desenvolvimento da expressão "processo equitativo" o TC fez abundante apelo à jurisprudência da TEDH relativa ao art.º 6.º da CEDH.

Aguardando-se a entrada em vigor do novo contencioso administrativo português, consubstanciado no Estatuto dos Tribunais Administrativos e Fiscais e no Código de Processo nos Tribunais Administrativos, datados de 2002, importa verificar de que modo a CEDH ali se reflecte, e qual o índice da respectiva compatibilidade.

Não esqueçamos que Portugal tem sido condenado pelo TEDH por violação sobretudo do seu art.º 6.º[2].

1.2 – A CEDH

O Conselho da Europa foi criado pelo Tratado de Londres de 5 de Maio de 1949, referindo o art.º 3.º do seu Estatuto que todos os seus

---

[1] Vide infra § 3.7.

[2] Uma lista dos acórdãos do TEDH que tem condenado Portugal, actualizada, encontra-se na página web do Gabinete de Documentação e Direito Comparado do Ministério da Justiça, em http://www.gddc.pt/direitos-humanos/portugal-dh/acordaos-tedh.html. Cfr Ireneu Cabral Barreto, *A Convenção Europeia dos Direitos do Homem Anotada*, 2.ª Edição, Coimbra Editora, 1999, pp 53 e ss.

150   *Estudos de Direito Europeu e Internacional dos Direitos Humanos*

Membros reconhecem o princípio do primado do Direito e o princípio em virtude do qual qualquer pessoa colocada sob a sua jurisdição deve gozar dos direitos do homem e das liberdades fundamentais[3].

Em 4 de Novembro de 1950 foi assinada a "Convenção para a protecção dos Direitos do Homem e das Liberdades Fundamentais", que entrou em vigor em 3 de Setembro de 1950[4].

Tanto a CEDH como o TEDH são culturalmente modelados como instrumentos de paz a nível europeu, visando impedir o renascimento do totalitarismo[5]. Aliás, "a integração dos princípios fundamentais do Estado de direito é uma integração cultural num domínio que se presta verdadeiramente a essa integração"[6].

Com a Convenção, os Estados europeus ultrapassaram o período da simples proclamação internacional dos direitos e encetaram uma fase da garantia colectiva e institucionalizada dos direitos reconhecidos, caracterizada pela natureza jurisdicional do mecanismo de protecção dos direitos, pela aceitação do controlo internacional dos actos das autoridades nacionais, e pela possibilidade reconhecida ao indivíduo de accionar o mecanismo de protecção[7].

Portugal precisou de esperar pela instauração da democracia em 1974 para poder aderir ao Conselho da Europa, vindo a ser convidado a fazê-lo pela Resolução n.º 76 do Comité de Ministros do Conselho de Europa, adoptada em 21 de Setembro de 1976, por ocasião da 260.ª reunião dos delegados dos ministros.

---

[3] Sobre o Conselho da Europa, v Maria Luísa Duarte, «O Conselho da Europa», in AAVV, *Organizações Internacionais*, coordenação de João Mota de Campos, Fundação Calouste Gulbenkian, Lisboa, 1999, pp 595 e ss, Ireneu Cabral Barreto, *A Convenção* [...], pp 27 e ss.

[4] Maria Luísa Duarte, «A Convenção [...], p 616.

[5] Maria da Glória Ferreira Pinto Dias Garcia, «La protection juridictionnelle des droits de l'homme en Europe: juges nationaux et juges européens», in *Revue Européenne de Droit Public*, Vol 13, n.º 1, 2001, p 728.

[6] Jochen Frowein, «Conclusions», in AAVV, *Les principes communs d'une justice des États de l'Union Européenne: Actes*, Colloque organisé par la Cour de cassation, à Paris, les 4 et 5 décembre 2000, La Documentation française, Paris, 2001, p 207.

[7] Maria Luísa Duarte, «A Convenção [...], p 617. Ligando a mudança verificada na justiça administrativa nos países europeus, a seguir a 1945, com acento tónico na protecção do indivíduo contra o todo poderoso Estado e a consagração pela CEDH dos direitos ao processo equitativo e ao recurso efectivo, vide Michel Fromont, «La convergence des systèmes de justice administrative en Europe», in *Rivista trimestrale di diritto pubblico*, 2001/1.

A CEDH e a reforma do Contencioso administrativo português de 2002   151

O nosso País procedeu ao depósito do instrumento de adesão em 23 de Setembro de 1976, sendo assim admitido como o 19.º Estado-membro do Conselho da Europa[8], assinando na mesma data a Convenção. A Assembleia da República aprovou-a para ratificação pela Lei n.º 65/78, de 13 de Outubro, sendo o instrumento de ratificação depositado em 9 de Novembro de 1978[9].

A Convenção aplica-se directamente na ordem jurídica portuguesa (art.º 8.º, n.º 2, da CRP[10]) e tem efeito directo, isto é, os cidadãos podem invocá-la perante os tribunais, para tutela dos seus direitos. Na verdade, as normas da CEDH consagradoras de direitos não necessitam de normas de direito interno que as executem ou completem, além de constituírem fontes de direitos para os cidadãos[11].

Tirando o primado da CRP, parâmetro da constitucionalidade dos tratados internacionais[12], em caso de conflito com as leis nacionais, prevalece a Convenção[13].

---

[8] Maria Luísa Duarte, «O Conselho [...], p 609.

[9] Maria Luísa Duarte, «A Convenção [...], p 628 e ss. É, pois, esta data de 9 de Novembro de 1978 a data de entrada em vigor da CEDH – cfr Ana Maria Martins, «L'application de la Convention Européenne des Droits de l'Homme au Portugal», in *Revue Européenne de Droit Public*, Vol 13, n.º 1, 2001, p 568. Contudo, o TC, no Acórdão n.º 219/89, in BMJ-384,275, considerou que a entrada em vigor da CEDH se terá verificado apenas 2 de Janeiro de 1979, data em que foi publicado no DR o Aviso do Ministério dos Negócios Estrangeiros a publicitar a ratificação da Convenção e o seu depósito, uma vez que face ao disposto no art.º 122.º, n.º 4, da CRP, redacção primitiva, a ratificação, até àquele momento, era juridicamente inexistente. No caso Moreira de Azevedo c. Portugal, acórdão de 23.10.1990, Req. 11296/84, § 70, o TEDH refere que a Convenção entrou em vigor em Portugal em 9 de Novembro de 1978.

[10] Cfr Jorge Miranda, *As relações entre ordem internacional e ordem interna na actual Constituição portuguesa*, in AAVV, *Ab vno ad omnes – 75 anos da Coimbra Editora 1920-1995*, org de Antunes Varela, Diogo Freitas do Amaral, Jorge Miranda e J J Gomes Canotilho, Coimbra Editora, 1998, p 278.

[11] Maria Luísa Duarte, «A Convenção [...], p 631.

[12] Jorge Miranda, *Curso de Direito Internacional Público*, Principia, Cascais, 2002, pp 158 e ss, Maria Luísa Duarte, «A Convenção [...], p 631

[13] Ana Maria Martins, «L'application [...], p 568, Ireneu Cabral Barreto, *A Convenção* [...], p 35. Jorge Miranda, *Curso* [...], pp 166 e ss, Jorge Miranda, *As relações* [...], p 286.

1.3 – O novo contencioso administrativo

Com a expressão "novo contencioso administrativo"[14] referenciamos o Estatuto dos Tribunais Administrativos e Fiscais[15] e o Código de Processo nos Tribunais Administrativos[16], ambos com entrada em vigor prevista para 1 de Janeiro de 2004[17].

Estes dois diplomas concretizam as opções em matéria de justiça administrativa introduzidas pela IV Revisão Constitucional[18], e como que fecham o ciclo de reformas e transformações iniciadas pela CRP de 1976[19].

Com o novo contencioso administrativo passa-se do modelo francês para um modelo mais próximo do modelo alemão, isto é, de um modelo inspirado no recurso hierárquico jurisdicionalizado e fortemente limitado nos poderes de decisão do juiz, para um modelo marcado por uma grande aproximação ao processo civil, e pela plenitude de jurisdição[20].

A reforma do contencioso administrativo caracteriza-se, desde logo, pela consagração do princípio da tutela jurisdicional efectiva traduzida no "direito de obter, em prazo razoável, uma decisão judicial que aprecie, com força de caso julgado, cada pretensão regularmente deduzida em juízo, bem como a possibilidade de a fazer executar e de obter as providências cautelares, antecipatórias ou conservatórias, destinadas a assegurar o efeito útil da decisão" – art.° 2.°, n.° 1, do CPTA.

---

[14] Cfr Diogo Freitas do Amaral e Mário Aroso de Almeida, *Grandes Linhas da Reforma do Contencioso Administrativo*, Almedina, Coimbra, 2002, p 13.

[15] Aprovado pela Lei n.° 13/2002, de 19 de Fevereiro, rectificada pela Declaração de Rectificação n.° 14/2002, in Diário da República, I Série-A, n.° 67, de 20 de Março de 2002 e pela Declaração de Rectificação n.° 18/2002, in Diário da República, I Série--A, n.° 86, de 12 de Abril de 2002, alterada pela Lei n.° 4-A/2003, de 19 de Fevereiro.

[16] Aprovado pela Lei n.° 15/2002, de 22 de Fevereiro, rectificado pela Declaração de Rectificação n.° 17/2002, in Diário da República, I Série-A, n.° 81, de 6 de Abril de 2002, alterado pela Lei n.° 4-A/2003, de 19 de Fevereiro.

[17] Sobre a reforma do contencioso administrativo, vide Diogo Freitas do Amaral e Mário Aroso de Almeida, *Grandes* [...]; Mário Aroso de Almeida, «Breve introdução à reforma do contencioso administrativo», in *CJA*, n.° 32, Março/Abril de 2002, pp 3 e ss.

[18] Aprovada pela Lei constitucional n.° 1/97, de 20 de Setembro. Cfr Sérvulo Correia, «O recurso contencioso no projecto da reforma», in AAVV, *Estudos de Direito Processual Administrativo*, Lex, Lisboa, 2002, p 181.

[19] Diogo Freitas do Amaral e Mário Aroso de Almeida, *Grandes* [...], p 6.

[20] Idem, *Ibidem*.

A CEDH e a reforma do Contencioso administrativo português de 2002   153

Por outro lado, a efectividade da tutela jurisdicional passa pela criação de mais tribunais administrativos, prevendo-se que os tribunais administrativos de círculo possam ser desdobrados em juízos e estes possam funcionar, em local diferente da sede, dentro da respectiva área de jurisdição (art.º 9.º, n.º1, do ETAF), que o TCA possa ser desdobrado em tribunais administrativos regionais e que possam ser criados tribunais administrativos especializados e secções especializadas nos tribunais superiores (n.º 4).

À exiguidade dos meios processuais antecedentes, o novo contencioso contrapõe uma multiplicidade de meios processuais. Assim, temos a acção administrativa comum destinada ao reconhecimento de situações jurídicas subjectivas e à condenação e responsabilização da Administração pública (art.ºs 37.º e ss do CPTA), e a acção administrativa especial dirigida à impugnação de actos administrativos, à condenação à prática de acto devido e à impugnação de normas e declaração de ilegalidade por omissão (art.ºs 46.º e ss do CPTA).

Em sede de processos urgentes passamos a ter as impugnações urgentes relativas ao contencioso eleitoral (art.ºs 97.º e ss do CPTA) e ao contencioso pré-contratual (art.ºs 100.º e ss do CPTA), as intimações para a prestação de informações, consulta de processos ou passagem de certidões (art.ºs 104.º e ss do CPTA) e para protecção de direitos, liberdades e garantias (art.ºs 109.º e ss do CPTA).

É de referir os processos cautelares que vão desde as providências especificadas no CPC, à suspensão da eficácia de um acto administrativo ou de uma norma, à admissão provisória em concursos e exames, à atribuição provisória da disponibilidade de um bem, à autorização provisória ao interessado para iniciar ou prosseguir uma actividade ou adoptar uma conduta, à regulação provisória de uma situação jurídica, à intimação para a adopção ou abstenção de uma conduta por parte da Administração ou de um concessionário (art.ºs 112.º e ss do CPTA).

Há ainda a mencionar um processo executivo visando a prestação de factos ou de coisas (art.ºs 162.º e ss do CPTA), o pagamento de quantia certa (art.ºs 170.º e ss do CPTA), ou a execução de sentença de anulação de actos administrativos (art.ºs 173.º e ss do CPTA).

Outra das inovações traduz-se no acesso directo ao tribunal, com a queda da caracterização do acto impugnado como definitivo e executório, passando a relevar o critério da susceptibilidade de lesão de direitos e interesses legalmente protegidos.

1.4 – Metodologia

O contencioso administrativo manifesta a garantia jurisdicional de efectivação dos direitos e liberdades fundamentais – art.º 2.º da CRP –, em sede de direitos dos administrados, estando constitucionalizada a "tutela jurisdicional efectiva dos seus direitos ou interesses legalmente protegidos", incluindo, "o reconhecimento desses direitos ou interesses, a impugnação de quaisquer actos administrativos que os lesem, [...], a determinação da prática de actos administrativos legalmente devidos e a adopção de medidas cautelares adequadas" – art.º 268.º, n.º 4, da CRP.

Por outro lado, os tribunais nacionais, ao aplicar a CEDH, devem interpretá-la de acordo com a jurisprudência do TEDH, jurisprudência que se vem traduzindo em realizar o princípio da proeminência do direito, em definir um direito comum da Europa, e em generalizar a garantia da equidade[21], no que pode dizer-se "um modelo de protecção uniformemente elevado dos direitos fundamentais"[22].

Assim, a presente investigação move-se nos terrenos do direito constitucional, do direito administrativo e do direito europeu dos direitos do homem.

Do direito constitucional porque, o contencioso administrativo, na expressão de Vasco Pereira da Silva é "direito constitucional concretizado", na medida em que, não só as opções constitucionais se reflectem no modo como a Administração Pública deve ser controlada jurisdicional-mente, ou seja, em termos de justiça administrativa, mas também os direitos fundamentais apenas serão concretizados se houver meios con-tenciosos susceptíveis de os assegurar plena e efectivamente[23].

Por isso, na análise do novo contencioso administrativo temos de ter sempre presente as determinações constitucionais sobre a justiça admi-

---

[21] Cfr Frédéric Sudre, «Rapport introductif», in AAVV, *Les principes communs d'une justice des États de l'Union Européenne: Actes*, Colloque organisé par la Cour de cassation, à Paris, les 4 et 5 décembre 2000, La Documentation française, Paris, 2001, p 30, Maria da Glória Ferreira Pinto Dias Garcia, «La protection [...], p 733.

[22] Luís Filipe Colaço Antunes, «*Johann Sebastian Bach* no Tribunal Europeu dos Direitos do Homem ou uma Jurisprudência *sempre nunca diferente – nunca sempre igual* (Hatton e Outros vs. The United Kingdom)», in *RMP*, Ano 23, Out/Dez de 2002, n.º 92, p 60.

[23] Vasco Pereira da Silva, *O Contencioso Administrativo como "Direito Cons-titucional concretizado" ou "ainda por concretizar"?*, Almedina, Coimbra, 1999, pp 5 e ss.

nistrativa, qual o seu traço organizativo, quais os meios garantísticos que desenha, e sobretudo quais aqueles que impõe.

Por outro lado, é uma investigação em sede de direito administrativo já que questiona precisamente a dimensão da justiça administrativa, de que forma o legislador veio a traduzir as opções constitucionais relativas ao acesso àquela justiça, e quais as exigências de conformação que lhe são impostas – para que o cidadão, o particular não seja "um ente extinto e caduco", resignado a pagar "o elevado preço do arbítrio do administrador"[24].

É uma investigação que se move no seio do direito europeu dos direitos do homem, pois socorre-se dos parâmetros da CEDH e da jurisprudência do TEDH para testar a medida de sucesso da reforma do contencioso administrativo de 2002, inserida no espaço europeu culturalmente imerso nos valores do "direito e da democracia – ambos lutando contra o arbitrário e o poder singular por uma ordem ao mesmo tempo do geral e de todos, com sentido normativo, por um lado, e legitimidade consensualizada, por outro", podendo encontrar essa aspiração ao direito e à democracia, nos dias de hoje, dizendo que "a Convenção Europeia dos Direitos do Homem é o instrumento internacional mais perfeito de defesa da liberdade"[25].

Assim, no § 2, começamos por averiguar a tessitura que nos traz a CEDH no desenvolvimento dado pelo TEDH, no que se refere aos dois meios de acesso à justiça presentes em quase todos os casos por este decididos, o direito a um processo equitativo, garantido pelo art.º 6.º, e o direito a um recurso efectivo, previsto no art.º13.º. Aqui, perante a novidade no nosso direito da intimação para protecção de direitos, liberdades e garantias, agora regulada nos art.ºs 109.º e ss do CPTA, fazemos uma referência ao instituto dos direitos espanhol e alemão do recurso de amparo, uma vez que nos parece constituir aquela intimação uma primeira fase deste meio de defesa de direitos fundamentais.

No § 3, estudamos a novidade que a reforma do contencioso de 2002 apresenta, no que toca à consagração do processo equitativo, a novos meios processuais, ao acto administrativo impugnável – em face do tristemente célebre acto administrativo definitivo e executório –, à

---

[24] Rogério Guilherme Ehrhardt Soares, «Administração Pública, direito administrativo e sujeito privado», in Universidade de Coimbra, *Boletim da Faculdade de Direito*, Vol XXXVII, 1961, p 137.

[25] Francisco Lucas Pires, *O que é a Europa*, Difusão Cultural, Lisboa, 1994, pp 70 e s.

prova, à oralidade, à obrigatoriedade das decisões judiciais administrativas, e à não presença do agente do Ministério Público nas sessões de julgamento dos tribunais superiores. Neste parágrafo, pretendemos saber de que forma o direito europeu dos direitos do homem é espelhado no contencioso administrativo.

No parágrafo seguinte, o 4, analisamos duas questões relativas a juízes do contencioso administrativo que nos parecem incompatíveis com a CEDH, suscitando objectivamente justos receios de uma sua falta de independência e imparcialidade.

No último parágrafo, apresentamos as conclusões da nossa investigação.

2 – A CEDH e o contencioso administrativo

A relevância que a CEDH apresenta para o contencioso administrativo é dada pelo direito a um processo equitativo (art.º 6.º) e pelo direito a um recurso efectivo (art.º 13.º).

Na verdade, o contencioso administrativo, "como o exercício, por uma ordem jurisdicional administrativa, de jurisdição administrativa segundo meios processuais predominantemente específicos"[26], implica que se considere, não só o aspecto orgânico, como também o modo de proceder, o que o direito a um processo equitativo e o direito a um recurso efectivo, na jurisprudência do TEDH, permite captar.

Aliás, a evolução da justiça administrativa nos últimos cinquenta anos, nos países europeus, tem-se traduzido em colocar o indivíduo no centro do direito público, de forma que a função do juiz administrativo tem sido a de pôr a protecção do particular à frente do controlo da Administração no interesse do bom funcionamento do Estado, com a aproximação progressiva aos princípios do processo civil, e com o esbatimento da oposição direito público-direito privado[27]. Precisamente, o que vem sendo traduzido pela jurisprudência do TEDH.

---

[26] Sérvulo Correia, *Contencioso Administrativo*, Lições ao 5.º Ano Jurídico, AAFDL, Lisboa, 1990, p 20.

[27] Michel Fromont, «La convergence [...], pp 144 e s. Problema diverso é o que se verifica com a chamada "fuga para o direito privado", que traduz o desenvolvimento contraditório do Direito Administrativo, em que, por um lado, "se aumentam as garantias dos particulares, impedindo que o Direito Administrativo seja visto como um simples repositório de prerrogativas de autoridade", e em que, por outro, a Administração Pública

A CEDH e a reforma do Contencioso administrativo português de 2002   157

Em França, por exemplo, é igualmente no campo processual e da definição do processo equitativo que a influência da CEDH é mais manifesta[28], sendo certo que o Conselho de Estado conforma, cada vez mais, o estado do direito às interpretações do TEDH[29].

2.1 – Direito a um processo equitativo – art.º 6.º

O direito a um processo equitativo traduz-se no direito a um tribunal independente, imparcial, estabelecido por lei, com competência de plena jurisdição, a que todas as pessoas tenham acesso, que examinará uma causa civil publicamente, mediante um processo contraditório e em prazo razoável, de forma a que se obtenha uma pronúncia efectiva e útil sobre os direitos e obrigações contestados[30].

Ou, na formulação do TC: direito a uma solução jurídica de actos e relações jurídicas controvertidas, a que se deve chegar em prazo razoável e com garantias de imparcialidade e independência, possibilitando-se um correcto funcionamento das regras do contraditório, em termos de cada uma partes poder deduzir as suas razões (de facto e de direito), oferecer as suas provas, controlar as provas do adversário e discretear sobre o valor e resultado da causa[31].

---

regressa "ao Direito Privado para, beneficiando dos princípios da liberdade e igualdade que o caracterizam, desenvolver a sua actividade sem as limitações decorrentes" de um Direito Administrativo cada vez mais garantístico, material e processualmente, questionando-se se não se tratará de uma "fuga" ao Direito Constitucional – Paulo Otero, *Legalidade e Administração Pública – o Sentido da Vinculação Administrativa à Juridicidade*, Almedina, Coimbra, 2003, pp 282 e ss. Cfr Maria João Estorninho, *A fuga para o direito provado – Contributo para o estudo da actividade de direito privado da Administração Pública*, Almedina, Coimbra, 1996, p 160.

[28] Régis de Gouttes, «II – Le procès, système continental», in AAVV, *Les principes communs d'une justice des États de l'Union Européenne: Actes*, Colloque organisé par la Cour de cassation, à Paris, les 4 et 5 décembre 2000, La Documentation française, Paris, 2001, p 121.

[29] Assim, René Chapus, *Droit du contentieus administratif*, 8e édition, Montchrestien, Paris, 1999, p 110, acrescentando que tal se verifica através de reviravoltas da jurisprudência que mais parecem submissões, e lamentando que o trabalho de interpretação do art.º 6.º pelo TEDH conduza menos ao melhoramento do estado do direito, que à prevalência duma concepção de inspiração anglo-saxónica do processo, dando um lugar excessivo às aparências – p 124. Também Sérvulo Correia, «O recurso [...], p 187, fala da "jurisprudência de Estrasburgo, [...] mal inspirada sob uma excessiva influência anglo-saxónica impermeável à cultura jurídica latina".

[30] Cfr Ireneu Cabral Barreto, *A Convenção* [...], pp 133 e ss.

[31] Acórdão do TC n.º 86/88, de 13 de Abril de 1988, in BMJ, n.º 376, pp 237 e ss.

158   *Estudos de Direito Europeu e Internacional dos Direitos Humanos*

Vejamos, pois, em que consiste tal direito, por referência aos elementos em que costume desdobrar-se.

2.1.1 – Direito ao tribunal

2.1.1.1 – *Tribunal*

Por tribunal entende-se o órgão independente e imparcial [32] que, com base em normas de direito, e no desenrolar de um processo organizado, decide todas as questões compreendidas na sua esfera de competência[33].

2.1.1.2 – *Independência*

Desde logo, essa independência tem de verificar-se em relação ao poder executivo, sendo inaceitável que haja uma subordinação de um dos elementos do tribunal à Administração pública, na medida em que os interessados na justiça podem legitimamente duvidar da sua independência, pondo em causa a confiança que os tribunais devem inspirar nas sociedades democráticas[34].

Exige-se também a independência em relação ao poder legislativo, mesmo contra as validações legislativas durante a pendência de uma causa, salvo motivo de interesse geral imperativo[35].

---

[32] Caso Benthem c. Países Baixos, acórdão de 23.10.85, Req n° 8848/80, § 43.

[33] Caso Sramek c. Áustria, acórdão de 22.10.84, Req. 8790/79, § 36, caso Belilos c. Suíça, acórdão de 29.4.88, Req. 10328/83, § 64. Cfr Olivier Jacot-Guillarmod, «Rights Related to Good Administration of Justice (Article 6)», in *The European System for the Protection of Human Rights*, ed R. St. J. Macdonald, F. Matscher, e H. Petzold, Martinus Nijhoff Publishers, London, 1993, p 396, Françoise Tulkens e Renée Koering-Joulin, «I--Le jude, Système Continental», e Peer Lorenzen, «I – Le juge, Système mixte», estes dois últimos in AAVV, *Les principes communs d'une justice des États de l'Union Européenne: Actes*, Colloque organisé par la Cour de cassation, à Paris, les 4 et 5 décembre 2000, La Documentation française, Paris, 2001, pp, respectivamente 53 e 98.

[34] Caso Sramek c. Áustria, acórdão de 22.10.84, Req. 8790/79, § 42. Cfr Jochen Frowein, «Conclusions», [...], p 210.

[35] Caso Zielinski e Pradal e Gonzalez e outros c. França, acórdão de 28.10.1999, Req 24846/94 e 34165/96-34173/96, caso Antonakopoulos, Vorstsela et Antonakopoulos c. Grécia, acórdão de 14.12.1999, Req 37098/97, Françoise Tulkens e Renée Koering--Joulin, «I-Le jude [...], p 56.

A CEDH e a reforma do Contencioso administrativo português de 2002 159

Depois, a independência do tribunal põe-se em relação às partes[36], sobretudo se um dos seus membros estiver numa posição de subordinação em relação a uma das partes, em termos de deveres funcionais e de organização do serviço[37].

Na aferição da independência do tribunal, o TEDH atende às modalidade de nomeação dos seus membros[38], à duração do seu mandato, e à existência de reais garantias contra pressões exteriores[39].

Acresce que, como já se deixou enunciado, exige-se o carácter manifesto da independência dos tribunais, directamente relacionada com as aparências – as partes não devem ter a impressão que a decisão tem motivações exteriores ao caso.

2.1.1.3 – Imparcialidade

A imparcialidade, como ausência de pré-juízo, pode ser apreciada sob um ângulo subjectivo relacionado com o íntimo do juiz, ou sob uma perspectiva objectiva tendente a verificar se este oferece as garantias suficientes que excluam toda a dúvida legítima[40].

Assim, uma tomada de posição de um juiz na imprensa sobre um caso que vai julgar é susceptível de criar fortes dúvidas sobre a imparcialidade daquele[41].

No caso Daktaras c. Lituânia, o presidente da secção criminal do tribunal supremo recomendou a anulação de uma decisão, e designou os três juízes que decidiram a anulação recomendada. O TEDH considerou que o presidente ao fazer aquela recomendação se tornou necessariamente aliado ou adversário das partes, e que, embora não tivesse decidido o

---

[36] Por exemplo, caso Ringeisen c. Austria, acórdão de 16.7.1971, Req. 2614/65, § 95, caso Belilos c. Suíça, acórdão de 29.4.88, Req. 10328/83, § 67.

[37] Cfr caso Sramek c. Áustria, acórdão de 22.10.84, Req. 8790/79.

[38] Caso Lithgow e outros c. Reino Unido, acórdão de 8.7.86, Req. 9006/80 e outros, § 202.

[39] Olivier Jacot-Guillarmod, «Rights [...], p 397, caso Çiraklar c. Turquia, acórdão de 28.10.1998, Req 19601/92, § 38.

[40] Caso Piersack c. Belgica, acórdão de 1.10.82, Req. 8692/79, § 30, caso Procola c. Luxemburgo, acórdão de 28.9.95, Req. 14570/89, § 45, caso Bulut c. Áustria, acórdão de de 22.2.1996, Req 17358/90,§ 31. Cfr Olivier Jacot-Guillarmod, «Rights [...], pp 397 e seguinte.

[41] Caso Lavents c. Letónia, acórdão de 28.11.2002, Req 58442/00. Cfr caso Buscemi c. Itália, acórdão de 16.9.1999, Req 29569/95.

160   *Estudos de Direito Europeu e Internacional dos Direitos Humanos*

caso, designou os juízes que o decidiram, pelo que de um ponto de vista objectivo não havia garantias suficientes para excluir toda a dúvida legítima sobre a imparcialidade do tribunal[42].

Será também o caso de um processo contra uma Universidade, em que o juiz presidente do tribunal é professor associado desta, recebendo emolumentos por via do ensino que ali ministra; o TEDH considera que a dupla função de juiz e professor associado pode suscitar no requerente receios legítimos de que o juiz em questão não examine a causa com a imparcialidade exigível[43].

2.1.1.4 – *Tribunal estabelecido por lei*

O tribunal deve ser estabelecido por lei que regule primariamente as suas competências, podendo ser deixada ao poder executivo a decisão sobre a sua localização e competência territorial[44].

Visa-se impedir que, numa sociedade democrática, a organização judiciária seja entregue à discrição do executivo, que se criem tribunais *ad hoc* [45], e que os factos de que releva a competência dos tribunais sejam praticados antes da sua criação[46].

2.1.1.5 – *Competência do tribunal*

O tribunal deve ser competente para conhecer de facto e de direito, e para reformar a medida questionada, ou seja, a sua competência deve traduzir-se numa competência de plena jurisdição, uma vez que está em causa o direito a uma solução jurisdicional do litígio[47].

O tribunal que se limita ao exame da legalidade de uma decisão administrativa de despedimento, sem que averigue da veracidade dos

---

[42] Caso Daktaras c. Lituânia, acórdão de 10.10.2000, Req 42095/98.

[43] Caso Pescador Valero c. Espanha, acórdão de 17.6.2003, Req 62435/00.

[44] Fabienne Quilleré-Majzoub, *La défense du droit à un procès équitable*, Bruylant, Bruxelles, 1999, p 205. Caso Sramek c. Áustria, acórdão de 22.10.84, Req. 8790/79, § 36.

[45] Ireneu Cabral Barreto, *A Convenção* [...], p 160.

[46] Françoise Tulkens e Renée Koering-Joulin, «I-Le jude [...], p 55.

[47] Caso Le Compte, Van Leuven et De Meyere, c. Bélgica, acórdão de 23.6.81, Req. 6878/75, 7238/75, § 51. b).

A CEDH e a reforma do Contencioso administrativo português de 2002   161

factos ali imputados ao requerente viola o controlo jurisdicional dos factos garantido pelo art.º 6.º, n.º 1[48].

2.1.1.6 – Acesso ao tribunal

O conceito de acesso ao tribunal não se encontra expressamente previsto no art.º 6.º da CEDH, pelo que se suscita a questão de saber se a Convenção se limita a garantir o direito a um processo equitativo num tribunal, ou se reconhece, a todas as pessoas, o direito de acesso aos tribunais[49].

Esta questão foi respondida pelo TEDH no caso Golder c. Reino Unido "inspirando-se" nos art.ºs 31.º a 33.º da Convenção de Viena de 23 de Maio de 1969 sobre o direito dos tratados[50], considerando que o direito de acesso ao tribunal constitui um elemento intrínseco ao direito enunciado no art.º 6.º, n.º 1[51], já que, de acordo com o caso Delcourt c Bélgica, numa sociedade democrática, o direito a uma boa administração da justiça ocupa um lugar tão proeminente que uma interpretação restritiva desta disposição normativa não corresponde à sua finalidade e ao seu objecto[52]. Se o art.º 6.º apenas garantisse o desenrolar duma instância pendente perante um tribunal, o Estado contratante poderia suprimir as suas jurisdições ou subtrair à sua competência certos assuntos e confiá-los a órgãos dependentes do governo, o que pelo risco de arbitrariedade violaria os princípios defendidos pelo TEDH[53].

A efectividade do direito ao tribunal, em ligação com o direito a um recurso efectivo garantido pelo art.º 13.º[54], exige que o interessado tenha a real possibilidade de obter uma decisão jurisdicional sobre os seus direitos. Por isso, estando em causa uma imunidade parlamentar, tem de verificar-se se a ofensa imputada a um deputado releva das funções par-

---

[48] Caso Koskinas c. Grécia, acórdão de 20.6.2002, Req 47760/99.

[49] Assim, P. van Dijk, «Access to Court», in *The European System for the Protection of Human Rights*, ed R. St. J. Macdonald, F. Matscher, e H. Petzold, Martinus Nijhoff Publishers, London, 1993, p 345.

[50] Caso Golder c. Reino Unido, acórdão de 21.2.75, Req 4451/70, § 29.

[51] Ibidem, § 36.

[52] Caso Delcourt c Belgica, acórdão de 17.1.1970, Req 2689/65, § 25. Igualmente, caso Moreira de Azevedo c Portugal, acórdão de 23.10.1990, Req. 11296/84, § 66. Cfr Frédéric Sudre, «Rapport [...], p 31.

[53] Caso Golder c. Reino Unido, acórdão de 21.2.75, Req 4451/70, §§ 25 e 35.

[54] Françoise Tulkens e Renée Koering-Joulin, «I-Le jude [...], p 60.

162   *Estudos de Direito Europeu e Internacional dos Direitos Humanos*

lamentares *stricto sensu*, ou de uma querela entre meros particulares, sem qualquer ligação à actividade política. Neste último caso, invocar a imunidade restringe de forma incompatível com o art.º 6.º, n.º 1, o acesso ao tribunal dos particulares cujos direitos tenham sido violados por um deputado[55]. Já tal não acontece, por exemplo, se se tratar de um discurso parlamentar difamatório[56].

A circunstância de existirem regras processuais a observar no acesso ao tribunal, sujeitas a vicissitudes várias, não releva para considerar que é posto em causa tal direito[57], desde que uma interpretação particularmente rigorosa daquelas não impeça o conhecimento do fundo da causa[58].

Acresce que, se para a efectivação deste direito pode haver necessidade de fazer apelo a mecanismos de apoio judiciário, não só no aspecto financeiro, como também no de acompanhamento do interessado carente por advogado[59].

As restrições ao direito de acesso aos tribunais têm de visar um fim legítimo, devendo haver proporcionalidade entre o meio empregue e o fim visado, de forma a que o direito de acesso previsto no direito nacional assegure um direito de acesso efectivo, que permita ao interessado o exame judicial de um acto violador dos seus direitos – é o caso de uma indemnização atribuída pela Administração, atribuição que vem impedir mais tarde o acesso ao tribunal, sem que o interessado se tenha apercebido dessa restrição[60].

2.1.2 – Direito ao exame equitativo da causa

2.1.2.1 – *Causa*

O direito à causa é o direito a um litígio, isto é, a um conflito de interesses hierarquizados pela norma jurídica, que carece da resolução jurisdicional[61].

---

[55] Caso Cordova c. Itália, acórdão de 30.1.2003, Req 40877/98.

[56] Caso A c. Reino Unido, acórdão de 17.12.2002, Req 35373/97.

[57] Caso Matos e Silva Ld.ª c. Portugal, acórdão de 16.09.1996, Req. 15777/89, § 64.

[58] Caso Beles e outros c. República Checa, acórdão de 12.11.2002, Req 47273/99.

[59] Cfr Fabienne Quilleré-Majzoub, *La défense* [...], p 206.

[60] Caso Lagrange c. França, acórdão de 10.10.2000, Req 39485/98.

[61] Cfr João de Castro Mendes, *Manual de Processo Civil*, Manuais da Faculdade de Direito de Lisboa, Lisboa, 1963, p 21.

A CEDH e a reforma do Contencioso administrativo português de 2002   163

Por isso, o TEDH satisfaz-se com a verificação de pretensão assente num direito reconhecido pela lei nacional[62]. No caso Estima Jorge c. Portugal, o TEDH considerou que não se deve tomar a expressão "contestation" numa acepção demasiado técnica, devendo dar-se-lhe uma definição material e não meramente formal, verificando-se a determinação de um direito de carácter civil no momento em que o direito encontra a sua realização efectiva[63].

2.1.2.2 – *Carácter civil dos direitos e obrigações*

No que sejam direitos e obrigações de carácter civil, a jurisprudência do TEDH tem vindo progressivamente a alargar o conceito.

Assim, no caso Baraona c. Portugal, refere-se que a noção de direitos e obrigações de carácter civil não se deve interpretar por simples referência ao direito nacional, uma vez que o art.º 6.º, n.º 1, se aplica independentemente da qualidade das partes, da natureza da lei aplicável e da autoridade competente para decidir a questão, sendo suficiente que esta seja relevante em termos de direitos e obrigações de carácter privado; recordemos que se questionava a responsabilidade do Estado Português por actos de gestão pública, argumentando o TEDH que o direito à reparação revestia um carácter privado, com um conteúdo pessoal e patrimonial e, no caso, fundava-se numa lesão do direito de propriedade[64].

No caso Castanheira Barros c Portugal, considerou-se que o carácter civil do litígio abrangia a carreira de um agente da administração pública, procedendo-se a uma interpretação autónoma da noção de "função pública", o que permite um tratamento igual dos agentes públicos dos Estados partes da Convenção, independentemente da natureza pública ou privada da relação jurídica dos funcionários administrativos com a administração[65]. O TEDH fez apelo a um critério funcional, assente na natureza das funções e das responsabilidades exercidas pelo funcionário, em que releva o exercício de poderes integrantes da soberania do Estado, em que é legítimo

---

[62] Caso Baraona c. Portugal, acórdão de 8.7.1987, Req. 10092/82, § 39, caso Neves e Silva c. Portugal, acórdão de 27.4.1989, Req. 11213/84, § 37, caso Moreira de Azevedo c. Portugal, acórdão de 23.10.1990, Req. 11296/84, § 66.

[63] Caso Estima Jorge c. Portugal, acórdão de 21.4.1998, Req. 24550/94, § 37.

[64] Caso Baraona c. Portugal, acórdão de 8.7.1987, Req. 10092/82, §§ 42 e ss.

[65] Caso Castanheira Barros c Portugal, acórdão de 26.10.2000, Req. 36945/97, §§ 28 e ss. Cfr Frédéric Sudre, «Rapport [...], p 45.

164   *Estudos de Direito Europeu e Internacional dos Direitos Humanos*

exigir-se dos funcionários um vínculo de confiança e de lealdade; apenas são excluídos do campo de aplicação do art.º 6.º, n.º 1, os casos que importem o exercício de funções relativas à soberania do Estado[66].

Pode, pois, dizer-se que toda a contestação com um objecto patrimonial, fundada numa violação de direitos também patrimoniais releva da noção de direitos e obrigações de carácter civil[67].

Esta concepção tem favorecido uma extensão do campo de aplicação do art.º 6.º, que vem neutralizando as distinções entre direito público e direito privado constantes dos diversos direitos nacionais contratantes da CEDH, e vem qualificando de matéria civil numerosos domínios nitidamente de direito público[68].

É o que tem acontecido em matéria de expropriação, reclassificação e planificação, concessão de licenças de construção e outras directamente incidentes sobre a propriedade[69]; de exercício da actividade comercial (licença para abrir estabelecimentos[70], para exercer uma profissão liberal); de perseguições disciplinares que obstam ao exercício de uma profissão[71]; de contencioso dos direitos pecuniários dos funcionários públicos, das prestações de segurança social; de procedimentos relativos a contratos e a responsabilidade extra-contratual da Administração pública, de responsabilidade por falta da administração[72].

A aplicabilidade do art.º 6.º à duração dos processos no TC é considerada pelo TEDH na verificação da razoabilidade do prazo, sempre que a decisão daquele venha a influir na decisão dos tribunais comuns;

---

[66] Caso Castanheira Barros c Portugal, acórdão de 26.10.2000, Req. 36945/97, §§ 30 e 31. Cfr Sérvulo Correia, «O recurso [...], p 185.

[67] Frédéric Sudre, «Rapport [...], p 42. Cfr caso Editions Périscope c. França, acórdão de 26.3.1992, Req 11760/85, § 40, caso Beaumartin c. França, acórdão de 24.11.1994, Req 15287/89, § 28.

[68] Frédéric Sudre, «Rapport .., p 43. Cfr Ireneu Cabral Barreto, *A Convenção* [...], pp 124 e ss. Considerando que o art.º 6.º se aplica ao contencioso administrativo vide caso Hornsby c. Grécia, Acórdão de 19.3.1997, Req 18357/9, § 41, caso Bouilly c. França, acórdão de 7.12.1999, Req 38952/97.

[69] Caso Caillot c. França, acórdão de 4.6.1999, Req 36932/97.

[70] Caso G.S. c. Áustria, acórdão de 21.12.1999, Req 26297/95.

[71] Caso Serre c. França, acórdão de 29.9.1999, Req 29718/96, caso W.R. c. Austria, acórdão de 21.12.1999, Req 26602/95.

[72] Cfr Caso Baraona c. Portugal, acórdão de 8.7.1987, Req. 10092/82, caso Neves e Silva c. Portugal, acórdão de 27.4.1989, Req. 11213/84, caso Fernandes Magro c. Portugal, acórdão de 29.2.2000, Req. 36997/97, caso SA c. Portugal, acórdão de 27.7.2000, Req. 36421/97.

A CEDH e a reforma do Contencioso administrativo português de 2002   165

contudo, o papel do TC, como tribunal da constitucionalidade das leis, leva a que, por vezes, tenha de considerar outros processos urgentes, em detrimento do processo em causa, o que o afastaria do campo de aplicação do art.º 6.º[73].

2.1.2.3 – *Procedimentos de recurso*

Se bem que a Convenção não consagre, em geral, o direito a um duplo grau de jurisdição[74] – embora o art.º 2.º do Protocolo n.º 7 o

---

[73] Caso Gast e Popp c. Alemanha, Acórdão de 25.2.2000, Req 29357/95.

[74] O duplo grau de jurisdição traduz a possibilidade de um juiz pertencente a um grau de jurisdição superior reexaminar uma decisão jurisdicional em sede de mérito, mediante o meio processual "recurso jurisdicional" (Roger Perrot, *Institutions judiciaires*, 10e édition, Domat Droit Privé, Montchrestien, Paris, 2002, p 76), fiscalizando-a, quer no que toca à matéria de facto, quer no que se refere à matéria de direito (Armindo Ribeiro Mendes, *Recursos em Processo Civil*, 2.ª Edição, Lex, Lisboa, 1994, p 97). Os recursos surgem como o único meio de controlo das decisões jurisdicionais, permitindo a apreciação dos casos concretos por um outro tribunal. Por outro lado, os recursos jurisdicionais também prosseguem um outro fim, qual seja, o de tendencialmente se obter a uniformização na interpretação e aplicação do Direito (Miguel Teixeira de Sousa, *Estudos sobre o novo processo civil*, 2.ª edição, Lex, Lisboa, 1997, p 376). De acordo com a jurisprudência uniforme do TC, a CRP não contém preceito expresso que consagre o direito ao recurso para um outro tribunal, nem em processo administrativo, nem em processo civil, sendo que em processo penal, só após a IV RC o art.º 32.º passou a incluir a menção expressa ao recurso nas garantias de defesa (por exemplo, Acórdão do TC n.º 261/2002, de 18.6.2002, in *DR*, II Série, de 24.7.2002, n.º 169). A doutrina nacional tem posições algo diversas. Carla Amado Gomes, embora considere que o julgamento equitativo não abrange o direito ao recurso jurisdicional, refere que este deverá sempre considerar-se "uma garantia do direito à tutela jurisdicional", na medida em que possibilita a correcção de erros na aplicação do direito pelo juiz, em que contribui para a aceitação da decisão pelas partes, e em que reforça a ideia de Estado de Direito («À espera de Ulisses – Breve análise da Secção I do Capítulo VI do Anteprojecto de Código dos Tribunais Administrativos/II (As medidas cautelares)», in *RMP*, Ano 21, Out/dez de 2000, n.º 84, pp 89 e s). Já Armindo Ribeiro Mendes considera que a CRP não garante a existência de um duplo grau de jurisdição, embora veja na previsão constitucional de tribunais de recurso, a admissão implícita de "um sistema de recurso judiciais, partindo da situação dos direitos processuais civil e penal à data da elaboração da própria CRP", concluindo que o "legislador ordinário não pode suprimir em bloco os tribunais de recurso e os próprios recursos", embora tenha ampla liberdade de conformação (*Recursos* [...], pp 99 e ss. Cfr Miguel Teixeira de Sousa, *Estudos* [...], p 377). Para Marcelo Rebelo de Sousa "uma conjugação sistemática do direito de acesso aos tribunais com o princípio da confiança, o princípio do juiz legal e o princípio da igualdade apontam para a constitucionalização do princípio do duplo grau de jurisdição" (*Orgânica Judicial, Responsabilidade dos Juízes e TC*, AAFDL, Lisboa,

166 *Estudos de Direito Europeu e Internacional dos Direitos Humanos*

garanta em matéria penal – o art.º 6.º aplica-se ao processos de recurso jurisdicional quando estes estão previstos na lei nacional[75].

2.1.2.4 – *Igualdade de armas*

De acordo com o princípio da igualdade de armas, cada parte deve ter a possibilidade de apresentar a sua causa em condições que não a coloquem numa situação de desvantagem em relação ao seu adversário; aqui volta a ser importante a aparência[76].

Integra a violação do princípio da igualdade de armas, a circunstância de, na pendência de uma causa contra o Estado, ser emitida uma lei que, retroactivamente, regulamenta em sentido restritivo a matéria objecto do litígio[77]

Embora a admissibilidade das provas releve do direito nacional, o TEDH deve verificar se o processo no seu todo, incluindo a maneira como a prova foi administrada, revestiu o carácter equitativo exigido pelo art.º 6.º, n.º 1[78].

2.1.2.5 – *Processo contraditório*

O princípio do contraditório consiste, segundo Manuel de Andrade, em "cada uma das partes [ser] chamada a deduzir as suas razões (de facto e de direito), a oferecer as suas provas, a controlar as provas do adversário e a discretear sobre o valor e resultados de uma e outras"[79].

1992, p 12). Muito sinteticamente, parece-nos que a exigência de um duplo grau de jurisdição, parte de se constatar a existência de ofensa a direitos e interesses legalmente protegidos com origem jurisdicional, a existência de tribunais organizados em hierarquia precisamente dirigida a possibilitar o recurso jurisdicional, a responsabilizado do Estado e titulares dos seus órgãos por facto da função jurisdicional, a defesa de direitos e interesses legalmente protegidos através de tribunais, e a necessidade de fundamentação das decisões dos tribunais.

[75] Cfr Caso Delcourt c. Belgica, acórdão de 17.1.1970, Req 2689/65, §§ 25 e 16.

[76] Caso Nideröst-Huber c. Suíça, acórdão de 18.2.1997, Req 18990/91, § 23, caso Öcalan c. Turquia, acórdão de 12.3.2003, Req. 46221/99, § 159.

[77] Caso Ogis–Institut Stanislas c. França, decisão de 3.4.2003, Req 2219/98.

[78] Caso Mantovanelli c. França, acórdão de 18.3.1997, Req 21497/93, § 34, caso A.M. c. Itália, acórdão de 14.12.1999, Req 37019/97, § 24.

[79] Manuel de Andrade, *Noções Elementares de Processo Civil*, edição revista e actualizada por Antunes Varela, Coimbra Editora, 1963, p 352.

A CEDH e a reforma do Contencioso administrativo português de 2002   167

No caso Lobo Machado c. Portugal, o TEDH considerou que a circunstância do interessado não poder responder ao parecer final do agente do Ministério Público, antes do proferimento do acórdão, constituía uma violação do direito a um processo contraditório, como faculdade das partes de tomar conhecimento de toda a peça ou observação apresentada ao juiz, mesmo por um magistrado independente, com vista a influenciar a sua decisão, e de a discutir[80].

Esta violação mostrava-se agravada pela circunstância do agente do Ministério Público ter estado presente na sessão à porta fechada do STJ (embora sem qualquer voz consultiva), o que, na aparência, lhe dava uma ocasião suplementar para reforçar o seu parecer final, sem que a parte contrária lhe pudesse responder[81].

2.1.3 – Direito a um processo público

Este direito ao processo público visa proteger o interessado de uma justiça secreta e do arbítrio, assegurando-lhe uma transparência e um controlo do público, e responde à necessidade de garantir que todos possam ser informados sobre o desenrolar dum processo e assistir aos seus trâmites[82].

O que, obviamente, não exclui que "o acesso à sala de audiências [possa] ser proibido à imprensa ou ao público durante a totalidade ou parte do processo, quando a bem da moralidade, da ordem pública ou da segurança nacional numa sociedade democrática, quando os interesses de menores ou a protecção da vida privada das partes no processo o exigirem, ou, na medida julgada estritamente necessária pelo tribunal, quando, em circunstâncias especiais, a publicidade pudesse ser prejudicial para os interesses da justiça" – art.º 6.º, n.º 1.

O TEDH tem decidido que, caso tenha havido uma audiência pública em primeira instância, pode justificar-se a ausência da mesma em segunda ou terceira instâncias, pelo que um recurso jurisdicional relativo apenas a questões de direito, e já não de facto, pode estar de acordo com o art.º 6.º, mesmo que as partes não tenham possibilidade de comparecer perante o tribunal de recurso[83].

---

[80] Caso Lobo Machado c. Portugal, acórdão de 20.2.1996, Req. 15764/89, § 31. Cfr Caso Öcalan c. Turquia, acórdão de 12.3.2003, Req. 46221/99, § 166.

[81] Caso Lobo Machado c. Portugal, acórdão de 20.2.1996, Req. 15764/89, § 32.

[82] Régis de Gouttes, «II – Le procès [...], p 124.

[83] Caso Bulut c. Áustria, acórdão de de 22.2.1996, Req 17358/90, § 41.

168 *Estudos de Direito Europeu e Internacional dos Direitos Humanos*

Embora, não venha a interpretar literalmente a expressão "publicamente", o TEDH entende ter de apreciar a forma de publicidade que a decisão tem no direito nacional, segundo as particularidades do caso e em função da finalidade do art.º 6.º, qual seja o de permitir o controlo do poder judiciário pelo público, afim de assegurar o direito a um processo equitativo[84].

2.1.4 – Direito ao prazo razoável

Ao exigir o respeito pelo prazo razoável, a CEDH sublinha a importância que dá à justiça que não se atrasa de forma a comprometer a eficácia e a credibilidade[85].

Já Manuel de Andrade ensinava que "vitória tardia é meia vitória", que para o vencido, "a demora na decisão pode importar um sacrifício acrescido, pela prolongação do estado de incerteza consequente do litígio", que "o efeito psicológico e social da decisão, ainda que justa [...], perde-se em grande parte quando ela só chega no fim de muito tempo"[86].

Na apreciação da razoabilidade do prazo, o TEDH atende à complexidade da causa, ao comportamento processual do requerente, e ao comportamento das autoridade nacionais.

No caso Guincho c. Portugal, a propósito das perturbações para a justiça criadas pela restauração da democracia a partir de Abril de 1974, o TEDH refere que, embora reconhecendo o esforço feito para melhorar o acesso à justiça e a organização dos tribunais, ao ratificar a Convenção, Portugal reconheceu, a todas as pessoas sob a sua jurisdição, os direitos e liberdades definidos no Título I, tendo-se obrigado a transformar o sistema judiciário de forma a que pudesse responder às exigências do art.º 6.º, sobretudo no que toca ao prazo razoável[87].

---

[84] Caso Campbell et Fell c. Reino Unido, acórdão de 28.6.84, Req 7819/77 e 7878//77, § 91.

[85] Caso Moreira de Azevedo c. Portugal, acórdão de 23.10.1990, Req. 11296/84, §74.

[86] Manuel de Andrade, *Noções* [...], p 360.

[87] Caso Guincho c. Portugal, acórdão de 10.07.1984, Req. 8990/80, § 38. Cfr Caso Martins Moreira c. Portugal, acórdão de 26.10.1988, Req. 11371/85, § 60.

A CEDH e a reforma do Contencioso administrativo português de 2002   169

2.1.5 – Outras garantias do direito a um processo equitativo

2.1.5.1 – *Direitos resultantes das regras específicas de matéria penal*

Entre os direitos a assinalar, encontra-se o direito a interrogar ou fazer interrogar as testemunhas da parte contrária e a obter a convocação e o interrogatório das suas testemunhas, nas mesmas condições que as testemunhas da parte contrária – art.º 6.º, n.º 3, d).

Por isso, o TEDH já considerou que violava a CEDH a audição de testemunhas feita por carta rogatória, sem que o interessado tenha tido a possibilidade de as confrontar[88].

2.1.5.2 – *Direito à execução*

Se o direito nacional prevê um processo que tenha duas fases, uma que julga da existência do direito de crédito, outra que fixa o montante do crédito, é razoável considerar que o direito contestado só se encontra determinado no momento em que o montante é fixado, uma vez que determinar um direito implica a pronúncia sobre a sua existência, sobre a sua concretização, sobre as suas modalidades de exercício; por outro lado, o processo de execução não se limita a executar um crédito estabelecido, pois comporta elementos importantes para a sua determinação[89].

Na determinação dos direitos e obrigações de carácter civil, não pode deixar de se considerar como sujeitas ao art.º 6.º, n.º 1, as fases posteriores às decisões sobre o fundo da causa, em que se inclui o processo executivo[90], já que a inexecução equivale a retirar qualquer efeito útil ao citado art.º 6.º, n.º 1[91].

O TEDH considera que o direito à execução de uma decisão judicial, seja de que jurisdição for, constitui parte integrante do art.º 6.º, já que, se a ordem jurídica de um Estado contratante permitisse que uma decisão judicial definitiva e obrigatória fosse inoperante em relação a uma das partes, o direito de acesso seria ilusório[92].

---

[88] Caso A.M. c. Itália, acórdão de 14.12.1999, Req 37019/97, §§ 25 a 28.
[89] Caso Silva Pontes, acórdão de 23.3.1994, Req. 14940/89, §§ 30 e ss.
[90] Caso Estima Jorge, acórdão de 21.4.1998, Req. 24550/94, § 35.
[91] Assim, caso Jasiuniene c. Lituanie, acórdão de 6.3.2003, Req 41510/98,
[92] Caso Hornsby c. Grécia, Acórdão de 19.3.1997, Req 18357/91, § 40.

170 Estudos de Direito Europeu e Internacional dos Direitos Humanos

2.2 – Direito a um recurso efectivo – art.º 13

2.2.1 – Recurso efectivo

Na interpretação do art.º 13.º é de considerar o seguinte: um indivíduo que, de maneira plausível, se considere vítima de uma violação dos direitos reconhecidos pela CEDH, deve dispor de um recurso perante uma instância nacional que se pronuncie sobre a mesma e respectiva reparação; se bem que tal instância não tenha de ser uma instituição judiciária, os seus poderes e garantias devem ser de molde a tornar tal recurso eficaz; a apreciação do conjunto dos recursos oferecidos pelo direito nacional deve preencher os requisitos do art.º 13.º, mesmo se nenhum deles for suficiente por si só[93].

Por outro lado, o art.º 13.º não obriga a que um Estado contratante assegure, no seu direito interno, a aplicação efectiva de todas as disposições da Convenção, se bem que, de uma forma ou outra, os sistemas nacionais devem assegurar, a qualquer pessoa, a substância dos direitos e liberdades reconhecidos através de um recurso efectivo que os faça prevalecer[94].

No caso Iatridis c. Grécia, em que o requerente tinha sido desapossado pelo Estado de um terreno, tendo ganho o respectivo recurso contencioso que as autoridades não acataram, o TEDH considerou que este comportamento implicava que aquele recurso contencioso não pudesse ser considerado como um recurso efectivo para os efeitos do art.º 13[95].

Cai sobre a alçada do art.º 13.º a inexistência, no direito nacional, de um recurso que permita reagir, contra a lentidão de um processo que já tenha ultrapassado o prazo razoável para a sua decisão[96], ou contra a não aceitação de homossexuais no exército[97]; ou a inexistência de um inquérito que determine o que efectivamente se passou por ocasião da morte de um cidadão, na sequência do recurso à força pública[98]. No caso

---

[93] Caso Leander c. Suécia, acórdão de 26.3.87, Req. 9248/81, § 77.

[94] Caso Lithgow e outros c. Reino Unido, acórdão de 8.7.86, Req. 9006/80 e outros, § 205.

[95] Caso Iatridis c. Grécia, acórdão de 25.3.1999, Req 31107/96.

[96] Caso Nuvoli c. Itália, acórdão de 16.5.2002, Req 41424/98, caso Doran c. Irlanda, acórdão de 31.7.2003, Req 50389/99.

[97] Caso Smith e Grady c. Reino Unido, acórdão de 27.9.1999, Req 33985/96 e 33986/96.

[98] Caso Tanrikulu c. Turquia, acórdão de 8.7.1999, Req 23763/94, caso Çakici c. Turquia, acórdão de 8.7.1999, Req 22479/93.

A CEDH e a reforma do Contencioso administrativo português de 2002 171

Hatton e outros c. Reino Unido, o TEDH conclui pela insuficiência do controlo exercido pelos tribunais ingleses limitados às noções clássicas do direito público inglês – a irracionalidade, a ilegalidade e o abuso manifesto –, que não permitiu examinar a violação do direito ao ambiente que os autores reclamavam[99].

Acresce que a jurisprudência do TEDH tem dado à violação do art.º 13.º um carácter residual, aparecendo este muitas vezes associado ao art.º 6.º[100].

De qualquer forma, o direito a um recurso efectivo, mesmo de carácter residual, ficará reforçada se o ordenamento jurídico nacional admitir um recurso específico de defesa de direitos fundamentais – o recurso de amparo ou acção constitucional de defesa, de alguns ordenamentos constitucionais estrangeiros – atribuído aos tribunais constitucionais[101].

As potencialidades da figura, justificam o parágrafo seguinte.

2.2.2 – Excurso: recurso de amparo

Em Portugal inexiste a figura do recurso de amparo[102], embora se tenha vindo a defender uma acção constitucional de defesa de direitos fundamentais[103].

O n.º 5 do art.º 20.º determina que "para defesa dos direitos, liberdades e garantias pessoais, a lei assegura aos cidadãos procedimentos judiciais caracterizados pela celeridade e prioridade, de modo a obter tutela efectiva e em tempo útil contra ameaças ou violações desses direitos", no que parece uma aproximação ao instituto espanhol do recurso de amparo.

---

[99] Caso Hatton e outros c. Reino Unido, acórdão de 2.10.2001, Req 36022/97. Vide o respectivo comentário de Luís Filipe Colaço Antunes, «*Johann* [...], pp 57 e ss.

[100] Cfr Ireneu Cabral Barreto, *A Convenção* [...], pp 222 e ss.

[101] J. J. Gomes Canotilho e Vital Moreira, *Constituição da República Portuguesa Anotada*, 3.ª edição revista, Coimbra Editora, 1993, p 162.

[102] Idem, *Ibidem*, p 360.

[103] Cfr Rui Medeiros, *A Decisão de Inconstitucionalidade – Os Autores, o Conteúdo e os Efeitos da Decisão de Inconstitucionalidade da Lei*, Universidade Católica Editora, Lisboa, 1999, p 353. V Jorge Miranda, *Ideias para uma revisão constitucional em 1996*, Edições Cosmos, Lisboa, 1996, p 29, que propõe o aditamento de um n.º 6 ao art.º 280.º da CRP, com a seguinte redacção: "Esgotados os recursos ordinários, cabe também recurso, nos termos da lei, para o TC de decisões de outros tribunais quando arguidas de violação de direitos, liberdades e garantias".

172　　Estudos de Direito Europeu e Internacional dos Direitos Humanos

O citado n.º 5 não implica a introdução sem mais de um recurso de amparo, antes dirige-se à criação de um direito constitucional de amparo a efectivar através das vias judiciais normais[104].

2.2.2.1 – Direito espanhol

De acordo com o art.º 53.º, n.º 2, da Constituição Espanhola de 27 de Dezembro de 1978, qualquer cidadão poderá reclamar a tutela das liberdades e direitos reconhecidos no art.º 14.º (princípio da igualdade) e na Secção Primeira do Capítulo II (dos direitos fundamentais e das liberdades públicas), perante os tribunais ordinários, através de um procedimento assente nos princípios de preferência e *sumaridade* e, conforme o caso, através do recurso de amparo perante o TC[105].

O procedimento para a protecção dos direitos fundamentais da pessoa encontra-se regulado nos art.ºs 114.º e ss da Lei 29/1998, de 13 de Julho – Reguladora da Jurisdição Contencioso-Administrativa, referindo-se o n.º 1 do citado art.º 114.º ao procedimento de amparo judicial das liberdades e direitos.

O amparo judicial das liberdades e direitos é a via prévia a esgotar à interposição do recurso de amparo para o TC – art.º 43.º, n.º 1, da Lei Orgânica 2/1979, de 3 de Outubro – TC.

O recurso de amparo para o TC também cabe de violações dos direitos e liberdades com origem imediata e directa num acto ou numa omissão de um órgão judicial – art.º 44.º, n.º 1, da Lei Orgânica 2/1979, de 3 de Outubro – TC.

2.2.2.2 – Direito alemão

O TC Federal Alemão (TCFA) tem como uma das suas competências o recurso de amparo, o que, segundo Peter Haberle, o converte num tribunal do cidadão[106].

---

[104] J. J. Gomes Canotilho, *Direito Constitucional e Teoria da Constituição*, Almedina, Coimbra, 1997, p 461.

[105] Cfr Juan Antonio Doncel Luengo, «El modelo espanol de justicia constitucional. Las decisiones más importantes del tribunal constitucional espanol», in *sub judice – justiça e sociedade*, n.ºs 20/21, Janeiro/Junho de 2001, pp 85 e s. Cfr Fernando Alves Correia, «A justiça constitucional em Portugal e em Espanha. Encontros e divergências», in *RLJ*, ano 131.º, n.º 3893, pp 236 e s, n 54.

[106] Peter Haberle, «O recurso de amparo no sistema germânico de justiça constitucional», in *sub judice – justiça e sociedade*, n.ºs 20/21, Janeiro/Junho de 2001, pp 33 e ss, que aqui seguimos.

A CEDH e a reforma do Contencioso administrativo português de 2002   173

Os recursos de amparo podem ser interpostos por quem se considere lesado pelo poder público num dos seus direitos fundamentais, sem que tenha necessidade de recorrer à assistência de um advogado.

Nos actos do poder público compreendem-se "os actos mediatos e imediatos do poder estatal alemão, todos os actos estatais nos termos da lei, os regulamentos e actos administrativos até aos actos do poder executivo e as decisões judiciais", com exclusão das medidas puramente intraeclesiásticas, dos actos das organizações internacionais ou supranacionais, da cooperação do Governo federal na consecução de acordos internacionais[107].

O acto lesivo "deve ter sido apto a 'prejudicar o próprio requerente do recurso de amparo, imediata e actualmente na sua posição jurídica protegida pelos direitos fundamentais'"[108].

O recurso de amparo apenas se pode interpor depois de esgotada a via judicial, dirigindo-se "contra decisões judiciais de última instância e com valor de caso julgado"[109].

O TCFA não examina se as sentenças dos tribunais ordinários são correctas relativamente ao direito mas apenas se foi violado o direito constitucional[110].

2.2.2.3 – Art.º 20.º, n.º 5, da CRP

A ampla redacção do n.º 5 do citado art.º 20.º permite afirmar que a CRP prevê a possibilidade de se vir a criar um recurso de amparo contra violações de direitos, liberdades e garantias pessoais originadas pela actuação dos poderes do Estado, incluindo o poder judicial.

Cremos que seria do maior interesse um procedimento célere contra violações de direitos, liberdades e garantias pessoais imputáveis aos tribunais, a interpor para o TC[111], sendo certo que hoje os interessados,

---

[107] Idem, *Ibidem*, p 52.
[108] Idem, *Ibidem*, p 52.
[109] Idem, *Ibidem*, p 54.
[110] Idem, *Ibidem*, p 56.
[111] De acordo com Rui Medeiros, *A Decisão* [...], pp 354 e ss, a introdução de um recurso de amparo ou queixa constitucional contra decisões jurisdicionais depara com graves e importantes objecções, quais sejam, a de favorecer a lentidão da justiça, a de inundar o TC, a de constituir um novo foco de conflito entre o TC e os restantes tribunais. Idêntica opinião tem Fernando Alves Correia, *Direito Constitucional – A Justiça Constitucional*, Almedina, Coimbra, 2001, p 23, n 32, que acrescenta a dificuldade de

174   *Estudos de Direito Europeu e Internacional dos Direitos Humanos*

se pretenderem chegar à justiça constitucional, têm de percorrer o longo caminho do esgotamento dos recursos normais, com invocação da inconstitucionalidade de normas aplicáveis ao caso concreto[112] – o que nem sempre é viável, a que acresce os anos que tal demora.

3 – Soluções do novo contencioso compatíveis com a CEDH

3.1 – Processo equitativo

3.1.1 – Consagração legal

Numa análise do léxico da CRP, verificamos que a expressão "tutela jurisdicional efectiva" consta dos art.ºs 20.º e 268.º, n.º 4; e que a expressão "processo equitativo" consta dos art.ºs 20.º, n.º 4, e 33.º, n.º 3. Da mesma forma, do CPC constam as expressões "garantia de acesso aos tribunais" no art.º 2.º, "necessidade do pedido e da contradição" no art.º 3.º, e "igualdade das partes" no art.º 3.º A.

A expressão "processo equitativo" foi introduzida na IV Revisão Constitucional (1997) com apelo precisamente à CEDH[113].

---

harmonização do recurso de amparo com o sistema português de fiscalização da constitucionalidade de normas jurídicas, e a existência no direito português de uma garantia constitucional de tutela jurisdicional efectiva dos direitos ou interesses legalmente protegidos dos cidadãos em face da Administração. Vital Moreira, «Princípio da maioria e princípio da constitucionalidade: legitimidade e limites da justiça constitucional», in AAVV, *Legitimidade e Legitimação da Justiça Constitucional*, Colóquio no 10.º Aniversário do TC, Coimbra Editora, 1995, p 192, embora defenda um limitado recurso directo de constitucionalidade, não compartilha os temores gerados pela "*democratização do acesso à justiça constitucional*", uma vez que os remédios "devem procurar-se preferentemente em instrumentos de filtragem dos recursos ou acções impertinentes e não no maltusianismo artificial de negar aos titulares de direitos ou prerrogativas constitucionalmente protegidos os instrumentos processuais adequados à sua defesa contra os poderes instituídos".

[112] Cfr art.ºs 70.º, n.º 1, b), n.º 2, e 75.º-A, n.º 2, da Lei n.º 28/82, de 15 de Novembro, alterada pela Lei n.º 143/85, de 26 de Novembro, pela Lei n.º 85/89, de 7 de Setembro, pela Lei n.º 88/95, de 1 de Setembro, e pela Lei n.º 13-A/98, de 26 de Fevereiro. V José Carlos Vieira de Andrade, *Os Direitos* [...], p 361, n 93.

[113] Cfr as intervenções dos deputados Alberto Martins e Luís Sá na reunião de 5.9.96 da Comissão Eventual para a Revisão Constitucional, IV Revisão Constitucional, in *Diário da Assembleia da República*, VII Legislatura, 2.ª Sessão Legislativa 1996- -1997), II Série-RC, de 6.9.1996, n.º 18. Cfr José Magalhães, *Dicionário da Revisão Constitucional*, Editorial Notícias, Lisboa, 1999, pp 90 e s, Jorge Miranda, *Curso* [...],

A CEDH e a reforma do Contencioso administrativo português de 2002   175

Podemos dizer que as alterações da CRP de 1997, no que respeita ao acesso à justiça em geral e à justiça administrativa em particular, tem uma ligação directa com a aplicação da CEDH em Portugal[114].

3.1.2 – Efectividade da tutela

O CPTA, logo no art.º 2.º, n.º 1, consagra o princípio da tutela jurisdicional efectiva como o direito de obter, em prazo razoável, uma decisão judicial que aprecie, com força de caso julgado, cada pretensão regularmente deduzida em juízo, bem como a possibilidade de a fazer executar e de obter as providências cautelares, antecipatórias ou conservatórias, destinadas a assegurar o efeito útil da decisão.

Relacionados com a efectividade da tutela, estão os princípios da plena jurisdição dos tribunais administrativos – art.º 3.º do CPTA –, e da livre cumulabilidade de pedidos – art.º 4.º[115].

Visando assegurar a efectividade da tutela, o art.º 3.º, n.º 2, do CPTA autoriza que os tribunais administrativos fixem oficiosamente um prazo para o cumprimento dos deveres que imponham à Administração e apliquem, quando tal se justifique, sanções pecuniárias compulsórias.

Com idêntico objectivo, o art.º 7.º do mesmo diploma legal enuncia o princípio *in dubio pro actione*, ou seja, o de que as normas processuais devem ser interpretadas no sentido de promover a emissão de pronúncias sobre o mérito das pretensões formuladas. Preconiza, pois, o CPTA uma inversão da atitude tradicional da jurisprudência administrativa muito arreigada na rejeição de recursos contenciosos por motivos meramente formais, sem qualquer pronúncia sobre o mérito da causa[116].

---

p 304, nota 9, Jorge Lacão, *Constituição da República Portuguesa*, prefácio e anotações por Jorge Lacão, Texto Editora, Lisboa, 1997, p 100, Carla Amado Gomes, «À espera [...], pp 64 e ss.

[114] Ana Maria Martins, «L'application [...], p 570.

[115] Mário Aroso de Almeida, *O Novo Regime do Processo nos Tribunais Administrativos*, Almedina, Coimbra, 2003, pp 12 e s.

[116] Idem, *Ibidem*, p 15. Referindo a incapacidade da jurisprudência do STA de adequar o sistema ao modelo jurídico-constitucional saído da IV Revisão Constitucional, v Diogo Freitas do Amaral e Mário Aroso de Almeida, *Grandes* [...], p 12.

176 Estudos de Direito Europeu e Internacional dos Direitos Humanos

3.1.3 – Poderes de plena jurisdição

Refere o art.º 3.º, n.º 1, do CPTA, que os tribunais administrativos julgam do cumprimento pela Administração das normas e princípios jurídicos que a vinculam e não da conveniência ou oportunidade da sua actuação.

O aumento dos poderes de pronúncia dos tribunais administrativos não se faz à custa dos "espaços de valoração próprios do exercício da função administrativa", tal como o CPTA o explicita nos art.ºs 71.º, n.º 2, 95.º, n.º 3, 168.º, n.º 2, e 179.º, n.º 1, ao proibir que o tribunal determine o conteúdo de uma actuação, no caso de serem legalmente possíveis várias, mas impondo-lhe que explicite as vinculações a observar pela Administração[117].

Entre os novos poderes de pronúncia dos tribunais administrativos consagrados pelo CPTA, temos a declaração de ilegalidade de normas emitidas no exercício da função administrativa com força obrigatória geral – art.º 76.º –, a condenação da Administração à prática do acto devido – art.ºs 66.º e ss –, a imposição à Administração de sanções pecuniárias compulsórias – art.º 3.º, n.º 2 –, o poder de decretar toda e qualquer providência cautelar – art.º 112.º e ss[118].

3.1.4 – Preferência pela decisão "útil"

Manifesta o CPTA uma clara preferência pela pronúncia com utilidade para os interessados.

Assim, ao contrário do que acontece com a legislação em vigor até 1.1.2004, são inadmissíveis decisões de pura anulação, já que esta visa sempre a prática de acto devido – art.º 51.º, n.º 4[119].

Também como novidade, o juiz é obrigado ao conhecimento de todas as causas de invalidade invocadas contra o acto impugnado e à identificação de causas de invalidade diversas das que tenham sido alegadas – art.º 95.º, n.º 2[120].

Passa a ser admissível o recurso jurisdicional nos casos de decaimento parcial – art.º 141.º, n.º 2 – e, independentemente do valor da causa, de

---

[117] Diogo Freitas do Amaral e Mário Aroso de Almeida, *Grandes* [...], pp 51 e ss.
[118] Idem, *Ibidem*, pp 55 e ss.
[119] Mário Aroso de Almeida, *O Novo* [...], p 125.
[120] Idem, *Ibidem*, pp 155 e ss.

A CEDH e a reforma do Contencioso administrativo português de 2002   177

decisões que ponham termo ao processo sem se pronunciarem sobre o mérito da causa – art.º 142.º, n.º 3, d) [121].
Em consonância, o tribunal de recurso decide sempre do objecto da causa – art.º 149.º, n.º 1 [122].

3.1.5 – Igualdade das partes

O CPTA impõe ao tribunal que assegure um estatuto de igualdade efectiva das partes no processo, tanto no que se refere ao exercício de faculdades e ao uso de meios de defesa, como no plano da aplicação de cominações ou de sanções processuais, designadamente por litigância de má-fé – art.º 6.º. O que implica que a administração possa vir a ser condenada como litigante de má-fé[123].
Às partes e ao juiz o CPTA impõe o princípio da cooperação e boa-fé processual – art.º 8.º.
A grande novidade, nesta matéria, é que administração passa a pagar custas – art.º 189.º, n.º 1, do CPTA[124].

3.1.6 – Justiça em tempo útil

A preocupação do novo contencioso com a justiça em prazo razoável revela-se nos poderes conferidos aos presidentes dos tribunais administrativos – do STA, art.º 23.º, n.º 1, j), do TCA, art.º 36.º, n.º 1, l), e dos tribunais administrativos de círculo, art.º 43.º, n.º 3, e), todos do ETAF – de assegurar o andamento dos processos no respeito pelos prazos estabelecidos, podendo determinar a substituição provisória do relator, por redistribuição, em caso de impedimento prolongado.
Por outro lado, surge como uma das novas competências do CSTAF a de fixar, anualmente, com o apoio do departamento do Ministério da Justiça com competência no domínio da auditoria e modernização, o número máximo de processos a distribuir a cada magistrado e o prazo máximo admissível para os respectivos actos processuais cujo prazo não esteja estabelecido na lei – art.º 74.º, n.º 2, m), do ETAF.

---

[121] Idem, *Ibidem*, pp 282 e ss.
[122] Idem, *Ibidem*, pp 288 e ss.
[123] Idem, *Ibidem*, p 14..
[124] Diogo Freitas do Amaral e Mário Aroso de Almeida, *Grandes* [...], p 75.

178 Estudos de Direito Europeu e Internacional dos Direitos Humanos

3.2 – Novos meios processuais

O CPTA, no art.º 2.º, n.º 2, identifica os efeitos mais comuns que os interessados podem obter da pronúncia dos tribunais administrativos, ou seja o tipo de pretensões mais comuns na jurisdição administrativa: o reconhecimento de situações jurídicas subjectivas directamente decorrentes de normas jurídico-administrativas ou de actos jurídicos praticados ao abrigo de disposições de direito administrativo (alínea a)); o reconhecimento da titularidade de qualidades ou do preenchimento de condições (alínea b)); o reconhecimento do direito à abstenção de comportamentos e, em especial, à abstenção da emissão de actos administrativos, quando exista a ameaça de uma lesão futura (alínea c)); a anulação ou a declaração de nulidade ou inexistência de actos administrativos (alínea d)); a condenação da Administração ao pagamento de quantias, à entrega de coisas ou à prestação de factos (alínea e)); a condenação da Administração à reintegração natural de danos e ao pagamento de indemnizações (alínea f)); a resolução de litígios respeitantes à interpretação, validade ou execução de contratos cuja apreciação pertença ao âmbito da jurisdição administrativa (alínea g)); a declaração de ilegalidade de normas emitidas ao abrigo de disposições de direito administrativo (alínea h)); a condenação da Administração à prática de actos administrativos legalmente devidos (alínea i)); a condenação da Administração à prática dos actos e operações necessários ao restabelecimento de situações jurídicas subjectivas (alínea j)); a intimação da Administração a prestar informações, permitir a consulta de documentos ou passar certidões (alínea l)); a adopção das providências cautelares adequadas para assegurar o efeito útil da decisão (alínea m)).

Conforme os tipos de pretensões assim se configuram as formas de processo[125].

3.2.1 – Tutela declarativa

Em termos de tutela declarativa, o CPTA contem quatro formas de processos: a acção administrativa comum, a acção administrativa especial, os processos urgentes, e os processos cautelares.

Seguem a forma da acção administrativa comum os processos que tenham por objecto litígios, cuja apreciação se inscreva no âmbito da

---

[125] Mário Aroso de Almeida, *O Novo* [...], p 69.

A CEDH e a reforma do Contencioso administrativo português de 2002   179

jurisdição administrativa e que, nem neste Código, nem em legislação avulsa, sejam objecto de regulação especial – art.º 37.º, n.º 1, do CPTA. Por isso pode dizer-se que este é o processo comum do contencioso administrativo[126].

A forma da acção administrativa especial engloba, a impugnação da prática ou omissão ilegal de actos administrativos, bem como de normas que tenham ou devessem ter sido emitidas ao abrigo de disposições de direito administrativo – art.º 46.º, n.º 1 –, e dirige-se às pretensões de anulação de um acto administrativo, ou declaração da sua nulidade ou inexistência jurídica (art.º 46.º, n.º 2, alínea a)), de condenação à prática de um acto administrativo legalmente devido (alínea b)), de declaração da ilegalidade de uma norma emitida ao abrigo de disposições de direito administrativo (alínea c)), e de declaração da ilegalidade da não emanação de uma norma que devesse ter sido emitida (alínea d)).

Os processos urgentes, respeitam, por um lado, às impugnações urgentes relativas ao contencioso eleitoral (art.ºs 97.º e ss do CPTA) e ao contencioso pré-contratual (art.ºs 100.º e ss do CPTA), por outro, às intimações, para a prestação de informações, consulta de processos ou passagem de certidões (art.ºs 104.º e ss do CPTA) ou para protecção de direitos, liberdades e garantias (art.ºs 109.º e ss do CPTA).

3.2.2 – Garantia cautelar

Os processos cautelares referem-se aos tipos de providências cautelares susceptíveis de serem adoptadas pelos tribunais administrativos, quais sejam, para além das providências especificadas no CPC (art.º 112.º, n.º 2, do CPTA), as que consistem na suspensão da eficácia de um acto administrativo ou de uma norma (art.º 112.º, n.º 2, alínea a)), na admissão provisória em concursos e exames (alínea b)), na atribuição provisória da disponibilidade de um bem (alínea c)), na autorização provisória ao interessado para iniciar ou prosseguir uma actividade ou adoptar uma conduta (alínea d)), na regulação provisória de uma situação jurídica, através da imposição à Administração do pagamento de uma quantia, por conta de prestações alegadamente devidas, ou a título de reparação provisória (alínea e)), na intimação para a adopção ou abstenção de uma conduta por parte da Administração ou de um particular, por alegada violação ou fundado receio de violação de normas de direito administrativo (alínea f)).

---

[126] Idem, *Ibidem*, p 80.

180   *Estudos de Direito Europeu e Internacional dos Direitos Humanos*

Esta matéria surge no CPTA como reacção à circunstância de, na legislação anterior, os meios cautelares estarem reduzidos à suspensão de eficácia do acto, valendo só para actos positivos, e já não para normas, nem para actos negativos, circunscrita a efeitos conservatórios, sem admissão de providências antecipatórias, sem qualquer consideração do *fumus boni iuris*, e da ponderação do interesses em jogo[127].

No CPTA – art.ºs 2.º, n.º 2, m), 112.º, n.º 1, 113.º, n.º 1, 123.º, 118.º –, os processos cautelares são definidos como processos que visam assegurar a utilidade da lide, a utilidade da sentença que, a final, venha a ser proferida, caracterizando-se pela instrumentalidade, provisoriedade e sumaridade[128].

Não pode deixar de se ver aqui, a preferência legislativa pela justiça efectiva e útil.

3.2.3 – A intimação para protecção de direitos, liberdades e garantias

A IV Revisão Constitucional (1997) aditou um n.º 5 ao art.º 20.º da CRP, em que prevê que "para defesa dos direitos, liberdades e garantias pessoais, a lei assegura aos cidadãos procedimentos judiciais caracterizados pela celeridade e prioridade, de modo a obter tutela efectiva e em tempo útil contra ameaças ou violações desses direitos"[129].

A intimação para protecção de direitos, liberdades e garantias, regulada nos art.ºs 109.º e ss do CPTA, dá cumprimento àquela exigência constitucional[130], e pode ser requerida quando, a célere emissão de uma decisão de mérito que imponha à Administração a adopção de uma conduta positiva ou negativa, se revele indispensável para assegurar o exercício, em tempo útil, de um direito, liberdade ou garantia, por não ser possível ou suficiente, nas circunstâncias do caso, o decretamento provisório de uma providência cautelar – art.º 109.º, n.º 1, do CPTA.

A intimação também pode ser dirigida contra particulares para suprir a omissão, por parte da Administração, das providências adequadas a prevenir ou reprimir condutas lesivas dos direitos, liberdades e garantias do interessado – art.º 109.º, n.º 2, do CPTA.

---

[127] José Carlos Vieira de Andrade, «Tutela cautelar», in *CJA*, n.º 34, Julho/Agosto de 2002, p 45.

[128] Idem, *Ibidem*, p 46.

[129] Cfr José Magalhães, *Dicionário* [...], pp 196 e s.

[130] Assim, Mário Aroso de Almeida, *O Novo* [...], p 238.

A CEDH e a reforma do Contencioso administrativo português de 2002   181

3.2.4 – Tutela executiva

No que toca à tutela executiva, o CPTA prevê a existência de três formas de processo de execução, para prestação de factos ou de coisas (art.ºs 162.º e ss), para pagamento de quantia certa (art.ºs 170.º e ss), e de execução de sentenças de anulação de actos administrativos (art.ºs 173.º e ss).

O art.º 2.º, n.º 1, do CPTA, consagra a tutela jurisdicional efectiva, aí incluindo a execução das sentenças judiciais administrativas, execução que engloba, a par do conceito tradicional do processo civil, "as consequências derivadas da anulação do acto administrativo pela sentença constitutiva, no âmbito de um dever de execução cujas fronteiras são traçadas pelo exercício da função administrativa"[131].

3.3 – O acto administrativo impugnável

O CPTA refere-se nos art.ºs 51.º a 54.º ao acto administrativo impugnável, noção que sucede à de acto administrativo recorrível, e que surge, não só como o objecto do ataque do processo impugnatório, mas também como o objecto da anulação (ou declaração de nulidade), se o processo vier a ser julgado procedente[132].

Por outro lado, o elemento decisivo do acto administrativo impugnável é, de acordo com o art.º 51.º, n.º 1, do CPTA, a eficácia externa[133], pelo que os efeitos que aquele introduz na ordem jurídica devem ser susceptíveis de se projectar na esfera jurídica de qualquer entidade, "em condições de fazer com que para ela possa resultar um efeito útil de remoção do acto da ordem jurídica"[134].

Se o requisito da definitividade horizontal é afastado pelo art.º 51.º, n.º 1, do CPTA, já o da definitividade vertical e da dependência de recurso hierárquico necessário se mostra mais controverso.

---

[131] Rui Chancerelle de Machete, «Execução de sentenças administrativas», in *CJA*, n.º 34, Julho/Agosto de 2002, p 59.

[132] Mário Aroso de Almeida, *O Novo* [...], p 117. Sobre o conceito de acto administrativo, vide Vasco Pereira da Silva, «2001: Odisseia no espaço conceptual do acto administrativo», in *CJA*, n.º 28, Julho/Agosto de 2001.

[133] Cfr Sérvulo Correia, «O recurso [...], p 188, Paulo Otero, «Impugnações administrativas», in *CJA*, n.º 28, Julho/Agosto de 2001, p 51..

[134] Mário Aroso de Almeida, *O Novo* [...], pp 119 e s.

182   *Estudos de Direito Europeu e Internacional dos Direitos Humanos*

Ora, o CPTA não exige, em termos gerais, a via impugnatória administrativa para aceder à via contenciosa[135]. Contudo, por inexistência de disposição expressa que considere extintas todas as disposições legais avulsas que determinam impugnações administrativas necessárias[136], entende-se que, nestes casos, estas se mantêm, com aquele carácter[137].

Acresce que, o recurso hierárquico necessário passa a ser apenas admissível, "quando [...] resulte de uma opção consciente e deliberada do legislador, nos casos em que este a considere justificada", pelo que, a regra clássica da não definitividade vertical dos actos dos órgãos sujeitos a hierarquia deixa de subsistir[138].

Por isso, podemos afirmar que o novo contencioso vem consagrar um acesso mais directo ao tribunal, em contrário da legislação revogada com a recorribilidade do acto circunscrita a sua definitividade e executoriedade[139].

3.4 – Prova

Contrariamente às limitações de prova constantes da legislação revogada, os art.ºs 87.º, n.º 1, c), e 90.º, n.º 2, do CPTA, possibilitam a produção de prova e o elenco dos meios de prova admissíveis em acção administrativa especial, idênticos ao que ocorre no processo civil[140].

Por outro lado, o art.º 149.º, n.º 2, do CPTA, faculta a produção de prova na fase de recurso jurisdicional, tanto mais que o tribunal de apelação conhece também de facto – n.º 1.

---

[135] Idem, *Ibidem*, p 123.

[136] Tais disposições legais avulsas são normas especiais que prevalecem sobre a norma geral introduzida pelo CPTA – Mário Aroso de Almeida, «Implicações de direito substantivo da reforma do contencioso administrativo», in *CJA*, n.º 34, Julho/Agosto de 2002, p 71. Considerando tais disposições avulsas como normas especiais, embora inconstitucionais na medida em que consagram o recurso hierárquico necessário, vide Paulo Otero, «Impugnações [...], p 52, nota 5.

[137] Mário Aroso de Almeida, *O Novo* [...], p 123.

[138] Mário Aroso de Almeida, «Implicações [...], p 72.

[139] Cfr Ana Maria Martins, «L'application [...], pp 573 e s.

[140] Cfr Mário Aroso de Almeida, *O Novo* [...], pp 214 e s.

A CEDH e a reforma do Contencioso administrativo português de 2002   183

3.5 – Audiência pública

Em contrário do contencioso administrativo em vigor até 2004, o art.º 91.º do CPTA vem permitir que o juiz ordene a realização de uma audiência pública destinada à discussão oral da matéria de facto, quando tenha tido lugar produção de prova (n.º 4)[141].

3.6 – Obrigatoriedade das decisões judiciais

O art.º 158.º do CPTA determina que as decisões dos tribunais administrativos são obrigatórias para todas as entidades públicas e privadas e prevalecem sobre as de quaisquer autoridades administrativas (n.º 1), prevalência que implica a nulidade de qualquer acto administrativo que desrespeite uma decisão judicial e faz incorrer os seus autores em responsabilidade civil, criminal e disciplinar (n.º 2).

3.7 – Ministério Público

O Item G)3 das Orientações para a elaboração dos projectos de Código de Processo nos Tribunais Administrativos e Estatuto dos Tribunais Administrativos e Tributários[142] refere que "deve deixar de se consagrar a possibilidade de o Ministério Público participar e estar presente na sessão de julgamento".

Vemos aqui a consagração legislativa do conteúdo do Acórdão do TC n.º 157/2001[143], já acima referenciado, que declarou a inconstitucionalidade, com força obrigatória geral, da norma do artigo 15.º do Decreto--Lei n.º 267/85, de 16 de Julho – Lei de Processo nos Tribunais Administrativos –, que permitia a assistência do agente do Ministério Público,

---

[141] Segundo Sérvulo Correia, «O recurso [...], p 185, a introdução da oralidade no contencioso administrativo decorre das exigências do art.º 6.º, n.º 1, da CEDH.

[142] Aprovadas por Despacho do Ministro da Justiça n.º 1602/2001 (2.ª série), de 15 de Janeiro de 2001, in *DR*, II Série, n.º 22, de 26.1.2001.

[143] Sobre este acórdão cfr Luís Filipe Colaço Antunes, «A reforma do contencioso administrativo *O último ano em Marienbad*", in do mesmo autor, *O Direito Administrativo e a sua Justiça no Início do Século XXI – Algumas Questões*, Almedina, Coimbra, 2001, p 112, nota 18: "O Acórdão do T.C. parece inclinar-se para o lado das teses do Tribunal de Estrasburgo [...], numa reverência só justificada num país que aprecia particularmente aparências e vassalagens doutrinais, jurisprudenciais e outras".

184 *Estudos de Direito Europeu e Internacional dos Direitos Humanos*

desacompanhado dos representantes das partes, às sessões de julgamento do Supremo Tribunal Administrativo e do Tribunal Central Administrativo, sendo ouvido na discussão.

Na sua fundamentação, esta decisão constitucional começa por referenciar o caso Lobo Machado c. Portugal[144], em que o TEDH "firmou uma jurisprudência segundo a qual o direito a um processo equitativo inclui 'o direito a um processo contraditório. Este implica em princípio a faculdade para as partes de um processo, penal ou civil, de tomar conhecimento de, e de discutir, todo o elemento ou observação apresentado ao juiz, mesmo por um magistrado independente, tendo em vista influenciar a decisão' [...] direito [que] teria sido violado no caso pela impossibilidade para o interessado de tomar conhecimento e de responder ao parecer do procurador-geral-adjunto anterior ao julgamento do recurso na secção social do Supremo Tribunal de Justiça – parecer que foi de apoio à decisão recorrida – [...] e também pela presença daquele magistrado no julgamento, onde teve oportunidade de se pronunciar novamente no sentido do anterior parecer – pelo que a aparência de imparcialidade do Tribunal, ao dispor-se a ouvir de novo apenas uma das opiniões em confronto, também seria afectada".

Continua o TC: "'tendo em conta a importância atribuída pela jurisprudência dos órgãos da Convenção às aparências e à sensibilidade acrescida do público às garantias de uma boa justiça' não se poderia considerar como neutra do ponto de vista das partes a intervenção do Ministério Público, uma vez que ao pronunciar-se no sentido do não provimento do recurso 'tinha agido como adversário objectivo do recorrente'", pelo que havia "por consequente, uma 'ruptura da igualdade das armas'".

"[O] respeito por um processo equitativo supõe a criação de condições objectivas que permitam assegurá-lo. Ora, não se vê como tal possa acontecer quando um elemento exterior ao colégio de juízes, que tem por missão decidir a controvérsia, pode participar na discussão e assistir à deliberação, em sessão sujeita ao regime de segredo, numa fase em que qualquer intervenção se apresenta como particularmente decisiva porque antecede imediatamente a tomada de decisão".

A esta jurisprudência reagiu Sérvulo Correia, manifestando as "maiores dúvidas de que uma intervenção de um magistrado imparcial, que zela apenas pela legalidade objectiva e age como *amicus curiae*, viole o

---

[144] Caso Lobo Machado c. Portugal, acórdão de 20.2.1996, Req. 15764/89.

princípio do contraditório"[145], e considerando que o "TC se precipitou ao adoptar tão rapidamente e sem ressalvas o ponto de vista da violação do direito a um processo equitativo" [146].

Conforme afirma Régis de Gouttes, entre os sistemas processuais europeus, é o sistema continental o que é o mais tocado pela penetração da CEDH, na medida em que tem de integrar todo um conjunto de conceitos e de critérios novos inspirados da *common law*, tais como igualdade de armas, prazo razoável, aparência do direitos, processo equitativo, efectividade, efeito útil, proporcionalidade[147]. O exemplo mais impressivo é o Caso Kress c. França, em que o TEDH critica a participação do *commissaire du Gouvernement*, na deliberação da formação contenciosa do *Conseil d'Etat*, julgando verificada a violação do art.º 6.º, § 1.º, da CEDH[148].

É precisamente esta penetração que, no tocante ao Ministério Público, a reforma do contencioso administrativo de 2002 pratica.

4 – Soluções do novo contencioso eventualmente incompatíveis com a CEDH

Apesar da abertura e penetração que o legislador português de 2002 revela em relação aos grandes princípios emanados pela CEDH e praticados pelo TEDH, o certo é que parece não ter sido capaz de se livrar totalmente dos resquícios de uma cultura passadística, tão pouco preocupada com a independência e imparcialidade do juiz.

É o que se verifica em relação aos recursos dos actos dos conselhos superiores gestores de juízes, em que a estes é recusado o acesso a um tribunal independente, em pé de igualdade com os demais cidadãos.

Não podemos deixar de referir igualmente a mistura que se verifica entre as funções de Ministério Público e de juiz nos tribunais administrativos, continuando uma tradição tão pouco recomendável.

---

[145] «O recurso [...], p 187.

[146] «A reforma do contencioso administrativo e as funções do Ministério Público», in AAVV, *Estudos em homenagem a Cunha Rodrigues*, Vol I, Coimbra Editora, 2001, p 323. Cfr igualmente contra a não previsão da presença do agente do Ministério Público nas sessões de julgamento do STA e do TCA – Carlos Alberto Fernandes Cadilha, «A reforma do contencioso administrativo: a intervenção do Ministério Público no recurso contencioso de anulação», in *RMP*, Ano 21, Jul/Set de 2000, n.º 83, pp 57 e ss.

[147] «II – Le procès [...], p 122.

[148] Caso Kress c. França, Acórdão de 7.6.2001, Req 39594/98, §§ 77 a 87.

186   *Estudos de Direito Europeu e Internacional dos Direitos Humanos*

4.1 – Recurso dos actos do CSM e do CSTAF

O CSM é o órgão de gestão e disciplina da magistratura judicial – art.º 136.º do EMJ.

Das deliberações do CSM recorre-se para uma secção *ad hoc* do STJ, constituída pelo mais antigo dos seus vice-presidentes, que tem voto de qualidade, e por um juiz de cada secção, anual e sucessivamente designado, tendo em conta a respectiva antiguidade – art.º 168.º, n.ºs 1 e 2, do EMJ.

Por sua vez, o CSTAF é o órgão de gestão e disciplina dos juízes da jurisdição administrativa e fiscal – art.º 98.º, n.º 1, do Estatuto dos Tribunais Administrativos e Fiscais, aprovado pelo Decreto-Lei n.º 129/ /84, de 27 de Abril.

A Secção de Contencioso Administrativo do STA, pelas suas subsecções, conhece dos recursos de actos administrativos ou em matéria administrativa praticados pelo CSTAF e seu presidente – art.º 26.º, n.º 1, c), do citado Estatuto dos Tribunais Administrativos e Fiscais.

Entre outras questões que estes recursos levantam, realça-se a seguinte: dos actos dos conselhos recorre-se para juízes nomeados por esses mesmos conselhos.

Certamente, devido a essa circunstância – os juízes que julgam são nomeados pelo próprio "réu" –, que não propicia a isenção teoricamente advogada[149], as Orientações para a elaboração dos projectos de Código de Processo nos Tribunais Administrativos e Estatuto dos Tribunais Administrativos e Tributários[150], nos itens A)4 e B)1, referem que "ponderação cuidada merece a jurisdição quanto a actos administrativos do Conselho

---

[149] Cfr Marcelo Rebelo de Sousa, *Orgânica* [...], p 14, e Paulo Castro Rangel, *Repensar o poder judicial – fundamentos e fragmentos*, Publicações Universidade Católica, Porto, 2001, pp 222 e ss, especialmente p 226. Aliás, já Sérvulo Correia, *Contencioso* [...], p 125, referia que "*talvez merecesse ser repensada a atribuição do controle jurisdicional dos actos administrativos do CSTAF a magistrados cujas carreiras são administradas por aquele órgão: os juizes do Pleno da Secção de Contencioso Administrativo do S.T.A (ETAF [de 1984], art 24.º, alínea d))*". Jorge Miranda, «Os Parâmetros Constitucionais da Reforma do Contencioso Administrativo», in *CJA*, n.º 24, p 10, e *Manual de Direito Constitucional*, Tomo VI – Inconstitucionalidade e garantia da CRP, Coimbra Editora, 2001, p 150, nota 1, defende que o recurso daqueles actos deve ser para o TC.

[150] Aprovadas por Despacho do Ministro da Justiça n.º 1602/2001 (2.ª série), de 15 de Janeiro de 2001, in Diário da República, II Série, n.º 22, de 26.1.2001.

A CEDH e a reforma do Contencioso administrativo português de 2002   187

Superior dos Tribunais Administrativos e Fiscais, questão que tem de ser apreciada simultaneamente com o que se dispuser quanto aos actos do Conselho Superior de Magistratura".

Assim, o art.º 24.º do PROJECTO DE ESTATUTO DOS TRIBUNAIS ADMINISTRATIVOS E FISCAIS, apresentado pelo Ministro da Justiça em 9.5.2001[151], atribuía competência à secção de contencioso administrativo do Supremo Tribunal Administrativo para "conhecer: [...] b) Dos processos relativos à adopção ou omissão de actos das seguintes entidades: [...] V. Presidentes [...], do Supremo Tribunal de Justiça, [...]; [...] VI. Conselho Superior de Magistratura e seu presidente".

Aquele PROJECTO suscitou diversas reacções, assinalando-se que tal competência violava a autonomia e a independência da orgânica judiciária comum[152], na medida em que, sendo o STA composto "em larga maioria qualificada por desembargadores e P.G.A. [procuradores-gerais adjuntos] que aí estão como juizes em comissão de serviço [...] poderíamos ter os desembargadores e P.G.A. do S.T.A. a decidir dos critérios das graduações de acesso ao S.T.J."[153], ou "qualquer juiz do S.T.J., alvo de punição disciplinar pelo C.S.M., correria o risco de ver a sua punição ser sindicada, em fim de linha, por um colectivo de juizes-desembargadores ou P.G.A. em comissão no S.T.A."[154].

Em consequência destas razões meramente corporativas, o ETAF, apesar de cometer à Secção de Contencioso Administrativo do STA a competência para conhecer dos processos em matéria administrativa relativos a acções ou omissões do Presidente da República, da Assembleia da República e seu Presidente, do TC e seu Presidente, do Presidente do Supremo Tribunal Administrativo, do Tribunal de Contas e seu Presidente e do Presidente do Supremo Tribunal Militar – art.º 24.º, n.º 1, alínea a), i), ii), e v) –, exclui do âmbito da jurisdição administrativa a fiscalização dos actos materialmente administrativos praticados pelo Presidente do Supremo Tribunal de Justiça e pelo Conselho Superior da Magistratura e pelo seu Presidente – art.º 4.º, n.º 3, alíneas b) e c)[155]. Dir-se-ia que há órgãos de soberania com direito a foro particularíssimo!

---

[151] In http://www.mj.gov.pt/ca/images/documentos/ETAF.doc.

[152] Associação Sindical dos Juízes Portugueses, *Boletim informação & debate*, III.ª Série, n.º 4, Julho de 2001, pág 78.

[153] *Ibidem*, pág 79.

[154] *Ibidem*, pág 80.

[155] Lamentando essa exclusão, cfr Diogo Freitas do Amaral e Mário Aroso de Almeida, *Grandes* [...], p 26, Mário Aroso de Almeida, «Breve [...], p 4, nota 3.

188   *Estudos de Direito Europeu e Internacional dos Direitos Humanos*

Analisemos a questão no que toca à conformidade com o art.º 6.º da CEDH.

No caso Çiraklar C. Turquia, por exemplo, o TEDH considerou que para estabelecer se um tribunal pode ser considerado como independente, é preciso tomar em conta o modo de designação e a duração do mandato dos seus membros, a existência de uma protecção contra as pressões exteriores, e a verificação da existência ou não da aparência de independência; quanto à imparcialidade, é preciso perguntar se, numa formação colegial, determinados factos autorizam a suspeita da sua imparcialidade, para o que se tem em conta a óptica do interessado, na medida em que as suas apreensões podem ser objectivamente justificadas[156].

Ora, tendo em conta estes critérios, começamos por analisar o modo de designação e a duração do mandato dos membros da secção *ad hoc* do STJ.

A secção *ad hoc* do STJ é constituída – art.º 168.º, n.º 2, do EMJ – pelo o mais antigo dos vice-presidentes do STJ, com voto de qualidade, e por um juiz de cada secção, anual e sucessivamente designado, tendo em conta a respectiva antiguidade.

O CSM, em plenário, nomeia os juízes do STJ – art.º 149.º, a), art.º 151.º, a), do EMJ –, além de fixar o número e composição das secções do STJ – art.º 149.º, l), do EMJ.

Por sua vez, o Presidente do STJ designa os juízes das secções do STJ – art.º 29.º, n.º 1, do LOFTJ –, sendo os juízes da secção *ad hoc* recrutados um de cada uma das outras secções tendo em conta a respectiva antiguidade – art.º 27.º, n.º 2, da LOFTJ, e art.º 168.º, n.º 2, do EMJ.

Como se vê, o CSM influencia directamente a composição da secção *ad hoc* do STJ na medida em que fixa o número das secções do STJ, secções essas de que são recrutados os juízes da secção *ad hoc*.

Por outro lado, a duração do mandato de juiz da secção *ad hoc* do STJ é de apenas um ano.

Se bem que os juízes da secção *ad hoc* do STJ gozem do estatuto de juiz, e de todas as competentes garantias, o certo é que inexiste qualquer protecção contra pressões.

Na verdade, compete ao CSM[157], não só a instauração de procedimento disciplinar contra magistrados judiciais – art.º 111.º do EMJ –, mas também a respectiva decisão – art.º 149.º, a), art.º 151.º, a), do EMJ –, que pode chegar à demissão.

---

[156] Caso Çiraklar c. Turquia, acórdão de 28.10.1998, Req 19601/92, § 38.

[157] Órgão de gestão e disciplina da magistratura judicial – art.º 136.º do EMJ.

A CEDH e a reforma do Contencioso administrativo português de 2002   189

Por outro lado, a aposentação por incapacidade dos magistrados judiciais é promovida pelo CSM – art.º 65.º, n.ᵒˢ 1 e 2, do EMJ –, que inclusivamente pode determinar a imediata suspensão do exercício de funções do magistrado cuja incapacidade especialmente o justifique – art.º 65.º, n.º 3, do EMJ

Assim, verificamos que existem fortes elementos de ligação entre o CSM e a secção *ad hoc* do STJ, traduzidos nas circunstâncias, de o presidente do STJ nomear todos os juízes da secção *ad hoc*, de o CSM, presidido pelo presidente do STJ, influenciar directamente o número de juízes da secção *ad hoc*, instaurar e decidir processos disciplinares contra juizes do STJ, podendo concluir pela sua demissão, e promover a aposentação de juizes, bem como a imediata suspensão de funções.

Será que todas estas ligações não constituem razões legítimas de receio em relação a uma jurisdição carecida de imparcialidade, atenta a manifesta dependência dos vogais da secção *ad hoc* do STJ face ao CSM e ao seu presidente?

Será que tais apreensões não estão objectivamente justificada pelo regime legal descrito?

Recordemos que os juizes da secção *ad hoc* do STJ são nomeados e designados – através do seu presidente – pelo "réu" CSM, destinando--se o tribunal – secção *ad hoc* do STJ – a julgar só os litígios suscitados contra esse "réu" por um grupo específico de cidadãos – os juízes que se considerem lesados pelos actos do CSM.

Como se refere no citado caso Çiraklar c. Turquia, § 40, a presença de juizes nomeados e designados pelo "réu" CSM leva a recear que algum deles "se laissât indûment guider par des considérations étrangères à la nature de sa cause. Autrement dit, les appréhensions de M. [...] quant au défaut d'indépendance et d'impartialité de cette juridiction peuvent passer pour objectivement justifiées"[158].

Acresce que em relação ao CSTAF, a questão põe-se exactamente da mesma maneira.

4.2 – Juízes recrutados em agentes do Ministério Público

O ETAF vem admitir que possa haver juízes da jurisdição administrativa, recrutados em agentes do Ministério Público, a exercer o cargo

---

[158] Caso Çiraklar c. Turquia, acórdão de 28.10.1998, Req 19601/92, § 40.

190   *Estudos de Direito Europeu e Internacional dos Direitos Humanos*

em comissão de serviço – art.º 60.º, n.º 2. Isto é, pode haver agentes do Ministério Público a exercer funções de juiz.

O mesmo ETAF determina que compete ao Ministério Público representar o Estado, defender a legalidade democrática e promover a realização do interesse público, exercendo, para o efeito, os poderes que a lei processual lhe confere – art.º 51.º.

Acontece que, por força do art.º 74.º, n.º 1, do Estatuto do Ministério Público, aprovado pela Lei n.º 60/98, de 28 de Agosto, os magistrados do Ministério Público estão sujeitos às disposições desta lei, qualquer que seja a situação em que se encontrem.

Assim, pode dizer-se que os agentes do Ministério Público, em comissão de serviço como juízes da jurisdição administrativa, estão sujeitos ao estatuto do Ministério Público.

Será que não estão objectivamente justificados os receios de uma falta de independência e de imparcialidade, resultante do Ministério Público representar o Estado e promover a realização do interesse público?

5 – Conclusão

Importa agora reflectir as conclusões da investigação a que se procedeu, tendo em atenção a questão da reflexão da CEDH na reforma do contencioso administrativo de 2002 e índice da respectiva compatibilidade.

Se bem que o Conselho da Europa tenha sido criado pelo Tratado de Londres de 5 de Maio de 1949, tendo a "Convenção para a protecção dos Direitos do Homem e das Liberdades Fundamentais" entrado em vigor em 3 de Setembro de 1950, Portugal precisou de esperar pela instauração da democracia em 1974 para poder aderir ao Conselho da Europa e subscrever a Convenção, o que aconteceu com o depósito do instrumento de adesão em 23 de Setembro de 1976, e do instrumento de ratificação em 9 de Novembro de 1978.

A Convenção aplica-se directamente na ordem jurídica portuguesa, tem efeito directo, e, subordinada à Constituição, prevalece sobre as leis nacionais.

A relevância que a CEDH apresenta para o contencioso administrativo é dada pelo direito a um processo equitativo e pelo direito a um recurso efectivo.

O direito a um processo equitativo, consagrado no art.º 6.º, traduz--se no direito a um tribunal independente, imparcial, estabelecido por lei,

A CEDH e a reforma do Contencioso administrativo português de 2002   191

com competência de plena jurisdição, a que todas as pessoas tenham acesso, que examinará uma causa civil publicamente, mediante um processo contraditório e em prazo razoável, de forma a que se obtenha uma pronúncia efectiva e útil sobre os direitos e obrigações contestados.

O direito a um recurso efectivo, previsto no art.º 13.º, determina que um indivíduo que, de maneira plausível, se considere vítima de uma violação dos direitos reconhecidos pela CEDH, deve dispor de um recurso perante uma instância nacional que se pronuncie sobre a mesma e respectiva reparação.

O direito a um recurso efectivo, mesmo de carácter residual na óptica do TEDH, ficará reforçada se o ordenamento jurídico nacional admitir um recurso específico de defesa de direitos fundamentais – o recurso de amparo ou acção constitucional de defesa, de alguns ordenamentos constitucionais estrangeiros – atribuído aos tribunais constitucionais, o que se encontra previsto pela ampla redacção do n.º 5 do art.º 20.º da CRP.

As alterações da CRP de 1997, no que respeita ao acesso à justiça em geral e à justiça administrativa em particular, tem uma ligação directa com a aplicação da CEDH em Portugal.

A reforma do contencioso administrativo português de 2002 caracteriza-se pela consagração do princípio da tutela jurisdicional efectiva, e pela multiplicidade de meios processuais, incluindo os urgentes, cautelares e executivos, com uma das inovações consubstanciada no acesso directo ao tribunal, com a queda da caracterização do acto impugnado como definitivo e executório, passando a relevar o critério da susceptibilidade de lesão de direitos e interesses legalmente protegidos.

O CPTA manifesta uma clara preferência pela pronúncia com utilidade para os interessados, sendo inadmissíveis decisões de pura anulação, já que esta visa sempre a prática de acto devido, e estado o juiz obrigado ao conhecimento de todas as causas de invalidade invocadas contra o acto impugnado e à identificação de causas de invalidade diversas das que tenham sido alegadas.

O CPTA impõe ao tribunal que assegure um estatuto de igualdade efectiva das partes no processo, tanto no que se refere ao exercício de faculdades e ao uso de meios de defesa, como no plano da aplicação de cominações ou de sanções processuais, designadamente por litigância de má-fé, o que implica que a administração possa vir a ser condenada como litigante de má-fé e a pagar custas.

A preocupação do novo contencioso com a justiça em prazo razoável revela-se nos poderes conferidos aos presidentes dos tribunais adminis-

192   *Estudos de Direito Europeu e Internacional dos Direitos Humanos*

trativos de assegurar o andamento dos processos no respeito pelos prazos estabelecidos, podendo determinar a substituição provisória do relator, por redistribuição, em caso de impedimento prolongado.

Contrariamente às limitações de prova constantes da legislação revogada, o CPTA possibilita a produção de prova e um elenco dos meios de prova admissíveis em acção administrativa especial, idênticos ao que ocorre no processo civil.

Se é certo que, em geral, se verifica uma conformidade, pelo menos a nível legislativo, entre o lastro cultural deixado pelo TEDH e as novas opões do legislador administrativo, a verdade é que sectores como o do direito de acesso dos juízes à justiça administrativa, e o da composição dos tribunais por agentes do Ministério Público, denotam um desrespeito pela CEDH e pelas condenações de que Portugal tem sido alvo.

Como nota final, é de referir que em França se tem vindo a formar pessoas encarregues da protecção dos direitos fundamentais, sobretudo as que tem a ver com a sua aplicação, chegando à designação, em cada *Cour d'Appel*, dum magistrado correspondente em matéria de direitos do homem, com a missão de contribuir para uma boa compreensão e uma real integração dos princípios supra nacionais relativos aos mesmos direitos[159].

Em Portugal tal não acontece. E, a reforma do contencioso administrativo de 2002 foi mais uma oportunidade perdida.

---

[159] Marylise Lebranchu, «Intervention», in AAVV, *Les principes communs d'une justice des États de l'Union Européenne: Actes*, Colloque organisé par la Cour de cassation, à Paris, les 4 et 5 décembre 2000, La Documentation française, Paris, 2001, p 113.

ÍNDICE BIBLIOGRÁFICO

A) Manuais, monografias e artigos

ALMEIDA, Mário Aroso de
— «Breve introdução à reforma do contencioso administrativo», in *CJA*, n.º 32, Março/Abril de 2002, pp 3 e ss.
— «Implicações de direito substantivo da reforma do contencioso administrativo», in *CJA*, n.º 34, Julho/Agosto de 2002, pp 69 e ss.
— *O Novo Regime do Processo nos Tribunais Administrativos*, Almedina, Coimbra, 2003.
vide AMARAL, Diogo Freitas do

AMARAL, Diogo Freitas do; ALMEIDA, Mário Aroso de
— *Grandes Linhas da Reforma do Contencioso Administrativo*, Almedina, Coimbra, 2002.

ANDRADE, José Carlos Vieira de
— *Os Direitos Fundamentais na Constituição Portuguesa de 1976*, 2.ª edição, Almedina, Coimbra, 2001.
— «Tutela cautelar», in *CJA*, n.º 34, Julho/Agosto de 2002, pp 45 e ss.

ANDRADE, Manuel de
— *Noções Elementares de Processo Civil*, edição revista e actualizada por Antunes Varela, Coimbra Editora, 1963.

ANTUNES, Luís Filipe Colaço
— «A reforma do contencioso administrativo *O último ano em Marienbad*', in do mesmo autor, *O Direito Administrativo e a sua Justiça no Início do Século XXI – Algumas Questões*, Almedina, Coimbra, 2001; também in *RMP*, Ano 21, Jul/Set de 2000, n.º 83, pp 29 e ss, in Ministério da Justiça, *Reforma do Contencioso Administrativo – Trabalhos preparatórios – O Debate Universitário*, Volume I, s.d., pp 231 e ss, e in Ministério da Justiça, *Reforma do contencioso administrativo*, Volume I, O Debate Universitário

(Trabalhos preparatórios), edição do Ministério da Justiça, Coimbra Editora, 2003, pp 301 e ss.

— «*Johann Sebastian Bach* no Tribunal Europeu dos Direitos do Homem ou uma Jurisprudência *sempre nunca diferente – nunca sempre igual* (Hatton e Outros vs. The United Kingdom)», in *RMP*, Ano 23, Out//Dez de 2002, n.º 92, pp 57 e ss.

BARRETO, **Ireneu Cabral**
— *A Convenção Europeia dos Direitos do Homem Anotada*, 2.ª Edição, Coimbra Editora, 1999.

CADILHA, **Carlos Alberto Fernandes**
— «A reforma do contencioso administrativo: a intervenção do Ministério Público no recurso contencioso de anulação», in *RMP*, Ano 21, Jul//Set de 2000, n.º 83, pp 45 e ss.

CANOTILHO, **J. J. Gomes**
— *Direito Constitucional e Teoria da Constituição*, Almedina, Coimbra, 1997.

CANOTILHO, **J. J. Gomes;** MOREIRA, **Vital**
— *Constituição da República Portuguesa Anotada*, 3.ª edição revista, Coimbra Editora, 1993.

CHAPUS, **René**
— *Droit du contentieus administratif*, 8e édition, Montchrestien, Paris, 1999.

CORREIA, **Fernando Alves**
— «A justiça constitucional em Portugal e em Espanha. Encontros e divergências», in *RLJ*, ano 131.º, n.º 3891, pp 162 e ss, n.º 3892, pp 198 e ss, e n.º 3893, pp 234 e ss.
— *Direito Constitucional – A Justiça Constitucional*, Almedina, Coimbra, 2001.

CORREIA **Sérvulo**
— *Contencioso Administrativo*, Lições ao 5.º Ano Jurídico, AAFDL, Lisboa, 1990.
— «A reforma do contencioso administrativo e as funções do Ministério Público», in AAVV, *Estudos em homenagem a Cunha Rodrigues*, Vol I, Coimbra Editora, 2001, pp 295 e ss.
— «O recurso contencioso no projecto da reforma: tópicos esparsos», in AAVV, *Estudos de Direito Processual Administrativo*, Lex, Lisboa,

A *CEDH e a reforma do Contencioso administrativo português de 2002* 195

2002, pp 181 e ss; também in *CJA*, n.º 20, Março/Abril de 2000, pp 12 e ss, in Ministério da Justiça, *Reforma do Contencioso Administrativo – Trabalhos preparatórios – O Debate Universitário*, Volume I, s.d., pp 125 e ss, e in Ministério da Justiça, *Reforma do contencioso administrativo*, Volume I, O Debate Universitário (Trabalhos preparatórios), edição do Ministério da Justiça, Coimbra Editora, 2003, pp 183 e ss.

DIJK, P. Van
— «Access to Court», in *The European System for the Protection of Human Rights*, ed R. St. J. Macdonald, F. Matscher, e H. Petzold, Martinus Nijhoff Publishers, London, 1993, pp 344 e ss.

DUARTE, Maria Luísa
— «A Convenção Europeia dos Direitos do Homem – uma nova etapa (Protocolo n.º 11)», in AAVV, *Organizações Internacionais*, coordenação de João Mota de Campos, Fundação Calouste Gulbenkian, Lisboa, 1999, pp 615 e ss.
— «O Conselho da Europa», in AAVV, *Organizações Internacionais*, coordenação de João Mota de Campos, Fundação Calouste Gulbenkian, Lisboa, 1999, pp 595 e ss.

ESTORNINHO, Maria João
— *A fuga para o direito provado – Contributo para o estudo da actividade de direito privado da Administração Pública*, Almedina, Coimbra, 1996.

FROMONT, Michel
— «La convergence des systèmes de justice administrative en Europe», in *Rivista trimestrale di diritto pubblico*, 2001/1, pp 125 e ss.

FROWEIN, Jochen
— «Conclusions», in AAVV, *Les principes communs d'une justice des États de l'Union Européenne: Actes*, Colloque organisé par la Cour de cassation, à Paris, les 4 et 5 décembre 2000, La Documentation française, Paris, 2001, pp 205 e ss.

GARCIA, Maria da Glória Ferreira Pinto Dias
— «La protection juridictionnelle des droits de l'homme en Europe: juges nationaux et juges européens», in *Revue Européenne de Droit Public*, Vol 13, n.º 1, 2001, pp 727 e ss; também em *Direito e Justiça*, Vol XV, Tomo 1, 2001, pp 31 e ss.

Gomes, Carla Amado
— «À espera de Ulisses – Breve análise da Secção I do Capítulo VI do Anteprojecto de Código dos Tribunais Administrativos/II (As medidas cautelares)», in *RMP*, Ano 21, Out/Dez de 2000, n.º 84, pp 49 e ss.

Gouttes, Régis de
— «II – Le procès, système continental», in AAVV, *Les principes communs d'une justice des États de l'Union Européenne: Actes*, Colloque organisé par la Cour de cassation, à Paris, les 4 et 5 décembre 2000, La Documentation française, Paris, 2001, pp 119 e ss.

Haberle, Peter
— «O recurso de amparo no sistema germânico de justiça constitucional», in *sub judice – justiça e sociedade*, n.ᵒˢ 20/21, Janeiro/Junho de 2001, pp 33 e ss.

Jacot-Guillarmod, Olivier
— «Rights Related to Good Administration of Justice (Article 6)», in *The European System for the Protection of Human Rights*, ed R. St. J. Macdonald, F. Matscher, e H. Petzold, Martinus Nijhoff Publishers, London, 1993, pp 381 e ss.

Koering-Joulin, Renée
vide TULKENS, Françoise

Lacão, Jorge
— *Constituição da República Portuguesa*, prefácio e anotações por Jorge Lacão, Texto Editora, Lisboa, 1997.

Lebranchu, Marylise
— «Intervention», in AAVV, *Les principes communs d'une justice des États de l'Union Européenne: Actes*, Colloque organisé par la Cour de cassation, à Paris, les 4 et 5 décembre 2000, La Documentation française, Paris, 2001, pp 107 e ss.

Lorenzen, Peer
— «I – Le juge, système mixte», in AAVV, *Les principes communs d'une justice des États de l'Union Européenne: Actes*, Colloque organisé par la Cour de cassation, à Paris, les 4 et 5 décembre 2000, La Documentation française, Paris, 2001, pp 95 e ss.

Luengo, Juan Antonio Doncel
— «El modelo espanol de justicia constitucional. Las decisiones más

importantes del tribunal constitucional espanol», in *sub judice – justiça e sociedade*, n.ᵒˢ 20/21, Janeiro/Junho de 2001, pp 79 e ss.

MACHETE, **Rui Chancerelle de**
— «Execução de sentenças administrativas», in *CJA*, n.º 34, Julho/ /Agosto de 2002, pp 54 e ss.

MAGALHÃES, **José**
— *Dicionário da Revisão Constitucional*, Editorial Notícias, Lisboa, 1999.

MARTINS, **Ana Maria**
— «L'application de la Convention Européenne des Droits de l'Homme au Portugal», in *Revue Européenne de Droit Public*, Vol 13, n.º 1, 2001, pp 567 e ss; também em *Estudos de Direito Público* – Vol. I – Direito da União Europeia; Direito Internacional Público; Direito Constitucional, Almedina, Coimbra, 2003, pp 285 e ss.

MEDEIROS, **Rui**
— *A Decisão de Inconstitucionalidade – Os Autores, o Conteúdo e os Efeitos da Decisão de Inconstitucionalidade da Lei*, Universidade Católica Editora, Lisboa, 1999.

MENDES, **Armindo Ribeiro**
— *Recursos em Processo Civil*, 2.ª Edição, Lex, Lisboa, 1994.

MENDES, **João de Castro**
— *Manual de Processo Civil*, Manuais da Faculdade de Direito de Lisboa, Lisboa, 1963.

MIRANDA **Jorge**
— *As relações entre ordem internacional e ordem interna na actual Constituição portuguesa*, in AAVV, *Ab vno ad omnes – 75 anos da Coimbra Editora 1920-1995*, org de Antunes Varela, Diogo Freitas do Amaral, Jorge Miranda e J J Gomes Canotilho, Coimbra Editora, 1998, pp 275 e ss.
— *Curso de Direito Internacional Público*, Principia, Cascais, 2002.
— *Ideias para uma revisão constitucional em 1996*, Edições Cosmos, Lisboa, 1996.
— *Manual de Direito Constitucional*, Tomo VI – Inconstitucionalidade e garantia da Constituição, Coimbra Editora, 2001.
— «Os parâmetros constitucionais da reforma do contencioso administrativo», in *CJA*, n.º 24, Novembro/Dezembro de 2000, pp 3 e ss, in Ministério da Justiça, *Reforma do Contencioso Adminis-*

trativo – Trabalhos preparatórios – O Debate Universitário, Volume I, s.d., pp 283 e ss, e in Ministério da Justiça, *Reforma do contencioso administrativo*, Volume I, O Debate Universitário (Trabalhos preparatórios), edição do Ministério da Justiça, Coimbra Editora, 2003, pp 363 e ss.

MOREIRA, **Vital**
— «Princípio da maioria e princípio da constitucionalidade: legitimidade e limites da justiça constitucional», in AAVV, *Legitimidade e Legitimação da Justiça Constitucional*, Colóquio no 10.º Aniversário do Tribunal Constitucional, Coimbra Editora, 1995, pp 177 e ss.
vide Canotilho, J. J. Gomes

OTERO, **Paulo**
— *Legalidade e Administração Pública – o Sentido da Vinculação Administrativa à Juridicidade*, Almedina, Coimbra, 2003.
— «Impugnações administrativas», in *CJA*, n.º 28, Julho/Agosto de 2001, pp 50 e ss.

PERROT, **Roger**
— *Institutions judiciaires*, 10e édition, Domat Droit Privé, Montchrestien, Paris, 2002.

PIRES, **Francisco Lucas**
— *O que é a Europa*, Difusão Cultural, Lisboa, 1994.

QUILLERÉ-MAJZOUB, **Fabienne**
— *La défense du droit à un procès équitable*, Bruylant, Bruxelles, 1999.

RANGEL, **Paulo Castro**
— *Repensar o poder judicial – fundamentos e fragmentos*, Publicações Universidade Católica, Porto, 2001.

SILVA, **Vasco Pereira da**
— *O Contencioso Administrativo como "Direito Constitucional concretizado" ou "ainda por concretizar"?*, Almedina, Coimbra, 1999.
— «2001: Odisseia no espaço conceptual do acto administrativo», in *CJA*, n.º 28, Julho/Agosto de 2001, pp 7 e ss.

SOARES, **Rogério Guilherme Ehrhardt**
— «Administração Pública, direito administrativo e sujeito privado», in Universidade de Coimbra, *Boletim da Faculdade de Direito*, Vol XXXVII, 1961, pp 117 e ss.

A CEDH e a reforma do Contencioso administrativo português de 2002   199

Sousa, **Marcelo Rebelo de**
— *Orgânica Judicial, Responsabilidade dos Juízes e Tribunal Constitucional*, AAFDL, Lisboa, 1992.

Sousa, **Miguel Teixeira de**
— *Estudos sobre o novo processo civil*, 2.ª edição, Lex, Lisboa, 1997.

Sudre, **Frédéric**
— «Rapport introductif», in AAVV, *Les principes communs d'une justice des États de l'Union Européenne: Actes*, Colloque organisé par la Cour de cassation, à Paris, les 4 et 5 décembre 2000, La Documentation française, Paris, 2001, pp 27 e ss.

Tulkens, **Françoise;** Koering-Joulin, **Renée**
— «I – Le juge, système continental», in AAVV, *Les principes communs d'une justice des États de l'Union Européenne: Actes*, Colloque organisé par la Cour de cassation, à Paris, les 4 et 5 décembre 2000, La Documentation française, Paris, 2001, pp 51 e ss.

B) Documentos

— Acta da reunião de 5.9.1996 da Comissão Eventual para a Revisão Constitucional, IV Revisão Constitucional, in *DAR*, VII Legislatura, 2.ª Sessão Legislativa (1996-1997), II Série-RC, de 6.9.1996, n.º 18
— Associação Sindical dos Juízes Portugueses, *Boletim informação & debate*, III.ª Série, n.º 4, Julho de 2001
— Ministério da Justiça, *Reforma do contencioso administrativo*, Volume I, O Debate Universitário (Trabalhos preparatórios), edição do Ministério da Justiça, Coimbra Editora, 2003
— Ministério da Justiça, *Reforma do contencioso administrativo*, Volume II, Estudo, Relatório, Anteprojectos, edição do Ministério da Justiça, Coimbra Editora, 2003
— Ministério da Justiça, *Reforma do contencioso administrativo*, Volume III, Exposição de Motivos das Propostas de Lei, ETAF, CPTA, Estudo de Dimensionamento, e Estudo de Redimensionamento, edição do Ministério da Justiça, Coimbra Editora, 2003
— Orientações para a elaboração dos projectos de Código de Processo nos Tribunais Administrativos e Estatuto dos Tribunais Administrativos e Tributários, aprovadas por Despacho do Ministro da Justiça n.º 1602/2001 (2.ª série), de 15 de Janeiro de 2001, in *DR*, II Série, n.º 22, de 26.1.2001; também in *CJA*, n.º 25, Janeiro/Fevereiro de 2001

200　　*Estudos de Direito Europeu e Internacional dos Direitos Humanos*

C) Jurisprudência do Tribunal Constitucional

- Acórdão do TC n.º 86/88, de 13 de Abril de 1988, publicado no *DR*, n.º 193, II Série, de 22.8.1988, p 7629; também in BMJ-376,237
- Acórdão do TC n.º 219/89, in BMJ-384,275
- Acórdão do TC n.º 157/2001, de 4 de Abril de 2001, publicado no *DR*, n.º 108, I-A Série, de 10.5.2001
- Acórdão do TC n.º 261/2002, de 18.6.2002, in *DR*, II Série, de 24.7.2002,

D) Jurisprudência do TEDH

I

- Caso A c. Reino Unido, acórdão de 17.12.2002, Req 35373/97
- Caso A.M. c. Itália, acórdão de 14.12.1999, Req 37019/97
- Caso Antonakopoulos, Vorstsela et Antonakopoulos c. Grécia, acórdão de 14.12.1999, Req 37098/97
- Caso Beaumartin c. França, acórdão de 24.11.1994, Req 15287/89
- Caso Beles e outros c. República Checa, acórdão de 12.11.2002, Req 47273/99.
- Caso Belilos c. Suíça, acórdão de 29.4.88, Req. 10328/83
- Caso Benthem c. Países Baixos, acórdão de 23.10.85, Req 8848/80
- Caso Bouilly c. França, acórdão de 7.12.1999, Req 38952/97
- Caso Bulut c. Áustria, acórdão de de 22.2.1996, Req 17358/90
- Caso Buscemi c. Itália, acórdão de 16.9.1999, Req 29569/95
- Caso Caillot c. França, acórdão de 4.6.1999, Req 36932/97
- Caso Çakici c. Turquia, acórdão de 8.7.1999, Req 22479/93
- Caso Campbell et Fell c. Reino Unido, acórdão de 28.6.84, Req 7819/77 e 7878/77
- Caso Çiraklar c. Turquia, acórdão de 28.10.1998, Req 19601/92
- Caso Cordova c. Itália, acórdão de 30.1.2003, Req 40877/98
- Caso Daktaras c. Lituânia, acórdão de 10.10.2000, Req 42095/98
- Caso Delcourt c. Bélgica, acórdão de 17.1.1970, Req 2689/65
- Caso Doran c. Irlanda, acórdão de 31.7.2003, Req 50389/99
- Caso Editions Périscope c. França, acórdão de 26.3.1992, Req 11760/ /85
- Caso G.S. c. Austria, acórdão de 21.12.1999, Req 26297/95
- Caso Gast e Popp c. Alemanha, Acórdão de 25.2.2000, Req 29357/95.

A CEDH e a reforma do Contencioso administrativo português de 2002   201

- Caso Golder c. Reino Unido, acórdão de 21.2.75, Req 4451/70
- Caso Hatton e outros c. Reino Unido, acórdão de 2.10.2001, Req 36022/97
- Caso Hornsby c. Grécia, Acórdão de 19.3.1997, Req 18357/91
- Caso Iatridis c. Grécia, acórdão de 25.3.1999, Req 31107/96
- Caso Koskinas c. Grécia, acórdão de 20.6.2002, Req 47760/99
- Caso Jasiuniene c. Lituanie, acórdão de 6.3.2003, Req 41510/98
- Caso Kress c. França, Acórdão de 7.6.2001, Req 39594/98
- Caso Lagrange c. França, acórdão de 10.10.2000, Req 39485/98
- Caso Lavents c. Letónia, acórdão de 28.11.2002, Req 58442/00
- Caso Le Compte, Van Leuven et De Meyere, c. Bélgica, acórdão de 23.6.81, Req. 6878/75, 7238/75
- Caso Leander c. Suécia, acórdão de 26.3.87, Req. 9248/81
- Caso Lithgow e outros c. Reino Unido, acórdão de 8.7.86, Req. 9006/80 e outros
- Caso Mantovanelli c. França, acórdão de 18.3.1997, Req 21497/93
- Caso Nideröst-Huber c. Suíca, acórdão de 18.2.1997, Req 18990/91
- Caso Nuvoli c. Itália, acórdão de 16.5.2002, Req 41424/98
- Caso Öcalan c. Turquia, acórdão de 12.3.2003, Req. 46221/99
- Caso Ogis-Institut Stanislas c. França, decisão de 3.4.2003, Req 2219/98
- Caso Pescador Valero c. Espanha, acórdão de 17.6.2003, Req 62435//00
- Caso Piersack c. Bélgica, acórdão de 1.10.82, Req. 8692/79
- Caso Procola c. Luxemburgo, acórdão de 28.9.95, Req. 14570/89
- Caso Ringeisen c. Austria, acórdão de 16.7.1971, Req. 2614/65
- Caso Serre c. França, acórdão de 29.9.1999, Req 29718/96
- Caso Smith e Grady c. Reino Unido, acórdão de 27.9.1999, Req 33985/96 e 33986/96
- Caso Sramek c. Áustria, acórdão de 22.10.84, Req. 8790/79
- Caso Tanrikulu c. Turquia, acórdão de 8.7.1999, Req 23763/94
- Caso W.R. c. Austria, acórdão de 21.12.1999, Req 26602/95
- Caso Zielinski e Pradal e Gonzalez e outros c. França, acórdão de 28.10.1999, Req 24846/94 e 34165/96-34173/96

II – Casos portugueses

- Caso Baraona c. Portugal, acórdão de 8.7.1987, Req. 10092/82
- Caso Castanheira Barros c. Portugal, acórdão de 26.10.2000, Req. 36945/97

202   *Estudos de Direito Europeu e Internacional dos Direitos Humanos*

- Caso Estima Jorge c. Portugal, acórdão de 21.4.1998, Req. 24550/ /94
- Caso Fernandes Magro c. Portugal, acórdão de 29.2.2000, Req. 36997/97
- Caso Guincho c. Portugal, acórdão de 10.07.1984, Req. 8990/80
- Caso Lobo Machado c. Portugal, acórdão de 20.2.1996, Req. 15764/ /89
- Caso Martins Moreira c. Portugal, acórdão de 26.10.1988, Req. 11371/85
- Caso Matos e Silva Ld.ª c. Portugal, acórdão de 16.9.1996, Req. 15777/89
- Caso Moreira de Azevedo c. Portugal, acórdão de 23.10.1990, Req. 11296/84
- Caso Neves e Silva c. Portugal, acórdão de 27.4.1989, Req. 11213/ /84
- Caso SA c. Portugal, acórdão de 27.7.2000, Req. 36421/97
- Caso Silva Pontes c. Portugal, acórdão de 23.3.1994, Req. 14940/ /89

4

O Direito de Asilo na União Europeia: problemas e soluções. Algumas reflexões em sede do quadro geral da Convenção de Genebra relativa ao Estatuto do Refugiado

Inês Filipa Pires Marinho

SUMÁRIO

Introdução 205

1 – Evolução Histórica 206
    1.1 – Notas Introdutórias 206
    1.2. – Evolução histórica do ponto de vista internacional 207
    1.3 – Evolução da protecção do direito de asilo na União Europeia . 211

2 – Direito de Asilo e a sua consagração internacional: A Convenção de 1951, relativa ao Estatuto de Refugiado e o Protocolo de 1967, Relativo ao Estatuto dos Refugiados 216
    2.1 – Notas Introdutórias 216
    2.2 – Definição de refugiado 217
    2.3 – Princípios Gerais 224
    2.4 – Valor da Convenção de Genebra 226
    2.5 – Os desafios actuais 227

3 – Direito de Asilo na União Europeia 229
    3.1 – Notas Introdutórias 229
    3.2 – Os artigos 61.º e 63.º do TCE e medidas adoptadas ou propostas para seu cumprimento 233

3.3 – A menção à Convenção de Genebra e demais tratados perti-
nentes 238

3.4 – Após revisão pelo Tratado de Amesterdão 240

Conclusão 241

Bibliografia 243

Introdução

A questão da protecção internacional do direito de asilo é uma das questões mais importantes que se colocam actualmente. Em particular, a reflexão sobre o problema do equilíbrio entre os princípios humanistas e os da segurança do Estado é, hoje, mais do que nunca necessária.

O 11 de Setembro de 2001, a guerra no Afeganistão e o recente conflito no Iraque, cujas consequências não podem ainda ser verdadeiramente avaliadas, trouxeram para primeira cena uma discussão que há muito se vem tendo no campo académico, mas cujo resultado é fulcral para a vida de milhares de pessoas que, anualmente, requerem asilo.

O contexto e o quadro normativo internacional dos problemas do asilo são, assim, fundamentais. Contudo, as dificuldades inerentes ao seu tratamento global, levam à necessidade de uma análise restringida a um ponto particular, limitado temporal e espacialmente: o da protecção do direito de asilo no contexto da União Europeia, sob pena de um tratamento superficial e inadequado da matéria, onde dificuldades como a multiplicidade de fontes, de interpretações e de práticas e nebulosidade conceptual se torna particularmente incisiva.

Dito isto, e tendo este trabalho partido da análise dos artigos 61.º e 63.º do Tratado da Comunidade Europeia (doravante TCE), tem como pano de fundo os conceitos e princípios que enquadram o direito de asilo na Convenção de Genebra, na medida em são fundamentais neste contexto.

Por outro lado, salientam-se as declarações políticas que, no seio da União Europeia, foram sendo feitas, destacando este tema como um dos pontos importantes na sua construção e evolução, relacionadas com a consolidação do mercado único, e ainda a preocupação com fenómenos como o tráfico de pessoas e imigração ilegal. Nestas declarações, os dois princípios *supra* mencionados surgem como estruturantes de um sistema comum de asilo europeu, resultando, contudo, por vezes, num discurso algo contraditório, fazendo transparecer uma quase "dupla personalidade" da Europa, não uma Europa a duas velocidades, com a cooperação reforçada, mas uma Europa com duas vozes: uma defensora dos direitos

206   *Estudos de Direito Europeu e Internacional dos Direitos Humanos*

humanos, reclamando o seu respeito por todos e para todos; e uma outra, essa a que se chama Europa Fortaleza, fechada em si mesma, querendo proteger as suas fronteiras de quaisquer ameaças e do *Outro*, como estranho.

Assim, em particular, desde o Conselho Europeu de Tampere, em 1999, o asilo surge como primordial para o desenvolvimento da União enquanto espaço de liberdade, de segurança e de justiça, reiterada esta importância nos Conselhos Europeus que se realizaram posteriormente, em particular, em Laeken e Sevilha, respectivamente, em 2001 e 2002.

De jure, certamente que a maior prova da importância deste tema não poderia ter sido dada pelas alterações que foram introduzidas pelo Tratado de Amesterdão e cuja análise será feita mais à frente; nem pelas iniciativas legislativas que têm vindo a ser discutidas e, algumas, já tomadas, no espaço comunitário, com a Comissão Europeia na vanguarda de todo este processo.

Por fim, o ano de 2003 será, sem dúvida, um ano de viragem nesta matéria na União Europeia, em virtude de consubstanciar, por um lado, um ano de transição para os países do alargamento, assim como constitui o fim do período estabelecido pelo Tratado de Amesterdão, actualmente, Tratado de Nice, para a construção de pelo menos uma parte do enquadramento jurídico base, em matéria de asilo.

Um pressuposto parece, no entanto, certo: hoje, a Europa dos quinze, prestes a ser a Europa dos vinte e cinco, defronta múltiplos e complicados desafios em matéria de asilo, e é neste contexto que se insere a reflexão que ora se propõe fazer.

CAPÍTULO I

Evolução Histórica

1.1 – Notas Introdutórias

A compreensão de um determinado fenómeno e da sua conceptualização e evolução jurídica jamais pode ser feita sem o respectivo enquadramento histórico[1].

---

[1] "Memory and history shape the process of our becoming (…).", Philip Allott, "Globalisation from above: actualising the ideal through law", *in* How Might We Live, Global Ethics in the New Century (Eds. Ken Booth, Tim Dunne e Michael Cox), Cambridge University Press, Reino Unido, 2001, pp. 62.

O Direito de Asilo na União Europeia 207

Neste ponto em concreto, e porque não é objectivo deste trabalho proceder a um estudo histórico, a análise concentrar-se-á no século XX, em que se deram algumas das mais importantes transformações em matéria do direito de asilo e sobre o qual se afirmará que a "questão dos refugiados começa a ser encarada como um problema internacional a ser tratado ao nível internacional"[2].

Dito isto, analisar-se-á, neste capítulo, quer a evolução histórica da figura do asilo/refugiado sob o ponto de vista internacional, quer sob o ponto de vista mais restrito, da União Europeia.

1.2. – Evolução histórica do ponto de vista internacional

Assim, na sequência do acima referido, o século XX é marcado por acontecimentos que obrigam a movimentos populacionais cuja importância se traduz justamente na necessidade de reflectir sobre o fenómeno, por um lado, e no seu enquadramento institucional e jurídico, por outro, culminando na elaboração de um instrumento universal, reconhecedor da especificidade destes movimentos populacionais forçados[3].

De um ponto de vista histórico, ao longo de todo este tempo, vários foram os acontecimentos que, de uma forma mais ou menos intensa, produziram uma evolução jurídica da protecção do direito de asilo.

Até à segunda guerra mundial, os fluxos de refugiados eram pontuais[4] e estiveram, na sua grande parte, relacionados com a Revolução Russa de

---

[2] Alto Comissariado das Nações Unidas para os Refugiados (doravante ACNUR), A Situação dos Refugiados no Mundo/2000, Cinquenta anos de acção humanitária, ACNUR, Lisboa, 2000, pp. 3.

[3] Neste ponto, fazemos uma primeira distinção basilar, entre movimentos migratórios no sentido amplo e o fenómeno do movimento daquele ou daqueles que buscam o asilo num determinado Estado. Esta distinção é absolutamente necessária e nem sempre fácil, uma vez que cada vez mais os movimentos populacionais são de natureza mista. Em sede deste trabalho, fala-se de movimentos de população forçados e não de movimentos de população de sua livre vontade e em busca de um melhor nível de vida. É uma diferença estrutural em todo a análise feita e acompanhará algumas das conclusões alcançadas, muito embora se reconheça as crescentes dificuldades em distinguir estes dois. Neste sentido, Gil Loescer e James Milner: "In this complex situation, it is not always easy to differentiate between 'migrants' and 'refugees'", "The Missing Link: the Need for Comprehensive Engagement in Regions of Refugee Origin", in International Affairs, vol. 79, n.º 3, 2003, pp. 596.

[4] Kari Häkämies, in Em Direcção a um Sistema Comum Europeu de Asilo, conferência europeia sobre asilo, Serviço de Estrangeiros e Fronteiras, Lisboa, 2000,

1917 e a criação da União Soviética, bem como com os efeitos da Primeira Guerra Mundial.

Foi, no entanto, o pós segunda guerra mundial que constituiu um ponto de viragem nesta matéria. A destruição que a segunda guerra mundial criou é sobejamente conhecida e os seus efeitos na criação de uma maior consciência dos direitos humanos, entre os quais o direito de asilo[5], ao nível internacional são múltiplos e multifacetados. Por outro lado, a guerra fria, que, rapidamente, dominou a ordem mundial, induz igualmente, entre os dois blocos (o ocidental e o de leste, o capitalista e o comunista), a movimentações forçadas de populações[6].

Assim, neste contexto, surge com maior premência a necessidade de enquadrar juridicamente o direito de asilo. A menção feita na Declaração Universal dos Direitos do Homem[7] era, contudo, insuficiente[8].

---

pp. 15; Para uma posição diferente, veja-se Thomas Schindlmayr, "Sovereignty, Legal Regimes and International Migration", *in* International Migration, vol. 41, n.º 2, 2003, pp. 114.

[5] A este título, afirma Peer Baneke: "(...) the lessons of the Holocaust led to (...) the Refugee Convention(...).", *in* The ECRE Tampere Dossier, Junho, 2002, www.ecre.org, pp. 5. Numa perspectiva um pouco diferente, no sentido mais de uma teoria realista das relações internacionais e do direito internacional que as conforma, Nuala Mole considera que a Convenção de Genebra surge para acomodar as preocupações surgidas com o eclodir da guerra fria, em "Problems raised by certain aspects of the present situation of refugees from the standpoint of the European Convention on Human Rights", Council of Europe Publishing, Estrasburgo, 1997, pp. 6.

[6] Cumpre salientar, neste ponto, que tal como em muitos outros aspectos, o mundo bipolar, ideologica e politicamente demarcado, determina muitos aspectos dos sistemas de protecção, avaliação e concessão do estatuto de refugiado, que foi durante muito tempo profundamente politizada. Thomas Schindlmayr, a partir de uma análise das políticas norte americanas, afirma que "The system is also highly politicized. The current list of countries identified by the US State Department as a priority for refugee status, for example, continues to resemble the Cold War", *op. cit.*, pp. 199.

[7] No seu artigo 14.º.

[8] Como bem o demonstram as afirmações de Guy S. Goodwin-Gill: "Little progress was achieved by the statement in article 14(1) of the Universal Declaration of Human Rights (...) there was no intention among States to assume even a moral obligation in the matter", The Refugee International Law, 2.ª Edição, Oxford University Press, Reino Unido, 1998, pp. 175. De salientar que, posteriormente, o Pacto Internacional de Direitos Civis e Políticos, um dos instrumentos que desenvolve o disposto na Declaração Universal dos Direitos do Homem, não consagra o direito de asilo. A justificação para este facto encontra-se justamente no facto da celebração da Convenção de Genebra ser-lhe anterior e considerar que o seu regime era suficiente para o cabal tratamento das questões que, em matéria de asilo, surgiam. Neste sentido, Nuala Mole: "Although Article 14 of the

O Direito de Asilo na União Europeia

Em 1951, surge a Convenção relativa ao Estatuto do Refugiado[9], assinada em Genebra, como a pedra angular do direito internacional de asilo[10], e que será abordada no capítulo seguinte, que foi criada para sobretudo regular a situação de pessoas que fugiam de regimes totalitários[11].

Durante o período que separa a celebração da Convenção de Genebra e o Protocolo de 1967, relativo ao Estatuto dos Refugiados[12] (doravante Estatuto de Nova Iorque) e os dias de hoje[13], múltiplos foram os acontecimentos que mantiveram o problema dos refugiados como uma das principais preocupações no seio da comunidade internacional, como sejam, a situação dos palestinianos[14], dos curdos, dos afegãos[15], a situação vivida

---

Universal Declaration expressly protected the right to 'seek and enjoy asylum from persecution', this right is not found in the texts of other general instruments of international human rights law such as the ICCPR (...). When those instruments were drafted the Geneva Convention on the Status of Refugees was thought to constitute a *lex specialis* which fully covered the need.", *op. cit.*, pp. 5.

[9] A Convenção de Genebra entrou em vigor a 22 de Abril de 1954 e fazem, hoje, parte desta 141 Estados.

[10] Como afirma Anne-Willem Bijleveld e Kay Haibronner, *in* Em Direcção a um Sistema Comum Europeu de Asilo, conferência europeia sobre asilo, *op. cit.*, rspectivamente pp. 74 e 100.

[11] A evolução quanto ao escopo de aplicação deste instrumento internacional e a actual discussão em seu redor será analisada *infra*.

[12] Este Protocolo foi celebrado em Nova Iorque, tendo entrado em vigor a 4 de Outubro de 1967, dele fazendo parte 139 Estados. Com este há o reconhecimento formal de que a questão dos refugiados não era apenas, ou sobretudo, europeia, como já referido.

[13] Para um desenvovimento detalhado, veja-se Guy S. Goodwin-Gill, *op. cit.*, 172 e ss. Para uma análise das diferentes situações a nível regional, veja-se Barry N. Stein, "Soluções Regionais", *in* Colectânea de Estudos e Documentação sobre Refugiados, vol. II, ACNUR, Lisboa, 1997, ponto B.

[14] Sobre esta temática, veja-se Abbas Shiblak, "Palestinians in the aftermath of 11 September: wishing refugees out of existence?", *in* Forced Migration Review, n.º 13, 2002, pp. 44 e 45.

[15] Quer durante a guerra com a ex-URSS, quer durante o domínio dos Taliban. Neste contexto, veja-se James C. Hathaway, "Refugee Law is Not Immigration Law", *in* World Refugee Survey, pp. 38 a 46, relativo ao caso, que envolveu fundamentalmente a Austrália e a Noruega, do Navio Tampa, que trazia maioritariamente afegãos em fuga do seu país. Ainda sobre este caso específico, William Maley, "Receiving Afghanistan's asylum seekers: Australia, the Tampa 'Crisis' and refugee protection", *in* Forced Migration Review, pp. 19 a 21. Veja-se, igualmente, já com relação ao pós 11 de Setembro, Joanne van Selm, "Foreign policy considerations in dealing with Afghanistan's refugees: when security and protection collide", in Forced Migration Review, *op. cit.*, pp. 13 a 18.

210 *Estudos de Direito Europeu e Internacional dos Direitos Humanos*

pelas múltiplas etnias nos Balcãs, os regimes totalitários da América Latina[16], a situação instável quer no continente africano[17], quer no continente asiático[18].

Todas estas realidades e seus efeitos em vários países e, em última análise, na comunidade internacional, não se traduziram, no entanto, em novos instrumentos internacionais de cariz universal como a Convenção de Genebra[19], antes tem levado a meras reformulações de políticas e de sistemas de asilo. Neste contexto, destacam-se três aspectos. Um primeiro, relativo à consagração, pela Assembleia Geral da ONU, do direito ao asilo[20], que na realidade não vinha consagrado na Convenção de Genebra. Um segundo, no âmbito nacional, relativo à progressiva criação, muitas vezes criticada, de mecanismos e sistemas de protecção alternativos e subsidiários à Convenção de Genebra. Finalmente, um terceiro, relativo à própria Convenção de Genebra e sua aplicação, constatando-se frequentemente a adoptação de interpretações restritivas e literais e sobre as quais posições radicalizam-se e académicos, governos e sociedade civil[21], nem sempre encontram consensos.

No entanto, a importância das questões relativas ao asilo é, e como o resumido relato *supra* feito deixa transparecer, extrema, tendo as preocupações com este fenómeno, em 1993, sido enfatizadas pela Declaração de Viena[22], aquando da Conferência Mundial sobre os Direitos Humanos.

---

[16] Entre estes, destaca-se os efeitos do golpe de estado liderado pelo General Pinochet, em 11 de Setembro de 1973, em matéria de fuga e pedidos de asilo nos países vizinhos, entre os quais a Argentina e o Peru.

[17] Onde os conflitos, por exemplo, na Etiópia, em Moçambique, no Ruanda e na Somália significaram a fuga de muitos para outros países.

[18] De onde se salienta a situação do Vietname e do Camboja, entre outras.

[19] De salientar, neste ponto, a consagração na Convenção da África Unida, de uma definição de refugiado e um reforço da insituição do asilo, como aponta Guy S. Goodwin-Gill, *op. cit.*, pp. 178.

[20] Declaração sobre o Asilo Territorial, adoptada pela Resolução 2312 (XXII), adoptada em 14 de Dezembro de 1967.

[21] Como as posições que têm sido apresentadas do ECRE bem demonstram.

[22] A/CONF-157/23, de 12 de Julho. No seu 24.º parágrafo e seguintes, esta declaração reafirma as preocupações e reconhece as especificidades do asilo e dos refugiados, realçando a importância da Declaração Universal dos Direitos do Homem e da Convenção de Genebra nesta matéria.

O Direito de Asilo na União Europeia

1.3 – Evolução da protecção do direito de asilo na União Europeia.

Como de algum modo já foi referido, a Europa foi sempre palco de movimentos forçados de população, não só porque muitos dos conflitos – *in maxime*, recentemente, nos Balcãs – ocorrem neste continente, mas também porque é o destino de muitos dos que requerem o estatuto de refugiado.

Sem dúvida, e tendo em conta o seu posicionamento de muitos dos países europeus, no âmbito das relações internacionais e do seu poder na determinação do Direito Internacional Público[23], estes têm tido, desde sempre, um papel fulcral na configuração legal da questão do asilo[24].

No entanto, neste ponto específico, tratar-se-á da evolução da questão do asilo ao nível da União Europeia, não da Europa no sentido geográfico, necessariamente mais amplo; sendo que, naturalmente, os acontecimentos que se deram naquele, influenciaram a construção jurídica da figura do asilo no espaço mais pequeno, que é a Europa dos quinze.

No processo evolutivo do projecto de integração europeia, e em matéria de asilo e concessão do estatuto de refugiado, dever-se-á dar atenção em particular à fase que se seguiu ao desmoronar do bloco sovié-tico, com a data simbólica de 1989, aquando da queda do muro de Berlim, pois é a partir daí que se dão grandes desenvolvimentos nesta matéria.

Os factores a que se ficaram a dever estes desenvolvimentos foram múltiplos. Desde logo, a coincidência de acontecimentos no espaço mais pequeno da União Europeia – em particular, a revisão do Tratado de Roma, em Maastricht, em 1993, que institui o Mercado Interno – com o eclodir, no espaço mais amplo do continente europeu, de uma série de conflitos internos que obrigaram a movimentações populacionais, como foi o caso da guerra na ex-Jugoslávia, no início da década de 90, e da situação no Kosovo no final desta mesma década[25]. Por outro lado, a

---

[23] Sobre a relação entre a questão do asilo, do Direito e das Relações Internacionais, *vide* Joanne Van Selm-Thorburn, Refugee Protection in Europe, lessons of the Yugoslav Crisis, Martinus Nijhoff Publishers, Haia, 1998.

[24] Como aliás se pode inferir da declaração de Patrick Weil: "(...) a Convenção de Genebra (...) é o símbolo de valores europeus (...)", *in* Em Direcção a um Sistema Comum Europeu de Asilo, conferência europeia sobre asilo, *op. cit.*, pp. 51.

[25] De facto, a guerra nos Balcãs e a situação do Kosovo fizeram com que milhares de pessoas se vissem obrigadas a abandonar o seu país ou a sua cidade e procurar protecção, nomeadamente na Europa. Este facto veio a demonstrar três aspectos: a incapacidade de uma resposta da União Europeia no seu conjunto, a consequente subcarga

212   *Estudos de Direito Europeu e Internacional dos Direitos Humanos*

crescente preocupação dos vários Estados membros com movimentos migratórios incontroláveis, designadamente com o problema do tráfico de pessoas e o facto do Mercado Interno ter induzido à eliminação das fronteiras internas no espaço comunitário[26], conduziu a uma consciência de que uma acção a nível comunitário deveria ser levada a cabo[27].

No entanto, até ao final da década de 80, muito pouco foi feito, no âmbito da então Comunidade Económica Europeia, no que concerne ao direito de asilo. Os vários Estados membros mantiveram os seus sistemas internos de análise dos pedidos e concessão de asilo, sem qualquer intervenção do direito comunitário a esse nível. Contudo, um movimento parece ser comum às legislações nacionais dos Estados membros em matéria de asilo e de imigração, na medida em que se denota em todos eles uma tendência, ao longo da década de 80, para a adopção de medidas restritivas ao nível de políticas de imigração e de concessão do estatuto de refugiado[28], fruto do fim da guerra fria e, com ele, dos fortes controlos de movimentos de pessoas que, a leste da cortina de ferro, existiam e da multiplicidade de crises e conflitos que se deram a partir da década de

---

de determinados Estados membros face a outros e, por fim, e relacionado com tudo isto, a necessidade de legislar sobre a questão.

No que diz respeito à situação particular do Kosovo, afirma o European Council on Refugees and Exiles (doravante ECRE) que: "the Kosovo refugee disaster clearly demonstrates, on the one hand, the general public's sense of solidarity with regards to refugee, but on the other hand, the inability of European countries to decide upon common, concerted action in refugee situations.", *op. cit.*, pp. 7.

Especificamente quanto à necessidade de um estatuto europeu de refugiado e quais as suas componentes, veja-se igualmente Kay Haibronner, *in* Em Direcção a um Sistema Comum Europeu de Asilo, conferência europeia sobre asilo, *op. cit.*, pp. 97 e 98.

[26] Processo com algumas especificidades em determinados Estados membros, que serão posteriormente analisadas, designadamente pela não participação do Reino Unido e da Irlanda no espaço Shengen.

[27] Nesse sentido a afirmação de Joaquim Nunes de Almeida: "Acresce ainda a consciencialização generalizada de que a questão (da imigração) é tão fundamental e tão pouco controlável que é melhor tratá-la – pelo menos em parte – a nível europeu.", "Introdução à política europeia de imigração", *in* Negócios Estrangeiros, n.os 4 e 5, 2003, pp. 110.

[28] Entre estas encontram-se, a par com uma interpretação restritiva da Convenção de Genebra, a criação de regimes de protecção temporária menos garantística e com menos direitos do que os concedidos pela Convenção de Genebra, o estatuto humanitário, a adopção de procedimentos acelerados ou de noções como as de país de origem seguro ou país terceiro seguro, cuja análise se fará no próximo capítulo.

O Direito de Asilo na União Europeia   213

70[29], nomeadamente no continente africano e no médio oriente, como já foi referido no ponto anterior.

A criação do mercado interno como "um espaço sem fronteiras internas, no qual a livre de circulação das (...) das pessoas (...) é assegurada (...)[30 e 31], com o Tratado de Maastricht e a subsequente abolição dos postos fronteiriços dentro da União Europeia, com a criação do espaço Shengen, após a aprovação, em 1990, da Convenção de Implementação de Shengen[32], assim com a celebração, entre alguns dos Estados membros, da Convenção de Dublin[33, 34], trazem algumas evoluções neste campo, numa lógica basea-

---

[29] Como constata Nuala Mole, ao afirmar que: "States have found their obligations under international law strained as a result of this greater freedom of movement, while concerns arisen that economic migrants may be misusing asylum legislation (...). This prompted Western European states to introduce increasingly restrictive legislation and practices on asylum.", *op. cit.*, pp. 7; assim como Sandra Lavenex: "Western immigration regimes have undergone a profound transformation. The opening up of the Eastern bloc in 1989 coincided with the gradual institutionalisation of restrictive asylum and immigration regulations in the European Union", Security Threat or Human Right? Conflicting Frames in the Eastern Enlargement of the EU Asylum and Immigration Policies, EUI working Papers, European University Institute, Florença, 2000, pp. 3.

[30] No actual artigo 14.º do TCE.

[31] A questão do mercado interno não será abordada, neste trabalho, aprofundamente visto ser em sede de Direito Comunitário que um tal estudo se justificaria. Por outro lado, a explicação das diversas facetas do mercado interno não é absolutamente necessária para a compreeensão dos fenómenos quer jurídicos, quer não jurídicos que serão, aqui, abordados. É, sim, em sede deste trabalho, fulcral o entendimento de que a sua construção passa pela eliminação das fronteiras internas, na medida em que isso implica que os movimentos de pessoas e as normas que os regulam, num determinado Estado membro, podem ter importantes efeitos nos restantes Estados membros. Assim sendo, estes são aspectos que deixam de ser uma preocupação apenas nacional, passando a ser comunitária.

Em matéria de Direito Comunitário em geral, veja-se por exemplo, T.C. Hartley, The Foudations of European Community Law, 4.ª Edição Oxford University Press, 1998; Stephen Weatherhill e Paul Beaumont, EU Law, the essencial guide to the legal workings of the European Union, Penguin Books, Reino Unido, 1999; Maria Luísa Duarte, Direito da União Europeia e das Comunidades Europeias, Vol. I., Tomo I, Lex, Lisboa, 2001.

[32] De cuja a aplicação se excepciona o Reino Unido e a Irlanda.

[33] A Convenção de Dublin é relativa à determinação do Estado responsável pela análise de um pedido apresentado num Estado membro das Comunidades Europeias. Como se verá, há, hoje, igualmente direito comunitário derivado nesta matéria.

[34] Ambas as convenções, cujas regras de aplicação são idênticas às de quaisquer outras convenções internacionais, isto é, só se aplicam aos Estados membros que as ratificarem (porque celebradas em sede do primeiro pilar), no que diz respeito à questão do asilo, assentam na ideia de estabelecer um sistema de redistribuição para a avaliação e concessão dos pedidos de asilo, vigorando o princípio do "primeiro estado recebedor",

da no reconhecimento de que "suprimidas as fronteiras internas, as políticas de imigração nacionais passariam a ter consequências sobre os Estados parceiros"[35, 36], como já adiantado.

No entanto, estas revelam-se insuficientes[37], agravadas pela intergovernamentalidade característica do terceiro pilar, onde as matérias do asilo (e da imigração) se incluíram entre 1992 e 1997, que implicava um elevado grau de cooperação entre os Estados e pela relutância destes em adoptarem, neste contexto, instrumentos com força vinculativa, recorrendo--se a mais das vezes às posições comuns[38].

Os problemas permaneciam, portanto, agravados com os conflitos *supra* mencionados, em particular o da ex-Jugoslávia[39] e do Kosovo.

---

que se consubstancia no facto de se considerar como responsável pela avaliação do pedido de asilo o Estado membro que, em primeiro lugar, permitiu a entrada daquele que requer o estatuto de refugiado, baseando-se assim o sistema no pressuposto de que há uma compatibilidade de níveis de protecção dos refugiados. Como se verá *infra* este pressuposto não é verdadeiro, o que implicou a necessidade de uma cooperação entre Estados membros de outra natureza, que não no seio do primeiro pilar e intergovernamental.

[35] Joaquim Nunes de Almeida, *op. cit.*, pp. 109. Às políticas de imigrações será certamente de acrescentar as medidas adoptadas em matéria de asilo e concessão do estatuto de refugiados.

[36] A evolução provocada por esta consciencialização tem sido considerada como tendo levado à adoptação de medidas e políticas mais restritivas, como as já mencionadas. Neste sentido, Sandra Lavenex: "With the prospect of an abolition of internal borders controls in the EU, the major refugee countries in the EU have pushed for the establishment of a system of responsibility allocation for the handling of illegal immigrants and asylum seekers in the Union. The underlying idea was to compel the traditional transit countries of Southern Europe to tighten up their external borders in order to avoid losing control over the entry and stay of third country nationals on their territories.", *op. cit.*, pp. 10; bem como, Christina Boswell: "(...) west European governments have introduced a range of measures to try to limit or manage immigration and refugee flows into their territories.", "The 'external dimension' of EU policy immigration and asylum policy", *in* International Affairs, vol. 79, n.º 3, 2003, pp. 619.

[37] Como afirma Kay Hailbronner, a propósito do trabalho desenvolvido pelos Estados membros em sede de primeiro pilar: "(...)it seems fairly obvious that in terms of legal clarity and effectiveness these instruments did not fully satisfy the needs of European legislation, not least in the way they leave it to the EU Member States whether or not to comply with them.", "European Immigration and Asylum Law under the Amsterdam Treaty", *in* Common Market Law Review, vol. 35, n.º 5, 1998, pp. 1048.

[38] Destas, destaca-se sem dúvida a relativa à harmonização de aplicação da definição de refugiado do artigo 1.º da Convenção de Genebra, Posição Comum 96/196/JAI, de 4 de Março de 1996.

[39] Como deixa transparecer o Sandra Levenex, quando fala do asilo na União Europeia e sua contextualização social, política e jurídica, e afirma que "Its political

O *Direito de Asilo na União Europeia* 215

É, assim, apenas com a revisão trazida pelo Tratado de Amesterdão[40], que alterações de monta[41] quanto ao aspecto do asilo, sua consagração e protecção em sede de Direito Comunitário, surgem, e cuja análise detalhada será feita em pontos subsequentes. No entanto, cumpre, desde já, assinalar que houve uma comunitarização da matéria de asilo, isto é, esta matéria (e outras) são integradas no primeiro pilar, em sede do Título IV do TCE (Vistos, Asilo, Imigração e outras políticas relativas à livre circulação de pessoas), com as consequências institucionais e jurídicas que tal acarreta.

Posteriormente, não só medidas têm vindo a ser tomadas, como declarações importantes têm vindo a ser proferidas, dando impulso político necessário ao desenvolvimento desta matéria no seio da União Europeia, como é o caso das conclusões do Conselho de Tampere, em 1999.

Além disso, e ainda neste contexto, destacam-se o a adopção do Plano de Acção de Viena[42], a criação do Fundo Europeu para os Refugiados (Decisão 2000/596/CE, de 28 de Setembro), a criação do sistema Eurodac (Regulamento (CE) n.º 2725/2000), para uma efectivação da Convenção de Dublin, bem como as considerações feitas, em matéria de asilo, na Carta dos Direitos Fundamentais da União Europeia e algumas das alterações institucionais fruto da entrada em vigor do Tratado de Nice[43].

---

background rests (...) and the recent experiences with massive refugee flows in the context of the Yugoslav crisis", The Europeanisation of Refugee policies, Between human rights and internal security, Ashgate, Reino Unido, 2001, pp. 1.

[40] A revisão trazida pelo tratado de Amesterdão tem sido amplamente discutida em sede de Direito Comunitário, não sendo igualmente este o local próprio para a apresentação de tais análises. Para mais desenvolvimentos, veja-se designadamente AAV. "Da Conferência Intergovernamental ao Tratado de Amesterdão", Europa, Novas Nronteiras, n.º 2, Centro de Informação Jaques Delors, Lisboa, 1997; Paulo Pitta e Cunha:"O Tratado de Amesterdão", *in* De Maastricht a Amesterdão, problemas da União Monetária Europeia, Almedina, 1999, pp. 11 a 23; Francisco Lucas Pires, Amsterdão, do Mercado à Sociedade Europeia?, Principia, Cascais, 1998; Maria João Palma, Desenvolvimentos recentes na União Europeia: o Tratado de Amesterdão, AAFDL, Lisboa, 1998.

[41] Sobre a evolução do Tratado Maastricht ao Tratado de Amesterdão, afirmou o ECRE que "The results o harmonisation on aylum issues have clearly benn insufficient in the Maastricht Treaty era 1993-1999. The results of the Amsterdam Treaty is a challenge and an historic opportunity to move forward in this area and to start a harmonisation clearly founded on principles of refugee protection and human rights standards.", *in* The ECRE Tampere Dossier, *op. cit.*, pp. 7

[42] Plano de Acção do Conselho e da Comissção sobre a Melhor Forma de Aplicar as Disposições do Tratado de Amesterdão relativas à Criação de um Espaço de Liberdade, Segurança e de Justiça, aprovado pelo Conselho Justiça e Assuntos Internos, de 3 de Dezembro de 1998, (1999/C, 19/01).

[43] Uma vez que as alterações introduzidas pelo Tratado de Nice são de cariz meramente institucional e tendo em conta o objectivo deste trabalho, tal como já delineado,

216   *Estudos de Direito Europeu e Internacional dos Direitos Humanos*

Capítulo II

Direito de Asilo e a sua consagração internacional: A Convenção de 1951, relativa ao Estatuto de Refugiado e o Protocolo de 1967, Relativo ao Estatuto dos Refugiados

2.1 – Notas Introdutórias

Não é objectivo, neste trabalho, fazer uma análise aprofundada da Convenção de 1951, relativa ao Estatuto dos Refugiados (doravante Convenção de Genebra) e do Protocolo de Nova Iorque[44]. Contudo, o conhecimento e entendimento dos seus aspectos estruturais desta Convenção, bem como da sua definição de refugiado e dos seus princípios fundadores, é primordial para a compreensão de quaisquer outras questões relativas ao direito de asilo[45].

A Convenção de Genebra (conjuntamente com o respectivo Protocolo) é tida como sendo a *Magna Charta* do direito de asilo e, como tal,

---

não se procederá à sua análise. Cumpre, contudo, salientar que estas se deram ao nível do artigo 67.º do TCE, relativo às regras procedimentais que enquadram a actividade decisório do Conselho, durante o período transitório da comunitarização produzida pela revisão de Amesterdão.

[44] Esse não é o objecto deste trabalho, tal como já o delimitámos, sendo aliás extensa a bibliografia que trata deste tema. Assim, veja-se, a título de exemplo, Guy S. Goodwin-Gill, *op. cit.*,; AAV. (Eds. Vera Gowlland-Debbas), The Problem of Refugees in The Light of Contemporary International Law Issues, Martinus Nijhoff Publishers, Haia, 1996; James C. Hathaway e Colin J. Harvey, "Framing Refugee Protection in the New World Disorder", *in* Cornell International Law Journal, vol. 34, n.º 2, 2001, pp. 257 a 320; AAV. (Eds. Jean-Yves Carlier, Dirk Vanheule, Klaus Hullmann e Carlos Peña Galiano), Who is a refugee? A Comparative Case Law Study, *op. cit.*; Filipa Abreu Gonçalves, Breves Considerações acerca do Estatuto de Refugiado e do Direito de Asilo, análise crítica, Lisboa Inédito; ACNUR, Colectânea de Estudos e Documentação sobre Refugiados, Vol. II., ACNUR, Lisboa, 1997; Marcos Wachowicz, "Nota Breve acerca do Direito de Asilo", *in* Revista Jurídica, n.º 2 e 3, 1985, pp. 225 a 232.

[45] Sobre a importância da Convenção de Genebra, é ilustrativa a afirmação de Erika Feller: "A Convenção também se reveste de um significado de natureza jurídica, política e ética que vai muito para além dos seus termos concretos – jurídica, na medida em que estipula as normas básicas que devem presidir às acções (...); política, na medida em que constitui um quadro verdadeiramente universal no âmbito do qual os Estados podem cooperar entre si e partilhar os encargos resultantes da deslocação forçada; e ética, na medida em que constitui uma declaração única, na qual os 139 Estados partes se comprometem a defender e a proteger os direitos de algumas das pessoas mais vulneráveis e desfavorecidas do mundo.", *in* Em Direcção a um Sistema Comum Europeu de Asilo, conferência europeia sobre asilo Serviço de Estrangeiros e Fronteiras, 2000, pp. 36.

O Direito de Asilo na União Europeia

deverá ser sempre o enquadramento básico de qualquer análise nesta matéria. Este instrumento internacional surge, de facto, como universal[46], contendo os princípios básicos para a protecção internacional dos refugiados[47].

Em sede deste trabalho, a Convenção de Genebra é particularmente importante, na medida também em que os seus princípios são fulcrais para a construção de um futuro sistema europeu comum de asilo e para legislação, existente e futura, neste domínio: tendo todos os Estados membros da União Europeia ratificado a mencionada convenção, e tendo os quadros normativos, por esta traçados, que ser respeitados – aspecto que se desenvolverá em pontos subsequentes.

Assim, a compreensão da Convenção de Genebra é basilar para as conclusões que se venham a retirar, em sede da reflexão que se propõe encetar.

Um primeiro aspecto, prévio à análise substancial da definição de refugiado constante na Convenção de Genebra, está relacionado com as limitações temporais e geográficas inicialmente presentes no articulado deste instrumento, no seu artigo 1.º, ponto B. Assim, tendo sido esta primeiramente pensada para a resolução da situação de milhares de pessoas, no pós Segunda Guerra Mundial, rapidamente, como a evolução histórica *supra* exposta demonstra, a questão do asilo e do estatuto do refugiado deixa de poder ser pensada como temporal e geograficamente demarcada, nos cânones de 1951. Deste modo, em 1967, é celebrado o Protocolo de Nova Iorque que afasta, ainda que com especificidades[48], as restrições em análise, tornando a aplicação da Convenção de Genebra ilimitada temporal e geograficamente.

2.2 – Definição de refugiado

A noção de refugiado, em termos amplos, pode ser definida como "alguém que procura fugir de circunstâncias ou situações pessoais que são intoleráveis"[49] e nesta definição ampla, é indiferente o destino de quem foge ou as razões que despoletaram esta fuga[50].

---

[46] Especialmente se considerarmos que são partes na Convenção 141 Estados.
[47] Neste sentido, Erika Feller, *op. cit.*, pp. 35.
[48] Patentes no disposto no seu artigo 1.º.
[49] Guy S. Goodwin-Gill, *op. cit.*, pp. 3 (tradução da responsabilidade do autor).
[50] Guy S. Goodwin-Gill, *op. cit.*.

218   *Estudos de Direito Europeu e Internacional dos Direitos Humanos*

Esta não é, no entanto, a fórmula adoptada pela Convenção de Genebra. De facto, para efeitos desta, há uma definição mais restrita, prevista no seu artigo 1.º, e que cumpre conhecer[51].

O primeiro elemento a considerar na definição de refugiado, antes de uma análise detalhada de todos os requisitos que têm de ser preenchidos para que se possa conceder/receber o respectivo estatuto, é certamente o seu âmbito pessoal. Isto é, saber se a Convenção de Genebra abarca apenas pedidos de asilo individuais, ou se poderá aplicar-se a afluxos massivos de pessoas. Esta é, hoje, uma questão pouco pacífica, mas com uma pertinência imensa, na medida em que este fenómeno é cada vez mais frequente, em virtude das especificidades que os conflitos actualmente têm.

É certo que a Convenção de Genebra foi, inicialmente, pensada para pedidos individuais do estatuto de refugiado, sendo toda ela estruturada à volta desta ideia[52], por isso interpretações restritivas nesta matéria têm sido frequentes, baseando-se no elemento literal do artigo 1.º da Convenção.

Esta não é, contudo, e como já se referiu, uma posição unânime na doutrina, havendo quem defenda que o articulado da Convenção é suficientemente flexível para abarcar as situações de afluxos de população em massa[53]. Não desconhecendo as dificuldades que tem a análise dos pedidos nestas situações, nos termos estabelecidos pela Convenção de Genebra, estabelece-se uma relação entre o fundado receio (a analisar infra) e a pertença a um grupo, ao grupo que se deslocou em massa para o país de acolhimento.

O segundo elemento a considerar na definição de refugiado da Convenção de Genebra é o do **"receio com razão"**[54]. Este requisito é

---

[51] Para uma análise da evolução desta definição, em sede das negociações da Convenção de Genebra, veja-se, Guy S. Goodwin-Gill, *op. cit.*, pp. 18 e ss..

[52] De salientar, aqui, que toda a estrutura da Convenção de Genebra implica um quadro normativo nacional protector do refugiado e concedendo-lhe inúmeras garantias e condições (artigos 13.º e seguintes da Convenção de Genebra) que, em última análise, se traduzem na sua total integração no país de acolhimento através da sua naturalização, muito embora se considere que, sempre que isso for possível e seguro, deve haver um regresso ao país de origem.

[53] Como se verá esta é uma questão que tem reflexos muitos particulares no quadro jurídico que se está a desenhar na União Europeia, parecendo considerar-se que o pedido individual de asilo e o afluxo em massa de potenciais refugiados são fenómenos que deverão ter tratamentos diferentes, e, assim, adoptando uma posição próxima da interpretação restritiva da Convenção de Genebra.

[54] O problema da perseguição será analisado subsequentemente.

O Direito de Asilo na União Europeia

composto por dois elementos: um subjectivo, relativo à pessoa que requer o estatuto de refugiado e ao seu medo (*in maxime*, relativo ao seu estado de espírito), e um objectivo, relativo a uma avaliação, através de critérios razoabilidade, da situação em que esta se encontra/encontrava/encontrará.

A conjugação destes dois elementos permite concluir que não bastará, à partida, a afirmação pela pessoa de que tem um receio[55], deverão estar presentes situações objectivas que permitam avaliar do fundamento desse receio, que bastará ser razoável[56] e que pode estar na origem, ser a razão da fuga do indivíduo, ou que pode surgir por acontecimentos posteriores à saída deste do território da sua nacionalidade ou da sua residência habitual, conforme os casos.

O terceiro elemento desta definição que cumpre analisar é o relativo à noção de **perseguição**. Na realidade, esta não vem de modo algum definida na Convenção de Genebra, o que coloca alguns problemas interpretativos.

Seja como for, a Convenção apresenta cinco fundamentos para a perseguição em causa: raça, religião, nacionalidade, filiação num certo grupo social e opiniões políticas. Ora, e recorrendo a uma interpretação sistemática, muitos outros instrumentos internacionais tornarão a tarefa de concretização deste conceito mais fácil, permitindo uma densificação dos seus fundamentos. Entre as múltiplas convenções e tratados em matéria de direitos humanos destacam-se, além da Declaração Universal dos

---

[55] Surgem, no entanto, neste ponto, delicados problemas. Muito embora sejam, quanto ao elemento subjectivo, fundamentais a coerência e credibilidade das declarações proferidas por quem solicita o estatuto de refugiado, a verdade é que colocam-se dificuldades de prova, agravadas por uma situação frequentemente de fuga, em que documentos são escassos ou nenhuns. Aqui a avaliação do próprio indivíuo e das suas declarações pode ser absolutamente determinante. De notar que é justamente quanto ao problema de falta de documentos que algumas das maiores críticas têm sido feitas ao sistema da Convenção de Genebra/Protocolo de Nova Iorque. Pensa-se que, sem prejuízo de, de facto, por vezes surgirem alguns abusos, tornar essa fragilidade numa razão para diminuir ou afastar este sistema é uma forma facilitista de o citicar. Na realidade, os abusos são fenómenos presentes em qualquer quadro jurídico: nenhum sistema é perfeito. O sistema da Convenção de Genebra/protocolo de Nova Iorque contém regras que, se estritamente e correctamente aplicadas, afastam a grande parte das possibilidades de abuso ou de abranger pessoas que não reúnem as condições para que lhes seja concedido o estatuto de refugiado. Diferente é a argumentação que, em virtude destas fragilidades, propugna pela procura de formas de reforçar o sistema. Certamente, sendo os sistemas jurídicos sistemas dinâmicos poder--se-á, dever-se-á procurar aperfeiçoamentos.

[56] Considerando-se que o receio não é quantificável.

220 Estudos de Direito Europeu e Internacional dos Direitos Humanos

Direitos do Homem[57], e entre muitos outros, o Pacto Internacional dos Direitos Civis e Políticos[58], o Pacto Internacional de Direitos Económicos e Sociais[59], bem como a Convenção Internacional sobre a Eliminação de Todas as Formas de Discriminação Racial[60], e ainda a Declaração para a Eliminação de Todas as Formas de Intolerância e Discriminação baseadas em Religião ou Crença[61]. De um ponto de vista regional, a própria Convenção Europeia dos Direitos do Homem, a Convenção Americana sobre os Direitos Humanos e a Carta Africana dos Direitos do Indivíduo e dos Povos, bem como os respectivos mecanismos de efectivação de direitos[62], poderão auxiliar na interpretação dos fundamentos para a perseguição apresentados pela Convenção de Genebra.

No entanto, permanecerão sempre algumas dúvidas que apenas se podem desvanecer através de uma análise *in concreto*, de cada caso[63], de acordo com juízos de grau e proporcionalidade[64].

---

[57] Como documento fundacional em matéria de protecção internacional dos direitos do homem e que, nos seus artigos 2.º, 18.º, 19.º e 20.º, estabelece respectivamente o princípio da igualdade e a proibição de qualquer tipo de discriminação, a liberdade de pensamento, consciência e de religião, o direito à liberdade de opinião e expressão e de reunião e associação pacíficas.

[58] Este Pacto foi assinado em Nova Iorque, em 19 de Dezembro de 1966, entrou em vigor em 23 de Março de 1976 e consagra, nos seus artigos 18.º, 19.º, 21.º e 22.º, respectivamente, o direito à liberdade de pensamento, de consciência e de religião, o direito à liberdade de expressão e a conexa proibição de perseguição com base em opiniões e o direito de reunião e de associação pacífica.

[59] Este Pacto foi também assinado em Nova Iorque, em 19 de Dezembro de 1966, tendo entrado em vigor em 3 de Janeiro de 1976, consagrando no seu artigo 8.º o direito à liberdade sindical, certamente importante para, no presente caso, o fundamento de filiação em certo grupo social.

[60] Resolução da Assembleia Geral n.º 2106 (XX), de 21 de Dezembro de 1965.

[61] Resolução da Assembleia Geral das Nações Unidas n.º 36/55, de 25 de Novembro de 1981.

[62] Para mais desenvolvimentos em matéria do sistema internacional de protecção dos direitos humanos, veja-se, a título de exemplo: Henry J. Steiner e Philip Alston, International Human Rights in Context, Oxford University Press, Reino Unido, 1996; Jack Donnely, Universal Human Rights, in Theory & Practice, 2ª Edição, Cornell University Press, EUA, 2003; A.H. Robertson e J.G Merrills, Human Rights in the World, Am introduction to the study of the international protection of human rights, 4ª Edição, Manchester University Press, Manchester, 1996.

[63] A este propósito, surge como muito interessante a reflexão de Joaquim Nunes de Almeida quando afirma que: "No que se refere ao asilo, o problema deriva também das dificuldades de concretização do conceito de perseguição. Ninguém põe em causa que resistentes activos, prisioneiros políticos ou detidos em campos de concentração sejam

O Direito de Asilo na União Europeia 221

Uma nota final, quanto à forma como a perseguição é perpetrada, relativamente a este aspecto, novamente, terá de se proceder a uma análise casuística, na medida em que não é realístico pensar-se numa lista ou enumeração de todas as formas que poderiam ser utilizadas[65].

A este respeito, permanecem alguns problemas interpretativos, cujo solucionamento é particularmente complicado, especialmente tendo em conta a natureza e a forma como a perseguição pode, hoje, ser concebida. Assim, colocam-se questões no que diz respeito ao agente da perseguição: terá esta de ser efectivada pelo governo do Estado da nacionalidade ou de residência habitual do requerente do estatuto de refugiado, ou poderá ser levada a cabo por uma entidade não estatal? Relativamente a este aspecto, novamente, não é unânime a interpretação que se faz da Convenção de Genebra; sendo esta uma questão intimamente relacionada com o elemento da protecção[66], também constante na definição *sub judice*, far-se-á um tratamento conjunto de ambas as questões.

Um entendimento restrito da Convenção de Genebra tenderá a defender que a perseguição, para ser considerada em sede da definição de refugiado, terá de ser perpetrada pelo governo do Estado[67] pertinente para o caso e, sendo assim, logicamente, a falta de protecção estará automaticamente preenchida; mas, no seguimento desta teoria, o que fazer quando há uma perseguição não estatal, quando o agente da perseguição é uma outra entidade? Nesta linha interpretativa, tais casos, não cabem de modo algum no âmbito de aplicação da Convenção de Genebra.

---

merecedores do título de refugiado. Porém, que dizer da mediania pouco dada a heroísmos que sofre passivamente ou tolera um regime repressivo? Ou que é vítima passiva de um conflito armado?(...) O respeito pelos direitos fundamentais não tem preço. (...) As formas de protecção internacional – sobretudo o asilo – visaram, no início, proteger indivíduos ou celebridades que se rebelassem contra Estados totalitários, mas têm cada vez mais como destinatários massas que querem escapar à pobreza, à guerra ou ao desgoverno.", *op. cit.*, pp. 109.

[64] Guy S. Goodwin-Gill, *op. cit.*, pp. 68.

[65] Citando Guy S. Goodwin-Gill: "There being no limits to the perverse side of human imagination, little purpose is served by attempting to list all known measures of persecution", *op. cit.*, pp. 69.

[66] Com denota Guy S. Goodwin-Gill: "Fear of persecution and lack of protection are themselves interrelated elements", *op. cit.*, pp. 67.

[67] Devendo entender-se aqui como uma perseguição levada a cabo directamente pelo Estado ou por este consentida/tolerada, isto é, não querendo este conceder a protecção necessária ao indivíduo em causa.

No entanto, uma interpretação mais ampla deste texto considera, contrariamente, que a perseguição pode, ou não, ser estatal. De facto, nada na Convenção exige uma ligação às entidades estatais para que se considere que há uma perseguição.

Finalmente, a letra da Convenção de Genebra aponta para a necessidade do requerente do estatuto de refugiado ter de estar ausente do seu país de nacionalidade ou de residência habitual, no caso dos apátridas[68]. Algumas questões podem levantar-se, neste ponto, na medida em que, na prática, há situações em que o medo de perseguição é relativo a uma realidade concernante apenas a uma região do país do requerente de asilo e, portanto, a sua protecção não requerer o atravessar de fronteiras internacionais.

Esta é uma problemática que ganha uma actualidade crescente, em virtude do facto de muitas vezes os conflitos que, hoje, se dão serem internos. Assim, existem milhares de pessoas internamente deslocadas em virtude de guerras civis e/ou conflitos étnicos e que, por isso mesmo, não são abrangidas nem pela Convenção de Genebra, nem por nenhum outro instrumento internacional de vocação universal[69], não havendo uma entidade internacional com um mandato para estes casos específicos[70], muito embora o Alto Comissariado das Nações Unidas para os Refugiados (doravante ACNUR) tenha pragmaticamente vindo a alargar o seu campo de acção. Esta é uma realidade que coloca indubitavelmente constantes desafios à protecção internacional dos refugiados, a maior parte das vezes resolvidas através de soluções *ad hoc*, ou pelo recurso à figura da protecção temporária, cujo enquadramento jurídico internacional é, na realidade, inexistente, pautando-se, no entanto, tendencialmente por um sistema (previsto pelas legislações dos Estados de acolhimento) menos garantístico do que o previsto na Convenção de Genebra, marcado por procedimentos acelerados de análise das situações dos requerentes do estatuto de refugiado.

---

[68] Os fenómenos de busca de asilo por apátridas não são idênticos. Para mais desenvolvimentos, veja-se Guy S. Goodwin-Gill, *op. cit.*, pp. 45 e 46.

[69] Neste contexto, salienta-se a existência, a nível regional, da Convenção para os Problemas de refugiados em África, adoptado pela Organização da Unidade Africana em 1969, e da Declaração de Cartagena, que abrange os refugiados da América Central. Ambos os instrumentos contém uma noção de refugiado mais ampla do que a consagrada pela Convenção de Genebra, abarcando as situações de pessoas internamente deslocadas.

[70] Neste sentido Gil Loescher, "Refugees: a global human rights and security crisis", *in* Human Rights in Global Ethics, Cambridge University Press, Reino Unido, 1999.

O Direito de Asilo na União Europeia 223

No entanto, não basta o preenchimento destes requisitos, previstos no ponto A, n.º 2[71] do artigo 1.º desta Convenção, é necessário igualmente que não se esteja perante um dos casos descritos no ponto F deste mesmo artigo.

A interpretação das três alíneas deste ponto levanta, igualmente, algumas dificuldades e cujo tratamento aprofundado que lhes é devido ultrapassa largamente o objecto deste trabalho[72].

Cumpre, no entanto, salientar que as situações descritas nestas alíneas conduzem à conclusão de que o requerente do estatuto de asilo não merece a protecção internacional. O artigo 1.º F exclui pessoas do escopo de aplicação da Convenção de Genebra, não refugiados[73].

No que diz respeito às alíneas a) e c) do ponto F, considerar-se-á que, tal como para a definição dos fundamentos da perseguição, há tratados, acordos e outros instrumentos internacionais, bem como jurisprudência de tribunais internacionais[74], que facilitam a densificação dos seus conceitos. Entre estes destacam-se, certamente, no que diz respeito aos crimes contra a paz, crimes de guerra e crimes contra a humanidade, a Convenção sobre a Prevenção e Punição do Crime de Genocídio, os Estatutos dos Tribunais Penais *ad-hoc* para a Ex-Jugoslávia e para o Ruanda[75] e o Estatuto do Tribunal Penal Internacional[76]; quanto aos actos contrários aos objectivos e princípios da ONU, a Carta desta organização terá obviamente um papel integrador na avaliação das condutas, bem como todo o direito do sistema das Nações Unidas.

Mais delicada é a interpretação da alínea b) do ponto F, na medida em que está relacionada com a noção de crime comum grave que, naturalmente, difere de sistema penal para sistema penal. Se bem que aqui a Declaração Universal dos Direitos do Homem possa dar algum auxílio

---

[71] O n.º 1 do ponto A, do artigo 1.º da Convenção de Genebra, consagra igualmente situações em que um indivíduo poderia ser considerado refugiado, mas a noção clássica de refugiado parte do n.º 2 que tem vindo a ser analisado.

[72] A este respeito veja-se Guy S. Goodwin-Gill, *op. cit.*, pp. 80 e ss; assim como James C. Hathaway e Colin J. Harvey, *op. cit.*.

[73] Guy S. Goodwin-Gill, *op. cit.*, pp. 106.

[74] Como o Tribunal Internacional de Justiça, o Tribunal Penal *ad-hoc* para a Ex--Jugoslávia e o Tribunal *ad-hoc* para o Ruanda, bem como o recém criado Tribunal Penal Internacional.

[75] Como instrumentos que consagram, por excelência, estes crimes.

[76] Uma nota em especial deverá ser feita quanto a este estatuto, no sentido de realçar o seu carácter inovatório na consagração e criminalização de determindas condutas, como sejam, por exemplo, os crimes de natureza sexual enquanto crimes de guerra.

224   *Estudos de Direito Europeu e Internacional dos Direitos Humanos*

interpretativo, através do seu artigo 14.º, n.º 2, bem como alguns outros instrumentos de direito internacional que considerem determinadas condutas crimes como crimes desta natureza, a verdade é que este é um campo onde os conceitos são menos claros e as noções menos consensuais.

2.3 – Princípios Gerais

Como todos os sistemas jurídicos, também o sistema instituído pela Convenção de Genebra e pelo Protocolo de Nova Iorque é baseado num conjunto importante de princípios. No presente caso, estes tornam-se ainda mais fulcrais na medida em que, na realidade, este é um sistema apenas de princípios, nada determinando em concreto quanto à sua aplicação prática, deixando aos Estados partes o poder conformador em matéria de partilha de encargos, de procedimentos quanto à determinação e concessão do estatuto de refugiado e direitos a ele conexos[77].

Os princípios estabelecidos pela Convenção de Genebra, a par com o seu conceito de refugiado, são assim fundadores dos sistemas nacionais de cada Estado parte da Convenção[78].

Não sendo, como já referido, objectivo deste trabalho proceder a um estudo exaustivo da Convenção de Genebra, e tendo este capítulo um papel sobretudo enquadrador das grandes questões que em matéria de direito de asilo se colocam, neste ponto far-se-á tão só a enumeração dos dois principais princípios plasmados nesta convenção. Será dada, no entanto, particular importância a um destes princípios, pela sua especial relevância no que diz respeito aos desenvolvimentos que se têm verificado em matéria de asilo: o princípio da não repulsão.

Assim, resumida e fundamentalmente, estão contemplados na Convenção de Genebra: o principio da não discriminação (art. 3.º), o princípio da não repulsão (art. 33.º).

Relativamente ao princípio da não discriminação, ele vem a ter afloramentos ao longo de todo o articulado da Convenção de Genebra[79], assumindo-se como verdadeira trave mestra de todo o sistema.

---

[77] Em Portugal, é a Lei n.º 15/98, de 26 de Março que estabelece o regime jurídico-legal em matéria de asilo e de refugiados.

[78] Novamente, aqui, se remete para uma discussão posterior relativa ao valor jurídico da Convenção de Genebra. Por ora, estabelece-se apenas quais as obrigações e os parâmetros que, pelo princípio da boa fé já mencionado, os Estados que ratificaram esta convenção têm de respeitar.

[79] Veja-se, assim, os artigos 13.º a 24.º da Convenção de Genebra.

O *Direito de Asilo na União Europeia* 225

No que diz respeito ao princípio da Não Repulsão[80], em termos gerais, este proíbe o reenvio da pessoa que requer o asilo para locais onde, pelas razões que fundamentam a sua perseguição, a sua vida ou liberdade possam ser postos em causa[81], seja o país de origem ou outro. Numa primeira leitura, é um princípio claro e cuja problemática surgiria apenas no âmbito das suas excepções[82]. No entanto, tal não poderia estar mais longe da realidade.

Desde logo, coloca-se a questão de "quando" se começa a aplicar este princípio: antes ou depois da concessão do estatuto de refugiado? A resposta, pensa-se, não poderá ser outra senão a de que este princípio se aplica à pessoa logo que ela entra no território onde requer o asilo, independentemente deste lhe ser, ou não, concedido. Se assim não fosse, se não se considerasse que este princípio se aplica *ab initio*, nada impediria o Estado de acolhimento de mandar o requerente do estatuto de asilo de imediato, novamente, para o local do qual tinha fugido, sem uma análise ponderada do seu pedido; fazendo cair pela base as razões que fundam a Convenção de Genebra[83].

Em segundo lugar, coloca-se igualmente a questão de saber se este princípio se aplica apenas aos requerentes individuais ou também aos afluxos em massa. Independentemente de se considerar ou não que estes afluxos estão abrangidos pela Convenção de Genebra[84], dever-se-á considerar que este princípio também se lhes aplica[85].

---

[80] Para uma evolução histórica deste princípio, veja-se Guy S. Goodwinn-Gill, *op. cit.*, pp. 117 e ss.

[81] Artigo 33.º, n.º 1 da Convenção de Genebra.

[82] Estipuladas no artigo 33.º, n.º 2 da Convenção de Genebra, que deverá ser interpretado conjuntamente com o artigo 32.º. As dificuldades a este respeito estão, claro está, relacionadas com os conceitos vagos e indeterminados de "razões de segurança nacional ou de ordem pública" (art. 32.º) e de "razões sérias", "perigo para a segurança" e "ameaça para a comunidade" (art. 33, n.º 2), utilizados pela Convenção, cujo preenchimento é deixado às entidades dos Estados de acolhimento. Sobre este aspecto em particular veja-se James C. Hathaway e Colin J. Harvey, *op. cit.*, pp. 289 e ss. A discussão em redor desta questão ganhou um novo impulso após o 11 de Setembro de 2001, em relação às medidas entretanto tomadas. A este título veja-se Relatório da Amnistia Internacional, "Security, refugee protection and the human rights agenda after the 11 September: Amnesty International's concerns regarding EU policies", de 15 de Novembro de 2001.

[83] Para uma posição diferente e fortemente contestada, veja-se James C. Hathaway e Colin J. Harvey, *op. cit.*

[84] No seguimento da discussão que *supra* se menciounou.

[85] Caso se considere que os movimentos em massa se incluem no escopo do artigo 1.º da Convenção de Genebra por razões de mera lógica e aplicação do seu articulado;

226 *Estudos de Direito Europeu e Internacional dos Direitos Humanos*

Um terceiro problema que surge relacionado com este princípio é o relativo aos conceitos de "país de origem seguro" e de "país terceiro seguro". Estes conceitos têm surgido em diversas legislações nacionais e são vistos, em particular pelas organizações não governamentais que trabalham nesta área, como fragilizantes da situação de pessoas que já estão numa posição desprotegida e difícil. São noções que implicam, em regra, a ausência de análise do pedido de asilo quando o requerente é originário de um país que se considera como não ameaçador, nos termos do artigo 33.º da Convenção de Genebra, ou se vem de um terceiro país igualmente considerado como seguro, nos mesmos termos. As grandes fragilidades da utilização destes conceitos surgem exactamente na não análise cuidada dos pedidos, em assunções de segurança que podem não ser reais e, em última análise, no envio e transferência dos requerentes de asilo de país em país.

2.4 – Valor da Convenção de Genebra

Neste ponto, cumpre esclarecer qual o seu valor, no contexto do Direito Internacional Público, isto é, em que medida e como vincula os Estados,na medida em que algumas das conclusões posteriores serão baseadas neste aspecto.

Sem dúvida que, como convenção internacional, esta vincula os Estados que a ela aderiram[86]. No entanto, coloca-se a questão de saber se o conteúdo da Convenção de Genebra poderá ser considerado costume internacional e, como tal, vinculativo para todos os Estados, independentemente de serem, ou não, partes da Convenção de Genebra.

O costume internacional[87] é constituído por dois elementos: o elemento objectivo, constituído pela prática reiterada (uso), e o elemento subjectivo, consubstanciado na convicção de obrigatoriedade. Ora, dificil-

---

no caso de se considerar que estes movimentos não se encontram abrangidos por este texto, então, aplicar-se-á este princípio por analogia.

[86] De acordo com as regras gerais do direito dos tratados.

[87] Sobre o costume internacional veja-se por exemplo Nguyen Quoc Dinh, Patrick Daillier e Alain Pellet, Droit International Public, 6.ª Edição, L.G.D.J, Paris, 1999, pp. 318 e ss.; Ian Brownlie, Princípios de Direito Internacional Público, 4.ª Edição, Fundação Calouste de Gulbenkian, Lisboa, 1997, pp. 16 e ss.; André Gonçalves Pereira e Fausto Quadros, Manual de Direito Internacional Público, 3.ª Edição, Almedina, Coimbra, 1997, pp. 156 e ss; Eduardo Correia Baptista, *op. cit.*, pp.75 e ss.; Jorge Miranda, Curso de Direito Internacional Público, Principia, Cascais, 2002.

O *Direito de Asilo na União Europeia* 227

mente se poderá considerar que há uma prática reiterada em sede da Convenção de Genebra, pelo que a concepção do seu conteúdo como costume internacional não poderá ser assumida[88], visto que as práticas estatais relativas ao seu articulado não têm sido uniformes[89], e, além disso, algumas das interpretações levadas a cabo pelo Alto Comissariado das Nações Unidas para os Refugiados em matéria de asilo têm recebido fortes resistências[90], afastando assim no elemento objectivo necessário para a constituição de um costume internacional.

2.5 – Os desafios actuais

A Convenção de Genebra tem sido alvo de profundas críticas, em duas frentes diferentes, num debate reacendido pelo 11 de Setembro[91].

Por um lado, argumenta-se que este instrumento revela-se insuficiente para os fenómenos de migrações forçadas actuais e que o seu complexo sistema não permite dar resposta aos desafios que, em virtude destes, hoje se colocam[92].

Alguns dos aspectos que se equacionam em sede de discussão sobre o futuro da Convenção de Genebra e do seu sistema foram já, de algum

---

[88] Uma única excepção é feita, relativa ao princípio de não repulsão que tem sido considerado um princípio geral de direito internacional e, como, tal imperativo para todos os Estados. A este título, veja-se Guy S. Goodwin-Gill, *op. cit*, pp. 127. Sobre o sistema geral de fontes em Direito Internacional Público, em particular quanto aos princípios gerais de Direito, veja-se a doutrina *supra* citada.

[89] A este título veja-se, a título de exemplo, Guy S. Goodwin-Gill, *op. cit.*e AAV. (Eds. Jean-Yves Carlier, Dirk Vanheule, Klaus Hullmann e Carlos Peña Galiano), Who is a refugee? A Comparative Case Law Study, Kluwer Law International, Haia, 1997

[90] A este propósito escreve Guy S. Goodwin-Gill, quando se refere ao mandato do ACNUR: "Divergence between mandate and Convention status also result from differences of opinion between States and UNHCR", *op. cit.*, pp. 33.

[91] Por vezes, através de posições extremadas; Assim, numa posição radical de que o sistema da Convenção de Genebra e respectivo Protocolo não levam a cabo os seus objectivos e abre o flanco a abusos, veja-se Thomas Schindlmayr, *op. cit.*, pp. 118.

[92] "(...) o conceito actual de protecção de refugiados não é suficientemente flexível para poder lidar com categorias de refugiados diferentes", Kay Hailbronner,, *in* Em Direcção a um Sistema Comum Europeu de Asilo, conferência europeia sobre asilo, *op. cit.*, pp. 101. Numa posição um pouco diferente, James C. Hathaway, ao afirmar que "The most basic lesson, of course, is that the existing legal rules of refugee protection can, in most cases – assuming both state accession and good faith application – ensure that the most basic interests of refugees are met in a way that is non-absolutist, yet comprehensive", *in* "Refugee is Not Immigration Law", *op. cit.*, pp. 43

228 *Estudos de Direito Europeu e Internacional dos Direitos Humanos*

modo, abordados nos pontos anteriores, como sejam: o problema das deslocações massivas, o sistema de protecção temporária[93].

Discute-se, ainda, o problema da invocação abusiva do estatuto de refugiado[94]. Esta é uma temática com contornos delicados e relacionada com os, cada vez mais frequentes, casos de migrações mistas, onde nem sempre é clara a fronteira entre os motivos que induzem aos movimentos de população, como igualmente foi já adiantado.

Esta reflexão sobre o futuro da Convenção de Genebra é assim extensa, não sendo este o local para expor todos os seus pontos ou as conclusões dela resultantes[95]. No entanto, cabe também aqui salientar dois aspectos.

O primeiro, relacionado com o facto de permanecer actual a reflexão, discussão e protecção de movimentos migratórios forçados[96], no contexto internacional, sendo o problema dos refugiados um problema acima de tudo humanitário, onde a cooperação entre Estados e a compreensão da situação específica do indíviduo ou grupo de indivíduos é crucial[97], numa ordem mundial fundada juridicamente no respeito, promoção e protecção dos direitos humanos[98]. Em virtude das fragilidades e dos desafios colocados ao sistema de protecção de refugiados, tem-se acima de tudo procurado adoptar uma política preventiva, isto é, abordando as questões

---

[93] Considerando-se que, enquanto medida diferente e subsidiária da Convenção de Genebra, deverá ter um tratamento próprio e distinto. Veja-se a este título a afirmação de Otto Schily: "A minha tese principal é que os problemas da concessão de asilo da protecção temporária (...), em geral, têm de ser entendidos nos respectivos contextos", *in* Em Direcção a um Sistema Comum Europeu de Asilo, conferência europeia sobre asilo, *op. cit.*, pp. 22; Numa posição um pouco diferente, pelo menos teoricamente, reconhecendo as dificuldades práticas sentidas pelos Estados, Erika Feller ao afirmar que "Se bem que, em teoria, a Convenção poderia ser aplicável aos fluxos em larga escala como a chegadas individuais de refugiados(...)", *op. cit*, pp. 37.

[94] Sobre este aspecto, é particularmente interessante a análise feita na introdução ao n.º 13 da Forced Migration Review, 2002, pp. 4 a 7, identificando designadamente que aspectos como os do abuso do sistema de asilo e dos fluxos em mass, já mencionados, vão estar ainda mais em debate, como consequência do 11 de Setembro e os problemas de segurança e os receios despoletados por este ataque terrorista.

[95] Para uma visão do ACNUR, veja-se Erika Feller, *op. cit.*, pp. 42 e ss..

[96] Afirma Gil Loescher que: "the global refugee crisis has confronted the international community with a range of urgent political challenges and ethical dilemmas for which there are no easy answers", *op. cit.*, pp. 233.

[97] Neste sentido, Erika Feller, *op. cit.*, pp. 36.

[98] Como o Preâmbulo da Carta das Nações Unidas deixa bem claro, no seu parágrafo segundo.

O *Direito de Asilo na União Europeia* 229

que *ab initio* poderão estar na origem destes movimentos forçados, sendo, neste aspecto, a cooperação internacional *supra* citada crucial[99]. Neste contexto, não deverá questionar-se a importância e valor da Convenção de Genebra, antes repensar o sistema por forma a revitalizá-lo, mas integrando as mais valias que este instrumento nele encerra[100].

O segundo aspecto está relacionado com o facto das preocupações que surgem em relação ao sistema da Convenção de Genebra/Protocolo de Nova Iorque estão também presentes aquando de uma reflexão sobre o direito de asilo e estatuto de refugiado na União Europeia e com reflexos, julga-se, no regime actualmente desenhado no Tratado da Comunidade Europeia.

CAPÍTULO III

Direito de Asilo na União Europeia

3.1. – Notas Introdutórias

No segundo capítulo foi apresentada uma breve resenha histórica da evolução da protecção do direito de asilo na União Europeia. É em sede deste ponto que caberá, num primeiro ponto, proceder a uma análise mais aprofundada das transformações que se deram, ao nível dos Tratados, em especial com a revisão de Amesterdão[101], nesta matéria, tendo como ponto de partida o artigo 61.º e 63.º do Tratado, que estiveram na base do início deste estudo e as medidas entretanto propostas ou adoptadas em sede do

---

[99] Neste contexto, constata Gil Loescher que: "In recent years, the international community has been placing greater emphasis on addressing the underlying causes of the refugee problem in the countries of origin. The fundamental principle of this new orientation is that refugee movements can be adverted or ameliorated if action is taken to reduce or remove the threats which force people to flee their own country and seek asylum elsewhere. Thus, states are attempting to develop a proactive policy which aims to address the root causes of refugee flows.", *op.cit.*, pp. 239; Para uma visão, nesta matéria, no contexto da União Europeia, veja-se Christina Boswell, *op. cit.*

[100] Neste sentido, veja-se Nota da Assembleia Geral sobre a Protecção Internacional, A/AC.96/965, de 11 de Setembro de 2002, pp. 1.

[101] Neste contexto, realça-se novamente que uma análise exaustiva de todas as alterações trazidas pelo Tratado de Amsterdão ultrapassam largamente o escopo deste trabalho, como já referido. Dito isto, salienta-se novamente que a análise feita é sempre do ponto de vista restrito da questão do asilo e, porque a letra do Tratado assim o obriga, por vezes da imigração, mas com reservas que *infra* serão referidas.

230   *Estudos de Direito Europeu e Internacional dos Direitos Humanos*

Título IV. Num segundo momento, analisar-se-á a importância da Convenção de Genebra, neste contexto; para, num terceiro e último ponto, se fazer referência a algumas das mais importantes declarações e conclusões ulteriormente feitas e pertinentes nesta temática, procedendo a um balanço analítico global. Salienta-se, contudo, que, por razões de raciocínio e de construção argumentativa, por vezes far-se-á menção a algumas das declarações cujo local mais adequado será o do último ponto mencionado.

Adiantar-se-ão, algumas considerações introdutórias, gerais e enquadradoras de uma análise particular de cada um dos artigos do TCE mencionados.

Em primeiro lugar, e como foi referido, com o Tratado de Amesterdão, a matéria de asilo, passa para o primeiro pilar, havendo, assim, e apesar das especificidades que são (temporariamente) introduzidas no Título IV, uma comunitarização[102] desta matéria. Assim, esta não é absoluta, nem em termos substanciais[103], nem em termos institucionais[104],

---

[102] Em particular sobre os efeitos da comunitarização desta matéria, veja-se Kail Hailbronner, "European Immigration and Asylum Law under the Amsterdam Treaty", *op. cit.*.

[103] Como a interpretação do artigo 63.º do TCE leva a concluir, na medida em que tipifica os domínios em que o Conselho deve actuar, excluindo designadamente as matérias da expulsão e da deportação. Neste sentido, veja-se Kay Hailbronner, "European Immigration and Asylum Law under the Amsterdam Treaty", *op. cit.*, pp.1049, considerando que este facto leva a fragilidades no sistema consagrado pelo Título IV do TCE e que poderá colocar questões relativas à já difícil delimitação de competências entre a Comunidade e os Estados membros, em última análise resolvidas com recurso á interpretação do artigo 308.º do TCE; Esta questão torna-se ainda mais complicada pelo disposto no penúltimo parágrafo do artigo 63.º do TCE, cuja a interpretação é dúbia, deixando transparecer certamente a dificuldade dos Estados membros em transferir os seus poderes soberanos nestas matérias. Para mais desenvolvimentos, Kay Hailbronner, "European Immigration and Asylum Law under the Amsterdam Treaty", *op. cit.*, pp. 1050 e 1051.

[104] O sistema, tal como está desenhado no Título IV to TCE, tem sido objecto de algumas preocupações como a afirmação de Peer Baneke, do ECRE, demonstra: "Em primeiro lugar, o grau de cooperação necessário para se alcançar a harmonização no prazo de cinco anos, tal como previsto no Tratado de Amesterdão, é obviamente muito elevado. Um aspecto que procupa grandemente o ECRE é a eventualidade, no processo de desenvolvimento de um sistema comum europeu de asilo, serem descartados princípios a fim de ser viabilizada a harmonização. Esta preocupação é ainda agravada pela exigência, decorrente do procedimento de votação estabelecido no Tratado de Amesterdão, de obter unanimidade em relação às medidas a adoptar e pelos poderes insuficientes de consulta e controlo do Parlamento e do Tribunal de Justiça", *in* Em Direcção a um Sistema Comum Europeu de Asilo, conferência europeia sobre asilo, *op. cit.*, pp. 76.

O *Direito de Asilo na União Europeia*   231

permanecendo alguns aspectos característicos da intergovernamentalidade do primeiro pilar[105], reflectindo a constante necessidade de se alcançar um compromisso entre diferentes posições de Estados membros[106].

Seria, aliás, ilusório, senão ingénuo, pensar que os Estados membros não veriam com alguma dificuldade a comunitarização desta matéria[107] que, para muitos[108], é um dos poderes inerentes à soberania de um Estado.

Seja como for, e mesmo tendo a inserção este novo Título IV sido feita com algumas especificidades, a primeira e importante conclusão que poderá retirar[109] é a de que quaisquer medidas tomadas ao abrigo dos artigos 61.º ou 63.º, cuja análise mais aprofundada se fará seguidamente, terão de assumir uma das formas previstas no artigo 249.º TCE e, como tal, serão vinculativas.

Em segundo lugar, constata-se que estes artigos reflectem a tentativa de estabelecer um (nem sempre fácil) equilíbrio entre as forças e tensões, por vezes, contrárias entre os princípios de segurança e os princípios humanistas[110, 111].

---

[105] Como é o caso do Conselho, nos cinco anos subsequentes da entrada em vigor do Tratado de Amesterdão, continuar a adoptar medidas por unanimidade

[106] Neste contexto; particularmente ilustrativa é a afirmação de Jorg Monar: "(...)Among these were the British and (*nolen volens*) Irish non-participation in the Shengen system, the special position of Denmark as a Shengen member opposing further communitarisation, French concerns about jurisdiction of the Court of Justice on national measures relating to internal security, the Dutch interest in limiting applications to the Court on asylum matters, German concerns about the asymmetrical effects of the international migratory pressure on Germany and Belgium's reluctance to accept the safe country of origin principle in respect of asylum applications emanating from other European countries. The Treaty of Amsterdam codifies, in some way or another, all these different positions and interests", "Justice and Home Affairs in the Treaty of Amsterdam: Reform at the Price of Fragmentation", *in* European Law Review, vol. 23, n.º 4, pp. 322.

[107] Exemplo desta dificuldade em transferir poderes nesta matéria para a Comunidade é o compromisso alcançado com o Reino Unido, a Irlanda e a Dinamarca, permitindo o seu "opting-out" da comunitarização que tem vindo a ser analisada e que será *infra* concretizado.

[108] Neste sentido, a afirmação de Nuala Mole: "A key attribute of national sovereignty is the right of states to admit or exclude aliens from their territory", *op. cit.*, pp. 5.

[109] Neste sentido Nuno Piçarra, *in* Em Direcção a um Sistema Comum Europeu de Asilo, conferência europeia sobre asilo, *op. cit.*, pp. 136.

[110] Esta problemática é particularmente visível no artigo 64.º do TCE. Muito embora não seja objecto deste estudo, na medida em que apenas marginalmente se insere na reflexão proposta, não se pode deixar de estabelecer algum paralelismo com as excepções de segurança e ordem pública que a própria Convenção de Genebra consagra, nos termos já desenvolvidos. Para mais desenvolvimentos, veja-se Kay Hailbronner, "European Immigration and Asylum Law under the Amesterdam Treaty", *op. cit.*, pp. 1052 e ss..

232   *Estudos de Direito Europeu e Internacional dos Direitos Humanos*

Em terceiro lugar, não pode deixar de se considerar como um dos aspectos menos conseguidos desta comunitarização o facto de, tal como foi delineado, o Título IV do TCE poder induzir a uma confusão entre os conceitos de asilo, refugiados, imigração e imigrantes[112]. Como foi já referido, há especificidades nestes movimentos que deverão ser sempre realçadas e que podem ficar mitigadas com tratamento sistemático conjunto dos dois fenómenos.

Em quarto lugar, deverá ter-se em consideração as posições assumidas pelo Reino Unido, pela Irlanda e pela Dinamarca, em matéria do Título IV do TCE. Assim, estes três Estados membros colocaram-se à margem do processo de comunitarização *supra* referido, através de três protocolos específicos, articulados com o artigo 69.º do TCE[113], o que coloca algumas questões jurídicas de relevo para um sistema que se ambiciona como comum[114]. O "opting-out" destes três países torna ainda mais difícil a construção de um sistema comum de asilo, no seio da União Europeia.

---

[111] "A grande dificuldade, quando se pensa no futuro das políticas de asilo e imigração europeias, está em zelar pelo respeito dos valores universais e dos grandes princípios (...) e gerir diariamente os fluxos de entrada, pressões da opinião pública, a perspectiva demográfica. Estas contradições não são fáceis de organizar ao nível de legislação e política pública quotidiana", Patrick Weil, *op. cit.*, pp. 49; Sobre o tema da relação entre segurança e direito de asilo na Europa, veja-se Sandra Lavenex, Security Threat or Human Rights? Conflicting Frames in the Eastern Enlargement of the EU asylum and Immigration Policies, *op. cit.*; Sandra Lavenex, The Europeanisation of Refugee policies, Between human rights and internal security, *op. cit.*; Joanne van Selm-Thorburn, Refugee Protection in Europe, Lessons of the Yugoslav Crisis, *op.cit.*.

[112] Sobre a imigração especificamente, veja-se Joaquim Nunes de Almeida, *op. cit.*.

[113] De salientar que, no entanto, a decisão por parte da dinamarca em não participar na comunitarização das matérias *sub judice* foi, ao contrário do Reino Unido e da Irlanda, absoluta e radical. Se estes últimos mantém, se assim o desejarem, a possibilidade de participar na adopção e aplicação de medidas em sede do Título IV do TCE (de acordo com o artigo 3.º do Protocolo anexo ao Tratado da União Europeia e ao Tratado que institui a Comunidade Europeia relativo à posição do Reino Unido e da Irlanda), a Dinamarca não manteve esta possibilidade. Assim, o Protocolo anexo ao Tratado da União Europeia e ao Tratado que institui a Comunidade Europeia relativo à posição deste país é categório ao afirmar que nenhuma disposição do Título *supra* mencionado do TCE, medida adoptada na sua aplicação ou disposição de acordo internacional celebrado pela Comunidade em aplicação deste título ou qualquer decisão interpretativa destas disposições ou medidas do Tribunal de Justiça das Comunidades Europeias vinculará a Dinamarca (artigo 2.º do Protocolo citado).

[114] Sobre estas questões, veja-se Nuno Piçarra, *op. cit*, pp. 136; bem como Kay Hailbronner, "European Immigration and Asylum Law under the Amsterdam Treaty", *op. cit.*.

O Direito de Asilo na União Europeia

Em quinto lugar, cumpre ainda salientar um último aspecto, relacionado com o ponto anterior, relativo ao facto de, com a revisão de Amesterdão, se ter igualmente dado a comunitarização do *acquis* de Shengen[115], introduzindo um complexo sistema, em virtude das posições do Reino Unido, da Irlanda e da Dinamarca[116], com especial relevância, neste trabalho, quanto ao que se refere a regulamentação de aspectos de avaliação e concessão do estatuto de refugiado.

3.2 – Os artigos 61.º e 63.º do TCE e medidas adoptadas ou propostas para seu cumprimento

O artigo 61.º do TCE tem um papel fundacional na matéria *sub judice*, sendo a primeira disposição a mencionar a matéria do asilo, estabelecendo uma importante relação, já aflorada, entre a criação de um espaço de liberdade, segurança e justiça e o asilo[117], e com a liberdade de

---

[115] Através do Protocolo anexo ao Tratado da União Europeia e ao Tratado que institui a Comunidade Europeia que integra o Acervo de Shenegen no âmbito da União Europeia.

Não é objectivo proceder, neste trabalho, a uma análise das difíceis questões sobre o acervo de Shengen, mas apenas salientar igualmente a sua comunitariazção e cujas disposições, através de uma interpretação do artigo 2.º do Protocolo referido, passarão a valer como direito comunitário derivado. Para mais desenvolvimentos, veja-se P.J. Kuijper, "Some Legal Problems Associated with the Communitarization of Policy on Visas, Asylum and Immigration under the Amsterdam Treaty and Incorporation of the Shengen Acquis", *in* Common Market Law Review, vol. 3, n.º 2, 2000, pp. 345 a 366.

[116] De acordo com os artigo 3.º e 4.º do Protocolo anexo ao Tratado da União Europeia e ao Tratado que institui a Comunidade Europeia que integra o Acervo de Shengen no âmbito da União Europeia, relativos respectivamente à Dinamarca e ao Reino Unido e à Irlanda.

[117] Relação cuja importância ganha uma actualidade acrescida, após o 11 de Setembro, a guerra no Afeganistão e no Iraque. Veja-se, a este respeito, declaração da Amnistia Internacional, "Security and Refugee Protection, Amnesty International's Comments on the relationship between safeguarding internal security and complying wit[h] international obligations of protection towards refugees and asylum-seekers", de 1[?] Novembro de 2001; Howard Adelmen, "Refugees and Border Security Post-S[?] 11", *in* Refuge, vol. 20, n.º 4, 2002, pp. 5 a 14; Reg Whitaker, "Refugeeo a[?] September 11: Not Much New", *idem*, pp. 29 a 33; Raquel Freitas, "Hu[?] Refugee Protection after September 11: Reassessment", *idem*, pp[?] Gibney, "Security and ethics of asylum after 11 September", *in* [?] n.º 13, 2002; Joan Fitzpatrick, "Terrorism and Migratior[?] taskforce/fitzpatr.pdf; Em termos globais, considera-se[?] segurança, agravada pelas preocupações do pós 1[?]

234 *Estudos de Direito Europeu e Internacional dos Direitos Humanos*

circulação de pessoas[118], bem como consagrando as traves-mestras para a actividade legislativa neste campo, através das suas alíneas a) e b).

É, no entanto, o artigo 63.º do TCE (para o qual aliás remete a alínea b) do artigo 61.º acima referida) que, em sede da problemática do asilo, tem a maior importância, na medida em que explicita quais as exactas medidas a adoptar pelo Conselho, nesta matéria, estipulando, para tal, um prazo geral de cinco anos desde a entrada em vigor do Tratado de Amesterdão[119].

A análise deste artigo é, actualmente, facilitada pelo facto de muitas das iniciativas por ele exigidas serem já uma realidade, ou na forma de proposta ou já em vigor. Assim, caberá fazer uma análise integrada quer do artigo 63.º do TCE, quer das medidas com ele relacionadas, com a consciência, no entanto, de que o hiato de tempo necessário para uma análise crítica (ou apreciativa) verdadeiramente ponderada ainda não se verificou. Deste modo, a análise pecará sempre pela falta de maturação que só o tempo concede.

Em segundo lugar, cumpre desde já salientar que, aproximando-se do término do prazo *supra* mencionado, as mais importantes medidas que

---

medidas e avaliações (indesejáveis) mais restritivas, não sendo concedido, por vezes, o estatuto de refugiado a quem genuinamente reúne as condições para tal; Esta questão foi igualmente abordada pela Assembleia Geral da ONU, pela sua nota sobre protecção internacional, *op. cit.*, pp. 11; Sobre esta problemática veja-se ainda o Documento de Trabalho da Comissão Europeia, "Relação entre Salvaguarda da Segurança Interna e o Respeito das Obrigações e dos Instrumentos de Protecção Internacional", COM(2001) 743 final, de 05/12/01.

[118] Fundamental como já visto para o desenvolvimento do mercado interno, tal como este vem definido no artigo 14.º do TCE.

[119] Esta limitação temporal, em matéria de asilo, conhece uma única excepção, ¦va às medidas tendentes ao assumido pelos Estados-membros ao acolherem refugiados ⸱s deslocadas e suportarem as consequências decorrentes desse acolhimento, de ⸱ o último parágrafo do artigo 63.º. Curiosamente, este foi um dos aspectos Dirvelou a necessidade de uma intervenção da União Europeia, nomeadamente em matéⁱ⸱erra na ex-Jugoslávia e da crise no Kosovo que tiveram fortíssimas deslocadas e ⸱manha. Assim, o Conselho deverá adoptar a maioria das medidas mido pelos Estadoⁱ⸱ ao final de 2003. decorrentes desse acoⁱ⸱tância é talvez o facto de, apesar da excepção ao prazo de ⸱parte desta matéria encontrar-se já legislada, através da de 20 de Julho de 2001, relativa a normas mínimas ⸱ temporária no caso de afluxo maciço de pessoas ⸱rar uma repartição equilibrada do esforço assu- ⸱stas pessoas e suportarem as consequências

O Direito de Asilo na União Europeia 235

o Conselho deveria adoptar, as relativas a normas mínimas em matéria de condições a preencher pelos nacionais de países terceiros que pretendem aceder ao estatuto de refugiado e às normas mínimas aplicáveis ao procedimento de concessão e retirada do estatuto de refugiado nos Estados membros[120], estão ainda sob a forma de proposta[121]. De facto, e almejando-se, em sede de uma União Europeia de liberdade, de segurança e de justiça, um sistema comum europeu de asilo[122], no qual se quer eliminar o chamado *asilo shopping*[123], estas medidas – a primeira relativa à noção de refugiado[124] e a segunda relativa a uma aproximação de procedimentos[125] – surgem como as duas bases sem as quais dificilmente o objectivo *supra* descrito poderá ser alcançado.

Esta realidade indica certamente que muito terá de ser feito até ao fim de 2003, momento em que termina o prazo *supra* citado, o que não pode deixa de ser considerado como um grande desafio e oportunidade para um tratamento jurídico destas questões. No entanto, é igualmente revelador das dificuldades que este tema suscita, cuja evolução faria talvez pensar que consensos seriam mais fáceis de estabelecer[126]. Seja como for,

---

[120] Correspondentes designadamente ao artigo 63.º, n.º 1, alíneas c) e d) do TCE.

[121] Respectivamente, através da Proposta de Directiva do Conselho que estabelece normas mínimas relativas às condições a preencher por nacionais de países terceiros e apátridas para poderem benificiar do estatuto de refugiado ou de pessoa que, por outros motivos, necessite de protecção internacional, bem como normas mínimas relativas ao respectivo estatuto, COM(2001) 510 final, de 12/09/01; e da Proposta alterada da directiva do Conselho relativa a normas mínimas aplicáveis ao procedimento de concessão e retirada do estatuto de refugiado nos Estados Membros, (2002/C 291 E/06), de 18 de Junho de 2002.

[122] Tal como é declarado nas Conclusões da Presidência do Conselhe Europeu de Tampere, nos seus pontos décimo e seguintes, http://europa.eu.int/council/off/conclu/oct99/oct99_pt.htm.

[123] Na medida em que os sistemas de avaliação e concessão do estatuto de refugiado diferem apreciavelmente entre os diferentes Estados membros, a tendência poderá ser a daquele que deseja requerer asilo, o fazer no país com um sistema mais flexível.

[124] Mesmo com a existência da Posição Comum já mencionada, a noção de refugiado continua a ser um dos temas onde é difícil encontrar uma solução satisfatória para os Estados membros.

[125] Sobre a questão do procedimento comum de asilo e o estatuto uniforme para os beneficiários de asilo, veja-se designadamente a Comunicação da Comissão ao Conselho e ao Parlamento, "Em direcção a um procedimento comum de asilo e a um estatuto uniforme, válido na União, para os beneficiários de asilo", COM(2000) 755 final; de 22//11/2000.

[126] Uma interessante questão poderá colocar-se, caso não se respeite o prazo estipulado pelo TCE para o Conselho legislar, em matéria de recurso por omissão, nos termos do artigo 232.º do TCE. Esta é, claro está, uma especulação que, a tornar-se numa realidade implica uma reflexão a ser feita em sede de Direito Comunitário.

236   *Estudos de Direito Europeu e Internacional dos Direitos Humanos*

deve ser salientado que ambas as propostas são muitíssimo complexas, tentando dar resposta cabal aos desafios de hoje em matéria de asilo, *supra* referidos[127].

Passando, agora, à análise de cada uma das alíneas pertinentes, em conjugação com o direito derivado já em vigor ou proposto.

Assim, no que diz respeito ao **artigo 63.º, n.º 1, alínea a) do TCE**, que consagra que o Conselho deverá adoptar medidas relativas à determinação do Estado-membro responsável pela análise do pedido de asilo apresentado num dos Estados-membros por um nacional de país terceiro, encontra-se já em vigor o regulamento[128] que dá execução a esta exigência do TCE, confirmando e dando continuidade ao que estipula a Convenção de Dublin. Cabe, no entanto, proceder aqui a uma crítica, relativa à noção de "nacional de um país terceiro", tal com definida no artigo 1.º deste regulamento. Assim, determina este artigo que é nacional de um país terceiro qualquer pessoa que não seja cidadão da União, partindo do pressuposto (não certo) de que nenhum cidadão da Europa dos quinze, brevemente dos vinte e cinco[129], requererá jamais, num dos Estados membros, o estatuto de refugiado. Dificilmente se poderá concordar com tal definição e tal pressuposto, que se traduz num exercício de futurologia que pode bem ser falível.

Como afirma Erika Feller:

"Do ponto de vista jurídico, é impossível excluir a possibilidade de um indivíduo ter receio fundado de perseguição num determinado país, por maior que seja a importância atribuída por este último aos direitos humanos e ao primado do Direito. Se bem que uma ordem democrática sofisticada e um sistema elaborado de garantias e soluções jurídicas permitam, em geral, pressupor a existência de uma situação de segurança, a verdade é que a História está repleta de exemplos que provam que nenhum sistema é falível ou imutável."[130]

---

[127] Assim, a Proposta de Directiva COM (2001) 510 final, consagra, por exemplo, a delicada matéria da protecção temporária e formas de protecção subsidiárias, assim como a possibilidade da perseguição ser não estatal, enquanto a Proposta de Directiva (2000/C 291 E/06) dispõe sobre as não menos controversas noções de país de origem seguro e país terceiro seguro.

[128] Regulamento (CE) n.º 343/2003 do Conselho, de 18 de Fevereiro de 2003.

[129] Nos quais existem alguns problemas, designadamente no que diz respeito às minorias étnicas, como é o caso a República Checa.

[130] *Op.cit.*, pp. 43.

O Direito de Asilo na União Europeia   237

Além disso, e como *infra* melhor se verá, deve haver um respeito pela Convenção de Genebra, que, através da interpretação do seu artigo 42.º, não permite a limitação do seu âmbito pessoal, nem qualquer discriminação na aplicação do seu artigo 1.º, muito menos com base na nacionalidade do requerente, como parece ser o caso do direito comunitário ora analisado.

No que diz respeito ao **artigo 63.º, n.º 1, alínea b) do TCE**, existe já também direito comunitário derivado dando execução ao neste estabelecido, através da Directiva relativa às normas mínimas em matéria de acolhimento dos requerentes de asilo nos Estados membros[131], almejando-se de alguma forma uma maior harmonização das diferentes condições em que os refugiados são acolhidos nos vários países, por forma a mitigar o fenómeno já mencionado de *asilo shopping*. Salienta-se ainda a respeito desta directiva, o seu artigo 3.º, n.º 4, que aponta para a possibilidade (desejável) desta se aplicar aos procedimentos de decisão de pedidos de formas de protecção diferentes das que decorrem da Convenção de Genebra, isto é, a indivíduos que não são considerados como refugiados, concedendo garantias que, de outra forma, não teriam.

Relativamente ao **artigo 63.º, n.º 1, alíneas c) e d) do TCE,** e de modo a evitar repetições indesejáveis, remete-se para o *supra* mencionado a este respeito.

Finalmente, no que concerne o **artigo 63.º, n.º 2, alíneas a) e b) do TCE**, os deveres legislativos nele consagrados foram levados a cabo através da Directiva relativa a normas mínimas em matéria de concessão de protecção temporária no caso de afluxo maciço de pessoas deslocadas e a medidas tendentes a assegurar uma repartição equilibrada do esforço assumido pelos Estados-membros ao acolherem estas pessoas e suportarem as consequências decorrentes desse acolhimento[132]. A conclusão que se poderá retirar quer das disposições do TCE, quer desta directiva é que, ao nível comunitário se considera que o movimento em massa de pessoas a requerer o estatuto de asilo não deve ser tratado em sede da definição de refugiado da Convenção de Genebra, mas criando-se um sistema distinto, remetendo-se, aqui, para o que foi sobre este aspecto exposto, designadamente quanto a potenciais fragilidades.

---

[131] Directiva 2003/9/CE do Conselho, de 27 de Janeiro.
[132] Directiva 2001/55/CE do Conselho, de 20 de Julho de 2001.

3.3 – A menção à Convenção de Genebra e demais tratados pertinentes

Um ponto particular será dedicado à relação a estabelecer entre a Convenção de Genebra e o disposto no Título IV do TCE, não só pela menção expressa que este lhe faz, mas também porque é quanto à relação desta com um possível sistema comum de asilo europeu que algumas das mais interessantes questões se têm vindo a levantar.

Assim, duas questões podem colocar-se: uma no sentido de indagar sobre as razões que levaram os Estados membros, através da revisão do TCE, em Amesterdão, a colocarem a menção expressa à Convenção de Genebra e outros instrumentos pertinentes, no seu artigo 63.º, n.º1; a outra, no sentido de questionar o porquê de tal referência expressa não ser também feita em sede do n.º 2 do mesmo artigo, afinal também ele relativo aos refugiados.

A primeira questão é a que coloca mais dificuldades, visto que tal menção tende a criar alguma perplexidade[133]. No que diz respeito à Convenção de Genebra, porque todos os Estados membros são partes desta e, por isso, adstritos ao absoluto respeito das obrigações por esta prescritas, sob pena de violação do princípio geral de boa fé[134] que rege o Direito dos Tratados[135]. Assim, tal referência seria, sob o ponto de vista dos Estados membros, desnecessária.

Que sentido fazer então desta menção?

Poderá querer traduzir a instituição uma obrigação de respeito da Convenção pelos órgãos legisladores da União Europeia? Mas estes estão

---

[133] Concorda-se, neste ponto, como pressuposto, com Kay Hailbronner quando afirma que: "The reference to international agreements in general, however, cannot be interpreted as an incorporation of international instruments into Community law in general.", *in* "European Immigration and Asylum Law under the Amsterdam Treaty", *op. cit.*, pp. 1051.

[134] Isto é igualmente reconhecido e afirmado pela Comissão Europeia, aquando da sua Comunicação ao Conselho e Parlamento Europeu, "Em direcção a um procedimento comum de asilo e a um estatuto uniforme, válido na União, para os beneficiários de asilo", *op.cit.*.

[135] Este é considerado como um princípio costumeiro de Direito Internacional Público e, como tal obrigatório para todos os Estados, estando, de qualquer forma, consagrado em diversas disposições da Convenção de Viena sobre Direito dos Tratados de 1969, sendo pertinente, para o caso presente, o seu artigo 26.º.

O Direito de Asilo na União Europeia 239

adstritos, pelo artigo 6.º do TUE, que obriga ao respeito pelos direitos do Homem[136], entre os quais se insere certamente a protecção dos refugiados.

Um dos raciocínios que se poderá fazer é o de que esta menção dá ênfase ao objectivo de harmonizar as interpretações e aplicações que os quinze fazem da Convenção de Genebra e seu Protocolo.

Poderá, efectivamente, compreender-se esta menção como uma forma de tornar absolutamente clara a importância efectiva da Convenção de Genebra de 1951, cujo valor e actual necessidade têm sido questionados, nos termos *supra* descritos[137], raciocínio que acompanharia igualmente o facto de em todas as propostas e medidas já adoptadas haver um constante reiterar deste instrumento universal e dos seus princípios.

Relativamente à menção aos "demais tratados pertinentes" igualmente feita, o mesmo *rationale* aplicar-se-á: caso os Estados membros sejam partes, estarão adstritos ao seu respeito; relativamente aos órgãos da União Europeia, e considerando que só poderão estar em causa instrumentos de direito internacional relativos, maioritariamente, ao asilo (e à imigração), então a obrigação de respeito pelos direitos humanos, acima referida, implicaria, por si só, a necessidade do seu respeito pelos órgãos comunitários. Deste modo, também esta menção parece ser redundante.

No que diz respeito à segunda questão, poder-se-á concluir que não sendo os domínios tipificados no n.º 2 do artigo 63.º do TCE tratados pela Convenção de Genebra, uma vez que, em primeiro lugar, a protecção temporária é uma medida, *in maxime*, subsidiária ao sistema da Convenção de Genebra, e que, em segundo lugar, a problemática da partilha de encargos entre os Estados é um dos aspectos que ficam no seu poder de conformação[138], então não haveria qualquer razão para a sua menção.

---

[136] Salientando-se, como se refirirá *infra*, que o direito de asilo foi recentemente consagrado pela Carta de Direitos Fundamentais da União Europeia, o que acresce ao argumento que este deverá ser respeitado pelos órgãos comunitários na sua actividade.

[137] Neste contexto, parece pertinente a afirmação do ECRE de que: "Any EU asylum policy must be devised recognising the Refugee Convention as its legal foundation", The ECRE Tampere Dossier, *op. cit.*, pp. 7.

[138] Neste sentido, Erika Feller, *op. cit.*, pp. 37.

3.4. – Após revisão pelo Tratado de Amesterdão

Do exposto, poder-se-á concluir que a matéria do asilo coloca enormes desafios aos Estados membros da União Europeia[139].

Após a revisão de Amesterdão, muitas medidas legislativas foram propostas e adoptadas, como se analisou no ponto precedente. Além disso, e como já mencionado, a revisão do TCE com o Tratado de Nice introduziu igualmente algumas alterações de cariz institucional.

Dois aspectos deverão, no entanto, ser realçados. O primeiro está relacionado com as conclusões do Conselho de Tampere, que têm sido consideradas como fundamentais nesta matéria, estabelecendo os princípios e a abordagem a seguir para a construção de um sistema comum de asilo, reafirmando a vontade política no sentido do seu desenvolvimento, no respeito pela Convenção de Genebra[140].

O segundo aspecto a realçar prende-se com a consagração na Carta dos Direitos Fundamentais da União Europeia, no seu artigo 18.º, do direito ao asilo, reiterando novamente o papel da Convenção de Genebra nesta matéria[141] e o direito de asilo como um importante aspecto a proteger, no seio da União Europeia.

---

[139] Neste sentido, Peter Baneke, traduzindo a posição do ECRE nesta matéria: "Não é fácil ter de escolher entre os muitos desafios com que a UE se depara no processo de desenvolvimento de um sistema comum europeu de asilo, mas, na opinião do ECRE, a interpretação harmonizada da Convenção relativa ao Estatuto dos Refugiados e a definição de formas harmonizadas de protecção complementar encontram-se, sem a menor dúvida, entre os mais difíceis.", *in* Em Direcção a um Sistema Comum Europeu de Asilo, conferência europeia sobre asilo, *op. cit.*, pp. 75.

[140] "O objectivo é uma União Europeia aberta e segura, plenamente empenhada no cumprimento das obrigações da Convenção de Genebra relativa aos Refugiados", ponto quarto das Conclusões do Conselho de Tampere. Para mais desenvolvimentos, veja-se os pontos 10 e ss. das Conclusões do Conselho de Tampere.

[141] Muito embora a Carta não tenha um valor juridicamente vinculativo, de acordo com o disposto no Tratado de Nice, ela é exemplo de um forte compromisso político e ético que não pode, nem deve ser menosprezado. Sobre a Carta dos Direitos Fundamentais, veja-se por exemplo, e entre muitos outros, AAV., Carta dos Direitos Fundamentais da União Europeia, Coimbra Editora, Coimbra, 2001; Koen Lenaerts e Eddy de Smijter, "A 'Bill of Rights' for the European Union", *in* Common Market Law Review, vol. 38, n.º 2, 2001, pp.273 a 300.

Conclusão

As questões relativas ao asilo tiveram, desde sempre, um enorme impacto na Europa, tendo esta sido palco de inúmeros afluxos de pessoas que buscavam protecção internacional, designadamente a concessão do estatuto de refugiado.

No processo de evolução de integração da Europa dos quinze, e após um período em que os Estados não consideraram necessária a acção concertada ao nível comunitário, os desafios colocados em sede de matéria de asilo tornaram-se, como visto, múltiplos.

Efectivamente, as legislações nacionais, diferenciadas, não só não davam uma resposta satisfatória às realidades com que os Estados membros se defrontavam diariamente, como pareciam conduzir a um fenómeno pernicioso de *asilo shopping*, em que o requerente escolhia o país onde o sistema de avaliação e concessão de asilo era mais flexível.

Assim, a partir da década de 90 começam a surgir, à época em sede do terceiro pilar, medidas para mitigar todas estas dificuldades e para poder consolidar a criação do mercado interno e desenvolver as suas exigências e políticas.

Contudo, demonstram-se insuficientes e, em 1997, procede-se à comunitarização da matéria do asilo (e da imigração), não sem se fazer cedências e procurar consensos, visto que estavam em causa aspectos centrais da soberania de cada Estado membro.

Estabelece-se, pois, um sistema complexo e muito diverso, com diferentes regimes e recorrendo frequentemente a instrumentos de harmonização (directivas) e não de uniformização (regulamentos). Deste modo, está-se longe de se poder considerar que existe uma política comum de asilo (e imigração). Há, sim, uma tentativa de acomodar diferentes interesses, dando-lhes um denominador mínimo comum.

No entanto, este denominador mínimo comum terá de ser sempre o estabelecido na Convenção de Genebra que, nesta matéria, é o instrumento enquadrador ético-jurídico por excelência, como o próprio TCE, direito comunitário derivado posterior e declarações políticas reconhecem.

A análise crítica ponderada das medidas recentemente levadas a cabo padece da dificuldade de não ter ainda passado tempo suficiente para se proceder à avaliação da bondade das medidas que consagram. Certamente, denotam-se algumas fragilidades no enquadramento jurídico elaborado até ao presente, tendo sido consagradas medidas cuja justeza está longe de reunir consenso. Por outro lado, revelam-se, frequentemente, dificuldades, agravadas por um complicado (transitório) sistema decisório, em aspectos, como a noção de refugiado e de procedimento para avaliação e concessão de asilo, que são as bases necessárias para a construção de um sistema europeu comum de asilo e sem as quais este jamais poderá existir.

A conclusão quanto a esta matéria, e sem prejuízo de posteriores reflexões a este nível, não pode, portanto, ser outra que não a de considerar que os objectivos, na revisão de Amesterdão dos Tratados, eram ambiciosos, mas claramente não acompanhados por um sistema jurídico suficientemente eficaz para os acomodar e conformar.

Uma última nota deverá ser feita, relativa ao alargamento, no sentido de se considerar a adesão de mais dez Estados irá certamente trazer dificuldades acrescidas e novos desafios nesta matéria, visto que os seus sistemas de protecção de direitos, entre os quais o direito de asilo, estão longe do nível de consolidação dos restantes Estados membros da União.

BIBLIOGRAFIA

Doutrina

AAV. – Da Conferência Intergovernamental ao Tratado de Amesterdão, Europa, Novas Fronteiras, n.º 2, Centro de Informação Jaques Delors, Lisboa, 1997;

AAV., Carta dos Direitos Fundamentais da União Europeia, Coimbra Editora, Coimbra, 2001;

AAV. – Em direcção a um Sistema Comum Europeu de Asilo, Conferência sobre asilo, Gabinete de Documentação e Direito Comparado e Serviço de Estrangeiros de Fronteiras, Lisboa, 2001;

AAV (Eds. Jean-Yves Carlier e Dirk Vanheule) – Europe and Refugees: A Challenge?, Kluwer Law International, Haia, 1997;

AAV. (Eds. Ken Booth, Tim Dunne e Michael Cox) – How Might We Live, Global Ethics in the New Century, Cambridge University Press, Reino Unido, 2001;

AAV. (Eds. Tim Dunne e Nicholas J. Wheeler) – Human Rights in Global Ethics, Cambridge University Press, Reino Unido, 1999;

AAV. (Eds. Vera Gowlland-Debbas) – The Problem of Refugees in the Light of Contemporary International Law Issues, Martinus Nijhoff Publishers, Haia, 1996;

AAV. – Who is Refugee, a comparative case law study, Kluwer Law International, Haia, 1997;

Adelman, Howard – "Refugees and Border Security post September 11", *in* Refuge, vol. 20, n.º 4, 2002, pp. 5 e ss;

ALMEIDA, Joaquim Nunes de – "Introdução à política europeia de imigração", *in* Negócios Estrangeiros, n.ᵒˢ 4 e 5, 2003, pp. 103 a 113;

BAPTISTA, Eduardo Correia – Direito Internacional Público, conceito e fontes, Vol. I, Lex, Lisboa, 1998;

BOSWELL, Christina – "The 'external dimension' of EU policy immigration and asylum policy", *in* International Affairs, vol. 79, n.º 3, 2003, pp. 619;

244 *Estudos de Direito Europeu e Internacional dos Direitos Humanos*

BROWNLIE, Ian – Princípios de Direito Internacional Público, 4ª Edição, Fundação Calouste de Gulbenkian, Lisboa, 1997,

COSTA, Paulo Manuel Abreu da Silva – "A protecção dos estrangeiros pela Convenção Europeia dos Direitos do Homem perante processos de asilo, expulsão e extradição", Separata da Revista da Ordem dos Advogados, Ano 60, I, Lisboa, 2000;

DINH, Nguyen Quoc, Daillier, Patrick e Pellet, Alain – Droit International Public, 6.ª Edição, L.G.D.J, Paris, 1999;

DONNELY, Jack – Universal Human Rights, in Theory & Practice, 2.ª Edição, Cornell University Press, EUA, 2003;

DUARTE, Maria Luísa – Direito da União Europeia e das Comunidades Europeias, Vol. I., Tomo I, Lex, Lisboa, 2001;

GIBNEY, Mathew J. – "Security and Ethics of Asylum after 11 September", in Forced Migration Review, n.º 13, Junho, 2002, pp. 40 a 42;

GIRERD, Pascal – "L'article 68 CE: un renvoi préjudiciel d'interpretation et d'application incertaines", in Revue Trimestrielle de Droit Européen, n.º 2, 1999, pp. 239 a 260;

GONÇALVES, Filipa Abreu – "Breves Considerações acerca do Estatuto de Refugiado e do Direito de Asilo, análise crítica", Lisboa, inédito;

GOODWIN-GILL, Guy – The Refugee in International Law, 3.ª Edição, Penguin Books, Reino Unido, 1999;

HAILBRONNER, Kay – "The European Immigration and Asylum under the Amsterdam Treaty", in Common Market Law Review, Vol. n.º 35, n.º 5, 1998, pp. 1048 a 1067;

HARTLEY, T.C. – The Foundations of European Community Law, 4.ª Edição Oxford University Press, Reino Unido, 1998;

HATHAWAY, James C. e Colin J. Harvey – "Framing Refugee Protection in the New World Disorder", in Cornell International Law Journal, Vol. 34, n. º 2, 2001, pp. 257 a 320;

HATHAWAY, James C. – "Refugee Law is not immigration law", in World Refugees Survey, pp. 38 e ss;

FITZPATRICK, Joan – "Terrorism and Migration", 2002, http://www.asil.org/taskforce/fitzpatr.pdf;

FREITAS, Raquel – "Human Security and Refugee Protection after September 11: Reassessement", in Refuge, vol. 20, n.º 4, 2002, pp. 34 a 44;

KUIJPER, P.K – "Some Legal Problems associated with the communitarization of policy on visas, asylum and immigration under the Amsterdam Treaty and incorporation of the Shengen acquis", in Common Market Law Review, Vol.3, n.º 2, Abril, 2000, pp. 345 a 366;

LAVENEX, Sandra:
The Europeanization of Refugee Policies, between human rights and internal security, Ashgate, Reino Unido, 2001;
Security Threat or Human Right? Conflicting Frames in the Enlargement of the EU Asylum and Immigration Policies, European University Institute, Florença, 2000;

LENAERTS, Koen e Eddy de Smijter, "A 'Bill of Rights' for the European Union", *in* Common Market Law Review, vol. 38, n.º 2, 2001, pp. 273 a 300;

LOESCHER, Gil e James Milner – "The Missing Link: the Need for Comprehensive Engagement in Regions of Refugee Origin", *in* International Affairs, vol. 79, n.º 3, 2003, pp. 595 a 617;

MALEY, William – "Receiving Afghanistan's asylum seekers: Australia, the Tampa 'Crisis' and refugee protection", *in* Forced Migration Review, pp. 19 a 21;

MIRANDA, Jorge – Curso de Direito Internacional Público, Principia, Cascais, 2002;

MOLE, Nuala – Problems raised by certain aspects of the present situation of refugees from the standpoint of the European Convention on Human Rights, Council of Europe Publishing, Estrasburgo, 1997

MONAR, Jorg – "Justice and Home Affairs in the Treaty of Amsterdam: Reform at the Price of Fragmentation", *in* European Law Review, vol. 23, n.º 4, pp. 320 a 335;

OVEY, Clare – "Prohibition of Refoulement: the Meaning of Article 3 of the ECHR", http://www.ecre.org/elenahr/art3.pdf;

PALMA, Maria João: Desenvolvimentos recentes na União Europeia: o Tratado de Amesterdão, AAFDL, Lisboa, 1998;

PEREIRA, André Gonçalves e Quadros, Fausto de – Manual de Direito Internacional Público, 3.ª Edição, Almedina, Coimbra 1997;

PIRES, Francisco Lucas – Amsterdão, do Mercado à Sociedade Europeia?, Principia, Cascais, 1998;

PITTA E CUNHA, Paulo – De Maastricht a Amesterdão, Problemas da união Monetária Europeia, Almedina, Coimbra, 1999;

PLANÈS-BOISSAC, Véronique – "How to Safeguard Refugee Protection in the Process of European Harmonisation?", *www.ecre.org/speeches/ asylumaccess.shtml*, Fevereiro, 2001;

ROBERTSON, A.H. e J.G Merrills – Human Rights in the World, An introduction to the study of the international protection of human rights, 4.ª Edição, Manchester University Press, Manchester, 1996;

246   *Estudos de Direito Europeu e Internacional dos Direitos Humanos*

SCHINDLMAYR, Thomas – "Sovereignty, Legal Regimes and International Migration", *in* International Migration, vol. 41, n.º 2, 2003, pp. 109 a 123;

SELM, Joanne van – "Foreign policy considerations in dealing with Afghanistan's refugees: when security and protection collide", *in* Forced Migration Review, n.º 13, 2002, pp. 13 a 18

SELM-THORBURN, Joanne – Refugee Protection in Europe, lessons of the Yugoslav Crisis, Martinus Nijhoff Publishers, Haia, 1998;

SHIBLAK, Abbas "Palestinians in the aftermath of 11 September: wishing refugees out of existence?", *in* Forced Migration Review, n.º 13, 2002, pp. 44 e 45;

STEINER, Henry J. e Philip Alston – International Human Rights in Context, Oxford University Press, Reino Unido, 1996;

WEATHERILL, Stephen e Beaumont, Paul – EU Law, the essential guide to legal workings on the European Union, Penguin Books, Reino Unido, 1999;

WHITAKER, Reg – "Refugee Policy after September 11: Not Much New", *in* Refuge, vol. 20, n.º 4, 2002, pp. 29 a 33;

Relatórios e Documentação:

Amnistia Internacional:
Relatório "Security and Refugee Protection, Amnesty International's Comments on the relationship between safeguarding internal security and complying with international obligations of protection towards refugees and asylum-seekers", de 15 de Novembro de 2001;

Relatório "Security, refugee protection and the human rights agenda after 11 September: Amnesty International's concerns regarding the EU policies";

Alto Comissariado das Nações Unidas para os Refugiados (ACNUR):
A Situação dos Refugiados no mundo, cinquenta anos de acção humanitária", ACNUR, Lisboa, 2000;

Colectânea de Estudos e Documentação sobre Refugiados, vol. II, ACNUR, Lisboa, 1997

Assembleia-Geral das Nações Unidas:
Note on International Protection, A/AC.96/965, de 11 de Setembro de 2002;

O Direito de Asilo na União Europeia   247

Comissão das Comunidades Europeias:

Livro Verde relativo a uma Política Comunitária em Matéria de Regresso dos Residentes em Situação Ilegal, (COM(2002) 175 Final), 2002, http://europa.eu.int;

Documento de Trabalho da Comissão, "Relação entre Salvaguarda da Segurança Interna e o Respeito das Obrigações e dos Instrumentos de Protecção Internacional", (COM(2001) 743 final), 2001, http://europa.eu.int;

Comunicação da Comissão ao Conselho e Parlamento Europeu – "Em direcção a um procedimento comum de asilo e a um estatuto uniforme, válido na União, para os beneficiários de asilo" (COM(2000) 755 Final), 2000, http://europa.eu.int;

European Council on Refugees and Exiles:

"Comments from the European Council on Refugees and Exiles on the Amended proposal for a Council Directive on minimum standards procedures in Member States for grating and withdrawing refugee status"(CO1/03/2003/ext/AB), www.ecre.org/eu developments/procedures;

The ECRE Tampere Dossier, Junho, 2000;

"The Promise of Protection: towards a European Asylum Policy since Tampere", *www.ecre.org/research/poprecs.doc*, Novembro, 2002;

Legislação e propostas de legislação:

União Europeia e Comunidades Europeias:

Tratados institutivos da União Europeia e das Comunidades Europeias;

Carta de Direitos Fundamentais da União Europeia;

Convenção de Dublin, assinada em 15 de Junho de 1990;

Decisão 2000/596/CE, de 28 de Setembro, que cria o Fundo Europeu para os Refugiados;

Directiva 2003/9/CE do Conselho, de 27 de Janeiro de 2003, que estabelece normas mínimas em matéria de acolhimento dos requerentes de asilo nos Estados-Membros;

Directiva 2001/55/CE do Conselho, de 20 de Julho de 2001, relativa a normas mínimas em matéria de concessão de protecção temporária no caso de afluxo maciço de pessoas deslocadas e a medidas tendentes assegurar uma repartição equilibrada do esforço assumido pelos

248 *Estudos de Direito Europeu e Internacional dos Direitos Humanos*

Estados-Membros ao acolherem estas pessoas e suportarem as consequências decorrentes desse acolhimento;

Proposta alterada directiva do Conselho relativa a normas mínimas aplicáveis ao procedimento de concessão e retirada do estatuto de refugiado nos Estados Membros, (2002/C 291 E/06) (Apresentada pela Comissão);

Proposta de Directiva do Conselho que estabelece normas mínimas relativas às condições a preencher por nacionais de países terceiros e apátridas para poderem benificiar do estatuto de refugiado ou de pessoa que, por outros motivos, necessite de protecção internacional, bem como normas mínimas relativas ao respectivo estatuto, COM(2001) 510 final;

Regulamento (CE) n.º 2725/2000, que cria o sistema Eurodac

Regulamento (CE) n.º 343/2003 do Conselho, de 18 de Fevereiro de 2003, que estabelece os critérios e mecanismos de determinação do Estado-Membro responsável pela análise e um pedido de asilo apresentado num dos Estados-membros por um nacional de um país terceiro;

Sistemas Regionais de Protecção de Direitos Humanos:

Carta Africana dos Direitos do Indivíduo e dos Povos de 1981;

Convenção Americana sobre os Direitos Humanos de 1978;

Convenção para os Problemas de refugiados em África, adoptada pela Organização da Unidade Africana em 1969,

Convenção Europeia para a Protecção dos Direitos Humanos e Liberdades Fundamentais de 1950;

Sistema da ONU:

Carta das Nações Unidas

Convenção de Genebra sobre o Estatuto do Refugiado de 1951;

Protocolo de Nova Iorque sobre o Estatuto do Refugiado de 1967;

Convenção de Viena sobre Direito dos Tratados de 1969;

Declaração Universal dos Direitos do Homem de 1948;

Pacto Internacional dos Direitos Civis e Políticos;

Pacto Internacional de Direitos Económicos e Sociais;

Convenção Internacional sobre a Eliminação de Todas as Formas de Discriminação Racial, Resolução da Assembleia Geral n.º 2106 (XX), de 21 de Dezembro de 1965;

Convenção sobre a Prevenção e Punição do Crime de Genocídio;

O Direito de Asilo na União Europeia

Estatuto do Tribunal Penal para a Ex-Jugoslávia, instituído pela Resolução do Conselho de Segurança n.º 808, de 22 de Fevereiro de 1993; Estatuto do Tribunal Penal para o Ruanda, Resolução do Conselho de Segurança n.º 955, de 8 de Novembro de 1994; Estatuto do Tribunal Penal Internacional, adoptado em 17 de Julho de 1998;

Outros:

União Europeia e Comunidade Europeia:
Posição Comum relativa à harmonização de aplicação da definição de refugiado do artigo 1.º da Convenção de Genebra, Posição Comum 96/196/JAI, de 4 de Março de 1996;
Plano de Acção de Viena – Plano de Acção do Conselho e da Comissão sobre a Melhor Forma de Aplicar as Disposições do Tratado de Amesterdão relativas à Criação de um Espaço de Liberdade, Segurança e de Justiça, aprovado pelo Conselho Justiça e Assuntos Internos, de 3 de Dezembro de 1998, (1999/C, 19/01);
Conclusões do Conselho Europeu de Tampere, http://europa.eu.int/council/ off/conclu/oct99/oct99_pt.htm;

Sistema da ONU:
Declaração sobre o Asilo Territorial, Resolução da Assembleia Geral 2312 (XXII), de 14 de Dezembro de 1967;
Declaração para a Eliminação de Todas as Formas de Intolerância e Discriminação baseadas em Religião ou Crença, Resolução da Assembleia Geral das Nações Unidas n.º 36/55, de 25 de Novembro de 1981;
Declaração de Viena e Programa de Acção, adoptada na Conferência Internacional sobre os Direitos do Homem – A/CONF-157/23, de 12 de Julho;

Diversos:
Lei n.º 15/98, de 26 de Março, que Estabelece um novo regime jurídico- -legal em matéria de asilo e de refugiados;
Declaração de Cartagena em matéria de asilo para a América Central de 1984;

PARTE II

A CONVENÇÃO AMERICANA
DE DIREITOS DO HOMEM

5

O direito à participação política na Convenção Americana sobre Direitos Humanos e na Constituição da República Federativa do Brasil

Carlos da Costa Pinto Neves Filho

SUMÁRIO

1 – Introdução 255
    1.1 – A escolha do tema 255
    1.2 – A metodologia do trabalho 256

2 – O direito à participação política 256
    2.1 – Considerações preliminares 257
    2.2 – O conceito 259
        2.2.1 – Os direitos políticos e os direitos civis 260
        2.2.2 – Os direitos políticos e o direito à participação política 262
        2.2.3 – O direito político em sentido restrito ou o direito à participação política 263

3 – O direito à participação política na Convenção Americana sobre Direitos Humanos 266
    3.1 – A origem e a evolução 266
    3.2 – O enquadramento na Convenção Americana – o Artigo 23.º . 271
        3.2.1 – Inciso I – os direitos políticos 271
        3.2.2 – Inciso II – a regulamentação no direito interno 274

4 – O direito à participação política na Constituição da República Federativa do Brasil 277

254 *Estudos de Direito Europeu e Internacional dos Direitos Humanos*

4.1 – Breve histórico 277
4.2 – O enquadramento constitucional 278
    4.2.1 – Os direitos políticos positivos 280
    4.2.2 – Os direitos políticos negativos 283

5 – A relação entre o direito à participação política na Convenção
Americana sobre Direitos Humanos e na Constituição Brasileira 286

    5.1.1 – Breve Histórico 286
    5.1.2 – A incorporação da CADH pelo Direito Interno Brasi-
        leiro 287
    5.1.3 – O impacto jurídico da Convenção Americana sobre os
        Direitos Humanos no Direito interno brasileiro 290

6 – Conclusões 294

7 – Bibliografia 297

1 – Introdução

1.1 – A escolha do tema

O presente trabalho visa analisar os direitos políticos e a sua proteção no Sistema Interamericano dos Direitos Humanos e na Constituição da República Federativa do Brasil de 1988 – sendo aquele o sistema regional de proteção dos direitos humanos inerentes ao Brasil e esta, a Carta Maior do seu ordenamento jurídico.

O direito internacional pode causar diversos impactos jurídicos sobre o ordenamento interno de um país. Veremos aqui o impacto jurídico do principal documento regional de proteção internacional dos Direitos Humanos que o Brasil é signatário – a Convenção Americana sobre Direitos Humanos – sobre a Constituição Brasileira, fazendo um análise comparativa dos direitos políticos em ambos os documentos jurídicos.

Analisaremos principalmente o direito do cidadão de participar da vida política do seu país, ou seja, os direitos políticos, mais especificamente, o direito à participação política.

A importância da democracia e dos direitos políticos para a implementação dos direitos humanos integralmente, de forma indivisível, principalmente para implementação dos direitos sociais, econômicos e culturais num país com diferenças abissais como o Brasil, muito contribuiu para a escolha deste tema.

Também, de suma importância para esta escolha, é o fato da Convenção Americana sobre Direitos Humanos ter influenciado, junto com a terceira onda de democratização, a luta pelo fim dos regimes autoritários nos países latino-americanos, em especial no Brasil, inspirando a atual Constituição. [1,2]

---

[1] Observa Flávia Piovesan que não só o processo de democratização fora influenciado, como influenciou o sistema internacional de proteção de direitos humanos. *"Direitos Humanos e Direito Constitucional Internacional"*, São Paulo: Max Limonad, 2002, 5.ª edição, p. 53. Entendemos que toda esta relação de influências mútua advém justamente da terceira onda de democratização, que dentre outros fatores (como o novo

256   *Estudos de Direito Europeu e Internacional dos Direitos Humanos*

1.2 – A metodologia do trabalho

Este relatório encontra-se dividido em seis partes, sendo a primeira dividida em dois pontos: um relativo à apresentação e este, relativo à metodologia. Analisaremos, no segundo item, o direito à participação politica, – veremos seu enquadramento (onde se localiza em relação aos outros direitos, principalmente, aos outros direitos políticos) para chegarmos ao seu conceito e sua amplitude.

No terceiro e quarto pontos, analisaremos o direito à participação política em dois documentos distintos: no terceiro, a Convenção Americana sobre os Direitos Humanos de 1969, mais especificamente o seu artigo 23.º, e no quarto, a Constituição brasileira de 1988 será o campo de nossa análise, de onde o direito à participação política surgirá como item fundamental.

Por fim, examinaremos o impacto jurídico da Convenção Americana sobre a Constituição Brasileira, em relação ao direito à participação política, compreendendo antes a forma de incorporação daquele documento pelo ordenamento jurídico brasileiro.

Chegando assim ao sexto e último item, com conclusões sobre a relação destes dois documentos para melhor aplicabilidade dos direitos humanos e do direito à participação política no Brasil.

2 – O direito à participação política

Para iniciar o tema, antes de ingressarmos no estudo da Convenção Americana sobre Direitos Humanos e da Constituição Brasileira de 1988, faz-se necessário algumas considerações preliminares para a definição posterior do conceito do direito à participação política.

---

papel da Igreja Católica depois do Vaticano II, o fim da Guerra Fria, o impacto da Comunidade Europeia sobre os regimes autoritários da Europa Sul), destaca-se o efeito de contágio dos processos de democratização, ou "efeito dominó". Ver Gianfranco Pasquino, *"Curso de Ciência Politica"*, Cascais: Ed. Principia, 2002, pp. 325-327.

[2] Veremos no item 5, deste trabalho, as influências e divergências entre ambos os documentos – a Convenção e a Constituição, no tocante ao direito à participação política.

2.1 – Considerações preliminares

Na modernidade, o fortalecimento dos direitos humanos surge indivisível da luta pela democracia.[3]

Na Europa e América, o governo representativo liberal caminha até a nossa democracia representativa, ou seja, a "moderna democracia ocidental"[4], apesar de momentos bastante contraditórios de surgimento de regimes não-democráticos.[5]

A busca por converter os súditos em cidadãos; converter os sujeitos ao poder, em sujeitos do poder é a própria evolução histórica dos direitos políticos.[6]

Da ausência de participação, passando pelo sufrágio censitário, chegando hoje ao sufrágio universal e a uma maior valorização de outros meios de participação, que não só o voto, atingimos um catálogo de direitos políticos, apresentados como característicos da democracia participativa.[7]

---

[3] "Na verdade, uma lição do século XX é que onde a dignidade do indivíduo é espezinhada ou ameaçada – onde os cidadãos não desfrutam do direito básico de escolher o seu governo, ou do direito de o mudar regularmente – segue-se muito frequentemente o conflito, com civis inocentes a pagarem o preço em vidas desfeitas e comunidades destruídas". Kofi Annan, Secretario Geral das Nações Unidas, "Contribuição especial" in *Relatório do Desenvolvimento Humano 2002: aprofundar a democracia num mundo fragmentado*", Programa das Nações Unidas para o Desenvolvimento, Lisboa: Mensagem, 2002, p. 14.

[4] Para Paulo Bonavides: "A moderna democracia ocidental, de feição tão distinta da antiga democracia, tem por bases principais a soberania popular (...); o sufrágio universal, com pluralidade de candidatos e partidos; a observância constitucional do princípio da distinção dos poderes (...); a igualdade de todos perante a lei; a manifesta adesão ao princípio da fraternidade social; a representação como base das instituições políticas; a limitação de prerrogativas dos governantes; o Estado de direito (...); a temporalidade dos mandatos eletivos e, por fim, a existência plena garantida das minorias políticas...". "*Ciência Política*", São Paulo: Malheiros, 2003, 10.ª ed. rev. e atual. 12.ª tiragem, p. 274.

[5] Sobre os refluxos às vagas de democratização, Gianfranco Pasquino, "*Curso de Ciência Politica*", ob. cit., pp. 325-327.

[6] Jorge Miranda, "*Ciência Política: formas de governo*", Lisboa: 1996, p. 56.

[7] Nestas considerações preliminares sobre o tema é importante diferenciar a democracia participativa da democracia representativa. Para Jorge Miranda, a democracia participativa completa, serve de estímulo e de limite à democracia representativa, que se caracteriza principalmente pela escolha dos governantes, e observa: "Quando se fala em democracia participativa, pensa-se, porém numa participação de grau mais intenso ou mais frequente do que o voto de tantos em tantos anos, ou mais próximo dos problemas das pessoas". "*Ciência Política: formas de governo*", ob. cit., pp. 144 e 172.

258 *Estudos de Direito Europeu e Internacional dos Direitos Humanos*

Catálogo este inserido, no contexto internacional, em tratados e convenções de direitos humanos, e no direito interno, nas constituições, na parte dos direitos fundamentais, tornando-se um instrumento primacial de proteção dos seus titulares nos Estados Democráticos de Direito.

O Estado Democrático de Direito[8], pressuposto para a real garantia da soberania popular, fundamenta-se na existência de Estado, onde a relação entre o Direito e a Democracia busca a coexistência, visando dar garantia um ao outro e vice-versa; ou seja, só existe quando há limitação material do poder político, e esta equivale à salvaguarda dos direitos fundamentais da pessoa humana.[9]

O princípio democrático não pode acarretar violação de direitos fundamentais, em nome da maioria, nem o ordenamento jurídico restringir ou impedir a participação política dos cidadãos.[10]

Para Alexandre de Moraes: "O Estado Democrático de Direito significa a exigência de reger-se por normas democráticas, com eleições livres, periódicas e pelo povo, bem como o respeito das autoridades públicas aos direitos e garantias fundamentais".[11]

---

[8] Para José Afonso da Silva, a diferença entre o termo utilizado na Constituição portuguesa de 1976 (Estado de Direito Democrático) e o adotado na Constituição brasileira de 1988 (Estado Democrático de Direito) é meramente formal, pois ambas possuem conteúdo idêntico, todavia a expressão brasileira é "mais adequada, cunhada pela doutrina, em que o *democrático* qualifica o Estado, o que irradia os valores da democracia sobre todos os elementos constitutivos do Estado e, pois, também sobre a ordem jurídica". "*Curso de Direito Constitucional positivo*", São Paulo: Malheiros, 2001, 19.º ed. rev. e atual., p. 123. Assim, acompanharemos o autor e a Constituição brasileira no decorrer deste trabalho.

[9] Jorge Miranda, "*Ciência Política: formas de governo*", ob. cit., pp. 185-187.

[10] Jorge Miranda analisando a regra da maioria como base da democracia, afirma que por terem todos os cidadãos "os mesmo direitos e o mesmo grau de participação na vida pública que deve prevalecer a maioria; a vontade política do maior número entre iguais converte-se em vontade geral; e esta fica sendo juridicamente imputada ao Estado." E completa, que deve assentar-se, a regra da maioria, na conjugação da igualdade e da liberdade, ao mesmo tempo que é "exigência de uma **igualdade livre** ou de uma **liberdade igual** para todos". Observa ainda o autor que "para que a democracia subsista a maioria não pode pôr em causa os direitos das minorias", além das decisões políticas da maioria não poderem transcender os limites "respeitantes aos mais fundamentais dos direitos fundamentais", leia-se direito à vida, à integridade pessoal, entre outros – e aí incluímos o direito basilar de participar, como maioria ou minoria, na escolha dos caminhos políticos do Estado que é parte, ou seja, o direito de participação política. "*Ciência política: formas de governo*", ob. cit, p. 158 e ss.

[11] Alexandre de Moraes, "*Constituição do Brasil interpretada e legislação constitucional*", São Paulo: Atlas, 2002, p. 131.

O direito à participação política na CADH

É o equilíbrio entre o princípio democrático e os direitos fundamentais, incluindo nestes os próprios direitos políticos, que rege o Estado Democrático de Direito.[12]

Mas, devemos diferenciar a teoria da democracia das práticas adotadas pelos regimes democráticos.[13]

A primeira serve de modelo e inspiração não só para os regimes democráticos, como para os "não democráticos", como ilustrou Gianfranco Pasquino: "... numa clássica homenagem que o vício (os regimes não democráticos) presta à virtude (a livre concorrência democrática)"[14], mesmo que para a mera manutenção e conformação do regime.

E, de forma paradoxal, a teoria serve de modelo e alimenta-se da experiência prática dos regimes pretéritos e vigentes. É fruto da cultura jurídica e da experiência vivida pela comunidade local e internacional, difundida através de clássicas opiniões, mas alimenta-se do dia-a-dia do procedimento democrático.

As práticas adotadas pelos regimes democráticos muitas vezes distanciam-se da teorização da democracia; por vezes, restringindo-a, outras a ampliando em busca de uma maior participação política do cidadão na esfera decisória do Estado, tentando pôr em prática a democracia participativa.

De acordo com Gianfranco Pasquino na democracia participativa: "os cidadãos participam ativa, intensa e continuamente na produção das decisões políticas a todos os níveis".[15]

É no contexto da democracia participativa que analisaremos o conceito do *direito à participação política*, tendo em mente a "função democrática dos direitos fundamentais"[16], e a garantia de respeito à dignidade humana pelo princípio democrático.

2.2 – O conceito

Este item servirá não só para entendermos o tema, como para delimitá-lo. O sentido de participação política está englobado e ver-se confundido com diversos outros conceitos.

---

[12] Jorge Miranda, *"Ciência Política: formas de governo"*, ob. cit., pp. 185-87.
[13] Gianfranco Pasquino, *"Curso de Ciência Política"*, ob. cit., pp. 315-319.
[14] Idem, p. 117.
[15] Ibidem, p. 318.
[16] J. J. Gomes Canotilho, *"Direito constitucional e teoria da constituição"*, 4.ª edição; Coimbra: Almedina, 2000, p. 288.

260 Estudos de Direito Europeu e Internacional dos Direitos Humanos

Percorreremos um caminho em busca de encontrar o conceito do direito à participação política dentre os direitos humanos fundamentais[17], mais precisamente, onde se enquadra nos direitos políticos, chegando a um conceito restrito do *direito à participação política*, que será fulcral para nossa análise na Convenção Americana sobre Direitos Humanos e na Constituição Brasileira de 1988.

Os direitos humanos fundamentais compõem-se dos direitos, liberdades e garantias e dos direitos sociais. De acordo com Jorge Miranda, os direitos, liberdades e garantias são tanto "direitos de libertação do poder", como "direitos à proteção"; já os direitos sociais são "direitos de libertação da necessidade" e ao mesmo tempo, "direitos de promoção".[18]

Essa dicotomia surge tendo por base possuírem regimes jurídicos diferenciados, origem histórica e fundamentação diferentes, estando, assim, presentes em quase todos os ordenamentos jurídicos e no direito internacional.[19]

2.2.1 – Os direitos políticos e os direitos civis

Os direitos civis e políticos compõem os "direitos, liberdades e garantias", e são conhecidos como "direitos de primeira geração".[20, 21]

---

[17] Os direitos fundamentais e os direitos humanos são consagrados de formas e meios diversos, mas a finalidade de ambos é sempre a proteção da dignidade do homem; aquele, através da materialização no direito interno, e os direitos humanos, em consequência de costumes e normas de direito internacional. No dizer de J. J. Gomes Canotilho: "Os direitos do homem arrancariam da própria natureza humana, daí o seu carácter inviolável, intemporal e universal" e "os direitos fundamentais seriam os direitos do homem, jurídico-institucionalmente garantidos e limitados espacio-temporalmente". *"Direito constitucional e teoria da constituição"*, ob. cit., p. 288.

[18] *"Manual de Direito Constitucional"*, Tomo IV – direitos fundamentais; Coimbra: Coimbra Editora, 2000, 3.ª ed. rev. e ampl., p. 105.

[19] Idem, p. 99-101.

[20] Adotaremos, como critério apenas metodológico, a classificação dos direitos humanos em gerações, onde os direitos humanos de primeira geração são os direitos civis e políticos, que representam a liberdade; de segunda geração, os direitos sociais, culturais e econômicos, que representam a igualdade; e os de terceira geração são os direitos de solidariedade. Esta teoria da divisão dos direitos humanos em gerações foi elaborada pelo jurista francês Karel Vasak sob a inspiração dos três temas da Revolução Francesa. Cf. Flávia Piovesan, *"Direitos Humanos e Direito Constitucional Internacional"*, ob. cit., p. 150. É importante ressaltar nossa opinião, perante esta dicotomia ou distinção dos direitos humanos, concordante com grande parte da doutrina, de que uma geração de direitos não

São ambos inerentes ao indivíduo enquanto parte da sociedade, todavia, os direitos políticos são inerentes ao indivíduo enquanto parte ativa na formação dos poderes públicos.[22]

Os direitos civis são extensivos a todos os indivíduos, da sociedade, independente de suas qualificações; os direitos políticos são mais restritivos, criando regras de acesso à participação nas esferas decisórias do Estado – para J. J. Canotilho, "o artifício da distinção permitirá proclamar o princípio da igualdade, mas ao mesmo tempo, evitar o sufrágio universal".[23]

Alguns direitos civis são pré-requisitos para os direitos políticos, como o direito à vida, direito ao reconhecimento da personalidade jurídica, à integridade pessoal; e outros, que em conexão direta com os direitos políticos levam ao alcance da realização democrática, como o direito à liberdade de pensamento e de expressão, direito de reunião e à liberdade de associação, direito de circulação e, por fim, o direito de proteção judicial e o princípio da legalidade e da irretroatividade da lei.

---

substitui a outra; que os direitos humanos são indivisíveis, conforme salienta Flávia Piovesan: "... afasta-se a equivocada idéia da sucessão «geracional» de direitos na medida em que se acolhe a idéia da expansão, cumulação e fortalecimento dos direitos humanos, todos essencialmente complementares e em constante dinâmica de interação", Idem, pp. 149 e 150. Jorge Miranda observa: "Conquanto esta maneira de ver possa ajudar a apreender momentos históricos de aparecimento dos direitos, o termo *geração*, geração de direitos, afigura-se enganador por sugerir uma sucessão de categorias de direitos, umas substituindo às outras – quando, pelo contrário, o que se verifica em Estado social de direito é um enriquecimento crescente em resposta às novas exigências das pessoas e das sociedades. "*Manual de Direito Constitucional*" – Tomo IV: direitos fundamentais, ob, cit, p. 24.

[21] Observa Boaventura de Sousa Santos, reportando-se a Portugal e Espanha, mas que serve para outros países periféricos, como o Brasil: "... nas nossas sociedades, também ao contrário do que se passou em países centrais, não é possível pensar a luta pelos direitos humanos de modo sequencial, primeiro pelos direitos civis e políticos e depois pelos direitos sociais e econômicos. De facto, nos nossos dois países não faz sequer muito sentido falar de várias gerações de direitos humanos. Mais do que em qualquer outro tipo de sociedade, não podemos esperar pela plena consolidação dos direitos civis e políticos para só depois lutar pelos direitos econômicos e sociais. Somos forçados a um curto circuito histórico, uma luta simultânea contra a dominação, a exploração e a alienação, o que confere uma complexidade específica à estratégia dos direitos humanos nos nossos países". "*Os direitos humanos na pós-modernidade*" *in*: "Direito e Sociedade" n.º 4, Coimbra: Associação Portuguesa de Estudos sobre o Direitos em Sociedade, 1989, p. 10.

[22] J. J. Gomes Canotilho, "*Direito constitucional e teoria da constituição*", ob. cit., p. 388.

[23] Idem, p. 389.

Os direitos políticos estão representados de diversas formas nos ordenamentos internos, como num capítulo próprio intitulado "Direitos Políticos" dentro dos Direitos e Garantias Fundamentais, na Constituição Brasileira de 1988[24], ou como "Direitos, liberdades e garantias de participação política" no Direito português[25]; e, no Direito Internacional, como "Direitos Políticos", tanto no Pacto Internacional dos Direitos Civis e Políticos[26], como na Convenção Americana sobre Direitos Humanos[27].

2.2.2 – Os direitos políticos e o direito à participação política

O direito à participação política está implícito no catálogo de direitos políticos, sendo, pois, confundido com este inúmeras vezes.

Devemos entendê-los em um desses sentidos: (a) *lacto sensu* – englobando todos os direitos políticos, como o direito de sufrágio, o direito de ação popular, entre outros, e os direitos civis fundamentais para o exercício destes, como o direito à vida, direito à circulação, ao reconhecimento da personalidade, liberdade de reunião e de associação[28]; *stricto sensu* – relativo ao *direito à participação política*, ou seja, direito de votar e ser votado[29]; e, em sentido ainda mais restrito – relativo ao direito ao voto.

Vamos abordar, mais precisamente, o direito a participar na formação, atuação ou fiscalização do governo, direta ou indiretamente, ou seja, do direito à participação política, direito político propriamente dito, ou ainda, direito político *stricto sensu*.

---

[24] Constituição da República Federativa do Brasil, Capítulo IV do Título II, artigos 14.º, 15.º e 16.º.

[25] Constituição da República Portuguesa, Capítulo II do Titulo II (Direitos, Liberdades e Garantias), artigos 48.º, 49.º, 50.º, 51.º e 52.º.

[26] Pacto Internacional dos Direitos Civis e Políticos, artigo 25.º.

[27] Convenção Americana dos Direitos Humanos, artigo 23.º.

[28] Miguel Padilha chama *"derechos a la participación política"*, em contraposição aos direitos específicos de participação política, ou direitos políticos propriamente ditos. *"Lecciones sobre derechos humanos y garantías"*. Buenos Aires: Albeledo-Perrot, 1996, 3.º ed. ampl. e atual., p. 300.

[29] Como veremos na CADH, no artigo 23.º.

O direito à participação política na CADH   263

2.2.3 – O direito político em sentido restrito ou o direito à participação política

Participação é a forma ativa de integração de um indivíduo a um grupo; é ter ou tomar parte de algo[30].

A participação, em questão, é na esfera política, tem como âmbito de atuação os processos decisórios do Estado; a sua referência maior é o direito de voto, forma pelo qual a concepção de participação política tomou força.

Mas, não devemos considerar o direito à participação política sinônimo do direito de voto, da capacidade eleitoral ativa[31], ou como chamamos direito político estritíssimo senso, principalmente porque, unida ao conceito de representatividade, pode levar-nos a subdimensionar o conceito real dos direitos políticos, limitando o próprio processo democrático à escolha dos representantes pelo voto.

De acordo com Gianfranco Pasquino, a valorização do voto decorre de que: "na maior parte dos regimes políticos, o voto é o ato de participação política mais frequente, e muitas vezes o único, da maioria dos cidadãos".[32]

Não é admissível nos dias de hoje, restringir tanto a participação, pois existem diversas formas, previstas legalmente – ou por vir a ser, visando corroborar o conceito de democracia participativa, onde se adentra na participação legislativa, administrativa e jurisdicional.[33]

---

[30] "*Dicionário Universal da Língua Portuguesa, Compacto*", Lisboa: Texto Editora, 1999, p. 240.

[31] "A capacidade eleitoral ativa consiste em forma de participação da pessoa na democracia representativa, por meio da escolha de representantes". Alexandre de Moraes, "*Constituição do Brasil interpretada e legislação constitucional*", São Paulo: Atlas, 2002, p. 131.

[32] Gianfranco Pasquino, "*Curso de Ciência Política*", ob. cit., p. 117.

[33] Diogo de Figueiredo Moreira Neto dá essa classificação funcional à participação política, e descreve que a participação legislativa "diz respeito à consentaneidade política das escolhas normativas fundamentais", a participação administrativa visa "aproximar o administrado da decisão executiva, procurando torná-la, com isso, cada vez mais afinada com os interesses a que se dirige", e a participação jurisdicional "é exercida por provocação e orientada para a defesa dos interesses protegidos pela ordem jurídica". "*Direito da Participação Política: legislativa, administrativa e judicial: (fundamentos e técnicas constitucionais da legitimidade)*", Rio de Janeiro: Renovar, 1992, p. 76, 143 e, principalmente, capítulos VII, VIII e IX.

Para Diogo de Figueiredo Moreira Neto, "a função da participação é garantir a legitimidade em todas as fases do ciclo do poder, cobrindo, portanto as opções de quem as faz".[34]

O professor Jorge Miranda, considerando que o povo é o titular da participação, e esta pode ser reconhecida a cada cidadão, diretamente, através de instituições sociais menores integradas aos Estados, ou através da totalidade dos cidadãos; divide, destarte, a participação em três modos, quanto a sua titularidade, podendo ser esta individual, institucional ou coletiva.[35]

Mas, a participação política também pode ser dividida, quanto a sua forma de atuação, em direta ou indireta. Para Paulo Bonavides, com a direta, "o povo politicamente organizado decide, através do sufrágio, determinado assunto de governo", e com a indireta, "o povo elege representantes".[36]

Falar em participação política direta remete-nos a democracia grega, a democracia direta dos antigos, onde na praça pública era exercido direta e imediatamente o poder político, a qual ver-se, hoje, impossibilitada de ser realizada em sua plenitude como dantes, à exceção de minúsculos cantões suíços.[37]

Já a forma de participação política indireta, liga-nos ao conceito de representação e de eleição – é a democracia realizada através de eleição de representantes que decidem em nome do povo.[38]

Para Moreira Neto, estas seriam as modalidades puras de participação política, existindo uma terceira, mista: a semidireta; a qual fundamenta-se, segundo o autor, na expansão da participação a pessoas ou entidades, fora do Governo, especialmente interessadas nas decisões a serem tomadas.[39]

Discordamos, pois a forma de participar ainda continuaria sendo direta ou indireta, levando sim a expansão dos atores envolvidos nas esferas decisórias e não ao surgimento de uma nova forma de participação.

Na democracia moderna, que é semidireta, participa-se do governo diretamente, através de instrumentos da participação direta, como o

---

[34] Diogo de Figueiredo Moreira Neto *"Direito da Participação Política..."*, ob. cit., p. 24.

[35] Jorge Miranda, *"Ciência Política: formas de governo"*, ob. cit., p. 60.

[36] Paulo Bonavides, *"Ciência Politica"*, p. 228.

[37] Idem, pp. 268 a 274.

[38] Ibidem, pp. 221 a 227.

[39] *"Direito da Participação Política..."*, ob. cit. p. 36.

O direito à participação política na CADH

referendum e iniciativa, todavia a participação indireta, por meios eleitorais, é ainda instrumento prioritário no exercício da soberania popular. Como bem lembrou Paulo Bonavides: "trata-se da modalidade em que se alteram as formas clássicas da democracia representativa para aproximá-la cada vez mais da democracia direta".[40]

Ambas as formas de participação política fazem parte do conceito de sufrágio, onde cabe ao povo, diretamente, decidir sobre posições tomadas ou a serem realizadas pelo governo; ou, designar representantes, através de eleições.[41]

Acrescentando, ao direito de sufrágio, o conceito de elegibilidade, ou seja, o direito de ser votado, completa-se o conceito de *direito à participação política* que buscamos.

Assim trataremos, daqui por diante, como *direito à participação política* o direito de votar e ser votado, ou seja, o direito ao sufrágio (englobando o sufrágio para eleger e o sufrágio para decidir), e a elegibilidade[42]; ou, simplesmente, como preferiu Adriano Soares da Costa, como direitos advindos da cidadania[43] e da soberania popular[44].

Segundo o autor: "Deve-se entender os termos cidadania e soberania popular como sinónimos, como vínculo jurídico-político do cidadão com o Estado, pelo qual exsurge o *direito à participação política (direito de*

---

[40] Paulo Bonavides, *"Ciência Política"*, ob. cit., p. 274.

[41] Idem, p. 228.

[42] Posicionámo-nos em favor da teoria adotada por Adriano Soares da Costa, onde o direito de sufrágio (*ius singulii*) é considerado o direito de votar e a elegibilidade (*ius honorum*), o direito de ser votado, partes estes da soberania popular; posição contrária aos seguidores da teoria clássica, a qual exprime que o direito do sufrágio divide-se em alistabilidade (direito de votar) e elegibilidade (direito de ser votado).Ver Adriano Soares da Costa, *"Instituições de Direito Eleitoral: direito processual eleitoral; comentários à lei eleitoral"*, Belo Horizonte: Del Rey, 2002, 5.ª ed. rev. ampl. e atual. E, contra: Alexandre de Moraes, Carmem Lúcia Antunes Rocha, Pedro Henrique Távora Niess, dentre outros, como José Afonso da Silva, em *"Curso de Direito Constitucional positivo"*, ob. cit., p. 352 e ss.

[43] Para Adriano Soares da Costa, cidadania é: "o direito público subjetivo à participação política, (...)ao exercício do direito de sufrágio e da elegibilidade" . Ob. cit. supra, p. 34.

[44] "Em verdade, o direito de sufrágio (=direito de votar; *ius singulii*) e a elegibilidade (=direito de ser votado; *ius honorum*) são espécies do gênero *soberania popular* (ou cidadania), como explica o próprio art. 14 da CF/88, ao tratar conjuntamente dos dois institutos, quando da regulação sobre o modo de exercício da soberania popular: pelo sufrágio (caput) e pela elegibilidade (3§)". Idem, p. 35.(*Grifos do autor*).

266 *Estudos de Direito Europeu e Internacional dos Direitos Humanos*

votar e ser votado), bem como deveres políticos para com o Estado (fidelidade à Pátria, prestação do serviço militar, obrigatoriedade do voto)".[45]

Para Manuel Ramirez, no *"derecho a la participacion"* os cidadãos deixam de ser meros espectadores e são expressamente chamados a serem sujeitos ativos da vida política; considera o autor, o direito à participação política, uma "autêntica vertente subjetivizada de toda a estrutura democrática do Estado".[46]

Este *direito à participação política* está protegido tanto no ordenamento interno brasileiro, principalmente na Constituição de 1988; como no Direito Internacional, inclusive no Sistema Interamericano de proteção aos direitos humanos – sendo justamente ambos que pretendemos analisar, observando a relação de complementaridade ou não para com a proteção deste direito.

3 – O direito à participação política na Convenção Americana sobre Direitos do Homem

Trataremos neste item do direito à participação política na Convenção Americana sobre Direitos Humanos, analisando inicialmente este documento, sua origem e seus órgãos, para assim observarmos a previsão daquele direito político.

3.1 – Origem e evolução

O processo de internacionalização dos direitos humanos surge em contraposição ao que fora visto e vivenciado pela comunidade internacional num período de poucos anos, com duas grandes guerras, e principalmente, com o horror do Holocausto.[47]

---

[45] Ibidem, pp. 33 e 34. (Grifo nosso).

[46] Manuel Ramirez, *"La participación política"*, Madrid: Tecnos, 1985, pp. 41 e 42.

[47] "No momento em que os seres humanos se tornam supérfluos e descartáveis, no momento em que vige a lógica da destruição, em que cruelmente se abole o valor da pessoa humana, torna-se necessária a reconstrução dos direitos humanos, como paradigma ético capaz de restaurar a lógica do razoável." Flávia Piovesan, *"Direitos humanos e o direito constitucional internacional"*, ob. cit., p. 132.

O direito à participação política na CADH 267

No período do segundo pós-Guerra, surgem várias organizações internacionais visando não só a manutenção da paz, como a reestruturação e fortalecimento da proteção aos direitos humanos.

Neste clima é criada a Organização das Nações Unidas, através da Carta das Nações Unidas[48] e elaborado o principal documento de direitos humanos: a Declaração Universal dos Direitos do Homem – documento este que vem a tornar-se paradigma e programa comum a ser seguido por todos os povos e todas as nações.[49, 50]

Paralelamente à formação deste sistema global de proteção aos direitos humanos, surgem os sistemas regionais: o europeu[51], o africano[52] e o americano, sendo este último o qual trataremos aqui.

Os sistemas, o regional e o global, são complementares e úteis um ao outro na proteção e no monitoramento da aplicação efetiva dos direitos humanos pelo direito interno.

---

[48] A Carta das Nações Unidas de 1945 consolida o movimento de internacionalização dos direitos humanos, advindo de um processo de extremada preocupação em evitar a guerra, manter a paz e promover os direitos do homem, além de criar novos mecanismos de cooperação econômica e social. Cf. Flávia Piovesan, *"Direitos Humanos e Direito Constitucional Internacional"*, ob. cit., p. 142.

[49] De acordo com Flávia Piovesan, a Declaração Universal dos Direitos do Homem conjuga tanto os direitos de liberdade como de igualdade, demarcando a concepção contemporânea de direitos humanos em indivisíveis e interdependentes. *"Direitos Humanos e Direito Constitucional Internacional"*, ob. cit., pp. 149 e. 228.

[50] Sobre a Declaração Universal de Direitos do Homem, Jorge Miranda manifesta: "... nenhum documento alcançou tanta autoridade e ressonância política no século XX como a Declaração. Emanada da organização, em princípio, representativa de todos os povos do mundo, ela dirige-se a todos os homens e mulheres; para lá da igualdade, é a unidade do gênero humano que afirma. Baseada na idéia de que todos os homens são «dotados de razão e de consciência», ela tornou-se ponto de referência obrigatório de todos quantos lutam pela liberdade e pela fraternidade e o padrão por que se determina a natureza de cada regime ou sistema político." Jorge Miranda. *"A Declaração Universal e os Pactos Internacionais de Direitos do Homem"*. Tradução e introdução de Jorge Miranda. Lisboa: Livraria Petrony, 1976, p. X.

[51] "A Convenção Européia de Salvaguarda dos Direitos do Homem e das Liberdades Fundamentais, assinada em Roma em 1950, foi o primeiro texto de protecção a nível regional e o primeiro que introduziu o acesso directo do indivíduo a uma instância internacional para a defesa dos seus direitos contra o próprio Estado". Jorge Miranda, *"Curso de Direito Internacional"*, Cascais: Principia, 2002, p. 301.

[52] O sistema africano inicia-se com a Carta Africana dos Direitos do Homem e dos Povos, assinada em Nairobi, em junho de 1981, entrada em vigor em 1986; todavia, já ensaiava sua formação desde a convenção da Organização da Unidade Africana sobre aspectos específicos do problema dos refugiados, de 1969. Jorge Miranda, *"Curso de Direito Internacional"*, ob. cit., p. 316.

268 *Estudos de Direito Europeu e Internacional dos Direitos Humanos*

Tratando dos instrumentos que formam tais sistemas, Flávia Piovesan afirma: "O instrumento global deve conter um parâmetro normativo mínimo, enquanto que o instrumento regional deve ir além, adicionando novos direitos, aperfeiçoando outros, levando em consideração as diferenças peculiares em uma mesma região ou entre uma região e outra".[53]

O sistema regional que trataremos é o sistema interamericano de proteção dos Direitos Humanos, mais precisamente o baseado no regime da Convenção Americana sobre Direitos Humanos.[54]

O sistema de proteção interamericano dos direitos humanos, surgiu com resoluções e conferências interamericanas sobre o tema, do início do século passado, os quais ensejaram a formação de uma Declaração Americana dos Direitos e Deveres do Homem[55], e posteriormente, a Convenção Americana sobre Direitos Humanos.

A Convenção Americana, aprovada em 22 de novembro de 1969, na Conferência Especializada Interamericana sobre Direitos Humanos, em San José da Costa Rica, mais conhecida como Pacto de São José da Costa Rica, reproduziu grande parte do Pacto Internacional dos Direitos Civis e Políticos de 1966, todavia caminhou para o modelo da Convenção Européia dos Direitos do Homem de 1950, no sentido da supervisão e ação jurisdicional.[56, 57]

Os mecanismos de proteção dos direitos do homem estão previstos na Convenção Americana, na segunda parte, onde se nomeiam as competências da Comissão Interamericana de Direitos Humanos e da Corte Interamericana de Direitos do Homem.

---

[53] Flávia Piovesan, *"Direitos Humanos e Direito Constitucional Internacional"*, ob. cit., p. 228.

[54] Para os países que não ratificaram a Convenção Americana sobre Direitos Humanos, o sistema interamericano é fundamentado na Carta da Organização dos Estados Americanos e na Declaração Americana dos Direitos e Deveres do Homem, aplicando a Comissão Interamericana de Direitos Humanos, estes documentos na proteção dos direitos humanos nestes Estados-membros.

[55] Em 1948, tornou-se o primeiro instrumento internacional de seu género, antecedendo a Declaração Universal dos Direitos do Homem, do mesmo ano.

[56] Fábio Konder Comparato, *"A Afirmação Histórica dos Direitos Humanos"*, 2.ª ed. rev. ampl. São Paulo: Editora Saraiva, 2001, p. 364.

[57] A Convenção Americana entrou em vigor em 18 de julho de 1978, nos termos do artigo 74.º, inciso 2 da Convenção e teve seu registro na ONU, data de 27 de agosto de 1979, sob o N.º 17 955.

O *direito à participação política na CADH* 269

A Comissão Interamericana de Direitos Humanos teve origem na Quinta Reunião de Consulta dos Ministros das Relações Exteriores, em Santiago do Chile, em 1959, a partir da Declaração de Santiago, que a tornou o órgão especificamente encarregado de velar pela observância dos direitos do sistema.

Adquiriu força real na fase anterior à Convenção Americana, quando lhe foi atribuído a análise das petições de denúncias e queixas individuais e formulação de recomendações aos Estados.[58]

Com a entrada em vigor da Convenção, em 18 de julho de 1978, foi permitida uma maior efetividade à Comissão, e a sua competência fora ampliada e estendida para além das petições individuais, de grupos ou entidades não governamentais[59], cabendo-lhe a análise das comunicações de Estados a cerca de outros que incorrem em violações de direitos humanos.

Tem por função geral promover a observância e a proteção dos direitos humanos na América, e específicas, conciliar, assessorar, criticar, legitimar, promover e proteger os direitos humanos, através de exame de petições, elaboração de informes e realização de investigações *in loco*.[60]

Já a Corte Interamericana dos Direitos do Homem tem função jurisdicional e consultiva. Foi criada mediante a aprovação da Convenção Americana sobre Direitos Humanos, em 22 de novembro de 1969 – é composta por sete juízes, nacionais dos Estados-membros da Organização dos Estados Americanos (OEA).

De acordo com o artigo 61.º e 62.º, somente a Comissão e os Estados-partes da Convenção Americana, que tenham declarado reconhecer a competência da Corte, podem submeter um caso relativo à interpretação

---

[58] Cf. OEA/Ser.L/V/I.4 rev. 9, de 31 de janeiro de 2003, disponível em http://www.cidh.oas.org/Basicos/Base1.htm..

[59] Consagrada pelo artigo 44.º da Convenção Americana. Observa Cançado Trindade que esta Convenção vai mais além do que a mera extensão da *legitimatio ad causam*, a todo e qualquer peticionário – nos casos em que as vítimas encontram-se impossibilitadas de agir por conta própria, a iniciativa é estendida a terceiro como peticionário em sua defesa. "A personalidade e a capacidade jurídicas do indivíduo como sujeito do direito internacional" *in*: *"Os novos conceitos do novo Direito Internacional: cidadania, democracia e direitos humanos"*. Danielle Annoni (coord.) e outros. Rio de Janeiro: América Jurídica, 2002. p. 16.

[60] Flávia Piovesan, *"Direitos Humanos e Direito Constitucional Internacional"*, ob. cit., pp. 234-238.

ou aplicação da Convenção à decisão da Corte, desde que tenham sidos esgotados os procedimentos previstos nos artigos 48.º e 50.º, relativos à tramitação na Comissão.[61]

Em relação à outra função, a consultiva, todos os Estados Membros da OEA poderão consultar a Corte no que diz respeito à interpretação da Convenção ou de outros tratados sobre direitos humanos.

Para Flávia Piovesan, reconhecida a jurisdição da Corte, possuem as suas decisões para o Estado, força vinculante e obrigatória.[62]

Na Convenção Americana foram deixados os direitos econômicos, sociais e culturais, para o campo do comprometimento, através de providências futuras em busca de plena satisfação; na verdade, em função de obter a adesão dos Estados Unidos, foram deixados tais direitos para protocolo à parte, que só veio a ser aprovado em 1988 – Protocolo de São Salvador, completando assim a Convenção, no sentido de carta interamericana de direitos humanos, levando a uma visão integral e fortalecendo a importância da indivisibilidade dos direitos do homem.[63]

Já os direitos civis e políticos estão elencados no Capítulo II da Convenção, em vinte e cinco artigos, abrangendo o direito de reconhecimento da personalidade, o direito à vida, à integridade pessoal, à liberdade pessoal, proibição da escravidão e servidão, garantias judiciais, liberdade de consciência e de religião, de pensamento e de expressão, liberdade de associação e direito de reunião, proteção à família, direito ao nome, à nacionalidade, à propriedade privada, à circulação e de residência, direitos da criança, igualdade perante a lei, direitos políticos e proteção judicial.

Retiraremos especificamente o artigo 23.º, onde estão expressos os direitos políticos, para análise do direito à participação política neste instrumento regional de proteção dos direitos humanos.

---

[61] Em crítica à condição das partes e da ausência de representação legal da vítima perante a Corte, Cançado Trindade salienta: "Com efeito reconhecer o *locus standi in judicio* das vítimas (ou seus representantes) ante a Corte (em casos já submetidos a esta pela Comissão) contribui à "jurisdicionalização" do mecanismo de proteção (na qual deve recair a ênfase), pondo fim à ambiguidade da função da Comissão, a qual não é rigorosamente "parte" no processo, mas guardiã da aplicação correta da Convenção Americana.". "A personalidade e a capacidade jurídicas do indivíduo como sujeito do direito internacional" , ob. cit., p. 23.

[62] "*Direitos Humanos e Direito Constitucional Internacional*", ob. cit., pp. 243 e 244.

[63] Antônio Augusto Cançado Trindade, "*A proteção internacional dos direitos humanos e o Brasil (1948-1997): as primeiras cinco décadas*". Brasília: Editora da Universidade de Brasília, 2000, 2.ª ed., p.126.

3.2 – Enquadramento na CADH – o Artigo 23.º

"Artigo 23.º: Direitos Políticos.
1. Todos os cidadãos devem gozar dos seguintes direitos e oportunidades:

   a) de participar na direção dos assuntos públicos, diretamente ou por meio de representantes livremente eleitos;
   b) de votar e ser eleito em eleições periódicas autênticas, realizadas por sufrágio universal e igualitário e por voto secreto que garanta a livre expressão da vontade dos eleitores; e
   c) de ter acesso, em condições gerais de igualdade, as funções públicas do seu país.

2. A lei pode regular o exercício dos direitos e oportunidades, a que se refere o inciso anterior, exclusivamente por motivo de idade, nacionalidade residência, idioma, instrução, capacidade civil ou mental, ou condenação, por juiz competente, em processo penal."[64]

A Convenção Americana sobre Direitos Humanos, em seu preâmbulo, já opta pelo modelo democrático, atestando a sua essencialidade para a proteção dos direitos humanos; todavia, os direitos políticos estão expressos na Convenção Americana, no capítulo dos direitos civis e políticos, precisamente, no artigo 23.º[65], dividido em dois incisos: o primeiro relativo aos direitos e oportunidades, e o segundo, à regulamentação destes no direito interno, os quais trataremos detalhadamente abaixo:

3.2.1 – Inciso I – os direitos políticos

O Inciso n. 1 deste artigo da Convenção Americana, elenca alguns direitos e oportunidades políticas dos cidadãos, dividindo-os em três alíneas:

A primeira, relativa ao direito de participar na direção dos assuntos públicos, diretamente ou por meio de representantes livremente eleitos – descreve, assim, a previsão de uma democracia semidireta nos Estados-partes[66], baseada no sufrágio universal.

---

[64] Artigo 23.º da Convenção Americana sobre Direitos Humanos.

[65] Como observamos anteriormente, os direitos civis e políticos desta Convenção são similares ou inspirados nos previstos no Pacto Internacional dos Direitos Civis e Políticos, neste caso, no artigo 25.º do Pacto.

[66] Num ambiente confuso, onde os países latino-americanos colocavam a democracia em cheque, é importante frisar a força deste documento, mesmo que não tenha interferido

272 *Estudos de Direito Europeu e Internacional dos Direitos Humanos*

Segundo Paulo Bonavides: "O sufrágio é o poder que se reconhece a certo número de pessoas (o corpo de cidadãos) de participar direta ou indiretamente na soberania, isto é, na gerência da vida pública".[67]

A democracia semidireta utiliza-se de instrumentos de participação direta, como o referendum, a iniciativa popular, o *recall*, o veto popular... mas, não deixa de priorizar o exercício da cidadania por meio da eleição de seus representantes.

Segundo o autor italiano Gianfranco Pasquino: "Ainda que seja muito difícil avaliar de que modo a democracia participativa pode ser construída em concreto e posta a funcionar na prática, nenhuma democracia participativa é concebível sem uma base sólida de democracia processual e eleitoral". [68]

Assim sendo, a segunda alínea do artigo 23.º da Convenção Americana de Direitos Humanos prevê o direito "de votar e ser eleito, em eleições periódicas autênticas, realizadas por sufrágio universal e igualitário e por voto secreto que garanta a livre expressão da vontade dos eleitores".

Esta alínea trata justamente do *direito à participação política*, ou seja, do direito de votar e ser votado, prevendo o sufrágio e a elegibilidade, e ditando as escolhas das formas mais democráticas a serem empregadas.

Como bem salientou Pasquino: "Tudo aquilo que diz respeito à definição de eleições *livres, competitivas*, realizadas *em prazos pré-estabelecidos* (mesmo em caso de crise governamental ou de dissolução antecipada do parlamento) e *significativas* (no sentido de definirem realmente as quantidades representativas e de governo conquistadas pelos candidatos e pelos partidos) constitui um dos aspectos fundamentais, talvez, o principal, da democratização de um regime político".[69]

---

imediatamente para o fim desses regimes autoritários, mesmo que os países não tenham ratificado-a, levou-os, sobre forte pressão, principalmente dos casos impetrados a Comissão de Direitos Humanos, a rever a postura em virtude da proteção dos direitos humanos dos presos políticos. No exemplo brasileiro, nove são os casos que denunciaram as práticas da tortura e da detenção ilegal e arbitrária cometidas pelo regime militar, no período de 1970 a 1974. V. Flávia Piovesan, "*Direitos Humanos e Direito Constitucional Internacional*", ob. cit., 279. Todavia observam, André Gonçalves Pereira e Fausto de Quadros, que "a Convenção Americana não conseguiu obter o impacto desejado". "*Manual de Direito Internacional*", Coimbra: Almedina, 1993, 3.ª ed. rev. ampl., p. 344.

[67] Paulo Bonavides , "*Ciência Política*", ob. cit., p. 228.
[68] Gianfranco Pasquino. "*Curso de Ciência Politica*", ob. cit., p. 318.
[69] Idem,. p. 118. (grifos do autor)

O direito à participação política na CADH

Completa aquele autor: "Eleições livres, competitivas, realizadas em prazos previamente estabelecidos e constitucionalmente previstos, nas quais podem participar todos os cidadãos com a única exceção dos que não cumprem os limites da idade, constróem, mantém, sustentam e fazem funcionar regimes democráticos".[70]

Para Pasquino, o sufrágio deve ser *universal* (estendido a todos), *livre* (isento de constrangimentos), *igual* (no sentido que todos os votos tenham o mesmo valor), *direto* (dirigido à eleição de candidatos ou a atribuição de mandatos aos partido, sem intervenção de permeio), *secreto* (expresso ao abrigo dos olhos e das sanções de outrem, especialmente os detentores do poder político, econômico, social e religioso) e *significativo* (produzindo efeitos sobre a distribuição do poder político, em termos de cargos e lugares)".[71]

Em relação à elegibilidade, ou seja o direito de ser votado, podemos dizer que só a possui quem preencha todas as condições exigidas para concorrer a um mandato eletivo e efetue o registro da candidatura, sendo assim mais restrito que o direito de votar.[72]

Para José Afonso da Silva, os elegíveis podem coincidir com os eleitores, ser em número mais restrito ou mais amplo; como bem observa o autor, a terceira hipótese (ser elegível sem ser eleitor), "é ilógica e raramente aplicada", a primeira, onde todo eleitor é elegível, deveria ser a mais normal, poucos países a aplicam. Então, conclui-se que a regra é que não basta ser eleitor para ser elegível.[73]

Já a terceira alínea do artigo 23.º, inciso 1, da Convenção Americana, a de letra c), representa a oportunidade e o direito de ter acesso, em condições gerais de igualdade, às funções públicas do seu país.

Esta norma diz respeito à acessabilidade aos cargos, funções e empregos públicos[74], o que não representa, por si, direito à participação política como entendemos e sim a aplicação do princípio da isonomia no recrutamento de recursos humanos para o Estado.

---

[70] Ibidem, p. 117.

[71] *"Curso de Ciência Politica"*, ob. cit., p. 118. (grifos do autor).

[72] Adriano Soares da Costa, *"Instituições de Direito Eleitoral: direito processual eleitoral..."*, ob. cit., pp. 36 e 37.

[73] José Afonso da Silva, *"Curso de Direito Constitucional positivo"*, ob. cit., p. 369.

[74] A respeito da acessabilidade à função pública, no direito brasileiro ver: Hely Lopes Meirelles, *"Direito Administrativo Brasileiro"*, São Paulo: Malheiros, 2003, 28.ª ed., atual., pp. 409 e 410; Alexandre de Moraes *"Reforma Administrativa: Emenda Constitucional n.º 19/98"*, São Paulo: Atlas, 2001, 4.ª ed. ver., ampl. e atual., pp. 42 a 44, entre outros.

274 *Estudos de Direito Europeu e Internacional dos Direitos Humanos*

Está enquadrada nos direitos políticos inerentes ao homem, todavia, não fará parte da análise que estamos aqui a submeter a Convenção Americana – em nosso entendimento, não representa exatamente um *direito à participação política*, podendo sê-lo ou não.

O direito de acesso às funções públicas, pode ser uma forma importante e salutar de participação na vida política do Estado, mas pode não ser considerado atuação na esfera decisória, e consequentemente, implicar em meros "atos de execução" realizados pela Administração Publica, e não "atos de governo".[75]

Não se enquadra neste contexto, o direito de acesso aos cargos públicos eletivos, já previsto no quesito legal anterior, com a elegibilidade, ou seja, direito de ser votado e tornar-se eleito.

3.2.2 – Inciso II – a regulamentação no direito interno

No inciso 2, do artigo 23.º, a Convenção Americana sobre Direitos Humanos trata da limitação da regulamentação interna do direito mencionado no item anterior. Enumera quais os motivos permitidos para regulamentação do direito de sufrágio e das condições de elegibilidade.

Visa limitar as restrições ao direito à participação política nos Estados-partes, tentando inibir qualquer barreira discriminatória ou censitária dos direitos políticos em seus ordenamentos jurídicos, e garantir maior participação política popular, na busca de uma proximidade com o sufrágio universal, perante condições de elegibilidade mais extensas.

A Convenção coloca as restrições ao direito de sufrágio junto às condições de elegibilidade no mesmo quesito, mas trataremos separadamente.

Como bem observa Paulo Bonavides: "A rigor todo sufrágio é restrito. Não há sufrágio completamente universal"; e completa: "Ambos comportam restrições: o sufrágio restrito em grau maior; o sufrágio universal em grau menor".[76]

Assim sendo, a Convenção Americana prevê até onde deve ir esta restrição, quais os motivos que podem ser alegados para restringir o sufrágio universal previsto.

Neste caso, as limitações feitas à capacidade do eleitor só podem ser de ordem etária, ou ligadas às condições de nacionalidade, residência,

---

[75] Cf. Hely Lopes Meirelles, *"Direito Administrativo Brasileiro"*, ob. cit., p. 63.
[76] *"Ciência Política"*, ob. cit., p. 223.

O direito à participação política na CADH

idioma, instrução, capacidade civil ou mental, ou condenação, por juiz competente, em processo penal.

Para o exercício do sufrágio, a condição da idade mínima baseia-se na presunção de capacidade de discernimento e maturidade que o eleitor precisar ter para interferir na esfera decisória do Estado.[77]

A nacionalidade é "condição mínima de vinculação ao país e à coisa publica"[78].

Já a residência pode ser quesito exigível pelo inciso 2 do Artigo 23.º da Convenção Americana, para obtenção do direito de votar, devendo a lei interna regular o prazo mínimo de residência habitual ou prolongada em certa circunscrição para exercício da cidadania.

Nas restrições relativas a idioma, pode o Estado exigir língua oficial na atividade eleitoral, mas deve salvaguardar os direitos das minorias linguísticas no gozo de seus direitos políticos.

Um dos pontos principais nesta análise é relativo ao grau de instrução como condição de aquisição do direito de sufrágio, restrição prevista no inciso 2 do artigo em questão. Em vários sistemas constitucionais não é admitido o direito de votar a quem não possui um grau mínimo de instrução – leia-se: saber ler e escrever; presume-se que estes não possuem condições de formular juízos ou tomar decisões.[79, 80]

Diz a Convenção que a lei pode determinar regras de restrição aos direitos políticos por motivo de incapacidade civil e mental do cidadão, ou seja, podem ser restringidos do gozo de seus direitos politicos,

---

[77] Idem, p. 234.

[78] Biscaretti di Ruffia *apud* Paulo Bonavides, *"Ciência Política"*, ob. cit., p. 233.

[79] Paulo Bonavides, ob. cit. supra, p. 235.

[80] Para Paulo Bonavides, a questão do analfabeto congrega duas vertentes: (a)uma que leva a posicionar-se a favor da extensão do direito de sufrágio ao analfabeto, baseada na natureza do sufrágio universal, na tributação ("cumpre deveres a que não correspondem direitos") e, principalmente, na questão da baixa escolaridade da população dos países subdesenvolvidos, o que levaria a quebra do princípio democrático, onde uma "maioria composta por legiões de analfabetos" estariam marginalizados da esfera decisória do Estado; (b) a outra, contra a extensão do sufrágio aos analfabetos, baseada, não nas clássicas teorias do sufrágio capacitário, mas sim focada no mesmo ponto de preocupação da vertente favorável: a questão da massa de analfabetos dos países subdesenvolvidos; nesta, contra, tendo em vista a possibilidade de fácil manipulação desta massa pela prática política destes países. *"Ciência Politica"*, ob. cit., pp. 243- 246. Opinamos favoravelmente a teoria da extensão máxima do sufrágio universal, incluindo aí o analfabeto, tendo em vista a maior participação gerar maior democratização, todavia abalizada em instituições democráticas fortes, que possibilitem o controle por parte dos cidadãos da concorrência política-eleitoral.

276 *Estudos de Direito Europeu e Internacional dos Direitos Humanos*

especificamente o de votar, os cidadãos que não possuam capacidade de discernimento, não se achando em condições normais de exercer o sufrágio.

Outro motivo pelo qual pode ser restringido o direito de votar é em consequência de condenação, por juiz competente, em processo penal. Para Paulo Bonavides, neste caso a privação do direito de voto pode se dar por motivo de indignidade penal, onde, como observa o autor. "... temos as pessoas excluídas da participação eleitoral em virtude de sentenças condenatórias dos tribunais, pela prática de delitos comuns".[81]

Em relação às condições de elegibilidade e a possibilidade de restrição pelo direito interno ao direito de ser votado, ou seja, as condições de elegibilidade, não vêem distintas das já previstas condições de alistabilidade, cabendo aos Estados manter uma relação próxima da possibilidade de aquisição de elegibilidade com as condições de aquisição ao direito de votar.

De acordo com esta norma do inciso 2, do artigo 23.º da Convenção Americana, outras restrições não pode sofrer o direito à participação política por parte do direito interno dos Estados-partes.

Deve-se respeitar o princípio democrático nela previsto, a forma exclusivista dos motivos restritivos de direitos, o princípio da interpretação restritiva das restrições de direitos[82], e ainda, em consonância com o princípio da boa-fé[83], e o dever e obrigação dos Estados de cumprimento do previsto neste documento de direitos humanos internacionais.

Não existindo real aplicação deste artigo, cabe aos cidadãos, após o esgotamento de recursos internos, recorrer aos mecanismos de proteção do sistema interamericano de direito humanos, através de seus órgãos: a Comissão Interamericana de Direitos Humanos e a Corte Interamericana de Direitos Humanos.

---

[81]. Completando o autor: "A privação do direito de voto por motivo de indignidade é restrição perfeitamente cabível no sistema de sufrágio universal, representado o rompimento com a ordem politica estabelecida daqueles que, pela sua conduta, transgridem a lei, expressão da vontade geral". Paulo Bonavides, *"Ciência Política"*, ob. cit., p. 236.

[82] As regras de privação ou restrição, segundo José Afonso da Silva: "... hão-de entender-se nos limites mais estreitos de sua expressão verbal, segundo as boas regras de hermenêutica".*"Curso de Direito Constitucional Positivo"*, ob. cit., p. 385.

[83] "A principal regra de interpretação é a boa-fé, segunda a qual os tratados são negócios *bona fide* e devem ser interpretados por forma a excluir a fraude. Foi acolhida pela CV (Convenção de Viena), no artigo 31.º, n. 1." André Gonçalves Pereira e Fausto de Quadros, *"Manual de Direito Internacional Publico"*, ob. cit., p. 241.

4 – O direito à participação política na Constituição da República Federativa do Brasil

Neste ponto, inicialmente veremos a Constituição Brasileira de 1988, através de uma breve passagem histórica, para assim entendermos e analisarmos o direito à participação política e o seu enquadramento nesta Carta Maior brasileira.

4.1 – Breve histórico

O Brasil viveu, aproximadamente vinte anos, de 1964 a 1985, sob a tutela de um regime militar autoritário, exercido através da supressão dos direitos fundamentais, principalmente dos direitos civis e políticos, e da supremacia do Poder Executivo sobre os demais, onde o chefe maior do Estado recebia seu mandato das Forças Armadas.

Sobre forte recessão econômica e crescente insatisfação das elites nacionais, os militares viram a necessidade de flexibilizar as regras autoritárias e proceder à abertura política, iniciada em 1974 pelo então Presidente da República, o General Ernesto Geisel, concluída com a posse do Presidente civil, José Sarney, eleito indiretamente pelo Colégio Eleitoral em 1985, e com a posterior Assembléia Nacional Constituinte, em 1987.

Após ter vivido num ambiente hostil, de clandestinidade, seguido de uma maior organização e contestação no período de abertura política, a oposição civil (inclui-se parte da Igreja, os sindicatos, os universitários, artistas...) chegou a esta Constituinte fortalecida e mobilizada, ainda que parcialmente representada, mas num ambiente de democratização propício a instauração de um regime realmente democrático.

Segundo José Afonso da Silva: "A luta pela normalização democrática e pela conquista do Estado Democrático de Direito começara assim que se instalou o golpe de 1964 e especialmente após o AI-5, que foi o instrumento mais autoritário da história política do Brasil. Tomara, porém as ruas, a partir da eleição de Governadores em 1982. Intensificara-se, quando no inicio de 1984, as multidões acorreram entusiásticas e ordeiras aos comícios em prol da eleição direta do Presidente da República, interpretando o sentido da Nação, em busca do reequilíbrio da vida nacional, que só poderia consubstanciar-se numa nova ordem constitucional que refizesse o pacto político-social".[84]

---

[84] José Afonso da Silva. "*Curso de Direito Constitucional Positivo*", ob. cit., p. 88.

278   *Estudos de Direito Europeu e Internacional dos Direitos Humanos*

Foi com o propósito de restaurar o pacto político-social que a Constituição Brasileira de 1988 (chamada, pelo então Presidente da Assembléia Nacional Constituinte – o deputado Ulysses Guimarães, de Constituição Cidadã[85]), constituiu o Estado Democrático de Direito e enumerou seus princípios fundamentais (artigo 1.º, seus incisos e seu parágrafo único), como a cidadania, a dignidade da pessoa humana, além do princípio da soberania popular e da democracia representativa, entre outros; e, destinou cinco capítulos aos direitos fundamentais e suas formas de garantia.[86, 87]

Como salienta Flávia Piovesan, a Constituição Brasileira de 1988 "situa-se como marco jurídico da transição democrática e da institucionalização dos direitos humanos no Brasil".[88]

A Constituição de 1988, em seu artigo 1.º, define-se pelo Estado Democrático de Direto, fundamentado, dentre outras coisas no pluralismo político; e em parágrafo único, expressa o princípio da soberania popular e da democracia semidireta.[89]

4.2 – Enquadramento constitucional

Através desta Constituição é que analisaremos os direitos políticos no Brasil, a procura do enquadramento do direito à participação política, ou seja, o direito de votar e ser votado.

---

[85] Segundo José Afonso da Silva: "É a Constituição Cidadã, (...), porque teve ampla participação popular em sua elaboração e especialmente porque se volta decididamente para a plena realização da cidadania". Ob. cit. supra, p. 90.

[86] Bastante valorizados foram também os direitos sociais, que pela primeira vez na história constitucional brasileira surgem como capítulo autônomo, não mais incluído no capítulo que trata da ordem econômica, chegando a estar localizado antes mesmo dos direitos políticos, dentro dos Direitos e Garantias Fundamentais. V. José Afonso da Silva, ob. cit. supra, p. 288.

[87] "Diversamente de todas as anteriores Constituições, a de 1988 ocupa-se dos direitos fundamentais com prioridade em relação aos demais problemas", observa Jorge Miranda em *"Manual de Direito Constitucional"*, Tomo I; Coimbra: Coimbra Editora, 1996, 5.ª ed., p. 231.

[88] Direitos Humanos e Direito Internacional Constitucional", São Paulo: Max Limonad, 2002, p. 31 e 32.

[89] *"Art. 1.º. Parágrafo único. Todo poder emana do povo, que o exerce por meio de representantes eleitos ou diretamente, nos termos esta Constitu*ição". Constituição da República Federativa do Brasil de 1988.

O *direito à participação política na CADH*

Para José Afonso da Silva, os direitos políticos "são o conjunto de normas que regula a atuação da soberania popular (arts. 14 a 16). Tais normas constituem o desdobramento do princípio democrático descrito no artigo 1.º, parágrafo único, quando diz que o poder emana do povo, que exerce por meio de representantes eleitos ou diretamente".[90]

Os direitos políticos, em *sentido lato*, estão expressos tanto num capítulo próprio, como em outros dentro do Título II – dos direitos e garantias fundamentais, como o relativo à nacionalidade (Capítulo II – arts. 12 e 13); e outro relativo ao direito partidário (Capítulo V – art. 17).[91]

Dentre esses direitos políticos previstos na Constituição brasileira de 1988, os do Capítulo IV (dos direitos políticos – arts. 14, 15 e 16) são o motivo maior da nossa análise que se segue, por tratarem do direito de votar e do de ser votado e serem o "núcleo fundamental"[92] dos direitos políticos – na nossa visão, o direito à participação política.

Adotaremos a divisão de modalidades apresentada por José Afonso da Silva, onde os direitos políticos podem ser positivos ou negativos, sendo os primeiros relativos ao direito político passivo e ativo[93], ou seja, ao direito de votar (sufrágio) e ser votado (elegibilidade), o direito à participação política; e os negativos, relativos às normas que impedem essa atuação (inelegibilidade).[94]

---

[90] Ob. cit , p. 347.

[91] Consoante nosso entendimento, deveriam representar capítulo único chamados (direitos políticos), subdividido em duas secções: a do direito à participação política e a dos partidos politicos.

[92] José Afonso da Silva, *"Curso de Direito Constitucional Positivo"*, ob. cit., p. 349.

[93] Relativo a divisão das modalidades de exercício dos direitos políticos em ativos e passivos, baseada na capacidade eleitoral ativa e passiva, ver José Afonso da Silva, ob. cit. supra, p. 349. Para Alexandre de Moraes (*"Constituição do Brasil interpretada e legislação constitucional"*, ob. cit., pp. 538 e 540) : "A capacidade eleitoral ativa consiste na forma de participação da pessoa na democracia representativa, por meio da escolha de seus mandatários" e a "elegibilidade e é a capacidade eleitoral passiva, consistente na possibilidade de o cidadão pleitear determinados mandatos políticos, mediante eleição popular, desde que preenchidos requisitos." Já Adriano Soares da Costa (*"Instituições de Direito Eleitoral: direito processual eleitoral..."*, ob. cit., p. 27 e p. 40), discorda no ponto relativo à elegibilidade, pois defende que o direito a ser votado depende do registro da candidatura, que pressupõe preenchimento de todas as condições exigidas para o cargo.

[94] José Afonso da Silva, *"Curso de Direito Constitucional Positivo"*, ob. cit., p. 349 e ss.

280 *Estudos de Direito Europeu e Internacional dos Direitos Humanos*

4.2.1 – Direitos políticos positivos

Os direitos políticos positivos englobam não só o direito de sufrágio e a elegibilidade, como também o direito de propor ação popular ou iniciativa legislativa popular, e os direitos relativos a organizar e participar dos partidos políticos; todavia, são aqueles dois primeiros, direito de votar e ser votado, que são as instituições fundamentais do direito à participação política.

O artigo 14 da Constituição Federal institui o sufrágio universal, através do voto secreto, direto e igual; prevendo outros tipos de participação, além da realizada pela escolha de representante, ou seja, sufrágios para decidir (como o referendum e o plebiscito), relatando em seu parágrafo primeiro e segundo a quem cabe o direito, e a consequente obrigação ou faculdade de alistamento e de voto.

Estão obrigados, pela Constituição Brasileira, a alistar-se e votar os maiores de dezoito anos, sendo facultado aos analfabetos, aos maiores de setenta anos e aos maiores de dezasseis e menores de dezoito anos (art. 14 §1.º, inc. I e II).

Os inalistáveis são os não enquadrados nestas categorias, além dos previstos no parágrafo segundo deste artigo – os estrangeiros e os conscritos[95].

Já no parágrafo terceiro, trata das condições de elegibilidade, ou seja, das condições para aquisição do direito de ser votado.

Para Adriano Soares da Costa "o direito de ser votado (elegibilidade, *ius honorum*) é efeito jurídico do registro de candidatura. Antes do registro não há para o nacional direito de concorrer a cargos públicos eletivos".[96]

Para aquele autor, as condições de elegibilidade são: "exigências constitucionais ou legais para a realização do registro, implicando a ausência de uma delas a inexistência do direito de registrar".[97]

---

[95] Segundo Adriano Soares da Costa, são conscritos "os alistados para o serviço militar obrigatório. Enquanto durar a prestação do serviço obrigatório, há inalistabilidade. Todavia, findo este período, continuando o nacional servindo as forças militares do País, há poder-dever de alistar-se, como sói acontecer com todos os brasileiros maiores de dezoito anos". *"Instituições de Direito Eleitoral: direito processual eleitoral..."*, ob. cit. p. 145.

[96] Ob. cit. p. 99.

[97] Adriano Soares da Costa, *"Instituições de Direito Eleitoral: direito processual eleitoral..."*, ob. cit. p. 100. Já, para José Afonso da Silva, possui elegibilidade "quem preencha as condições exigidas para concorrer a um mandato eletivo". Não dá este autor

O direito à participação política na CADH 281

As *condições de elegibilidade* podem ser divididas em próprias e impróprias, ou sejam, as previstas no artigo 14, §3.º da Constituição – as próprias; e as impróprias, os pressupostos constitucionais não previstos no §3.º do art. 14, mas previstos em outras normas constitucionais ou de criação infraconstitucional.[98]

As condições de elegibilidade próprias, previstas no art. 14, § 3.º são: a nacionalidade brasileira; o pleno exercício dos direitos políticos; o alistamento eleitoral; o domicílio eleitoral na circunscrição; a filiação partidária; e, idade mínima específica para cada cargo.

É exigida a nacionalidade brasileira para todos os cargos eletivos, mas para candidatar-se à Presidência e Vice-presidência da República exige-se ainda a condição de brasileiro nato (art. 12, § 3.º).[99, 100]

O alistamento eleitoral[101] é condição fundamental – só podem pleitear a elegibilidade os eleitores, domiciliados no local pelo qual se candidatam; e mais, os que gozem da plenitude dos seus direitos políticos[102].

No Brasil, concorrer à eleição, só por intermédio de um partido político[103]. A exigência constitucional de filiação partidária impede as

---

a mesma importância ao fato jurídico do registro de candidatura, falando em elegibilidade como a capacidade eleitoral passiva, a capacidade de ser eleito. *"Curso de Direito Constitucional Positivo"*, ob. cit., p. 369.

[98] "A classificação (...) é mesmo topológica. *Do ponto de vista substancial, são condições de elegibilidade os pressupostos fixados pelo ordenamento jurídico para a obtenção do direito de ser votado"*. Adriano Soares da Costa, *"Instituições de Direito Eleitoral: direito processual eleitoral..."*, ob. cit., p.101 à 103.(grifos do autor).

[99] Como bem observa Alexandre de Moraes: "Os demais cargos privativos previstos pelo citado artigo não são eletivos pelo povo". *"Constituição do Brasil interpretada e legislação constituciona*l", ob. cit., p. 541.

[100] Vale salientar que os portugueses, equiparados pelo §1.º do artigo 12 da Constituição, podem candidatar-se, salvo os casos previstos no artigo 12, §3.º e as demais condições de elegibilidade.

[101] "O alistamento eleitoral é o ato jurídico pelo qual a Justiça Eleitoral qualifica e inscreve o nacional no corpo de eleitores". Adriano Soares da Costa, *"Instituições de Direito Eleitoral: direito processual eleitoral..."*, ob. cit., p. 142.

[102] O pleno exercício dos direitos políticos poderá ser analisado melhor quando veremos as suas privações (perda e suspensão) no item posterior.

[103] Vale salientar que no Brasil, o direito de organizar e participar em partidos políticos está em capítulo à parte dos direitos políticos (capítulo V, art. 17, seus incisos e parágrafos), todavia, nas condições de elegibilidade previstas na Constituição (art. 14, § 3.º, inc. V) , está expressa a filiação partidária, e infraconstitucionalmente, no Código Eleitoral (art. 94, §1.º, inc. I), a indicação em Convenção partidária. Destarte, concede o ordenamento jurídico exclusividade aos partidos políticos na proposição de candidaturas, reforçando a importância dada a estes no Estado Democrático brasileiro.

282 Estudos de Direito Europeu e Internacional dos Direitos Humanos

candidaturas avulsas, sem partidos políticos[104]. Diferentemente de algumas constituições, como a Constituição da República Portuguesa de 1976, onde prevê: a candidatura à Presidência da República proposta por cidadãos eleitores (art. 124.º, inc. 1); a possibilidade das listas de candidatos dos partidos políticos para Assembléia da República, integrarem cidadãos não inscritos (art. 151.º, inc. 1); e, a possibilidade de apresentação de candidaturas para os órgãos das autarquias locais por grupos de cidadãos eleitores (art. 239, inc. 4).

De acordo com o previsto pela Constituição Brasileira de 1988, em seu artigo 14, §3.º, inciso VI e suas alíneas, só podem ser candidatos, mesmo cumprindo todas as outras condições, os eleitores com idade mínima de dezoito anos para Vereador; vinte e um anos para Deputado Federal, Deputado estadual ou Distrital, Prefeito e Vice-Prefeito e juiz de paz; trinta anos para Governador e Vice-Governador de Estado e do Distrito Federal; e, trinta e cinco anos para Presidente da República, Vice-Presidente da República e Senador.[105]

As condições de elegibilidade impróprias, ou seja, as previstas fora do artigo 14, §3.º da Constituição, estão previstas tanto na Constituição Federal: a alfabetização (artigo 14, § 4.º), as condições especiais dos militares (artigo 14, § 8.º), e a desincompatibilização; como fora dela, mas com a mesma natureza: a indicação em convenção partidária (art. 94, § 1.º, inc. I, do Código Eleitoral) e a filiação partidária há mais de um ano do pleito (art. 18 da Lei n.º 9.096/95 – Lei dos Partidos Políticos).[106]

---

[104] Ver Alexandre de Moraes, *"Constituição do Brasil interpretada e legislação constitucional"*, ob. cit., p. 543 e Adriano Soares da Costa, *"Instituições de Direito Eleitoral: direito processual eleitoral..."*, ob. cit. p. 154 e ss.

[105] Esta gradação da idade do titular do direito de ser votado, a princípio pode aparentar gradação da elegibilidade e, consequentemente, gradação da cidadania, todavia nos explica Adriano Soares da Costa: "O que pode ter gradação é algum pressuposto exigível, sem qualquer implicação em relação ao *conteúdo* do conceito de elegibilidade", o qual para o autor é "o direito de ser votado para um determinado cargo, definido no ato de registro da candidatura". *"Instituições de Direito Eleitoral: direito processual eleitoral..."*, ob. cit., p. 38 (grifo do autor).

[106] Cf. Adriano Soares da Costa, *"Instituições de Direito Eleitoral: direito processual eleitoral..."*, ob. cit., pp. 101-103.

4.2.2 – Direitos políticos negativos

Os direitos políticos negativos[107] correspondem, segundo Alexandre de Moraes, "às previsões constitucionais que restringem o acesso do cidadão à participação nos órgãos governamentais, por meio de impedimentos às candidaturas". Para o autor dividem-se em regras sobre a inelegibilidade e regras sobre privação dos direitos políticos.[108]

Para José Afonso da Silva, a inelegibilidade é o impedimento à capacidade eleitoral passiva e pode ser considerada, em relação à sua abrangência, absoluta ou relativa. Sendo as absolutas, impedimentos eleitorais para qualquer cargo e as inelegibilidades relativas, as restrições à elegibilidade para determinados cargos por motivos especiais que enquadrem o indivíduo no momento da eleição.[109]

As inelegibilidades absolutas seriam assim, por consequência de sua excepcionalidade, as previstas na Constituição, como é no caso do artigo 14, §4.º, onde prevê que são inelegíveis os inaslistávies e os analfabetos.[110]

As relativas podem-se dar: (a) por motivos funcionais, no caso de candidatura para o mesmo cargo, num terceiro período subsequente[111], ou para concorrerem a outros cargos[112]; (b) por motivo de parentesco, no território de circunscrição do titular de cargo; e, (c) por motivo de domicílio, por não cumprimento da condição de elegibilidade relativa ao prazo de domicílio eleitoral.

As privações dos direitos políticos podem ser divididas pelo caráter definitivo ou temporário. A privação definitiva denomina-se perda dos direitos políticos – perde o indivíduo sua condição de eleitor e todos os

---

[107] Sobre direitos politicos negativos ver Alexandre de Moraes, "*Constituição Brasileira Interpretada e legislação constitucional*", ob. cit., pp. 544-591; e José Afonso da Silva, "*Curso de Direito Constitucional positivo*", ob. cit., pp. 384-396.

[108] Alexandre de Moraes, "*Constituição do Brasil interpretada e legislação constituciona*l", ob. cit. p. 544.

[109] José Afonso da Silva, "*Curso de Direito Constitucional Positivo*", ob. cit., p. 393.

[110] Idem.

[111] Neste caso o Presidente da República, os Governadores de Estado e do Distrito Federal e os Prefeitos, e quem houver sucedido, ou substituído nos seis meses anteriores ao pleito.

[112] E neste, os mesmos, salvo desincompatibilização, mediante renúncia até seis meses antes do pleito.

284 Estudos de Direito Europeu e Internacional dos Direitos Humanos

direitos da cidadania.[113] A privação temporária chama-se suspensão dos direitos políticos.

São casos de perda de direitos políticos na Constituição Brasileira: o cancelamento da naturalização por sentença transitada em julgado; a perda da nacionalidade brasileira com a aquisição de outra; e, a recusa de cumprir obrigação imposta ou prestação alternativa.[114]

Ocorre a suspensão dos direitos politicos em consequência de: incapacidade absoluta, condenação criminal transitada em julgado, enquanto durarem seus efeitos e improbidade administrativa.[115]

Todavia, toda esta teoria é contradita por Adriano Soares da Costa, baseando-se em que o direito de ser votado advém do fato jurídico do registro de candidatura, salienta: "sem registro não há candidatura" e completa: "sem registro de candidatura não nasce o direito de ser votado".[116]

Para aquele autor: "O estado de inelegibilidade é a regra; a elegibilidade, a exceção".[117, 118]

---

[113] Esta privação não só impede o exercício do direito à participação política, como impede o exercício de outros direitos políticos. Adriano Soares da Costa observa: "A perda dos direitos politicos é perda de acesso a cargos públicos e a funções públicas; perda da legitimidade *ad causum* para exercício de determinadas ações cívicas (ação popular...v. g.); perda do direito de votar e do direito de participar da administração da coisa pública, de maneira direta, pelo referendo e plebiscito. Quem perde ou tem suspenso os direitos políticos, perde ou tem suspensa a própria cidadania, o próprio *status civitatis*". *"Instituições de Direito Eleitoral: direito processual eleitoral..."*, ob. cit., p. 111.

[114] José Afonso da Silva, *"Curso de Direito Constitucional Positivo"*, ob. cit., pp. 386 e 387.

[115] Idem, pp. 387 e 388.

[116] *"Instituições de Direito Eleitoral: direito processual eleitoral..."*, ob. cit., pp. 38 e 39.

[117] Idem, p. 45.

[118] Resume Adriano Soares da Costa: "... o direito de votar (*ius sufragii*) é efeito do fato jurídico do alistamento, pelo qual a pessoa física passa à condição de cidadão, ou seja, de eleitor. A inscrição eleitoral faz nascer o direito subjetivo político de participar da vida política da nação, escolhendo os seus representantes, que exercerão o múnus público consistente na administração da *res* pública. Diferentemente, o direito de ser votado (*ius honorum*) é mais restrito, nascendo do fato jurídico do registro da candidatura. Só pode ter direito de ser votado, quem tiver o direito de votar, sendo falsa a recíproca. O direito de votar é, destarte, a expressão maior do direito político, e com ele se confunde. Perda de direito político é perda da condição de cidadão, de eleitor". *"Instituições de Direito Eleitoral: direito processual eleitoral..."*, ob. cit., p. 44.

Neste ponto de vista, o eleitoralista brasileiro divide as inelegibilidades em inatas e cominadas, sendo as primeiras as originais, naturais dos que não providenciaram meios para adquirir a elegibilidade; e as cominadas, as ocasionais, provocadas pela ocorrência de algum fato ilícito ao ato eleitoral, podendo ainda ser esta dividida em simples (para a eleição em questão) ou potenciada (para a eleição que ocorrer dentro de certo período).[119]

Estariam incluídas nestas classificações tanto as inelegibilidades, como as privações de direitos políticos previstas pelos outros autores (leia-se José Afonso da Silva e Alexandre de Moraes).

A inelegibilidade inata é a ausência de elegibilidade, é a ausência de registro de candidatura, pelo não preenchimento das condições, ou pela própria ausência de vontade de se registrar. Já a inelegibilidade cominada é o obstáculo ou a perda de elegibilidade, é a "sanção imposta pelo ordenamento jurídico, em virtude da prática de algum ato ilícito – ou benefício dele advindo –, consiste na perda da elegibilidade ou na possibilidade de obtê-la".[120]

Pode ser simples, ou seja, para a eleição na qual fora declarada a prática do ilícito; ou potenciada, que é a sanção aplicada por período de tempo certo, podendo atingir mais de um pleito eleitoral.[121]

A Constituição Brasileira veda a cassação dos direitos políticos, permitindo exclusivamente a perda ou suspensão nos casos supra citados.

Concluindo este ponto podemos dizer que o direito à participação política no Brasil, da-se de forma prevista na Constituição e na legislação ordinária, sendo o direito de votar, mais extensivo que o direito de ser votado.

No Brasil, para que o cidadão se torne elegível, precisa ser eleitor, gozando de todas as suas prerrogativas como tal, ser maior de dezoito anos (no mínimo de acordo com o cargo pretendido), alfabetizado, domiciliado e alistado pela circunscrição para que pretende concorrer, filiado a partido político há pelo menos um ano, e ser por fim indicado pelo partido que faz parte em convenção própria.

---

[119] Idem, p. 41 e ss.

[120] Adriano Soares da Costa, *"Instituições de Direito Eleitoral: direito processual eleitoral..."*, p. 234.

[121] Idem.

286 Estudos de Direito Europeu e Internacional dos Direitos Humanos

5 – A relação entre o direito à participação política na Convenção Americana sobre Direitos Humanos e na Constituição Brasileira

Este é o ponto fulcral do nosso trabalho, onde analisaremos a relação da Convenção Americana sobre Direitos Humanos com a Constituição Brasileira de 1988, do ponto de vista, inicialmente histórico; posteriormente, jurídico, analisando a forma de incorporação pelo direito interno deste documento regional de direitos humanos e, principalmente, o seu impacto sobre o ordenamento jurídico brasileiro, na questão do direito à participação política.

5.1.1 – Breve Histórico

A Convenção Americana sobre Direitos Humanos, apesar do Brasil ter sido um partícipe ativo na sua elaboração[122], só fora ratificada por este, depois de aprovada pelo Decreto Legislativo n. 27, de 26 de maio de 1992, e promulgada pelo Decreto n. 678, de seis de novembro de 1992.

É importante frisar, como relata Cançado Trindade, que esta demora histórica do Brasil para aprovação da Convenção e de outros tratados internacionais deve-se peremptoriamente a questões políticas da nossa época de regime autoritário, não condizendo com a tradição jurídica brasileira em relação à proteção aos direitos humanos.[123]

Durante o período do governo militar, para abster-se da participação da Convenção e do debate sobre o tema interamericano, alegou-se uma certa fidelidade à regulamentação universal e única dos direitos humanos[124]; todavia, o Brasil fez-se presente e foi parte importante nas decisões, sendo basicamente a Delegação do Brasil que apresentou um anteprojeto que serviu de base para o Projeto de Convenção; participou ativamente de seus trabalhos e defendeu a aprovação integral desta, inclusive com aceitação da competência da Corte; ressalta-se aí que a Delegação do

---

[122] Cf. A A. Cançado Trindade, "*A proteção internacional dos direitos humanos no Brasil (1948-1997): as primeiras cinco décadas*", ob. cit., pp. 39-49.

[123] Idem, p.17

[124] Fábio Konder Comparato, "*A afirmação histórica dos direitos humanos*", ob. cit. p. 365.

O direito à participação política na CADH 287

Brasil em 1948, na IX Conferência Internacional Americana, propôs a criação da Corte Interamericana de Direitos Humanos.[125]

O Brasil, ao livrar-se do autoritarismo e do isolacionismo internacional, e ao ingressar num Estado Democrático de Direito, buscou atualizar a sua participação em diversos tratados, quer gerais, como os Pactos Internacionais e a Convenção Americana, quer setoriais, como os relativos a reconhecimento de competência de órgãos de supervisão internacionais, e diversos outros, com temas específicos.[126]

Reconheceu a competência da Corte, de acordo com o artigo 62 da Convenção Americana, através do Decreto Legislativo n. 89 de 1998; fortalecendo institucionalmente aquele órgão e retornando a sua tradição jurídica de defesa da proteção dos direitos do homem, com implementação de mecanismos processuais para vinculação e salvaguarda dos direitos.

5.1.2 – A incorporação da CADH pelo Direito Interno Brasileiro

No direito brasileiro, celebrar tratados, convenções e atos internacionais, compete privativamente à Presidência da República, de acordo com a Constituição Brasileira, artigo 84.º, VIII, estando sujeitos a referendo do Congresso Nacional, nos casos do artigo 49.º, I; ingressando no ordenamento jurídico através de norma infraconstitucional, ou mais especificamente, lei ordinária.

Pode parecer superada a celeuma entre teoria monista e dualista[127], em consequência da aproximação dos sistemas de transformação e recepção, frente à complexidade do Direito positivo[128], ou do surgimento de

---

[125] A.A. Cançado Trindade, *"A proteção internacional dos direitos humanos no Brasil (1948-1997): as primeiras cinco décadas"*, ob. cit., p. 41.

[126] Idem, pp. 117 e 119.

[127] Pinto Ferreira, sobre as duas correntes: "a) monista, para qual não existem limites entre a ordem jurídica internacional e a ordem jurídica interna, e assim, uma vez celebrado o tratado, este obriga no plano interno; b) dualista, para qual existe uma dualidade de ordens jurídicas, uma interna e outra externa, sendo então necessário e indispensável um ato de recepção introduzindo as regras constantes do tratado celebrado no plano do direito interno positivo". "Comentários à Constituição brasileira", artigos. 54 ao 91, vol. 3, p. 558 *apud* Flávia Piovesan, *"Direitos Humanos e Direito Constitucional Internacional"*, ob. cit. p. 101.

[128] Jorge Miranda, *"Curso de Direito Internacional Publico"*, ob. cit., p. 143.

288   *Estudos de Direito Europeu e Internacional dos Direitos Humanos*

concepções heterogêneas, como a de sistema misto[129], todavia, em relação à incorporação dos tratados de direitos humanos a doutrina brasileira não é pacífica.

De acordo com Juiz-Presidente da Corte Interamericana de Direitos Humanos, o Prof. Dr. Antônio Augusto Cançado Trindade, o artigo 5.º, § 2.º da Constituição Brasileira de 1988 declara que os direitos e garantias nela expressos, não excluem os direitos previstos nos tratados internacionais que o Brasil seja parte, e no §1.º do mesmo, consagra a aplicação imediata dos direitos fundamentais.[130, 131]

Para aquele autor – um dos maiores nomes na defesa dos Direitos Humanos no Brasil e grande responsável pela inclusão da cláusula aberta do artigo 5.º §2.º da Constituição de 1988, dando *status* de norma constitucional aos tratados de direitos humanos[132] –, a não aplicação imediata de direitos humanos garantidos em tratados internacionais não possui obstáculo jurídico e sim decorre de ausência de vontade política.[133]

Para Flávia Piovesan, a Constituição de 1988 adota sistema misto; ressalta a autora: "Enquanto os tratados internacionais de proteção dos direito humanos apresentam hierarquia constitucional e aplicação imediata

---

[129] Para André Gonçalves Pereira e Fausto de Quadros, no sistema misto: "o Estado não reconhece a vigência automática de todo o Direito Internacional, mas reconhece-o só sobre certas matérias. As normas internacionais respeitantes a essas matérias vigoram, portanto, na ordem interna independentemente da transformação; ao contrário, todas as outras vigoram apenas mediante transformação. Este sistema é conhecido por sistema da cláusula geral da recepção semiplena. Este sistema resulta da adopção cumulativa de concepções monistas e dualista quanto às relações entre o Direito Internacional e o Direito Interno". "*Manual de Direito Internacional Público*", ob. cit., p. 95. O que para Jorge Miranda seria, simplesmente, sistema de recepção automática semiplena, completando este jurista que "havendo recepção automática, logicamente deve haver efeito directo". Ob. cit. supra, pp. 142 e 143.

[130] "*A proteção internacional dos direitos humanos ...*", ob. cit. p.140.

[131] Prevê a Constituição Brasileira de 1988, após, em seu artigo 5.º, enumerar os direitos e garantias fundamentais, no §1.º deste, que "As normas definidoras dos direitos e garantias fundamentais tem aplicabilidade imediata". E no § 2.º do artigo 5.º que: "Os direitos e garantias expressos nesta Constituição não excluem outros decorrentes do regime e dos princípios por ela adotados, ou dos tratados internacionais em que a República Federativa do Brasil seja parte".

[132] Segundo pode-se conferir na sua participação na audiência pública da Subcomissão dos Direitos e Garantias Individuais da Assembleia Nacional Constituinte, de 29 de abril de 1987. A. A. Cançado Trindade. "*A proteção internacional dos direitos humanos no Brasil (1948-1997): as primeiras cinco décadas*", ob. cit., *anexos documentais*.

[133] Idem, p.141.

O direito à participação política na CADH 289

(por força do art. 5.°, parágrafos 1.° e 2.°, da Carta de 1988), os tratados tradicionais apresentam hierarquia infraconstitucional e aplicação não imediata (por força do art. 102, III, "b" da Carta de 1988 e da inexistência de dispositivo constitucional que lhes assegure aplicação imediata)."[134]

Já Manoel Gonçalves Ferreira Filho é taxativo quanto ao direito brasileiro e dita três regras que devem reger esta questão: "primeira, jamais norma de tratado prevalece sobre a Constituição; segunda, a norma de tratado, desde que devidamente incorporada ao direito pátrio, prevalece sobre lei anterior; terceira, tendo, porém, o mesmo nível hierárquico das leis que a norma interna, não prevalece sobre lei posterior (que não pode revogá-la, derrogá-la etc.)".[135]

Também é esse o entendimento de parte da doutrina e do Supremo Tribunal Federal. Observa Flávia Piovesan que: "Embora a tese de paridade ente tratado e lei federal tenha sido firmada pelo Supremo Tribunal Federal em 1977, sendo anterior portanto à Constituição de 1988, e refira-se ainda a tema comercial (conflito entre a Convenção de Genebra – Lei Uniforme sobre Letras de Cambio e Notas Promissórias – e o Decreto-lei n. 427 de 1969), constata-se ter sido ela reiterada pelo Supremo Tribunal Federal, em novembro de 1995, quando do julgamento, em grau de *habeas-corpus*, de caso relativo à prisão civil por dívida do depositário fiel."[136, 137]

A Comissão Interamericana de Direitos Humanos opina em seu "Relatório sobre a Situação dos Direitos Humanos no Brasil", aprovado em 29 de setembro de 1997, durante o 97.° período ordinário de sessões,[138] inversamente a esta postura doutrinária brasileira, fortalecida e reiterada pela jurisprudência do Supremo Tribunal Federal[139].

Visando a real proteção dos direitos humanos no Brasil, concordamos com a opinião de parte da doutrina (Cançado Trindade, Flávia Piovesan, entre outros) que defende a existência de previsão de sistema misto na Constituição Brasileira de 1988, e a aplicabilidade imediata dos direitos

---

[134] *"Direitos Humanos e Direito Constitucional Internacional"*, ob. cit., p. 105.

[135] *"Direitos Humanos Fundamentais"*, São Paulo: Saraiva, 1999, 3.ª ed., p. 98-99.

[136] Flávia Piovesan, *"Direitos Humanos e Direito Constitucional Internacional"*, ob. cit., p. 86.

[137] Brasil, Supremo Tribunal Federal, julgamento do HC 72.131-RJ (22.11.1995).

[138] Comissão Interamericana de Direitos Humanos. "Relatório sobre a situação dos Direitos Humanos no Brasil", disponível em: http://www.cidh.oas.org/countryrep/brazil-port/Cap%201.htm#ORDENAMENTO, dia 13-02-2003.

[139] Brasil, Supremo Tribunal Federal, RE 206.482-SP, HC 76.561.SP, Plenário 27.05.1998, RE 243613 de 27.04.1999, RE 249970-RS de 27.08.99, dentre outras.

290   *Estudos de Direito Europeu e Internacional dos Direitos Humanos*

humanos previstos nos tratados internacionais que o Brasil seja parte, em decorrência da cláusula aberta de recepção semiplena e da inclusão dos direitos humanos internacionais no elenco dos direitos fundamentais constitucionais (art. 5.º, §§1.º e 2.º).

Ressaltamos ainda o respeito ao princípio da prevalência dos direitos mais vantajosos para a pessoa humana[140], previsto como um dos princípios fundamentais a reger o Estado Brasileiro nas relações internacionais (art. 4.º, inc. II da Constituição de 1988), princípio este que invoca, segundo Flávia Piovesan, "... a abertura da ordem jurídica interna ao sistema internacional de proteção dos direitos humanos".[141]

Dispositivo que corrobora nossa opinião é o previsto na Convenção de Viena, no artigo 27, que prevê: "Uma parte não pode invocar disposição de seu direito interno como justificativa para o não cumprimento do tratado", mesmo que voltado aos tratados tradicionais, utilizaremos para o domínio dos tratados internacionais sobre direitos humanos.

5.1.3 – O impacto jurídico da Convenção Americana sobre os Direitos Humanos no Direito interno brasileiro

Considerando a hierarquia constitucional dos tratados internacionais de direitos humanos, analisaremos o impacto jurídico da Convenção Americana sobre Direitos Humanos no Direito brasileiro, justamente no tocante ao direito à participação política.

Segundo Flávia Piovesan, o direito enunciado no tratado internacional de Direitos Humanos poderá: "a) coincidir com o direito assegurado pela Constituição (neste caso a Constituição reproduz preceitos do Direito Internacional dos Direitos Humanos); b) integrar, completar e ampliar o universo de direitos constitucionalmente previstos; ou, c) contrariar preceito do direito interno".[142]

A Constituição Brasileira de 1988 contém dispositivos que reproduzem fielmente enunciados de tratados de direitos humanos, servindo estes de paradigma, inspiração e referência para o Direito brasileiro, estabelecendo harmonia deste com as obrigações assumidas internacionalmente.[143]

---

[140] Fábio Konder Comparato, "*A afirmação histórica dos direitos humanos*", ob. cit., p. 365.

[141] "*Direitos Humanos e Direito Constitucional Internacional*", ob. cit., p. 63.

[142] Idem, p. 108.

[143] Flávia Piovesan exemplifica, dentre outros, o disposto no Art. 5.º, inc. III da Constituição de 1988 ("ninguém será submetido à tortura, nem a tratamento desumano ou

O direito à participação política na CADH   291

No tocante à segunda hipótese prevista por aquela autora, o impacto jurídico dos tratados de direitos humanos pode representar o "alargamento do universo de direitos nacionalmente garantidos".[144]

A terceira e última hipótese é a do conflito de normas de Direito Internacional dos Direitos Humanos com as de Direito interno. Esta hipótese tem por questão central a solução deste conflito e, segundo Flávia Piovesan, "o critério a ser adotado se orienta pela escolha de norma mais favorável a vítima". [145]

Para a autora supracitada, o artigo 29.º da Convenção Americana sobre Direitos Humanos (*"nenhuma disposição da Convenção pode ser interpretada no sentido de limitar o gozo e exercício de qualquer direito ou liberdade que possam ser reconhecidos em virtude de leis de qualquer dos Estados-partes ou em virtude de Convenções em que sejam parte um dos referidos Estados"*) é bastante elucidativo e "consagra o princípio da norma mais favorável, seja ela de Direito Internacional, seja de Direito Interno".[146]

Os casos mais conhecidos de conflitos são os relativos à liberdade sindical[147] e a prisão civil por dívidas[148].

À luz destas três hipóteses analisaremos o direito à participação política e suas restrições nas normas de direito brasileiro e na Convenção Americana.

---

degradante"), como reprodução literal do art. V da Declaração Universal de Direitos Humanos, do art. 7.ª do Pacto Internacional dos Direito Civis e Políticos e do art. 5.º(2) da Convenção Americana. *"Direitos Humanos e Direito Constitucional Internacional"*, ob. cit., p. 109.

[144] Ilustra Flávia Piovesan alguns destes casos, onde são incluídos novos direitos, reforçando o catálogo de direitos previstos pelas Constituições, como: a proibição do restabelecimento da pena de morte nos Estado que a hajam abolido, de acordo com a Convenção Americana em seu artigo 4.º, inc. 3. *"Direitos Humanos e Direito Constitucional Internacional"*, ob. cit., p. 109 e 110.

[145] Idem, p.115.

[146] Ibidem, p. 116.

[147] Por um lado, o direito de liberdade de associação previsto nos tratados de direitos internacionais de direitos humanos, como a Convenção Americana no seu artigo 16.º; por outro a unicidade sindical do artigo 8, inc.II da Constituição Brasileira de 1988.

[148] Pacífica no ponto de inadimplemento de obrigação alimentar, todavia controversa na questão do fiel depositário, estando explícito na Convenção Americana em seu artigo 7.ª, inc. 7: *"Ninguém deve ser detido por dívidas. Este principio não limita os mandatos da autoridade judiciaria competente expedidos em virtude de inadimplemento de obrigação alimenta."*. Contrariado pelo inc. LXVII do art. 5.º, da Constituição Brasileira que determina que *"não haverá prisão civil por divida salvo a do responsável pelo inadimplemento voluntário e inescusável de obrigação alimentícia e a do depositário infiel"*.

292   *Estudos de Direito Europeu e Internacional dos Direitos Humanos*

Comparando, grosso modo, diríamos que as normas constitucionais de direito interno, sobre o direito de votar e ser votado, corroboram o previsto na Convenção Americana.

Todavia, depois da análise dos capítulos anteriores sobre o direito à participação política em cada um dos documentos, podemos dizer que *as normas de direito interno são mais restritivas do que prevêem as normas da Convenção, ultrapassando as limitações previstas no inciso 2 do artigo 23.º desta.*

Em parte, o previsto no artigo 14 da Constituição de 1988, reproduz o artigo 23.º da Convenção Americana, como a questão da previsão da democracia participativa semidireta e do sufrágio universal, por voto direto, secreto e igual.

José Afonso da Silva observa que: "O princípio que prevalece é o da plenitude do gozo dos direitos políticos positivos, de votar e ser votado", e completa: "Trata-se de princípio universal que já figurava no art. 6.º da Declaração de direitos de Virgínia (1776), no art. 6.º da Declaração dos Direitos do Homem e do Cidadão (1789) e, especialmente, figura no art. 21, 1, da Declaração Universal dos Direitos Humanos (1948): «*Toda pessoa tem direito de participar no Governo de seu país, diretamente ou por meio de representantes livremente escolhidos*»"[149]

Mas, como vimos a opinião de Adriano Soares da Costa, contrapõe este princípio em virtude das condições impostas ao direito de ser votado (*relembrando: "O estado de inelegibilidade é a regra; a elegibilidade, a exceção."*).

Assim sendo, são nas condições de alistabilidade e, principalmente, nas condições de elegibilidade previstas pela Constituição de 1988 e por outras normas infraconstitucionais, que surgem os conflitos com a limitação prevista para regulamentação interna do direito à participação política, no artigo 23.º, inciso 2 da Convenção Americana.

Estão dentro da limitação as regras constitucionais para idade, nacionalidade, residência, instrução, capacidade civil ou mental, ou condenação, por juiz competente, em processo penal, estando previstas na Constituição de 1988 em acordo com a Convenção Americana sobre Direitos Humanos.

A Convenção prevê, *com exclusividade,* os motivos que pode a lei utilizar-se para regular o exercício dos direitos e oportunidades do artigo 23.º.

---

[149] "*Curso de Direito Constitucional positivo*" ob. cit., p. 385.(Grifo nosso).

O *direito à participação política na CADH*

Não estão previstas as restrições aos direitos políticos dos militares: no caso a inalistabilidade para os conscritos (§2.º do art. 14 da Constituição Federal de 1988) e as condições de elegibilidade impróprias, especiais para militares (art. 14, §8.º da CF), onde prevê que deve afastar-se da atividade, os com menos de dez anos de serviço, ou tornarem-se inativos, se eleitos os com mais de dez anos de serviço.

Podemos perceber a vontade do constituinte de ruptura e afastamento da Forças Armadas da esfera política, em virtude do regime militar autoritário anterior a Constituição de 1988, todavia os direitos fundamentais dos militares, não poderiam ser afastados – que cidadania lhe fora concedida?

Outra restrição não prevista na Convenção é relativa à filiação partidária como condição de elegibilidade (§3.º, inc. V do art. 14 da CF). Acopladas a esta, normas previstas legalmente, restringem ainda mais as condições de ser votado, como a do Código Eleitoral, o art. 94, § 1.º, inc. I, relativa à indicação em convenção partidária para realização do registro e a consequente aquisição da elegibilidade; e a previsão da Lei dos Partidos Políticos (Lei 9.096/95), relativa ao tempo de filiação partidária, onde se exige, no mínimo, filiação há mais de um ano do pleito (art. 18).

A Constituição Brasileira delegou aos partidos políticos função de "mediação política"[150] exclusiva, formando um monopólio da representação política, que impossibilita o direito a participar da esfera decisória do Estado, como representante do povo, sem depender e estar vinculado a um partido político.

Formou-se o "Estado constitucional de partidos"[151], visando fortalecer as instituições partidárias, tão enfraquecidas pelo regime autoritário, não acompanhado a Constituição Portuguesa – que tanto lhe inspirou – nas possibilidades dadas aos cidadãos de adquirirem outras formas de aquisição da elegibilidade, que não a partidária.[152]

Ultrapassam, em nossa opinião, o limite previsto na Convenção Americana sobre Direitos Humanos, tanto esta exclusividade dos partidos, como a exigência extra para os militares candidatarem-se.

Para solução destes conflitos deve-se adotar o critério da norma mais favorável à vítima, ou nas palavras de Flávia Piovesan: "a primazia

---

[150] J. J. Gomes Canotilho, *"Direito constitucional e teoria da constituição"*, ob. cit., p. 312 e 313.

[151] Idem.

[152] Constituição da República Portuguesa de 1976, art. 124.º, inc. 1; art. 151.º, inc. 1; e, art. 239, inc. 4.

294   *Estudos de Direito Europeu e Internacional dos Direitos Humanos*

é da norma que melhor proteja, em cada caso, os direitos da pessoa humana".[153]

Vimos então que o impacto jurídico da Convenção Americana sobre Direito Humanos, sobre a Constituição Brasileira de 1988, implica em duas hipóteses apresentadas: 1.º *coincide* com normas do direito interno, no caso das previsões da democracia participativa, do princípio democrático e do sufrágio universal, através de voto secreto, igual e direto, ou seja, no tocante ao direito de votar e ser votado, ou o direito à participação política, e ainda em relação a algumas condições de alistabilidade e elegibilidade; e, 2.º *conflitua* com as normas da Constituição e outras infraconstitucionais, em relação às restrições deste direito, principalmente, em virtude do direito interno ampliar as restrições, previstas na Convenção de forma exclusiva.

De acordo com Pasquino, um dos requisitos indispensáveis para caracterizar um regime democrático, "consiste em que um corpo eleitoral inclua todos os cidadãos, sem qualquer outra discriminação para além da idade, como é ponto assente em todas as democracias contemporâneas"[154].

Assim, deve ser estendida ao máximo de indivíduos, a qualidade de cidadão, o direito à participação política, ao menos em uma de suas vertentes, a ativa, ou seja, a de votar; ponderamos não ser menos importante o alargamento do direito de ser votado a todos aqueles que cumpram condições de elegibilidade previstas na Convenção Americana, por ser esta a norma mais favorável à satisfação dos direitos humanos.

6 – Conclusões

Portanto, concluímos que:

a) O *direito à participação política*, ou seja, o direito do povo exercer o poder, votando ou sendo votado, da forma prevista na Convenção Americana sobre Direitos Humanos, é passível de exigibilidade de aplicação imediata, pelo cidadão brasileiro, em virtude do artigo 5.º, §§1.º e 2.º da Constituição Brasileira de 1988, que lhe conferem hierarquia constitucional e a consequente aplicabilidade, perante o Poder Judiciário brasileiro; esgotados

---

[153] *"Direitos Humanos e Direito Constitucional Internacional"*, ob. cit., p. 116.
[154] Gianfranco Pasquino, *"Curso de Ciência Política"*, ob. cit., p. 319.

os recursos internos, ingressar-se-á na Comissão Interamericana dos Direitos Humanos, através de queixa individual.

b) Em consequência do impacto jurídico das normas do artigo 23.º da Convenção Americana, sobre o direito interno brasileiro, o pleito pode ser relativo às normas *coincidentes*, aí referidos para reforçar os direitos fundamentais previstos na Constituição, de acordo com aquele documento regional de direitos humanos internacionais; ou ainda, relativos às normas *conflitantes*, em virtude da primazia da norma mais favorável, ou seja, a previsão mais ampla de participação do cidadão na vida política do seu país do artigo supra.

c) Deve-se respeitar o princípio democrático, a maximização do sufrágio universal, a forma exclusivista dos motivos restritivos de direitos da Convenção Americana, o princípio da interpretação restritiva das restrições de direitos e ainda, em consonância com o princípio da boa-fé, a responsabilização dos Estados perante os tratados internacionais de direitos humanos e a proibição de descumprimento destes por alegação de impedimento de normas do direito interno.

BIBLIOGRAFIA

ANNAN, Kofi. "Contribuição especial" *in* "*Relatório do Desenvolvimento Humano 2002: aprofundar a democracia num mundo fragmentado*", Programa das Nações Unidas para o Desenvolvimento, Lisboa: Mensagem, 2002.

BONAVIDES, Paulo. "*Ciência Política*", São Paulo: Malheiros, 2003, 10.ª ed. rev. e atual. 12.ª tiragem.

CANÇADO TRINDADE, Antônio Augusto. "*A proteção internacional dos direitos humanos e o Brasil (1948-1997): as primeiras cinco décadas*". Brasília: Editora da Universidade de Brasília, 2000, 2.ª ed.

_____. "A personalidade e a capacidade jurídicas do indivíduo como sujeito do direito internacional" *in* "*Os novos conceitos do novo Direito Internacional: cidadania, democracia e direitos humanos*". Danielle Annoni (coord.) e outros. Rio de Janeiro: América Jurídica, 2002, pp. 1-31.

CANOTILHO, J. J. Gomes. "*Direito constitucional e teoria da constituição*", 4.ª edição; Coimbra: Almedina, 2000.

COMPARATO, Fábio Konder "*A Afirmação Histórica dos Direitos Humanos*", São Paulo: Editora Saraiva, 2001, 2.ª ed. rev. ampl.

_____. "*Direitos humanos no Brasil: o passado e o futuro*". Disponível em: <www.dhnet.org.br/direitos/militantes/comparato/comparato-br.html>, acesso: 18-12-2002.

COSTA, Adriano Soares da. "*Instituições de Direito Eleitoral: direito processual eleitoral; comentários à lei eleitoral*", Belo Horizonte: Del Rey, 2002, 5.ª ed. rev. ampl. E atual.

MEIRELLES, Hely Lopes "*Direito Administrativo Brasileiro*", São Paulo: Malheiros, 2003, 28.ª ed., atual.

MIRANDA, Jorge. "*Curso de Direito Internacional*", Cascais: Principia, 2002.

_____. "*Manual de Direito Constitucional*", Tomo IV – Direitos Fundamentais; Coimbra: Coimbra Editora, 2000, 3.ª ed. Rev. e ampl.

_____. "*Ciência Política: formas de governo*", Lisboa: 1996.

298   *Estudos de Direito Europeu e Internacional dos Direitos Humanos*

_____. *"Manual de Direito Constitucional"*, Tomo I; Coimbra: Coimbra Editora, 1996, 5ª ed.

_____. *"A Declaração Universal e os Pactos Internacionais de Direitos do Homem"*. Tradução e introdução de Jorge Miranda. Lisboa: Livraria Petrony, 1976.

MENDES, Victor. *"Direito Humanos, Declarações e convenções internacionais"*, Lisboa: Vislis Editores, 2002.

MORAES, Alexandre de. *"Constituição do Brasil interpretada e legislação constitucional"*, São Paulo: Atlas, 2002.

MOREIRA NETO, Diogo de Figueiredo. *"Direito da Participação Política: legislativa, administrativa e judicial: (fundamentos e técnicas constitucionais da legitimidade)"*, Rio de Janeiro: Renovar, 1992.

PADILHA, Miguel. *"Lecciones sobre derechos humanos y garantías"*. Buenos Aires: Albeledo-Perrot, 1996, 3.º ed. ampl. e atual.

PASQUINO, Gianfranco. *"Curso de Ciência Política"*, Cascais: Ed. Principia, 2002.

PEREIRA, André Gonçalves; QUADROS, Fausto de. *"Manual de Direito Internacional"*, Coimbra: Almedina, 1993, 3ª ed. rev. ampl.

PIOVESAN, Flávia. *"Direitos Humanos e Direito Constitucional Internacional"*, São Paulo: Max Limonad, 2002, 5ª edição.

_____. *"Democracia, direitos humanos e globalização"*. Disponível em: <http://www.dhnet.org.br/direitos/militantes/flaviapiovesan/piovesan_libglobal.html>, acesso: 13-01-2005.

SILVA, José Afonso da. *"Curso de direito Constitucional positivo"*, São Paulo: Malheiros, 2001, 19.º ed. Ver. e atual.

SOUSA SANTOS, Boaventura de. *"Os direitos humanos na pós-modernidade"* *in*: "Direito e Sociedade" n.º 4, Coimbra: Associação Portuguesa de Estudos sobre o Direito em Sociedade, 1989.

RAMIREZ, Manuel. *"La participación política"*. Colección: temas clave de la Constitución Española. Madrid: Tecnos, 1985.

OUTROS DOCUMENTOS

BRASIL. *"Constituição da República Federativa do Brasil (1998)"*, São Paulo: Manole, 2002, atualizada até a Emenda Constitucional n.º 36 de 28 de maio de 2002.

BRASIL, Supremo Tribunal Federal, julgamentos: HC 72.131-RJ (22.11.1995), RE 206.482-SP, HC 76.561.SP, Plenário 27.05.1998, RE 243613 de 27.04.1999, RE 249970-RS de 27.08.99.

O direito à participação política na CADH 299

COMISSÃO INTERAMERICANA DE DIREITOS HUMANOS. "Relatório sobre a situação dos Direitos Humanos no Brasil", OEA/ /Ser. L/V/II.97: Doc 29 rev. 1. 29 de setembro de 1997, disponível em: <http://www.cidh.oas.org/countryrep/brazil-port/Cap%201. htm#ORDENAMENTO>, acesso dia 13-02-2003.

CONVENÇÃO AMERICANA SOBRE DIREITOS HUMANOS. OEA/ Ser.L/V/I.4 rev. 9, de 31 de janeiro de 2003, disponível em <http:/ /www.cidh.oas.org/Basicos/Base1.htm >.

PORTUGAL. "Constituição da República Portuguesa (1976)", Porto: Porto Editora, 2001.

6

O papel da Corte Interamericana na interpretação da Convenção Americana dos Direitos Humanos

Patrícia do Couto Villela

SUMÁRIO

1 – Introdução 303
    1.1 – Relevância científica 303
    1.2 – Limites da abordagem 303

2 – Interpretação de Tratados Concernentes a Direitos Humanos 304
    2.1 – Ato interpretativo 305
    2.2 – Elementos 311
    2.3 – Peculiaridades 313

3 – Interpretação na Convenção Americana dos Direitos Humanos: Diretrizes Estatuídas no artigo 29 324
    3.1 – Alínea *a*: observância dos direitos preceituados na própria Convenção Americana 325
    3.2 – Alínea *b*: observância dos direitos catalogados no âmbito interno e outra convenção ratificada pelo Estado 328
    3.3 – Alínea *c*: observância dos direitos inerentes ao ser humano e a forma democrática de governo 332
    3.4 – Alínea *d*: observância dos efeitos da Declaração Americana dos Direitos e Deveres do Homem e outros atos internacionais da mesma natureza 336

4 – Competência Interpretativa da Corte Interamericana......................... 338

4.1 – Corte Interamericana e os povos signatários............................ 339

4.2 – Modalidades.. 341

    4.2.1 – Contenciosa 342

    4.2.2 – Consultiva 345

5 – Reflexões Conclusivas 345

6 – Bibliografia 347

1 – Introdução

1.1 – Relevância científica

Em linhas gerais, o presente estudo visa analisar o papel interpretativo da Corte Interamericana, como um dos órgãos imbuídos da função de realizar os direitos humanos no continente americano.

A valorização dos mecanismos internacionais de controle dos atos fragmentários dos direitos humanos vem se incorporando em níveis crescentes à cultura jurídica. A coincidência – se não suplantação – com os objetivos dos mecanismos internos representa um dos fatores que ensejam esse engrandecimento. Diante desse quadro, algumas perguntas se impõem: a jurisdição interamericana se apresenta como um mecanismo eficaz à realização dos direitos humanos? As regras de interpretação da Convenção Americana auxiliam nesse papel? A Corte Interamericana observa-as no desempenho de sua função? Tais indagações somente serão elucidadas com o exame do papel da Corte Interamericana na interpretação da Convenção Americana dos Direitos Humanos.

1.2 – Limites da abordagem

Para tanto, torna-se necessário tecer inicialmente algumas considerações acerca do que entendemos por ato interpretativo, para que então lancemos as peculiaridades concernentes ao processo interpretativo de proposições referentes aos direitos humanos. A fundamentalidade destes demanda o uso de princípios e regras próprios, compatíveis com sua relevância. Ademais, a interpretação há de levar em conta princípios atinentes ao Direito Internacional Público.

Avançando, introduziremos o preceito da Convenção Americana que disciplina as diretrizes interpretativas dos direitos e garantias elencados nesse instrumento, procurando esclarecer a relação entre essas e as demais mencionadas no primeiro momento, quando tratamos dos nortes interpretativos dos tratados de direitos humanos em geral. Concorrentemente, citaremos, alguns pronunciamentos do aludido órgão, a fim de exemplificar as noções sobre as quais paulatinamente discorremos.

No tópico seguinte, nossa avaliação recairá sobre as modalidades interpretativas efetivamente exercidas pela Corte Interamericana no desempenho de sua função interpretativa.

As despretensiosas reflexões conclusivas representarão o resultado ao qual fomos encaminhados no decorrer das investigações. Desde já é recomendável que se consigne que as considerações finais procurarão demonstrar, além de outros dados, a relevância da adoção de sistemas regionais de proteção de direitos humanos, os quais, ainda que por meio de mecanismos ainda incipientes, são responsáveis pelo engrandecimento do respeito às características particulares das diversas comunidades internacionais regionais, em contraposição ao sistema global, que busca resguardar direitos condizentes a valores universais.

Oportuno frisar que devido à brevidade desse ensaio, deixaremos de abordar a estrutura do complexo sistema de proteção interamericano, concentrando nossa análise na Corte Interamericana, bem como não direcionaremos nosso estudo às diversas etapas do *due process of law* adotadas pela Corte. Nossa intenção também não se prende ao exame dos diversos direitos e garantias de *per si*. As referências aos mesmos decorrerão de citações exemplificativas acerca das tendências manifestadas pela Corte, aqui incluídas no intuito de evidenciar o posicionamento progressista e o comprometimento dessa Casa com a efetividade dos direitos humanos.

2 – Interpretação de Tratados Concernentes a Direitos Humanos

A análise que nos propusemos proceder acerca dos atuais posicionamentos jurídicos da Corte Interamericana no exercício de sua função realizadora dos direitos humanos constantes da Convenção Americana dos Direitos Humanos pressupõe um breve estudo sobre tópicos diversos, que compreendem objetivos, métodos, princípios e valores concernentes ao processo interpretativo.

Com efeito, apropriada se revela a comparação metafórica de que a interpretação é a ferramenta passível a lapidar determinado texto pactício, talhando os diversos contornos e modelando as nuanças, de modo a que o produto venha harmonicamente se atrelar ao cenário que traduz o universo espaço-temporal da realidade na qual atua, qual seja, o continente americano. A arte do intérprete é similar, assim, à de um escultor diante

O *papel da Corte Interamericana na interpretação da CADH*   305

de sua matéria prima, a quem é encomendado uma estatuária que corresponda não a uma figura fictícia, fruto de sua própria criatividade e idéias, mas uma obra que externe as evoluções e movimentos de um grupo social. A forma pela qual será reconhecida depende da intervenção do artesão, tal como a norma sujeita-se à ação do intérprete[1].

A interpretação submete-se a prescrições gerais e também a outras variantes, em conformidade com o contexto no qual é empregada. Assim, as diversas especificidades de situações exigem a aplicação de critérios que lhe sejam típicos, correlacionados às suas peculiaridades. Tomemos como exemplo uma obra de arte, que não há de ser interpretada tendo por base critérios similares aos utilizados numa reportagem sobre recessão econômica. Até mesmo numa mesma área do conhecimento há a necessidade de adoção de métodos diferenciados. Hipoteticamente, uma análise interpretativa-antropológica de manifestações comportamentais de indivíduos de uma coletividade urbana não se fará nos mesmos moldes de uma indígena.

Ingressando no âmbito jurídico, considerando que em pauta encontra-se uma convenção internacional, regras e princípios próprios do Direito Internacional Público serão trazidos à baila. Acresça-se que o assunto versado *in casu,* qual seja, direitos humanos, impõe que determinadas vertentes axiológico-humanitárias sejam lembradas, bem como as ramificações jurídicas daí decorrentes.

2.1 – Ato interpretativo

Fulcrado no revolucionário propósito de efetiva realização do Direito[2], o ato interpretativo analisado sob o prisma jurídico[3] caracteriza-se pela

---

[1] Neves, Castanheira, *Metodologia Jurídica Problemas Fundamentais,* Coimbra: Coimbra, 1993, p. 83 registra a seguinte afirmação do jurista italiano Ascarelli, Tulio: "a norma jurídica será tal como interpretada".

[2] O sentido atribuído *in casu* corresponde ao Direito como Ciência.

[3] O estudo que ora se procede acerca do ato interpretativo encontra-se voltado unicamente ao âmbito jurídico, pois se sabe que nas relações humanas o ato interpretativo é dotado de fundamental relevância, eis que a comunicação, um dos pontos cruciais na formação de uma coletividade, somente se trava quando os homens se interpretam mutuamente, captando as diversas mensagens oriundas da fala, escrita, gestos, produção artística, etc, resumidas no comportamento em geral. Como alerta Sousa, Marcelo Rebelo de/ Galvão, Sofia, *Introdução ao Estudo de Direito,* Lisboa: Lex, 2000, p. 55/56: "há uma natural indissociabilidade entre o viver em sociedade e a procura do sentido humano que

306   *Estudos de Direito Europeu e Internacional dos Direitos Humanos*

busca do sentido e alcance normativo-jurídico de normas que versem sobre essa área do conhecimento. Interpretar é determinar metodologicamente o significado objetivo de um texto.

Historicamente radicado na hermenêutica[4], ramo em crescente evolução científica, trata-se de um movimento de extração do conteúdo da norma jurídica mediante um processo de construção, que se propugna ao desenvolvimento encadeado de idéias. Concretiza-se, pois, pela reprodução em outras palavras de um pensamento outrora exteriorizado.

O nexo entre a interpretação e a norma é incindível[5]. Assim, o objeto do ato interpretativo é o dispositivo normativo[6]. Procede-se o exame deste em sua essência, para alcançar a norma[7]. O processo avaliativo

---

deve marcar essa experiência coletiva". Tal procura se faz através de procedimentos interpretativos.

RODRIGUES, Luís Barbosa, *A Interpretação de Tratados Internacionais,* Lisboa: Associação Acadêmica da Faculdade de Direito de Lisboa, 2002, p. 9: "Designamos por interpretação o procedimento racional dirigido à identificação de uma ou mais signos lingüísticos".

[4] Nos dizeres de MAXIMILIANO, Carlos, *Hermenêutica e Aplicação do Direito,* Rio de Janeiro: Forense, 2002, p. 1, a hermenêutica é a teoria científica da arte de interpretar, que tem por objeto o estudo e a sistematização dos processos aplicáveis para determinar o conteúdo das expressões do Direito.

[5] QUEIROZ, Cristina, *Interpretação Constitucional e Poder Judicial,* Coimbra: Coimbra, 2000, p. 108, em transcrição a ASCARELLI, Túlio, *Giurisprudenza Constituzionale e teoria dell interpretazione, Rivista dei Diritto Processuale,* XII, 3, 1957, p. 358: "Fora da interpretação não existe norma, existe apenas um texto. E é em função desse texto que, através de um processo de interpretação *jamais* eliminável, vem determinada a norma para os fins de aplicação".

[6] LARENZ, Karl, *Metodologia da Ciência do Direito,* Lisboa: Fundação Calouste Gulbenkian, 1997, p. 350, conceitua norma jurídica, fruto do processo interpretativo, como "proposições que contém enunciados sobre o Direito vigente". Acrescenta o autor que "são normas de conduta para os cidadãos, como normas de decisão para os tribunais e órgãos administrativos".

[7] BOBBIO, Noberto, *Teoria da Norma Jurídica,* São Paulo: Edipro, 2001, p. 46, elenca três critérios de valoração da norma jurídica: justiça, validade e eficácia. O primeiro avalia a correspondência ou não da norma aos valores últimos ou finais que ecoam em um determinado ordenamento jurídico. Segundo o autor: "... o problema da justiça ou não de uma norma tem um sentido: equivale a perguntar se essa norma é apta ou não a realizar os valores históricos que inspiram certo ordenamento jurídico concreto e historicamente determinado". Quando se avalia a essência de uma norma, recai o procedimento sob o ângulo da justiça, pois se busca extrair o seu significado a fim de perquirir se atende a esse critério. Paralelamente, o sentido a ser atribuído deve ser aquele que mais se amolda à justiça, dentro dos limites impostos pela estrutura semântica do texto.

O papel da Corte Interamericana na interpretação da CADH 307

debruça-se sobre o núcleo da respectiva proposição[8], o qual apresenta uma rigidez somente imaginária, posto que diversos enfoques podem ser trilhados a partir de um mesmo comando, ante a riqueza verificada no ramo linguístico. Todavia, o verdadeiro significado só será obtido quando velar pela correspondência com a vida real. Interpretar é, pois, colocar a lei na ordem social, procurando à luz desta o seu sentido[9].

Daí emerge a complexa missão do intérprete, ante a predominância no universo atual de uma sociedade pluralista, embasada na diversidade de idéias e ideologias – dentre as quais, o que aos mais desavisados poderá configurar um paradoxo, a igualdade –, além da contínua mutação dos contextos.

A arte de interpretar não se limita, numa enxuta visão exegética[10], a declarar o sentido textual da norma, valendo-se unicamente da literalidade constante do preceito. Não se concebe mais a máxima *interpretatio cessat in claris*[11], advinda dos primórdios medievais, dada a marcha progressista

---

[8] Entendemos por proposição um agrupamento de palavras que possuem um significado em sua unidade.

[9] ASCENSÃO, José de Oliveira, *O Direito Introdução e Teoria Geral – Uma perspectiva luso-brasileira,* Coimbra: Almedina, 2001, p. 379.

[10] Neves, Castanheira, *Metodologia Jurídica Problemas Fundamentais*, Boletim da Faculdade de Direito, Coimbra: Coimbra, 1993, p. 84: "Uma "boa" interpretação não é aquela que, numa pura perspectiva hermenêutico-exegética, determina correctamente o sentido textual da norma; é antes aquela que numa perspectiva prático-normativa utiliza bem a norma como critério de justa decisão do problema concreto". Adiante, na p. 97, ministra a lição: "A interpretação em sentido próprio abre (normativamente) a fonte ao direito, e distingue a *lex* do *ius*; a exegese fecha (analiticamente) a fonte no seu próprio texto, e identifica o *ius* a *lex*".

[11] NEVES, Castanheira, *O Actual Problema Metodológico da Interpretação Jurídica – I,* Coimbra: Coimbra, 2003, p. 16/17: "Para que a tese *in claris*... fosse possível a nível linguístico (ou melhor, a nível semântico) seria desde logo necessária a verificação de três pressupostos, que a esse nível efectivamente não se verificam: 1) que os termos das fontes jurídicas (relativamente as quais se pões a hipótese do *in claris*) fossem termos de linguagem comum; 2) que esses termos de linguagem comum tivessem "um sentido usual e um só"; 3) que a utilização desses mesmos termos num contexto jurídico deixasse intocado o seu sentido comum. Ora, ainda que não queiramos fazer insistência na inadmissibilidade do primeiro pressuposto – inadmissibilidade fundada no sentido normativo, e teleologicamente normativo, de todas as expressões do discurso jurídico, qualquer que tenha sido o *fundus* originário em que elas tenham sido recrutadas –, já os outros dois estão em aberta contradição com as actuais teorias linguísticas e hermenêuticas".

Ainda, ASCENSÃO, José de Oliveira, *O Direito Introdução e Teoria Geral – Uma perspectiva luso-brasileira,* Coimbra: Almedina, 2001, p. 377: "Mas esta disposição é contraditória nos seus próprios termos. Até para concluir que a disposição legal é evidente foi necessário um trabalho de interpretação, ..." " Se toda a fonte consiste num dado que

308 *Estudos de Direito Europeu e Internacional dos Direitos Humanos*

do Direito, avaliado neste momento como um fenômeno social. Afasta-
-se a visão kelsiana de que a proporção de direito é meramente descritiva.

Com efeito, a interpretação jurídica não é somente um processo de
compreensão, mas essencialmente de descoberta, ou seja, para o perfeito
domínio intelectual da norma, não basta o mero uso mecânico de regras.
A apreensão do conteúdo da norma deve fazer-se mediante um sistema
gradativo de ponderação daquilo que a encerra[12], de uma forma inte-
gralizada, para que o significado a ser descortinado amolde-se à relação
das circunstâncias no qual será empregado. Nessa esteira, a interpretação
jurídica possui caráter de complementariedade no processo de realização
da norma. O seu conteúdo apenas se inteira com a interpretação.

Como decorrência, ressaltamos a valorização de uma retórica argumentativa, que não se exaure num enfoque lingüístico, mas aprecia o
contexto político-social-econômico-cultural, primando por uma visão holís-
tica do Direito, cuja teoria não se sustenta conclusa e reclusa em si
mesma. A interpretação estática vai perdendo espaço em prol da dinâmica,
haja vista que a preocupação hoje constatada não é só a procura da
vontade do legislador do ato normativo, mas privilegia setores como o
bem comum, a equidade e a segurança, numa conotação cinemática.

Oportuna a transcrição do seguinte irretocável texto: "a interpretação
jurídica se propõe a descobrir, com ajuda de prescrições escritas, a solução
de espécies dadas"[13], extraído de uma obra belga, considerada um clássico

---

se destina a transmitir um sentido ou conteúdo intelectual, a que chamaremos o seu
espírito, tem sempre de haver uma tarefa intelectual, por mais simples que seja, como
condição para extrair da matéria o *espírito* que a matéria encerra."

Contudo, essa questão ainda gera controvérsias entre os estudiosos. Tomemos como
exemplo as lições de QUEIROZ, Cristina, *Interpretação Constitucional e Poder Judicial,*
Coimbra: Coimbra, 2000, p. 103, quando trata da visão clássica sobre o tema: "Os textos
jurídicos interpretam-se quando, pragmaticamente, não são suficientemente claros para os
fins de comunicação face a determinados contextos. Se não existem dúvidas,não há
necessidade de se proceder a interpretação (4). Se o operador entende que a lei é clara,
a sua aplicação é automática, sem mais juízo de valor do que o da lei e nenhum de sua
parte.".

[12] MONCADA, Luis S. Cabral de, *Sobre a interpretação da Constituição, Estudos de
Direito Público,* Coimbra: Coimbra, p. 435: "Por outro lado, não é objetivo da interpretação
jurídica em geral e da constitucional em particular a compreensão do texto como quadro
cognitivo, mas, de modo muito diferente, trazer à evidência um conjunto das actos de
comunicação plasmados no texto constitucional alicerçados em princípios e valores que
lhe servem de justificação e que guiam o intérprete".

[13] Autoria de EYCKEN, Paul Vander *in Méthode positive de I interprétatione juridique,*
mencionado por PERELMAN; Chaim, *Ética e Direito,* São Paulo: Martins Fontes, 2000,

O papel da Corte Interamericana na interpretação da CADH   309

jurídico do tema. A clara redação nos permite concluir que os textos legais constituem um dos elementos da interpretação jurídica, mas não o seu único ponto de partida[14]. A expressão "com ajuda de" torna evidente a idéia de concorrência nesse tópico. Inúmeros fatores a serem sopesados se entrelaçam num ponto intersecional. Neste ponto se situa o resultado do processo interpretativo. Assim, àquele primeiro se adicionam diversos outros paradigmas pautados essencialmente na justeza[15] dos resultados que a interpretação visa atingir.

Podemos nomear tais paradigmas de argumentos jurídicos, os quais compreendem fatores de diversas índoles, como jurídicos, filosóficos, sociológicos, históricos, aqueles concernentes ao ramo das ciências exatas, etc, que representam objetos de ponderação para aquela determinada hipótese. Esse processo de sopeso viabiliza-se por meio de uma lógica racional, defluindo, daí, uma complexa dialética entre fatos sociais, valores e normas[16].

---

p. 621. Cumpre o alerta, entretanto que aquele jurista através de outras manifestações revela uma postura com acentuadas inclinações positivistas, descartando o recurso ao direito natural, com o que discordamos, como advertiu Perelman na citada obra.

[14] PERELMAN, Chaim, *Ética e Direito,* São Paulo: Martins Fontes, 2000, p.621.

[15] RAWLS, John, *Political Liberalism,* Nova Iorque: Columbia University Press, 1993, p. 48, sustenta que uma interpretação razoável revela-se suficiente quando é apta a demonstrar aquilo que já se encontrava implícito no direito pela sua articulação com uma "concepção política pública de justiça" ou com uma de suas variantes.

[16] A lógica formal enraíza-se no conceito de validade dedutiva. Segundo esta, a conclusão é necessariamente inferida das premissas, justamente por estarem nessas contidas. A passagem de uma premissa à condição da conclusão é uma questão tão somente temporal, onde não opera qualquer transformação de conteúdo. Formaliza-se ainda uma relação de causa-consequência.

Assim, uma conclusão verdadeira impõe sempre a anterior existência de uma premissa também verdadeira. Insustentável um posicionamento que pudesse implicar na obtenção de uma conclusão verdadeira, fruto de uma premissa falsa, e vice-versa, ou seja, que uma premissa falsa, e conseqüentemente falha, viesse embasar uma conclusão verdadeira. Simplesmente são realidades indissociáveis. Isso porque, a lógica formal perfaz-se num sistema de regras de inferência, com o deslocamento do conteúdo apreciativo de uma categoria (premissa) à outra subseqüente (conclusão). Há ao final correlação de premissas formando um todo unitário, sem que cada uma se liberte de seu substrato. Daí, inexiste a possibilidade de se falar em superioridade de alguma premissa em relação à outra. O que pode ser verificado é relação de generalidade e especificidade, ao referirem-se a um caso concreto com suas particularidades, ao passo que as normas jurídicas que regerão a decisão são genéricas, não endereçadas a um certo destinatário, mas estruturalmente compostas de elementos vinculativos e descritivos, que uma vez presentes permitem o enquadramento do problema.

310 Estudos de Direito Europeu e Internacional dos Direitos Humanos

Como constatado, visa-se numa perspectiva atual conferir à interpretação uma conotação mais pragmática[17], em que o marco culminante da análise é o caso concreto[18]. Atualmente, os personagens do mundo jurídico sustentam que é o problema e não o sistema em sentido racional o que constitui o centro de gravidade do pensamento jurídico[19]. Sendo assim, esse é o ponto de partida para subsunção da norma jurídica, o que nos permite asseverar que a interpretação é um processo unitário, pois a cada nova problemática dotada de reflexos jurídicos que surge, novo movimento interpretativo há de ser instaurado.

Paralelamente, é a interpretação um dos fatores responsáveis pela não ruptura do sistema jurídico quando da aplicação do Direito, posto que por meio dela se busca a real dimensão de regras, princípios e valores, que *a priori* podem sugerir contradições. É a interpretação que nos permite afirmar que tal conflito é apenas ficto ou aparente, pois mediante o uso dos argumentos jurídicos, chega-se à conotação mais apropriada à espécie em exame[20]. Em suma, o papel da interpretação não se reduz ao mero

---

[17] QUEIROZ, Cristina, *Interpretação Constitucional e Poder Judicial,* Coimbra: Coimbra, 2000, p. 138: "Se o século XIX pôde ser considerado em Direito como o século do formalismo, pelo contrário, o século XX é essencialmente dominado pelas correntes pluralistas do "realismo jurídico" (legal realism), da "escola do direito livre" (freie Rechtsschule) e da "jurisprudência dos interesses" (Interessenjurisprudenz). Isto acarreta o reconhecimento do papel crescente dos tribunais na elaboração das regras jurídicas e, conseqüentemente, da interpretação constitucional."
Mais adiante, p. 141: "A racionalidade proposta é simultaneamente " funcional" e "substantiva". Não pretende apenas ser tecnicamente efectiva." "Em conseqüência, o direito deixa de ser visto , basicamente, como o conjunto de normas jurídicas para passar a ser compreendido e inteligido como o conjunto das *decisões*. Não é mais "um pensar aquilo que já foi pensado, mas um saber pensar até o fim" (165). No limite, o "fim" do direito não estaria no ideal de uma relação entre os indivíduos, mas na realização de uma "concepção (política pública) de justiça" (166).

[18] CARVALHO, Orlando de, *Para um novo paradigma interpretativo, Boletim da Faculdade de Direito de Coimbra,* Vol. LXXIII, Coimbra: Coimbra, 1997, p. 3/4: "... a questão do paradigma só se compreende em torno do caso, do problema *sob judice,* da relação de tensão entre a regra e a espécie, entre a norma e a situação, reconhecendo-se a irredutibilidade desta e, sendo assim, a impossibilidade de a resolver de uma forma apodíctico-demonstrativa, à maneira do método das "hard sciences", como no silogismo clássico ou casual-mecânico ("slotmachine")."

[19] ENGISCH, Karl, *Introdução ao Pensamento Jurídico,* Lisboa: Fundação Calouste Gulbenkian, 1964, p. XIX, em Prefácio do Tradutor J. Baptista Carvalho, em menção ao pensamento de J. Esser, *Prinípio y Norma,* tradução espanhola, Barcelona.

[20] CANARIS, Claus Wilhelm, *Pensamento Sistemático e Conceito de Sistema na Ciência do Direito,* Lisboa: Fundação Calouste Gulbenkian, 2002, p. 207/216 trata da

O papel da Corte Interamericana na interpretação da CADH 311

conhecimento das regras, mas cuida ainda da concorrência entre elas, a qual se verifica também diante do caso concreto[21].

A fim de facilitar o desenvolvimento do procedimento nesse tópico explanado, a doutrina agrupa os diversos argumentos em espécies distintas, a seguir clareadas. Cumpre destacar, nessa oportunidade, que tal classificação, apesar de clássica, não desconsidera as novas tendências expostas, bastando situar os argumentos invocáveis diante do caso concreto, na espécie ou espécies que se mostrarem mais compatíveis.

2.2 – Elementos

A doutrina elaborou um rol de elementos que hão de ser sopesados pelo intérprete no desempenho de sua tarefa. Podemos considerá-los os instrumentos basilares da atividade interpretativa. Classificam-se em literais e extraliterais.

Os primeiros são captados sob uma ótica analítico-linguística, ou seja, aprecia-se a linguagem semântico-idiomática contida no texto. Em suma, debruça-se sobre a própria letra da lei, conjugando-se o conjunto de palavras, para que seja encontrado o sentido ou sentidos possíveis. Portanto, possui também forte embasamento em considerações gramaticais e lexicológicas. O pensamento que se visa reproduzir por meio do processo interpretativo há de ser cognoscível no próprio texto normativo, pois este é o veículo utilizado para a comunicação. Assim, inobstante sustentarmos que esses representam apenas um dos pontos de partida da interpretação, cabe-nos reconhecer que também configuram uma linha demarcatória talhada no *iter* interpretativo, pois o resultado não pode jamais negar correspondência com o teor semântico da respectiva proposição. O que se permite é um maior ou menor afastamento do texto da lei[22].

---

questão, nomeando-a de interpretação criativa do Direito e alertando acerca da necessidade de se observar esta contida no sistema, que corresponde a um todo orgânico.

[21] PERELMAN, Chaim, *Ética e Direito,* São Paulo: Martins Fontes, 2000, p. 631: "Uma das principais tarefas da interpretação jurídica é encontrar soluções para os conflitos entre as regras, hierarquizando os valores que essas regras devem proteger".

[22] Esse fenômeno é conhecido como *valor negativo* da letra da lei, a qual também conta com *valor positivo ou seletivo,* representado por aquele sentido que melhor ou mais naturalmente corresponde ao texto, dentre os sentidos possíveis, verificáveis tendo por base o valor negativo.

Paralela à busca do sentido literal da norma, deve o intérprete recorrer aos elementos extraliterais, que complementarão o processo.conforme consignado, não nos parece devido que se limite a extrair o substrato vernacular do texto, pois, relegando uma visão positivista extrema, a significação não é constituída exclusivamente pelo texto. Deve interar-se das circunstâncias que adornam a norma naquele determinado contexto, valendo-se, então, dos elementos extraliterais. Compostos por uma série de fatores, estes elementos consideram situações externas que influenciam no sentido a ser atribuído. Em cada caso concreto, avaliar-se-á o(s) mais adequado(s) para se atingir a meta esperada. São eles:

- histórico: desdobra-se em três vertentes apreciativas, quais sejam, (1) precedentes normativos, pois é necessário que se busquem os preceitos contidos no diploma anterior que não mais atendiam à preocupações sociais, (2) trabalhos preparatórios, que refletem o processo de maturação da norma, de onde extrairemos os dados discutidos para edição e (3) a *occasio legis*, o ambiente social que envolveu a criação da lei. Em resumo: o enfoque recai sobre os fatores jurídico-sociais determinantes na elaboração da norma.
- teleológico: busca-se a *ratio legis*, ou seja, a finalidade social da lei. Para tanto, faz-se necessário um estudo dos valores tutelados pela norma, que traduzem os diferenciais de origens múltiplas a serem priorizados diante do nexo com o caso concreto. Podemos daí concluir que o elemento teleológico materializa-se na ponderação dos interesses determinantes do conteúdo da proposição;
- sistemático: ancorado na unidade e coerência jurídico-sistemáticas. Avalia-se a correlação[23] da norma perante o sistema jurídico, axiológico e logicamente concluso – do qual é ela, norma jurídica, parte integrante –, de maneira a preservar o ambiente harmônico neste sistema. Atende, assim, a um pressuposto e, concomitantemente, a uma exigência fundamental da juridicidade: da racionalidade do todo unitário que o direito deve constituir[24].

---

[23] Ascensão, José de Oliveira, *O Direito Introdução e Teoria Geral – Uma perspectiva luso-brasileira,* Coimbra: Almedina, 2001, p. 395 ensina-nos que as relações que se estabelecem entre as várias disposições podem ser de subordinação (relaciona-se o preceito isolado com os princípios gerais do sistema jurídico), conexão (situa-se a norma no sistema em que se integra) e analogia (buscam-se semelhanças entre preceitos e situações).

[24] Neves, Castanheira, *Metodologia Jurídica Problemas Fundamentais,* Boletim da Faculdade de Direito, Coimbra: Coimbra, 1993, p. 104.

O papel da Corte Interamericana na interpretação da CADH 313

Oportuno frisar que a adoção de qualquer desses critérios não implica um afastamento dos demais. Pode tanto ocorrer conjugação (aplicação simultânea de ambos), como superposição (aplicação sucessiva dos elementos ponderados), ou, ainda, maior preponderância de alguns em relação a outros, de acordo com as particularidades da norma em interpretação e o correspondente contexto, verificáveis pelo intérprete. Nesse seguimento, reafirmamos que o processo interpretativo é unitário, pois conectado ao caso concreto.

2.3 – Peculiaridades

A interpretação de um tratado é uma tarefa que apresenta inúmeras particularidades quando comparada aos textos jurídicos em geral, originárias da natureza desses pactos. No caso vertente, contamos com peculiaridades a mais, em virtude do tema versado, qual seja, direitos humanos.

Iniciemos nossa reflexão levando em consideração apenas o primeiro fator aduzido. Os tratados são objeto de estudo do Direito Internacional Público, ramo da ciência jurídica destinado precipuamente a regular relações jurídicas formalizadas no seio da sociedade internacional, constituída hoje por um leque relativamente alargado de sujeitos de direito[25], o que, conseqüentemente, amplia o campo de atuação do próprio Direito Internacional Público. Assim, as diretrizes jurídicas que regem a interpretação dos atos normativos internacionais são próprias e associadas a essa realidade.

---

[25] DAILLER, Patrick, *ET ALLIS, Direito Internacional Público,* Lisboa: Fundação Calouste Gulbenkian, 1999, p. 29/30: "Na hora actual, após uma evolução contínua que conduziu a um certo reconhecimento internacional do indivíduo e à criação e multiplicação das organizações internacionais, a sociedade internacional já não é exclusivamente interestatal". "Nestas circunstâncias, e em relação com a transformação da sociedade internacional, deve ser igualmente entendido como o direito que já não é exclusivamente interestatal, ..."

MIRANDA, Jorge, *Curso de Direito Internacional Público,* Lisboa: Principia, 2002, p. 23: "Por um lado existem outras entidades para além dos Estados, que também são objeto de regulamentação e que participam activamente no que se tem vindo a chamar vida jurídica internacional. São elas, por exemplo, a Santa Sé, as organizações internacionais, movimentos e grupos de pessoas que obtêm uma certa forma de reconhecimento internacional, o próprio indivíduo e até empresas privadas em determinadas relações".

314 *Estudos de Direito Europeu e Internacional dos Direitos Humanos*

Nessa esteira, é sempre oportuno relembrar os princípios gerais de Direito Internacional Público, por resumirem os valores priorizados na sua aplicação: princípios do consentimento, reciprocidade, soberania e igualdade dos Estados, caráter definitivo das decisões arbitrais e das resoluções de litígios, validade jurídica dos acordos, boa fé, jurisdição interna e liberdades dos mares[26]. Traduzem, assim, alguns nortes interpretativos na matéria[27], embora possamos entender que, por se tratarem de princípios gerais, dotam-se de uma certa vacuidade, a qual exige invocação de argumentos suplementares, para que venhamos a obter um sólido resultado interpretativo. Aliás, a interpretação jurídica efetivada a nível internacional não nos parece uma tênue missão, eis que, como já acentuado "o DI é o local de encontro das ideologias que dividem o mundo"[28], demandando do operador um esforço para comungar as divergentes posturas. Acresça-se a habitual resistência geralmente manifestada pelos Estados, pautados na soberania, em aquiescer com um resultado que não lhes proporcione benefícios esperados, os quais, muitas das vezes, colidem com os anseios dos demais Estados partes.

Adentrando mais especificadamente na questão dos tratados internacionais[29] e sem a pretensão de estudá-lo detalhadamente, pois não é esse o objeto deste ensaio, cumpre-nos registrar que, face à vastidão do tema, tencionamos apenas lançar certas singularidades de seu processo interpretativo, as quais nos auxiliarão nos desdobramentos subsequentes de nossas análises.

---

[26] BROWNLIE, Ian, *Princípios de Direito Internacional Público,* Lisboa: Fundação Calouste Gulbenkian, 1997, p. 31, elenca o rol dos princípios acima transcritos.

[27] MIRANDA, Jorge, *Curso de Direito Internacional,* Lisboa: Principia, 2002, p. 120, ao tratar dos princípios gerais de DIP: "E tanto exercem uma acção imediata, enquanto directamente conformadores ou capazes de abrir caminho a soluções jurídicas, como exercem uma acção mediata por meio da interpretação e da construção doutrinal ".

[28] MELLO, Celso D. de Albuquerque, *Curso de Direito Internacional Público,* Rio de Janeiro: Renovar, Vol. I, 2002, p. 71, o qual faz menção a trecho de uma obra de Jean Touscoz.

[29] A convenção sobre direito dos tratados concluída em 1969, em Viena, traz o seguinte conceito: "tratado significa um acordo internacional concluído entre Estados em forma escrita e regulado pelo DI, consubstanciado em um único instrumento ou em dois ou mais instrumentos conexos, qualquer que seja sua designação específica". Todavia, cada vez mais a ordem internacional vem contemplando tratados entre Estados e organizações internacionais e organizações internacionais entre si. Assim, aceite hoje a noção de que tratado é um acordo entre dois ou mais sujeitos de direito internacional. Todavia, a análise por nós desenvolvida restringir-se-á aos pactos formulados entre os Estados, por se tratar da questão de proteção dos direitos humanos.

O papel da Corte Interamericana na interpretação da CADH 315

Fator que exerce determinante influência na matéria é a natureza convencional dos tratados[30]. Há na maioria das vezes a participação direta dos obrigados na sua elaboração, ou quando não, a opção de aderir ao seu conteúdo. Vigora, assim a máxima *pacta sunt servanda,* pelo que tais acordos são tidos como obrigatórios e vinculantes. Daí, a Convenção de Viena, documento internacional que cuida da interpretação dos tratados[31], adotar como uma das orientações nucleares o princípio da boa fé[32]. De acordo com esse princípio, cabe ao Estado conferir plena observância ao tratado de que é parte, na medida em que, no livre exercício de sua soberania, contraiu obrigações jurídicas de índole internacional[33]. Isso significa dizer, em especial, que a interpretação não pode acarretar um resultado absurdo ou desrazoável (art. 32, alínea *b*), que deve traduzir o

---

[30] Oportuna a lembrança de que segmento doutrinário entende que o tratado possui natureza híbrida, por incorporar meandros de cunho convencional, num mecanismo simbiótico a outros de cunho normativo.

[31] Inexiste óbice à inserção nos tratados internacionais de normas direcionadas à resolução da problemática interpretativa. Aliás, um dos pontos nodais de nosso estudo é o teor do art. 29 da Convenção Americana dos Direitos do Homem, um dos exemplos dessa situação. Nessas hipóteses as regras da Convenção de Viena têm natureza supletiva. Aproximadamente 25% dos tratados registrados na SDN e na ONU têm uma cláusula prevendo a solução pacífica dos litígios relativos à sua interpretação e aplicação.

[32] Artigo. 31.º da Convenção de Viena: "Regra geral de interpretação: 1. Um tratado deve ser interpretado de boa-fé, segundo o sentido comum atribuível aos termos do tratado no contexto e à luz de seu objeto e fim. 2. Para fins de interpretação de um tratado, o contexto compreende, além do texto, preâmbulo e anexos inclusos: a) qualquer acordo que tenha relação com o tratado e que tenha sido celebrado por todas as partes na altura da conclusão do tratado; b) qualquer instrumento estabelecido por uma ou várias partes na ocasião da conclusão do tratado e aceite pelas outras partes como instrumento relacionado com esse tratado. 3. Ter-se-á em consideração, em simultâneo com o contexto: a) todo o acordo ulterior estabelecido entre as partes sobre a interpretação do tratado ou a aplicação das suas disposições; b) toda a prática subseqüente na aplicação do tratado pela qual se estabeleça o acordo das partes em relação à interpretação do tratado; c) toda a regra relevante de Direito Internacional aplicável às relações entre as partes. 4. Um termo será entendido num sentido em particular se se provar que tal era a intenção das partes.". Art. 32.º: "Meios complementares de interpretação: Pode recorrer-se a meios complementares de interpretação, designadamente aos trabalhos preparatórios e às circunstâncias em que foi concluído o tratado, com vista a confirmar o sentido resultante da aplicação do artigo 31.º ou a apurar o seu sentido quando a interpretação dada segundo o artigo 31.º: a) deixa o sentido ambíguo ou obscuro ou; b) conduz a um resultado que é manifestamente absurdo ou desrazoável".

[33] Piovesan, Flávia, *Direitos Humanos e o Direito Internacional Constitucional,* São Paulo: Max Limonad, 2002, p. 69.

316 Estudos de Direito Europeu e Internacional dos Direitos Humanos

espírito do acordo realizado entre os pactuantes (art. 31, n.º 2 e 31, n.º 3, alínea *a*) e que os termos expressos no respectivo instrumento possuem o mesmo alcance nos diversos idiomas, correspondentes aos Estados partes (art. 33, n.º 3)[34]. Extrai-se, ainda, do princípio em foco a regra do efeito útil, que exclui qualquer significado que possa privar o tratado de seu efeito prático, eficaz, priorizando, ainda, aquele que permita desencadear o maior número dos efeitos aguardados. Com muita propriedade, é também conhecido como princípio da projeção das expectativas autênticas e princípio da efetividade. Outrossim, a regra dos efeitos implícitos dos tratados é daí resultante. Considera que a intenção das partes abrange, ainda que não encontremos menção expressa, todo o aparato indispensável para a realização do que fora estipulado[35]. Em síntese, essa abordagem relacionada à boa fé, enxertada de vertentes teleológicas, representa um pressuposto da confiança nas relações internacionais.

Relevância foi atribuída ao princípio do sentido corrente[36], cuja aplicação demanda seja ele conjugado com o princípio da integração, o qual anuncia que o sentido a ser emprestado ao texto deve espelhar o contexto[37] do tratado como um todo[38]. As práticas subseqüentes à feitura do tratado em relação ao disciplinado refletem outro critério a condicionar o momento interpretativo, uma vez que indicam o modo pelo qual os Estados continuadamente se posicionaram diante do texto do tratado.

Paralelamente, a Convenção de Viena abrigou no artigo 32.º outros meios interpretativos, nomeando-os de meios complementares. O rol comporta uma série de elementos de índole objetiva, ao priorizar os trabalhos preparatórios e as circunstâncias em que o tratado foi concluído, subtraindo, nessa etapa, considerações subjetivistas. Porém, alguns julgados vêm afastando essa orientação, sob o argumento da necessidade de implantação mais intensificada de uma interpretação evolutiva, que priorize a ordem jurídica vigente na ocasião da interpretação, conferindo acepção atualizada

---

[34] MIRANDA, Jorge, *Curso de Direito Internacional,* Lisboa: Principia, 2002, p. 132.

[35] PEREIRA, André Gonçalves/ QUADROS, Fausto de, *Manual de Direito Internacional Público,* Coimbra: Almedina, 2002, p. 241.

[36] Tal princípio encerra uma presunção relativa, admitindo-se a prova da existência de um sentido que não o corrente. Todavia, o ônus recai naquela parte que invoca o sentido especial.

[37] Os itens abrangidos no contexto de um tratado estão elencados no art. 31, n.º 2 da Convenção de Viena.

[38] BROWNLIE, Ian, *Princípios de Direito Internacional Público,* Lisboa: Fundação Calouste Gulbenkian, 1997, p. 652.

O papel da Corte Interamericana na interpretação da CADH   317

ao texto. A tutela prestada nesses moldes mostra-se mais eficiente a atender os pleitos. Para tanto, retoma-se a busca das práticas ulteriores.

Em consonância com o exposto e numa visão sistemática, não deve o processo interpretativo atentar contra preceitos identificáveis como *jus cogens*[39].

Do que foi acima colocado, concluímos que as regras denotam uma maior flexibilidade interpretativa, principalmente ao admitir pacto entre as partes acerca do conteúdo da norma e ao valorizar as práticas posteriores. A rigidez excessiva em critérios interpretativos pode representar um mecanismo de travas nas relações internacionais.

Em virtude de infindáveis atrocidades cometidas ao longo da história, contra os mais primários direitos do homem, seja como resultado de guerras, por vezes travestidas de meros movimentos militares libertadores, seja pela situação de flagelo que muitos Estados impunham, e ainda impõem, aos seus respectivos povos, além de discriminações atentatórias em decorrência de distorcidos valores sociais e, paralelamente, formas e regimes de governo completamente divorciados dos princípios basilares que decorrem da dignidade humana, o século passado, principalmente a partir de sua segunda metade, avistou uma crescente preocupação voltada para as questões humanitárias, a qual se refletiu na órbita jurídica. Foram editados diversos tratados a respeito do tema, principalmente por se mostrar o mecanismo internacional um dos mais apropriados para enfrentar a questão, pois na maioria das vezes, eram os próprios Estados que vitimavam os seus cidadãos.

Despidos do propósito de aprofundamento no estudo acerca dos direitos humanos, limitar-nos-emos a brevemente relembrar alguns caracteres identificadores, aconselháveis para continuidade de nosso trabalho, ressaltando que se cuida de assunto tormentoso em decorrência de discordâncias por parte de diversos segmentos doutrinários que se empenham no estudo do tema. Os direitos humanos traduzem a idéia de essencialidade, de magna importância. São direitos subjacentes da própria condição humana, por si só, cujo exercício proporciona o desencadeamento das potencialidades intrínsecas necessárias à vida plena, em todos os seus

---

[39] Há atualmente a consagração definitiva do *ius cogens* no topo da hierarquia das fontes do Direito Internacional. Trata-se de um direito imperativo, aceito e reconhecido pela ordem jurídica internacional, em seu conjunto, que não admite convenção em contrário, em razão de seu conteúdo valorativo e relevância transcendental.

318 Estudos de Direito Europeu e Internacional dos Direitos Humanos

níveis. Possuem, assim, um conteúdo ontológico[40]. Vale salientar que este conteúdo pode ainda ser conjugado a uma vertente axiológica, ao admitirmos a definição segundo a qual os direitos humanos correspondem a um conjunto de faculdades e instituições que, em cada momento histórico, concretizam as exigências da dignidade, da liberdade e da igualdade humana, que devem ser reconhecidas positivamente pelos ordenamentos jurídicos, em nível nacional e internacional[41]. Esses direitos procuram delimitar uma espécie de espaço sagrado e intransponível, que defenda o homem das usurpações arbitrárias do Estado ou de qualquer outro ente. Tamanha é a relevância do tema que parcela considerável de doutrinadores o nomeiam de Direito Internacional dos Direitos Humanos[42], o que pode sugerir uma ramificação disciplinar[43], sendo o enaltecimento de um direito de cooperação, e não meramente de coordenação, um de seus marcos[44].

---

[40] A esse respeito vale acrescentar os ensinamentos de PRONER, Carol, *Os Direitos Humanos e seus paradoxos: análise do Sistema Americano de Proteção,* Porto Alegre: Sérgio Antônio Fabris Editora: "Os direitos humanos não são categorias normativas que existem no mundo ideal, imutáveis, à espera para serem postos em prática por meio da ação social. Estão em constante criação e recriação à medida que o sujeito atua no processo de construção social da realidade." Segundo o autor, essa assertiva reflete no processo interpretativo: "A interpretação dos direitos humanos passa a ser fundamental para desvelar concepções abstratas, que tendem a separar o mental do corporal,privilegiando o primeiro e prejudicando ou inibindo a tomada de ação para a construção de novos direitos."

[41] O conceito transcrito foi extraído de LUÑO, Pérez, *Derechos Humanos, Estado de Derecho e Constituicion,* Madri: Tecnos, 2003, p. 48. Todavia, inexiste consenso em relação a esse.

[42] Trata-se de expressão corrente nas obras dos mais diversos países, utilizada pelos mais renomados internacionalistas. ANNONI, Danielle, *Direitos Humanos & Acesso à Justiça no Direito Internacional,* Curitiba: Juruá, 2003, p. 25 transcreve o conceito do que vem a ser Direito Internacional dos Direitos Humanos na visão do jurista Dunshee Abranches: "o conjunto de normas subjetivas e adjetivas do Direito Internacional, que tem por finalidade assegurar ao indivíduo, de qualquer nacionalidade, inclusive apátrida, e independente da jurisdição em que se encontre, os meios de defesa contra os abusos e desvios de poder praticados por qualquer Estado e a correspondente reparação quando não for possível prevenir a lesão."

[43] MIRANDA, Jorge, *Curso de Direito Internacional Público,* Cascais: Principia, 2002, p. 286: "Em suma, um Direito Internacional dos direitos do homem vai se tornando crescentemente autonomizado no seio do Direito Internacional de nossos dias,...". Dentre as características pelo autor citadas, destacamos que se cuida de "Direito marcadamente objetivo (multilateral, independentemente da reciprocidade das vantagens e de obrigações entre os estados e orientado pelos fins que se lhes impõem);..."

[44] MIRANDA, Jorge, *Curso de Direito Internacional Público,* Cascais: Principia, 2002, p. 287.

O papel da Corte Interamericana na interpretação da CADH   319

Em virtude do elevado significado dos direitos humanos, os tratados que deliberam normas sobre o tema contam com especificidades interpretativas[45], as quais por inúmeras vezes afastam a aplicação de normas gerais sobre tratados[46]. Afinal, os tratados que versam sobre direitos humanos são nitidamente distintos dos tratados do tipo clássico, que se prestam a regular direitos subjetivos, ou concessões ou vantagens recíprocas entre os Estados envolvidos. Por sua vez, os tratados de direitos humanos prescrevem obrigações de natureza fundamentalmente objetiva, a serem implantadas e garantidas coletivamente. Há, nesse esteira, a predominância de interesse geral, que transcende os interesses individuais das partes contratantes[47]. Tal circunstância impõe que os tratados concernentes a direitos humanos sejam interpretados à luz de seu propósito último, qual seja, a proteção dos direitos humanos, afastando-se um enfoque mais direcionado ao aspecto da reciprocidade de concessões, fruto de uma maior abertura à soberania estatal[48]. Contudo, a interpretação desses tratados não há de destoar das normas de interpretação de tratados já expostas e que são vigentes também nessa esfera. É necessário apenas que o

---

[45] Para que vislumbremos a relevância da interpretação no tocante aos direitos humanos, Celso D. de Albuquerque Melo, na clássica obra *Curso de Direito Internacional Público*, Vol. I, Rio de Janeiro: Renovar, 2002, p. 802, afirma que a interpretação é um dos meios usados na tentativa de implementação dos direitos humanos pelas Cortes Internacionais, ao lado dos sistema de relatório e investigação.

[46] Podemos exemplificar com o princípio da reciprocidade, que não há de ser aplicado numa hipótese em que um determinado Estado resolve não atribuir tratamento adequado segundo as diretrizes dos Direitos Humanos aos cidadãos de um segundo Estado. A este não é lícito invocar o princípio em foco para adotar tratamento idêntico aos cidadãos do primeiro Estado.

[47] A esse respeito, posicionou-se a Corte Interamericana em 1982, no Segundo Parecer sobre o *Efeito das Reservas na Entrada em Vigor da Convenção Americana:* "não são tratados multilaterais do tipo tradicional, concluídos em função de um intercâmbio recíproco de direitos, para o benefício mútuo dos Estados Contratantes,...". Acrescenta: "seu objeto e propósito são a proteção dos direitos fundamentais dos seres humanos, independente de sua nacionalidade, tanto frente ao seu próprio Estado como frente aos Estados Contratantes." Orientação semelhante segue a Corte Européia que em diversas oportunidades já se manifestou no sentido de que os tratados de direitos humanos criam, por cima de uma rede de arranjos mútuos obrigações objetivas que se beneficiam de uma aplicação coletiva.

[48] Oportuno registrar que no tocante a temáticas distintas dos direitos humanos, há um campo mais extenso para o Estado, no uso de sua soberania, convencionar questões com reflexos na ordem internacional. Quando estão em pauta os direitos humanos, o campo de atuação comprime-se.

320 *Estudos de Direito Europeu e Internacional dos Direitos Humanos*

processo de interpretação se desenvolva, atentando-se para as peculiaridades, ou, em outras palavras, que as normas clássicas de interpretação devam se ajustar à realidade dos tratados de direitos humanos. Diante dos diversos casos submetidos à interpretação, deverá o operador ponderar a intensidade a ser aplicada às normas gerais já referidas, de forma a harmonizá-las com as diretrizes típicas dos tratados de direitos humanos.

Os próprios cânones da interpretação dos tratados admitem que priorizemos um de seus elementos componentes, desde que se afigure mais apropriado a um determinado tipo de tratado. Nessa linha, os tratados de direitos humanos conferem particular importância ao princípio de que a interpretação deve propiciar os efeitos apropriados a um determinado tratado[49], para que realmente se possa identificar o amplo alcance daqueles[50].

Relevo considerável restou atribuído ao elemento teleológico, ao se acentuar a finalidade do tratado, após a ponderação dos interesses que determinaram o seu conteúdo[51]. Os valores correspondentes aos direitos humanos supraposicionaram-se em relação aos fundamentadores da soberania estatal[52].

Ainda nessa linha de argumentação, os tribunais internacionais têm pacificamente reconhecido o sentido autônomo dos termos dos tratados de direitos humanos, pelo que os significados que vêm sendo atribuído aos diversos termos utilizam como parâmetros os valores que conferem suporte à natureza objetiva desses pactos, valores esses que são avaliados sob uma perspectiva universalizada. Tais termos, considerados independentemente do sentido que lhes é empregado nos diversos sistemas nacionais, embora nesses encontre paralelo[53], estabelecem padrões comuns de comportamento para todos os Estados Partes.

---

[49] Como já dito, expressamente tratado no artigo 31 da Convenção de Viena.

[50] TRINDADE, Antônio Augusto Cançado, *Tratado de Direito Internacional dos Direitos Humanos,* Vol. II, Porto Alegre: Sérgio Antônio Fabris Editor, 1999, pp. 28/29.

[51] PIOVESAN, Flávia, obra coletiva, coordenada pela citada e Luís Flávio Gomes, *O Sistema Interamericano de Proteção dos Direitos Humanos e o Direito Brasileiro,* São Paulo: Revista dos Tribunais, 2000, p. 26: "A interpretação a ser adotada no campo dos Direitos Humanos é a interpretação axiológica e teleológica, que conduza sempre à prevalência da norma que melhor e mais eficazmente proteja a dignidade humana".

[52] Essa sobreposição de valores é um dos fatores que permite que os sujeitos que exercem os mecanismos de controle do tratamento conferido pelo Estado aos direitos humanos, nos planos jurídico e fático, possam atuar com maior penetração e ingerência nessas questões.

[53] Podemos exemplificar com a definição do crime de tortura encontrada em duas das três convenções sobre tortura existentes (a das Nações Unidas de 1984, no artigo 1.º

O papel da Corte Interamericana na interpretação da CADH   321

Nesse campo, prestigiamos a norma mais favorável à vítima, objetivando atingir o menos possível os direitos humanos[54]. Na hipótese de dúvidas acerca daquela mais propícia, inexiste óbice a que se operacionalize a adição ou a combinação de normas convencionais, a fim de que sejam efetivamente alcançados no caso concreto os objetivos colimados pela teoria dos direitos humanos[55].

No contexto, não é permitido aos Estados invocarem "circunstâncias excepcionais" em prejuízo dos direitos humanos[56], dado o seu caráter prioritário, em contrapartida à possibilidade existente no demais tratados, ainda que remetida a certos requisitos.

Outro ponto de destaque condiz com a interação interpretativa dos tratados e instrumentos de proteção. Busca-se em pactos de natureza semelhante, subsídios interpretativos, de maneira a solidificar os resultados interpretativos, o que acaba por contribuir para a consolidação e evolução do Direito Internacional dos Direitos Humanos[57], além de assegurar uma interpretação uniforme.

---

e a Interamericana de 1985, artigo 2.º): sofrimento severo físico ou mental, infligido intencionalmente, para obter informações ou confissão, com o consentimento ou aquiescência das autoridades ou outras pessoas agindo em capacidade oficial. Foi ela construída a partir de jurisprudência internacional dos direitos humanos, sem interferência da tipificação do crime de tortura na órbita do direito interno. Fulcrada também nesse princípio, a Corte Européia dos Direitos Humanos, no caso Marckx versus Bélgica, em 1979, entendeu em afastar a distinção entre filhos legítimos e ilegítimos, prevalente nos Estados europeus, por não comportar a proteção da vida familiar, de acordo com o artigo 8.º da Convenção Européia dos Direitos Humanos.

[54] MIRANDA, Jorge, *Curso de Direito Internacional Público,* Cascais: Principia, 2002, p. 285.

[55] MELLO, Celso D. de Albuquerque, *Curso de Direito Internacional Público,* Vol. I, Rio de Janeiro: Renovar, 2002, p. 817. O autor faz menção à jurista Cláudia Saioti, a qual inclui o fenômeno no que nomeia de "bloco da convencionalidade".

[56] MELLO, Celso D. de Albuquerque, *Curso de Direito Internacional Público,* Vol. I, Rio de Janeiro: Renovar, 2002, p. 817.

[57] TRINDADE, Antônio Augusto Cançado, *Tratado de Direito Internacional dos Direitos Humanos,* Vol. II, Porto Alegre: Sérgio Antônio Fabris Editor, 1999, p. 43: "Ademais, dada a atual multiplicidade dos tratados e instrumentos de proteção, não chega a surpreender que a interpretação e aplicação de certos dispositivos de um determinado tratado de direitos humanos sejam às vezes utilizadas como orientação para a interpretação e aplicação de dispositivos correspondentes de outro tratado de direitos humanos (em geral mais recente). Os múltiplos tratados e instrumentos de proteção têm, desse modo, mediante tal interação interpretativa, se reforçado mutuamente, em benefício último dos seres humanos protegidos. A mesma interação interpretativa tem de certo modo contribuído à universalidade do direito convencional de proteção dos direitos humanos."

322 *Estudos de Direito Europeu e Internacional dos Direitos Humanos*

No caminhar, não há como negar a perspectiva progressista da interpretação dos tratados de direitos humanos. Na proporção em que são alcançados os progressos na área dos direitos humanos, com a introdução de novos pactos, os efeitos são inexoravelmente também refletidos na interpretação e na aplicação dos tratados de direitos humanos anteriores, o que ocasiona a dilatação das obrigações dos Estados e, via de conseqüência, aumenta o âmbito de irradiação do caráter protetivo que lhe é típico[58].

Seguindo essa rota, a fim de respaldar uma interpretação dinâmica e evolutiva de que carecem esses tratados e na qual o elemento histórico não possui grande valia, torna-se oportuno relembrar que os direitos humanos são instrumentos vivos, que acompanham as transformações ditadas pelo tempo[59].

Alusão merece a inadmissibilidade de interpretações restritivas às normas declaratórias dos direitos e das respectivas garantias. As restrições mostram-se cabíveis apenas diante de menção expressa no texto pactuado ou quando a proposição objeto do processo interpretativo, por si só, já representar uma restrição ao direito.

Apesar de óbvio, relembremos que os direitos econômicos, sociais e culturais devem ser interpretados sob a ótica da não discriminação, a qual é objeto de inúmeros instrumentos internacionais, por se referir a uma das grandes enfermidades globais. Nesse particular, o fenômeno da discriminação positiva ou compensatória vem, ainda que de forma acentuadamente tímida, ganhando notoriedade no cenário internacional.

As observações acima evidentemente não se restringem aos preceitos de natureza substantiva, estendendo-se aos de ordem processual ou opera-

---

[58] TRINDADE, Antônio Augusto Cançado, *Tratado de Direito Internacional dos Direitos Humanos,* Vol. II, Porto Alegre: Sérgio Antônio Fabris Editor, 1999, p. 46: "À medida em que se logram avanços normativos em um determinado tratado de direitos humanos, passam tais avanços efetivamente a terem impacto direto na interpretação e aplicação de outros tratados de direitos humanos, no sentido de ampliar ou fortalecer as obrigações dos Estados partes e assegurar um maior grau de proteção às supostas vítimas."

[59] A Corte Interamericana de Direitos Humanos, na Opinião Consultiva OC-10/89 de 14.07.1989, assim se expressa, ao asseverar que a interpretação da Declaração Americana dos Direitos e Deveres do Homem deve ponderar o "momento atual, ante o que é hoje o sistema interamericano", considerando a "evolução experimentada desde a adoção da Declaração". Nesse particular, embora encontremos menção em obras doutrinárias, é nossa opinião que a interpretação estática, na maioria das situações, e não só em relação aos direitos humanos, deve ser preterida em favor da dinâmica.

O papel da Corte Interamericana na interpretação da CADH   323

cional[60]. Embasada nesse princípio, a Corte Interamericana posiciona-se no sentido de que se o processo judicial não se desenrolar internamente num prazo razoável, o pleito no plano internacional é legítimo. A necessidade de esgotamento dos recursos para a invocação da tutela internacional prevista na Convenção Americana cede em prol da proteção mais alargada.

Outra especificidade que vem sendo difundida nessa modalidade de tratado é a veiculação expressa de disposições sobre diretrizes interpretativas, que buscam realizar esse caráter objetivo das obrigações pactuadas. No caso da Convenção Americana, objeto deste nosso estudo, podemos registrar o artigo 29, que preceitua os nortes interpretativos de seus comandos, seguindo modelo de outros textos convencionais.

A título de fechamento, cumpre salientar que os tratados dos direitos humanos tendem a unificar o tratamento dado à matéria, no sentido de estabelecer um código mundial para aplicação[61], e isso não implica necessariamente em desconsiderar os particularismos culturais, mas a aceitação de um patamar mínimo universal[62]. Esse fato demanda, conseqüentemente, uma universalização também das regras interpretativas relacionadas aos próprios direitos humanos. E, nesse aspecto, há uma significativa convergência jurisprudencial, resvalando em direção ao reconhecimento do caráter objetivo das obrigações convencionais de proteção.

---

[60] A Corte Interamericana, em Parecer de 08.03.83, instada pela Colômbia a se pronunciar sobre o direito à vida: "corresponde a um princípio substantivo em virtude do qual todos os seres humanos tem um direito inalienável à que sua vida seja respeitada e a um princípio processual segundo o qual nenhum ser humano será arbitrariamente privado de sua vida."

[61] Inúmeros já são os instrumentos internacionais de proteção aos direitos humanos. Podemos citar: Declaração Universal dos Direitos do Homem (1948), Convenção Européia de Direitos Humanos (1950), Pacto Internacional dos Direitos Civis e Políticos (1966), Pacto Internacional dos Direitos Econômicos, Sociais e Culturais (1966), Convenção Internacional sobre a Eliminação de Todas as Formas de Discriminação Racial (1968), Convenção Americana dos Direitos Humanos (1969), Convenção sobre a Eliminação de Todas as Formas de Discriminação contra a Mulher (1979), Convenção contra a Tortura e outros Tratamentos ou Penas Cruéis, Desumanos e Degradantes (1984), Convenção sobre os Direitos das Crianças (1989), além de diversos outros, também de alcance regional.

[62] Seguimos os ensinamentos de MIRANDA, Jorge, *Curso de Direito Internacional Público,* Cascais: Principia, 2002, p. 287, ao referir-se ao Direito Internacional dos Direitos do Homem: "Um Direito correspondente no seu princípio e no seu conjunto a um 'mínimo ético', a um mínimo ético universal, a par dos avanços significativos em certas áreas".

324 *Estudos de Direito Europeu e Internacional dos Direitos Humanos*

3 – Interpretação na Convenção Americana dos Direitos Humanos: direitrizes estauídas no artigo 29.

A Convenção Americana dos Direitos Humanos é um tratado multilateral elaborado no âmbito do continente americano, firmado com a função de intercâmbio entre os Estados partes, na proteção dos direitos humanos dos indivíduos americanos, enumerados em seu texto. O tratado contém ainda a estrutura e a competência dos órgãos encarregados da matéria, além das normas de processo e procedimento. Trata-se de um dos quatro principais diplomas normativos gerais que compõem o sistema interamericano de direitos humanos. Os outros são a Declaração Americana dos Direitos e Deveres do Homem, a Carta da Organização dos Estados Americanos e o Protocolo de San Salvador.

Proposta pela OEA em uma Conferência Intergovernamental em São José da Costa Rica, a Convenção Americana dos Direitos Humanos foi assinada em 22/11/69, passando a vigorar em 18/07/1978, quase dez anos depois, quando o 11.º instrumento de ratificação foi depositado. Conta com a adesão de 25 Estados[63].

Devido à época de sua elaboração e às particularidades dos países da América, especialmente da América Latina – região que apresenta um dos maiores níveis de desigualdade mundial, composta por países subdesenvolvidos, onde a luta ainda pauta-se na preservação da vida, da liberdade, da própria dignidade –, os direitos nela introduzidos são basicamente aqueles compreendidos na primeira dimensão, conhecidos como direitos de liberdade ou civis e políticos. Contando com um extenso texto, composto de oitenta e dois artigos, a Convenção dedica vinte e três a essa espécie, e apenas um único aos direitos sociais, econômicos e culturais, que prega o desenvolvimento progressivo desses setores. O outro trecho da Convenção trata do sistema de proteção, designando órgãos competentes para conhecer os assuntos relacionados com o cumprimento dos compromissos assumidos pelos signatários, dentre eles, a Corte Interamericana de Direitos Humanos.

---

[63] São eles: Argentina, Barbados, Bolívia, Brasil, Chile, Colômbia, Costa Rica, Dominica, El Salvador, Equador, Haiti, Honduras, Granada, Guatemala, Jamaica, México, Nicarágua, Panamá, Paraguai, Peru, República Dominicana, Suriname, Uruguai, Trinidad e Tobago e Venezuela.

O governo brasileiro depositou a Carta de Adesão junto à OEA em 25.09.92, após subscrever a Convenção Americana em 26.05.92, através do Decreto Legislativo n.º 27. Entrou em vigor no Brasil a partir do Decreto Presidencial n.º 678, de 06.11.98.

O *papel da Corte Interamericana na interpretação da CADH*

A Convenção Americana atribuiu à Corte Interamericana o sublime papel interpretativo de suas disposições. A forma pela qual serão realizados os direitos humanos no continente americano decorrerá em parte do conteúdo de seus pronunciamentos jurisdicionais, com força vinculante para os Estados que a ratificaram. No desempenho da tarefa, submete-se às prescrições anunciadas no artigo 29 do mesmo texto pactício, eleitos pelos Estados signatários como prioritários no tratamento dos direitos humanos.

Podemos constatar que a maioria dos dispositivos analisada abaixo corresponde a proposições expressas do que fora colocado no item 2.3 acerca das peculiaridades interpretativas de tratados de direitos humanos. Outras proposições que não se encontram presentes nesse dispositivo são também invocáveis, posto que em consonância com o tema. Exemplifiquemos com o princípio da boa-fé: mesmo que não repetido no elenco do artigo 29, impossível sequer que façamos uma análise desse dispositivo, se não o focalizarmos já sob esta perspectiva. Se não estivermos imbuídos da resolução de que a interpretação deve traduzir o espírito do acordo, devidamente delineado no seu texto e no preâmbulo[64], certamente nos encaminharemos a resultados equivocados. E, no que se refere ao preâmbulo, a Convenção Americana lança a seguinte afirmação: "Reafirmando o propósito de consolidar neste Continente dentro do quadro das instituições democráticas um regime de liberdade pessoal e de justiça social fundado no respeito dos direitos essenciais do homem".

Debruçaremos nosso estudo sobre cada uma das diretrizes, elucidando que compreendem nortes interpretativos eleitos pelos Estados, expostos, portanto, em um rol exemplificativo e aditivo.

3.1 – Alínea a: observância dos direitos preceituados na própria Convenção Americana

Apesar da clareza e da evidência do teor do dispositivo[65], não dispensa nossos breves comentários.

---

[64] TRINDADE, Cançado, *Tratado de Direito Internacional dos Direitos Humanos,* Porto Alegre: Sérgio Antônio Fabris Editor, 1999, p. 33: "O texto dos próprios preâmbulos dos tratados de direitos humanos contêm importantes elementos, a serem necessariamente tomados em conta pelos intérpretes, apontando na direção de uma interpretação teleológica e progressista daqueles tratados".

[65] "Artigo 29.º – Nenhuma disposição dessa Convenção pode ser interpretada no sentido de ...". "a) permitir a qualquer dos Estados Partes, grupo ou pessoa, suprimir o

Primeiramente, devemos enfatizar que não trataremos de cada direito ou garantia de *per si,* restando-nos apenas repetir que a esmagadora parcela destes direitos são os direitos de liberdade[66], os quais exigem do Estado e das demais pessoas comportamentos negativos, no sentido de absterem-se da prática de condutas que venha a lesioná-los. Segundo jurisprudência da Corte Interamericana, geram também aos Estados a obrigação positiva de implantar meios para que os demais cidadãos os respeitem, bem como de responsabilizar, por meio de instrumentos internos, os violadores dos direitos, aplicando-lhes a respectiva sanção. Cabe aos Estados preservar a ordem pública. Tomemos o seguinte exemplo: ao assegurar o direito à vida, a Convenção Americana, em seu artigo 4.º, não só proíbe aos Estados que não atentem contra a vida de seus cidadãos, como também determina que se introduzam meios para que esse direito não seja afrontado. Quando isso ocorrer, deve perseguir o autor do atentado, tomando as providências cabíveis para evitar impunidade[67]. A interpretação há de ter o alcance ora explicitado, num contexto que realize a interpretação dinâmica, como modalidade interpretativa, e a dinamicidade dos direitos humanos.

---

gozo ou exercício dos direitos e liberdades reconhecidos na Convenção ou limitá-los em maior medida do que nela prevista".

[66] Neste tópico, a Convenção Americana assemelha-se à Convenção Européia.

[67] FIORATI, Jete Jane/BREVIGLIERI, Etiene, *Direitos Humanos e Jurisprudência Internacional: uma breve análise das decisões da Corte Interamericana de Direitos Humanos,* artigo extraído da obra coletiva *Os Novos Conceitos do Novo Direito Internacional,* Rio de Janeiro: América Jurídica, 2002, p. 284: "Nota-se que nos *Casos Hondurenhos* a Corte procurou compatibilizar o dever de diligência dos Estados na proteção dos direitos humanos com o princípio das obrigações positivas conferidas aos Estados. Enfatizou a Corte que é dever dos Estados prevenir, investigar e punir as violações dos direitos consagrados na Convenção". E continuam: "este é um dever legal que implica em atos concretos do Estado de prevenção, investigação e punição das violações e não mera questão ligada à gestão de conflitos particulares que fiquem na dependência da atividade da vítima ou de seus familiares de iniciarem o processo".

Nesse sentido, encontramos o voto concorrente conjunto de Antônio Augusto Cançado Trindade e Alirio Abreu Burelli, no caso *Villagran Morales y Otros,* cuja sentença da Corte Interamericana data de 19.11.99: "2. El derecho a la vida implica no solo la obligación negativa de no privar a adie de la vida arbitrariamente, sino también la obligación positiva de tomar las medidas necesarias para asegurar que no sea violado aquel derecho básico. Dicha interpretación del derecho a la vida, de modo que abarque medidas positivas de protección por parte del estado, encuentra respaldo hoy día tanto en la jurisprudencia internacional como en la doctrina. Ya no puede haber duda de que el derecho fundamental a la vida pertenece al del yus cogens."

O papel da Corte Interamericana na interpretação da CADH   327

Com raízes no artigo 30 da Declaração Universal dos Direitos do Homem[68], esta alínea também prestigia o princípio do efeito útil ou da efetividade, que se ocupa da realização do objeto do tratado. Qualquer significado atribuído aos direitos e garantias que acabe por excluir os efeitos práticos da Convenção é relegado de antemão. Entre aqueles possíveis, prioridade há de ser resguardada ao sentido que permita a produção do maior número de efeitos. E, não nos esqueçamos que ao interpretar os direitos e garantias aplicamos o sentido autônomo das expressões, ou seja, o significado será aquele condizente com a ótica global ou regional, a depender da natureza do pacto. Como estamos lidando com a Convenção Americana, devemos procurar o significado regional[69]. Aos Estados não cabe alegar que segundo o ordenamento interno, a expressão interpretada possui conotação distinta.

Encontra-se consignada no dispositivo uma referência às interpretações que conduzam a limitações dos direitos e garantias[70]. Em regra são inadmissíveis. Excetuam-se as hipóteses nas quais a própria Convenção permite a contenção. Todavia, deve a ressalva constar expressamente no texto da Convenção. Limitações implícitas são inaceitáveis. Acresça-se que a limitação deve ocorrer na maior medida prevista na Convenção. Ultrapassada essa baliza, a limitação é inválida. Recordemos, ainda, que a interpretação há de ser o mais restritiva possível. Essa regra é, inclusive, decorrência lógica da interpretação teleológica, enaltecida nos tratados dessa espécie.

---

[68] Prescreve o artigo: "Nenhuma disposição da presente Declaração pode ser interpretada de maneira a envolver para qualquer Estado, agrupamento ou indivíduo, o direito de se entregar a alguma atividade ou de praticar alguma ato destinado a destruir os direitos e liberdades aqui enunciados."

[69] A Corte Interamericana no Parecer OC-6/86 de 09.05.86, Série A, n. 6, pp. 3-20, pars. 1-38, ao examinar a expressão "leis" constante do artigo 30 da Convenção Americana, entendeu que não deveria considerar somente o princípio da legalidade, mas o sentido deveria abranger a idéia de legitimidade. Assim, lei é uma norma jurídica que abrange todos em igualdade de condições,voltada ao bem comum, provenientes de órgãos legislativos constitucionalmente estabelecidos e democraticamente eleitos, elaborada através de processo legislativo conforme o texto constitucional.

[70] Em Parecer exarado em 1985, decorrente de Consulta da Costa Rica, no *Caso da Associação de Jornalistas da Costa Rica,* entendeu a Corte Interamericana que a exigência de que para o exercício da profissão de jornalista deveria estar inscrito como membro do Colégio de Jornalistas representava uma excessiva limitação aos direitos garantidos na Convenção Americana, pois impedia o acesso de pessoas e jornalistas não inscritos aos meios de comunicação para divulgar informações de interesse geral. O artigo 13, que garante a liberdade de imprensa e direito do público a uma correta informação teria restado violado.

328 Estudos de Direito Europeu e Internacional dos Direitos Humanos

Oportuno frisar que caso o resultado interpretativo, fruto de uma limitação regularmente aplicada, mostre-se mais prejudicial do que a proteção conferida pelo direito interno ou por outra Convenção ratificada pelo Estado, confere-se preferência a esses dois últimos. Assim, a análise do dispositivo deve ser procedida juntamente com o que dispõe o mandamento abaixo, o qual regula a situação apontada.

3.2 – Alínea *b*: observância dos direitos catalogados no âmbito interno e outra convenção ratificada pelo Estado

O preceito[71] consagra o princípio da primazia da norma mais benéfica[72], ao deliberar que a Convenção será aplicada apenas nas hipóteses em que ampliar, fortalecer ou aprimorar o grau de proteção de direitos. Descarta-se sua aplicação quando ocasionar restrição ou limitação do exercício de direitos estatuídos na ordem interna dos Estados Partes ou em tratados internacionais de direitos humanos por eles ratificados.

A prevalência recairá impreterivelmente na norma mais benéfica, ou seja, naquela que acarreta maiores benefícios aos protegidos. Para que se faça a escolha, a avaliação de confrontos, no caso, é ampla, pois não se perquire tão somente as vantagens decorrentes do direito substantivo em si, mas também os mecanismos de garantia invocáveis para resguardá-los. Em suma, o critério identificador da norma a ser aplicada é o grau de eficácia da proteção[73]. Assim, cabe ao intérprete sempre que se defrontar

---

[71] "Artigo 29.º – Nenhuma disposição dessa Convenção pode ser interpretada no sentido de ...". "b) limitar o gozo de qualquer direito ou liberdade que possam ser reconhecidos de acordo com as leis de qualquer dos Estados Partes ou de acordo com outra Convenção em que seja parte um dos referidos Estados;"

[72] TRINDADE, Antônio Augusto Cançado, *A interação entre o Direito Internacional e o Direito Interno na Proteção dos Direitos Humanos,* Arquivos do Ministério da Justiça, Brasília: "O critério da primazia das normas mais favoráveis às pessoas protegidas, consagrado expressamente em tantos tratados de direitos humanos, contribui, em primeiro lugar para reduzir ou minimizar consideravelmente as pretensas possibilidades de 'conflitos' entre instrumentos legais em seus aspectos normativos. Contribui, em segundo lugar, para obter maior coordenação entre tais instrumentos em dimensão tanto vertical (tratados e instrumentos de direito interno) quanto horizontal (dois ou mais tratados).... Contribui, em terceiro lugar, para demonstrar que a tendência e o propósito da coexistência de distintos instrumentos jurídicos – garantindo os mesmos direitos – são no sentido de ampliar e fortalecer a proteção."

[73] PIOVESAN, Flávia, obra coletiva, coordenada pela citada e Luís Flávio Gomes, *O Sistema Interamericano de Proteção dos Direitos Humanos e o Direito Brasileiro,* São Paulo: Revista dos Tribunais, 2000, p. 25.

O papel da Corte Interamericana na interpretação da CADH

com o caso concreto que enseje interpretação, recorrer a outros instrumentos concorrenciais, a fim de verificar se as normas que os integram apresentam solução mais apropriada à espécie.

O princípio em foco afasta outros princípios interpretativos tradicionais, tais como o de que a norma posterior revoga a anterior com ela incompatível, e o princípio da especialidade, segundo o qual a norma especial prefere à geral[74].

O preceito evidencia a natureza essencialmente complementar, a partir do ângulo das vítimas, dos mecanismos de proteção dos direitos humanos nos planos global e regional[75]. Os mecanismos internacionais perfazem garantias adicionais de proteção, acionáveis quando constatamos falhas no sistema de monitoramento dos direitos fundamentais por parte dos Estados. Ocupam uma posição subsidiária e facultativa. Na hipótese de a proteção oriunda do direito interno proporcionar maior alcance, certamente a de direito material internacional correspondente não está cumprindo sua finalidade, motivo pelo qual se afasta a sua aplicação[76].

Quanto à existência desse aparato interno, o artigo. 2.º da Convenção Americana contém previsão no sentido da obrigação dos Estados Partes de elaborarem os atos normativos necessários para que os direitos e garantias nela inseridos sejam efetivamente exercidos[77]. Qualquer omissão

---

[74] PIOVESAN, Flávia, obra coletiva, coordenada pela citada e Luís Flávio Gomes, *O Sistema Interamericano de Proteção dos Direitos Humanos e o Direito Brasileiro,* São Paulo: Revista dos Tribunais, 2000, p. 26.

[75] TRINDADE, Cançado, *Tratado de Direito Internacional dos Direitos Humanos,* Porto Alegre: Sérgio Antônio Fabris Editor, 1999, p. 47.

[76] Parcela da doutrina entende que as Convenções ao disciplinarem o modo de solução dessa problemática, inserem em seu texto o que denominam "cláusulas de compatibilização". Vejamos em FIORATI, Jete Jane/BREVIGLIERI, Etiene, *Direitos Humanos e Jurisprudência Internacional: uma breve análise das decisões da Corte Interamericana de Direitos Humanos,* artigo extraído da obra coletiva *Os Novos Conceitos do Novo Direito Internacional,* Rio de Janeiro: América Jurídica, 2002, p. 279: "Com a evolução do sistema de proteção internacional dos direitos humanos, tornou-se necessário prevenir e evitar conflitos entre as jurisdições nacional e internacional, compatibilizando-se os dispositivos convencionais (internacionais) e de direito interno. Para alcançar este propósito, os Tratados contém 'cláusulas de compatibilização', fazendo referência expressa aos preceitos constitucionais e leis internas dos Estados, harmonizando-os com as disposições convencionais."

[77] Independentemente do teor do artigo 2.º, a Corte Interamericana entendeu em seu sétimo parecer consultivo, datado de 1986 pela aplicabilidade direta *per se* de disposições da Convenção Americana no direito internos dos Estados-partes, mesmo que elas contenham uma referência a lei nacional.

330 *Estudos de Direito Europeu e Internacional dos Direitos Humanos*

enseja responsabilização internacional. Dessa forma, concluindo o intérprete que na ordem interna há um vazio no tocante ao respectivo direito, caberá a adoção de medidas visando o cumprimento da obrigação[78]. O mesmo ocorre quando vislumbrar que o direito interno contém previsões contrárias ao estatuído na Convenção Americana[79].

Por fim, constatamos no texto menção a outra convenção ratificada pelo Estado. A vacuidade encontrada na redação normativa, ao não limitar a Constituição atende ao propósito dos direitos humanos. A indagação que poderia ressoar seria: se nos deparássemos com conflito entre disposições, por qual optar, eis que ambas possuem idêntica natureza na relação de complementariedade do direito interno/direito internacional? Inexistem motivos para que desconsiderássemos o princípio da primazia da norma mais benéfica. O fato de ambas se encontrarem no plano internacional não acarreta diferenciação de tratamento. Continuamos a negar validade aos princípios que pregam que norma posterior revoga norma anterior, bem como todos os demais inerentes à temática.

Paralelamente, O sistema internacional de proteção dos direitos humanos compreende os sistemas global e regional[80], os quais funcionam, juntamente com o direito interno, num mecanismo de complementariedade,

---

[78] Em 06.02.2001, analisando o Caso Ivchen Brostein contra o Peru, a Corte Interamericana determinou que o Estado adotasse medidas legislativas com o fito de evitar afronta a alguns dispositivos da Convenção Americana.

[79] Em 05.02.2001, após constatar que o Chile havia ferido o artigo 13 da Convenção Americana, no caso do Professor Juan Pablo Olmedo Busto, a Corte Interamericana, examinando um caso concreto, determinou ao Estado que modificasse seu ordenamento jurídico interno em um prazo razoável a fim de suprimir legislativamente a proibição que causou a violação do dispositivo. Deveria enviar àquela Casa no prazo de seis meses a partir da sentença um informe sobre as medidas tomadas a esse respeito.

[80] PIOVESAN, Flávia, *Direitos Humanos e o Direito Constitucional Internacional,* São Paulo: Max Limonad, 2002, p. 228, *apud* STEINER, Henry, *Regional promotion and protection of human rights: twentyeightth report os the Comission to Study the Organizacion of Peace,* 1994: "As duas sistemáticas podem ser conciliadas em uma base funcional: o conteúdo normativo de ambos os instrumentos internacionais, tanto global, como regional, deve ser similar em princípios e valores, refletindo a Declaração Universal dos Direitos Humanos, que é proclamada como um código comum a ser alcançado por todos os povos e todas as Nações. O instrumento global deve conter um parâmetro normativo mínimo, enquanto que o instrumento regional deve ir além, adicionando novos direitos, aperfeiçoando outros, levando em consideração as diferenças peculiares em uma mesma região ou entre uma região e outra. O que inicialmente parecia ser uma séria dicotomia – o sistema global e o sistema regional de direitos humanos – tem sido solucionado satisfatoriamente em uma base funcional."

O papel da Corte Interamericana na interpretação da CADH   331

conforme já exposto. O sistema global lida com a realidade universal. Por essa razão sua análise não se detém nos particularismos culturais, concentrando-se nas necessidades do ser humano voltadas à dignidade, liberdade e igualdade, que são idênticas em todos os indivíduos, justamente por ostentarem tal condição, sem aderência às peculiaridades de uma determinada comunidade. Lida com valores universais, que se manifestam numa consciência universal. Não descartamos dessa categoria aqueles direitos que podem se afigurar mais importantes em um determinado meio social do que em outro, desde que preservada essa universalidade. Ocorre tão somente uma diferenciação razoável no grau de relevância, que não compromete a deliberação de um denominador comum mínimo, base desse sistema global. A ampliação, caso necessária, far-se-á mediante instrumentos regionais.

Já o sistema regional procura absorver os caracteres das comunidades mapeadas, os valores primados, a bagagem social e cultural, as necessidades e anseios vivenciados, possibilidades econômico-financeiras e outros fatores, a fim de fixar seu âmbito de proteção[81]. Esse dualismo fortifica o resguardo dos direitos humanos, na medida em que são trabalhadas diversas exigências, de forma eficiente, em virtude do critério de predominância de interesses adotado, além de elevar os mecanismos de fiscalização dos Estados. Vislumbramos, assim, que não há qualquer dicotomia entre os sistemas[82]. Inexiste também empecilho para que mais de um diploma venha a disciplinar determinado direito humano. Cabe a escolha do aparato mais vantajoso.

Essas noções, repassadas sinteticamente, buscam clarificar que o dispositivo engloba tanto as convenções globais, como as regionais, cada uma dentro do seu âmbito de tratativas. Surgindo eventual concorrência de dispositivos a serem aplicados no caso concreto, retornemos à regra da prevalência da norma mais benéfica. Não podemos afirmar abstratamente que o mecanismo regional prefere ao geral, por se dedicar às peculiaridades das comunidades envolvidas. O que nos é permitido, num primeiro

---

[81] Insustentável, todavia, que se alegue tradições culturais para se acobertar violações de direitos humanos. Até porque qualquer norma nesse sentido não se sustentaria, em razão do princípio da preponderância da norma mais benéfica, típica dos direitos humanos.

[82] Piovesan, Flávia, *Direitos Humanos e o Direito Constitucional Internacional,* São Paulo: Max Limonad, 2002, p. 228: "Logo, os sistemas global e regional não são dicotômicos, mas ao revés, são complementares. Inspirados pelos valores e princípios da Declaração Universal, compõem o universo instrumental de proteção dos direitos humanos no plano internacional."

332   *Estudos de Direito Europeu e Internacional dos Direitos Humanos*

momento, é apenas lançar a assertiva de que comumente este fato pode vir a ocorrer, justamente pelo argumento anunciado.

3.3 – Alínea c: observância de outros direitos e garantias inerentes ao ser humano e a forma democrática representativa de governo

Sabido é que um dos atributos dos direitos humanos é sua textura aberta. As constantes transformações ocorridas no cotidiano das diversas comunidades internacionais impelem a aceitação de novas exigências adequáveis ao conceito de direitos humanos, até porque um dos fatores identificáveis dos direitos humanos é a sua historicidade, fruto de incorporação temporal de novos valores. O dispositivo em estudo[83] agasalha essas situações, ao estatuir genericamente que a interpretação de dispositivos da Convenção Americana não deve ser realizada em prejuízo desses outros direitos e garantias inerentes ao ser humano, ou, de forma simplificada, aos direitos humanos. Os novos direitos humanos que vão emergindo no cenário internacional contam com a guarida do dispositivo.

Independentemente do que fora colocado, relembremos que os direitos humanos já reconhecidos não são apenas aqueles que formalmente estão disciplinados em instrumentos internacionais. Provêm também de outras fontes, como o costume. Em razão do teor do preceito, os decorrentes da textura aberta também estão abrangidos.

Aliás, essa nos parece uma cláusula que podemos nomear de "soldado de reserva". Caso uma situação referente à inobservância de direitos humanos não encontre tipicidade nas demais alíneas, certamente, adequar-se-á ao teor desta.

Não menos complexa é a questão abordada na segunda parte do dispositivo. A idéia de democracia clássica, nascida nos primórdios da civilização grega, ainda que vítima de atribulados percalços históricos, foi estendendo seus contornos ao longo do tempo. A sintética citação de Lincoln, em seu discurso em Gettysburg, em 1863, de que "a democracia é o governo do povo, pelo povo e para o povo" não se mostra suficiente para clarificar os parâmetros de vinculação e atuação desse poder na sociedade. A noção de democracia constrói-se tendo por base dois

---

[83] "Artigo 29.º – Nenhuma disposição dessa Convenção pode ser interpretada no sentido de ...". "c) excluir outros direitos e garantias que são inerentes ao ser humano ou que decorrem da forma democrática representativa de governo; e".

O papel da Corte Interamericana na interpretação da CADH

elementos: (1) sua natureza, qual seja, uma modalidade de regime político[84] e (2) por traduzir um peculiar sistema de idéias. Isso porque, compõe-se de atitudes que implicam participação grupal na ação social e que refletem compromissos institucionais mapeados por fatores de índole racional, jungidos aos postulados de um povo, que não representam a soma de muitos indivíduos, mas a unidade de gerações[85]. Tal noção de democracia jamais se dissocia dos reflexos produzidos no âmbito material. Supera-o, ao transitar pelo campo da metafísica. Essa peculiaridade advém também da força legitimadora que confere aos movimentos sociais. Todo esse sistema democrático possui como vértice, a soberania popular[86].

Situando como ponto de partida essa vertente ideológica mesclada a um determinado contexto constitucional, estudiosos jurídicos traçam diversas classificações de democracia. Ultrapassando a clássica bipartição democracia liberal/democracia social[87] – até porque essa distinção no presente ensaio, no qual a brevidade é caracterizadora, não se mostra necessária –, deparamo-nos com os conceitos de democracia formal e democracia substancial.

A dimensão formal da democracia política é obtida mediante a indagação de como e quem profere as decisões que caracterizam exercício do poder. Verifica-se, caso as respectivas respostas compatibilizam-se com as formas e agentes autorizados por meio de um movimento legiti-

---

[84] SOUSA, Marcelo Rebelo de /GALVÃO, Sofia, *Introdução ao Estudo de Direito*, Lisboa: Lex, 2002, p. 359, definem o instituto: "Diz-se democrático o regime político que coloca o poder político do Estado ao serviço dos cidadãos, em homenagem à primazia da essência e da dignidade da pessoa humana. No fundo, o regime democrático encerra sempre uma visão personalista da sociedade e do Estado."

[85] Essa unidade não afeta a aceitação do pluralismo de idéias, consagrada na liberdade de expressão do pensamento, típica da democracia. A referida unidade resulta do conjunto cultural daquela sociedade.

[86] Diversos segmentos doutrinários procuram enumerar os requisitos configuradores do regime democrático, com o que contam com alguma dificuldade em virtude da definição de democracia variar em função dos valores assumidos e dos fins visados num contexto específico. Parece-nos mais feliz a seguinte formulação, que através de proposições genéricas, lançou os seguintes elementos: a) soberania popular, b) igualdade política, c)consulta popular, d) regra da maioria.

[87] BARROSO, José Durão, *POLIS, Enciclopédia Verbo da Sociedade e do Estado*, Vol. 2, Lisboa: Editorial Verbo, p. 74, ao discorrer sobre democracia liberal: "O seu valor nuclear é a liberdade e a as idéias fundamentais de seu discurso referem-se à necessidade de colocar limites ao Poder,...". Já a democracia social "assenta na exigência de igualdade e apóia-se nas concepções de Rousseau e dos teorizados da soberania popular, bem como, para quem considerar que se pode falar ainda no seu caso de D., nos trabalhos de Marx."

334 Estudos de Direito Europeu e Internacional dos Direitos Humanos

mador, que assegura a vontade da maioria. Esse fenômeno é nomeado de democracia formal[88].

Concorrentemente, e a nosso ver, traçando um caminho mais extenso e denso, há a dimensão substancial da democracia política, cujo objeto de avaliação é a questão material do ato do exercício do poder. Direciona--se ao conteúdo daquilo que foi decidido, que deve simbolizar o respeito aos direitos fundamentais, por serem indisponíveis, e aos demais princípios axiológicos que lhe são inerentes[89], sob pena de invalidade do ato. O poder de disponibilidade democrática não os abrange. Ao reverso, a democracia se afirma no próprio exercício desses direitos. Em suma, essa concepção substancial de democracia garante os direitos fundamentais, e não só a onipotência da maioria. Esse mecanismo nomeia-se democracia substancial.

Inegável que a democracia substancial, ao representar uma garantia dos direitos fundamentais, acaba por produzir seus efeitos no grau de extensão democrática que vai se instalando gradativamente no Estado de Direito[90]. Ao dotar os cidadãos de suporte capaz de torná-los mais conscientes de seus direitos e deveres no âmbito político, promovendo a igualdade material, permite-se uma participação mais atuante e reveladora desses cidadãos no cenário social. Sua atitude não se resumirá a escolher seus representantes (quando se tratar de democracia indireta), mas, concretamente, a exercitar opções relacionadas a programas governamentais e ao controle dos atos daqueles que, em seu nome, exercem o poder político.

Entendemos que o texto da Convenção deve abranger esses dois aspectos democráticos, formal e substancial, de forma a tornar mais robusta a proteção empreendida. Paralelamente, a democracia substancial, diante

---

[88] FERRAJOLI, Luigi, *Derechos y Garantias – La ley del más débil*, Madrid: Edtorial Trotta, 2001, p. 23.

[89] FERRAJOLI, Luigi, *Teoria do Garantismo Penal*, São Paulo: Revista dos Tribunais, 2002, p. 693: "E todavia, em um sentido não formal e político, mas substancial e social de "democracia", o Estado de direito equivale à democracia, no sentido de que reflete, além da vontade da *maioria*, os interesses e necessidades vitais de *todos*."

[90] FERRAJOLI, Luigi, *Derechos y Garantias – La ley del más débil*, Madri: Editorial Trotta, 2001, p. 39: "Así, si la intensión de la igualdad depende de la cantidd y de la calidad de los intereses protegidos como derechos fundamentales, la extension de la igualdad y con ello el grado de democraticidad de un cierto ordenamiento depende, por conseguiente, de la extensión de aquellas clases de sujetos, es decir, de la supresión o reducción de las diferencias de status que la determinan."

O papel da Corte Interamericana na interpretação da CADH   335

do que fora exposto mostra-se apta a solidificar o tratamento que um Estado confere aos direitos humanos, ao se imiscuir em valores de dignidade, liberdade e igualdade humana, os quais correspondem às vigas mestras da teoria dos direitos humanos[91].

Todavia, devemos reconhecer que a Corte ainda enfrenta questões democráticas primárias, ao se debruçar muitas vezes com condutas estatais altamente eivadas por fortes resquícios de regimes ditatoriais. Em muitos Estados que admitem a sua competência ainda não se consolidou nem mesmo uma democracia formal completa, como Paraguai, Venezuela, Peru e Colômbia, pois a separação clara de poderes ainda não se encontra delineada[92]. A desvinculação total entre regimes civis e militares também não foi atingida. Muitas dessas demonstrações antidemocráticas acabam por refletir em pronunciamentos acerca da liberdade de expressão[93].

O dispositivo, ao se preocupar com o aspecto democrático, retrata a grande tendência mundial de se afirmar a existência de uma interdependência entre a democracia e os direitos humanos[94], pois é inimaginável

---

[91] Não estamos alheios as grandes dificuldades para efetiva implantação das lições embasadas fortemente em suporte doutrinário. Mas, a esse respeito, relembremos a clássica citação do jusfilósofo Jurgen Habermas: "quando as utopias desaparecem, só existe o deserto". E será que realmente estamos trabalhando no campo da utopia?

[92] Exemplifiquemos com um caso acontecido no Peru: o Presidente Fuji Mori afastou compulsoriamente de seus cargos magistrados ao argumento de motivos políticos, numa evidente tentativa de burlar a Constituição, eis que tais juízes pretendiam exercer o cargo com imparcialidade. Foi levado o caso ao conhecimento da Corte Interamericana, que sentenciou em fevereiro de 2001 fazendo cessar a violação.

[93] Exemplo da situação apontada é o caso do Juan Pablo Olmedo Busto, professor da Universidade Católica do Chile, que foi proibido pelo Estado de exibir o filme "A Última Tentação de Cristo", utilizado como método didático. Em sentença de 05.02.2001, a Corte Interamericana entendeu que ocorreu afronta ao artigo 13 da Convenção, que trata da liberdade de pensamento e expressão. Outro caso refere-se a Ivchen Brostein e o Peru, pois aquele veiculou através de um canal que era proprietário denúncias graves de violação de direitos humanos e atos de corrupção praticados pelo governo peuano, que foram devidamente comprovados, o que fez com que o Peru cortasse sua liberdade de expressão e o privasse do título de cidadão. A sentença de 06.02.01 determinou que o Estado retornasse a situação ao *status quo ante,* além de determinar o pagamento do reembolso de gastos processuais e indenização por danos morais, bem como adoção de medidas legislativas para que no futuro tal situação não voltasse a ocorrer.

[94] TRINDADE, Antônio Augusto Cançado, *Tratado de Direito Internacional dos Direitos Humanos,* Vol. II, Porto Alegre: Sérgio Antônio Fabris Editor, 1999, p. 222, no capítulo que intitula *Direitos Humanos e Democracia: o regime emergente de promoção internacional da Democracia e do Estado de Direito,* observa: "também a Corte Interamericana tem dado sua contribuição ao tratamento do tema. E o tem feito no exercício

336 *Estudos de Direito Europeu e Internacional dos Direitos Humanos*

a observância de direitos humanos em regime não-democrático, como é também inconcebível a existência de democracia que não respeite os direitos humanos. O fato é que, se por um lado, o reconhecimento dos direitos humanos por um Estado traduz uma condição indispensável para a democracia, por outro, a democracia representa o único ambiente no qual os direitos humanos podem ser efetivamente resguardados[95].

3.4 – Alínea *d*: observância dos efeitos da Declaração Americana dos Direitos e Deveres do Homem e outros atos internacionais da mesma natureza

A Declaração Americana dos Direitos e Deveres do Homem é um dos instrumentos de caráter internacional a reger as relações no continente americano no tocante aos direitos humanos[96]. Anterior à Convenção

---

de suas competências tanto consultiva quanto contenciosa. Assim, (...), a Corte esclareceu que as limitações ao exercício dos direitos humanos consagrados na convenção Americana, nestas previstas, só podem emanar de leis adotadas por órgãos legislativos eleitos democraticamente, e hão de ser restritivamente interpretadas à luz das 'justas exigências' de uma 'sociedade democrática', sem o que carecerão de legitimidade inclusive por atentarem contra o sistema democrático e o Estado de Direito."

[95] ANDRADE, José H. Fischel, *Direitos Humanos e Democracia – Considerações sobre sua interdependência no âmbito do direito internacional,* artigo extraído da obra *Os novos conceitos do novo Direito Internacional,* coordenação de Danielle Annoni, Rio de Janeiro: América Jurídica, p. 351: "Essa alegada dependência mútua tem encontrado respaldo tanto no meio doutrinário, quanto em instrumentos internacionais. Cientistas políticos, constitucionalistas e internacionalistas, *inter alia,* do porte de Noberto Bobbio, Manoel Gonçalves Ferreira filho e Antônio A. Cançado Trindade, têm defendido a relação de dependência necessária que ocorre entre democracia e direitos humanos. Instrumentos internacionais globais e regionais, tanto convencionais, como extra-convencionais, têm, da mesma forma,, endossado tal relação: a Declaração de São José sobre Direitos Humanos asseverou que a Conferência Mundial de Direitos Humanos deveria 'basear-se na relação incondicional e indissolúvel entre direitos humanos, democracia e desenvolvimento', a própria Conferência, por sua vez, por intermédio da Declaração de Viena, de 25 de junho de 1993, afirmou categoricamente, em seu § 5.º que 'Democracia (...) e respeito pelos direitos humanos e liberdades fundamentais são interdependentes (...) e se reforçam mutuamente."

[96] Eis o preâmbulo, que denota sua diretriz: "el sentido genuíno de la solidariedad americana y de la buena vencidad no puede ser outro que el de consolidar en este Continente, dentro Del marco de las instituciones democráticas, ún regimen de liberdad indiidual y de justicia social, fundado en el respeto de los derechos essenciales del hombre."

O papel da Corte Interamericana na interpretação da CADH — 337

Americana[97], foi instituída via resolução, necessitando de um tratado internacional suficiente a conferir exigibilidade aos direitos enunciados. Diante da frágil base jurídica sobre a qual se amparam, as declarações correspondem a recomendações[98].

O dispositivo em exame[99] cumpriu em parte o desiderato de conferir maior força à citada Declaração, ao assegurar que os direitos e garantias elencados na Convenção Americana interpretar-se-ão em consonância com os efeitos gerados por essa Declaração. Assim, enunciados que não continham resultados subordinativos sólidos como os dos tratados, por refletirem cartas de intenções, ganharam uma força propulsora, com a vinculação do intérprete aos seus efeitos, os quais passaram a contar com guarida de um órgão com força jurisdicional. Essa alínea elevou o *status* da Declaração Americana, ao obrigar por via oblíqua os Estados[100].

Ressalva presente no preceito diz respeito a outros atos internacionais de igual natureza. Nesse particular, importante destacar a grande relevância da Convenção, que procurou não se limitar a robustecer tão somente a Declaração Americana, incluindo também todos os demais atos da mesma natureza. São aqueles que pela sua categoria, são passíveis de instituir

---

[97] Foi aprovada em 1948, na mesma Conferência que instituiu a Carta da OEA em Bogotá.

[98] MELLO; Celso D. Albuquerque de Mello, *Curso de Direito Internacional Público,* Vol. I, Rio de Janeiro: Renovar, 2002, p. 205, conceitua declaração como os acordos que criam princípios jurídicos ou afirmam uma atitude política comum. O mesmo ocorreu no âmbito das nações Unidas, com a Declaração Universal dos Direitos Humanos, reconhecida universalmente como carta-princípio. Doutrinadores sustentam que certos princípios contidos na Declaração já se incorporaram ao direito consuetudinário, fonte do Direito Internacional Público.

[99] "Artigo 29.º – Nenhuma disposição dessa Convenção pode ser interpretada no sentido de ..." "d) excluir ou limitar o efeito que possam produzir a Declaração Americana dos Direitos e Deveres do Homem e outros atos internacionais da mesma natureza".

[100] TRINDADE, Antônio Augusto Cançado Trindade, *El Sistema Interamericano de Protección de los Derechos Humanos: Evolución, Estado actual e Perspectivas,* Boletim da Sociedade Brasileira de Direito Internacional, Ano XLIX, Brasília, 1996 – janeiro a junho, p. 70, acerca da força jurídica da Declaração Americana entende: "Una ilustración de interacción de instrumentos de derechos humanos de bases jurídicas distintas en la práctica subsecuente de la Comisión es dada por el tratamiento dispensado al caso n. 9247, concerniente a los Estados Unidos (estado noratificante). Allí la Comisión llegó a afirmar que como consecuencia de las obligaciones contenidas en los artículos 3 (j), 16, 51(e), 112 y 150 de la Carta de l OEA sobre derechos humanos – su Estatuto y Reglamento, y la declaración Americana de 1948 – adquirieron 'fuerza obligatoria'. Se entendieron por 'derechos humanos' tanto los derechos definidos en la Convención Americana como los consagrados en la Declaración Americana de 1948."

338   *Estudos de Direito Europeu e Internacional dos Direitos Humanos*

apenas recomendações aos Estados Partes, que diante da vacuidade coercitiva, permitem violações, ou quando menos, em razão de enfraquecidos modos de averiguação do comportamento do Estado Parte, ausência de informações e subterfúgios inconsistentes para o não cumprimento integral das recomendações.

Esses últimos são passíveis de identificação buscando-se os instrumentos regionais e globais que tratam do tema. Em relação aos globais, podemos acentuar a Declaração Universal dos Diretos do Homem, conhecida como código comum[101].

Nesse estágio de nosso ensaio, dúvidas já não podem persistir em relação a declarações regionais celebradas por Estados situados em regiões diversas à americana. Essas declarações, por compreenderem o sistema regional, são impassíveis de gerar qualquer efeito fora dos limites de sua abrangência. Assim, as declarações firmadas em regiões diferentes da americana não são abraçadas pelo dispositivo. Ademais, foram elaboradas com o desiderato de atender as peculiaridades daquelas comunidades, e, portanto, inúteis ao sistema americano.

O dispositivo em foco configura uma emanação da interação interpretativa dos atos internacionais de direitos humanos[102].

4 – Competência Interpretativa da Corte Interamericana

A Corte Interamericana de Direitos Humanos foi instituída pela Convenção Americana dos Direitos Humanos[103]. Representa o principal

---

[101] A Declaração Universal dos Direitos do Homem foi adotada em 10 de dezembro de 1948 pela Resolução n.º 217 A (III) da Assembléia Geral da ONU. Consagra um consenso sobre valores de cunho universais. A Declaração adveio com o objetivo de estabelecer uma ordem pública mundial, assentada na dignidade da pessoa humana. Nesse sentido, afirma BOBBIO, Noberto, *A Era dos Direitos,* Rio de Janeiro: Campus, 1992, p. 28, que a DUDH é a única manifestação de consenso quanto aos valores fundados no ser humano e destinados a alcançarem aplicação universal. Quanto a essa, discute-se a aptidão para vincular juridicamente os Estados.

[102] A Corte Interamericana, já em seu primeiro parecer em 1982, enfatizou a interação dos diversos instrumentos de proteção internacional dos direitos humanos, nos sistemas global e regional. Em outras oportunidades, em seu décimo parecer, datado de 1989, afirmou sua competência para opinar sobre a interpretação da Declaração Americana dos Direitos e Deveres do Homem e as normas de direitos humanos da Carta das Organizações dos Estados Americanos.

[103] O mesmo pacto instituiu a Comissão Interamericana, com funções de investigação, conciliação e persecução junto à Corte Interamericana, delineadas no artigo 41 da Convenção Americana.

O papel da Corte Interamericana na interpretação da CADH   339

órgão do sistema americano de proteção dos direitos humanos e destaca-se em razão de sua competência jurisdicional. Assim, suas decisões possuem força obrigatória. É no exercício das suas atividades que a Corte Interamericana realiza sua competência interpretativa[104].

Apenas em breves linhas, cumpre consignar que a Corte foi instalada em meados de 1979, com sede em São José da Costa Rica. Composta por sete membros, eleitos pelos Estados, e dirigida por um presidente, conta também com um vice-presidente, exige a presença mínima de cinco juízes para as deliberações[105]. Ela possui um regimento interno que dispõe, em síntese, sobre seu regime jurídico, competência e funções, sede, composição, estrutura, funcionamento e relações com os Estados e organismos. A Convenção Americana traz também uma série de dispositivos discriminando os itens acima, os quais, em razão de não interferirem frontalmente em nossas considerações conclusivas, deixamos de examinar nesse trabalho.

Nos tópicos que se seguem, buscaremos desenvolver algumas temáticas com o intuito de elucidar a relação entre o papel interpretativo da Corte Interamericana e os povos signatários, bem como dissertar a respeito dos meios por intermédio dos quais se desenrola a competência interpretativa.

4.1 – Corte Interamericana e os povos signatários

A Corte Interamericana é o instrumento existente à disposição dos povos do continente americano que se vêem afrontados em seus direitos humanos pelo comportamento do próprio Estado ao qual estão conectados ou outros Estados submetidos à sua jurisdição. Vislumbramos nessas ocasiões um inexorável paradoxo, pois o povo cria o Estado para resguardar seus direitos fundamentais, e esse, em não raras vezes, num processo ilegítimo e, conseqüentemente antidemocrático, vem mortificar esses direitos, os quais pela sua natureza são pré-estatais. Em sobreposição consentida à soberania estatal, que vem se relativizando em prol da Justiça Internacional, a Corte Interamericana exerce parcela de poder, sujeitando os

---

[104] Dispõe o artigo 1.º do Estatuto da Corte Interamericana: "A Corte Interamericana de Direitos humanos é uma instituição jurídica autônoma cujo objetivo é a aplicação e a interpretação da Convenção Americana sobre Direitos Humanos."

[105] Em vinte anos de funcionamento, a Corte realizou 46 sessões ordinárias e 23 sessões especiais.

340   *Estudos de Direito Europeu e Internacional dos Direitos Humanos*

diversos Estados americanos e direcionando-os no tratamento que atribuem aos direitos humanos dos povos. A maior eficiência resplandece em virtude da ausência total de interesse direto no objeto da controvérsia. Ora, não se mostra inapropriado que falemos acerca da imparcialidade dos Estados no exercício da jurisdição interna para garantia dos direitos humanos. Essa assertiva corresponde a uma da mais básicas lições jurídicas. Mas também não podemos negar que um órgão internacional avalie a questão sob ótica distinta, sem qualquer elo umbilical com o assunto que se discute. Assim, apesar de subsidiária e complementar, a Corte Interamericana se converte muitas vezes na única forma de proteger direitos de vítimas da região.

Outrossim, é por intermédio de seus pronunciamentos que a Corte Interamericana consolida a concepção de indivisibilidade dos direitos humanos no continente americano, assolado por graves violações aos direitos dos quais as pessoas são portadoras. E isso ocorre em decorrência de múltiplos fatores, de índole histórica, social, econômica, demográfica, etc, que não nos cabe nessa oportunidade desafiar, mas cuja lembrança é justificada, a fim de mais uma vez evidenciar a relevância da atuação da Corte, agora sob o ponto de vista dos povos. O caráter originário e a própria universalidade dos direitos humanos levam à indivisibilidade, ou seja, forma-se um todo incindível, atrelado á idéia de dignidade da pessoa humana. Nesse aspecto, a Corte vem conferindo interpretação que respeite a não-seletividade dos direitos humanos: todos devem na máxima proporção ser acolhidos pelos Estados.

Concomitantemente, um dos grandes papéis interpretativos da Corte Interamericana consiste em implantar a igualdade de tratamento na questão dos direitos humanos aos diversos povos signatários, e, primordialmente, garantir a igualdade no sistema de proteção.

Nesse espírito de oferecer de forma mais efetiva possível aos povos signatários a proteção em relação aos direitos humanos, a Corte atribui à noção de vítima uma conotação ampliativa, que abrange tanto as vítimas diretas e indiretas, quanto as vítimas potenciais[106]. Os danos porventura verificados não se cingem aos materiais, figurando como objeto de tutela também os danos morais[107].

---

[106] MELLO, Celso D. de Albuquerque, *Curso de Direito Internacional Público,* Vol. I, Rio de Janeiro: Renovar, 2002, p. 859.

[107] ANNONI, Danielle, *Direitos Humanos & Acesso à Justiça no Direito Internacional,* Curitiba: Juruá, 2003, p. 60, conclui, após analisar o caso *Velásquez Rodrigues,* que o dano moral exsurge obrigatoriamente da violação dos direitos humanos. Acrescenta que

O papel da Corte Interamericana na interpretação da CADH   341

Obstáculo vivenciado por esse arcabouço da Corte refere-se às dificuldades existentes na materialização dos mecanismos políticos de coerção dos Estados para o cumprimento das suas sentenças, os quais se mostram ainda insuficientes para o integral resguardo dos povos signatários.

4.2 – Modalidades

A competência interpretativa da Corte Interamericana dos Direitos Humanos envolve duas modalidades: contenciosa e consultiva. Daí, seu relevante papel na realização dos direitos humanos constantes da Convenção Interamericana, pois atua não só quando instalada uma demanda, mas também em momentos anteriores, evitando, com seus pronunciamentos vinculativos, o eventual surgimento da controvérsia jurisdicionalizada. Seguiremos nossa análise, debruçando-nos sobre essas diferentes modalidades.

4.2.1 – Contenciosa

A competência interpretativa contenciosa ocorre diante da pendência de uma lide de cunho internacional, devidamente instaurada por iniciativa dos legitimados[108], imputando-se a um Estado Parte a violação de direitos humanos. A dita competência é exercida, portanto, na resolução dos casos em que é alegada alguma violação a direitos humanos por parte de Estados Partes da Convenção Americana[109].

As sentenças da Corte devem ser fundamentadas e são definitivas e inapeláveis, gerando coisa julgada entre as partes. Possuem força obriga-

---

"o dano moral é visto como sendo uma presunção absoluta, após a constatação de violação dos direitos humanos." Reproduz trecho da manifestação do órgão: "el daño moral infligido a las víctimas, a critério de la Corte, resulta evidente pues es propio de la naturaleza humana que toda persona sometida a lãs agresiones y vejámenes mencionados experimente un sufrimento moral. La Corte estima que no se requieren pruebas para llegar a esa conclusión y resulta suficiente el reconocimiento de responsabilidad efectuado por Suriname en su momento."

[108] Preceitua o artigo 61, 1.ª parte da Convenção que somente os Estados partes e a Comissão têm direito de submeter o caso à Corte. Obtemperando tal disposição, ao argumento de que os direitos humanos não comportam tal limitação, apenas aceitável em razão da época em que foi elaborada, entende Cançado Trindade que é admissível o acesso direto do cidadão perante a Corte.

[109] Em vinte anos a Corte havia proferido 63 julgamentos.

342   *Estudos de Direito Europeu e Internacional dos Direitos Humanos*

tória. Preocupam-se em alcançar o efeito mais amplo possível no âmbito da responsabilidade internacional do Estado. Busca-se primeiramente a *restitutio in integrum*, reparando-se todos os prejuízos experimentados pela vítima, inclusive os decorrentes de ordem moral. Paralelamente, são determinadas outras medidas com intuito de evitar futuras transgressões como verificadas em determinados casos concretos, como elaboração ou alteração de legislações internas.

A atuação da Corte nessa modalidade restringe-se aos direitos e garantias contidos na Convenção Americana dos Direitos do Homem e no Protocolo da San Salvador[110].

Incluem-se nesse item as medidas provisórias que podem ser adotadas pela Corte Interamericana, com fulcro no artigo 63, 2.ª parte da Convenção Americana[111], a fim de evitar danos irreparáveis às pessoas, nos casos de extrema gravidade ou urgência[112]. Valendo-se da interpretação extensiva, própria dos direitos humanos, a Corte vem ampliando o rol de situações que ensejam a adoção dessas providências. No entender da Corte, apesar de especialmente protegerem o direito à vida e à integridade física, inexiste argumentação jurídica consolidada que proíbam as medidas provisórias de amparar outros direitos humanos[113]. Por sua vez, tal postura demonstra

---

[110] Adotado em 1988, este Protocolo veio suprir a lacuna histórica das insuficiências do artigo 26 da Convenção Americana, que em linhas gerais, dispôs sobre o desenvolvimento progressivo dos direitos econômicos, sociais e culturais, sem uma regulamentação especificada desses direitos.

[111] "Em caso de extrema gravidade e urgência, e quando evitar danos irreparáveis às pessoas, a Corte nos assuntos que conheça poderá tomar as medidas provisórias que considerar pertinente. Se se tratar de assuntos que ainda não estejam submetidos ao seu conhecimento, poderá atuar a pedido da Comissão".

[112] PIOVESAN, Flávia, *O Sistema Interamericano de Proteção dos Direitos Humanos e o Direito Brasileiro,* São Paulo: Revista dos Tribunais, 2000, p. 52, observa que a Convenção Americana dos Direitos Humanos é o único instrumento internacional de direitos humanos a dispor sobre medidas preliminares ou provisórias judicialmente aplicáveis.

[113] Exemplo do que fora consignado pode ser encontrado na Resolução de 18 de agosto de 2000 sobre as Medidas Provisórias solicitadas pela Comissão Interamericana de Direitos Humanos a respeito do Caso dos Haitianos e Dominicanos de origem Haitiano, na República Dominicana. Afirma Cançado Trindade, presidente da Corte, em seu voto concorrente: "II. Desarraigo y Derechos Humanos: la Natureza Jurídica de las Medidas Provisionales de Protección." "14. del mismo modo, la indivisibilidad de todos los derechos humanos se manifiesta tanto en el fenómeno del desarraigo (cf. Supra) como en la aplicación de las medidas provisionales de protección. Siendo así, no hay, jurídica y epitmológicamente, impedimiento alguno a que dichas medidas, que hasta ahora el presente han sido aplicadas por la Corte Interamericana en relación con los derechos fundamentales a

O papel da Corte Interamericana na interpretação da CADH 343

a importante dimensão preventiva que vem se concretizando na atuação da Corte Interamericana.

A Corte Interamericana só se mostra apta a desenvolver esse relevante papel perante os povos signatários quando o respectivo Estado aceitar expressamente a sua jurisdição obrigatória, já que é apresentada sob a forma de cláusula facultativa[114].

Por outro turno, a atuação da Corte Interamericana é invocável quando o Estado Parte, por meio de seu ordenamento interno, não se mostrou apto a dar resposta satisfatória à transgressão do direito humano. Em virtude desse desiderato, está autorizada a exercer sua competência contenciosa mediante a comprovação de que os recursos disponíveis diante da jurisdição interna restaram todos esgotados. A essa regra, a Convenção Americana traça algumas exceções: não existir na legislação interna do Estado o devido processo legal[115] para a proteção dos direitos que se alega violados, não ter sido permitido ao prejudicado o acesso aos recursos da jurisdição interna e, ainda caso tenha ocorrido demora injustificada na decisão sobre os mencionados recursos[116]. Com isso, não afirmamos que

---

la vida y a la integridad personal (artículos 4 y 5 da La Convención Americana sobre derechos Humanos), sean aplicadas también en relación con otros derechos protegidos por la Convención Americana. Siendo todos estos derechos interrelacionados, se puede perfectamente, en mi entender, dictar medidas provisionales de protección de cada uno de ellos, siempre y cuando se reúnan los dos requisitos de la 'extrema gravedad y urgencia' y de la 'prevención de daños irreparables a las personas', consagrados en el artículo 63 (2) de la Convención."

[114] Atualmente, dos vinte e cinco Estados que ratificaram a Convenção Americana, apenas vinte e dois aceitaram a competência da Corte Interamericana.

[115] O conceito de devido processo legal é o constante do artigo 8.º da Convenção Americana, em relação ao qual se encontram diretamente relacionados os artigos 7.º, § 6.º, 25 e 27, § 2.º.

[116] Em seu décimo primeiro parecer consultivo, datado de 1990, a Corte Interamericana determinou que a regra do esgotamento de recursos de direito interno como requisito de admissibilidade das petições sob a Convenção Americana não se aplica se, em decorrência de indigência ou temor generalizado dos advogados para representar legalmente as supostas vítimas, um reclamante ante à Comissão se viu impedido de esgotar os recursos internos necessários para proteger um direito garantido pela Convenção. Dessa forma, a Corte deu maior precisão ao alcance das exceções à mencionada regra do esgotamento.

Ainda a respeito do que conceber como prazo razoável, seguem as lições de ANNONI, Danielle, *Direitos Humanos & Acesso à Justiça no Direito Internacional,* Curitiba: Juruá, 2003, p. "... a Corte Interamericana também adotou critérios objetivos de interpretação para melhor analisar os casos,...". Acresce: "Não coincidentemente, os critérios adotados

344   *Estudos de Direito Europeu e Internacional dos Direitos Humanos*

a Corte Interamericana é mera instância subsidiária, pois não se trata de um órgão revisor das decisões emanadas com base na soberania estatal, mas sim que se presta a examinar questões ocorridas no âmbito intraestatal que constituem afronta a direitos humanos[117], e, conseqüentemente, a obrigações assumidas pelo Estado. A exigência prestigia o *modus operandi* do Estado, porém, a partir do momento que o mesmo não se presta mais a atender sua finalidade, é postergado em prol do sistema interamericano.

Conscientes os Estados Partes da relevante importância do processo interpretativo, que clarifica o conteúdo das mais diversas proposições jurídicas, instituíram, ainda, a atribuição, diante de divergência sobre o sentido e alcance da sentença, e mediante requerimento de qualquer das partes, de "interpretar" suas próprias decisões. Objetivo desse ato é tornar seus conteúdos translúcidos, para que possam ser executados na exata medida do que fora determinado, evitando-se transgressões aos mandamentos. Tal espécie encontra previsão no artigo 67, 2.ª parte da Convenção Americana. Indagação que poderia ressoar seria se tal ato constitui uma autêntica interpretação. Embora reconheçamos o louvável propósito que o instituiu, entendemos que não se deve falar propriamente em interpretação, eis que a idéia já se encontra formalizada, o significado já extraído e acomodado ao caso concreto. Não se trata de um processo dinâmico de construção, nos moldes elucidados no nosso segundo capítulo, mas um procedimento meramente declaratório, que visa ilidir dúvida experimentada pelas partes, diante do conteúdo da decisão.

---

pela Corte Interamericana de Direitos Humanos são os mesmos adotados pelo Tribunal Europeu, quais sejam, a complexidade do caso, a conduta das partes e a conduta da autoridade competente que apreciou o caso na ordem interna".

[117] TRINDADE, Antônio Augusto Cançado, *A interação entre o Direito Internacional e o Direito Interno na proteção dos direitos humanos,* Brasília: Arquivos do Ministério da Justiça, Vol. 46, n.º 182, julho a dezembro de 1993, p. 33: " Os Tribunais internacionais de direitos humanos existentes – as Cortes Européia e Interamericana de Direitos Humanos – não 'substituem' os Tribunais internos, e tampouco operam como tribunais de recursos ou de cassação de decisões dos Tribunais internos. Não obstante, os atos internos dos estados podem vir a ser objeto de exame por parte dos órgãos de supervisão internacionais, quando se trata de verificar a sua conformidade com as obrigações internacionais dos estados em matéria de direitos humanos."

O papel da Corte Interamericana na interpretação da CADH   345

4.2.2 – Consultiva

Os Estados Membros e os órgãos da OEA, no que lhes competem, podem consultar a Corte acerca da interpretação da Convenção ou outros atos internacionais, bem como a compatibilidade entre esses atos internacionais e o direito interno no que tange à proteção dos direitos humanos nos diversos estados americanos, nos moldes do artigo 64 da Convenção Americana[118]. Essa competência consultiva possui caráter preventivo, ao evitar que a contenda se instale. Paralelamente, é particularmente ampla.

Assim, a Corte Interamericana, embasada na orientação pregada pelo princípio da efetividade, entende que no exercício da jurisdição consultiva, pode elaborar pareceres referentes a qualquer previsão atinente à proteção de direitos humanos, enunciada em qualquer tratado internacional aplicável aos estados americanos, independentemente se bilateral ou multilateral, e qualquer que seja o propósito principal do tratado. Irrelevante se o estado não-membro do sistema interamericano tem o direito de se tornar parte dele. E, nessa linha, amplia o rol dos sujeitos admitidos a requerer a intervenção consultiva, estendendo tal direito a qualquer membro da OEA, independentemente de ratificação da Convenção, além da Comissão Interamericana.

Essa competência, por fim, faz com que a Corte Interamericana esteja presente de forma mais acentuada ao atuar na tomada de decisões jurídico-políticas dos Estados.

5 – Reflexões Conclusivas

O papel interpretativo da Corte Interamericana é fundamental em razão do caráter jurisdicional presente na sua atuação. A vinculação obrigatória torna concreta a realização dos direitos humanos alocados na Convenção Americana, nos estritos limites dos significados declarados interpretativamente por aquela Casa. As variadas situações em relação às quais se encontra autorizada a tomar providências, torna a tutela que presta ainda mais efetiva. Isso se dá porque sua atividade não deságua apenas no campo repressivo, mas também no preventivo, tornando-a um

---

[118] Em vinte anos de funcionamento, a Corte Interamericana havia proferido dezesseis pareceres consultivos.

órgão dotado de mais eficácia e dinamismo. Os conteúdos das suas decisões, por sua vez, são dotados de uma visão progressista, determinando muitas vezes medidas inovadoras.

Nesse quadro, só há um fator a ser lamentado: ainda são poucos os casos levados ao seu conhecimento. Para que haja uma ampliação nesse setor há necessidade de um intercâmbio maior entre os diversos sujeitos de Direito Internacional, além da implantação via normativa do acesso direto do cidadão à Corte. Principalmente, carece-se da constituição de mecanismos mais sólidos que visem aferir as responsabilidades dos Estados e assegurar a efetividade das decisões. Desse modo, mesmo investigando a interpretação no cenário da Corte Interamericana, não se mostra possível que falemos nesta oportunidade acerca de uma jurisprudência em setores pontuais. Contudo, ainda que não nos encontremos aptos a examinar o tratamento dado a cada um dos direitos e garantias de *per si,* já é cabível que registremos a tendência do referido órgão em conferir aplicabilidade aos termos do artigo 29 por nós estudado. Essa tendência prima por uma interpretação que reflita as diretrizes apontadas quando tratamos das peculiaridades interpretativas dos tratados de direitos humanos, buscando, em resumo, alargar a proteção que lhe é imputada como tarefa.

Por fim, e é com satisfação que apresentamos essa conclusão, podemos vislumbrar uma fértil área para futuros avanços. Não só pelo contexto acolhedor aos anseios dos povos, conforme foi demonstrado, mas também pela crescente inclinação da comunidade global em internacionalizar a proteção dos direitos humanos, fazendo com que se prolifere a sensibilização de todos em relação a atentados inúmeros, os quais outrora eram perpetrados, sem que qualquer responsabilização fosse declarada. Os contornos mais alastrados da definição de ordem pública internacional far-se-ão na medida em que os sistemas internacionais de proteção, tanto global, como regional, apresentem evoluções.

BIBLIOGRAFIA

ANDRADE, José H. Fischel, *Direitos Humanos e Democracia – Considerações sobre sua interdependência no âmbito do direito internacional,* artigo extraído da obra *Os novos conceitos do novo Direito Internacional,* coordenação de Danielle Annoni, Rio de Janeiro: América Jurídica.

ANNONI, Danielle, *Direitos Humanos & Acesso à Justiça no Direito Internacional,* Curitiba: Juruá, 2003.

ASCARELLI, Túlio, *Giurisprudenza Constituzionale e teoria dell interpretazione, Rivista dei Diritto Processuale,* XII, 3, 1957.

ASCENSÃO, José de Oliveira, *O Direito Introdução e Teoria Geral – Uma perspectiva luso-brasileira,* Coimbra: almedina, 2001.

BARROSO, José Durão, *POLIS, Enciclopédia Verbo da Sociedade e do Estado,* Vol. 2, Lisboa: Editorial Verbo.

BOBBIO, Noberto, *Teoria da Norma Jurídica,* São Paulo: Edipro, 2001.

BROWNLIE, Ian, *Princípios de Direito Internacional Público,* Lisboa: Fundação Calouste Gulbenkian, 1997.

CANARIS, Claus Wilhelm, *Pensamento Sistemático e Conceito de Sistema na Ciência do Direito,* Lisboa: Fundação Calouste Gulbenkian, 2002.

CARVALHO, Orlando de, *Para um novo paradigma interpretativo, Boletim da Faculdade de Direito de Coimbra,* Vol. LXXIII, Coimbra: Coimbra, 1997.

DAILLER, Patrick, *et allis, Direito Internacional Público,* Lisboa: Fundação Calouste Gulbenkian, 1999.

ENGISCH, Karl, *Introdução ao Pensamento Jurídico,* Lisboa: Fundação Calouste Gulbenkian, 1964.

FERRAJOLI, Luigi, *Teoria do Garantismo Penal,* São Paulo: Revista dos Tribunais, 2002.

———, *La Ley Del mas Débil.* Madrid: Trotta, 2002.

FIORATI, Jete Jane/BREVIGLIERI, Etiene, *Direitos Humanos e Jurisprudência Internacional: uma breve análise das decisões da Corte Interamericana de Direitos Humanos,* artigo extraído da obra coletiva

348   *Estudos de Direito Europeu e Internacional dos Direitos Humanos*

Os Novos Conceitos do Novo Direito Internacional, Rio de Janeiro: América Jurídica, 2002.

LARENZ, Karl, *Metodologia da Ciência do Direito,* Lisboa: Fundação Calouste Gulbenkian, 1997.

LUÑO, Pérez, *Derechos Humanos, Estado de Derecho e Constituicion,* Madri: Tecnos, 2003.

MAXIMILIANO, Carlos, *Hermenêutica e Aplicação do Direito,* Rio de Janeiro: Forense, 2002.

MELLO, Celso D. de Albuquerque, *Curso de Direito Internacional Público,* Rio de Janeiro: Renovar, Vol. I e II, 2002.

MIRANDA, Jorge, *Curso de Direito Internacional Público,* Lisboa: Principia, 2002.

MONCADA, Luis S. Cabral de, *Sobre a interpretação da Constituição, Estudos de Direito Público,* Coimbra: Coimbra.

NEVES, Castanheira, *Metodologia Jurídica Problemas Fundamentais,* Coimbra: Coimbra, 1993.

_____, *O Actual Problema Metodológico da Interpretação Jurídica – I,* Coimbra: Coimbra, 2003.

PEREIRA, André Gonçalves/ QUADROS, Fausto de, *Manual de Direito Internacional Público,* Coimbra: Almedina, 2002.

PERELMAN, Chaim, *Ética e Direito,* São Paulo: Martins Fontes, 2000.

PIOVESAN, Flávia, *Direitos Humanos e o Direito Internacional Constitucional,* São Paulo: Max Limonad, 2002.

_____, obra coletiva, coordenada pela citada e Luís Flávio Gomes, *O Sistema Interamericano de Proteção dos Direitos Humanos e o Direito Brasileiro,* São Paulo: Revista dos Tribunais, 2000.

PRONER, Carol, *Os Direitos Humanos e seus paradoxos: análise do Sistema Americano de Proteção,* Porto Alegre: Sérgio Antônio Fabris Editor.

QUEIROZ, Cristina, *Interpretação Constitucional e Poder Judicial,* Coimbra: Coimbra, 2000.

RAWLS, John, *Political Liberalism,* Nova Iorque: Columbia University Press, 1993.

RODRIGUES, Luís Barbosa, *A Interpretação de Tratados Internacionais,* Lisboa: Associação Acadêmica da Faculdade de Direito de Lisboa, 2002.

SOUSA, Marcelo Rebelo de/ GALVÃO, Sofia, *Introdução ao Estudo de Direito,* Lisboa: Lex, 2000.

TRINDADE, Antônio Augusto Cançado, *Tratado de Direito Internacional dos Direitos Humanos,* Vol. I, II e III, Porto Alegre: Sérgio Antônio Fabris Editor, 1999.

CONVENÇÃO AMERICANA DOS DIREITOS HUMANOS

DECLARAÇÃO AMERICANA DOS DIREITOS E DEVERES DO
HOMEM

DECLARAÇÃO UNIVERSAL DOS DIREITOS DO HOMEM

PROTOCOLO DE SAN SALVADOR

PARTE III

DIREITO INTERNACIONAL
DOS DIREITOS HUMANOS UNIVERSAL

7

O direito de associação dos trabalhadores na perspectiva da OIT:
A compatibilidade entre o princípio da liberdade sindical e a atribuição de prerrogativas à entidade mais representativa*

*Agenor Martins Pereira***

SUMÁRIO

1 – Introdução 355
    1.1 – A escolha do tema 355
    1.2 – Metodologia do trabalho 358

2 – A liberdade sindical como expressão qualificada do direito de associação 359
    2.1 – Considerações iniciais 359
    2.2 – Seus titulares sob as perspectivas individual e coletiva 361
    2.3 – Os destinatários do direito fundamental à liberdade sindical .. 363

3 – Os modelos de organização sindical 366
    3.1 – Parâmetros de aglutinação dos trabalhadores em sindicatos ... 366
        3.1.1 – Pelo ofício ou profissão 368

---

    * Texto resumido e adaptado a partir do relatório apresentado pelo autor à disciplina Direito Internacional Público, sob a regência da Profª Doutora Ana Maria Guerra Martins, no curso de aperfeiçoamento conducente ao mestrado da Faculdade de Direito da Universidade de Lisboa – ano lectivo 2002/2003.
    ** Juiz do Trabalho em Pernambuco – Brasil

354   *Estudos de Direito Europeu e Internacional dos Direitos Humanos*

3.1.2 – Por categoria profissional 369
3.1.3 – Por ramo da atividade empresarial 371
3.1.4 – Por empresa 372
3.2 – A questão do monopólio ou pluralismo sindical 373

4 – A interpretação da organização internacional do trabalho sobre a concessão de prerrogativas ao sindicato mais representativo 379

4.1 – Critérios de determinação da entidade com maior representatividade 379
4.1.1 – Considerações iniciais 379
4.1.2 – Notas de direito comparado 381
4.1.2.1 – A representatividade sindical na França 381
4.1.2.2 – A representatividade sindical na Itália 382
4.1.2.3 – A representatividade sindical na Espanha 385
4.2 – A harmonia entre privilégios ao sindicato mais representativo e o princípio da liberdade sindical 387

5 – Conclusões 391

6 – Referências Bibliográficas 393

1 – Introdução

1.1 – A escolha do tema

Com o escopo de proteger interesses comuns da humanidade, são vários os tratados internacionais que visam a tutela não das relações entre Estados e sim daquelas estabelecidas entre estes e seus próprios cidadãos. Na realidade, trata-se de um dado contemporâneo o crescente número de tratados multilaterais que propõem normas gerais correspondentes a políticas estatais internas nas searas social e econômica. A comunidade internacional, pois, passa a ter a preocupação de estabelecer normas com o intuito de conduzir os Estados à melhoria das condições de vida de seus residentes e à garantia dos direitos individuais. A ampliação do foco de atenção dos tratados internacionais, para abranger problemas internos como política econômica, direitos humanos e questões laborais, explica-se inclusive porque o tratamento interno que lhes é conferido também gera consideráveis repercussões em outros Estados[1].

Todavia, a ponto de ser generalizada a compreensão de estar em crise o denominado modelo de *Welfare State,* encontram-se debilitadas as ações políticas e administrativas com o escopo de satisfazer as necessidades sociais de todos os cidadãos em razão do significativo crescimento das demandas sociais, da recessão econômica, do renascimento de forças de mercado com índole neoliberal, entre outros fatores. Nesse cenário, aqui se revela particular interesse na abordagem do Direito Internacional Público em relação ao mundo do trabalho e, mais especificamente, ao direito sindical. Afinal, conforme alertam BRUNO VENEZIANI e UMBERTO CARABELLI, surge um processo de adaptação e de resposta da política estatal, ainda que temporal e contingente, que pretende nova legitimação mediante a

---

[1] VIRGINIA A. LEARY, *International labour conventions and national law: the effectiveness of the automatic incorporation of treatries in national legal systems*, The Hague/Boston/London: Martinus Nijhoff Publishers, 1982, pp. 1-2.

356   *Estudos de Direito Europeu e Internacional dos Direitos Humanos*

participação de sujeitos coletivos, a exemplo das organizações sindicais e empresariais, que denotem interesse na política de reformas[2].

Por outro lado, o universo jurídico-laboral se encontra diante de profundas transformações para se amoldar à nova realidade de um mercado acirrado e competitivo resultante do conhecido fenômeno de globalização. Conseqüentemente, buscando alcançar uma maior produtividade empresarial e adequação à dinâmica econômica, sobreleva-se a idéia de flexibilização do Direito do Trabalho[3] e, entre seus diversos aspectos, destaca-se a diminuição de importância do papel das fontes heterônomas estatais com a simultânea valorização da autodeterminação coletiva dos interlocutores sociais.

A postura paternalista do Estado, traço marcante da gênese e do desenvolvimento dogmático do Direito Laboral, vai se modificando para abrir espaço à proteção dos indivíduos pelos sujeitos coletivos que representam grupos intermédios dos quais aqueles fazem parte dentro da sociedade. Afinal, como ressalta JORGE MIRANDA, "são as associações que, portanto, nos povos democráticos devem assumir o papel dos particulares poderosos que a igualdade de condições fez desaparecer"[4]. Dessa maneira, são de fundamental valor as discussões em torno do princípio da liberdade sindical e de mecanismos para robustecimento do movimento sindical de modo a preservar a proteção da parte débil nas relações laborais inseridas nesse novo contexto.

Destaque-se que a liberdade sindical, segundo lembram ALONSO OLEA e CASAS BAAMONDE, está entre os direitos fundamentais da pessoa humana inclusive porque inserida nos grandes tratados de direitos humanos de tal modo que o respeito geral a estes se reputa necessário para que a liberdade

---

[2] BRUNO VENEZIANI e UMBERTO CARABELLI, "Informe italiano" (trad. de Juan Andrés Iglesias), In: *Crisis del estado de bienestar y derecho social*, A. Marzal (ed.), Barcelona: J. M. Bosch Editor, 1997, p. 108.

[3] Em sentido bastante amplo, a flexibilização do Direito do Trabalho pode ser definida, segundo H. NASCIMENTO RODRIGUES, como "uma expressão que nos remete para o conjunto de respostas exigíveis às relações e condições de trabalho, perante as mudanças profundas, de vária natureza, que estão a criar as sociedades a que se vem dando o nome de sociedades de informação (...) A flexibilidade impor-se-ia, portanto, como uma exigência do mercado de trabalho" (*A inevitabilidade do diálogo social,* Coimbra: Livraria Almedina, 2003, p. 59-60).

[4] JORGE MIRANDA, *Manual de direito constitucional,* Tomo IV: Direitos fundamentais, 3.ª ed., Coimbra: Coimbra Editora, 2000, p. 471.

O direito de associação dos trabalhadores na OIT   357

sindical exista, ao tempo que, sem esta, o quadro dos direitos fundamentais estaria incompleto[5].

De fato, são diversas as fontes internacionais de direito que tratam de questões, direta ou indiretamente, relativas ao domínio da liberdade sindical[6]. Entretanto, no presente trabalho acadêmico, a apreciação estará cingida à perspectiva da Organização Internacional do Trabalho. Afinal, esta possui o fim precípuo de instaurar a justiça social na área laboral e sua produção de recomendações e de convenções internacionais tem dado grande contribuição ao desenvolvimento da legislação trabalhista em ordenamentos jurídicos de diversos Estados.

Contudo, restringindo ainda mais o tema para lhe conferir uma maior densidade, opta-se pela análise da compatibilidade da técnica de maior representatividade sindical, mediante a qual o Estado assegura alguns privilégios aos sindicatos mais representativos, com o princípio demo-crático da liberdade sindical que valoriza a autotutela dos parceiros sociais.

Sublinhe-se que a escolha de tal enfoque não foi realizada de maneira aleatória. Na verdade, deve-se a três razões principais. Primeiro, porque tal mecanismo, em um contexto de flexibilidade do Direito do Trabalho, responde aos anseios de fortalecimento sindical e de generalização das conquistas laborais. Segundo, porque se apresenta como pilar fundamental de sistemas jurídico-laborais onde tal técnica foi adotada como resposta a problemas advindos da multiplicidade de sindicatos. Terceiro, porque seu estudo representa um desafio em virtude da carência de textos em língua portuguesa específicos sobre a matéria, ao menos no que se refere ao âmbito luso-brasileiro. Isso talvez se deva ao fato de Portugal ter optado por outras formas de irradiação de conquistas laborais mediante intervenção estatal (como, por exemplo, pelas portarias de extensão) enquanto o Brasil ainda permanece em um regime guiado pelo princípio da unicidade sindical. Entretanto, quando ambos estão em um momento de grande modificação em sua legislação trabalhista, parece ser salutar uma reflexão em torno do instituto jurídico ora mencionado à luz dos ditames estabelecidos pela Organização Internacional do Trabalho.

---

[5] MANUEL ALONSO OLEA e MARIA EMILIA CASAS BAAMONDE. *Derecho del trabajo*, 19.ª ed., Madri: Civitas, 2001, pp. 603-604.

[6] A título de exemplo, pode-se citar o art. 23/4 da Declaração Universal dos Direitos do Homem ("toda pessoa tem o direito de fundar com outras pessoas sindicatos e de se filiar em sindicatos para a defesa dos seus interesses"), o art. 22.º do Pacto Internacional dos Direitos Civis e Políticos, o art. 8.º do Pacto Internacional dos Direitos Econômicos, Sociais e Culturais e o art. 16.º da Convenção Americana sobre Direitos Humanos.

358 *Estudos de Direito Europeu e Internacional dos Direitos Humanos*

Pretende-se, em suma, desmitificar a compreensão de que a interferência estatal no campo das relações coletivas do trabalho necessariamente implica em violação ao princípio da liberdade sindical. Em outras palavras, contrariando a idéia prematura não raramente suscitada pelo tema, almeja-se demonstrar que tal cânone democrático não corresponde a uma total passividade e abstenção do Estado para permitir uma irrestrita liberdade dos interlocutores sociais em sua autodeterminação coletiva.

1.2 – Metodologia do trabalho

Com a pretensão de manter uma linha mestra de modo a encadear as considerações tecidas ao longo do presente trabalho acadêmico, evitando o desvio a tergiversações e tendo a cautela de fornecer os dados necessários a sua boa compreensão, distribuiu-se o tema escolhido em três capítulos centrais que conduzem às principais conclusões posteriormente apresentadas.

Inicialmente, dirige-se a atenção ao princípio da liberdade sindical. Primeiro, demonstrando que, embora haja conexidade, a liberdade sindical não se confunde com a liberdade de associação em geral. Depois, indicando que seus titulares podem ser considerados tanto do ponto de vista individual (os trabalhadores) como na perspectiva coletiva (os sindicatos). Por fim, revelando quais os destinatários do direito fundamental à liberdade sindical para então tecer maiores considerações no que se refere ao Estado e qual o papel deste diante das relações laborais. Portanto, explica-se em que consiste e qual a dimensão de tal princípio basilar da Organização Internacional do Trabalho.

Em seguida, para um perfeito entendimento do tema escolhido, consomem-se algumas linhas à análise dos modelos de organização sindical porque somente é possível discutir a técnica da maior representatividade após saber quais são os padrões pelos quais é possível estabelecer os sindicatos. Todavia, considerando que tais formas podem ser visualizadas sob dois prismas diferentes, primeiro se aprecia os parâmetros de agregação dos trabalhadores em sindicatos (os elementos que definem os grupos intermédios) e depois a polêmica em torno do monopólio ou pluralismo sindical, bem como o posicionamento da O.I.T. acerca da matéria. Afinal, esquivar-se de tal análise certamente eivaria o trabalho de deficiências que dificultariam sua adequada compreensão.

Por derradeiro, alicerçado pelos capítulos precedentes, finalmente se depara com a questão da técnica da maior representatividade sindical.

O direito de associação dos trabalhadores na OIT   359

Primeiramente, verificam-se quais são os critérios possíveis para definir a organização mais representativa. Para tanto, além de alinhavar comentários sobre a noção de maior representatividade em normas da O.I.T., reporta-se a notas de direito comparado a fim de revelar outros parâmetros de determinação da entidade mais representativa. Remete-se, pois, aos indicadores utilizados pelos ordenamentos jurídicos da França, Itália e Espanha vez que representam os melhores exemplos quanto ao aludido instituto jurídico. Arrematando o presente estudo, levando em conta inclusive o posicionamento já esposado pelo Comitê de Liberdade Sindical da O.I.T., denota-se a compreensão quanto à possibilidade de harmonizar a concessão de privilégios a alguns sindicatos mais representativos com o princípio da liberdade sindical.

2 – A Liberdade sindical como expressão qualificada do Direito de associação

2.1 – Considerações iniciais

Apesar da liberdade sindical se referir a uma singular forma associativa, não se confundindo com a liberdade de associação em geral, ambas possuem destinos "estreitamente conexos tanto nas suas vicissitudes históricas como nos diferentes sistemas jurídico-constitucionais"[7]. Todavia, compreende-se que a aglutinação sindical dos trabalhadores consiste em um tipo autônomo[8] cuja nota diferenciadora não é o mero fato do sindicato ser uma associação de classe. Afinal, a liberdade sindical se destaca das demais formas de associação em virtude de sua natureza complexa[9] que

---

[7] JORGE MIRANDA, *Manual de direito constitucional,* Tomo IV: Direitos fundamentais, 3.ª ed., Coimbra: Coimbra Editora, 2000, p. 471.

[8] J. J. GOMES CANOTILHO e VITAL MOREIRA, *Constituição da república portuguesa anotada,* 1993, p. 299.

[9] Ressalte-se que o direito de associação em geral também é um direito complexo, dele se destacando a liberdade sindical pelas finalidades e destinatários peculiares. Conforme lembra JORGE MIRANDA, "o direito de associação apresenta-se como um direito complexo, com múltiplas dimensões – individual e institucional, positiva e negativa, interna e externa – cada qual com a sua lógica própria, complementares umas das outras, e que um sistema jurídico-constitucional coerente com princípios de liberdade deve desenvolver e harmonizar" (Liberdade de associação e alterações aos estatutos sociais, In: *Revista de Direito e de Estudos Sociais,* ano XXVIII, n.º 2, Coimbra: Livraria Almedina, abril-junho de 1986, p. 168).

360 *Estudos de Direito Europeu e Internacional dos Direitos Humanos*

envolve peculiares finalidades e cujo destinatário, conforme adiante será mencionado, não é apenas o Estado[10].

É evidente que o intuito do presente trabalho acadêmico não comporta uma análise pormenorizada a respeito da liberdade sindical e sobre os direitos que lhe são correspondentes (a exemplo dos direitos de greve e de contratação coletiva), nem tampouco sobre os diversos aspectos que daí decorrem. O que se pretende, obviamente, é somente traçar um esboço que permita identificar os principais contornos de tal princípio fundamental da O.I.T. de modo a favorecer uma melhor compreensão do entendimento aqui defendido e exposto nas conclusões ulteriores.

Ressalte-se que, exatamente por possuir características próprias que a distingue da genérica liberdade de associação, a liberdade sindical normalmente é objeto de tratamento específico nos diversos ordenamentos jurídicos internos[11]. Afinal, e isso é o que interessa destacar nessa altura, a idéia de liberdade sindical tem o objetivo de responder não apenas ao princípio da autodeterminação coletiva e democrática dos trabalhadores

---

[10] Embora a liberdade sindical em face do Estado seja o foco principal do presente trabalho acadêmico, onde se pretende justificar a intervenção estatal quanto à definição da legitimidade sindical para negociação coletiva, ressalte-se que, nas palavras de ANA M. CARMONA CONTRERAS, "*...en el caso de la libertad sindical y, correlativamente, de los otros derechos vinculados a la misma (huelga, negociación y conflicto colectivo), observamos que a los poderes públicos se añade otro destinatario de no menor importancia: el empresario*" (*La conflictiva relación entre libertad sindical y negociación colectiva: aproximación crítica a la jurisprudencia del tribunal constitucional*, Madri: Editorial Tecnos, 2000, p. 32).

[11] No caso da Europa, é interessante notar que "no que se refere ao tratamento jurídico dos sindicatos, o quadro apresenta contrastes. Em determinados países (por exemplo, nos Países Baixos e na Suécia), são tratados da mesma maneira que as outras associações voluntárias. Noutros (por exemplo, em Itália, Espanha e Alemanha), os sindicatos que correspondam a critérios específicos (os sindicatos nacionais, no caso de Itália) têm privilégios especiais. Na Bélgica, os sindicatos, ao contrário das associações patronais, recusaram a personalidade jurídica nas condições fixadas pela lei de 1898 relativa às uniões profissionais (...) Contudo, e apesar de não possuírem personalidade jurídica nem os direitos e deveres que lhe são associados, o legislador reconheceu às organizações representativas dos trabalhadores capacidades específicas para realizar actos jurídicos e para interpor acções judiciais. Neste caso, a doutrina fala, de boa vontade, em 'personalidade jurídica restrita'. No caso do Reino Unido, os sindicatos têm privilégios e obrigações particulares" (ALAIN SUPIOT, MARÍA EMILIA CASAS, JEAN DE MUNK *et. al. Transformações do trabalho e futuro do direito do trabalho na Europa*, Coimbra: Coimbra Editora, 2003, pp. 238-239)

O direito de associação dos trabalhadores na OIT 361

e sim também ao princípio da proteção[12], considerado o cânone basilar do Direito do Trabalho, razão pela qual também engloba medidas assecuratórias de que o exercício da autonomia coletiva dos trabalhadores será exercida na real defesa dos seus interesses[13].

2.2 – Seus titulares sob as perspectivas individual e coletiva

A liberdade e os direitos relativos aos sindicatos, no capitalismo avançado, não são apenas um instrumento de auto-tutela dos trabalhadores. Na realidade, consistem em um dos pilares da estrutura institucional dos Estados democráticos de tal modo que, a partir da Constituição de Weimar, inclusivé passaram a constar do domínio constitucional em várias ordens jurídicas internas[14]. Saliente-se, porém, que o direito fundamental à liberdade sindical não é conferido apenas aos indivíduos, os trabalhadores, e sim também às coletividades ou organismos intermédios (as entidades sindicais). Afinal, não raramente a proteção do homem e de alguns de seus bens jurídicos apenas pode ser concretizada por instituições correspondentes aos grupos que integram[15].

---

[12] ULRICH ZACHERT, "Autonomia de los sindicatos e intervencion en la negociación colectiva". In: *La necociación colectiva en América Latina*, Instituto Europeo de Relaciones Industriales, Madri: Editorial Trotta, 1993, p. 133.

[13] É oportuno acrescentar a lição de MARIA DO ROSÁRIO PALMA RAMALHO de que "este objectivo proteccionista que anima o sistema jurídico na produção de normas laborais vai ser determinante para a evolução do direito do trabalho num duplo sentido: por um lado, multiplicam-se as normas imperativas de tutela dos trabalhadores subordinados, em detrimento da liberdade das partes na determinação do conteúdo do contrato de trabalho – por este motivo, a evolução do direito do trabalho é reconduzida por alguns autores à limitação da autonomia privada em nome da tutela dos trabalhadores; por outro lado, a actuação laboral colectiva de concertação e de conflito acaba, mais cedo ou mais tarde por ser aceite pela lei, como forma de compensar a debilidade jurídica e económica do trabalhador individual – por este motivo, a evolução do direito do trabalho é também reconduzida pelos autores à idéia de descoberta da nova forma de autonomia privada que é a autonomia colectiva" (*Da autonomia dogmática do direito do trabalho*, Coimbra: Livraria Almedina, 2000, p. 198).

[14] MANUEL-CARLOS PALOMEQUE LOPES, *Direito do trabalho e ideologia – meio século de formação ideológica do direito do trabalho espanhol (1873-1923)*, 2001, pp. 26-27.

[15] São atribuídos poderes às instituições para salvaguardar o indivíduo ou, por outro prisma, àquelas se concede a prerrogativa de exercer o direito coletivamente garantido aos que as integram. É indiscutível que, por ser grande a reunião de vontades no mesmo

362   *Estudos de Direito Europeu e Internacional dos Direitos Humanos*

Levando em conta o modo de exercício dos direitos correspondentes à liberdade sindical, a mesma é classificada segundo sua "vertente positiva" (a exemplo do direito de criar e organizar sindicatos; bem como a liberdade de inscrição dos trabalhadores) e sua "vertente negativa" (o direito de não criar sindicatos e de não ser sindicalizado)[16]. Entretanto, aqui merece realce a classificação que tem em vista os titulares dos direitos resultantes da liberdade sindical; encarando-a, pois, nas suas dimensões individual e coletiva. Destarte, divide-se a liberdade sindical destinada aos trabalhadores individualmente considerados daquela correspondente à própria coletividade e conferida às entidades sindicais[17].

Em sua perspectiva individual, a título ilustrativo, encontra-se o direito do trabalhador participar da constituição de sindicatos, bem como de se filiar ou permanecer naquele de sua escolha. Conforme o art. 2.º da Convenção n.º 87 da O.I.T., "os trabalhadores (...), sem distinção de qualquer espécie, têm o direito, sem autorização prévia, de constituírem organizações da sua escolha, assim como o de se filiarem nessas organizações, com a única condição de se conformarem com os estatutos destas últimas". Acrescente-se, todavia, a vertente negativa do direito individual de não ser sindicalizado – ou seja, de não se filiar a nenhum dos sindicatos existentes.

---

sentido, há ocasiões em que os direitos fundamentais são concedidos à coletividade ou categoria humana não estabelecidas de maneira orgânica – seriam, pois, direitos coletivos e não institucionais. Todavia, embora possam ser classificados como um *tertium genus* em virtude dos interesses e do exercício, alerta JORGE MIRANDA de que assim não podem ser considerados sob a perspectiva da titularidade jurídica e tampouco podem, em um Estado de Direito, ir de encontro à liberdade individual daqueles integrantes da "colectividade" ou "categoria socioeconômica". Em síntese, os direitos fundamentais seriam das pessoas "individual ou institucionalmente consideradas" (*Manual de direito constitucional, tomo IV – direitos fundamentais*, 2000, pp. 77-84).

[16] BERNARDO XAVIER, A matriz constitucional do direito do trabalho, In: *III congresso nacional de direito do trabalho*, 2001, pp. 119-120.

[17] ANTÓNIO LEMOS MONTEIRO FERNANDES, *Direito do trabalho*, 1999, p. 648. Do mesmo modo, dividindo-os em «direitos individuais dos trabalhadores» e «direitos dos próprios sindicatos», vd. J. J. GOMES CANOTILHO e VITAL MOREIRA, *Constituição da república portuguesa anotada*, 1993, p. 300. Também parece ser no mesmo sentido o critério adotado por PEDRO ROMANO MARTINEZ, *Direito do trabalho*, 2002, pp. 902-903. Na mesma direção, mas vislumbrando o princípio da liberdade sindical por três ângulos (a liberdade sindical coletiva, a liberdade sindical individual e a autonomia sindical), ver, na doutrina brasileira, ARNALDO SÜSSEKIND, *Direito Constitucional do Trabalho*, Rio de Janeiro: Renovar, 1999, p. 328.

O direito de associação dos trabalhadores na OIT   363

Sob a ótica coletiva, pode-se citar, como exemplos, o direito dos sindicatos definirem sua estrutura e regulamentarem seu funcionamento (a autonomia sindical)[18], bem como para escolha e afastamento de seus dirigentes, coligação com outras organizações e de definição das formas e objetivos da ação coletiva. De acordo com o art. 3.º/1 da Convenção n.º 87 da O.I.T., "as organizações de trabalhadores e de entidades patronais têm o direito de elaborar os seus estatutos e regulamentos administrativos, de eleger livremente os seus representantes, organizar a sua gestão e a sua actividade e formular seu programa de acção". No que tange à coligação com outras instituições, cite-se que o art. 5.º da Convenção n.º 87 estabelece que "as organizações de trabalhadores (...) têm o direito de constituírem federações e confederações, assim como o de nelas se filiarem; e as organizações, federações ou confederações têm o direito de se filiarem em organizações internacionais de trabalhadores e de entidades patronais".

Por fim, não é demais lembrar que a Convenção n.º 87 da O.I.T. tem a cautela de ressalvar, em seu art. 8.º, que o exercício dos direitos conferidos aos trabalhadores e entidades sindicais deve respeitar a legalidade à semelhança das demais pessoas ou coletividades organizadas.

3.3 – Os destinatários do direito fundamental à liberdade sindical

Originalmente, os direitos fundamentais eram considerados como âmbitos de autonomia do indivíduo em face do Estado. Determinava-se, pois, a abrangência da liberdade de vontade individual sem interferência estatal[19]. Entretanto, tal concepção não mais condiz com o atual cenário dos direitos fundamentais. No caso da liberdade sindical, conforme

---

[18] Lembra JORGE MIRANDA que "a liberdade ou autonomia interna das associações acarreta a existência de uma vontade geral ou colectiva, o confronto de opiniões para a sua determinação, a distinção de maiorias e minorias. Daí a necessidade de observância do método democrático e das regras em que se consubstancia, ao lado da necessidade de garantia dos direitos dos associados. À lei e aos estatutos cabe prescrever essas regras e essas garantias, que, sendo impostas pela própria idéia de liberdade de associação, simultaneamente servem de limite à actuação dos respectivos órgãos" (Liberdade de associação e alterações aos estatutos sindicais, In: *Revista de direito e de estudos sociais*, ano XXVIII, n.º 2, Coimbra: Livraria Almedina, abril-junho de 1986, p. 169).

[19] "O que significa que o conceito original de direitos fundamentais era um conceito político, um conceito que isolava esferas de liberdade, traduzindo uma *limitação ao poder do Estado*"(JOÃO CAUPERS, *Os direitos fundamentais dos trabalhadores e a constituição*, 1985, pp. 12-13).

364 *Estudos de Direito Europeu e Internacional dos Direitos Humanos*

mencionado anteriormente, os respectivos direitos fundamentais dos trabalhadores e de suas organizações têm como destinatários primordiais o Estado e os detentores dos meios de produção (os empregadores). É importante frisar, porém, que o trabalhador pode enfrentar dificuldades para exercício de seus direitos fundamentais, contidos no conteúdo da liberdade sindical, por conta do próprio sindicato que integra (que, por exemplo, pode criar obstáculos ao seu direito de permanência) ou por outros organismos sindicais (com ou sem a cumplicidade patronal)[20].

Em face dos empregadores, o art. 1.º/1, da Convenção n.º 98 da O.I.T. reza que "os trabalhadores devem beneficiar da protecção adequada contra todos os actos de discriminação que tendam a lesar a liberdade sindical em matéria de emprego". O mesmo dispositivo, em seu item 2, especifica tal proteção quanto aos atos que tenham o intuito de depender a contratação à sua condição sindical (de não estar sindicalizado ou de ser associado a determinado sindicato) ou contra sua despedida ou prejuízos motivados pela sua filiação sindical ou participação em legítimas atividades sindicais. Igualmente, no art. 2.º, proclama a recíproca proteção das organizações de trabalhadores contra ingerências das organizações patronais, diretas ou indiretas, na sua formação, funcionamento e administração.

Todavia, ao presente trabalho merece destaque a proteção do trabalhador em face do Estado. Afinal, como dito alhures, o escopo das linhas posteriores é desconstituir a idéia de que a liberdade sindical corresponde à total abstenção estatal diante da autonomia privada coletiva dos interlocutores sociais no domínio laboral.

Na Europa, os Estados são completamente distintos quanto à idéia do papel do Estado no que tange às relações laborais. Não obstante, podem ser vislumbrados três grandes padrões de intervencionismo estatal: a) O "modelo continental" – onde o Estado assume a responsabilidade de tutelar a parte débil da relação de trabalho com o fito de amenizar a desigualdade fática com uma superioridade jurídica, conferindo ao trabalhador ou aos seus representantes um patamar mínimo de direitos que não podem ser derrogados pela autonomia privada individual ou coletiva; b) O "modelo britânico" (também dito "abstencionista e voluntarista") – onde somente ocorre a intervenção estatal para colocar as relações de trabalho fora da área de aplicação do *common law*, assegurando uma

---

[20] Juan Maria Bilbao Ubillos, *La eficacia de los derechos fundamentales frente a particulares: análisis de la jurisprudencia del Tribunal Constitucional*, Madri: CEPC – Centro de Estudios Políticos y Constitucionales, 1997, p. 681.

O direito de associação dos trabalhadores na OIT

organização autônoma das mesmas mediante convenções coletivas destituídas de força jurídica (apesar da evolução ocorrida nas últimas décadas, aproximando-se do modelo continental, continua pendente à concepção de que a proteção social não se confunde com o Direito do Trabalho); e c) O "modelo nórdico" – onde, a exemplo do continental, reconhece-se a função estatal de estabelecer um quadro geral de organização do mercado laboral, inclusive estabelecendo um campo destinado à negociação coletiva, mas as questões das relações individuais de trabalho ficam reservadas à autonomia privada dos interlocutores sociais ("a filosofia nórdica considera que o Estado deve intervir no domínio do emprego, mas que aquilo que se passa no local de trabalho é assunto a decidir entre empregadores e empregados")[21].

Conforme ensina NÉSTOR DE BUEN LOZANO, embora com olhos voltados aos exemplos da América Latina, o Estado pode assumir diferentes posturas diante das relações coletivas laborais: indiferente, controlador, participante ou que abandona sua gestão econômica e decide dispor de suas empresas[22]. Ao presente trabalho, entretanto, interessa fazer algumas considerações apenas no que concerne à interferência estatal no campo das negociações coletivas de trabalho.

De maneira extremada, o Estado pode interferir proibindo totalmente o exercício da autonomia privada coletiva das partes (ou seja, não reconhecendo a autodeterminação coletiva dos parceiros sociais e as correspondentes fontes autônomas de direito). Contudo, o intervencionismo estatal pode assumir formas mais tênues[23].

Segundo relaciona EMILIO MORGADO V., a intervenção estatal pode se manifestar de diferentes formas: a) a determinação heterônoma dos sujeitos, matérias e níveis da negociação coletiva; b) a determinação heterônoma

---

[21] ALAIN SUPIOT, MARÍA EMILIA CASAS, JEAN DE MUNK et. al. *Tranformações do trabalho e futuro do direito do trabalho na Europa*, Coimbra: Coimbra Editora, 2003, pp. 233-235.

[22] NÉSTOR DE BUEN LOZANO. "La intervencion administrativa: modalidades y alternativas", In: *La necociación colectiva en América Latina*, Instituto Europeo de Relaciones Industriales, Madri: Editorial Trotta, 1993, p. 120 – a quem se reporta para maiores considerações a respeito da questão.

[23] *"La injerencia del Estado y su influjo en la negociación colectiva es multiforme y generalmente negativa; va desde el abstencionismo atenuado hasta la intervención abierta y declarada, que puede llegar a la prohibición"* (MARIO PASCO COSMÓPOLIS, "La intervención administrativa: los niveles de intervención", In: *La necociación colectiva en América Latina*, Instituto Europeo de Relaciones Industriales, Madri: Editorial Trotta, 1993, p. 140).

366 *Estudos de Direito Europeu e Internacional dos Direitos Humanos*

dos procedimentos da negociação coletiva e os métodos de solução dos conflitos porventura conseqüentes; c) a determinação heterônoma dos níveis salariais e das condições de trabalho e emprego; d) a participação estatal em algumas ou todas as fases da negociação coletiva (incluindo, em certos países, a faculdade do Estado homologar ou não os acordos das partes); e) a participação do Estado na administração dos acordos surgidos da negociação coletiva, incluindo a solução dos conflitos originados de sua interpretação e aplicação[24].

Entretanto, em virtude da especificidade do presente trabalho acadêmico, aqui merece foco apenas o intervencionismo estatal quanto à definição da representatividade coletiva dos trabalhadores ou, mais precisamente, no que se refere aos padrões de organização dos sindicatos. Inicialmente, pois, quanto aos critérios de agregação de trabalhadores. Depois, quanto ao debate em torno do monopólio ou pluralismo sindical, ou seja, da postura estatal diante da possibilidade de haver ou não mais de uma entidade representativa com concorrente abrangência. Afinal, conforme ensina MAURÍCIO GODINHO DELGADO, há duas óticas distintas para análise dos modelos de organização sindical dos trabalhadores. Por um lado, estão os padrões de reunião dos trabalhadores em determinado sindicato e, de outro, a contraposição entre os modelos de unitarismo e pluralismo sindical[25].

Somente após apreciar as duas vertentes de análise dos padrões de organização sindical, depara-se com o cerne do presente estudo – obviamente apenas possível na hipótese de coexistência de entidades representativas no mesmo âmbito – ou seja, a sintonia entre o princípio da liberdade sindical e a concessão de privilégios a determinadas entidades segundo o ângulo e ditames da O.I.T.

3 – Os modelos de organização sindical

3.1 – Parâmetros de aglutinação dos trabalhadores em sindicatos

Os princípios insculpidos nas Convenções n.ºs 87 e 98 da O.I.T. não estabelecem qualquer modelo de organização como requisito à liberdade

---

[24] EMILIO MORGADO V.. "La intervencion administrativa: objetivos de la intervencion y fines del Estado", In: *La necociación colectiva en América Latina*, Instituto Europeo de Relaciones Industriales, Madri: Editorial Trotta, 1993, pp. 127-128.

[25] MAURÍCIO GODINHO DELGADO, *Curso de direito do trabalho*, 2.ª tiragem, São Paulo: LTr., 2002, pp. 1302-1303.

O direito de associação dos trabalhadores na OIT 367

sindical, contemplando apenas os parâmetros para possibilitar a aplicação de tal princípio independente da forma de organização da representação sindical[26]. Entretanto, para bem compreender a questão do monopólio ou pluralismo, é de fundamental importância ter uma idéia dos critérios utilizados para definição de como congregar trabalhadores em sindicatos. Portanto, ainda que de maneira sucinta, averigua-se quais as regras para se definir a ligação dos trabalhadores justificadora da formação de um grupo passível de ser representado pelo mesmo sindicato[27].

De um modo geral, há quatro padrões de agregação dos trabalhadores a seus respectivos sindicatos: pelo ofício (ou profissão), por categoria profissional, por ramo da atividade empresarial e por empresa. Saliente--se, entrementes, que todos não são necessariamente excludentes entre si e, ao menos alguns, podem se harmonizar em determinadas realidades sociojurídicas[28].

---

[26] M. DE FÁTIMA FALCÃO DE CAMPOS. Comitê da liberdade sindical (queixas apresentadas contra o governo português). In: *Textos em homenagem à OIT*, Lisboa: Conselho Económico e Social, 1994, p. 49.

[27] Saliente-se, por oportuno, que os sindicatos não são o único meio de aglutinação permanente de trabalhadores – que também podem ser reunidos em comissões de fábricas e de diferentes outras maneiras com maior ou menor formalidade, de modo menos ou mais centralizado – mas, para os objetivos a que se destina o presente trabalho, aqui importa tratar unicamente da questão sindical.

[28] Frise-se que os mencionados padrões de agregação de trabalhadores não são os únicos. Como resultado da mudança de uma economia de produção para outra com prevalência de serviços, da rápida evolução tecnológica e da globalização dos mercados, significativas modificações surgiram no domínio da organização do trabalho e das empresas em diversos países e influenciaram bastante na organização coletiva das relações profissionais (ALAIN SUPIOT, MARÍA EMILIA CASAS, JEAN DE MUNK et. al. *Tranformações do trabalho e futuro do direito do trabalho na Europa*, Coimbra: Coimbra Editora, 2003, p. 147). Acrescentam os autores, com vistas à União Européia, que "a incorporação de novos colectivos no mercado de trabalho, a necessidade de apreender os problemas do emprego e do trabalho na sua globalidade, e não apenas a partir da visão tradicional do trabalhador subordinado, para além do funcionamento do mercado único com a adopção da união monetária e do euro, tudo se conjugou para dar lugar ao aparecimento de novos quadros para a acção e representação colectivas. Por último, as mudanças sociais e culturais que estas transformações desencadearam reclamam adaptações dinâmicas que possam facilitar a acomodação da acção de representação colectiva e estas mudanças e evitar desfasamentos entre as necessidades actuais e futuras da organização do trabalho e do modelo industrial de relações profissionais sobre o qual se consolidou a organização colectiva do trabalho" (*Ibidem*). Entretanto, para o escopo do presente trabalho acadêmico, é suficiente fazer menção aos quatro modelos clássicos de reunião dos trabalhadores em sindicatos.

3.1.1 – Pelo ofício ou profissão

O primeiro modelo de agregação obreira do qual se pode tratar, inclusive por ter sido prestigiado nas primeiras etapas de congregação dos trabalhadores, ainda quando dos colégios romanos (na Antiguidade) e das associações corportativas medievais[29], é aquele que leva em conta o ofício ou a profissão exercida pelos prestadores de serviços.

Portanto, conforme tal critério de agregação de trabalhadores, considera-se apenas a identidade ou similitude das atividades exercidas pelos obreiros como fator de coligação dos mesmos em sindicatos. Conseqüentemente, abrange-os independente do empregador e do ramo empresarial ao qual prestam seus serviços, espraiando-se em meio a várias e diferentes empresas e englobando apenas alguns dos seus empregados, exatamente aqueles que exercem o mesmo ofício ou profissão, cujas peculiaridades alinhavam o liame que os une e dá razão a um estatuto próprio – motivo pelo qual os correspondentes organismos intermédios são conhecidos como "sindicatos horizontais"[30, 31].

---

[29] Os trabalhadores aglutinados no regime corporativo, que prestavam serviços por conta alheia e de maneira livre, inicialmente correspondiam apenas aos comerciantes ou artesãos. Posteriormente, houve diversificação das corporações de ofício para setores das indústrias e conforme ramificações da produção, bem como para profissões livres e profissões sob juramento. Entretanto, conforme lembra MANUEL ALONSO OLEA, "pouco a pouco, as corporações se converteram, ao longo de sua história, em simples associações de empresários, o que explica que a quase absoluta unanimidade de historiadores lhes neguem qualquer conexão com os sindicatos, que caracterizam a época contemporânea(...)" (*Introdução ao direito do trabalho* (trad. de Carlos Alberto Barata Silva, em colaboração com Darci Rodrigues de Oliveira Santana), 4.ª ed. Ver., São Paulo: LTr., 1984, p. 102) – a quem se remete para maiores estudos acerca da evolução histórica do sindicalismo.

[30] PEDRO ROMANO MARTÍNEZ ensina que, "apesar de não ser totalmente correcta, poder-se-á apresentar a distinção entre sindicatos horizontais e verticais nos seguintes moldes: nos sindicatos horizontais agrupam-se os trabalhadores da mesma actividade, que não têm de trabalhar juntos e nos sindicatos verticais reúnem-se trabalhadores de actividades diferentes que trabalham juntos" (*Direito do trabalho*, Coimbra: Livraria Almedina, 2002, p. 915). Na mesma direção, é interessante acrescentar a lição de GINO GIUGNI: "*Può notarsi, quindi, facendo astrazione dalla peculiarità delle singole organizzazioni, che la struttura della rappresentanza sindacale si articola in due linee organizzative: una, cosiddetta <<orizzontale>>, secondo il dato territoriale, e l'altra, cosiddetta <<verticale>>, secondo il dato della categoria e cioè, nella prevalente esperienza storica italiana, secondo il tipo di attività produttiva dell'impresa in cui si colloca il lavoratore iscritto. Come abbiamo già osservato, questa seconda línea organizzativa è quella prevalente nel mondo industrizalizzato, mentre la prima – che non há molti riscontri nell'esperienza comparata,*

O direito de associação dos trabalhadores na OIT 369

3.1.2 – Por categoria profissional

Ao contrário do critério já analisado, a agregação dos trabalhadores por categoria profissional não se preocupa com a semelhança das atividades pelos mesmos desempenhadas e sim com a sua vinculação a empregadores cuja atividade econômica seja idêntica, similar ou conexa[32].

A organização laboral da época pré-industrial, como dito alhures, tinha modos de ação e de representação corporativas. Entretanto, alinhando-se ao sistema fordista de produção, a perspectiva coletiva da organização do trabalho no modelo industrial não dá importância central à profissão vez que então se coordenam atribuições mais específicas para responder à cadeia produtiva. Portanto, alterando-se conforme os países, a identidade coletiva acabou por ser estabelecida não com esteio na profissão e sim consoante a empresa ou o setor de atividade ao qual pertence o trabalhador[33, 34].

---

almeno col peso che há nella tradizione italiana – è il modulo organizzativo corrispondente alla più intensa politicizzazione própria del nostro movimento sindacale (...) " (Diritto Sindacale, 7.ª ed., Bari: Cacucce Editore, 1984, p. 32).

[31] Corresponde àquilo que, no Brasil, costuma-se denominar como sindicatos de categoria diferenciada (a exemplo dos aeroviários, aeronautas, jornalistas profissionais, motoristas, professores etc.). O art. 511, §3.º, da Consolidação das Leis do Trabalho (Decreto-Lei n.º 5.452/43) prevê que "categoria profissional diferenciada é a que se forma dos empregados que exerçam profissões ou funções diferenciadas por força do estatuto profissional especial ou em conseqüência de condições de vida singulares". Para maiores dados sobre as diferentes formas de agregação de trabalhadores em sindicatos, na América do Sul, embora as divida apenas em três categorias fundamentais de representação, remete-se a AMAURI MASCARO DO NASCIMENTO, Transformações da organização sindical na América do Sul, In: *Revista da Faculdade de Direito da Universidade de São Paulo*, vol 88, jan-dez 1993, pp. 264-266.

[32] É o critério adotado, no Brasil, para a definição da maioria dos sindicatos. Conforme reza o art. 511, §2.º, da Consolidação das Leis do Trabalho, "a similitude de condições de vida oriunda da profissão ou trabalho em comum, em situações de emprego na mesma atividade econômica ou atividades econômicas similares ou conexas, compõe a expressão social elementar compreendida como categoria profissional". No ordenamento jurídico brasileiro, quando uma empresa desenvolve mais de uma atividade, o enquadramento sindical do trabalhador será feito de acordo com a atividade empresarial preponderante.

[33] ALAIN SUPIOT, MARÍA EMILIA CASAS, JEAN DE MUNK et. al. *Tranformações do trabalho e futuro do direito do trabalho na Europa*, Coimbra: Coimbra Editora, 2003, pp. 147-148.

[34] Em um primeiro momento da Revolução Industrial, os trabalhadores se reuniam em agrupamentos intermitentes normalmente surgidos de conflitos coletivos, formados

Destarte, os sindicatos de categorias profissionais englobam trabalhadores não segundo suas profissões, mas de acordo com o tipo de empregador ao qual estão vinculados. Portanto, abrangem a grande maioria dos empregados das empresas com iguais, similares ou afins atividades econômicas. Eis, pois, o motivo porque são designados de "sindicatos verticais".

Não se pode negar, porém, que a noção de categoria pode ter interpretações diferentes, tanto de modo restritivo (que gera uma fragmentação sindical pelo desmembramento de categorias profissionais) como ampliativo (mais de acordo com a idéia de união defendida pelo Direito Coletivo do Trabalho)[35].

Se, de um lado, o critério da profissão ou ofício visa à satisfação de necessidades comuns daqueles que exercem serviços similares; de outro, o critério da categoria profissional responde aos anseios dos que trabalham em atividades empresariais semelhantes. Em ambos os casos, é óbvio, há identidades entre os trabalhadores que os ligam de modo a justificar a adoção de um ou de outro padrão de aglutinamento conforme seja o fator que se revele mais recomendado de acordo com as peculiaridades da profissão ou da atividade econômica.

---

para buscar a satisfação de determinada reivindicação e logo depois dissolvidos. Tais agregações eventuais, que serviram de base aos posteriores agrupamentos permanentes, geralmente compreendiam apenas aqueles trabalhadores que prestavam serviços no local onde surgiu a celeuma. Salvo em setores específicos, as aglutinações esporádicas de trabalhadores, bem como as ulteriores organizações perenes, apareceram inicialmente no nível do estabelecimento ou local de trabalho. Somente em uma época posterior, relativamente avançada na história do sindicalismo, retoma-se a idéia de organização dos trabalhadores por profissões (embora com traços inconfundíveis com as corporações de ofício) e os sindicatos verticais ou por indústrias extrapolam o local de trabalho como abrangência de filiação, haja vista que agora sua base de filiação considera o trabalho em determinado ramo da produção – Cfr. MANUEL ALONSO OLEA, *Introdução ao direito do trabalho* (trad. de Carlos Alberto Barata Silva, em colaboração com Darci Rodrigues de Oliveira Santana), 4.ª ed. Ver., São Paulo: LTr., 1984, pp. 216-217.

[35] MAURÍCIO GODINHO DELGADO, *Curso de direito do trabalho*, 2.ª tiragem, São Paulo: LTr., 2002, p. 1305. Segundo lembra SÉRGIO PINTO MARTINS, "o conceito de categoria, porém, irá depender, em grande parte, da orientação adotada pelo Direito Positivo de cada país ao traçar as linhas fundamentais do sindicalismo" (*Comentários à CLT*, 5.ª ed., São Paulo: Editora Atlas, 2002, p. 540).

3.1.3 – Por ramo da atividade empresarial

Outro modelo de agregação de trabalhadores, que também dirige os olhos ao empregador para definir o enquadramento sindical do empregado, é aquele que considera não apenas a mera atividade da empresa e sim o segmento econômico no qual está inserida (da indústria, do comércio, da agricultura etc.). O aludido critério contribui ao surgimento de grandes sindicatos, englobando enorme área territorial e revelando significativa força e representatividade.

Tal sistema pode ser aplaudido por sobrelevar a congregação obreira, robustecendo sua situação coletiva diante dos detentores dos meios de produção, bem como por generalizar as conquistas sociais obtidas pela autodeterminação coletiva dos trabalhadores – contribuindo, destarte, para uma maior solidariedade entre empregados de diferentes empresas (grandes, médias ou pequenas) de modo a evitar individualismos no movimento sindical. Afinal, porque possibilita uma maior aproximação do almejado pelo "princípio da real equivalência entre os contratantes coletivos"[36].

Todavia, ao revés, pode ser alvejado por críticas em função do significativo afastamento das particularidades das diferentes realidades envolvidas em um amplo segmento econômico. Igualmente, como conseqüência, porque não condiz com o dinamismo das novas necessidades empresariais na medida em que coopera para uma maior rigidez da regulamentação autônonoma das relações laborais.

Atualmente, porém, depara-se com dois movimentos de transformação dos sistemas de representação coletiva. O primeiro conduzindo a uma concentração pela fusão e reagrupamento das forças sindicais. O segundo, dirigindo-se a uma descentralização com o deslocamento da representação para o nível das empresas. Compartilha-se, contudo, da opinião de que os dois modelos devem coexistir em sintonia. Na verdade, a evolução das formas de organização sindical não deve acarretar o fim dos níveis sindicais centralizados e sim a modificação da sua função; reservando-lhes as atribuições de fixar regras básicas (normas quadro-padrão) e gerir as ações e negociações ocorridas no âmbito das empresas ou de outras unidades descentralizadas[37].

---

[36] Maurício Godinho Delgado, *Curso de direito do trabalho*, 2.ª tiragem, São Paulo: LTr., 2002, p. 1307.

[37] Alain Supiot, María Emilia Casas, Jean de Munk *et. al. Tranformações do trabalho e futuro do direito do trabalho na Europa*, Coimbra: Coimbra Editora, 2003, pp. 196 e 203.

372   *Estudos de Direito Europeu e Internacional dos Direitos Humanos*

3.1.4 – Por empresa

No pertinente ao padrão de organização sindical por empresa[38], onde se encontra a gênese do sindicalismo, é interessante, além do já mencionado em linhas anteriores, salientar ser o que mais está em compasso com as idéias de flexibilização ou de desregulamentação do Direito do Trabalho. Afinal, ao estabelecer a organização sindical de forma demasiadamente pulverizada pelas empresas, permite-se uma mais fácil maleabilidade nas negociações coletivas para acompanhar os passos das alterações do cenário econômico.

O sistema de sindicatos por empresa, indiscutivelmente, é o que possui maior capacidade para atrair o empresariado[39] e a razão para perceber tal fato não é difícil de ser encontrada. Afinal, no domínio das empresas, normalmente os entes patronais encontram menores obstáculos à negociação coletiva em virtude do seu maior poder de persuasão muitas vezes decorrente, inclusive, de temor reverencial.

Portanto, se pode receber elogios por melhor corresponder à dinâmica do mundo laboral, o presente modelo sindical também merece críticas em virtude do enfraquecimento que propicia na capacidade de reivindicação dos trabalhadores – que, divididos, perdem grande parte de seu poder de negociação.

Ademais, o estabelecimento de sindicatos por empresa muitas vezes provoca inaceitáveis desigualdades entre os trabalhadores. Considerando o individualismo das ações sindicais, preocupadas com maiores conquistas apenas nos restritos níveis de representação, aos empregados de empresas menores ficaria reservada uma prejudicial situação na medida em que possuem inferiores condições de autodeterminação diante do ente patronal[40].

---

[38] É o modelo especialmente adotado no sistema norte-americano, mas juridicamente inviável nos regimes de monopólio sindical.

[39] "(...)verifica-se em determinados países uma tendência das organizações patronais para privilegiarem a negociação com sindicatos minoritários, a fim de obterem mais facilmente a satisfação na negociação das convenções coletivas" (ALAIN SUPIOT, MARÍA EMILIA CASAS, JEAN DE MUNK *et. al., Op. cit.,* p. 180).

[40] Segundo adverte MAURICIO GODINHO DELGADO, o modelo de sindicatos por empresa "diminui também a solidariedade entre os trabalhadores de empresas distintas, acentuando o individualismo no âmbito das propostas de atuação sindical. Neste quadro, tal modalidade de agregação favoreceria os trabalhadores das grandes empresas, que poderiam, pelo isolamento sindical, obter vantagens específicas e diferenciadas em contraponto ao restante do mercado de trabalho – ampliando a diferenciação social característica do capitalismo" (*Curso de direito do trabalho*, 2.ª tiragem, São Paulo: LTr., 2002, p. 1306).

O *direito de associação dos trabalhadores na OIT*

Por outro prisma, também se percebe que a estrutura sindical por empresas abre um flanco para possibilitar a concorrência desleal mediante a inaceitável prática de *dumping* social. Ora, diminuindo os custos da produção com a subtração de direitos laborais dos filiados ao sindicato correspondente a determinado local de trabalho, em virtude da debilidade do poder de auto-tutela ou de negociação de tal entidade sindical ou por motivos de outra ordem, tal empregador acaba sendo favorecido diante de outras empresas, mas de maneira inaceitável e a custa dos trabalhadores.

Na verdade, das considerações tecidas sobre as diferentes modalidades de agregação de trabalhadores em sindicatos, o que se percebe é que devem ser (algumas ou todas) harmonizadas em um sistema jurídico com a distribuição de competências aos diferentes níveis de sindicalização, de forma a favorecer suas correspondentes qualidades e evitar os respectivos pontos negativos[41].

3.2 – A questão do monopólio ou pluralismo sindical

Após discorrer sobre os diferentes modelos de agregação dos trabalhadores em sindicatos, resta enfrentar outro ponto de fundamental importância: a possibilidade de coexistência de concorrentes entidades sindicais de mesmo nível com campos de abrangência iguais, concêntricos ou com interseções. Afinal, somente se pode cogitar de sindicato mais representativo e correspondente concessão de privilégios, como é óbvio, em situações jurídicas nas quais haja uma pluralidade de organismos representativos dos trabalhadores.

Entretanto, agora se depara com forte debate doutrinário e político. Afinal, das diversas facetas da liberdade sindical, certamente a consagração do pluralismo é uma das que enfrenta maiores resistências em alguns Estados membros da O.I.T.[42].

---

[41] É evidente que a economia do presente trabalho acadêmico não permite que se dedique a ponderações sobre como devem ser divididas as atribuições entre os diversos níveis sindicais, o que conduziria a outros estudos que se afastariam do fim aqui colimado. Apenas a título ilustrativo, porém, fica o registro de que aos organismos mais centralizados se poderia conferir o papel de definir os parâmetros para manutenção de patamar mínimo de direitos trabalhistas (superior ao estabelecido pelo Estado), ainda que podendo delegar poderes a órgãos de âmbito menor, ao passo que aos mais descentralizados ficaria reservada a função de reclamações mais diretas e imediatas junto aos entes patronais.

[42] Conforme ressalta a comissão de peritos para a aplicação das convenções e recomendações da O.I.T., "os mais graves problemas que se põem no que se refere à

374 *Estudos de Direito Europeu e Internacional dos Direitos Humanos*

Tal dificuldade de implantação do pluralismo sindical é patente em diversos ordenamentos jurídicos e, a título ilustrativo, é interessante mencionar Portugal e Brasil como bons exemplos do quão ferrenhas são as discussões em torno da opção entre os dois sistemas de organização sindical e como diferentes podem ser as soluções encontradas para pacificar as celeumas em torno do tema.

O atual ordenamento jurídico brasileiro decorreu de um processo gradativo de democratização e, ao contrário do ocorrido em Portugal, não rompeu brutalmente com o sistema anterior. No que diz respeito ao assunto ora em foco, a vigente ordem constitucional declara estar consagrando a liberdade sindical e ser livre a associação dos trabalhadores (art. 8.º, *caput*, da Constituição Federal de 1988), mas ainda preserva aspectos do antigo regime corporativo a exemplo da manutenção do princípio da unicidade sindical (art. 8.º, II)[43]. Apesar de ter divulgado que asseguraria a liberdade sindical, a Assembléia Constituinte de 1988 feriu tal princípio internacional inclusive ao manter a exigência da unicidade sindical – proibindo a organização sindical conforme o desejo dos parceiros sociais e sim de acordo com o sistema corporativo. Na realidade, e por isso até hoje não ratificou a Convenção n.º 87 da O.I.T., o Brasil lamentavelmente acabou tentando satisfazer os interesses colidentes com a criação de um sistema anômalo e garantindo somente a mera autonomia sindical[44, 45].

---

liberdade efectiva de escolha quanto da constituição e da adesão a organizações profissionais prendem-se com o que se designa, em geral, monopólio sindical, nos países em que a legislação prevê, directa ou indirectamente, que uma única organização velará pelos interesses de uma determinada categoria de trabalhadores" (ORGANIZAÇÃO INTERNACIONAL DO TRABALHO, *A liberdade sindical e a negociação coletiva: estudo conjunto da comissão de peritos para a aplicação das convenções e recomendações*, Lisboa: Fundação Oliveira Martins, 1979, p. 67).

[43] Como refere ARIÃO SAYÃO ROMITA, a Magna Carta trouxe novidades em busca da democracia na regulação das relações de trabalho, mas, por outro lado, manteve os fundamentos básicos do "regime antidemocrático" que deveria ter repelido (*Os direitos sociais na Constituição e outros estudos*, São Paulo: LTr., 1991, p. 12).

[44] Que, segundo ARNALDO SÜSSEKIND, é a liberdade de auto-organização interna e de funcionamento da entidade sindical, bem como da sua coligação com outras em federações e confederações (*Direito constitucional do trabalho*, Rio de Janeiro: Renovar, 1999, p. 328).

[45] Na verdade, o Brasil não conta com um autêntico modelo de unicidade sindical e sim com uma forma híbrida resultante da mescla de princípios democráticos da liberdade sindical com ditames corporativos. Aliás, com a não interferência estatal na criação de sindicatos e definição de categorias profissionais, acabou-se permitindo a multiplicação

O direito de associação dos trabalhadores na OIT 375

No caso de Portugal, quando da passagem do monopólio sindical estabelecido pelo corporativismo salazarista para o atual regime democrático de pluralismo sindical, também houve grandes obstáculos ao pluralismo apesar de, ao final, ter sido consagrado o princípio da liberdade sindical em consonância com o preceituado pela O.I.T.

No período de 1933 a 1974, Portugal possuía um sistema corporativo com excessivo intervencionismo estatal[46, 47]. Entretanto, mais do que no texto constitucional então vigente, era no Estatuto do Trabalho Nacional, espelhado na *Carta del Lavoro* fascista, que se constatava a verdadeira orientação da economia corporativa sustentada pelo «Estado Novo»[48]. Em relação às entidades sindicais, prevalecia a unicidade sindical[49], seu caráter nacional e a natureza pública. Destarte, representando todos os trabalhadores da correspondente profissão ou espaço geográfico, independente da filiação, que era livre, somente era aceito um único sindicato por categoria profissional em cada circunscrição ou região.

---

de entidades sindicais organizadas dos modos mais inusitados e esdrúxulos. Infelizmente, portanto, evitou-se os pontos positivos do pluralismo sindical, de índole democrática, e se possibilitou seu principal aspecto negativo: a pulverização sindical.

[46] Escrevendo a respeito da Constituição de 1933, JORGE MIRANDA esclarece que seu traço mais original é o corporativismo, "tornado como forma quer de organização social quer de organização política, e ao qual se ajuntam elementos finalísticos por influência do integralismo lusitano, da doutrina social da Igreja, do socialismo catedrático e ainda da Constituição de Weimar. (...) A integração corporativa envolve as corporações morais e econômicas e as associações ou organizações sindicais, incumbindo ao Estado reconhecê-las e promover e auxiliar a sua formação (art. 14.º). (...) Em suma, a ideia da Constituição subsiste como base da ordem jurídica e fundamento da legalidade (não tanto da *legitimidade*) dos governantes e dos seus actos. Mas a sua efectividade seria bem reduzida, até porque ao projecto objectivado nos seus preceitos se sobreporia o projecto realmente executado, fruto de condicionalismos de facto e da própria natureza de regime" (*Manual de direito constitucional, tomo I – preliminares: o Estado e os sistemas constitucionais*, 5.ª ed., Coimbra: Coimbra Editora, 1996, pp. 299-301).

[47] É verdade que, já no governo de Marcello Caetano, ocorreram as primeiras políticas de cunho social por meio de ações públicas de um Estado central – mas o 'Estado Social' marcelista não pode ser considerado como um Estado Providência vez que arrimado em uma concepção de corporativismo autoritário renovado (PEDRO ADÃO E SILVA, O Estado providência português num contexto europeu: elementos para uma reflexão, In: *Sociedade e Trabalho*, n.º 8/9, janeiro/junho 2000, p. 54).

[48] JORGE MIRANDA, *Manual de direito constitucional, tomo I – preliminares: o Estado e os sistemas constitucionais*, 5.ª ed., Coimbra: Coimbra Editora, 1996, p. 306.

[49] Assim como o Brasil ainda o faz, Portugal utilizava a expressão "princípio da unicidade sindical" para tratar da situação de monopólio de uma entidade sindical por determinação estatal.

376   *Estudos de Direito Europeu e Internacional dos Direitos Humanos*

Todavia, apesar da revolução de 25 de abril de 1974, nos primeiros tempos foram mantidas as estruturas sindicais herdadas do corporativismo – embora, inicialmente, tenha ocorrido um "movimento reivindicativo acentuadamente inorgânico" sustentado em negociações no domínio das empresas e por intermédio das comissões *ad hoc*. Em uma segunda fase, compreendida nos anos de 1975 e 1976, houve um "reordenamento sindical" no qual os sindicatos retornaram ao papel de interlocutores nas negociações coletivas[50, 51]. Finalmente, com a Constituição de 1976, "surgida num contexto de afirmação dos direitos e liberdades fundamentais em face de práticas autoritárias anteriores e de tentativas de unicidade então fortemente sentidas"[52], findou-se o sistema corporativo e foi assegurada a liberdade de associação e a liberdade sindical[53]. Porém, a opção pelo pluralismo sindical, garantindo a liberdade de constituição de associações sindicais a todos os níveis (art. 55.º/2, a, da CRP), enfrentou

---

[50] ANTÓNIO MONTEIRO FERNANDES, A evolução das relações de trabalho desde 1974: algumas tendências gerais, In: *Temas laborais*, 1984, pp. 15-16.

[51] O Decreto-Lei n.º 203, de 15 de maio de 1974, fixou os traços gerais para diversos atos legislativos que deveriam ser realizados, conquanto não tenham sido logo efetivados. Depois de verificar a ineficácia das medias restritivas prescritas pelo Decreto-Lei n.º 292, de 16 de junho de 1975, o Conselho da Revolução, mediante resolução de 27 de novembro do mesmo ano (prorrogada pelo Decreto-Lei n.º 783/75, de 31 de dezembro), suspendeu o exercício do direito de negociação coletiva. Somente em fevereiro de 1976, mediante o Decreto-Lei n.º 164-A, de 28/02/76 (posteriormente alterado pelo Decreto-Lei n.º 887, de 29/12/76, revogou-se o Decreto-Lei de 1969 e foi assegurada a livre autonomia da vontade dos interlocutores sociais consoante a ordem internacional e segundo consagrado na Constituição da República Portuguesa de 2 de abril de 1976 (MARIA DE FÁTIMA RODRIGUES PRAZERES; Enquadramento legal do sistema de negociação colectiva de trabalho em Portugal desde 1974, In: *Sociedade e Trabalho*, n.º 4, março de 1999, p. 21).

[52] JORGE MIRANDA; Liberdade de associação e alterações aos estatutos sindicais, In: *Revista de Direito e de Estudos Sociais*, n.º 2, abril-junho de 1986, p. 165.

[53] Conforme observa BERNARDO XAVIER, a vigente constituição portuguesa "releva sobressalientemente o plano da relação colectiva, vertente em que o Direito do trabalho se revelava muito pobre. Este grande ramo do Direito do Trabalho, com os seus capítulos – liberdade sindical, contratação colectiva, direito à greve, intervenção dos trabalhadores na empresa – é realmente re-fundado em 1976 pela Constituição" (A matriz constitucional do direito do trabalho, In: *III congresso nacional de direito do trabalho*, 2001, p. 99). Por sua vez, MARIA MANUELA MAIA DA SILVA assevera que a Constituição da República Portuguesa de 1976 "reflete duas tendências essenciais, necessárias para a sua correcta interpretação: por um lado a influência das tensões ideológicas e sociais vividas no momento da sua concepção e, por outro, a vontade de inserir os princípios inerentes ao Estado Social" (Os direitos constitucionais dos trabalhadores e sua articulação com o direito ordinário, In: *III congresso nacional de direito do trabalho*, 2001, p. 109).

O direito de associação dos trabalhadores na OIT

difíceis impasses e foi resultado de grandes discussões entre os constituintes – ao ponto de, na redação do artigo 55.º/1, e talvez para arrefecer o ânimo dos partidários da unicidade sindical, ficar ressalvado que a liberdade sindical é reconhecida como condição e garantia da "unidade" dos trabalhadores para defesa de seus direitos e interesses.

Percebe-se, pois, não ser tarefa fácil conciliar os posicionamentos díspares no que diz respeito à organização sindical pluralista ou de monopólio decorrente da intervenção estatal[54].

Os defensores do monopólio sindical argumentam que assim é robustecido o sindicalismo na medida em que impede a exagerada fragmentação das organizações e a rivalidade entre as mesmas, bem como evita desigualdades entre os trabalhadores em detrimento daqueles filiados a entidades de menor representatividade. Portanto, basicamente sustentam a idéia de que a existência de sindicatos paralelos enfraquece a autodeterminação coletiva dos trabalhadores em face dos detentores dos meios de produção.

Por sua vez, os que trilham em sentido oposto para respaldar o pluralismo sindical, cujo entendimento é aqui compartilhado, alegam que este corresponde a um princípio democrático e que se deve dar prevalência à vontade dos trabalhadores. Afinal, na medida em que a liberdade associativa vai sendo ceifada, há uma tendência de que os sindicatos acabem se tornando mera estrutura de coerção de maneira a fulminar um sindicalismo legítimo. A imposição de um sindicato único, impedindo que os trabalhadores criem outro mesmo que o existente não lhes agrade ou não responda aos seus reais interesses, acaba por arrefecer o espírito combativo que deve nortear as organizações sindicais na medida em que sequer se encontram ameaçadas pela possibilidade de sindicatos concorrentes.

Sem prejuízo de tal polêmica, a O.I.T. assumiu nítida posição em favor do pluralismo sindical. Conforme estabelece o art. 2.º de sua Convenção n.º 87, os trabalhadores, sem distinção de qualquer natureza, possuem o direito de constituírem organizações de sua escolha e sem

---

[54] Registre-se que, além da unicidade sindical praticada no Portugal salazarista e ainda no Brasil, existem vários outros mecanismos para estabelecimento do monopólio sindical, de forma direta ou indireta, praticados em alguns países. A respeito do assunto, embora com as cautelas que a defasagem no tempo recomenda, reporta-se ao estudo da Comissão de Peritos para Aplicação das Convenções e Recomendações da O.I.T. (ORGANIZAÇÃO INTERNACIONAL DO TRABALHO, *A liberdade sindical e a negociação coletiva: estudo conjunto da comissão de peritos para a aplicação das convenções e recomendações*, Lisboa: Fundação Oliveira Martins, 1979, pp. 68-71).

378 *Estudos de Direito Europeu e Internacional dos Direitos Humanos*

necessidade de prévia autorização. Afastou-se, portanto, a concepção de monopólio sindical.

Contudo, é imprescindível fazer alguns esclarecimentos terminológicos. O monopólio sindical (ou unicidade sindical), segundo se fez menção em linhas anteriores, refere-se à impossibilidade da existência de sindicatos paralelos em decorrência, direta ou indiretamente, da interferência do Estado. Não se confunde, portanto, com a <u>unidade sindical</u> resultante da vontade dos próprios interlocutores sociais. Em outras palavras, a existência de um único sindicato em razão do desejo dos trabalhadores, que não tiveram interesse em manter ou fundar outras entidades, não corresponde ao monopólio sindical rechaçado pela O.I.T.

Igualmente, o pluralismo sindical não significa necessariamente uma pluralidade de associações. Na verdade, designa a simples possibilidade legal de coexistência de mais de um sindicato com âmbitos de representação coincidentes.

Na verdade, a O.I.T. sequer assume explícita posição quanto à realidade prática existente nos Estados que seguem o pluralismo sindical. As situações de fato, que resultem em unidade ou multiplicidade de sindicatos, desde que em conseqüência da vontade dos parceiros sociais e não da intervenção estatal, estão em perfeita sintonia com a Convenção n.º 87.

Entretanto, percebe-se que a O.I.T. encara de maneira agradável o desejo de alguns governos a fim de estimular um sindicalismo robusto e sem os problemas decorrentes da atomização das organizações e da rivalidade porventura estabelecida entre pequenas e múltiplas entidades sindicais. Nota-se, destarte, que a intervenção estatal nas relações coletivas de trabalho nem sempre está em desacordo com a postura sustentada por tal organismo internacional. Afinal, lembrando a ressalva feita por OSCAR ERMIDA URIARTE, a regulamentação heterônoma e o intervencionismo estatal podem ter duas vertentes distintas: podem ser uma regulamentação e intervenção promocionais, de suporte ou apoio à autonomia coletiva, ou podem ser uma regulamentação ou intervenção de limitação, sujeição e controle da autonomia coletiva[55].

Por derradeiro, sublinhe-se que, dentre as medidas apresentadas por alguns governos com o escopo de fortalecimento da auto-tutela coletiva dos trabalhadores, encontra-se a prática de conceder certos privilégios

---

[55] OSCAR ERMIDA URIARTE, "La intervencion administrativa: origen, características y perspectivas". In: *La necociación colectiva en América Latina*, Instituto Europeo de Relaciones Industriales, Madri: Editorial Trotta, 1993, p. 112.

O direito de associação dos trabalhadores na OIT   379

aos sindicatos mais representativos. A compatibilidade de tais medidas com a Convenção n.º 87 e com o princípio da liberdade sindical, entrementes, será a preocupação à qual serão dedicadas as próximas linhas.

4 – A Interpretação da Organização Internacional do Trabalho sobre a Concessão de Prerrogativas ao Sindicato mais Representativo

4.1 – Critérios de determinação da entidade com maior representatividade

4.1.1 – Considerações iniciais

Na dimensão que se almeja conferir ao presente trabalho acadêmico, é incompatível uma análise profunda de todos os aspectos relativos à técnica da maior representatividade sindical como forma de generalizar as conquistas laborais, evitar discriminações e responder às necessidades de segurança jurídica nas relações de trabalho. De maneira sucinta, porém, pode ser compreendida como um mecanismo mediante o qual certas organizações são incumbidas de representar os interesses de toda a coletividade, inclusive em relação àqueles que não são seus filiados, em específicas situações estabelecidas por lei. Entretanto, antes de averiguar a compatibilidade de tal técnica jurídica com a concepção de liberdade sindical, fim precípuo deste estudo, é útil consumir alguma tinta com considerações quanto aos meios pelos quais se define a entidade sindical mais representativa.

De logo, saliente-se que, não obstante a existência de precedentes em alguns ordenamentos jurídicos internos, já na Constituição da O.I.T. se encontra referência à idéia de sindicato mais representativo. Em seu art. 3.º/n.º5, que trata da organização da O.I.T., estabelece-se que seus membros se obrigam a designar os delegados e conselheiros técnicos não governamentais de acordo com as organizações profissionais mais representativas de empregadores ou de trabalhadores, segundo seja o caso, sempre que tais organizações existam no país de que se trate. Contudo, não vai além de mera menção que em nada esclarece quanto aos precisos contornos desta figura jurídica[56].

---

[56] Destaque-se que a O.I.T. volta a utilizar o critério da maior representatividade em alguns de seus instrumentos posteriores. A título de exemplo, mencione-se as Convenções

380   *Estudos de Direito Europeu e Internacional dos Direitos Humanos*

Logo na terceira sessão da Conferência Internacional do Trabalho[57], houve debates em torno dos parâmetros para definição da entidade sindical mais representativa; haja vista que o governo holandês então escolheu, para delegado representante dos trabalhadores, não o sindicato isoladamente majoritário e sim uma confederação proposta pela maioria das confederações minoritárias que, em conjunto, em muito ultrapassavam o número de filiados daquele. Diante da polêmica estabelecida, A. THOMAS[58] argumentou que poderiam ser considerados três critérios para indicar a entidade mais representativa: o número de filiados, o número e a qualidade das federações de ofício ou indústria representadas e o grau de organização do sindicato. Em contrapartida, o Tribunal Permanente de Justiça Internacional defendeu que, na hipótese de identidade nas outras circunstâncias, considerar-se-ia mais representativa a organização sindical que tivesse maior número de filiados. Ao final, entretanto, acabou prevalecendo a escolha do governo holandês que considerou exclusivamente o número de filiados[59].

É indubitável que o número de filiados é a primeira das diretrizes que vêm à mente quando se pensa nos fatores de determinação da entidade mais representativa. Aliás, conforme ressalta NAVARRO NIETO, embora a O.I.T. também admita outros parâmetros e conte com tal possibilidade nos ordenamentos jurídicos nacionais, a afiliação sindical é tida como o critério básico para tal efeito segundo posicionamento do Comitê de Liberdade Sindical[60]. Entretanto, é evidente que o número de filiados não é o único fator possível para escolha da organização sindical mais representativa.

Destarte, mesmo não sendo o momento para uma análise pormenorizada das respectivas legislações internas, é salutar fazer referência, ainda que demasiadamente superficial, acerca dos critérios adotados em alguns ordenamentos jurídicos que utilizam a técnica da maior representatividade em face da pluralidade sindical.

---

144 (sobre consultas tripartites para promover a aplicação das normas internacionais), 155 (sobre segurança e saúde dos trabalhadores e meio ambiente de trabalho), 176 (sobre segurança e saúde nas minas), entre outras.

[57] Realizada em Genebra no ano de 1921.

[58] Então Diretor da Oficina Internacional do Trabalho.

[59] FEDERICO NAVARRO NIETO, *La representatividad sindical*, Madri: Ministerio de Trabajo y Seguridad Social, 1993, p. 98.

[60] *Op. cit.,* p. 101.

4.1.2 – Notas de direito comparado

4.1.2.1 – *A representatividade sindical na França*

Conforme menciona René Mouriaux[61], a noção de organização representativa passou a integrar a legislação interna francesa em 1925. Posteriormente, em 1945, cinco critérios de representatividade foram referidos em uma circular de Alexandre Parodi e retomados na lei de 1950 sobre as convenções coletivas: os efetivos (o número de filiados), a independência em relação ao patronato, as quotizações (a independência financeira), a experiência e antiguidade do sindicato e sua atitude patriótica durante o período da Segunda Grande Guerra (critério que, agora, possui significado apenas histórico)[62].

Entretanto, não há um sistema unitário da técnica de representatividade sindical dentro do ordenamento jurídico francês. Embora os critérios acima mencionados estejam enumerados no art. L. 133.2 do Código do Trabalho, as jurisprudências administrativa e judicial francesa têm sedimentado a compreensão de que tal disposição legal possui mero substrato indicativo. Na verdade, o legislador francês não teve a preocupação de estabelecer uma conceituação global da representatividade, deixando para a jurisprudência e prática administrativa a incumbência de conformação e concreção dos parâmetros de representatividade.

Ocorre que prevalece a compreensão, tanto da jurisprudência como da prática administrativa francesa, de que a valorização da representatividade exige a combinação de mais de um critério. Afinal, conforme ressalta Navarro Nieto, "se ha venido estimando que si bien los criterios tradicionalmente considerados no tienen un mismo valor, sin embargo, ninguno de ellos es determinante por sí mismo"[63]. Ademais, a natureza meramente indicativa do elenco legal de critérios de representatividade fica patente ao se constatar a aceitação do indicador da audiência eleitoral, que não consta entre aqueles arrolados no Código do Trabalho.

---

[61] René Mouriaux, *Le syndicalismo en France*, 4.ª ed. corrigida, Paris: Presses Universitaires de France, 1999, p. 26.

[62] O escopo do presente trabalho acadêmico não comporta uma análise detalhada dos pontos positivos e negativos de cada um dos mencionados critérios dentro do contexto e ordenamento jurídico francês. Para maiores considerações acerca do tema, reporta-se a Federico Navarro Nieto, *La representatividad sindical*, Madri: Ministerio de Trabajo y Seguridad Social, 1993, pp. 105 e ss.

[63] Federico Navarro Nieto, *La representatividad sindical*, Madri: Ministerio de Trabajo y Seguridad Social, 1993, p. 111.

382 *Estudos de Direito Europeu e Internacional dos Direitos Humanos*

A audiência eleitoral tem sido considerada um importante fator para determinação da representatividade sindical, mormente em razão das dificuldades encontradas para determinar precisamente o número de filiados dos sindicatos[64] e porque também se revela um critério objetivo para estimar a representatividade das organizações. No sistema francês, a audiência eleitoral é aferida pelo resultado das eleições de representantes nos conselhos de administração das Casas de Seguridade Social, nas eleições aos conselhos de *Prud'hommes* e para os órgãos de representação unitária nas empresas. Na verdade, a audiência eleitoral e os efetivos têm adquirido maior importância por serem considerados critérios de maior grau possível de objetividade para verificar a real influência do sindicato sobre suas bases (são, pois, critérios essenciais).

4.1.2.2 – *A representatividade sindical na Itália*

A figura do sindicato mais representativo[65] corresponde a um dos pilares sobre os quais se apóia a legislação italiana pertinente às relações industriais – mas, a exemplo do modelo francês, também não se pode cogitar de um sistema unitário da técnica de representatividade sindical no ordenamento jurídico italiano[66]. Todavia, ressalte-se que, conforme adverte GINO GIUGNI, com o Estatuto dos Trabalhadores (Lei n.º 300, de 1970) a maior representatividade sindical adquiriu um valor sistemático bem mais relevante ao ser transformada no critério base para individuar a área conhecida como *"legislazione di sostegno"* (legislação de sustento ou legislação de apoio)[67].

---

[64] Como refere FEDERICO NAVARRO NIETO, tratando do número de filiados como parâmetro para determinação da representatividade, *"la dificultad en la apreciación de este criterio, motivada por la falta de un conocimiento mínimamente riguroso de la afiliación sindical, su inestabilidad, o su debilidad en relación con el conjunto de la población asalariada, ha conducido a una relativización del valor que le viene asignado tradicionalmente"* *(Ibidem).*

[65] O legislador italiano se refere a tal figura jurídica de diversas maneiras: *organizzazioni sindacali piú rappresentative, sindacato piú rappresentativo, sindacati di maggiore importanza*, etc. (GINO GIUGNI, *Diritto Sindacale*, 7.ª ed., Bari: Cacucce Editore, 1984, p. 83.).

[66] De acordo com GINO GIUGNI, citando FERRARO, *"nell'ordinamento giuridico non esiste un concetto unitário di sindacato maggiormente rappresentativo, ma una varietà di concetti diversamente rilevanti a seconda delle ragioni concrete per le quali il legislatore ricorre ad un criterio selettivo dell'associazione sindacale"* *(Op. cit.,* p. 93).

[67] GINO GIUGNI, *op. cit.,* p. 83.

O direito de associação dos trabalhadores na OIT 383

Destaque-se que a jurisprudência italiana tem admitido o tratamento diferenciado entre sindicatos com a seleção daqueles de maior representatividade. De acordo com Paola Bellocchi, a explicação usual da inexistência da regra de paridade de tratamento em termos de reconhecimento do princípio da maior representatividade sindical é uma constante de toda a jurisprudência da *"Corte di Cassazione"*[68]. Entretanto, conforme ressalta o mesmo autor, mas em outra obra, o sindicato representativo é simplesmente aquele que reúne os requisitos (de organização e/ou de atividade) estabelecidos pelo ordenamento jurídico, haja vista que a representatividade sindical é uma noção meramente legal e é por tal razão que lhe é conferido um tratamento jurídico diferenciado. Evidentemente, isso não significa que a consideração legal de um determinado elemento como indicador de representatividade não possa resultar próximo da realidade social sem deixar de possuir um valor meramente convencional[69].

Portanto, a escolha dos sindicatos mais representativos e a conseqüente concessão de certas prerrogativas decorrem não diretamente da realidade fática e sim do preenchimento dos requisitos estabelecidos conforme os critérios fixados pelo ordenamento jurídico – ou seja, ainda que as duas perspectivas possam ter igual resultado, são os parâmetros legais e não a realidade social que definem a maior representatividade. Entretanto, é óbvio ser ideal que a maior representatividade legal coincida com a maior representatividade real.

Feitas tais considerações, é importante notar que são diversos os critérios concorrentes estabelecidos pela legislação italiana para determinação da representatividade sindical, tendo sido confirmados pelas vias administrativa, jurisprudencial, legislativa ou doutrinal[70]. De um modo geral, pode-se fazer referência à síntese apresentada por Gino Giugni a fim de revelar quais os indicadores de maior representatividade sindical no modelo italiano: a) A "consistência numérica" (o número de filiados), b) A equilibrada presença em um amplo arco de setores produtivos, c) A difusão sobre todo o território nacional, e d) O desenvolvimento de uma

---

[68] Paola Bellochi, "La 'parità di trattamento' tra sindacati: evoluzione giurisprudenziale e problemi attuali", In: *Diritto delle relazioni industriali – Rivista semestrale della Associazione Lavoro e Ricerche*, n.º 2/II, Milão: Giuffrè editore, julho 1992, p. 139.

[69] Paola Bellochi, *Libertà e pluralismo sindacale*, Milão: CEDAM, 1998, p. 345.

[70] Federico Navarro Nieto, *La representatividad sindical*, Madri: Ministerio de Trabajo y Seguridad Social, 1993, p. 138.

384 *Estudos de Direito Europeu e Internacional dos Direitos Humanos*

atividade de contratação e, em geral, de autotutela com características de continuidade e de sistematização[71].

Considerado como um fator fundamental, o número de filiados ao sindicato possui peculiar importância e se encontra no âmago do modelo italiano de seleção da maior representatividade sindical. Parte da doutrina considera tal critério como o mais adequado para revelar a representatividade do sindicato em razão de sua objetividade. Todavia, outros doutrinadores, embora reconheçam seu valor e necessidade, compreendem não ser bastante em virtude das dificuldades para se mensurar os efetivos de cada sindicato e do risco de intromissão e controle pela Administração[72].

A equilibrada presença da organização em vasto campo de setores produtivos se revela como critério de representatividade em virtude da história e da realidade sociológica do sindicalismo italiano de confederações. Da mesma forma, a dimensão geográfica e funcional da entidade sindical sobreleva a representatividade a nível nacional. Afinal, segundo refere NAVARRO NIETO, *"la mayor representatividad en el plano nacional requiere una clara difusión del campo de acción de la confederación tanto territorial (en el sentido de que no esté limitada a una parte sólo del territorio nacional) como sectorialmente (en el sentido de que no esté limitada a algunas categorías sólo de los trabajadores) con la consecuencia de que el genérico dato del apreciable número de los adheridos está, por sí, privado de relieve"*[73]. Entretanto, ressalte-se a tendência de flexibilizar e ampliar a interpretação de tais critérios de modo a permitir o reconhecimento de maior representatividade a confederações monosetoriais com a apreciação de tais fatores exclusivamente para os respectivos âmbitos.

Ademais, o exercício da autonomia privada mediante contratações coletivas se encontra entre os indicadores legais para definição da maior representatividade sindical. Contudo, a aceitação de tal critério não é pacífica na doutrina e na jurisprudência italiana. Afinal, é possível a subscrição final de convênios coletivos por sindicatos não representativos

---

[71] GINO GIUGNI, *Diritto Sindacale*, 7.ª ed., Bari: Cacucce Editore, 1984, p. 90.

[72] FEDERICO NAVARRO NIETO, *La representatividad sindical*, Madri: Ministerio de Trabajo y Seguridad Social, 1993, p. 139. Conforme adverte GINO GIUGNI, *"questo elemento peró, da solo, non há capacità risolutiva del problema, in quanto non sempre è agevolmente accertabile e, specie per le organizacioni sindacali minori per le quali del resto sorge il problema, la consistenza dichiarata può essere talora posta in dubbio"* (Diritto Sindacale, 7.ª ed., Bari: Cacucce Editore, 1984, p. 90).

[73] FEDERICO NAVARRO NIETO, *op. cit.*, p. 140.

O direito de associação dos trabalhadores na OIT 385

e que não tenham efetivamente participado da negociação. Igualmente, há a possibilidade de que o segmento patronal seja pressionado por organizações sindicais mais representativas para evitar a negociação com determinadas entidades.

Por fim, frise-se que há outros fatores situados em patamar secundário dentro do modelo italiano: a exemplo da promoção de reivindicações, a deflagração de greves, a antiguidade, a experiência do sindicato, as quotizações e a quantidade de votos alcançada nas eleições para as comissões internas ou para órgãos de participação sindical na Administração Pública.

4.1.2.3 – *A representatividade sindical na Espanha*

No sistema jurídico espanhol, durante a década de oitenta, verificou-se o desenvolvimento de uma estratégia de seleção das entidades sindicais com a utilização da técnica de representatividade – de tal forma que, atualmente, é um dos pilares de seu modelo jurídico-sindical e da política de normas promocionais no domínio laboral[74]. Entretanto, ao contrário dos modelos francês e italiano, pode-se verificar uma conformação jurídica unitária da técnica de representatividade.

A Lei Orgânica de Liberdade Sindical (Ley Orgânica 11/1985, de 2 de agosto) admite privilégios à organização sindical mais representativa com esteio no princípio da promoção do *"hecho sindical"* e seus artigos 6.º e 7.º revelam duas modalidades de representatividade privilegiada: a maior representatividade e a representatividade suficiente (que reafirma a primeira nos âmbitos descentralizados). Enfim, encontram-se três níveis de representatividade sindical na Espanha: 1) Os sindicatos mais representativos, 2) Os sindicatos quase mais representativos, e 3) Os sindicatos com representatividade ordinária[75].

Os sindicatos mais representativos podem ser originários ou por derivação. A maior representatividade originária não decorre do número

---

[74] Como menciona FEDERICO NAVARRO NIETO, os primórdios da evolução da política promocional dos sindicatos representativos, ainda antes da década de oitenta, eram bastante confusos e com grande improvisação inclusive em virtude do estágio de transição jurídico-sindical da época. Na realidade, as características básicas do modelo de representação apenas obtiveram consistência em um segundo momento e com esteio no Estatuto dos Trabalhadores de 1980 (*La representatividad sindical*, Madri: Ministerio de Trabajo y Seguridad Social, 1993, pp. 169-170).

[75] ALFREDO MONTOYA MELGAR, *Derecho del trabajo*, 9.ª ed., Madri: Editorial Tecnos, 1988, pp. 139-141.

386   *Estudos de Direito Europeu e Internacional dos Direitos Humanos*

de filiados e sim da porcentagem de representantes do pessoal que o sindicato tenha obtido nas correspondentes eleições[76]. Por sua vez, a maior representatividade por derivação[77] advém não dos resultados eleitorais alcançados pelo sindicato e sim do mero fato desta entidade ter aderido a uma organização mais representativa (nacional ou de comunidade autônoma).

Os sindicatos mais representativos, de forma originária ou por derivação, possuem algumas atribuições que lhe asseguram singular posição jurídica em relação às demais organizações sindicais. Aos mesmos são conferidas, entre outras, as faculdades ou funções de representação institucional dos interesses gerais dos trabalhadores perante determinados entes públicos, bem como para pactuarem convenções coletivas com efeitos pessoais *erga omnes*, integrarem sistemas extrajudiciais de solução dos conflitos laborais, participarem na qualidade de interlocutores em procedimentos de consultas ou negociações para determinação das condições de trabalho nas Administrações Públicas, promoverem eleições para órgãos de representação unitária nas empresas e nas Administrações Públicas e obterem cessões temporárias para uso de alguns imóveis de titularidade pública com preferência a outros sindicatos que não possuem a condição de mais representativos[78].

Os "sindicatos quase mais representativos"[79] são aqueles que, mesmo não atingindo igual *status* dos acima mencionados, possuem certa representatividade (ainda que menor) por terem conseguido eleger, dentro

---

[76] *"Este porcentaje es del 10 por 100 en los sindicatos de âmbito nacional (el sentido de la Ley parece apuntar a las confederaciones ya que la mayor representatividade se extiende 'a todos os niveles territoriales y funcionales') y del 15 por 100 en los sindicatos de âmbito de Comunidad Autónoma (siempre que no estén adheridos a un sindicato nacional). A estos sindicatos de Comunidad Autónoma se exige un segundo requisito (...) consistente en obtener la cifra de 1.500 representantes(...)"* (ALFREDO MONTOYA MELGAR, *Derecho del trabajo*, 9.ª ed., Madri: Editorial Tecnos, 1988, pp. 139- -140).

[77] ALONSO OLEA e CASAS BAAMONDE se referem a uma maior representatividade *"por irradiación"* (*Derecho del trabajo*, 19.ª ed., Madri: Civitas, 2001, p. 633), enquanto MONTOYA MELGAR a denomina de *"mayor representatividad por adhesión"* (*Op. cit.*, p. 140).

[78] ALFREDO MONTOYA MELGAR, *Derecho del trabajo*, 9.ª ed., Madri: Editorial Tecnos, 1988, pp. 140-141. ALONSO OLEA e CASAS BAAMONDE, *Derecho del trabajo*, 19.ª ed., Madri: Civitas, 2001, pp. 633-634.

[79] Tratando de tal categoria de sindicatos espanhóis, ALONSO OLEA e CASAS BAAMONDE utilizam a expressão "representatividad sindical menor o suficiente" (*Derecho del trabajo*, 19.ª ed., Madri: Civitas, 2001, p. 635).

O *direito de associação dos trabalhadores na OIT* 387

de determinado campo territorial e funcional, ao menos dez porcento dos delegados de pessoal, membros de comitês de empresa e dos correspondentes órgãos das Administrações Públicas. Com tal representatividade suficiente, adquirem a legitimidade para exercício de grande parte das faculdades e funções conferidas aos sindicatos mais representativos, mas apenas dentro do específico âmbito territorial e funcional, excepcionando a representação institucional perante organismos públicos[80]. Não é demais ressaltar, outrossim, que a representatividade menor não pode ser conferida por derivação.

Os sindicatos com representatividade ordinária não são mencionados pela Lei Orgânica de Liberdade Sindical. Não obstante, correspondem àqueles que não obtiveram o mínimo de êxito eleitoral para ser considerado com representatividade suficiente ou maior. Embora permaneçam com incumbências e competências comuns às organizações sindicais em geral[81], não possuem as prerrogativas conferidas aos sindicatos que atingiram os níveis de representatividade aventado nas linhas anteriores.

Destarte, a legislação laboral espanhola não utiliza o número de filiados como parâmetro para definir o sindicato mais representativo. Na verdade, estriba-se primordialmente no critério da "audiência eleitoral" para assim estabelecer quais entidades sindicais possuem representatividade bastante ou superior (às quais correspondem determinadas faculdades e funções). Por fim, cabe apenas registrar que, conforme lembram ALONSO OLEA e CASAS BAAMONDE[82], a condição de maior representatividade ou de representatividade simples (suficiente) deve ser observada no momento do exercício das funções ou faculdades correspondentes.

4.2 – A harmonia entre privilégios ao sindicato mais representativo e o princípio da liberdade sindical

Reportando-se ao analisado em linhas pretéritas, é possível fazer uma síntese exagerada de que o princípio da liberdade sindical estabelece uma

---

[80] Embora, conforme ressalvam ALONSO OLEA e CASAS BAAMONDE, a jurisprudência constitucional tenha corrigido decisivamente este critério legal, abrindo também aos sindicatos *"simplemente representativos"* a participação institucional (*Ibidem*).

[81] De redigir seus estatutos e regulamentos, organizar sua administração interna, constituir, aderir ou se retirar de federações, confederações e organizações internacionais, entre outras atividades. (Cf. ALFREDO MONTOYA MELGAR, *Derecho del trabajo*, 9.ª ed., Madri: Editorial Tecnos, 1988, p. 141).

[82] ALONSO OLEA e CASAS BAAMONDE, *Derecho del trabajo*, 19.ª ed., Madri: Civitas, 2001, p. 636.

abstenção do Estado a fim de salvaguardar a legítima e democrática auto-determinação coletiva dos trabalhadores para, com a força decorrente da união, ser compensada sua débil situação individual na relação com os empregadores. Com a não interferência estatal, portanto, rechaça-se a idéia de monopólio sindical e prevalece a concepção do pluralismo como forma de legitimação e fortalecimento das entidades sindicais. Entretanto, para-doxalmente, disso decorre a possibilidade de atomização de entidades repre-sentativas de trabalhadores e um conseqüente enfraquecimento do movi-mento sindical estabelecido em várias organizações pequenas e concorrentes.

Exatamente para tentar resolver os problemas advindos da fragmen-tação sindical, propõe-se a técnica de maior representatividade mediante a qual se confere alguns privilégios às organizações que preenchem certos requisitos fixados por lei. Ao se demonstrar ser possível compatibilizar tal interferência estatal com o princípio da liberdade sindical, denota-se que este cânone não implica em uma total passividade do Estado diante das relações coletivas de trabalho. Como dito alhures, busca-se desfazer qualquer compreensão superficial de que a liberdade sindical implica na completa ausência do Estado no âmbito em questão.

Desde logo, portanto, percebe-se que a técnica da maior representati-vidade somente pode estar em sintonia com o princípio da liberdade sindical quando possuir a finalidade de assegurar um sindicalismo forte e unido, resultado da vontade livre e democrática dos trabalhadores, que poderia ser debilitado com a demasiada pulverização das entidades repre-sentativas. É inaceitável, pois, sua utilização com o mero fito de beneficiar algumas entidades sindicais por motivações de outra ordem. Conseqüen-temente, não se pode admitir um irrestrito ou amplo favorecimento aos sindicatos mais representativos sob pena de se estar ferindo o princípio da liberdade sindical na medida em que restaria inviabilizada a atividade sindical das entidades menores[83].

---

[83] Nesse sentido, FERNANDO SUAREZ GONZALEZ ressalta que *"la noción de mayor representatividad surge, en efecto, en determinados ordenamientos, como respuesta operativa a problemas muy concretos planteados por el pluralismo sindical. Así ocurre con la representación ante la OIT, con los diálogos con la Administración en nombre de los trabajadores o con la celebración de convenios de eficacia general. Pero eso no quiere decir que se puedan acumular otros privilegios a quienes han sido calificados como más representativos ni que se puedan negar otras facultades a quien no alcanza esa calificación"* ("Visión crítica de la Ley Orgánica de Libertad Sindical", In: Revista de la Facultad de Derecho Universidad Complutense: Seminario sobre el proyecto de ley organica de libertad sindical, n.º 7, Madri: Universidad Complutense-Facultad de Derecho, janeiro de 1985, pp. 43-44.

O direito de associação dos trabalhadores na OIT 389

É inegável que a diferenciação entre sindicatos pode resultar, ainda que indiretamente e de maneira sutil, em restrições à liberdade individual dos trabalhadores para escolha da organização em que desejam se associar. Afinal, ainda que tenham maior identidade com sindicatos menores, compreensivelmente há uma tendência para se filiarem àqueles que gozam de maiores privilégios em razão da maior representatividade (ainda que apenas formal) reconhecida pelo Estado. Portanto, principalmente no que se refere à liberdade de escolha das partes, as distinções entre sindicatos podem implicar em violação aos preceitos da Convenção n.º 87 da O.I.T. Ao restringir as funções dos sindicatos menos representativos, a intervenção estatal, ainda que sem intenção, pode estar discriminando na medida em que um sindicato seria posto em situação injusta de vantagem ou desvantagem frente aos demais. Saliente-se, aliás, que a O.I.T. estampa tal preocupação nos princípios 303 e 304 do Comitê de Liberdade Sindical[84, 85].

Entretanto, a concessão de privilégios a entidades mais representativas não significa, apenas por isso, um ato discriminatório e uma violação do princípio da liberdade sindical. Na realidade, conforme já se fez menção anteriormente, a O.I.T. de certo modo concorda com a distinção por vezes realizada entre vários sindicatos segundo as respectivas representatividades. Portanto, de acordo com o acentuado pelo princípio 309 do Comitê de Liberdade Sindical, a técnica da maior representatividade não é, necessariamente, alvo de críticas.

Destarte, para tentar amenizar tal influência na vontade individual do trabalhador, ao escolher o sindicato ao qual se filiar, compreende-se

---

[84] Em razão do valor das normas e princípios concernentes à liberdade sindical, a O.I.T estabeleceu processos específicos para sua proteção independentemente dos mecanismos gerais que se dirigem às demais convenções internacionais do trabalho. Em 1951, o Conselho de Administração da O.I.T. instituiu o "Comitê de Liberdade Sindical"; integrado por nove membros do Conselho de Administração, em estrutura tripartida, com o fim de fazer um exame preliminar das queixas de violação de direitos sindicais (sendo prescindível o consentimento governamental para a apreciação das queixas). Ou seja, o Comitê de Liberdade Sindical tem a incumbência de apreciar, previamente, se os casos devem ser submetidos ao exame por parte do Conselho de Administração. Para maiores detalhes a respeito da atuação e procedimentos adotados pelo Comitê de Liberdade Sindical, reporta-se a M. DE FÁTIMA FALCÃO DE CAMPOS. Comitê da liberdade sindical (queixas apresentadas contra o governo português). In: *Textos em homenagem à OIT*, Lisboa: Conselho Económico e Social, 1994, pp. 52-56.

[85] ORGANIZAÇÃO INTERNACIONAL DO TRABALHO, *Freedom of association*: *Digest of decisions and principles of the Freedom of Association Committee of Governing Body of the ILO*, 4ª ed. (rev.), Genebra: Oficina Internacional do Trabalho, 1996, pp. 65-66.

que as distinções não podem ultrapassar a representação para propósitos de negociação coletiva, para o exercício de atividades institucionais (a exemplo da atividade consultiva junto ao governo) e para indicação de delegados aos organismos internacionais. Em outras palavras, conforme se depreende dos princípios 309 e 310 do Comitê de Liberdade Sindical, os privilégios não devem ser de tal monta que interfiram excessivamente na escolha dos trabalhadores quanto ao sindicato que entendam ser o adequado para se associar.

Deve-se preservar, pois, certas áreas de atuação para as entidades menores inclusive para que ainda sejam atrativas, possam manter seus associados e cooptar novos trabalhadores. De acordo com o princípio 313 do Comitê de Liberdade Sindical[86], aos sindicatos menos representativos, mesmo negando o direito de negociar coletivamente, deve ser permitido agirem e especialmente falarem em nome de seus membros e representá-los no caso de queixas individuais. As organizações sindicais não reconhecidas como mais representativas devem permanecer com os meios essenciais para defesa dos interesses profissionais de seus associados, bem como para organizarem sua administração e atividades ou formularem seu programa consoante previsto na Convenção n.º 87 da O.I.T.

Outro aspecto importante, também de acordo com o posicionamento cristalizado pelo Comitê de Liberdade Sindical da O.I.T., diz respeito aos critérios adotados para definição da representatividade sindical – que, como verificado anteriormente, não se restringem ao mero número de filiados.

Compreende-se que a seleção das organizações mais representativas deve se pautar em indicadores objetivos (a exemplo dos efetivos e da audiência eleitoral) tanto em respeito ao princípio da liberdade sindical como em razão do princípio da igualdade entre os sindicatos. Destarte, devem ser fixados em lei e não deixados ao discernimento governamental conforme ressalta o princípio 315 do Comitê de Liberdade Sindical. Ademais, de acordo com o princípio 314 do Comitê de Liberdade Sindical, a escolha deve ser orientada por indicadores pré-estabelecidos e objetivos de maneira a não possibilitar a parcialidade ou abuso na determinação das entidades mais representativas e, por isso, privilegiadas em relação às demais organizações.

É verdade que o princípio da liberdade sindical é um dos fundamentos da O.I.T., mas a generalização das conquistas sociais e o tratamento

---

[86] Baseado no caso n.º 1250.

igualitário entre os trabalhadores também estão entre seus objetivos principais. Portanto, a interpretação e aplicação daquele não podem ser amplas a ponto de evitar qualquer interferência estatal que tenha a finalidade de garantir estes. Por conseguinte, o princípio da liberdade sindical não pode se apresentar como obstáculo intransponível à implantação de medidas que visem ao fortalecimento do movimento sindical e de soluções a alguns dos problemas ocasionados pela pluralidade sindical.

No caso específico da técnica da maior representatividade, portanto, é possível estar em harmonia com o princípio da liberdade sindical enquanto a vontade individual do trabalhador não é afetada e é permitida a faculdade de todas as organizações sindicais exercerem suas atividades essenciais independente do grau de representatividade que ostentam.

5 – Conclusões

Pretendendo reconstituir o fio condutor do presente trabalho, demonstrando como as idéias foram postas de maneira concatenada para se culminar no presente capítulo, resgata-se as principais ilações lançadas ao longo do texto para agora serem oferecidas conclusões em um sentido geral:

1.º Em face do princípio da liberdade sindical, não se admite o monopólio de uma organização representativa em razão de imperativo estatal. Entretanto, independente do modelo de agregação de trabalhadores utilizado, o pluralismo sindical decorrente de tal princípio não significa e não impõe uma multiplicidade de entidades sindicais e sim a mera possibilidade de serem criados tantos sindicatos quantos resultarem da vontade dos parceiros sociais. Aceita-se, pois, a unidade advinda do desejo dos trabalhadores ou empregadores.

2.º Na realidade, compreende-se que a O.I.T. encara com simpatia as práticas que estimulem o fortalecimento sindical ao evitar o desgaste e os problemas resultantes da excessiva fragmentação do sindicalismo em organizações concorrentes e rivais, mas desde que sempre fique resguardada a vontade dos interlocutores sociais.

3.º Embora em um regime de pluralismo sindical não sejam admissíveis atos de discriminação entre sindicatos, a simples concessão de prerrogativas às organizações mais representativas não constitui, apenas por isso, violação ao princípio da liberdade sindical.

Na verdade, apesar das ressalvas que lhe possam ser feitas, tal técnica é aceita como forma de robustecimento do sindicalismo na medida em que ameniza algumas das mazelas do pluralismo sindical.

4.º Entretanto, tais privilégios devem estar cingidos aos poderes de negociação coletiva e a atividades institucionais, quer como órgão consultivo da administração quer para indicação de delegados e representantes aos organismos internacionais. Deve-se preservar, pois, os meios essenciais para que as demais organizações possam defender os interesses profissionais de seus membros, organizar sua administração e atividades ou formular seu programa conforme a Convenção n.º 87 da O.I.T., bem como para que possam agir e especialmente falar em nome dos seus associados e representá-los no caso de queixas individuais.

5.º Por fim, compreende-se que a escolha das entidades mais representativas deve ser realizada segundo critérios pré-estabelecidos por via legal e de modo objetivo, a exemplo do número de filiados ou da audiência eleitoral, de forma isolada ou em conjunto, mas de tal maneira que evite parcialidade ou abuso e tampouco permita que a decisão sobre a maior representatividade fique reservada ao simples discernimento governamental.

6 – REFERÊNCIAS BIBLIOGRÁFICAS

6.1 – Livros:

ALONSO OLEA, Manuel. *Introdução ao direito do trabalho* (trad. de Carlos Alberto Barata Silva, em colaboração com Darci Rodrigues de Oliveira Santana), 4.ª ed. revisada, São Paulo: LTr., 1984.

ALONSO OLEA, Manuel; CASAS BAAMONDE, Maria Emilia. *Derecho del trabajo*, 19.ª ed., Madri: Civitas, 2001.

BELLOCHI, Paola. *Libertà e pluralismo sindacale*, Milão: CEDAM, 1998.

BILBAO UBILLOS, Juan Maria. *La eficacia de los derechos fundamentales frente a particulares: análisis de la jurisprudencia del Tribunal Constitucional*, Madri: CEPC – Centro de Estudios Políticos y Constitucionales, 1997.

CANOTILHO, J. J. Gomes; MOREIRA, Vital; *Constituição da república portuguesa anotada*, 3.ª ed. Revista, Coimbra: Coimbra Editora, 1993.

CARMONA CONTRERAS, Ana M. *La conflictiva relación entre libertad sindical y negociación colectiva: aproximación crítica a la jurisprudencia del tribunal constitucional*, Madri: Editorial Tecnos, 2000.

CAUPERS, João. *Os direitos fundamentais dos trabalhadores e a constituição*, Lisboa: Livraria Almedina, 1985.

DELGADO, Mauricio Godinho. *Curso de direito do trabalho*, 2.ª tiragem, São Paulo: LTr., 2002.

FERNANDES, António Lemos Monteiro. *Direito do trabalho*, 11.ª ed., Coimbra: Livraria Almedina, 1999.

GIUGNI, Gino. *Diritto Sindacale,* 7.ª ed., Bari: Cacucce Editore, 1984.

LEARY, Virginia A.. *International labour conventions and national law: the effectiveness of the automatic incorporation of treatries in national legal systems*, The Hague/Boston/London: Martinus Nijhoff Publishers, 1982.

MARTINEZ, Pedro Romano. *Direito do trabalho*, Coimbra: Livraria Almedina, 2002.

394   *Estudos de Direito Europeu e Internacional dos Direitos Humanos*

MARTINS, Sérgio Pinto. *Comentários à CLT*, 5.ª ed., São Paulo: Editora Atlas, 2002.

MIRANDA, Jorge. *Manual de direito constitucional, tomo I – preliminares: o Estado e os sistemas constitucionais*, 5.ª ed., Coimbra: Coimbra Editora, 1996.

――――. *Manual de direito constitucional*, Tomo IV: direitos fundamentais, 3.ª ed., Coimbra: Coimbra Editora, 2000.

MONTOYA MELGAR, Alfredo. *Derecho del trabajo*, 9.ª ed., Madri: Editorial Tecnos, 1988.

MOURIAUX, René. *Le syndicalisme en France*, 4.ª ed. corrigida, Paris: Presses Universitaires de France, 1999.

NAVARRO NIETO, Federico. *La representatividad sindical*, Madri: Ministerio de Trabajo y Seguridad Social, 1993.

PALOMEQUE LOPES, Manuel-Carlos. *Direito do trabalho e ideologia – meio século de formação ideológica do direito do trabalho espanhol (1873--1923)*, trad. da 5.ª ed. espanhola por Antônio Moreira, Coimbra: Livraria Almedina, 2001.

RAMALHO, Maria do Rosário Palma. *Da autonomia dogmática do direito do trabalho*, Coimbra: Livraria Almedina, 2000.

RODRIGUES, H. Nascimento. *A inevitabilidade do diálogo social*, Coimbra: Livraria Almedina, 2003.

ROMITA, Arion Sayão. *Os direitos sociais na constituição e outros estudos*, São Paulo: LTr., 1991.

SUPIOT, Alain; CASAS, María Emilia; MUNCK, Jean de *et. al. Tranformações do trabalho e futuro do direito do trabalho na Europa*, Coimbra: Coimbra Editora, 2003.

SÜSSEKIND, Arnaldo. *Direito constitucional do trabalho*, Rio de Janeiro: Renovar, 1999.

6.2 – Revistas e partes de publicações avulsas:

BELLOCHI, Paola. "La 'parità di trattamento' tra sindacati: evoluzione giurisprudenziale e problemi attuali", In: *Diritto delle relazioni industriali – Rivista semestrale della Associazione Lavoro e Ricerche*, n.º 2/II, Milão: Giuffrè editore, julho 1992, pp. 133-150.

BUEN LOZANO, Néstor de. "La intervencion administrativa: modalidades y alternativas", In: *La necociación colectiva en América Latina*, Instituto Europeo de Relaciones Industriales, Madri: Editorial Trotta, 1993, pp. 119-126.

CAMPOS, M. De Fátima Falcão de. Comitê da liberdade sindical (queixas apresentadas contra o governo português). In: *Textos em homenagem à OIT*, Lisboa: Conselho Económico e Social, 1994, pp. 41-130.

ERMIDA URIARTE, Óscar. "La intervencion administrativa: origen, características y perspectivas". In: *La necociación colectiva en América Latina*, Instituto Europeo de Relaciones Industriales, Madri: Editorial Trotta, 1993, pp. 107-117.

FERNANDES, António Lemos Monteiro. A evolução das relações de trabalho desde 1974: algumas tendências gerais, In: *Temas laborais*, Coimbra: Livraria Almedina, 1984, pp. 09-21.

MIRANDA, Jorge. Liberdade de associação e alterações aos estatutos sindicais, In: *Revista de direito e de estudos sociais*, ano XXVIII, n.º 2, Coimbra: Livraria Almedina, abril-junho de 1986, pp. 161--189.

MORGADO V., Emilio. "La intervención administrativa: objetivos de la intervención y fines del Estado", In: *La negociación colectiva en América Latina*, Instituto Europeo de Relaciones Industriales, Madri: Editorial Trotta, 1993, pp. 127-132.

NASCIMENTO, Amauri Mascaro do. Transformações da organização sindical na América do Sul, In: *Revista da Faculdade de Direito,* vol. 88, São Paulo: USP, jan-dez 1993, pp. 255-271.

PASCO COSMOPOLIS, Mario. "La intervención administrativa: los niveles de intervención", In: *La necociación colectiva en América Latina*, Instituto Europeo de Relaciones Industriales, Madri: Editorial Trotta, 1993, pp. 139-147.

PRAZERES, Maria de Fátima Rodrigues; Enquadramento legal do sistema de negociação colectiva de trabalho em Portugal desde 1974, In: *Sociedade e Trabalho*, n.º 4, Lisboa: MTS, março de 1999, pp. 21--27.

SILVA, Maria Manuela Maia da; Os direitos constitucionais dos trabalhadores e sua articulação com o direito ordinário, In: *III Congresso Nacional de Direito do Trabalho*, Coimbra: Livraria Almedina, 2001, pp. 109-134.

Silva, Pedro Adão e. O Estado providência português num contexto europeu: elementos para uma reflexão, In: *Sociedade e Trabalho*, n.º 8/9, Lisboa: Ministério do Trabalho e da Solidariedade, janeiro/ junho 2000, pp. 51-62.

SUAREZ GONZALEZ, Fernando. "Visión crítica de la Ley Orgánica de Libertad Sindical", In: *Revista de la Facultad de Derecho Universidad Complutense: Seminario sobre el proyecto de ley orgánica de libertad*

396 *Estudos de Direito Europeu e Internacional dos Direitos Humanos*

sindical, n.º 7, Madri: Universidad Complutense-Facultad de Derecho, janeiro de 1985, pp. 37-48.

VENEZIANI, Bruno; CARABELLI, Humberto. "Informe italiano" (trad. de Juan Andrés Iglesias), In: *Crisis del estado de bienestar y derecho social*, A. Marzal (ed.), Barcelona: J. M. Bosch Editor, 1997, pp. 105-127.

XAVIER, Bernardo. A matriz constitucional do direito do trabalho, In: *III Congresso Nacional de Direito do Trabalho*, Coimbra: Livraria Almedina, 2001, pp. 97-105.

ZACHERT, Ulrich. "Autonomia de los sindicatos e intervencion en la negociación colectiva". In: *La necociación colectiva en América Latina*, Instituto Europeo de Relaciones Industriales, Madri: Editorial Trotta, 1993, pp. 133-138.

6.3 – Outros documentos:

ORGANIZAÇÃO INTERNACIONAL DO TRABALHO, *A liberdade sindical e a negociação coletiva: estudo conjunto da comissão de peritos para a aplicação das convenções e recomendações*, Lisboa: Fundação Oliveira Martins, 1979.

ORGANIZAÇÃO INTERNACIONAL DO TRABALHO, *Freedom of association: digest of decisions and principles of the freedom of association committee of governing body of the ILO*, 4.ª ed. (rev.), Genebra: Oficina Internacional do Trabalho, 1996.

8

Os Direitos Humanos ao Meio Ambiente e ao Desenvolvimento numa perspectiva de proteção do Direito Fundamental à Vida em sua ampla dimensão

Fabrício Pinto

SUMÁRIO

1 – Introdução 399

2 – Direitos Humanos, Meio Ambiente e desenvolvimento: prévias considerações a uma análise integrada no âmbito internacional 403

    2.1 – Meio Ambiente e Direitos Humanos 409

    2.2 – Desenvolvimento e Direitos Humanos 420

3 – Os Direitos Humanos ao Meio Ambiente e o Desenvolvimento como meios de proteção ao Direito Fundamental à Vida em sua amplia dimensão 434

4 – O Direito Fundamental ao Desenvolvimento e ao Meio Ambiente: a aplicação dos documentos de direito internacional na ordem jurídica interna 439

    4.1 – Considerações Preliminares 439

    4.2 – Aplicação das Normas de Direito Internacional do Meio Ambiente e Desenvolvimento em países integrantes do sistema interamericano de proteção dos Direitos Humanos: Brasil e Argentina 446

        4.2.1 – Aplicação do Direito Internacional no Brasil 446

        4.2.2 – Aplicação do Direito Internacional na Argentina 453

5 – Considerações Finais 455

6 – Referências Bibliográficas 459

1 – Introdução

A idéia de elaborar um estudo sobre o direito internacional do meio ambiente e do direito internacional do desenvolvimento como elementos fundamentais da proteção do direito à vida surgiu das seguintes constatações empíricas: a) o sistema de produção dos países desenvolvidos, baseado em um consumo excessivo e no uso descontrolado de matéria-prima, provoca graves danos ao meio ambiente; b) as desigualdades econômicas e sociais entre os países ricos e desenvolvidos do Norte e os pobres do Sul, também são causas da degradação ambiental; c) a pobreza extrema dos países subdesenvolvidos e em desenvolvimento, além de ser um fator desencadeante de danos ao meio ambiente, também coloca em risco a vida das pessoas; d) o direito à vida e à própria sobrevivência do ser humano encontra-se em perigo se não houver uma preocupação com a preservação do meio ambiente e a garantia de um desenvolvimento fundado na equidade e na justiça social.

Além dessas razões, outro dado estarrecedor corroborou para a elaboração desse trabalho, a saber: cerca de 220 milhões de pessoas, ou 43,4% da população da América Latina, viveram abaixo da linha da pobreza em 2002, sendo que, desse imenso contingente de pobres, 95 milhões foram considerados indigentes sem atingir o patamar mínimo do conceito de pobreza segundo a Comissão Econômica para a América Latina e o Caribe (Cepal), órgão ligado à Organização das Nações Unidas[1].

Diante desse quadro nefasto, surgiu uma questão: como garantir um desenvolvimento baseado no crescimento econômico, na preocupação da redução da pobreza e das desigualdades sociais e regionais e, ao mesmo tempo, proteger o meio ambiente? A resposta somente poderia ser uma: garantir um desenvolvimento sustentável na ordem internacional.

No entanto, outra questão veio à baila: como garantir um desenvolvimento sustentável se as normas internacionais que prescrevem o direito

---

[1] A Cepal considera uma pessoa pobre quando a renda da família é suficiente apenas para cobrir as necessidades básicas de consumo (Fonte: Reuters investidor. Disponível em: «http://www.terra.com.br»)

400 *Estudos de Direito Europeu e Internacional dos Direitos Humanos*

ao desenvolvimento e ao meio ambiente não apresentam força vinculante e não são obrigatórias?

Daí consolidou-se a necessidade de elaborar um estudo para analisar o direito ao meio ambiente, o direito ao desenvolvimento, como verdadeiros direitos humanos e como meios indispensáveis à proteção do direito à vida em uma acepção ampla, qual seja, da promoção e proteção de uma vida digna e com qualidade.

Os debates em torno das questões relativas aos direitos humanos, desenvolvimento e meio ambiente, que marcaram as discussões no término do século passado e continuam a compor a agenda internacional do século XXI, tiveram como objetivo solucionar justamente os problemas acima enumerados.

O fomento da globalização, que intensificou a permeabilização das fronteiras, exigiu a redefinição do conceito de soberania, fundamentando, assim, a importância do Direito Internacional dos Direitos Humanos para a proteção integral de todas as pessoas e todos os povos. Essa composição da agenda internacional reflete o anseio de uma reação necessária à situação de desigualdades e injustiças prevalecentes no âmbito nacional dos países e na estrutura das relações internacionais, de forma a lutar pelo estabelecimento de uma ordem social e internacional na qual, em conformidade com o artigo 28.º de Declaração Universal dos Direitos Humanos[2], os direitos e liberdades nela estabelecidos possam ser plenamente realizados.

Nesse cenário, fortalece-se a idéia de que a proteção do meio ambiente e a cooperação ao desenvolvimento, numa perspectiva de implementação dos direitos humanos, não devem se restringir ao domínio reservado do Estado, isto é, não devem se reduzir à competência nacional exclusiva ou à jurisdição doméstica exclusiva, porque revelam temas de legítimo interesse internacional.

Com efeito, existe uma correlação evidente entre a proteção dos direitos humanos e a proteção internacional do meio ambiente, com vistas a implementar plenamente um autêntico direito ao desenvolvimento e a realizar um "desenvolvimento sustentável". Outrossim, a proteção ao meio ambiente e a garantia de um desenvolvimento sustentável são corolários da própria proteção do direito à vida.

---

[2] Art. 28.º: "Toda pessoa tem direito a que reine, no plano social e no plano internacional, uma ordem capaz de tornar plenamente efetivos os direitos e as liberdades enunciados na presente Declaração".

Os Direitos Humanos ao Meio Ambiente e ao Desenvolvimento ... 401

Não resta dúvida de que os direitos humanos, o direito a um meio ambiente sadio e equilibrado e o direito ao desenvolvimento constituem três peças da mesma trilogia[3], cujo corolário é a garantia do direito a uma vida digna.

É exatamente nesse contexto que desenvolveremos o trabalho, devendo esclarecer, desde logo, que restringiremos a nossa análise ao âmbito do sistema interamericano de proteção dos direitos humanos e, por conseguinte, não analisaremos os documentos internacionais relativos à proteção do direito ao meio ambiente e do direito ao desenvolvimento no âmbito da Comunidade Européia.

A inserção do meio ambiente no campo dos direitos humanos será, desse modo, analisada, destacando-se o fato de que a degradação ambiental pode agravar as violações de direitos humanos. Atenção será, então, conferida ao desenvolvimento sustentável em âmbito internacional e seus reflexos nas relações internacionais, com o escopo de demonstrar a necessidade da cooperação internacional para reduzir a pobreza extrema de alguns países situados no hemisfério Sul, com a conseqüente melhora da qualidade de vida da população e a construção de uma sociedade mais solidária e com distribuição eqüitativa de renda.

Enfim, a relação existente entre desenvolvimento e meio ambiente, desenvolvimento e direitos humanos, e meio ambiente e direitos humanos, exige a cooperação internacional para impedir a ocorrência de danos ambientais transfronteiriços, bem como garantir a realização de certos direitos básicos às populações miseráveis, tais como os direitos à alimentação, à moradia, à saúde e à educação. Em epítome, somente poderemos ter uma proteção integral de direitos humanos quando os Estados, em cooperação, garantirem o desenvolvimento sustentável, consistente em um desenvolvimento econômico e social em total harmonia com o direito a um meio ambiente sadio para a presente e futuras gerações.

Para demonstrar o vínculo entre os temas acima mencionados (direitos humanos, desenvolvimento e meio ambiente), analisaremos a necessidade de proteção do meio ambiente e a cooperação internacional para o desenvolvimento como uma dimensão mais ampla de proteção do próprio direito à vida, o que exige medidas negativas e positivas dos Estados.

---

[3] Conforme as observações de Alexandre Kiss, "Sustainable Development and Human Rigghts", in Derechos Humanos, Desarrolo Sustenable y Médio Ambiente/ Human Rights, Sustainable Development and Environment (Seminário de Brasília, editado por A. A. Cançado Trindade, IIDH/BID, San José da Costa Rica/ Brasília, 1992, pp. 29-37.

Como consequência, demonstraremos a unidade, indivisibilidade, inter-relação e interdependência dos direitos civis e políticos e direitos econômicos, sociais e culturais, que caracteriza a concepção contemporânea de Direitos Humanos, introduzida pela Declaração Universal dos Direitos do Homem. Em seguida, abordaremos a relação entre o direito ao meio ambiente e os direitos humanos. Para tanto, deter-nos-emos na Declaração de Estocolmo de 1972, do Rio sobre Meio Ambiente e Desenvolvimento, a Agenda 21, o Pacto Internacional de Direitos Econômicos, Sociais e Culturais, e o Protocolo à Convenção Americana em matéria de Direitos Econômicos, Sociais e Culturais, todos instrumentos internacionais imprescindíveis à implementação dos direitos humanos, notadamente do direito humano ao meio ambiente sadio e ao desenvolvimento sustentável. Na linha de considerações seguintes passaremos à análise integrada da evolução da proteção internacional do direito ao desenvolvimento e os direitos humanos, desde a Declaração sobre o Progresso e o Desenvolvimento no Domínio Social, passando pela Declaração das Nações Unidas sobre o Desenvolvimento, até chegarmos ao conceito de desenvolvimento sustentável elaborado pela Comissão das Nações Unidas sobre Meio Ambiente e Desenvolvimento e reiterado na Declaração do Rio de Janeiro. Veremos, outrossim, a proteção dada ao direito ao desenvolvimento pela Convenção Americana de Direitos Humanos e pelo Pacto Internacional de Direitos Econômico, Sociais e Culturais.

Na segunda parte do trabalho, analisaremos o direito ao desenvolvimento e ao meio ambiente de forma integrada e como direitos humanos, imprescindíveis à proteção do direito fundamental à vida em uma concepção ampla, consistente no direito de todos terem uma vida digna e com qualidade. A partir daí apresentaremos uma solução à questão formulado sobre a natureza de *soft law* dos documentos internacionais de preservação do meio ambiente e do desenvolvimento, demonstrando que há uma necessidade de ampliação do núcleo de direitos humanos, a fim de abrigar o direito ao meio ambiente e ao desenvolvimento, em virtude de os mesmos serem fundamentais à proteção do direito à vida. Pugnamos, em resumo, por considerar as normas internacionais sobre meio ambiente e desenvolvimento como *hard law* não em decorrência dos documentos de onde provêm, mas em razão dos documentos internacionais de direitos humanos e em virtude de uma proteção indireta do direito à vida.

Por fim, traremos à consideração o aspecto da necessidade de incorporação na ordem jurídica interna da concepção trazida pelo direito internacional acerca da unidade, indivisibilidade, inter-relação e interdependência dos direitos humanos, fundamento último da nossa tese sobre a

Os Direitos Humanos ao Meio Ambiente e ao Desenvolvimento ... 403

"dependência" do direito à vida da proteção internacional do meio ambiente e do desenvolvimento, todos inseridos no contexto de uma proteção eficaz e efetiva dos direitos humanos fundamentais. Para tanto, analisaremos a aplicação do Direito Internacional no Direito Interno do Brasil e da Argentina, de molde a demonstrar as diferenças existentes em dois países da América do Sul, em cujos ordenamentos jurídicos vigoram os cânones previstos na Convenção Americana de Direitos Humanos.

2 – Direitos Humanos, Meio Ambiente e desenvolvimento: prévias considerações a uma análise integrada no ambito internacional

O segundo pós-guerra trouxe consigo uma mudança do conceito de soberania Estatal[4] e, por conseguinte, uma modificação na maneira como os Estados tratavam os seus nacionais, isto é, o tratamento pelo Estado de seus próprios nacionais tornou-se uma questão de interesse internacional. Utilizando a expressão do professor A. A. Cançado Trindade, poderíamos afirmar que houve "uma erosão gradual do assim-chamado domínio reservado dos Estados"[5].

Com isso, a proteção dos direitos humanos e, posteriormente, a conservação do meio-ambiente e a preocupação com o desenvolvimento tornaram-se uma questão de interesse internacional.

A Declaração Universal dos Direitos Humanos de 1948[6] consagrou essa internacionalização da proteção dos direitos humanos, surgindo como o horizonte moral da humanidade, na qualidade de um código de princípios e valores universais a serem respeitados pelos Estados. Ela demarca a

---

[4] A respeito da mudança do conceito de soberania estatal Flávia Piovesan preceitua: "(...) para que os direitos humanos se internacionalizassem, foi necessário redefinir o âmbito e o alcance do tradicional conceito de soberania estatal, a fim de que se permitisse o advento dos direitos humanos como questão de legítimo interesse internacional (Direitos Humanos e o Direito Constitucional Internacional. 5.ª ed. São Paulo: Max Limonad, 2002, p. 125)

[5] A. A. Cançado Trindade. Direitos Humanos e Meio-Ambiente – Paralelo dos Sistemas de Proteção Internacional, Porto Alegre: Sérgio Antônio Fabris Editor, 1993, p. 39.

[6] Na feliz expressão do professor Paulo Bonavides: "A Declaração Universal dos Direitos do Homem é o estatuto de liberdade de todos os povos, a Constituição das Nações Unidas, a carta magna das minorias oprimidas, o código das nacionalidades, a esperança, enfim, de promover, sem distinção de raça, sexo e religião, o respeito à dignidade do ser humano" (Curso de Direito Constitucional, 12 .ª edição, São Paulo: Malheiros, 2002, p. 531).

404   *Estudos de Direito Europeu e Internacional dos Direitos Humanos*

concepção inovadora de que os direitos humanos são direitos universais e indivisíveis: universais porque fundados no respeito à dignidade inerente a toda pessoa humana[7], titular de direitos iguais e inalienáveis; indivisíveis porque conjugou o catálogo dos direitos civis e políticos[8] ao catálogo dos direitos econômicos, sociais e culturais[9]. A Declaração da ONU é o marco da "globalização", "internacionalização" e de uma "nova universalidade" dos direitos humanos.

Neste cenário, fortalece-se a idéia de que a proteção dos direitos humanos não deve se restringir ao domínio reservado do Estado[10], isto é, não deve se reduzir à competência nacional exclusiva ou à jurisdição doméstica exclusiva, porque revela tema de legítimo interesse internacional dos Direitos Humanos.

Ademais, a concepção contemporânea trazida pela Declaração Universal dos Direitos do Homem, a qual reconheceu a interdependência e indivisibilidade dos direitos humanos, e que teve sua evolução na segunda metade do século XX, introduziu a idéia de que, o critério metodológico que classifica os direitos humanos em gerações, não implica a substituição de uma geração de direitos por outra, mas demonstra a necessidade da interação entre elas. Por isso, faz-se necessária a substituição do termo "geração" por "dimensão" dos direitos humanos, pois representa melhor a idéia de complementaridade desses direitos.

Nesse contexto, os direitos ao meio ambiente e ao desenvolvimento seriam classificados como direitos de terceira dimensão. Portanto, teríamos a seguinte classificação: a) direitos de primeira dimensão: direitos de liberdade, os direitos civis e políticos (direitos de resistência ou oposição perante o Estado); b) direitos de segunda dimensão: direitos econômicos, sociais e culturais (direitos que exigem do Estado preponderantemente determinada prestação); c) direitos de terceira dimensão (direitos de solidariedade): direito ao **desenvolvimento**, à paz, ao **meio ambiente**[11]; à comunicação e ao patrimônio comum da humanidade[12].

---

[7] Vide o preâmbulo da Declaração Universal dos Direitos do Homem.

[8] Vide os artigos 3.º a 21.º da Declaração Universal dos Direitos do Homem.

[9] Vide os artigos 22.º a 28.º da Declaração Universal dos Direitos do Homem.

[10] Nesse sentido, o professor Jorge Miranda reconhece que a crise da soberania estatal, em virtude da multiplicação das interdependências, provocou a substituição do sistema de proteção interna por vários sistemas de proteção internacional dos direitos do homem (Manual de Direito Constitucional, IV, 3.ª ed., Coimbra: Coimbra Editora, 2000, p. 26)

[11] Mercedes Franco Del Pozo classifica o direito ao meio ambiente adequado como direito de terceira geração porque o mesmo "possibilita, desde o ponto de vista físico e

Os Direitos Humanos ao Meio Ambiente e ao Desenvolvimento ... 405

Não podemos olvidar que, em razão da globalização política, houve a introdução na esfera da normatividade jurídica dos direitos de quarta dimensão. Segundo o professor Paulo Bonavides, esses direitos corresponderiam à derradeira fase de institucionalização do Estado social e seriam o direito à democracia, o direito à informação e o direito ao pluralismo[13].

Com efeito, há uma unidade indivisível entre todas as dimensões dos direitos humanos. O que nos leva a concluir que não existe uma proteção integral dos direitos de primeira dimensão (liberdade e vida) sem assegurar os direito de segunda (igualdade) e terceira dimensões (meio ambiente e desenvolvimento) e vice-versa. Como corolário dessa premissa somente teremos a efetividade dos direitos civis e políticos com a concretização e implementação dos direitos econômicos, sociais e culturais e vice-versa.[14]

Após a internacionalização dos direitos humanos, o que implicou o reexame da soberania dos Estados, havia a necessidade de implementação desses direitos. Vale dizer, havia a necessidade de tornar juridicamente obrigatórios os preceitos insertos na Declaração Universal dos Direitos do Homem. Em outras palavras, torná-los vinculantes no âmbito do Direito Internacional.

À vista dessa necessidade, em 1966, foram elaborados dois Pactos Internacionais: o Pacto Internacional de Direitos Civis e Políticos e o Pacto Internacional de Direitos Econômicos, Sociais e Culturais, os quais incorporaram os direitos constantes da Declaração Universal. A partir da elaboração desses Pactos forma-se a Carta Internacional dos Direitos Humanos, *International Bill of Rights,* integrada pela Declaração Universal de 1948 e pelos dois Pactos Internacionais de 1966.

Não obstante a elaboração de dois Pactos, sobretudo em virtude das pressões dos países ocidentais, mantém-se o entendimento acerca da indivisibilidade e da unidade dos direitos humanos, sempre sob o fundamento, alhures mencionado, de que, sem direitos econômicos, sociais e culturais, os direitos civis e políticos só poderiam existir no plano nomi-

---

biológico, a realização dos direitos das gerações anteriores" (El derecho humano a un medio ambiente adecuado. Bilbao: Universidad de Deusto, 2000, p. 12)

[12] Cf. Paulo Bonavides. Curso de Direito Constitucional, 12.ª edição, São Paulo: Malheiros, 2002, p. 516-524

[13] idem, ob. cit., p. 524-525

[14] Flávia Piovesan, Direitos Humanos e o Direito Constitucional Internacional, op. cit., p. 150-151

406   *Estudos de Direito Europeu e Internacional dos Direitos Humanos*

nal e, por sua vez, sem direitos civis e políticos, os direitos econômicos, sociais e culturais não poderiam ser garantidos por muito tempo.

É preciso, no entanto, analisar a posição adotada pela própria Organização das Nações Unidas acerca da indivisibilidade e interdependência dos direitos humanos. Indivisibilidade que está ligada à proteção da dignidade da pessoa humana, porquanto somente há vida digna se todos os direitos, sejam civis e políticos, ou econômicos, sociais e culturais, forem respeitados pelos Estados. Interdependência que consiste na eficácia dos direitos humanos, eis que a realização plena dos direitos civis e políticos depende dos direitos econômicos, sociais e culturais e vice-versa.

Nessa linha de raciocínio, devemos relembrar, que a própria Declaração Universal de Direitos do Homem conjugou ao catálogo dos direitos civis e políticos os direitos econômicos, sociais e culturais. Os preceitos insertos nessa declaração, apesar de abalizadas opiniões em contrário, possuem força de princípios gerais de direito internacional e, por esse motivo, são denominados de *ius cogens*[15]. Isso implica reconhecer a inserção da Declaração Universal no topo da hierarquia das fontes de Direito Internacional.

Portanto, os valores fundamentais e os cânones da Declaração Universal dos Direitos do Homem são imperativos e obrigam toda a Comunidade Internacional. Com efeito, a concepção contemporânea de direitos humanos, segundo a qual os direitos civis e políticos e os direitos econômicos, sociais e culturais são concebidos como uma unidade interdependente e indivisível[16], conjugando o valor da liberdade com o valor da igualdade, deve ser aplicada por todos os Estados, justamente pelo caráter de norma imperativa da Declaração Universal.

---

[15] Cf. Jorge Miranda: "(...) os princípios inscritos na Declaração projectar-se-iam não apenas sobre os Estados membros da ONU como também sobre quaisquer Estados e, porventura, poderiam mesmo recortar-se em normas de jus cogens" (A Declaração Universal e os Pactos Internacionais de Direitos do Homem. Lisboa: Livraria Petrony, 1977, p. XII). No mesmo sentido, André Gonçalves Pereira e Fausto de Quadros reconhecem a natureza de *ius cogens* da Declaração Universal dos Direitos do Homem, mas citam a controvérsia existente na doutrina entre os que entendem que apenas os "direitos essenciais" pertencem ao direito cogente e aqueles que sustentam que todos os preceitos da Declaração Universal são *ius cogens* (Manual de Direito Internacional Público. 3.ª ed. Coimbra: Almedina, p. 283).

[16] Cf. Flávia Piovesan, op. cit., p. 149.

Os Direitos Humanos ao Meio Ambiente e ao Desenvolvimento ... 407

Os próprios preâmbulos dos Pactos Internacionais indicam que há unidade entre os dois documentos internacionais, porquanto prescrevem que "em conformidade com a Declaração Universal dos Direitos Humanos, o ideal do ser humano livre, no gozo das liberdades civis e políticas e liberto do temor e da miséria não pode ser realizado, a menos que se criem as condições que permitam a cada um gozar de seus direitos civis e políticos, assim como de seus direitos econômicos, sociais e culturais"

Após a adoção dos dois Pactos Internacionais, em 1966, foi proclamada, na Conferência de Teerã de 1968 sobre Direitos Humanos, a indivisibilidade de todos os direitos humanos, sejam civis e políticos, ou sejam econômicos, sociais e culturais[17]. Como sucedânea dessa conferência, a Assembléia Geral das Nações Unidas, em 1977, adotou a resolução 32/130[18], em que se afirmou que se deveriam examinar as questões de direitos humanos de modo global[19]. Esta posição foi reiterada pelas resoluções 39/145, de 1984, e 41/117, de 1986, da Assembléia Geral, e consolidada na Declaração de Direitos Humanos de Viena em 1993[20].

---

[17] A Proclamação de Teerã, em seu artigo 13.º, reza que: "Como os direitos humanos e as liberdades fundamentais são indivisíveis, a realização dos direitos civis e políticos sem o gozo dos direitos econômicos, sociais e culturais torna-se impossível" (Cf. A. A. Cançado Trindade. A proteção Internacional dos direitos humanos: fundamentos jurídicos e instrumentos básicos. São Paulo: Saraiva, 1991. p. 123).

[18] Resolução n.º 30/130 da Assembléia Geral das Nações Unidas: "todos os direitos humanos, qualquer que seja o tipo a que pertencem, se inter-relacionam necessariamente entre si, e são indivisíveis e interdependentes". Vide também a Declaração sobre o Progresso e o Desenvolvimento no Domínio Social, proclamada pela Assembléia Geral da ONU (Resolução 2542, de 11 de dezembro de 1969); e a resolução n.º 41/128, de 04 de Dezembro de 1986, da Assembléia Geral – Declaração sobre o direito ao desenvolvimento – que proclamou que: "(...) todos os direitos humanos e as liberdades fundamentais são indivisíveis e interdependentes e que, a fim de fomentar o desenvolvimento, deveria examinar-se com a mesma atenção e urgência a aplicação, promoção e proteção dos direitos civis, políticos, econômicos, sociais e culturais, e que, em conseqüência, a promoção, o respeito e o desfrute de certos direitos humanos e liberdades fundamentais não podem justificar a denegação de outros direitos humanos e liberdades fundamentais" (preâmbulo)

[19] Cf. A. A. Cançado Trindade, op. cit., p. 42.

[20] A Declaração e Programa de Ação adotada pela Conferência Mundial sobre direitos humanos, em seu item quinto, parte primeira, não deixou dúvidas sobre a moderna concepção de unidade dos direitos humanos ao prescrever: "Todos direitos humanos são universais, indivisíveis, interdependentes e inter-relacionados. A comunidade internacional deve tratar os direitos humanos de forma global e de maneira justa e equitativa..." (texto extraído da obra de Mercedes Franco Del Pozo, op. cit., p. 15)

408   *Estudos de Direito Europeu e Internacional dos Direitos Humanos*

A concepção contemporânea dos direitos humanos inspirou o Protocolo Adicional à Convenção Americana sobre Direitos Humanos em Matéria de Direitos Econômicos, Sociais e Culturais, denominado protocolo de San Salvador de 1988, que, já em seu prêmbulo, reconheceu "a estreita relação existente entre a vigência dos direitos econômicos, sociais e culturais e a dos direitos civis e políticos", formando um "todo indissolúvel, que encontra sua base no reconhecimento da dignidade da pessoa humana (...)"[21].

Com espeque na Declaração Universal, nas Resoluções das Nações Unidas, na Conferência de Teerã, nas Declarações sobre o Direito ao Desenvolvimento e a de Viena, assim como no protocolo de San Salvador, todos amiúde mencionados, dessume-se que: a concepção contemporânea de defesa de direitos humanos, que impõe a proteção do Homem independente de sua nacionalidade, raça, religião e sexo (universalidade), baseada sobretudo na proteção e no respeito à dignidade da pessoa humana, permite uma interpretação inter-relacionada dos direitos civis e políticos e dos direitos econômicos, sociais e culturais, firmando-se a posição de que os direitos humanos formam uma unidade indivisível, não obstante a existência de dois pactos internacionais.

Com efeito, os documentos internacionais referidos afastaram a concepção dicotômica, que dividia em categorias estanques os direitos civis e políticos, de um lado, e os direitos econômicos, sociais e culturais, de outro. Os direitos humanos são, pois, universais, indivisíveis, interdependentes e inter-relacionados, sendo que a proteção de uma dimensão de direitos não exime os Estados de salvaguardar a outra. A denegação dos direitos sociais e dos direitos de terceira dimensão, como no caso da pobreza extrema e da destruição do meio ambiente, afeta o próprio direito à vida e a dignidade da pessoa humana[22], demonstrando que, se não houver a garantia do mínimo de existência condigna ao ser humano e a proteção e concretização de níveis mínimos dos direitos de segunda e

---

[21] Cf. Jayme Benvenuto Lima Jr. Os Direitos Humanos, Económicos, Sociais e Culturais. Rio de Janeiro, 2001, p. 47 e 235.

[22] Mercedes Franco Del Pozo reafirma a indivisibilidade de todos os direitos humanos e prescreve que o "o direito à vida, à saúde, ao desenvolvimento e à paz, são os exemplos mais ilustrativos da conexão existente entre o meio ambiente e a doutrina dos direitos humanos". Conclui a autora dizendo que "o direito ao meio ambiente estende e reforça o significado do direito à vida no sentido de que este deve entender-se também como direito a uma vida digna de ser vivida..." (op. cit., p. 12-13).

Os Direitos Humanos ao Meio Ambiente e ao Desenvolvimento ... 409

terceira dimensões, os clássicos direitos de liberdade (primeira dimensão) estariam destituídos de qualquer força material e reduzir-se-iam a meras categorias formais de direito.

Como falar em direito de liberdade, sem o direito à educação ou à moradia ou o próprio direito ao desenvolvimento? Como proteger o direito à vida sem saúde e sem um meio ambiente sadio? Para responder essas questões somente uma visão integrada do direito ao meio ambiente e do direito ao desenvolvimento, ambos como direitos humanos, seja no plano nacional ou internacional.

2.1 – Meio ambiente e direitos humanos

A década de 60, do século passado, é apontada pela doutrina como o início da tomada de consciência da proteção ambiental em nível internacional. Os documentos anteriores a esse período não apresentavam um enfoque de preservação global do meio ambiente, mas tinham um caráter fortemente utilitário, ou seja, visavam a proteção de certos elementos do ecossistema que apresentavam um valor econômico em razão de serem objetos de utilização comercial. Alexandre Kiss aponta exatamente o ano de 1968 como o início da chamada "era ecológica", em virtude dos seguintes acontecimentos internacionais: a) adoção, pelo Conselho da Europa, de duas declarações importantes, uma sobre a luta contra a poluição do ar e a outra sobre a proteção dos recursos hídricos; b) aprovação pela Organização da Unidade Africana, a 15 de Novembro de 1968, de uma convenção africana sobre a conservação da natureza e dos recursos naturais; c) decisão da Assembléia Geral das Nações Unidas, mediante a resolução 2398 (XXIII), de 03 de dezembro de 1968, de convocar uma conferência mundial sobre o meio ambiente: a Conferência de Estocolmo em 1972[23].

A conscientização da proteção internacional do meio ambiente surgiu também em razão das grandes catástrofes ocorridas na década de 60, como o naufrágio do petroleiro "Torrey Canyon", em 1967, cuja carga poluiu as costas inglesa, francesa e belga. Acidentes que tais demonstraram a necessidade de uma proteção global do meio ambiente, em razão da unidade fundamental da biosfera: "nem a água, nem o ar, nem a fauna

---

[23] Cf. Alexandre Kiss. Direito Internacional do Ambiente. In Comunicações apresentadas no Curso Realizado no Instituto Nacional de Administração (17 a 28 de Maio de 1993). Lisboa: Instituto Nacional de Administração, 1994, p. 146-147.

410   *Estudos de Direito Europeu e Internacional dos Direitos Humanos*

selvagem têm fronteiras entre si e todos estes elementos do ambiente estão em comunicação permanente"[24]. Se não existem fronteiras para a biosfera, também não há limites para os danos ao meio ambiente, cujos resultados nefastos ultrapassam as fronteiras geográficas dos Estados. A poluição transfronteiriça[25], aliada ao globalismo do sistema econômico, demonstraram a necessidade de uma mudança no conceito de soberania estatal[26], com o escopo de garantir uma proteção internacional do meio ambiente. Essa internacionalização da preservação ambiental se concretizou com a adoção da Declaração de Estocolmo, da mesma maneira que outrora ocorrera com a proteção dos direitos humanos, a partir da Declaração Universal dos Direitos do Homem.

Portanto, foi a percepção da implicação global dos danos ao meio ambiente e da necessidade de uma proteção integral dos direitos humanos, já estabelecida pela Declaração Universal dos Direitos do Homem, que, em 1972, reuniu-se em Estocolmo, a Conferência Mundial sobre o Meio Ambiente Humano. Nessa Conferência foi adotada a Declaração de Estocolmo[27], que, em seu princípio 1.º, já demonstra expressamente a concepção fundada na unidade entre meio ambiente e direitos humanos, pois prescreve que: "o homem tem o direito fundamental à liberdade, à igualdade e ao desfrute de condições de vida adequadas em um meio de

---

[24] Idem p. 148

[25] Poluição transfronteiriça pode ser conceituada como aquela que tem origem no território de um Estado e projeta seus efeitos além das suas fronteiras geográficas e políticas. Com relação à ocorrências danosas da poluição transfronteiriça, é importante registrar a sentença arbitral do caso da Fundição Trail, em 1941, que reconheceu que "nenhum Estado tem o direito de usar ou permitir o uso de seu território, de maneira que cause dano, em razão de lançamento de emanações, no território de outro Estado…".

[26] José Juste Ruiz, após mencionar a existência de espaços do planeta que não estão submetidos à soberania de nenhum Estado – os denominados *global commons* –, preceitua que "a imagem de um mundo em que a divisão artificial em espaços submetidos a soberanias estatais diversas não se compadece com a unidade substancial de seu suporte ambiental…" (Derecho Internacional Del Médio Ambiente. 2.ª ed. Madrid: McGraw-Hill, 1999, p. 11).

[27] Guido Fernando Silva Soares considera a Declaração sobre Meio Ambiente Humano, adotada em Estocolmo, "um documento com a mesma relevância para o Direito Internacional e para a Diplomacia dos Estados que teve a Declaração Universal dos Direitos do Homem", pois "ambas Declarações têm exercido o papel de verdadeiros guias e parâmetros na definição dos princípios mínimos que devem figurar tanto nas legislações domésticas dos Estados, quanto na adoção dos grandes textos do Direito Internacional da atualidade…" (Direito Internacional do Meio Ambiente – Emergência, Obrigações e Responsabilidades. São Paulo: Atlas, 2001, p. 55).

Os Direitos Humanos ao Meio Ambiente e ao Desenvolvimento ...   411

qualidade tal que lhe permita levar uma vida digna e gozar de bem - estar e tem a solene responsabilidade de proteger e melhorar o meio ambiente, para a presente e as futuras gerações..."

A vinculação entre meio ambiente e desenvolvimento, como direitos humanos fundamentais e como meios para o gozo do direito à vida, está expresso no Preâmbulo da Declaração de Estocolmo (parágrafos 1.º e 2.º), a saber: "(...) os dois aspectos do meio ambiente, o natural e o artificial, são essenciais para o bem-estar do homem e para o gozo dos direitos humanos fundamentais, inclusive o direito à vida" (parágrafo 1.º), acrescentando que "a proteção e melhoramento do meio ambiente é uma questão fundamental que afeta o bem – estar dos povos e o desenvolvimento econômico do mundo, um desejo urgente dos povos de todo o mundo e um dever de todos os governos (parágrafo 2.º).

A Declaração de Estocolmo também marcou a preocupação com a proteção ambiental para as gerações futuras, o que restou demonstrado em seu preâmbulo (artigo 6): "(...) a defesa e o melhoramento do meio ambiente para as gerações presentes e futuras têm-se convertido na meta imperiosa da humanidade, que tem de persegui-los ao mesmo tempo que as metas fundamentais já estabelecidas da paz e do desenvolvimento econômico e social em todo mundo, e de conformidade com elas".

A partir da Declaração de Estocolmo houve o reconhecimento do direito ao meio ambiente como um direito fundamental dos indivíduos. Extrai-se do texto da referida Declaração a idéia de que a existência de um meio ambiente sadio e equilibrado é condição necessária à efetividade de numerosos direitos humanos, sobretudo o direito à vida, não só para a geração presente, mas também para as gerações futuras.

No plano institucional, criou-se em Estocolmo um órgão especialmente dedicado à proteção do meio ambiente denominado Programa das Nações Unidas para o Meio Ambiente (PNUMA), mediante a resolução 2997 (XXVII) adotada pela Assembléia Geral da ONU, em 15 de Dezembro de 1972[28].

Para alcançar os objetivos estabelecidos pela Declaração de Estocolmo, o PNUMA, órgão subsidiário da Assembléia Geral das Nações

---

[28] O PNUMA tem a função de prover orientação executiva (*policy guidance*) e "atuar como instrumento catalizador para o desenvolvimento de programas de cooperação inernacional em matéria ambiental" (cf. José Joste Ruiz. Derecho Internacional Del Medio Ambiente..., p. 20). O PNUMA é formado por um Conselho de Administração composto por 58 Estados e conta com um secretariado, cuja figura proeminente é o seu Diretor Executivo.

412 Estudos de Direito Europeu e Internacional dos Direitos Humanos

Unidas, adotou, em 1982, o Programa de Montevidéu sobre Desenvolvimento e Revisão Periódica do Direito do Meio Ambiente[29]. Porém, esse programa, que constituiu a base das atividades do PNUMA na esfera do direito ambiental, não fazia referência expressa à proteção dos direitos humanos ou à relação desta com a proteção ambiental[30]. No entanto, o Grupo de Consultores Jurídicos do PNUMA reuniu-se em Genebra e Nairobi, em Julho e setembro de 1991, respectivamente, para avaliar a primeira década do Programa de Montevidéu. O referido Grupo concluiu que havia a necessidade de revisão do Programa de Montevidéu para a inclusão do reconhecimento expresso da relação entre proteção ambiental e a proteção dos direitos humanos[31].

O documento do PNUMA também relacionou que as condições de pobreza de certos países em desenvolvimento provocavam sérios problemas ambientais, produzidos pela urbanização descontrolada ao redor dos grandes centros urbanos. Propugnava o referido documento que havia a necessidade da melhoria das condições sócio-econômicas de vida, na busca de uma sociedade mais igualitária[32].

Considerando as conclusões do grupo de consultores jurídicos do PNUMA, ficou clara a relação entre a preservação do meio ambiente e a proteção dos direitos humanos. Ademais, restou estabelecida uma concepção ampla da proteção do direito à vida, que engloba a necessidade de um meio ambiente sadio, para a atual e futuras gerações, como direito inalienável do ser humano.

No mesmo sentido, a Carta Mundial da Natureza de 1982, em seu preâmbulo, preceitua que "a espécie humana é parte da natureza e a vida depende do funcionamento ininterrupto dos sistemas naturais que são fontes de energia e de matérias nutritivas"[33]. Donde se infere que a Assembléia Geral das Nações Unidas, mediante a resolução 37/7, aprovada na 48.ª Sessão Plenária, celebrada em 28 de Outubro de 1982, reafirma a íntima relação entre a existência da vida e a proteção do meio ambiente.

---

[29] Cf. Manuel Diez de Velasco. Instituciones de Derecho Internacional Público. 12.ª ed. Madrid: Editorial Tecnos, 1999, p. 629.

[30] Cf. A. A. Cançado Trindade, op. cit., p. 27.

[31] As sugestões e recomendações do Grupo de Consultores do PNUMA encontram-se incorporadas na Nota do Diretor Executivo do PNUMA, como demonstra A. A. Cançado Trindade (Direitos Humanos e Meio Ambiente…, p. 27-29).

[32] Idem p. 28.

[33] Texto extraído da obra de José Juste Ruiz e Valentim Bou Franch. Derecho Internacional Del Médio Ambiente. Selección de Textos Básicos. 2.ª ed. Valência: Repro Express, 2001, p. 5.

Os Direitos Humanos ao Meio Ambiente e ao Desenvolvimento ... 413

Não obstante a nova consciência mundial de preservação do meio ambiente e as decisões tomadas na Conferência de Estocolmo, ocorreram, no período entre 1972 e 1992, graves catástrofes ambientais, com efeitos internacionais, tais como: a) o desastre com o superpetroleiro Amoco Cadiz, em 16-3-1978; b) o desastre de proporções catastróficas ocorrido entre 2 e 3-12-1984 em Bhopal, na Índia, de grande repercussão internacional, por ter envolvido uma poderosa empresa multinacional, que exercia uma atividade de alta relevância para o desenvolvimento industrial daquele país e cujas vítimas, até hoje, ainda pleiteiam, em tribunais indianos, as reparações devidas; c) o acidente nuclear com a usina núcleo-elétrica de Chernobyl, na Ucrânia, e do qual resultaria uma nuvem radioativa sobre os países limítrofes ou relativamente próximos da então URSS.

Diante desse quadro, podemos afirmar que Estocolmo fora a grande tomada de consciência dos Estados, no âmbito da Organização das Nações Unidas, dos problemas relativos ao meio ambiente internacional. No entanto, era preciso mais. Os acidentes acima mencionados demonstraram que havia a necessidade de maior cooperação entre os Estados e de uma política internacional que levasse em consideração a preservação do meio ambiente e o desenvolvimento do homem, este considerado como centro de proteção das normas internacionais. Nessa linha de raciocínio, havia a necessidade de harmonização, em nível internacional, das exigências do desenvolvimento econômico com os imperativos da proteção do meio ambiente. Para alcançar tal fim, as Nações Unidas convocaram uma nova conferência sobre meio ambiente e desenvolvimento, que fora realizada no Rio de Janeiro, no ano de 1992.

A conferência sobre meio ambiente e desenvolvimento teve como ponto de partida o informe Brundtland, assim denominado em razão da presidência da Comissão das Nações Unidas sobre Meio Ambiente e Desenvolvimento ser confiada à Gro Harlem Brundtland, Ministra do Meio Ambiente da Noruega, que veio a tornar-se também Primeira-Ministra daquele país.

O principal objetivo da Comissão das Nações Unidas sobre o Meio Ambiente e Desenvolvimento era tentar restabelecer o equilíbrio entre o Norte, industrializado e rico, e os países do Sul, nos quais a pobreza extrema era uma realidade[34], com o escopo de uma proteção eficiente do

---

[34] Nesse sentido, Alexandre Kiss. O autor prescreve que a ação de "colmatar o fosse entre o Norte industrializado e o Sul pobre" era de extrema importância, porquanto o "Norte consome três quartos dos recursos naturais e por conseguinte polui em conformidade,

414 Estudos de Direito Europeu e Internacional dos Direitos Humanos

meio ambiente, objetivo que levaria a conceder uma vida digna a milhões de pessoa que se encontravam em situação de pobreza. Para tanto, concluiu--se que a cooperação internacional[35] deveria visar a diminuição das disparidades de desenvolvimento entre os diversos grupos de Estados, a fim de reduzir os níveis de pobreza do Sul e, por conseguinte, as diferenças existentes com os países do Norte. Com o combate da pobreza e um desenvolvimento equilibrado dos Estados, através da cooperação internacional, seria possível combater com eficiência a degradação ambiental e garantir um meio ambiente sadio para a presente e futuras gerações.

À vista desses objetivos, a Declaração do Rio de Janeiro apresentou avanços significativos acerca da visão de unidade entre meio ambiente, desenvolvimento e direitos humanos. A evolução da concepção de unidade entre essa tríade, que teve início com a Declaração de Estocolmo, apresentou na Declaração do Rio um progresso significativo, sobretudo quando a Comissão Mundial sobre Meio Ambiente e Desenvolvimento, em Março de 1987, com o relatório "Nosso Futuro Comum", definiu desenvolvimento sustentável. Este, segundo a Comissão, é "**aquele desenvolvimento que satisfaz às necessidades do presente sem comprometer a habilidade das gerações futuras de satisfazer a suas próprias necessidades**"[36].

O conceito de desenvolvimento sustentável, segundo Mercedes Franco Del Pozo, representa o "elo que une, em íntima conexão, o meio ambiente e o desenvolvimento, o direito ao meio ambiente e o direito ao desenvolvimento, estabelecendo um ponto entre a doutrina ambiental e a doutrina dos direitos humanos"[37].

A Comissão Mundial sobre o Meio Ambiente e o Desenvolvimento, também denominada Comissão Brundtland, propôs, ainda, a seguinte disposição: "Todos os seres humanos têm o direito fundamental a um

---

enquanto que o Sul apresenta uma diversidade biológica muito elevada, mas representa também uma população em forte expansão..." Op. cit., p. 150.

[35] Já em 1974, a Assembleia Geral das Nações Unidas, por via da Resolução 3201 (S-IV), proclamou a "Declaração Universal sobre o Estabelecimento de uma Nova Ordem Econômica Internacional", na qual concebeu a cooperação internacional para o desenvolvimento como uma meta e um dever de todos os Estados.

[36] Cf. Sílvia Menicucci de Oliveira. Desenvolvimento Sustentável na Perspectiva da Implementação dos Direitos Humanos (1986-1992). In Direito Internacional dos Direitos Humanos – Instrumentos Básicos. São Paulo: Atlas, 2002, op. cit., p. 97.

[37] Op. cit., p. 37

Os Direitos Humanos ao Meio Ambiente e ao Desenvolvimento ... 415

meio ambiente adequado para sua saúde e bem estar"[38]. Tal assertiva reafirma que o direito ao meio ambiente sadio é um direito humano universal e fundamental para a implementação e garantia do direito à saúde e de uma vida com qualidade.

A vinculação do direito ao meio ambiente sadio e desenvolvimento com a teoria dos direitos humanos está claramente expressa na declaração do Rio de Janeiro, sobretudo nos princípios 1, 3, 4, 5, como demonstraremos no capítulo seguinte.

Na Declaração do Rio de 1992, reitera-se a vinculação entre meio ambiente e desenvolvimento, o que já fora estabelecido pela Declaração de Estocolmo, também para a presente e futuras gerações. Firma-se o conceito de solidariedade intergeneracional, princípio em que se apoiam os direitos de terceira dimensão, sobretudo o direito ao meio ambiente, e que consiste na defesa dos "direitos dos que, atualmente, não são autoconscientes, livres, como as futuras gerações"[39]

A preocupação com a preservação do meio ambiente para as gerações futuras (solidariedade intergeneracional) levou Federico Mayor Zaragoza, Diretor Geral da Unesco, e o comandante Jacques Cousteau, a envidarem esforços para concluir a Declaração Universal dos Direitos Humanos das Gerações Futuras, adotada em 26 de fevereiro de 1994. Proclamou-se na referida Declaração o direito fundamental das gerações futuras a "um meio ambiente são e ecologicamente equilibrado, propício para seu desenvolvimento econômico, social e cultural" (art. 9.°).

Com efeito, a Declaração Universal dos Direitos Humanos das Gerações Futuras reafirnou a "estreita interdependência e indivisibilidade dos direitos humanos"[40].

Na esfera do Conselho Econômico e Social (ECOSOC) das Nações Unidas, a Subcomissão sobre Prevenção de Discriminação e Proteção de Minorias, órgão ligado à Comissão de Direitos Humanos, realizou importantes estudos sobre o tema da relação entre direitos humanos e meio ambiente. A relatora especial da subcomissão, Mme. Zhora Fatma Ksentini, apresentou, em 1994, um informe final sobre os trabalhos realizados acerca do tema da proteção do meio ambiente e dos direitos

---

[38] Cf. Demetrio Loperena. El derecho al medio ambiente adecuado. 1.ª ed. Madrid: Editorial Civitas, 1996, p. 43.

[39] Cf. Mercedes Franco Del Pozo. Op. cit., p. 18-19

[40] Cf. Mercedes Franco Del Pozo. Op. cit., idem, p. 20.

416 Estudos de Direito Europeu e Internacional dos Direitos Humanos

humanos. Acompanhado do referido informe foi entregue à subcomissão um esboço da Declaração de Princípios sobre Direitos Humanos e Meio Ambiente. Tal esboço é composto de um Preâmbulo e cinco partes. Na primeira parte, proclama a interdependência e indivisibilidade de todos os direitos humanos, destacando o direito ao meio ambiente, ao desenvolvimento sustentável e à paz. Reafirma o direito fundamental a um meio ambiente sadio, que satisfaça equitativamente as necessidades das gerações presentes e futuras[41].

Apesar do esboço da Declaração de Princípios sobre Direitos Humanos e Meio Ambiente não ter sido ainda acolhido pela Comissão, o trabalho da relatora representa um precedente muito importante no processo de reconhecimento internacional do direito ao meio ambiente, porquanto demonstrou as múltiplas relações existentes entre o meio ambiente e os demais direitos humanos.

Em 1999, celebrou-se em Bilbao, sob o patrocínio da UNESCO e do Alto Comissariado das Nações Unidas para os Direitos Humanos, um seminário internacional sobre o Direito ao Meio Ambiente. Após os trabalhos dos especialistas em direito internacional do meio ambiente, foi aprovado um documento, com vocação universal, sobre direito humano e um meio ambiente adequado, denominado Declaração de Biskaia sobre o Direito ao Meio Ambiente. Tal declaração representou um instrumento com caráter não vinculante, mas que confirmou, em seu preâmbulo, a unidade, universalidade, indivisibilidade e interdependência de todos os direitos humanos, declarando expressamente que; "(a) o direito ao meio ambiente é inerente à dignidade da pessoa; (b) está necessariamente vinculado com a garantia dos demais direitos humanos, em particular, o direito ao desenvolvimento"[42]. Ademais, a Declaração de Bizkaia reiterou a íntima vinculação entre a degradação ambiental e a pobreza extrema, propugnando pela cooperação internacional como forma de erradicar a pobreza e proteger o meio ambiente (art. 9.º, n.º 3).

Essa concepção de unidade, indivisibilidade e inter-relação entre direito ao meio ambiente e direitos humanos também está firmada nos documentos de direitos humanos, tanto no Plano Global, como no Plano Regional das Américas.

---

[41] A respeito do tema vide o trabalho de Mercedes Franco Del Pozo. Op. cit., p. 38-43.

[42] Idem, p. 43-47

Os Direitos Humanos ao Meio Ambiente e ao Desenvolvimento ...

No continente americano, o Protocolo Adicional à Convenção Americana sobre Direitos Humanos em matéria de Direitos Econômicos, Sociais e Culturais de 1988, afirma no artigo 11 que:

"1. Toda pessoa tem direito a viver em meio ambiente sadio e a contar com os serviços públicos básicos.

2. Os Estados Partes promoverão a proteção, preservação e melhoramento do meio ambiente".[43]

A Comissão sobre Desenvolvimento e Meio Ambiente da América Latina e do Caribe, no relatório de 1990 denominado "Nossa Própria Agenda", chamou a atenção para o problema da pobreza extrema que aflige grande parcela da população e que o seu combate deveria representar prioridade dos Estados para elevar a qualidade de vida. Afirmou, ainda, que não seria possível a melhoria da qualidade ambiental enquanto "uma proporção elevada de nossa população continua vivendo em condições de extrema pobreza". E concluiu asseverando que a eliminação da pobreza deveria ser considerada no contexto dos direitos humanos, a fim de garantir aos indivíduos os direitos à alimentação, à habitação, à educação, à saúde, a um salário justo, ao meio ambiente, à participação democrática, à diversidade cultural[44].

Esse relatório demonstra a importância do combate à pobreza, como forma de garantir uma vida digna aos indivíduos e um meio ambiente sadio. Sem garantir o mínimo necessário para uma existência digna, isto é, se não houver uma cooperação internacional para o provimento do direito à alimentação, habitação, saúde e meio ambiente, não poder-se-á falar em uma proteção integral dos direitos humanos.

Seguindo a mesma linha de fundamentação, o Instituto Interamericano de Direitos Humanos firmou o entendimento sobre a inter-relação entre a proteção dos direitos humanos e a preservação ambiental. Reunidos em Brasília, durante o Seminário Interamericano sobre Direitos Humanos e Meio Ambiente, de 04 a 07 de Março de 1992, especialistas em direito internacional do meio ambiente chegaram às seguintes conclusões: a) existência de relação íntima entre desenvolvimento e meio ambiente, desenvolvimento e direitos humanos, e meio ambiente e direitos humanos.

---

[43] No mesmo sentido, a Carta Africana dos Direitos Humanos e dos Povos de 1981, no artigo 24.°, dispõe: "Todos os povos têm direito a um meio ambiente geral satisfatório, propício ao seu desenvolvimento".

[44] Nesse sentido, A. A. Cançado Trindade. Op. cit., p. 119.

418   *Estudos de Direito Europeu e Internacional dos Direitos Humanos*

Essa inter-relação e unidade são encontrados no direito à vida e à saúde em sua ampla dimensão, os quais exigem para a sua proteção medidas negativas e positivas por parte dos Estados; b) constata-se o vínculo entre direitos humanos e meio ambiente pelo fato de que a degradação ambiental pode agravar as violações de direitos humanos e, por seu turno, as violações de direitos humanos podem provocar a degradação ambiental. Em razão dessas situações, há necessidade de envidar esforços na proteção dos direitos à alimentação, à água e à saúde[45].

No plano global, o Pacto de Direitos Econômicos, Sociais e Culturais das Nações Unidas de 1966 reconheceu "o direito de todas as pessoas de gozar do melhor estado de saúde física e mental possível de atingir" (artigo 12.º, n.º 1). Impôs aos Estados, ainda, o dever de implementar medidas necessárias a assegurar (artigo 12.º, n.º 2): "a) a diminuição da mortinatalidade e da mortalidade infantil, bem como o são desenvolvimento da criança; b) o melhoramento de todos os aspectos de **higiene do meio ambiente** e da higiene industrial...".

Com relação ao referido preceito inserto no Pacto Internacional dos Direitos Econômicos, Sociais e Culturais, a Comissão de Direitos Humanos das Nações Unidas, por via da resolução 1990/41, de 06 de Março de 1990, ressaltou a relação entre a preservação do meio ambiente e a promoção de direitos humanos[46]. Outrossim, prescreveu que "a preservação de ecossistemas de sustentação da vida em condições de desenvolvimento científico e tecnológico rápido é de vital importância para proteção da espécie humana e a promoção dos direitos humanos"[47]

As conclusões mencionadas, tanto no plano global como no regional, assim como nos documentos não vinculantes, tais como a Declaração de Estocolmo, do Rio de Janeiro e de Biskaia, fundamentam a tese acerca da unidade, interdependência e inter-relação entre o direito ao meio ambiente e os direitos humanos, visando a proteção integral do próprio direito à vida. Essa concepção representa a evolução dos preceitos insertos na Declaração Universal dos Direitos do Homem, que, apesar de não fazer menção expressa sobre o direito ao meio ambiente, já propugnava pela universalização e globalização da defesa dos direitos humanos. Impos-

---

[45] Conclusões citadas por A. A. Cançado Trindade. Op. cit., p. 35-36

[46] A resolução foi denominada " Os Direitos Humanos e Meio Ambiente", conforme esclarece Sílvia Menicucci de Oliveira. Op. cit., p. 92.

[47] Cf. ONU, doc. E/CN.4/1990/L.63/Ver.1, de 05 de Março de 1990, p. 2, citado por A. A. Cançado Trindade, Op. cit., p. 116.

Os Direitos Humanos ao Meio Ambiente e ao Desenvolvimento ... 419

sível a defesa do bem supremo da vida sem uma proteção integral do meio ambiente[48]. Em outras palavras: a proteção do meio ambiente representa uma questão crucial à proteção do direito humano fundamental de viver. Ou ainda, a *utima ratio* do Direito Internacional do meio ambiente é garantir uma vida digna ao homem[49].

Nessa linha de crescente proteção do meio ambiente como direito humano, faz-se necessário ressaltar que o direito ao meio ambiente sadio tem sido integrado na perspectiva de "patrimônio comum da humanidade"[50]. Nesse sentido, a Convenção sobre a Diversidade Biológica, celebrada no Rio de Janeiro em 1992, afirmou que "a conservação da diversidade biológica[51] é interesse comum de toda a humanidade" (preâmbulo). Como consequência, coloca-se a questão da preservação do meio ambiente não como um fim em si mesmo ou como interesse dos indivíduos isoladamente, mas como prioridade para a própria sobrevivência do gênero humano, que, em virtude das ameaças e das constantes degradações ao meio ambiente, vê ameaçado o seu direito fundamental de viver, ou até mesmo a sua própria existência no planeta. Outrossim, a idéia de interesse comum de toda a humanidade impõe uma obrigação *erga omnes* aos Estados, isto é, uma obrigação de envidar todos os esforços para a preservação ambiental independente de qualquer reciprocidade internacional.

---

[48] Mercedes Franco Del Pozo preleciona que "(…) o meio ambiente é condição *sine qua non* de nossa própria existência. Sem umas condições ambientais adequadas não podemos sobreviver, carecendo de sentido os demais direito…". Em outra oportunidade, a autora reconhece que "sem meio ambiente não há vida", decorrendo dai a concepção de um direito humano ao meio ambiente (El derecho humano a un medio ambiente adecuado. Bilbao: Universidad de Deusto, 2000, p. 12 e 22).

[49] Nesse sentido, José Juste Ruiz. Op. cit, p. 9.

[50] Cf. Manuel Diez de Velasco. Op. cit. P. 634

[51] Entende-se por diversidade biológica "a variedade de organismos vivos de qualquer fonte, incluídos, entre outras coisas, os ecossistemas terrestres e marinhos e outros ecossistemas aquáticos e os complexos ecológicos dos quais façam parte; compreende a diversidade dentro de cada espécie entre as espécies e dos ecossistemas" (artigo 2.º, da Convenção sobre Diversidade Biológica. Texto extraído da obra de José Juste Ruiz e Valentín Bou Franch. Derecho Internacional del Medio Ambiente. Valencia: Reproexpress, 2001, p. 136).

420 Estudos de Direito Europeu e Internacional dos Direitos Humanos

2.2 – Desenvolvimento e direitos humanos

O direito ao desenvolvimento teve uma evolução paralela ao direito ao meio ambiente. Não obstante ambos serem classificados como direitos de terceira dimensão, nos documentos internacionais, a partir da década de cinquenta e até os anos setenta, não havia qualquer menção à unidade, indivisibilidade e inter-relação entre direito ao meio ambiente e direito ao desenvolvimento. Somente com o conceito de desenvolvimento sustentável é que se demonstrou a necessidade de proteção integrada do direito ao meio ambiente e do direito ao desenvolvimento, de molde a proteger integralmente os direitos humanos.

A evolução do conceito de direito ao desenvolvimento e sua inserção como direito humano verificou-se após os esforços dos órgãos de proteção dos direitos humanos e da Assembléia Geral das Nações Unidas. Esta, por via da resolução 1161 (XII) de 26 de Novembro de 1957, demonstrou a necessidade de desenvolvimento econômico e social equilibrado e integrado como forma de garantir um melhor nível de vida, "assim como a observância e o respeito aos direitos humanos e às liberdades fundamentais de todos"[52]. A Conferência Internacional de Direitos Humanos, celebrada em Teerã, de 22 de Abril a 13 de Maio de 1968, além de prescrever a unidade, indivisibilidade e inter-relação entre os direitos econômicos, sociais e culturais, e os direitos civis e políticos, expressamente reconheceu a estreita relação dos direitos humanos e o desenvolvimento econômico[53]. Além disso, reconheceu "que recai sobre a comunidade internacional a responsabilidade coletiva de assegurar a todos os seres humanos a consecução de um nível de vida mínimo necessário para que possam gozar dos direitos humanos e das liberdades fundamentais".[54]

Tendo em vista a inserção do direito ao desenvolvimento como direito humano, a Assembléia Geral das Nações Unidas, em sua resolução 2542 (XXIV), de 11 de dezembro de 1969, aprovou a Declaração sobre o Progresso e o Desenvolvimento no Domínio Social. No artigo 1.º, da referida declaração, há expressamente a afirmação de que é direito de todos os seres humanos viver com dignidade e gozar dos frutos do pro-

---

[52] Cf. El derecho al desarrollo. In Oficina del Alto Comisionado para los Derechos Humanos. Disponível em «http://www.unhchr.ch/spanich/html/menu2/10/e/rtd_main_sp.htm». Acesso em 12 de Março de 2003.

[53] Idem.

[54] Ibidem.

Os Direitos Humanos ao Meio Ambiente e ao Desenvolvimento ... 421

gresso social, sem distinção por motivos de raça, cor, sexo, idioma, religião, nacionalidade, origem étnica, situação familiar ou social ou convicções políticas. Donde se infere que a declaração firmou o entendimento de que o direito ao desenvolvimento é universal e está relacionado com a proteção do direito à vida digna.

Já no artigo 2.º, a Declaração sobre o Progresso e o Desenvolvimento no Domínio Social preceitua que o progresso social e o desenvolvimento encontram o seu fundamento no respeito da dignidade e no valor da pessoa humana. Acrescenta, ainda, que o progresso social e o desenvolvimento devem assegurar a promoção dos direitos humanos e a justiça social. Por fim, nas alíneas "a" e "b", prescreve quais as medidas necessárias para alcançar o desenvolvimento, a saber; a) " a eliminação de todas as formas de desigualdades e exploração dos povos e indivíduos (...); b) o reconhecimento e a aplicação efetiva dos direitos civis e políticos e dos direitos econômicos, sociais e culturais sem discriminação alguma"[55].

A necessidade de cooperação internacional para o progresso e desenvolvimento social é citada no artigo 9.º.

Na segunda parte da aludida Declaração, em cujos artigos foram inseridos os objetivos a serem alcançados pelos Estados, há alusão, em seu preâmbulo, sobre o dever do progresso e desenvolvimento social buscarem a elevação do nível de vida dos membros da sociedade, "dentro do respeito e do cumprimento dos direitos humanos e das liberdades fundamentais..."[56].

A partir do artigo 10.º a Declaração preocupa-se em estabelecer quais os objetivos principais para alcançar o progresso e desenvolvimento social. Enfatiza, dentre outros objetivos a necessidade de eliminação da fome e desnutrição (artigo 10.º, alínea b); a eliminação da pobreza, a elevação dos níveis de vida e a justa distribuição de renda (artigo 10.º, alínea c); a concessão dos mais altos níveis de saúde e de prestação de serviços de proteção sanitária para toda a população, de forma gratuita (artigo 10.º, alínea d).

Após mencionar a necessidade da participação equitativa dos países desenvolvidos e em desenvolvimento nos avanços científicos e tecnológicos (alínea "a", do artigo 13.º), a Declaração expressamente assevera como

---

[55] Cf. Declaracion sobre el Progreso e o Desarrollo en lo Social. In Oficina del Alto Comisionado para los Derechos Humanos. Disponível em: «http://www.unhchr.ch/spanich/html/menu3/b/m/_progre_sp.htm». Acesso em 12 de Março de 2003

[56] idem.

422 *Estudos de Direito Europeu e Internacional dos Direitos Humanos*

objetivo do progresso e desenvolvimento social "a proteção e melhoramento do meio humano" (artigo 13.º, alínea "c").

Ora, uma interpretação sistemática da Declaração sobre o Progresso e o Desenvolvimento no Domínio Social conduz, de forma insofismável, à conclusão de que o direito ao desenvolvimento fora considerado por esse documento internacional um direito humano, fundamental para alcançar uma vida digna. O Direito ao Desenvolvimento encontra espeque no respeito da dignidade da pessoa humana, esta considerada como valor superior pela Declaração Universal dos Direitos do Homem, e na própria necessidade de garantir o direito fundamental de viver. Com efeito, a Declaração menciona a necessidade da cooperação internacional para eliminação de todas as formas de desigualdades, de pobreza, de fome e de garantir uma melhor distribuição de renda, como forma de conceder a todos os seres humanos (universalidade) uma vida digna. Para alcançar esse desenvolvimento equitativo e com justiça social, a declaração, dentre muitos objetivos, elenca um de extrema importância para o nosso estudo, qual seja, a proteção e o melhoramento do meio humano, isto é, do meio onde o homem vive.

A inclusão do objetivo de proteger o meio humano em uma Declaração das Nações Unidas pode ser considerado como o início da concepção de unidade, indivisibilidade e inter-relação do direito ao desenvolvimento e a proteção do meio ambiente, que encontrou seu ponto máximo com a introdução do conceito de desenvolvimento sustentável.

Urge acrescentar ainda que a Declaração para o Progresso e Desenvolvimento Social consolida a idéia de unidade dos direitos humanos, pois expressa que devem contribuir para o desenvolvimento a aplicação efetiva tanto dos direitos civis e políticos, como dos direitos econômicos, sociais e culturais.

Reconhecendo o direito ao desenvolvimento como direito humano, a Assembléia Geral das Nações Unidas, por via da resolução 41/128, de 04 de Dezembro de 1986, adotou a Declaração sobre o Direito ao Desenvolvimento. Após trinta e oito anos da Declaração Universal dos Direitos Humanos, segundo a qual os direitos humanos são constituídos pelos direitos civis e políticos e pelos direitos econômicos, sociais e culturais, a Declaração sobre o Direito ao Desenvolvimento reiterou a concepção de unidade, indivisibilidade, interdependência e inter-relação dos direitos humanos, ao prescrever que: "(...) todos os direitos humanos e as liberdades fundamentais são indivisíveis e interdependentes e que, a fim de fomentar o desenvolvimento, deveria examinar-se com a mesma atenção e urgência

Os Direitos Humanos ao Meio Ambiente e ao Desenvolvimento ...   423

a aplicação, promoção e proteção dos direitos civis, políticos, econômicos, sociais e culturais, e, em conseqüência, a promoção, o respeito e o desfrute de certos direitos humanos e liberdades fundamentais não podem justificar a denegação de outros direitos humanos e liberdades fundamentais" (preâmbulo e artigo 6.2)[57].

A Declaração Universal sobre o Direito ao Desenvolvimento aduz que "a pessoa humana é o sujeito central do desenvolvimento e deveria ser participante ativo e beneficiário do direito ao desenvolvimento (artigo 2.1). Reconhece que "o direito ao desenvolvimento é um direito humano inalienável", cujos titulares são "todo ser humano e todos os povos". Em razão disso, todo ser humano e todos os povos estão "habilitados a participar do desenvolvimento econômico, social, cultural e político", bem como a contribuir com esse desenvolvimento e a desfrutar dele, de maneira que todos os direitos humanos e liberdades fundamentais possam ser plenamente realizados (artigo1.1).

Em primeiro lugar, a Declaração afirma com clareza que o direito ao desenvolvimento é um "direito humano inalienável". Donde se depreende que não pode ser negociado e deve representar uma prioridade dos Estados para a sua integral implementação e proteção.

Em segundo lugar e não menos importante, a Declaração sobre o Desenvolvimento coloca a pessoa humana como objeto central do desenvolvimento (artigo 2.1), isto é, o ser humano deve participar ativamente do processo de desenvolvimento econômico, social, cultural e político e, ainda, ser o beneficiário desse mesmo desenvolvimento. Atribui a todos os seres humanos, individual e coletivamente, a responsabilidade do desenvolvimento (artigo 2.2). Outrossim, o referido processo de desenvolvimento deve buscar a plena realização de todos os direitos humanos e liberdades fundamentais.

Impende concluir que o sujeito ativo ou beneficiário primordial da declaração é a pessoa humana, sem olvidar que os povos também são titulares de direitos ao desenvolvimento.

Por outro lado, os sujeitos passivos são os que arcam com a responsabilidade de implementar o direito ao desenvolvimento, "com ênfase nas

---

[57] A Declaração sobre o Direito ao Desenvolvimento foi aprovada com 146 votos a favor, um contra (Estados Unidos da América), e oito abstenções. Contém um preâmbulo com dezessete parágrafos e dez artigos em sua parte operativa. O texto da declaração fora extraído da "Oficina del Alto Comisionado para los Derechos Humanos", disponível em: «http://www.unhchr.ch/spanish/html/menu3/b/74_sp.htm.

424 *Estudos de Direito Europeu e Internacional dos Direitos Humanos*

obrigações atribuídas pela Declaração aos Estados"[58], que deverão cumpri-las isoladamente ou em cooperação com outros Estados. Nesse sentido, a Declaração atribui aos Estados o dever "primordial" de adotar medidas necessárias para a realização do direito ao desenvolvimento (artigo 3.1)[59]. Ademais, imputa aos Estados o dever de cooperação para alcançar o desenvolvimento, assim como promover uma "nova ordem econômica internacional", baseada "na igualdade soberana, na interdependência, no interesse comum" e que "fomentem a observância e o desfrute dos direitos humanos (3.3). A necessidade de cooperação e o dever dos Estados de implementar as medidas políticas adequadas para o desenvolvimento internacional são repetidos nos artigos 4, 5, 6, 7 e 8, da Declaração.

Sem embargo da relevância dos aspectos já analisados da Declaração sobre o Direito ao Desenvolvimento, o mais importante é o reconhecimento do direito ao desenvolvimento como um "direito humano inalienável".

À vista disso, o direito ao desenvolvimento configura-se como direito humano subjetivo, conforme se extrai da interpretação do artigo 28, da Declaração Universal de Direitos Humanos e do artigo 1.º de ambos os Pactos Internacionais de Direitos Humanos. Essa constatação implica a necessidade de implementação de um sistema normativo internacional objetivo, cujo escopo seja a transformação das relações entre Estados juridicamente iguais, mas economicamente desiguais, a fim de remediar os desequilíbrios econômicos e a proporcionar a todos os seres humanos e a todos os povos oportunidades iguais para alcançar o desenvolvimento. No primeiro aspecto, teríamos, segundo A. A. Cançado Trindade, o direito ao desenvolvimento como proclamado na Declaração de 1986, e, no segundo, o direito internacional do desenvolvimento[60].

O direito humano subjetivo ao desenvolvimento gera, em contra-partida, um dever dos Estados, estes como destinatários das obrigações atribuídas pela Declaração, de implementar, com total prioridade, as medi-das necessárias para a consecução do desenvolvimento. Poderíamos distin-guir as obrigações dos Estados em dois níveis: a) em nível nacional, os "estados nacionais" têm o dever de adotar políticas públicas apropriadas para promover o direito ao desenvolvimento, b) em nível internacional,

---

[58] Cf. A. A. Cançado Trindade. Op. cit., p. 175.

[59] Cf. Arjun Sengupta. O Direito ao Desenvolvimento como Direito Humano. Dis-ponível em: «http://www.psdb.org.br/partido/itu/revista/revista_02/p7292_o_direito. pdf». Acesso em 17 de Agosto de 2003.

[60] Idem, p. 175-176.

os Estados estão obrigados a cooperar com os "estados nacionais" para facilitar o processo de desenvolvimento.

Nessa linha de raciocínio, esclarecedor o escólio de Arjun Sengupta[61] no sentido de que, em razão do direito ao desenvolvimento ser visto como direito humano, cria-se uma obrigação das autoridades, tanto nacionais como internacionais, de promover, assegurar e proteger esse direito humano inalienável. Em nível nacional, prossegue o autor, o Estado "deve fazer tudo para conquistar as demandas dos direitos humanos". O Estado deve adotar as políticas apropriadas e prover os recursos necessários para promover o direito ao desenvolvimento, "pois conquistar os direitos humanos seria uma prioridade no uso de todos os recursos – físicos, financeiros ou institucionais – que o Estado pode comandar". Internacionalmente, Arjun Sengupta aponta a obrigação dos Estados de cooperar para a realização dos direito humano ao desenvolvimento[62].

Em síntese, com a consagração do direito ao desenvolvimento como um direito humano inalienável, elevando a pessoa humana a sujeito central do desenvolvimento, criou-se um direito subjetivo ao seu titular (todas as pessoas e todos os povos), assim como criaram-se obrigações correlatas aos Estados, tanto em nível nacional como internacional, consistentes na implementação das medidas necessárias para a concretização do direito ao desenvolvimento.

O direito ao desenvolvimento foi reconhecido expressamente como um direito humano também pela Carta Africana de Direitos Humanos e dos Povos de 1981 (portanto antes da Declaração de 1986), que, em seu artigo 22.º, prescreveu: "Todos os povos têm direito ao seu desenvolvimento econômico, social e cultural, no estrito respeito da sua liberdade e da sua identidade, e ao gozo igual do patrimônio comum da humanidade" (parágrafo 1.º). A Carta imputa aos Estados o "dever, separadamente ou em cooperação, de assegurar o exercício do direito ao desenvolvimento" (parágrafo 2.º).

Após a Declaração de 1986 ter reconhecido o direito ao desenvolvimento como direito humano inalienável e ter reiterado a concepção

---

[61] Arjun Sengupta é perito independente de Direito ao Desenvolvimento para a Comissão de Direitos Humanos, em Genebra (Independent Expert on the Right to Development for a Human Rights Comission).

[62] O Direito ao Desenvolvimento como Direito Humano. Disponível em: «http://www.psdb.org.br/partido/itu/revista/revista_02/p7292_o_direito.pdf». Acesso em 17 de Agosto de 2003

426 *Estudos de Direito Europeu e Internacional dos Direitos Humanos*

contemporânea de direitos humanos, introduzida pela Declaração Universal de 1948, caracterizada pela unidade e indivisibilidade desses direitos, a Comissão Mundial sobre Meio Ambiente e Desenvolvimento das Nações Unidas apresentou o relatório "Nosso Futuro Comum", também denominado informe Brundtand, no qual definiu desenvolvimento sustentável como o "que satisfaz as necessidades do presente sem comprometer a habilidade das gerações futuras de satisfazer a suas próprias necessidades".

O relatório estabeleceu, ainda, dois conceitos importantes para alcançar o desenvolvimento sustentável: "necessidade" e "limitações". O primeiro, consiste na prioridade de combater a pobreza, suprindo as necessidades dos desfavorecidos[63]. Com relação à pobreza, o informe Brundtland expressa que "é a causa e efeito principal dos problemas mundiais do meio ambiente. É inútil, portanto, tratar de encarar os problemas ambientais sem uma perspectiva mais ampla que abarque os fatores que sustentam a pobreza mundial e a desigualdade internacional"[64]

O conceito de "limitações" deve ser compreendido como as restrições impostas ao desenvolvimento pela tecnologia, organização social e pelo próprio meio ambiente "para resolver as necessidades presentes e futuras"[65]

Como algures expendido, a pobreza representa uma das causas da degradação do meio ambiente e umas das razões que impedem um desenvolvimento equitativo nos países em desenvolvimento. Logo, o escopo principal do desenvolvimento é satisfazer as necessidades essenciais de milhares de miseráveis existentes no mundo, sobretudo nos países subdesenvolvidos e nos em desenvolvimento, aos quais são negados comida, vestuário, trabalho, saúde, habitação, entre outros itens necessários a uma vida digna.

O desenvolvimento sustentável, portanto, busca alcançar três objetivos essenciais: a) um objetivo econômico, consistente na eficiência da utilização dos recursos e no crescimento quantitativo; b) um objetivo social, que representa a redução da pobreza e a busca pela equidade social; c) um objetivo ecológico, centrado na preservação dos recursos naturais, a fim de garantir a vida dos seres humanos[66].

---

[63] Cf. Mar Aguileraa Vaqués. El desarrollo sostenible y la Constitución Española. 1.ª ed. Barcelona: Atelier, 2000, p. 33. No mesmo sentido, José Juste Ruiz. Op. cit., p. 34.

[64] Cf. Mercedes Franco Del Pozo. Op. cit., p. 27

[65] Cf. Mar Aguileraa Vaqués. Op. cit., p. 33.

[66] Cf. José Juste Ruiz. Op. cit., p. 33.

Os Direitos Humanos ao Meio Ambiente e ao Desenvolvimento ... 427

Para alcançar esses fins é necessário o controle do consumo dos países desenvolvidos. O mundo somente alcançará o desenvolvimento sustentável se os Estados, em total cooperação, colocarem fim à relação nefasta consumo-pobreza-desigualdade-destruição do meio ambiente[67].

O modelo de desenvolvimento dos países industrializados[68], que poderíamos denominar insustentável[69], é baseado em um consumo exagerado de matéria-prima e energia para a manutenção dos meios de produção. No entanto, a produção exacerbada, além dos limites do ecologicamente aceitável e possível, não gera riqueza para os países subdesenvolvidos e em desenvolvimento, mas aumenta o antagonismo entre o Norte, rico e industrializado, e o Sul, fornecedor de matéria-prima, produzindo níveis inadmissíveis de pobreza. Esse alto nível de atividade produtiva, de consumo e pobreza põe em perigo o meio ambiente e não conduz ao desenvolvimento sustentável.

Outrossim, o modelo de desenvolvimento acima mencionado é contrário àquele sustentado pela Declaração de 1986 e o definido no "Relatório Nosso Futuro Comum" em 1987, os quais apresentam uma concepção antopocêntrica de desenvolvimento, fundada na idéia da pessoa humana como centro do desenvolvimento. O desenvolvimento sustentável é uma "definição que concebe meio ambiente e desenvolvimento econômico como instrumentos para procurar o homem uma melhor qualidade de vida"[70].

---

[67] A nossa posição é baseada no trabalho do PNUD: Informe sobre o desarrollo humano 1998. Madrid: Mundi-Prensa, 1998, p. 1.

[68] Esse modelo pode ser definido com base na lição de Antônio Sousa Franco como um modelo que visava mais o crescimento do que o desenvolvimento. No plano dos resultados ambientais, segundo o autor, fundamentava-se "na acumulação material de riqueza, que utilizava o trabalho como fator primordial de criação dessa riqueza" e o meio ambiente como mero fornecedor de recursos materiais com o objetivo de garantir a produção de bens e serviços apenas para satisfazer as necessidades econômicas da sociedade. Não havia uma concepção antropocêntrica, porque esse modelo de "desenvolvimento igual a crescimento" não valorizava o homem e o meio ambiente, mas apenas "a máxima acumulação material de riqueza" (Ambiente e Desenvolvimento – Enquadramento e Fundamentos do Direito ao Ambiente. In Comunicações apresentadas no Curso Realizado no Instituto Nacional de Administração (17 a 28 de Maio de 1993). Lisboa: Instituto Nacional de Administração, 1994, p. 39-40).

[69] O princípio 8 da Declaração do Rio de Janeiro afirma que os Estados deveriam reduzir e eliminar os sistemas de produção e consumo insustentáveis e fomentar políticas demográficas apropriadas.

[70] Cf. Mar Aguileraa Vaqués. Op. cit., p. 36.

428   *Estudos de Direito Europeu e Internacional dos Direitos Humanos*

Considerando que o desenvolvimento e o meio ambiente são direitos humanos, assim como o desenvolvimento sustentável é fundamental para a proteção desses direitos, o modelo de desenvolvimento insustentável viola também os direitos humanos, à medida que provoca danos ao meio ambiente e aumenta a pobreza e as desigualdades regionais e sociais.

A Conferência das Nações Unidas sobre Meio Ambiente e Desenvolvimento proclamou também o princípio do desenvolvimento sustentável, consagrado como um dos objetivos fundamentais da Declaração do Rio de Janeiro de 1992.

A vinculação do direito ao meio ambiente sadio e desenvolvimento com a teoria dos direitos humanos, o que indica uma visão antropocêntrica do conceito de desenvolvimento sustentável, está claramente expressa no Princípio 1, da Declaração do Rio de Janeiro, quando dispõe que: "Os seres humanos estão no centro das preocupações com o desenvolvimento sustentável. Têm direito a uma vida saudável e produtiva, em harmonia com a natureza".

Já o princípio 5, da Declaração do Rio de Janeiro, demonstra a necessidade de os Estados e todas as pessoas envidarem esforços na tarefa de erradicar a pobreza[71] como requisito indispensável do desenvolvimento sustentável e para a melhoria da qualidade de vida da maioria dos povos do mundo. Reforçando a relação entre direitos humanos e meio ambiente, ressalta que o direito ao desenvolvimento deve ser exercido de forma tal que responda eqüitativamente às necessidades ambientais e de desenvolvimento das gerações presentes e futuras[72].

O objetivo de alcançar o desenvolvimento sustentável, configurado este como um direito humano fundamental[73], representa a harmonização das exigências do desenvolvimento econômico e social com os imperativos da proteção do meio ambiente[74], sempre visando a presente e as futuras gerações. O desenvolvimento é uma necessidade do ser humano. No entanto, o mesmo deve ser limitado pela proteção do meio ambiente, este também como um direito humano fundamental. A proteção ambiental, portanto, não pode ser considerada de forma isolada, mas deve constituir parte integrante do processo de desenvolvimento[75].

---

[71] A Convenção sobre a Diversidade Biológica, celebrada também no Rio de Janeiro em 1992, reconheceu, como uma das prioridades dos países em desenvolvimento, a erradicação da pobreza (preâmbulo).

[72] Cf. Princípio 3 da Declaração Sobre o Meio Ambiente e o Desenvolvimento.

[73] Cf. José Juste Ruiz. Op. cit, p. 24.

[74] Idem, p. 21.

[75] Cf. Princípio 4 da Declaração do Rio de Janeiro.

Posto isso, o conceito de desenvolvimento sustentável indica que há necessidade de reorientação das políticas econômicas dos Estados, em níveis universal, regional e local, para conseguir um desenvolvimento compatível com a preservação do meio ambiente, sempre com a preocupação de preservação das condições necessárias para que as gerações futuras também se desenvolvam e satisfaçam as suas necessidades. Em outras palavaras: somente através do desenvolvimento sustentável, com a diminuição das diferenças sociais e regionais, erradicação da pobreza extrema e, por conseguinte, com a preservação do meio ambiente, o direito a uma vida digna, para a presente e futuras gerações, tornar-se-á uma realidade para milhões de miseráveis, sobretudo existentes no hemisfério Sul. Isoladamente, nenhuma nação alcançará esses objetivos, mas "todos juntos podemos fazê-lo em uma associação mundial para um desenvolvimento sustentável"[76]. Vale dizer, para que os países pobres possam crescer, reduzindo, assim, a pobreza e as desigualdades regionais e promovendo o desenvolvimento sem a degradação do ambiente, a cooperação internacional se revela de fundamental importância[77].

Em epítome, o informe Brundtland, a declaração do Rio de Janeiro e a Agenda 21 trouxeram à compreensão mundial que o desenvolvimento deve ser sustentável, de maneira que a proteção ambiental, o desenvolvimento econômico e o desenvolvimento social estejam "lado a lado", com o objetivo de diminuir as diferenças sociais, garantir um ambiente sadio e implementar as condições necessárias para uma vida com dignidade.

Após a Declaração do Rio de Janeiro em 1992, a Declaração de Direitos Humanos de Viena reiterou a concepção de unidade e indivisibilidade dos direitos humanos, quando, em seu parágrafo 5.º, prelecionou:

---

[76] Cf. Preâmbulo da Agenda 21. A Agenda 21 é um programa de ação global, subscrito durante a a ECO/92 – Conferência das Nações Unidas sobre o Meio Ambiente e Desenvolvimento –, que, apesar de sua característica de instrumento internacional não vinculante, constituiu um plano de ação dirigido à comunidade internacional para alcançar o desenvolvimento sustentável.

[77] A Declaração sobre o Estabelecimento de uma Nova Ordem Econômica Internacional já concebia a cooperação internacional como um dever de todos os Estados (Assembléia Geral das Nações Unidas, Resolução 3201 (S-IV), de 1 de Maio de 1974, ponto 3). No mesmo sentido o princípio 12, da Declaração do Rio de Janeiro de 1992, prescreve que os "Estados deveriam cooperar na promoção de um sistema econômico internacional favorável e aberto que conduziria ao crescimento econômico e ao desenvolvimento sustentável de todos os países, a fim de abordar da melhor forma os problemas da degradação ambiental..."

430 *Estudos de Direito Europeu e Internacional dos Direitos Humanos*

"todos os direitos humanos são universais, interdependentes e inter-relacionados. A comunidade internacional deve tratar os direitos humanos globalmente de forma justa e equitativa, em pé de igualdade e com a mesma ênfase". A Declaração de Viena reafirmou, ainda, a interdependência entre os valores de direitos humanos, democracia e desenvolvimento[78].

Em 1996, a Comissão de Direitos Humanos estabeleceu, por via da resolução n.º 1996/15, de 11 de Abril, um Grupo Intergovernamental de Peritos, para elaborar estudos com vistas a aplicar e promover o direito ao desenvolvimento. Após um ano, em 16 de Abril de 1997, a Comissão, por intermédio da resolução 1997/72, reafirmou que o direito ao desenvolvimento é parte integrante dos direitos humanos fundamentais de todas as pessoas e todos os povos. Reconheceu, ainda, que "a Declaração sobre o desenvolvimento cria um vínculo indissolúvel entre a Declaração Universal de Direitos do Homem e a Declaração e Programa de Ação de Viena (...) porque contém uma visão global que associa os direitos econômicos, sociais e culturais com os direitos civis e políticos"[79].

Com relação aos documentos internacionais de proteção dos direitos humanos, podemos extrair do artigo 28.º, da Declaração Universal dos Direitos do Homem, o principal fundamento para reconhecer o direito ao desenvolvimento como direito humano, como expressamente mencionado no preâmbulo da Declaração sobre o Direito ao Desenvolvimento. Ao afirmar que "toda pessoa tem direito a que reine, no plano social e no plano internacional, uma ordem capaz de tornar plenamente efetivos os direitos e as liberdades enunciados na presente declaração" (artigo 28.º), a Declaração Universal dos Direitos do Homem embasa a concepção de que o desenvolvimento econômico, social, cultural e político deve visar a eliminação das violações de direitos humanos, com a consequente melhora do bem-estar de todas as pessoas.

O Pacto Internacional de Direitos Econômicos, Sociais e Culturais, como algures expendido, reconhece expressamente o direito dos povos a assegurar livremente o seu desenvolvimento econômico, social e cultural (artigo 1.º). Outrossim, uma interpretação baseada na unidade e indivisibilidade dos direitos humanos, aliada a uma leitura atenta dos artigos 11.º e 12.º, do referido pacto internacional, leva-nos a reconhecer que,

---

[78] Cf. Flávia Piovesan. Direito ao Desenvolvimento. Disponível em «http://www.conectasur.org/dir_desenvolvimento.pdf». Acesso em 17 de Agosto de 2003.
[79] Cf. Mercedes Franco Del Pozo. Op. cit., p. 58

Os Direitos Humanos ao Meio Ambiente e ao Desenvolvimento ...   431

para os Estados concederem condições básicas de vida para todas as pessoas e suas famílias, "incluindo alimentação, vestuário e alojamento suficientes" (artigo 11.º, n.º 1); assim como para adotar medidas necessárias para proteger o direito fundamental de "todas as pessoas estarem ao abrigo da fome" (artigo 11.º, n.º 2); e, ainda, para efetivar "o direito de todas as pessoas de gozar do melhor estado de saúde (…) (artigo12.º), há necessidade dos Estados implementarem e garantirem o direito ao desenvolvimento, nos termos da Declaração sobre o Direito ao Desenvolvimento e a Declaração do Rio de Janeiro. Vale dizer, somente será possível o pleno exercício dos direitos reconhecidos no referido Pacto, se os Estados, isoladamente ou em cooperação com os demais, buscarem um desenvolvimento sustentável.

Destarte, não se pode falar em nível de vida suficiente para todas as pessoas, ou condições de existência digna, ou proteção contra a fome, ou garantia do gozo do melhor estado de saúde, sem um desenvolvimento sustentável, no qual o nível de desenvolvimento sócio-econômico esteja fundado na proteção da igualdade e da dignidade da pessoa humana, aliado à garantia de um meio ambiente sadio. Não existe vida digna sem um desenvolvimento voltado à proteção do ser humano e que busque alcançar a igualdade real entre todas as pessoas. Não há saúde, nem vida, sem um meio ambiente sadio.

Nessa linha de raciocínio, o desemprego, a pobreza, a fome, a falta de serviços básicos de saúde e educação, são incompatíveis com o direito ao desenvolvimento e representam violações aos direitos humanos[80].

No que tange à Convenção Americana sobre os Direitos Humanos e o seu protocolo adicional em matéria de direitos econômicos, sociais e culturais, não há menção expressa sobre direito ao desenvolvimento. Todavia, a implementação dos direitos à saúde (artigo 10.º), ao meio ambiente (artigo 11.º), à alimentação (artigo 12.º), à educação (artigo 13.º), à uma adequada alimentação às crianças e adolescentes (artigo 15.º, n.º 3 al. b), à proteção dos hipossuficientes – crianças, anciãos e deficientes – (artigos 16.º, 17.º, 18.º), relaciona-se diretamente com o processo de desenvolvimento de cada país. Assim, o nível insuficiente de desenvolvimento constitui uma das fontes de dificuldades na realização desses

---

[80] Cf. A. A. Cançado Trindade. Op. cit., p. 179. Segundo o mesmo autor "a pobreza e o subdesenvolvimento equivalem a uma denegação da totalidade dos direitos humanos – civis, políticos, econômicos, sociais e culturais".

432   *Estudos de Direito Europeu e Internacional dos Direitos Humanos*

direitos. Por ilação, os Estados contratantes devem implementar o direito ao desenvolvimento como forma de garantia dos direitos econômicos, sociais e culturais previstos no aludido protocolo. Além disso, a estreita relação que existe entre a vigência dos direitos econômicos, sociais e culturais e a dos direitos civis e políticos, constituindo ambas "categorias" um todo indissolúvel, como previsto no preâmbulo do protocolo de San Salvador de 1988, impõe a garantia de um desenvolvimento sustentável, de molde que os Estados, isoladamente e em cooperação com os demais, busquem alcançar a vigência plena dos direitos humanos.

O direito ao desenvolvimento configura-se, assim, como direito universal e inalienável e como parte integrante dos direitos humanos fundamentais, que deve realizar-se de maneira a garantir um meio ambiente sadio, satisfazendo, com isso, as necessidades básicas de todas as pessoas. O direito ao desenvolvimento sustentável surge da unidade desses elementos, direito ao desenvolvimento e direito ao meio ambiente sadio, tendo como objetivo principal a promoção e proteção de uma vida digna para a presente e futuras gerações.

No entanto, os documentos internacionais de proteção do meio ambiente e desenvolvimento, com vistas a alcançar o desenvolvimento sustentável, tem se demonstrado pouco eficientes na consecução do seu mister (garantir uma vida digna para todas as pessoas). Após 10 anos da Declaração do Rio de Janeiro, realizou-se, em 2002, a cúpula de Joanesburgo. Dados da própria ONU demonstravam que os documentos celebrados no Rio de Janeiro pouco alteraram a realidade do desenvolvimento sócio-econômico da população mundial e da proteção do meio ambiente. Como exemplo, basta citar que, segundo o relatório, mais de um bilhão e duzentas milhões de pessoas ganhavam menos de US$ 1 dólar por dia; a cada ano, três milhões de pessoas morriam de doenças causadas pela poluição; a falta de saneamento básico era a causa da morte de mais de dois milhões e duzentas mil pessoas; na década de noventa foram destruídos noventa milhões de hectares de florestas no planeta, o que representa 2,4% da área total de florestas existentes no mundo.

Além do desestimulante quadro traçado pelo relatório "Desafios Globais, Oportunidades Globais", da ONU, os Estados Unidos da América lideravam uma espécie de contra-reforma aos avanços ambientais alcançados na década anterior. Desde a sua posse como presidente, George W. Bush demonstrou-se disposto a inviabilizar a participação dos Estados Unidos da América na cooperação internacional para o desenvolvimento sustentável. Prova desse *animus* foi a decisão de rejeitar o Protocolo de

Os Direitos Humanos ao Meio Ambiente e ao Desenvolvimento ...   433

Quioto e de não participar da conferência de Joanesburgo, esvaziando, assim, a reunião que discutiu o desenvolvimento sustentável.

Apesar das dificuldades e das pressões dos países ricos, que pareciam menos comprometidos com o desenvolvimento sustentável, a Conferência de Joanesburgo, cujos objetivos eram identificar as razões pelas quais se avançou tão pouco na implementação dos compromissos assumidos em 1992 e identificar medidas que pudessem ser tomadas com o objetivo de viabilizar sua realização, apresentou dois documentos que seriam acordados por todos os países pertencentes às Nações Unidas: o Plano de Implementação e a Declaração Política.

A Declaração Política, denominada "O Compromisso de Joanesburgo sobre o Desenvolvimento Sustentável" reafirma princípios acordados em Estocolmo e no Rio de Janeiro; conclama aos países desenvolvidos o compromisso de aliviar a dívida externa dos países em desenvolvimento e de aumentar a assistência financeira para os países pobres; reconhece, ainda, que o desequilíbrio e a má distribuição de renda estão no cerne do desenvolvimento insustentável.

Já o Plano de Implementação buscava alcançar três objetivos: a erradicação da pobreza, a mudança dos padrões insustentáveis de produção e consumo e a produção dos recursos naturais. Visando cumprir esses escopos, o Plano de Implementação apresentou algumas diretrizes e determinações para os Estados, a saber: a) erradicação da pobreza, com a redução, até 2015, pela metade do número de pessoas com renda inferior a US$ 1 por dia; b) redução também pela metade da proporção de pessoas com fome; c) cooperação internacional para diminuir o verdadeiro "abismo" que separa os países desenvolvidos e os em desenvolvimento e subdesenvolvidos; d) criação de um Fundo Mundial para a Erradicação da Pobreza e Promoção do Desenvolvimento Social e Humano nos países em desenvolvimento; e) garantir, até 2015, a educação primária para todas as crianças, de forma a habilitá-las a completar oito anos de educação fundamental.

Não se pode olvidar que, para alcançar esses objetivos e cumprir essas determinações, há necessidade de cooperação internacional, sobretudo disposição de recursos pelos países desenvolvidos para auxiliar os países em desenvolvimento. Nessa questão, o capítulo 9, do Plano de Implementação, recomendou que os países desenvolvidos aplicassem 0,7% do Produto Interno Bruto em assistência aos países em desenvolvimento. No entanto, durante a Conferência Internacional sobre o Financiamento ao Desenvolvimento, realizada em Monterrey, México, em Março de 2002, restou demonstrado que, no período de 1992 a 2002, os países ricos aplicaram apenas 0,22 % do PIB em auxílio às nações em desenvolvimento.

434 Estudos de Direito Europeu e Internacional dos Direitos Humanos

Realmente, o resultado final da reunião, denominado Consenso de Monterrey, apontou para uma derrota no combate à pobreza.

Analisando o quadro acima traçado, constata-se que pouco se evoluiu no plano internacional para garantir o direito ao desenvolvimento como direito humano inalienável, porquanto não se logrou alcançar um desenvolvimento sustentável, que buscasse equilibrar um desenvolvimento econômico e social com a proteção do meio ambiente. Os dados demonstram que a degradação ambiental aumentou e a situação de pobreza da maioria da população dos países em desenvolvimento e subdesenvolvidos persiste, mantendo-se as diferenças sociais e regionais. Para agravar essa situação, os países desenvolvidos, sobretudo os Estados Unidos da América, não cumprem o dever de cooperação internacional para reduzir esses índices nefastos. Esses fatores constituem óbices à melhoria de qualidade de vida da população mundial.

Destarte, para mudar esse contexto e alcançar o desenvolvimento sustentável e, por via de consequência, defender os direitos humanos, numa perspectiva de unidade, indivisibilidade, inter-relação e interdependência dos direitos civis e políticos e dos direitos econômicos, sociais e culturais, ou dos direitos de primeira, segunda e terceira dimensões, há necessidade de uma nova interpretação do direito internacional do meio ambiente e do direito ao desenvolvimento, ambos como direitos humanos inalienáveis, a fim de garantir o próprio direito fundamental à vida, este numa dimensão ampla.

3 – Os Direitos Humanos ao Meio Ambiente e ao Desenvolvimento como meios de Proteção ao Direito Fundamental à Vida em sua ampla dimensão

O direito humano fundamental à vida em sua ampla dimensão significa o direito a um nível de vida adequado com a condição humana, o que implica a garantia não apenas de subsistência, mas também de uma vida com qualidade e que preserve a dignidade da pessoa humana.

O supremo Tribunal de Justiça de Portugal, no acórdão de 2 de Julho de 1996, cita outra decisão do mesmo Tribunal, proferida em 26 de Abril de 1995, na qual afirma que "não pode entender-se o direito à vida sem uma componente essencial que é do direito à qualidade de vida"[81].

---

[81] Acórdão publicado na Revista da Ordem dos Advogados, n.º 56, Agosto de 1996. Lisboa: Centro Editor Livreiro da Ordem dos Advogados, p. 667-682.

Os Direitos Humanos ao Meio Ambiente e ao Desenvolvimento ...   435

Para a proteção efetiva do direito à vida em sua ampla dimensão, que denominaremos de direito a uma vida digna, devemos partir da premissa da concepção contemporânea de proteção dos direitos humanos, que teve início com a Declaração Universal dos Direitos do Homem, a qual prega a unidade, indivisibilidade, inter-relação e interdependência dos direitos econômicos, sociais e culturais, e dos direitos civis e políticos (como demonstrado amiúde no capítulo 2). Essa concepção implica reconhecer também que a classificação dos direitos civis e políticos como direitos de defesa, em razão de gerarem exclusivamente obrigações negativas, e dos direitos econômicos, sociais e culturais como direitos à prestação, por exigirem prestações positivas dos Estados, não encontra mais fundamento nos documentos internacionais de direitos humanos. Tal ilação tem por espeque a constatação de que, tanto os direitos civis e políticos como os direitos econômicos, sociais e culturais, exigem para a sua implementação, concretização e proteção obrigações de abstenção e de ação por parte dos Estados.

Analisando os artigos 3.º[82] e 25.º[83], da Declaração Universal dos Direito do Homem, artigo 6.º, n.º 1[84], do Pacto Internacional de Direitos Civis e Políticos, e os artigos 11.º e 12.º, do Pacto Internacional de Direitos Econômicos, Sociais e Culturais, dessume-se que, para a proteção do direito à vida, entendido este como direito humano básico ou fundamental, impõe-se obrigações positivas (*facere*) e negativas (*non facere*) por parte dos Estados. Essas obrigações podem ser assim definidas: a) obrigação de abstenção (obrigação negativa) por parte dos Estados de condutas que possam colocar em risco o direito à vida; b) obrigação dos Estados de proteger a vida das pessoas contra ataques de terceiros, mediante um agir positivo, consistente na elaboração de atos normativos ou na prestação de atos que impeçam a privação arbitrária da vida; c) obrigação dos Estados de intervir para implementar e concretizar as políticas públicas necessárias à proteção e preservação da vida humana. Essa última obri-

---

[82] Artigo 3.º, da Declaração Universal dos Direitos do Homem: "todo indivíduo tem direito à vida, à liberdade e à segurança pessoal".

[83] Artigo 25.º, da Declaração Universal dos Direitos do Homem: "toda a pessoa tem direito a um nível de vida suficiente para lhe assegurar e à sua família a saúde e o bem-estar, principalmente quanto à alimentação, ao vestuário, ao alojamento, à assistência médica e ainda quanto aos serviços sociais necessários..."

[84] O artigo 6.º, n.º 1, do Pacto Internacional de Direitos Civis e Políticos, prescreve: "O direito à vida é inerente à pessoa. Este direito deve ser protegido pela lei: ninguém pode ser arbitrariamente privado da vida".

436 *Estudos de Direito Europeu e Internacional dos Direitos Humanos*

gação gera "o direito de todo ser humano de dispor dos meios apropriados de subsistência e de um padrão de vida decente (preservação da vida, direito de viver)"[85].

O Comitê de Direitos Humanos da ONU, ao interpretar a norma do artigo 6.º do Pacto Internacional de Direitos Civis e Políticos preceitua que o "direito à vida inerente à pessoa" não pode ser interpretado de maneira restritiva. Os Estados contratantes, prossegue o Comitê, devem realizar ações positivas para a proteção do direito à vida, adotando "todas as medidas possíveis para reduzir a mortalidade infantil e incrementar as expectativas de vida, especialmente procurando eliminar a desnutrição e as epidemias"[86].

No mesmo sentido, o direito ao meio ambiente também impõe várias obrigações ao Estado, o que levou Robert Alexy a reconhecer que esse direito é um exemplo de um "direito fundamental como um todo", pois está constituído por um "feixe de posições muito distintas". Esse feixe de variadas posições representa, na verdade, as obrigações que os Estados têm em relação ao titular do direito fundamental ao meio ambiente. Segundo o autor alemão, pode-se incluir no aludido feixe "um direito a que o Estado omita determinadas intervenções no meio ambiente (direito de defesa)"; um direito a que o Estado intervenha e proteja o titular do direito ao meio ambiente da ação arbitrária de terceiros, que possa causar danos a esse direito humano fundamental (direito de proteção); e um direito a que o Estado "realize medidas fáticas tendentes a melhorar o meio ambiente (direito a uma prestação fática)"[87].

Ousamos ir além e afirmar que, do direito ao desenvolvimento, também decorrem obrigações negativas ao Estado, consistentes, por exemplo, em não intervir na livre iniciativa privada, assim como obrigações positivas, consistentes em implementar as políticas econômicas e sociais necessárias para a erradicação da pobreza, da fome e da miséria, e garantir o acesso de todos à educação, saúde e habitação.

Impende concluir que, se tomarmos como fundamento as obrigações que o direito à vida, em sua ampla dimensão, o direito ao meio ambiente

---

[85] Cf. A. A. Cançado Trindade. O autor conclui afirmando que "o direito fundamental à vida (…) fornece uma ilustração eloquente da interrelação e indivisibilidade de todos os direitos humanos (op. cit., p. 73).

[86] Cf. Victor Abramovich e Christian Courtis. Los derechos sociales como derechos exigibles. Madrid: Editorial Trota, 2002, p. 201.

[87] Teoria de Los Derechos Fundamentales. 2.ª reimpressão. Madrid: Centro de Estudios Políticos y Constitucionales, 2001, p. 429.

Os Direitos Humanos ao Meio Ambiente e ao Desenvolvimento ... 437

e o direito ao desenvolvimento geram aos Estados, esses direitos poderiam ser classificados como direitos civis e políticos e/ou direitos econômicos, sociais e culturais, uma vez que, para a sua implementação e proteção, os instrumentos internacionais exigem obrigações positivas e negativas por parte dos Estados. Assim, os direitos à vida, ao meio ambiente e ao desenvolvimento como direitos civis e políticos e como direitos econômicos, sociais e culturais caracterizam-se como um complexo de obrigações positivas e negativas que devem ser cumpridas pelos Estados.

A concepção contemporânea de unidade, indivisibilidade, inter-relação e interdependência dos direitos humanos provocou uma nova interpretação do direito à vida, movendo-o de um enfoque tradicional, que o entendia apenas como direito civil e político, para um enfoque mais amplo, que o coloca como direito civil e político e direito econômico, social e cultural. Da mesma forma, a concepção contemporânea fundamenta a colocação dos direitos ao meio ambiente e ao desenvolvimento não apenas como direitos de solidariedade, mas também como direitos civis e políticos e econômicos, sociais e culturais

Com essas mudanças, restou firmada a inter-relação do direito à vida e o direito ao desenvolvimento, em um ambiente sadio (direito ao desenvolvimento sustentável), com o escopo de prover as condições mínimas necessárias para garantir um padrão de vida adequado e digno para todas as pessoas que vivem nesta geração e para aquelas que advirão nas gerações futuras.

Da perspectiva de unidade e indivisibilidade dos direitos humanos e da dimensão ampla do direito à vida, extrai-se que o direito a um meio ambiente sadio e o direito ao desenvolvimento configuram-se como corolários daquele direito fundamental. Com efeito, os Estados, isoladamente e em cooperação, têm o dever de evitar danos ambientais, reduzir a pobreza, garantir o acesso de todos ao sistema de saúde, educação, enfim garantir que todas as pessoas e todos os povos tenham o mínimo necessário para uma vida digna.

O direito ao desenvolvimento, em um meio ambiente sadio (desenvolvimento sustentável), deve salvaguardar a vida humana em seu aspecto físico, bem como garantir uma vida digna, com qualidade, de maneira "que valha a pena viver"[88].

Mercedes Franco Del Pozo reconhece que, apesar do direito à vida ser o mais fundamental de todos os direitos, o mesmo é dependente do

---

[88] A. A. Cançado Trindade. Op. cit., p. 76

438   *Estudos de Direito Europeu e Internacional dos Direitos Humanos*

direito humano ao meio ambiente. Acrescenta a autora que, não obstante vida e meio ambiente serem coisas distintas, estão "indissoluvelmente unidas"[89]. Ousamos ir além e afirmar que o direito à vida depende também de um desenvolvimento econômico e social equilibrado, cuja característica seja a preocupação com o ser humano (visão antropocêntrica) e sua relação com o meio ambiente.

Para ilustrar as ponderações expendidas, necessário se faz citar a Declaração de Haia sobre Atmosfera de 1989. Em seu parágrafo 1.º afirma que "o direito de viver é o direito do qual emanam todos os demais direitos", acrescentando que desse direito emana o dever dos Estados, que denomina "comunidade das nações", fazer "tudo o que puder ser feito para preservar a qualidade da atmosfera" com o objetivo de garantir o "direito de viver com dignidade em um meio ambiente global viável" para "as gerações presentes e futuras" (parágrafo 5.º).

É importante ressaltar que a visão antropocêntrica adotada pelos documentos internacionais de preservação do meio ambiente[90] e dos instrumentos que prescrevem o direito ao desenvolvimento colocaram o ser humano como sujeito central da proteção internacional, reafirmando a necessidade de os Estados envidarem todos esforços para eliminar a pobreza, o subdesenvolvimento, a degradação ambiental, a fim de garantir as necessidades humanas básicas para a presente e futuras gerações. O direito fundamental à vida, nessa nova concepção, encontra no desenvolvimento sustentável, o elo entre os domínios do direito internacional dos direitos humanos, o direito ao meio ambiente e o direito ao desenvolvimento. Essa unidade é primordial para a proteção dos direitos humanos e, por conseguinte, imprescindível à proteção de todas as pessoas, todos os povos e da própria humanidade.

Reconhecendo a perspectiva antopocêntrica do direito ao meio ambiente, o acórdão do Supremo Tribunal de Justiça, de 02 de Julho de 1996, prescreve que o "direito ambiental tem dignidade constitucional e insere-se nos direitos fundamentais da personalidade"[91].

---

[89] Op. cit., p. 48.

[90] Cf. Blanca Lozano Cutanda. Derecho Ambiental Administrativo. 2.ª ed. Madrid: Editorial Dynkinson, 2001, p. 57.

[91] Acórdão publicado na Revista da Ordem dos Advogados, n.º 56, Agosto de 1996. Lisboa: Centro Editor Livreiro da Ordem dos Advogados, p. 667-682.

Os Direitos Humanos ao Meio Ambiente e ao Desenvolvimento ...   439

4 – O Direito Fundamental ao Desenvolvimento e ao Meio Ambiente: A aplicação dos documentos de Direito Internacional na ordem jurídica interna

4.1 – Considerações preliminares

Para aplicação do direito internacional do meio ambiente e do desenvolvimento na ordem jurídica interna como normas obrigatórias, impõe-se a superação de um obstáculo, a saber: as normas de direito internacional do meio ambiente e de direito ao desenvolvimento apresentam a característica de normas não vinculantes, denominadas *soft law*[92].

Analisando os instrumentos que compõem o direito internacional do meio ambiente e do desenvolvimento, dessume-se que são, em sua maioria, instrumentos que não possuem, por si mesmos, força obrigatória, tais como, Resoluções, Declarações, Atas finais de conferências internacionais, informes de grupos de peritos[93], etc. Basta conferir a natureza da Declaração sobre Desenvolvimento, a Declaração do Rio de Janeiro, a Declaração de Viena, dentre outras que algures mencionamos. Não obstante entendermos que a característica de não vinculatividade das normas de direito internacional do meio ambiente e de direito ao desenvolvimento dificultar a sua aplicabilidade e eficácia, José Juste Ruiz assevera que os preceitos insertos nos documentos internacionais não obrigatórios são amplamente seguidos pelos Estados e sua vigência se reforça graças aos processos de reiteração e referência constantes, até transformar-se em uma verdadeira regra consuetudinária[94].

Todavia, os grandes desafios do novo século, tais como a proteção do ser humano de maneira eficaz, do meio ambiente, desenvolvimento sustentável, superação da pobreza e da fome, diminuição das desigualdades sociais e regionais, impõem uma reinterpretação de todo o direito internacional, visando enriquecer o universo jurídico-internacional com uma proteção efetiva dos direitos econômicos, sociais e culturais, a fim de garantir a proteção dos direitos humanos.

---

[92] Sobre a característica de *soft law* das normas de direito internacional do meio ambiente vide Paulo Jorge Canelas de Castro. Mutações e Constâncias do Direito Internacional do Meio Ambiente. In Revista Jurídica do Urbanismo e do Ambiente, n.º 2, Dezembro de 1994. Coimbra: Almedina, p. 178 e seguintes.

[93] Cf. José Juste Ruiz. Op. cit., p. 44-45.

[94] Idem, p. 47.

440 *Estudos de Direito Europeu e Internacional dos Direitos Humanos*

Esses desafios não são tão novos, pois basta relembrar que a nova concepção dos direitos humanos iniciada pela Declaração Universal dos Direitos do Homem, reiterada na Proclamação de Teerã de 1968, nas resoluções 32/130 de 1977, 39/145 de 1984, das Nações Unidas, na Declaração sobre o Desenvolvimento de 1986 e na Declaração de Viena de 1993, tinha como objetivo primordial garantir a unidade de direitos civis e políticos e direitos econômicos, sociais e culturais, sempre visando o bem-estar de todas as pessoas. Seguindo essa concepção, a Organização dos Estados Americanos optou pela adoção, em 1988, do Protocolo Adicional à Convenção Americana sobre Direitos Humanos em matéria de Direitos Econômicos, Sociais e Culturais, incorporando um catálogo de direitos econômicos, sociais e culturais ao sistema interamericano de proteção dos direitos humanos.

Isso implica, como já mencionado, considerar equívoca a noção de gerações de direitos no sentido de que uma pretende substituir a outra, ou de que a nova sucede a anterior. Ao contrário, todas as gerações de direitos humanos, a que nós denominados dimensões, completam-se e interagem umas com as outras. Utilizando a expressão de Vasco Pereira da Silva, não existe uma luta entre as gerações ou dimensões, mas o que está em causa é um "convívio de gerações de direitos do Homem"[95].

Nesse contexto, a proteção internacional dos direitos humanos caracteriza-se como um sistema único e indivisível, cujas normas que o compõem são inter-relacionadas e interdependentes. Integram esse sistema normativo internacional os documentos não vinculantes de direito ao meio ambiente e de direito ao desenvolvimento, por duas razões: a) porque os direitos ao meio ambiente e ao desenvolvimento são direitos humanos; b) em virtude dos mesmos serem imprescindíveis para a proteção de outros direitos humanos fundamentais, mormente o direito à vida digna.

Resumindo, os direitos ao meio ambiente e ao desenvolvimento não podem ficar à margem do sistema internacional de proteção dos direitos humanos, como meros direitos enunciados em documentos não vinculantes, porquanto haveria uma cisão na unidade, indivisibilidade, inter-relação e interdependência desse sistema, que, por seu turno, implicaria na ausência de proteção efetiva de todos os direitos humanos fundamentais.

---

[95] Verde Cor de Direito – Lições de Direito do Ambiente. Coimbra: Almedina, 2002, p. 22-23.

Os Direitos Humanos ao Meio Ambiente e ao Desenvolvimento ...   441

Urge salientar que os direitos humanos fundamentais são "absolutos e não podem ser derrogados em nenhuma circunstância (...)", justamente por comporem o "núcleo duro dos direitos humanos"[96].

Portanto, se os direitos ao meio ambiente e ao desenvolvimento são direitos humanos e, ainda, imprescindíveis para a proteção de direitos humanos fundamentais, como o direito à vida digna, faz-se necessário ampliar o núcleo de direitos inderrogáveis, a fim de englobar esses direitos de terceira dimensão.

Ora, ao ampliarmos o núcleo de direitos inderrogáveis, para incluir os direitos ao meio ambiente e ao desenvolvimento[97], em razão do "núcleo duro da normativa internacional (...) corresponder à proteção de interesses fundamentais da humanidade"[98], mormente o direito à vida digna; ao considerarmos que os direitos humanos formam um todo indissolúvel; e, ainda, que a preservação do meio ambiente sadio e um desenvolvimento equilibrado, com a erradicação da fome, da pobreza, das diferenças regionais e sociais, têm um impacto no exercício do direito à vida digna, conclui-se que as normas internacionais sobre meio ambiente e desenvolvimento não seriam mais caracterizadas como *soft law,* mas como *hard law.*

Juan Antonio Carrilo Salcedo prescreve que a Concepção do Direito Internacional que reconhece os direitos humanos fundamentais como o núcleo duro dos direitos humanos, em virtude de protegerem a dignidade intrínseca de todo ser humano, reflete em "distintos setores da ordem internacional – tais como o Direito internacional dos direitos humanos, o Direito internacional do desenvolvimento, ou o Direito Internacional do meio ambiente", produzindo uma realidade normativa nova, segundo a qual esses setores são compostos por "normas imperativas ou de *jus*

---

[96] Nas palavras de Juan Antonio Carrillo Salcedo os direitos humanos fundamentais integram o núcleo duro dos direitos humanos, por representarem a expressão de uma "convicção jurídica universal: a de rechaçar a barbárie" (Soberania de los Estados y Derechos Humanos en Derecho Internacional Contemporâneo. 2.ª ed. Madrid: Editorial Tecnos, 2001, p. 148).

[97] A. A. Cançado Trindade admite que "no futuro (...) os direitos ao desenvolvimento e a um meio-ambiente sadio venham ou possam a vir também a integrar aquele núcleo ´ampliado´ de direitos inderrogáveis (Op. cit., p. 194).

[98] No sentido de reconhecer um núcleo duro nas normas internacionais sobre o meio ambiente José Juste Ruiz. Op. cit., p. 48.

442   *Estudos de Direito Europeu e Internacional dos Direitos Humanos*

cogens, hierarquicamente superiores à normas de Direitos Internacional dispositivo..."[99].

Essa característica de direito vinculante, ou *hard* law, não decorre diretamente dos instrumentos internacionais de proteção do meio ambiente e do direito ao desenvolvimento, justamente em razão desses instrumentos não possuírem, por si mesmos, força obrigatória, mas tem um fundamento indireto, qual seja, as normas vinculantes inseridas nos documentos internacionais de proteção dos Direitos Humanos, mormente a Declaração Universal dos Direitos do Homem, os Pactos Internacionais de Direitos Civis e Políticos e de Direitos Econômicos, Sociais e Culturais, e o Protocolo à Convenção Americana dos Direitos Humanos em Matéria de Direitos Econômicos Sociais e Culturais. Em outras palavras: a unidade, indivisibilidade, inter-relação e interdependência dos direitos humanos admite extrair dos preceitos insertos nos aludidos documentos internacionais o caráter de *hard law* das normas de proteção do direito ao meio ambiente e do direito ao desenvolvimento, com a finalidade de uma proteção efetiva dos direitos humanos fundamentais e a promoção dos meios necessários para alcançar uma vida digna para todas as pessoa e todos os povos, bem como para a presente e futura gerações. Em última análise, a ausência de efetividade e de vinculatividade dos instrumentos internacionais de preservação do meio ambiente e do desenvolvimento seria superada pela proteção indireta desses direitos através dos documentos de proteção dos direitos humanos, como forma de promoção e garantia do direito à uma vida digna.

Tal ilação exsurge da necessidade da proteção efetiva do direito à vida em sua ampla dimensão, que somente se concretizará com a garantia do direito ao meio ambiente sadio e do direito ao desenvolvimentos. O direito à vida digna, em outras palavras, "depende" da preservação do meio ambiente e de um desenvolvimento sustentável. Outrossim, a tese expendida tem por fundamento a natureza de direito humano inalienável do direito ao meio ambiente e do direito ao desenvolvimento, expressamente reconhecida pelo Pacto Internacional de Direitos Econômicos, Sociais e Culturais (artigos 11.° e 12.°), pelo Protocolo Adicional à Convenção Americana sobre Direito Humanos em matéria de direitos econômicos, sociais e culturais (artigos 10.°, 11.°, 12.°, 13.°, 15.°, 16.°, 17.° e 18.°), pela Declaração sobre o Direito ao Desenvolvimento de 1986 e pela Declaração do Rio de Janeiro de 1992, como demonstrámos no capítulo 2.

---

[99] Op. cit., p. 148-150.

Os Direitos Humanos ao Meio Ambiente e ao Desenvolvimento ...   443

Ao analisarmos a concepção da unidade e indivisibilidade dos direitos humanos numa perspectiva negativa, concluiremos que a degradação do meio ambiente sadio, com graves desastres ambientais, desflorestação, incêndios, e a denegação do direito ao desenvolvimento, por via do crescimento do desemprego, da fome, da pobreza, recusa de acesso à educação, saúde, etc., acarretaria, sem dúvida nenhuma, consequências adversas para o exercícios dos direitos civis e políticos e para os direitos econômicos, sociais e culturais, e colocaria em risco o direito à vida digna e o direito à própria sobrevivência da humanidade.

Nunca é fastidioso trazer à colação o entendimento do Supremo Tribunal de Justiça, que, no já mencionado acórdão de 2 de Julho de 1996, reconhece que: "se as condições reais levarem à desarticulação dos meios ambientais que permitam, efectivamente, viver, o direito à vida não passará de uma abstracção teórica de curto prazo"[100]

Posto isso, como negar a natureza de *hard law* aos documentos internacionais de proteção do direito ao meio ambiente e de direito ao desenvolvimento, quando a própria Declaração Universal dos Direitos do Homem prescreve a unidade, indivisibilidade, inter-relação e interdependência dos direitos humanos e quando o próprio direito à vida em sua ampla dimensão depende da eficácia e da efetividade da proteção daqueles direitos humanos fundamentais.

Da característica de obrigatoriedade das normas internacionais relativas aos direitos ao meio ambiente e ao desenvolvimento decorrem obrigações positivas aos Estados, que, se não intervierem, violarão, não as normas internacionais não vinculantes previstas nas Declarações sobre meio ambiente e desenvolvimento, mas os preceitos internacionais de direitos humanos. Com efeito, a interpretação ampla do direito à vida que realiza o Comitê de Direitos Humanos (já mencionado no capítulo 3), em cujo teor confirma que, para a proteção desse direito, há necessidade que os Estados adotem medidas positivas, fundamenta a nossa tese de que a abstenção dos Estados em proteger o meio ambiente (artigo 11.º, do Protocolo à Convenção Americana de Direitos Humanos em Matéria de Direitos Econômicos, Sociais e Culturais) e implementar um desenvolvimento que garanta o direito à vida (artigo 1.º, do Pacto Internacional dos Direitos Civis e Políticos) e o bem-estar de todas pessoas, com condições apropriadas de moradia e alimentação (artigo 11.º, do Pacto Internacional

---

[100] Acórdão publicado na Revista da Ordem dos Advogados, n.º 56, Agosto de 1996. Lisboa: Centro Editor Livreiro da Ordem dos Advogados, p. 667-682.

444 *Estudos de Direito Europeu e Internacional dos Direitos Humanos*

de Direitos Econômicos, Sociais e Culturais) e preservando o direito de desfrutar do mais alto nível possível de saúde física e mental (artigo 12.°, do Pacto Internacional de Direitos Econômicos, Sociais e Culturais), provoca a violação dos direitos humanos, pois não concede a toda a pessoa "o direito a que reine, no plano social e no plano internacional, uma ordem capaz de tornar plenamente efetivos os direitos e as liberdades fundamentais (...)" (artigo 28.°, da Declaração Universal dos Direitos do Homem).

Malgrado não ser objeto do nosso estudo, necessário se faz analisar, de forma sucinta, o sistema Europeu de proteção dos direitos humanos, que nos demonstra alguns exemplos úteis de como pode ser utilizada a estratégia de proteção do direito ao meio ambiente por intermédio da proteção de um direito civil e político.

Primeiramente, é necessário ressaltar que a Convenção Européia, incluídos os seus protocolos adicionais ou de emenda, não se refere expressamente ao direito do homem ao meio ambiente. À vista dessa constatação, a Comissão e o Tribunal Europeu admitem a proteção do meio ambiente através da invocação indireta ou por "ricochete" de outros direitos. Os direitos mais invocados para fundamentar essa proteção mediata do meio ambiente é o direito ao respeito dos bens e da propriedade (artigo 1.° do Protocolo n.° 1) e do direito ao respeito da vida privada e familiar (artigo 8.° da Convenção Européia dos Direitos do Homem)[101].

No caso Guerra e outros vs. Itália, queixa n.° 1496/89, a sentença proferida em 19 de Fevereiro de 1998 concluiu que: "(...) o artigo 8.° da Convenção Européia dos Direitos do Homem se deveria aplicar ao caso, devido à incidência direta das emissões nocivas sobre o direito dos requerentes ao respeito da vida privada e familiar". Outrossim, o Tribunal reconheceu que o disposto no artigo 8.° da Convenção Européia dos Direitos do Homem impõe ao Estado obrigações positivas, de *facere*,

---

[101] Cf. Mário de Melo Rocha. O autor justifica a posição da jurisprudência internacional na "noção de que o direito ao ambiente equilibrado e são releva em bloco de uma categoria diferente de direitos – em relação aos direitos civis e políticos – pois diz respeito a nada menos que a autopreservação e a autoperpetuação, noções que se pode dizer precedem todos os governos e todas as constituições" (A Avaliação de Impacto Ambiental como princípio do direito do ambiente nos quadros internacional e Europeu. Porto: Publicações Universidade Católica, 2000, p. 261-262). Ao mencionar a autopreservação e a autoperpetuação, o autor reconhece indiretamente que o direito ao meio ambiente é imprescindível para a proteção do direito à vida e à garantia de sobrevivência.

Os Direitos Humanos ao Meio Ambiente e ao Desenvolvimento ...   445

"que são inerentes ao respeito da vida privada e familiar"[102]. O Tribunal, ademais, considerou violado o artigo 8.º, da Convenção Européia dos Direitos do Homem, em razão do Estado Italiano não ter cumprido sua obrigação de garantir o direito ao respeito da vida privada e familiar.

O caso Guerra e outros é de suma importância para o nosso estudo porque, primeiro, demonstra a defesa do meio ambiente por via indireta ou mediata do artigo 8.º da Convenção Européia dos Direitos do Homem, e, segundo, em virtude de reconhecer que, para uma defesa efetiva do direito ao respeito da vida privada e familiar, há uma obrigação positiva, de *facere,* dos Estados. Donde se infere que a abstenção dos Estados viola o referido preceito e, por conseguinte, "um simples não acto se pode revelar atentatório do normativo o que, sem dúvida, consubstancia um precedente jurisprudencial da máxima importância na matéria ambiental"[103].

Tal decisão realmente é emblemática, porquanto, ao trazermos os argumentos expendidos no acórdão para a questão em debate, chegaremos à conclusão que é juridicamente possível a defesa do meio ambiente e do direito ao desenvolvimento por via indireta, isto é, por intermédio da proteção do direito à vida digna. Como corolário da proteção do direito à vida digna é também possível fundamentar a obrigação positiva dos Estados (*de facere)* no sentido de implementar as medidas necessárias para a proteção do meio ambiente e do direito ao desenvolvimento. Com isso, os Estados estariam obrigados, por exemplo, a impedir a degradação ambiental, os incêndios florestais, como forma de preservação do meio ambiente; assim como acabar com a fome, a pobreza, garantir o acesso de todas as pessoas à educação, saúde, habitação, reduzir as desigualdades sociais e regionais, enfim garantir uma vida digna para todos os indivíduos e para todos os povos, como forma de implementar um desenvolvimento sustentável. A obrigação de *facere* teria como razão última a proteção do direito à vida. Constatado o não cumprimento da obrigação pelos Estados (inação, *non facere)*, estes incorreriam em violação dos preceitos internacionais de direitos humanos.

No mesmo sentido, Victor Abramovichs e Christian Courtis prescrevem que "o sistema europeu também tem utilizado o direito à vida como uma forma de proteger interesses vinculados ao direito à saúde e de

---

[102] Cf. Análise de Mário de Melo Rocha. Op. cit., p. 285-290.
[103] Idem, p. 290.

446 *Estudos de Direito Europeu e Internacional dos Direitos Humanos*

exigir ao Estado obrigações positivas de proteção". Para demonstrar o alegado, os autores argentinos citam o caso LCB versus Reino Unido, no qual o Tribunal Europeu de Direitos Humanos afirma que o parágrafo primeiro do artigo 2.º da Convenção Europeia obriga os Estados não somente a absterem-se de privar alguém intencional e ilegalmente de sua vida, mas também a agir e adotar medidas apropriadas para garantir a vida[104].

Para alcançarmos a proteção efetiva do direito à vida em sua ampla dimensão são necessárias ainda duas medidas: a) cooperação dos Estados, sobretudo dos países desenvolvidos do Norte em auxílio aos países em desenvolvimento e subdesenvolvidos do Sul[105]; e b) que a nova concepção de Direito Internacional do meio ambiente e do desenvolvimento, ambos como direitos humanos e corolários do direito à uma vida digna, seja aplicada no Direito Interno dos Estados, com o escopo de satisfazer as necessidades humanas básicas, porquanto "o direito internacional (...) somente é verdadeiramente eficaz se aplicado por meio do Direito Interno dos Estados"[106].

4.2 – Aplicação das normas de direito internacional do meio ambiente e desenvolvimento em países integrantes do sistema interamericano de proteção dos direitos humanos: Brasil e Argentina

4.2.1 – Aplicação do direito internacional no Brasil

Com o reconhecimento, no plano internacional, da unidade, indivisibilidade, inter-relação e interdependência do direito ao meio ambiente sadio, do direito ao desenvolvimento e do direito à vida digna, criou-se um direito subjetivo de todas as pessoas e todos os povos, consistente em viver em condições ambientais sadias e com respeito à sua dignidade.

---

[104] In Los Derechos Sociales como Derechos Exigibles..., op. cit., p. 205.

[105] No Comentário Geral n.º 3, parágrafo 14, o Comité do Pacto Internacional de Direitos Económicos, Sociais e Culturais afirma que "a cooperação internacional para o desenvolvimento e, portanto, para a efetividade dos direitos económicos, sociais e culturais, é uma obrigação de todos os Estados. Corresponde particularmente aos Estados que estão em condições de ajudar aos demais a este respeito" (texto extraído da obra de Juan António Carrillo Salcedo. Op. cit., p. 154).

[106] Cf. Manuel Diez Velasco. Op. cit., p. 632.

Os Direitos Humanos ao Meio Ambiente e ao Desenvolvimento ...   447

Logo, o subdesenvolvimento, a pobreza extrema e a fome constituem violações a esse direito subjetivo público. Dessa concepção internacional decorrem também obrigações correlatas dos Estados, tanto em nível nacional como internacional, consistentes na implementação das medidas necessárias para a concretização do direito ao desenvolvimento e do direito ao meio ambiente sadio.

Todavia, para que a proteção ao meio ambiente e a garantia do desenvolvimento sejam eficazes é necessário reconhecer a sua proteção jurídica subjetiva no plano nacional, "mediante o recurso aos direitos fundamentais"[107]. Vale dizer, inserir no plano nacional os preceitos internacionais de Direitos Humanos, que consagraram a unidade, indivisibilidade, inter-relação e interdependência dos direitos ao meio ambiente, desenvolvimento e do direito à vida digna, admitindo, com isso, a invocação das normas de direito internacional na ordem jurídica interna.

Para alcançar esse objetivo é primordial que o direito interno do Brasil recepcione o Direito Internacional dos Direitos Humanos como verdadeiros direitos fundamentais, concedendo-lhe hierarquia de norma constitucional.

Tendo em vista que o Direito Constitucional do Brasil sofreu grande influência do Direito Constitucional de Portugal, faz-se mister analisar, de forma rápida, alguns preceitos do direito lusitano.

O artigo 16.º, n.º 2, da Constituição da República Portuguesa prescreve que "os preceitos constitucionais e legais relativos aos direitos fundamentais devem ser interpretados e integrados de harmonia com a Declaração Universal dos Direitos do Homem". O Constituinte elevou os princípios enunciados na Declaração das Nações Unidas de princípios gerais de direito internacional em princípios de Direito Constitucional Português[108]. Os princípios da Declaração Universal integram, portanto, a Constituição Portuguesa, em sua acepção formal, não obstante existirem abalizadas opiniões que a integram no conceito material de direitos fundamentais[109].

---

[107] No mesmo sentido Vasco Pereira da Silva. Op. cit. p. 28.

[108] Cf. Jorge Miranda, Manual de Direito Constitucional, Tomo IV. 3.ª ed. Coimbra: Coimbra editora, 2000, p. 131

[109] Cf. Jorge Miranda, op. cit., p. 38. Em outra oportunidade, o insigne constitucionalista, ao analisar ao artigo 16.º, n.º 2, da Constituição, preleciona que as prescrições da Declaração Universal "(...) pertencem à Constituição em sentido material, que integram a idéia de Direito à luz da qual todas as normas constitucionais – e, por conseguinte, toda a ordem jurídica portuguesa – têm de ser pensadas e aplicadas; torna

448   *Estudos de Direito Europeu e Internacional dos Direitos Humanos*

A Declaração Universal vale enquanto parte integrante da Constituição formal portuguesa. Sua força jurídica foi constitucionalizada pela norma do artigo 16.°, n.° 2. Assim, os preceitos constitucionais relativos a direitos fundamentais têm como padrão interpretativo a Declaração Universal dos Direitos do Homem. Dessa exigência de subordinação da interpretação dos direitos fundamentais à Declaração Universal dos Direitos do Homem depreende-se, segundo o professor Paulo Otero, o valor supraconstitucional da Declaração Universal[110].

Malgrado não existir na Constituição do Brasil norma semelhante à prevista no artigo 16.°, n .° 2, da Constituição portuguesa, há entendimento de que o artigo 5.°, parágrafo 2.°, daquela Constituição, impõe o dever de uma interpretação dos direitos fundamentais sintonizada com o teor da Declaração Universal dos Direitos do Homem[111].

Por força também do artigo 5.°, parágrafo 2.°, da Constituição Federal do Brasil, o Constituinte inseriu uma *cláusula aberta ou de não tipicidade* de direitos fundamentais[112]. Ou, nas palavras de Gomes Canotilho, o aludido preceito é uma "norma de *fattispecie* aberta"[113].

Em virtude dessa cláusula aberta, as regras de direito internacional integram a ordem jurídica constitucional como direitos materialmente fundamentais. A questão que surge é a seguinte: qual a posição hierárquica das regras de direito internacional em relação ao direito interno?

Sem adentrarmos à discussão acerca das concepções monista e dualista[114], em razão de não representar objeto do nosso estudo, é mister

---

patente que nelas se encontra o conjunto de valores que dá sentido àquelas normas (A Declaração Universal e os Pactos Internacionais de Direitos do Homem. Lisboa: Livraria Petrony, 1977, p. XXX).

[110] Cf. Paulo Otero. Declaração Universal dos Direitos do Homem e Constituição: A Inconstitucionalidade de Normas Constitucionais. Revista o Direito. Lisboa: Associação Promotora de "O Direito", 1990 (Janeiro-Março), p. 603-619.

[111] Cf. Ingo Wolfgang Sarlet citando o entendimento do professor Juarez Freitas. A eficácia dos Direitos Fundamentais. 3.ª ed. Porto Alegre: Livraria do Advogado, 2003, p. 92.

[112] Cf. Jorge Miranda. Manual de Direito Constitucional, Tomo IV, op. cit., p. 162.

[113] Gomes Canotilho. Direito Constitucional e Teoria da Constituição. 4.ª ed. Coimbra: Almedina, 2000, p. 373

[114] Alguns doutrinadores entendem que não há mais sentido na "disputa" entre as teorias monista e dualista, em virtude da necessidade de o intérprete aplicar o direito mais favorável ao cidadão, não importando a sua origem (direito interno ou internacional). Nesse sentido, o professor A. A. Cançado Trindade: "Não mais há pretensão de primazia de um ou de outro, como na polêmica clássica e superada entre monistas e dualistas. No

Os Direitos Humanos ao Meio Ambiente e ao Desenvolvimento ... 449

analisar, ainda que de maneira superficial, o sistema Constitucional brasileiro sobre a recepção do direito internacional na ordem jurídica interna.

Uma interpretação consentânea com as regras de Direito Internacional, sobretudo da Convenção de Viena sobre o Direito dos Tratados, leva-nos a afirmar que a Constituição de 1988, como a portuguesa, também recepciona automaticamente os direitos enunciados em tratados internacionais sobre Direitos do Homem, desde que o Estado brasileiro seja parte, conferindo-lhes hierarquia de norma constitucional. Isto é, os direitos constantes nos tratados internacionais integram e complementam o catálogo de direitos constitucionalmente previsto, o que justifica estender a estes direitos o regime constitucional conferido aos demais direitos e garantias fundamentais[115].

No entanto, o Supremo Tribunal Federal, a partir de 1977[116], mantém o entendimento de que os tratados internacionais ratificados pelo Brasil e aprovados por decreto-legislativo apresentam hierarquia infraconstitucional[117].

Data venia, tal entendimento afronta o princípio da boa-fé e constitui violação ao artigo 27 da convenção de Viena sobre o Direito dos Tratados.

---

presente domínio de proteção, a primazia é a da norma mais favorável às vítimas, seja ela norma de direito internacional ou de direito interno. Este e aquele aqui interagem em benefício dos seres protegidos. É a solução expressamente consagrada em diversos tratados de direitos humanos, da maior relevância por suas implicações práticas." (Direito internacional e direito interno: sua interação na proteção dos direitos humanos. In: São Paulo (Estado). Procuradoria Geral do Estado, Grupo de Trabalho de Direitos Humanos. Instrumentos internacionais de proteção dos Direitos Humanos. São Paulo: Centro de Estudos da Procuradoria Geral do Estado, 1996. p. 43). Posição semelhante adotam André Gonçalves Pereira e Fausto de Quadros. Afirmam que, pelo menos no campo teórico, a evolução do Direito Internacional afastou a doutrina da querela monismo-dualismo, "porque nesses casos a vigência do Direito Internacional na ordem estadual escapa de todo, ao menos na perspectiva do Direito Internacional, às exigências da lei interna do Estado" (Manual de Direito Internacional Público. 3.ª ed. 5.ª reimpressão. Coimbra: Almedina, 2002, p. 88 e 92).

[115] Cf. Flávia Piovesan. Direitos Humanos e o Direito Constitucional Internacional. 5.ª ed. São Paulo: Max Limonad, 2002, p. 81.

[116] Julgamento do Recurso Extraordinário 80.004 (Flávia Piovesan, op. cit., p. 84).

[117] Vide Julgamento da Segunda Turma do STF, em 19/03/1996, Relator Min. Maurício Correa. HC n.º 73044/SP-São Paulo- Habeas Corpus. Publicado no DJ, 20-09--96, pp. 34534. Ement. Vol.- 01842-02, pp. 00196. Julgamento da Primeira Turma do STF, Relator Min. Moreira Alves. Recurso Extraordinário n.º 365950/São Paulo.

450   *Estudos de Direito Europeu e Internacional dos Direitos Humanos*

Outrossim, reduz a eficácia das normas internacionais de direito fundamental, porquanto obsta a aplicação direta desses preceitos pelos tribunais e pela administração pública.

A única possibilidade de uma interpretação em consonância com as regras de Direito Internacional e com os preceitos da Constituição de 1988, é admitir que a decisão do Supremo Tribunal Federal não se aplica aos tratados internacionais de direitos humanos, mas apenas a outros documentos internacionais, adotando-se um sistema misto de recepção dos documentos internacionais na ordem jurídica interna. Vale dizer, os tratados de direitos humanos são aplicados imediata e diretamente pela ordem jurídica interna do Brasil e recepcionados em grau hierárquico constitucional e os demais documentos internacionais ao nível de norma infraconstitucional. Tal conclusão se depreende do artigo 5.º, parágrafos 1.º e 2.º, da Constituição do Brasil, bem como do entendimento de que os tratados de direitos humanos apresentam superioridade hierárquica em relação aos demais documentos internacionais, isto é, os tratados de direitos humanos apresentam força obrigatória; são denominados *ius cogens*[118, 119]. Há, ademais, um outro argumento para fundamentar a nossa tese, qual seja, o de que a necessidade de proteção dos direitos humanos levou a uma nova concepção de soberania estatal, na qual o tratamento pelo Estado de seus próprios nacionais tornou-se uma questão de interesse internacional. Decorre daí a necessidade de supremacia dos documentos internacionais como condição essencial de proteção efetiva dos direitos humanos.

Em razão desse sistema misto[120], entendemos que o artigo 5.º, parágrafo 2.º, da Constituição do Brasil constitui uma cláusula geral de recepção automática semiplena, uma vez que, para os tratados internacionais de direitos humanos, adotou a concepção monista com o primado do Direito Internacional, como forma de dar eficácia plena aos documentos inter-

---

[118] Cf. Flávia Piovesan. Op. cit., p. 87-89.

[119] André Gonçalves Pereira e Fausto de Quadros admitem que o *ius cogens* abrange, dentre outros documentos internacionais: "(...) o Direito Internacional geral, de fonte unilateral ou convencional sobre Direitos do Homem – é o caso da Declaração Universal dos Direitos do Homem e dos Pactos de 1966". Os professores ainda reconhecem a divergência doutrinária acerca da posição adotada, mas trazem à colação a decisão do Tribunal Internacional de Justiça, que, no "caso Barcelona Traction, admitiu expressamente que os direitos fundamentais do indivíduo constituem Direito Internacional imperativo" (op. cit, p. 283).

[120] Nesse sentido Flávia Piovesan. Op. cit., p. 105.

Os Direitos Humanos ao Meio Ambiente e ao Desenvolvimento ... 451

nacionais de direitos humanos[121]. Ao revés, para os demais documentos internacionais acolheu a sistemática da recepção não automática, isto é, que exige uma transformação legislativa, o que reflete a concepção dualista. Esclarecendo melhor, os tratados internacionais de direitos humanos em que o Brasil é parte, ao contrário dos demais tratados internacionais, não necessitam de um ato do Poder Legislativo, com força de lei, para outorgar às suas disposições obrigatoriedade no plano jurídico interno. Justamente por força do artigo 5.º, parágrafos 1.º e 2.º, da Constituição Federal do Brasil, os preceitos insertos nos documentos internacionais de proteção dos direitos humanos passam a integrar o rol constitucional dos direitos fundamentais, sendo direta e imediatamente exigíveis pelos titulares dos direitos humanos fundamentais. Por conseguinte, a ratificação de um tratado internacional de proteção dos Direitos Humanos pelo Brasil gera, direta e imediatamente, duas consequências: a) a obrigação direta do Estado brasileiro em cumprir as normas internacionais insertas no documento ratificado; b) direitos subjetivos para os particulares[122].

Considerando, assim, que o Direito Constitucional do Brasil reconhece a Declaração Universal dos Direitos Humanos como direito fundamental formal e como norma superior que fundamenta a interpretação de todos os direitos fundamentais, é forçoso concluir que a concepção contemporânea de unidade, inter-relação e interdependência dos direitos civis e políticos e dos direitos econômicos, sociais e culturais seja recepcionada, automática e imediatamente, pelo direito interno. Nesse contexto, a cláusula aberta do artigo 5.º, parágrafo 2.º, e a norma do artigo 5.º, parágrafo 1.º, que prevêem a aplicação imediata dos direitos e garantias fundamentais, sustentam a concepção que admite a recepção automática plena dos documentos internacionais de direitos humanos, dentre eles a Declaração Universal dos Direitos Humanos, os Pactos Internacionais de Direitos Civis e Políticos e de Direitos Econômicos, Sociais e Culturais, a Convenção Americana de Direitos Humanos e o seu Protocolo em matéria de Direitos Econômicos, Sociais e Culturais. Ademais, referidos preceitos da Constituição Federal do Brasil fundamentam a afirmação de que os direitos humanos internacionais são recepcionados como direitos materialmente fundamentais e com hierarquia constitucional.

---

[121] Sobre as teses monistas e dualistas vide André Gonçalves Pereira e Faustos de Quadros. Op. cit., p. 81-97. Jorge Miranda. Curso de Direito Internacional Público. 1.ª ed. Cascais: Principia, 2002, 137-143.

[122] No mesmo sentido Flávia Piovesan. Op. cit., 98-99.

452 *Estudos de Direito Europeu e Internacional dos Direitos Humanos*

Como consequência, é possível invocar, no plano de direito interno, os preceitos internacionais de direitos humanos para exigir a proteção dos direitos ao meio ambiente sadio e ao desenvolvimento, pois ambos são verdadeiros direitos humanos e são indispensáveis para a proteção do direito à vida digna. Por via indireta, ou seja, como forma de proteção do direito fundamental à vida é possível o titular do direito subjetivo público invocar um preceito de direito internacional e exigir que o Estado brasileiro cumpra a sua obrigação de fazer e impeça, por exemplo, uma degradação do meio ambiente, ou realize uma obra pública necessária à prevenção de acidentes ambientes, ou previna incêndios, assim como implemente os direitos à educação, saúde, habitação, alimentação, visando um desenvolvimento satisfatório de todos os residentes no Brasil. A omissão do Estado brasileiro em cumprir essas obrigações provoca duas consequências: a) uma violação dos direitos fundamentais, tanto formais como materiais, previstos na Constituição, o que poderá provocar uma sanção interna ao Estado e ao agente público que não cumpriu a sua obrigação, com a consequente imposição de sanção pecuniária pelo Poder Judiciário em favor da vítima, assim como a condenação do ente público para cumprir a sua obrigação (*facere*); e b) uma flagrante ofensa ao direito internacional dos direitos humanos, passível de censura pelos órgãos internacionais de proteção desses direitos, com a fixação também de sanção pecuniária em favor da vitima.

Destarte, quando a cláusula aberta prevista no artigo 5.º, parágrafo 2.º, da Constituição Federal do Brasil, admite que a Declaração Universal dos Direitos do Homem e os demais documentos internacionais de Direitos Humanos integrem a ordem jurídica interna como direitos formal e materialmente fundamentais, reconhece, outrossim, a existência de um direito subjetivo público de todas as pessoas que se encontram sob a jurisdição do Estado brasileiro a um meio ambiente sadio e um desenvolvimento econômico e social que lhes garanta uma vida digna e com qualidade. Implica, também, que o Brasil tem a obrigação de envidar todos os esforços para a preservação dos direitos humanos fundamentais ao meio ambiente e ao desenvolvimento, como forma de oferecer todos os meios necessários para os indivíduos alcançarem o bem-estar. No entanto, para que o Brasil alcance esses objetivos é fundamental a cooperação de todos os indivíduos residentes no Brasil e da cooperação internacional, como impõe os preceitos previstos nas declarações sobre o meio ambiente e o desenvolvimento.

Somente com a cooperação internacional; com o reconhecimento, no plano interno, dos direitos ao meio ambiente e ao desenvolvimento

Os Direitos Humanos ao Meio Ambiente e ao Desenvolvimento ...   453

como direitos humanos fundamentais e como indispensáveis à proteção do direito à vida; e ainda, com a adoção, também pelo direito constitucional do Brasil, da concepção contemporânea de unidade entre direitos civis e políticos e de direitos econômicos, sociais e culturais, conseguiremos diminuir a pobreza, a fome, o analfabetismo, a desnutrição, entre tantas mazelas que assolam um país em desenvolvimento como o Brasil e garantir um meio ambiente sadio para a presente e futuras gerações.

4.2.2 – Aplicação do direito internacional na Argentina

Ao contrário do Brasil, em que o sistema de recepção do direito internacional pelo direito interno por nós defendido não encontra unanimidade na doutrina e na Jurisprudência do Supremo Tribunal Federal, na Argentina, país que também integra o sistema interamericano de defesa dos direitos humanos, a Constituição reconhece a primazia do direito internacional sobre o direito interno, referindo-se expressamente aos tratados de direitos humanos. Na Argentina, tanto a doutrina como a jurisprudência entendem que os tratados internacionais, uma vez ratificados, constituem-se em "fonte autônoma do ordenamento jurídico interno"[123]

Nesse sentido, o artigo 75.º, inciso 22, da Constituição da Argentina, reconhece expressamente a hierarquia superior dos tratados em relação às leis infraconstitucionais. O referido preceito constitucional preleciona que "a Declaração Americana dos Direitos e Deveres do Homem, a Declaração Universal de Direitos Humanos, a Convenção sobre Direitos Humanos, o Pacto Internacional de Direitos Econômicos, Sociais e Culturais, o Pacto Internacional de Direitos Civis e Políticos e seu Protocolo Facultativo, (...) têm hierarquia constitucional (...)".

Ao reconhecer expressamente que os tratados internacionais de direitos humanos têm hierarquia constitucional, a Constituição condicionou o exercício de todo poder público, incluindo os Poderes Judiciário e Executivo, a respeitar e garantir os preceitos insertos nesses instrumentos. Dada a obrigatoriedade, vinculatividade e hierarquia constitucional dos tratados internacionais de direitos humanos, o não cumprimento dessas normas representa uma violação da própria Constituição, bem como a responsabilidade internacional do Estado Argentino[124].

---

[123] Cf. Victor Abramovich e Christian Courtis. Op. cit., 71.
[124] Idem, p. 72.

454 *Estudos de Direito Europeu e Internacional dos Direitos Humanos*

Na Argentina, a Corte Suprema de Justiça reconhece o papel relevante de intérprete dos documentos internacionais de direitos humanos e de agente fundamental para a implementação das obrigações internacionais, a fim de evitar que o Estado incorra em responsabilidade internacional. Instado a se pronunciar sobre eventuais violações de direitos humanos, o órgão supremo do Poder Judiciário argentino tem se manifestado no sentido de utilizar a jurisprudência da Corte Interamericana de Direitos Humanos como "guia para a interpretação dos preceitos da Convenção Americana de Direitos Humanos"[125]. No mesmo sentido e com espeque ainda na hierarquia constitucional dos tratados de direitos humanos estabelecida no artigo 75.º, inciso 22, da Constituição Argentina, a doutrina reconhece que os juízes devem levar em conta a interpretação do Pacto Internacional de Direitos Econômicos, Sociais e Culturais, realizada pelo Comitê de Direitos Econômicos, Sociais e Culturais[126], para solucionar os casos concretos de violação de direitos humanos.

Extrai-se da Constituição do Estado argentino que as normas internacionais sobre direitos humanos são juridicamente obrigatórias e vinculam todos os poderes públicos, operando, direta e imediatamente, no sistema jurídico interno desse país. Dada a clareza do preceito inserto no artigo 75.º, inciso 22, da Constituição da Argentina, não pairam dúvidas que essa norma configura-se como uma cláusula geral de recepção plena e o Constituinte adotou a concepção monista, isto é, que as normas internacionais sobre direitos humanos são executáveis por si mesmas (*self--executing*), permitindo, assim, aos interessados reclamar, de forma direta e imediata, a proteção de seus direitos ante os juízes e tribunais locais.

Com efeito, no direito constitucional argentino é possível fundamentar a concepção de que as pessoas, sob a jurisdição desse país, podem invocar os preceitos internacionais de direitos humanos, sobretudo o que prevê a proteção do direito à vida, com o escopo de alcançar a proteção do meio ambiente e do desenvolvimento. Tal conclusão encontra amparo na própria "letra" da Constituição, uma vez que a norma superior do Estado argentino recepciona os documentos internacionais como normas com hierarquia constitucional.

No Brasil, ao contrário, somente por intermédio de uma interpretação teleológica e sistemática, consegue-se obter um resultado consentâneo

---

[125] Cf. Caso Giroldi, H. D. y outro s/ recurso de cassação de 17 de Abril de 1992, comentado por Victor Abramovich e Christian Courtis, op. cit., p. 74.

[126] Idem, p. 76.

Os Direitos Humanos ao Meio Ambiente e ao Desenvolvimento ...   455

com as regras de Direito Internacional e com a proteção efetiva dos direitos humanos, pois não há uma norma expressa como existe no Direito Constitucional da Argentina.

A Constituição da Argentina, portanto, avançou em relação à do Brasil, de molde a expressamente reconhecer a aplicação direta e imediata dos preceitos internacionais de direitos humanos na ordem jurídica interna, garantindo um direito subjetivo público de todas as pessoas que se encontrem sob a jurisdição daquele país a postular a proteção dos direitos humanos perante os tribunais locais. Além disso, a norma constitucional vinculou expressamente o Estado Argentino ao cumprimento das obrigações decorrentes dos documentos internacionais de direitos humanos. Em caso de omissão, o titular do direito subjetivo público pode exigir, perante o Poder Judiciário local, o cumprimento da obrigação.

Transportando esses argumentos para a proteção dos direitos humanos do meio ambiente e do desenvolvimento, é possível sustentar que o titular desses direitos, com espeque no artigo 75.º, inciso 22, da Constituição da Argentina, invoque as normas internacionais de direitos humanos, sobretudo aquelas que protegem o direito à vida, para pleitear que o Estado argentino envide todos os esforços para impedir a degradação ambiental, para implementar políticas públicas que previnam os danos ao meio ambiente, para erradicar a fome, a pobreza e as diferenças sociais e regionais, garantindo, assim, uma vida digna para todas as pessoas residentes naquele país.

5 – Considerações finais

Partindo de uma análise das Declarações sobre meio ambiente e desenvolvimento, em cujo teor existem preceitos fundamentais para a proteção desses direitos, chegamos à conclusão de que eles são direitos humanos inalienáveis. No entanto, após esse relevante avanço, houve uma frustação, que consistiu no fato de os referidos documentos internacionais não apresentarem força obrigatória, justamente porque estavam inseridos em Declarações, as quais não tinham, por si mesmas, força vinculante.

Tentámos, então, encontrar soluções no plano do direito internacional dos direitos humanos para a proteção efetiva e eficaz do direito ao meio ambiente e do direito ao desenvolvimento. Após uma árdua análise, conseguimos (pelo menos acreditamos que sim) demonstrar que a unidade, indivisibilidade, inter-relação e interdependência dos direitos humanos

456   *Estudos de Direito Europeu e Internacional dos Direitos Humanos*

fundamentavam a concepção de que o direito à vida digna "dependia" da proteção dos direitos humanos ao meio ambiente e ao desenvolvimento. E, por ilação, os titulares dos direitos humanos ao meio ambiente e ao desenvolvimento, que são todas as pessoas e todos os povos, poderiam postular sua implementação, preservação e garantia indiretamente, por intermédio da invocação dos documentos internacionais de direitos humanos, como forma de proteção do direito à vida digna.

Posto isso, chegamos ao cabo e ao final com a certeza de que o direito internacional dos direitos humanos deve impingir aos Estados a obrigação primordial de defesa do meio ambiente e da garantia de um desenvolvimento sustentável, a fim de que ocorra a redução do número de pessoas que vivem abaixo da linha da pobreza na América Latina: 220 milhões de pessoas ou 43,4% da população, segundo dados fornecidos pela Comissão Econômica para a América Latina e o Caribe (Cepal), órgão ligado à Organização das Nações Unidas.

Para tanto, impõe-se a adoção das seguintes medida: a) a aplicabilidade direta e imediata dos documentos internacionais de proteção dos direitos humanos pelos Estados; b) o reconhecimento, pelos direitos internos dos Estados, da hierarquia constitucional dos preceitos de direito internacional de direitos humanos; c) o reconhecimento, pelos ordenamentos jurídicos internos dos Estados, dos direitos ao meio ambiente e ao desenvolvimento como direitos humanos inalienáveis; d) a possibilidade de todas as pessoas e todos os povos de invocarem as normas de direito internacional de proteção dos direitos humanos perante os tribunais locais (direito subjetivo público); e) a vinculação dos Poderes Executivo, Legislativo e Judiciário dos Estados às obrigações decorrentes das normas internacionais de direitos humanos; f) a possibilidade de invocação do direito humano à vida em sua ampla concepção como fundamento para a proteção do meio ambiente e do desenvolvimento sustentável; g) a condenação dos Estados por violação dos direitos humanos ao meio ambiente e do direito ao desenvolvimento não apenas em razão de um comportamento positivo (*facere*), mas também por um comportamento negativo, inação (*non facere);* h) utilização de todos os recursos econômico-financeiros dos Estados para erradicar a pobreza, a fome, como forma de garantir a proteção do meio ambiente, uma vez que aqueles fatores nefastos estão intimamente ligados à degradação ambiental; i) a utilização de todos os recursos econômico-financeiros para garantir o acesso de todas as pessoas à educação, saúde, habitação, como forma de garantir um desenvolvimento sustentável; e j) cooperação de todas as pessoas e de todos os Estados para a preservação do meio ambiente e de um desenvolvimento que busque garantir uma vida digna.

Somente com a adoção dessas medidas e com a solidariedade de todos, particulares, Estados, Organizações Não Governamentais, Organizações Intergovernamentais, conseguiremos alcançar a verdadeira justiça social, garantindo a todas as pessoas e a todos os povos uma vida digna.

6 – BIBLIOGRAFIA

ABRAMOVICH, Víctor Abramovich e COURTIS Christian Courtis. Los derechos sociales como derechos exigibles. Madrid: Editorial Trota, 2002.

ALEXY, Robert. Teoria de Los Derechos Fundamentales. 2.ª reimpressão. Madrid: Centro de Estúdios Políticos y Constitucionales, 2001.

BONAVIDES, Paulo Curso de Direito Constitucional, 12.ª edição, São Paulo: Malheiros, 2002,

CANOTILHO, J.J. Gomes. Direito Constitucional e Teoria da Constituição. 4.ª ed. Coimbra: Almedina, 2000.

———. Juridicização da Ecologia ou Ecologização do Direito. In Revista Jurídica de Urbanismo e do Ambiente, n.º 4, Dezembro de 1995. Coimbra: Almedina, p. 69-79.

CASTRO, Paulo Jorge Canelas de Castro. Mutações e Constâncias do Direito Internacional do Meio Ambiente. In Revista Jurídica do Urbanismo e do Ambiente, n.º 2, Dezembro de 1994. Coimbra: Almedina, p. 145-183.

CHOUKR, Fauzi Hassan. A Convenção Americana dos Direitos Humanos e o Direito Interno Brasileiro – Bases para sua Compreensão. 1.ª ed. Bauru-SP: Edipro, 2001.

COMPARATO, Fábio Konder. A Afirmação Histórica dos Direitos Humanos. São Paulo: Saraiva, 1999.

CONDESSO, Fernando dos Reis. Direito do Ambiente. Coimbra: Almedina, 2001.

CORREAS, Carlos I. Massini. Dignidad Humana y Derecho Ambiental. In Revista "O Direito", número III-IV, Julho-Dezembro 1995. Lisboa: p. 341-349.

CUTANDA, Blanca Lozano. Derecho Ambiental Administrativo. 2.ª ed. Madrid: Editorial Dynkinson, 2001.

FRANCO, Antônio Sousa. Ambiente e Desenvolvimento – Enquadramento e Fundamentos do Direito ao Ambiente. In Comunicações apresentadas no Curso Realizado no Instituto Nacional de Administração (17 a 28 de Maio de 1993). Lisboa: Instituto Nacional de Administração, 1994, p. 35-81.

GALÁN, Manuel Gomes. Intoducción: la nueva sociedad global y sus necessidades. Un cambio de rumbo en la cooperación al desarrollo? In La cooperación al desarrollo en un mundo en cambio- Perspectivas sobre nuevos ámbitos de intervención. 1.ª ed. Madrid: Cideal, 2001, p. 13-50.

KISS, Alexandre. "Sustainable Development and Human Rights". in Derechos Humanos, Desarrolo Sustenable y Médio Ambiente/ Human Rights, Sustainable Development and Environment. In Seminário de Brasília, editado por A. A. Cançado Trindade, IIDH/BID, San José da Costa Rica/ Brasília, 1992, pp. 29-37.

_____. Direito Internacional do Ambiente. In Comunicações apresentadas no Curso Realizado no Instituto Nacional de Administração (17 a 28 de Maio de 1993). Lisboa: Instituto Nacional de Administração, 1994, p. 146-173.

LIMA JR., Jayme Benvenuto. Os Direitos Humanos, Económicos, Sociais e Culturais. Rio de Janeiro, 2001,p. 47 e 235.

LOPERENA, Demetrio. El derecho al medio ambiente adecuado. 1.ª ed. Madrid: Editorial Civitas, 1996, p. 43.

MIRANDA, Jorge. Manual de Direito Constitucional, IV, 3.ª ed., Coimbra: Coimbra Editora, 2000.

_____. A Declaração Universal e os Pactos Internacionais de Direitos do Homem.Lisboa: Livraria Petrony, 1977.

_____. Curso de Direito Internacional Público. 1.ª ed. Cascais: Principia, 2002, 137-143.

OLIVEIRA, Sílvia Menicucci. Desenvolvimento Sustentável na Perspectiva da Implementação dos Direitos Humanos (1986-1992). In Direito Internacional dos Direitos Humanos – Instrumentos Básicos. São Paulo: Atlas, 2002, op. cit., p. 87-112.

OTERO, Paulo. Declaração Universal dos Direitos do Homem e Constituição: A Inconstitucionalidade de Normas Constitucionais. Revista o Direito. Lisboa: Associação Promotora de "O Direito", 1990 (Janeiro-Março), p. 603-619

PEREIRA, André Gonçalves QUADROS, Fausto de. Manual de Direito Internacional Público. 3.ª ed. Coimbra: Almedina.

PIOVESAN, Flávia. Direitos Humanos e o Direito Constitucional Internacional. 5.ª ed. São Paulo: Max Limonad, 2002.

_____. Direito ao Desenvolvimento. Disponível em «http://www.conectasur. org/dir_desenvolvimento.pdf».Acesso em 17 de Agosto de 2003.

POZO, Mercedes Franco Del. El derecho humano a un medio ambiente adecuado. Bilbao: Universidad de Deusto, 2000.

Rocha, Mário de Melo. A Avaliação de Impacto Ambiental como princípio do direito do ambiente nos quadros internacional e Europeu. Porto: Publicações Universidade Católica, 2000

Ruiz, José Juste. Derecho Internacional Del Médio Ambiente. 2.ª ed. Madrid: McGraw-Hill, 1999.

_____ e Franch, Valentim Bou. Derecho Internacional Del Médio Ambiente. Selección de Textos Básicos. 2.ª ed. Valência: Repro Express, 2001

Sanahuja, José António. Del interés nacional a la ciudadanía global; la ayuda al desarrollo y las transformaciones de la sociedad internacional. In La cooperación al desarrollo en un mundo en cambio--Perspectivas sobre nuevos ámbitos de intervención. 1.ª ed. Madrid: Cideal, 2001, p. 51-128.

Salcedo, Juan Antonio Carrillo Salcedo. Soberanía de los Estados y Derechos Humanos en Derecho Internacional Contemporáneo. 2.ª ed. Madrid: Editorial Tecnos, 2001.

Sarlet, Ingo Wolfgang Sarlet. A eficácia dos Direitos Fundamentais. 3.ª ed. Porto Alegre: Livraria do Advogado, 2003

Sengupta, Arjun Sengupta. O Direito ao Desenvolvimento como Direito Humano. Disponível em: «http://www.psdb.org.br/partido/itu/revista/revista_02/p7292_o_direito.pdf».Acesso em 17 de Agosto de 2003.

Silva, Vasco Pereira da. Verde Cor de Direito – Lições de Direito do Ambiente. Coimbra: Almedina, 2002.

Soares, Guido Fernando Silva. Direito Internacional do Meio Ambiente-Emergência, Obrigações e Responsabilidades. São Paulo: Atlas, 2001.

Trindade, A. A. Cançado Trindade. Direitos Humanos e Meio-Ambiente-Paralelo dos Sistemas de Proteção Internacional, Porto Alegre: Sérgio Antônio Fabris Editor, 1993.

_____. A proteção Internacional dos direitos humanos: fundamentos jurídicos e instrumentos básicos. São Paulo: Saraiva, 1991.

_____. Direito internacional e direito interno: sua interação na proteção dos direitos humanos. In: São Paulo (Estado).Procuradoria Geral do Estado, Grupo de Trabalho de Direitos Humanos. Instrumentos internacionais de proteção dos Direitos Humanos. São Paulo: Centro de Estudos da Procuradoria Geral do Estado, 1996. p. 43

Vaqués, Mar Aguileraa. El desarrollo sostenible y la Constitución Española. 1.ª ed. Barcelona: Atelier, 2000.

Velasco, Manuel Diez de Velasco. Instituciones de Derecho Internacional Público. 12.ª ed. Madrid: Editorial Tecnos, 1999.

9

A Proteção Internacional do Direito do Consumidor: a questão do Brasil no Mercosul

Candice Gentil Fernandes

SUMÁRIO

1 – Introdução 465
    1.1 – Objetivos 465
    1.2 – Razões da escolha do tema 466
    1.3 – Importância e atualidade 467

2 – Antecedentes 468
    2.1 – Nações Unidas 471
    2.2 – Comunidade Européia 474
    2.3 – Mercosul 477

3 – Consumidor e Direitos Humanos 481
    3.1 – Princípio da Universalidade 482
    3.2 – Principio da Indivisibilidade 483
    3.3 – Classificação por gerações: crítica 484
    3.4 – Consumo Sustentável 487

4 – Direito do Consumidor no Brasil 491
    4.1 – Princípios e normas constitucionais aplicáveis 491
    4.2 – O Código de Proteção e Defesa do Consumidor 495
    4.3 – A posição do Brasil no que tange ao Direito do Consumidor no Mercosul e a questão do Regulamento Comum 500

5 – Conclusão 503

6 – Referências Bibliográficas 507

1 – Introdução

1.1 – Objetivos

O presente trabalho tem por objetivo traçar breves linhas sobre a proteção internacional do Direito do Consumidor, dentro dos seguintes parâmetros:

Inicialmente cumpre observar os antecedentes na esfera das Nações Unidas, Comunidade Européia e Mercosul, abrangendo em seguida sua importância dentro da esfera dos Direitos Humanos. Neste ponto é preciso destacar os Princípios da Universalidade e Indivisibilidade, assim como questionar a classificação dos Direitos Humanos por gerações ou fases, e por fim, neste tópico, destacar a questão do consumo sustentável.

Em seguida, passamos ao Direito do Consumidor no Brasil, especialmente destacando os princípios e normas constitucionais aplicáveis, tanto ao Código de Defesa do Consumidor, quanto aos Tratados e Acordos Internacionais referentes à matéria, e os principais aspectos protetivos do Código de Defesa do consumidor.

Com o objetivo de adentrar na busca de um padrão comparativo entre o quadro consumeirista no Brasil e no Mercosul, trataremos da hegemonia do direito positivo brasileiro, assim como sua dimensão protetiva, sendo certo que tal padrão de comparação não é definitivo, tendo em vista a perspectiva da consolidação do Mercosul neste tópico.

Finalmente, há que considerar a posição do Brasil, dentro do Mercosul, especificamente quanto aos Direitos dos Consumidores, nomeadamente no que tange à não ratificação pelo Brasil, do Regulamento Cumum sobre tal matéria, nos termos em que foi apresentado pelo Protocolo de Montevidéu. Tal observação se fará, entretanto, levando-se em conta também a posição segundo a qual, a Constituição Federal em vigor admite que os tratados internacionais de Direitos Humanos não necessitam do mesmo processo de internalização que os tratados internacionais em geral, passando a vigorar imediatamente após sua assinatura.

Portanto, serão questionamentos principais do presente trabalho: *quid juris* se o direito do consumidor é regulado de forma diversa por norma internacional e por norma nacional, em termos de Mercosul, qual será a norma a ser aplicada? Deve ser ratificado um Regulamento Comum de Proteção e Defesa do Consumidor, no âmbito do Mercosul, independente da abrangência do conteúdo?

1.2 – Razões da escolha do tema

Em verdade, tal propósito se deve à percepção do avanço do Direito do Consumidor, no que tange à legislação brasileira. Neste ponto, partimos da premissa de que, em termos de Direito Positivo, o Brasil está na dianteira, principalmente se o compararmos com os países membros do Mercosul. Junte-se ao fator de crescimento da importância da proteção e garantia dos Direitos do Consumidor neste mercado que, gradativamente, vai se integrar, tendo em vista o livre comércio que se instala.

Efetivamente, a proteção dos consumidores não é de hoje uma necessidade, mas tem ocupado posição de destaque no cenário internacional, principalmente em virtude do desenvolvimento tecnológico dos meios de produção, unido ao processo sempre crescente de globalização, que gerou o comércio internacional de fácil acesso ao consumidor e infinito em virtude do advento do comércio eletrônico.

Ora, quando o consumo se insere na sociedade globalizada, sem quaisquer dificuldades ou barreiras de tempo e distância, podendo um consumidor do Rio de Janeiro adquirir um livro à venda em uma livraria em Buenos Aires, ou qualquer outro lugar do mundo, há que se verificar a efetiva proteção do consumidor no plano internacional, correlacionando--a ao direito interno dos países envolvidos, para o caso de um eventual conflito de consumo ocasionado por intermédio de tal operação.

Cresce a necessidade de sabermos onde e porquê a proteção do consumidor é mais abrangente, qual a correlação entre a potencial e a efetiva proteção do consumidor, de forma a esclarecer diferenças e apresentar críticas aos sistemas ora analisados.

Assim, resta comprovada a necessidade de estudarmos com atenção a questão do Brasil no quadro consumeirista do Mercosul, com o objetivo precípuo de ressaltar as dissonâncias que levam o Brasil a adotar, quanto à tal matéria, uma política defensiva dos direitos e garantias já alcançados pelo consumidor.

1.3 – Importância e atualidade do tema proposto

O Direito não pode ficar alheio às transformações sociais, sendo certo que a norma jurídica é, em regra, um espelho destas transformações. Também com o Direito do Consumidor se dá desta forma, e não poderia deixar de ser diferente, observando-se que seu desenvolvimento mais constante data dos últimos trinta anos, principalmente em virtude do processo de globalização, com a ruptura da dificuldade em se consumir produtos ou serviços oriundos de outros países, designadamente por conta do comércio eletrônico.

Note-se que o grande salto ocorrido no século XX foi a transformação dos parâmetros que permeavam o processo de produção e consumo. Ora, o processo de produção que existia em virtude das reais necessidades do consumidor, transformou-se em um processo de produção onde o consumidor passa a ter suas necessidades crescentes em virtude do que é produzido. A transformação ora apontada é também reflexo dos sistemas de marketing que envolvem o referido processo de produção/consumo, além da necessidade latente de lucro. Comprovadamente, neste tópico, as evoluções do marketing e publicidade são aspectos bastante importantes, que compactuaram para a inversão da valoração da necessidade pelo consumidor.

No Brasil, vislumbramos hoje uma proteção ao consumidor que além de ser ampla, moderna e inovadora, está em legislação constitucional e infraconstitucional específica, qual seja o Código Brasileiro de Proteção e Defesa do Consumidor – Lei n.º 8.078/90, esta última, por determinação constitucional expressa.

Esse padrão de proteção e defesa do consumidor alcançado é, sem sombra de dúvida, o mais amplo da América Latina, notadamente no âmbito do Mercosul. É reconhecida como uma das melhores, senão a melhor, lei de defesa e proteção do consumidor, quando considerada dentro da legislação positiva em vigor até esta data.

Assim, resta comprovado o valor da dedicação ao tema. Tal se dá não somente no âmbito do direito interno brasileiro, mas também no âmbito da proteção internacional, que muito interessa ao cidadão/consumidor e aos juristas brasileiros. É neste momento que se cruzam a relevância do estudo do Direito do Consumidor e do estudo do Direito Internacional Público, nomeadamente da perspectiva dos Direitos do Homem.

É certo que, o art. 5.º § 2.º da Constituição Federal em vigor diz expressamente que os direitos e garantias constitucionais não excluem outros decorrentes do regime e dos princípios por ela adotados, ou dos tratados internacionais em que o Brasil seja parte. Ocorre que a Constituição Federal em vigor incorpora na legislação pátria os direitos contidos nos instrumentos internacionais assinados pelo Brasil, o que denota sua preocupação com a sociedade moderna e globalizada, e claro, com os Direitos Humanos.

Refira-se que é importante, neste tópico, o estudo preciso sobre como tal incorporação dos tratados internacionais se dá no direito interno brasileiro, inclusive fazendo a distinção entre tratados relativos aos Direitos do Homem e os demais tratados. Sendo certa a necessidade do estudo do Direito do Consumidor, consoante toda a legislação em vigor, interna e internacional, quando aplicável ao caso concreto brasileiro, considerando, principalmente, que este está incluído no rol dos Direitos Humanos internacionalmente consagrados.

Entretanto, ressalte-se que, estando o Direito do Consumidor no rol dos Direitos Humanos consagrados internacionalmente, como já se afirmou supra e como se pretende defender no desenvolver deste trabalho, será necessária a internalização dos tratados assinados em sua defesa?

Desta forma, urge uma solução, que não há que ser fácil, mas deve ser breve. O objetivo precípuo de tal discussão, deve ser, *in fine*, garantir ao consumidor uma certeza de poder adquirir produtos e serviços dos demais países signatários do Mercosul, com a tranquilidade de poder contar com a mesma proteção e amparo legal que verifica ao adquirir um produto ou serviço originário do Brasil. Portanto, há que se verificar a melhor forma de garantir o âmbito de tal proteção.

2 – Antecedentes

Observe-se que, no momento histórico/econômico pré-industrial, de economia notadamente agrícola, a produção de bens e o consumo – nos moldes em que o entendemos hoje – quase não se vislumbram, sendo certo que a produção agrícola e o artesanato existiam com o objetivo precípuo de suprir as necessidades do povo. Também a relação de consumo era diversa, imbuída em um nítido caráter pessoal, realizada entre conhecidos e muitas vezes fomentada pelo escambo de mercadorias.

Com a evolução do processo industrial, tanto na Europa quanto nos Estados Unidos, foi surgindo espaço para a ebulição de questionamentos do povo em geral, designadamente no que tange aos direitos trabalhistas,

A *Protecção Internacional do Direito do Consumidor*   469

mas também quanto à necessidade de se combater o crescente desequilíbrio existente entre o consumidor e os fornecedores de produto ou serviço. Neste ponto é preciso ressaltar a influência do processo de industrialização na formação da consciência consumeirista. Passou-se a produzir em larga escala, com o objetivo precípuo de lucro, isto é, deixou-se de produzir tendo em vista as necessidades do consumidor. Assim, houve uma inversão de valores, onde o consumidor tem que ter necessidades em função do que é produzido, e não o contrário.

Consequentemente, surgiu uma "massa" de pessoas, afetadas por este aspecto reflexo da industrialização, posto que, a produção em massa exige consumo em igual patamar, surgindo daí um consumidor anônimo, generalizado. Assim, a sociedade consumeirista ou de consumo é notadamente um movimento coletivo, derivado da massificação das relações econômicas[1] que por sua vez é oriunda da nova estrutura de produção global sobre a qual já se discorreu.

Não se pode duvidar que *"não é por acaso, aliás, que o chamado "movimento consumeirista", tal qual nós conhecemos hoje, nasceu e se desenvolveu a partir da segunda metade do século XIX, nos Estados Unidos, ao mesmo tempo em que os movimentos sindicalistas lutavam por melhores condições de trabalho e do poder aquisitivo dos chamados "frigoríficos de Chicago". Ou seja: o sucesso da luta por melhores salários e condições de trabalho certamente propiciaria, como de resto propiciou, melhores condições de vida. Somente em 1891, com a criação da Consumers League em Nova Yorque, é que se cindiu o movimento trabalhista-consumeirista, cada qual enveredando pelo seu próprio caminho"*[2].

Embora os pilares do estudo do Direito estejam na Europa, o caminho percorrido pelo Direito do Consumidor foi díspare, pois foi apenas nos Estados Unidos, que pudemos vislumbrar os primeiros sintomas da necessidade de proteção do consumidor, pela tomada de consciência dos mesmos[3]. Desde 1914 a *Federal Trade Comission* tratava de impedir as práticas comerciais desleais.

---

[1] Cf. GRINOVER, Ada Pellegrini e outros. *Código Brasileiro de Defesa do Consumidor comentado pelos autores do anteprojeto*. Rio de Janeiro: Forense Universitária. 1999. p. 214.

[2] GRINOVER, Ada Pellegrini e outros. *Código Brasileiro de Defesa do Consumidor comentado pelos autores do anteprojeto*. Rio de Janeiro: Forense Universitária. 1999. pp. 55/56.

[3] LIZ, Jorge Pegado. *Introdução ao Estudo e à Política do Consumo*. Lisboa: Notícias Ed., 1999, p. 29.

470   *Estudos de Direito Europeu e Internacional dos Direitos Humanos*

Foi criada então em 1929, nos Estados Unidos a *Consumers Research In.*, cujo financiamento era oriundo da venda de um periódico aos consumidores, e tinha como objetivo o caráter investigativo dos produtos e serviços. Já em 1936, é criada a *Consumers Union of the United States*, associação agrupando membros individuais, com o objetivo de reforçar o poder de julgamento dos consumidores no ato do consumo, e pela primeira vez tem-se notícias dos ensaios comparativos com resultados publicados ao público, com o objetivo imediato de informá-lo[4].

Como consequência do movimento consumeirista, o Governo americano passou a reconhecer as necessidades dos consumidores, e gradativamente foi alargando sua proteção, sendo de ressaltar-se que as leis americanas anticartel e anti*trust* são da época da Grande Guerra. Em 1938 foi reconhecida a publicidade enganosa como afronta ao consumidor, sendo esta proibida, principalmente no caso dos alimentos, medicamentos e cosméticos, dentre outros. Também a *Food and Drugs Administration* passou a promulgar medidas protetivas aos consumidores de alimentos, medicamentos e cosméticos[5].

Mas é no ano de 1962 que o Presidente americano John F. Kennedy, proclamou, pela primeira vez, uma espécie de rol dos Direitos dos Consumidores, em mensagem dirigida ao Congresso, enunciando Direitos Fundamentais dos Consumidores, dentre eles, direito à vida, à saúde, à segurança, à informação, à livre escolha e o direito de ser ouvido o consumidor para a elaboração das políticas governamentais, seguindo-se da criação, no mesmo ano, do *Consumer Advisory Council*. Já em 1964, o então Presidente americano Lindon B. Johnson ratificou os direitos já proclamados por John Kennedy, recomendando a criação de medidas legislativas com fins à proteção dos mesmos[6].

Desde então, é pacífico que os Estados Unidos estão na dianteira quando se trata de política protetiva e defensiva dos consumidores, ainda levando-se em conta a natureza diversa do sistema político e jurídico americano, sendo que a maioria da legislação consumeira é reflexo dos Estados-membros, sendo a jurisprudência a maior fonte de garantia de efetividade real da proteção dos consumidores.

---

[4] Liz, Jorge Pegado. *Introdução ao Estudo e à Política do Consumo*. Lisboa: Notícias Ed., 1999, p. 30.

[5] Idem.

[6] Cf. Liz, Jorge Pegado. *Introdução ao Estudo e à Política do Consumo*. Lisboa: Notícias Ed., 1999, p. 31.

A Protecção Internacional do Direito do Consumidor 471

Não obstante, ressalte-se em termos de Europa, que os movimentos consumeiristas passaram-se a partir dos anos 50, influenciados pelo movimento norte-americano. Nomeadamente na Inglaterra, a *Consumers Association* (Associação dos Consumidores), em 1957, e com a publicação da revista *Which*; na Alemanha a Federação das Uniões dos Consumidores em 1953; na França a *Union Féderale de la Consommation* (UFC); na Dinamarca com o *Danske Forbrugerrad* (Conselho dinamarquês de consumidores) em 1947; na Suécia, com o *Statens Konsument Rad* (Conselho Nacional do Consumo) em 1956; na Noruega, em 1953, com o *Forbrukerradet* (Conselho dos Consumidores).

Por fim, em termos de Brasil, a preocupação com o consumidor consolidou-se com o advento da Constituição Federal de 1988 e com o consequente Código de Proteção e Defesa do Consumidor, em 1990, consoante teremos oportunidade de verificar mais atentamente no tópico específico sobre Direito do Consumidor no Brasil.

2.1 – Nações Unidas

A expressão "Nações Unidas" foi utilizada primeiramente na Declaração das Nações Unidas, assinada no ano de 1942 em Washington, ainda durante a 2.ª Guerra Mundial. Já no ano de 1943, em Moscou, as quatro potências da época (China, Estados Unidos da América, Reino Unido e União Soviética) trataram de reconhecer a necessidade de existência de uma Organização Internacional com fins de manutenção da paz e da segurança internacional. Reuniram-se, ainda, os representantes das quatro potências da época, já citadas, em Dumbarton Oaks (1944) e Yalta (1945) e, finalmente, em São Francisco, também no ano de 1945, resultando daí a Carta das Nações Unidas, assinada em 26 de junho do mesmo ano, pelos representantes de 50 países[7].

Entretanto, embora a Carta das Nações Unidas, por si, já contenha normas substantivas sobre os direitos do homem, é com a Declaração Universal dos Direitos do Homem, elaborada em seguida, que passou a se enunciar os princípios do respeito à pessoa e sua dignidade, além de um primeiro catálogo de direitos[8]. Podemos considerar que "*a Declaração*

---

[7] Cf. D'Oliveira Martins, Margarida Salema e D'Oliveira Martins, Afonso. *Direito das Organizações Internacionais, vol. II*, 2 ed., Lisboa: AAFDL, 1996, p. 9.

[8] Cf. Miranda, Jorge. *Curso de Direito Internacional Público*. S. João do Estoril: Princípia, 2002, p. 290.

Universal dos Direitos do Homem (ONU, 1948) foi o primeiro texto, com validade internacional, que pretendeu fazer convergir, na sustentação dos mesmos valores e conceitos, todas as áreas culturais do mundo"[9].

A Organização das Nações Unidas é uma organização intergovernamental para-universal[10], cujas atribuições são: a manutenção da paz e da segurança internacionais, o desenvolvimento de relações amistosas entre as nações, a cooperação internacional na resolução de problemas internacionais econômicos, sociais, culturais e humanitários e na promoção do respeito pelos direitos humanos e liberdades fundamentais, servir como centro para a harmonização das ações das nações para a consecução de fins comuns[11].

Tão somente em 1985, por intermédio da Resolução n.º 39/248 é que veio a Organização das Nações Unidas efetivar sua preocupação específica com a proteção dos consumidores. Tal Resolução foi reflexo das preocupações quanto aos efeitos não somente econômicos, mas principalmente sociais das relações de consumo, tendo em vista o novo parâmetro de consumo que gradativamente veio se instalando após a industrialização.

Percebe-se inclusive, uma preocupação com os interesses dos países em desenvolvimento, reconhecendo os desequilíbrios econômicos e educacionais ainda mais latentes nesses países, que se transportavam inclusive para as relações de consumo.

O Anexo 3 da Resolução 38/248 de 1985 demonstra quais os princípios gerais, isto é, diretrizes que deverão ser observados pelos governos como padrões mínimos, quanto ao consumidor. São eles: proteger o consumidor quanto a prejuízos à sua saúde e segurança; fomentar e proteger os interesses econômicos dos consumidores; fornecer aos consumidores informações adequadas para capacitá-los a fazer escolhas acertadas, de acordo com as necessidades e desejos individuais; educar o consumidor; criar a possibilidade de real ressarcimento ao consumidor; garantir a liberdade para formar grupos de consumidores e outros grupos e organizações de relevância e oportunidade para que estas organizações possam apresentar seus enfoques nos processos decisórios a elas referentes.

---

[9] MOREIRA, Adriano. *Estudos da Conjuntura Internacional*. Lisboa: Publicações Dom Quixote, 1999, p. 149.

[10] PEREIRA, André Gonçalves e QUADROS, Fausto de. *Manual de Direito Internacional Público*. 3.ª ed. Lisboa: Almedina, 2002, p. 461.

[11] Cf. D'OLIVEIRA MARTINS, Margarida Salema e D'OLIVEIRA MARTINS, Afonso. *Direito das Organizações Internacionais, vol. II*, 2 ed., Lisboa: AAFDL, 1996, p. 17.

A Protecção Internacional do Direito do Consumidor 473

Traçou assim, a referida Resolução, uma política de proteção ao consumidor, destinada aos Estados membros, sendo certo que, *"ao mesmo tempo, a ONU impõe aos Estados filiados a obrigação de formularem uma política firme de proteção do consumidor, bem como de manterem uma infra-estrutura adequada para desenvolver, implementar e orientar a sobredita política"*[12].

Observe-se, quanto ao valor jurídico das resoluções da Organização das Nações Unidas, alguns aspectos. Há resoluções das Organizações Internacionais que são obrigatórias para os Estados-membros, como, por exemplo, as que são tomadas pelo Conselho de Segurnaça da ONU, com fundamento no Capítulo VII da Carta. Tais resoluções, em princípio, também são obrigatórias para terceiros Estados, de acordo com o art. 2, alínea 6 da Carta das Nações Unidas.

Os órgãos da Organização das Nações Unidas que aprovam resoluções que tem o efeito estrito de recomendação, ganhando, entretanto, o apoio de governos e terminam por ser obrigatórias, o que conduz os Estados a seguirem este procedimento e procuraremm apoio para tal. É o que os norte-americanos chamam *soft law*.

Há quem acentue[13] que as resoluções se apresentam em forma de direito declaratório e evoluem para um direito programático (*soft law*). A finalidade dos que invocam o "costume selvagem" é de formulá-lo de início em declarações que o farão passar do plano de ação conjunta ao da afirmação coletiva. O "costume selvagem" seria o existente na sociedade internacional, mas de difícil comprovação. Assim, as resoluções da Assembléia Geral da Organização das Nações Unidas teriam a função apenas de declará-los. Daí tais resoluçãos serem obrigatórias porque elas explicitam o costume que tem aobrigatoriedade para os Estados.

Atualmente, a tendência é no sentido de se considerar as resoluções das Organizações Internacionais, mesmo as de natureza recomendatória, como sendo fonte formal de Direito Internacional Público, ou seja, norma jurídica internacional.

As posições doutrinárias são várias, e uns afirmam que tais resoluções reconhecem princípios gerais de direito, tendo em vista que a sua aprovação é feita por uma grande maioria dos Estados da Assembléia Geral da Organização das Nações Unidas.

---

[12] FILOMENO, José Geraldo Brito. *Manual de Direitos do Consumidor.* São Paulo: Ed. Atlas, 1999, p. 23.

[13] DUPUY, René Jean. *Droit Déclaratoire et Droit International.* Lyon: Presses Universitaires de Lyon, 1986. P. 176.

474   *Estudos de Direito Europeu e Internacional dos Direitos Humanos*

Ressalte-se ainda que, *"em geral, as resoluções e as recomendações não tem força obrigatória para os Estados, que neste tipo de Organizações são os únicos destinatários daqueles actos. Ao contrário, as decisões obrigam os seus destinatários. Vejamos o caso das Nações Unidas, onde só são obrigatórias decisões concretas (...). Mas a inflixidez que domina esta matéria faz com que se possa vir a esbater o rigor dessa classificação, e se possa encontrar nalgumas Organizações resoluções obrigatórias e decisões que o não são. O próprio Tribunal de Haia contribuiu para esta equivocidade quando, no parecer de 21 de Junho de 1971 sobre o caso Sudoeste Africano/Namíbia, e, contra a doutrina dominante, veio reconhecer o "caráter de decisão" e "uma intenção executória" às resoluções da Assembléia Geral das Nações Unidas"*[14].

No Brasil, estas resoluções entram no ordenamento jurídico interno em razão do que estabelece o art. 84, incisos IV e VII da Constituição Federal em vigor.

Reflita-se ainda que, a proteção dos direitos do consumidor figura como destaque na Organização das Nações Unidas, ainda quando não nominada especificadamente, mas no contexto da proteção geral dos direitos à vida, à saúde, à informação, ao desenvolvimento sustentável, enfim, correlacionada aos demais aspectos protetivos, em virtude da universalidade e indivisibilidade características dos direitos do homem.

A Resolução 39/248 de 1985 apresentou reflexos práticos, em termos de Brasil, que se observam na Constituição em vigor desde 1988. A questão dos direitos do consumidor é tratada no capítulo que trata dos direitos e deveres individuais e coletivo, também no capítulo que trata dos princípios gerais da atividade econômica e finalmente, no Ato das Disposições Constitucionais Transitórias, determina que se elabore o Código de Defesa do Consumidor, este último em vigor desde 1990.

2.2 – Comunidade Européia

Cumpre ressaltar que, muito embora não houvesse no Tratado de Roma[15], qualquer disposição específica, relativa aos direitos e proteção

---

[14] PEREIRA, André Gonçalves e QUADROS, Fausto de. *Manual de Direito Internacional Público.* 3.ª ed. Lisboa: Almedina, 2002, pp. 270/271.

[15] Tratado de Roma: instituiu a Comunidade Econômica Européia e foi assinado em 1957, pela França, Alemanha, Itália, Bélgica, Holanda e Luxemburgo.

A *Protecção Internacional do Direito do Consumidor* 475

do consumidor, haviam referências dispersas, quanto à política agrícola comum, política de transportes, regras da concorrência, práticas abusivas, entre outras[16].

Outrossim, note-se que tão somente nas décadas de 70/80 é que podemos observar em forma de directivas, ou seja, de direito derivado, as primeiras regras específicas sobre a questão que ora se discute. É preciso ressaltar, ainda, quanto à política de defesa do consumidor adotada pela Comunidade, foi esta fundalmentalmente em *soft law* e em diretivas de cunho harmonizatório[17].

Mas, foi tão somente com a assinatura do *Acto Único Europeu*[18], que, finalmente foi reconhecida a proteção do consumidor, consagrada em um texto de direito originário. Em virtude disto, observou-se uma proliferação legislativa, principalmente tendo em vista o princípio da preempção em Direito Comunitário, que consiste na preclusão da competência nacional sobre determinada matéria, quando da aprovação de regras comunitárias[19], justamente com o objetivo precípuo de uma harmonização mínima dentro da Comunidade.

Já com Tratado de Maastricht[20], foi atribuída à Comunidade uma competência própria no que tange à proteção dos consumidores, sendo certo que "*conferiu, portanto, uma base autónoma para o desenvolvimento de uma política de defesa do consumidor, que é independente da política de harmonização e do processo de integração económica, baseado no mercado*"[21].

Tal se deu, tendo em vista o princípio da subsidiariedade, introduzido no Tratado como fundamental e constitutivo da União Européia[22], tem

---

[16] Pegado Liz, Jorge. *Introdução ao Estudo e à Política do Consumo*. Lisboa: Notícias Ed., 1999, p. 99.

[17] Guerra Martins, Ana M. *O Direito Comunitário do Consumo. In* Menezes Leitão, Luis (Org.). *Estudos do Instituto de Direito de Consumo, vol. 1*. Coimbra: Almedina, 2002, p.64.

[18] Cf. Acto Único Europeu: assinado em Luxemburgo a 17 de feveriero de 1986 e em Haia a 28 de fevereiro do mesmo ano.

[19] Cf. Guerra Martins, Ana M. *O Direito Comunitário do Consumo. In* Menezes Leitão, Luis (Org.). *Estudos do Instituto de Direito de Consumo, vol. 1*. Coimbra: Almedina, 2002, p. 71.

[20] Tratado de Maastricht: assinado em 7 de fevereiro de 1992.

[21] Guerra Martins, Ana M. *O Direito Comunitário do Consumo. In* Menezes Leitão, Luis (Org.). *Estudos do Instituto de Direito de Consumo, vol. 1*. Coimbra: Almedina, 2002, p. 73.

[22] Cf. Pegado Liz, Jorge. *Introdução ao Estudo e à Política do Consumo*. Lisboa: Notícias Ed., 1999, p. 121.

476   *Estudos de Direito Europeu e Internacional dos Direitos Humanos*

aplicabilidade também, quanto à política de defesa do consumidor, significando por certo que, "*a Comunidade só intervém se e na medida em que os objectivos da acção encarada não possam ser suficientemente satisfeitos pelos Estados membros, e possam, devido à dimensão ou aos efeitos da acção prevista, ser melhor realizados ao nível comunitário*"[23].

Quanto ao Tratado de Amsterdã[24], reconheceu este, pela primeira vez em texto originário, os direitos do consumidor, nomeadamente os direitos à informação, à educação e de associação objetivando resguardar interesses, sendo necessário ressaltar que, no caso da saúde, segurança e interesses econômicos, não foram elevados à categoria de direitos, mas considerados tão somente como interesses e objetivos da política de consumo[25].

Há que nomear, além dos Tratados referidos, as Diretivas e Regulamentos, além da jurisprudência do Tribunal de Justiça, como importantes fontes de Direito Comunitário de Consumo.

Quanto à Carta dos Direitos Fundamentais da União Européia[26], esta elevou à categoria de Direitos Humanos, a defesa do consumidor, sem entretanto, como faz a Resolução da ONU n.º 39/248 de 1985, consagrar direitos do consumidor, nomeando apenas que: "*Artigo 38.º – As políticas da União devem assegurar um elevado nível de defesa dos consumidores*"[27].

Assim, tendo em vista o impulso dado pela política comunitária em matéria de consumo, "*em certas ordens jurídicas de países europeus – como é o caso da ordem Portuguesa – a regulamentação jurídica actual das relações de consumo teve a sua origem neste "Direito Comunitário de Protecção dos Consumidores" e no cumprimento da obrigação, a cargo dos respectivos Estados-membros, da transposição deste corpo normativo para o ordenamento nacional*"[28].

---

[23] GUERRA MARTINS, Ana M. *O Direito Comunitário do Consumo.. In* MENEZES LEITÃO, Luis (Org.). *Estudos do Instituto de Direito de Consumo, vol. 1.* Coimbra: Almedina, 2002, p. 74.

[24] Tratado de Amsterdã: assinado em 02 de outubro de 1997.

[25] GUERRA MARTINS, Ana M. *O Direito Comunitário do Consumo. In* MENEZES LEITÃO, Luis (Org.). *Estudos do Instituto de Direito de Consumo, vol. 1.* Coimbra: Almedina, 2002, p. 75.

[26] Carta dos Direitos fundamentais da União Européia: assinada em Nice, em 07 de outubro de 2000.

[27] Cf. MENDES, Victor. Direitos Humanos – Declarações e Convenções Internacionais. Lisboa: Vislis Ed. 2002. P. 231.

[28] FROUVE, Pedro Madeira. *A Noção de Consumidor à Crédito à Luz do Ordenamento Comunitário e Português (Algumas Notas Críticas).* Revista de Direito Comparado

A Protecção Internacional do Direito do Consumidor 477

Atualmente, a Estratégia da Política dos Consumidores para 2002/ /2006, salienta que são três os objetivos definidos pela Comissão em matéria de política dos consumidores a nível europeu. Assim: manter um elevado nível comum de defesa do consumior, aplicação efetiva das regras de defesa do consumidor e a participação das organizações de consumidores nas políticas da União Européia[29].

Também no mesmo diploma, se apresenta uma visão avançada e coerente da questão da proteção do consumidor, quando se diz que *"além das regras específicas para a sua defesa, os consumidores são igualmente afectados por outras políticas comunitárias importantes: mercado interno, ambiente e desenvolvimento sustentável, transportes, serviços financeiros, concorrência, agricultura, comércio externo, etc. A política dos consumidores enquanto tal não pode ser definida isoladamente, sem ter em conta outros domínios que têm repercussões para os consumidores. É fundamental integrar sistematicamente os interesses dos consumidores em todos os domínios das políticas comunitárias. Nos últimos anos registraram-se progressos significativos nesse sentido. O objectivo para o futuro deve consistir em desenvolver os resultados conseguidos, a fim de tornar mais sistemática a integração dos interesses dos consumidores nas outras políticas"*[30].

2.3 – Mercosul

Ressalte-se que, os processos de integração econômica são reflexos naturais que marcam as grandes transformações experimentadas no âmbito do Direito Internacional Público[31]. É justamente com o advento do Mercosul[32], que *"o Brasil vive de fato, do ponto de vista político e jurí-*

Português e Brasileiro. Julho-Dezembro 1999 – Tomo XLVIII – Números 280/282, p. 432.

[29] Cf. *Estratégia da Política dos Consumidores para 2002-2006*. Serviço das Publicações Oficiais das Comunidades Européias (n.º 1.1 do índice).

[30] *Estratégia da Política dos Consumidores para 2002-2006*. Serviço das Publicações Oficiais das Comunidades Européias. (n.º 2.1 do índice).

[31] Cf. LAFER, Celso. *10 Anos de Mercosul* – www.camara.gov.br.

[32] Mercosul – Mercado Comum do Sul: instituído pelo Tratado de Assumção, assinado em 26 de março de 1991, por Argentina, Uruguai, Paraguai e Brasil, com o objetivo de integração e formação de um mercado comum, que possa garantir o livre comércio entre os signatários.

478 *Estudos de Direito Europeu e Internacional dos Direitos Humanos*

dico, sua primeira experiência significativa de integração institucional em nível internacional"[33].

Nomeadamente quanto a proteção do consumidor e garantia de seus direitos, ao nível de Mercosul, caminha a passos lentos, no sentido de uniformidade em todos os Estados membros.

Cumpre salientar, que o Mercosul *"ainda é uma união aduaneira, que se encontra, presentemente, em fase mais de aprofundamento do que de alargamento (ou alongamento?). O direito que dele resulta ainda é de integração e não (evidentemente) comunitário. Fundou-se o decisum, entre outros apoios, em que a recepção de acordos celebrados pelo Brasil no âmbito do Mercosul está sujeita à mesma disciplina constitucional que rege o processo de incorporação à ordem positiva interna brasileira, dos tratados e convenções internacionais em geral*"[34]. Tais considerações são necessárias para entender a questão do Direito do Consumidor no Mercosul e a grande proliferação de protocolos ratificados pelos Estados membros, sem que haja a assinatura de um Regulamento Comum sobre a matéria.

Observando, ainda que superficialmente, a normatização jurídica sobre os direitos e garantias do consumidor dentro da ordem interna dos Estados membros, poderemos entender a letargia no processo de integração de tais normas ao nível de Mercosul.

Na Argentina, após a reforma constitucional de 1994, está a proteção do consumidor em norma constitucional, sendo certo que os consumidores e usuários de bens e serviços tem direito à proteção de sua saúde, segurança e interesses econômicos e informação adequada e eficaz. Em termos de legislação infra-constitucional há a Lei n.º 24.240, modificada pela Lei n.º 24.999/98, chamada Lei do Consumidor, que entre outras garantias, trata da Responsabilidade Objetiva do fornecedor. No Paraguai há a Lei n.º 1.334/98 e no Uruguai a Lei n.º 17.250/200, nos mesmos moldes da lei paraguaia[35].

Já no Tratado de Assunção[36], consta que *"a necessidade de promover o desenvolvimento científico e tecnológico dos Estados-Partes e de moder-*

---

[33] DALLARI, Pedro Bohomoletz de Abreu. *O Mercosul perante o sistema constitucional brasileiro. In Mercosul – seus efeitos jurídicos, econômicos e políticos nos Estados--membros, 2.ª ed.* São Paulo: Ed. Livraria do Advogado, 1997, p. 102.

[34] MATHIAS DE SOUZA, Carlos Fernando. *O Mercosul e o direito de Integração –* artigo no site www.camar.gov.br

[35] Cf. ALLEMAR, Aguinaldo. *Breves anotações sobre a tutela estatal à relação de consumo no direito estrangeiro –* artigo no site www.allemar.prof.ufu.br.

[36] Tratado de Assunção: assinado em 1991, ratificado no Brasil plo Decreto Legislativo n.º 197/91.

A Protecção Internacional do Direito do Consumidor 479

nizar suas economias para ampliar a oferta e a qualidade dos bens e serviços disponíveis, a fim de melhorar as condições de vida de seus habitantes". Mas nada dispõe de forma mais incisiva ou específica.

Da Reunião de Las Leñas, em julho de 1992, emanou o Cronograma de Las Leñas, através do qual os Estados-membros se comprometiam com uma Agenda de Trabalho, com temas, datas e subgrupos de trabalhos. Nomeadamente quanto ao Direito do Consumidor, o Subgrupo 10 (Coordenação de Política Macroenconômica), entre outras coisas, ficou com a responsabilidade de apresentar propostas sobre a defesa do consumidor e defesa da concorrência[37].

O art. 2.º da Resolução n.º 126/94 do Grupo Mercado Cumum[38], estabelece que, enquanto não for aprovado um regulamento comum sobre as relações de consumo entre os Estados membros, cada Estado aplicará sua legislação interna, de forma não discriminatória.

O Protocolo de Buenos Aires[39], diz respeito à jurisdição internacional sobre matéria contratual e, apesar de não ser aplicado diretamente aos contratos de consumo, destaca a necessidade de harmonizar-se o quadro sobre tal matéria, no âmbito dos Estados membros e a importância do regulamento comum.

O Conselho do Mercado Comum aprovou em seguida, o Protocolo de Santa Maria[40], sobre jurisdição internacional em matéria de relações de consumo, que afirma inclusive, a necessidade de harmonização da legislação pertinente, objetivando a segurança jurídica necessária tanto aos consumidores quanto aos fornecedores e, especificamente sobre garantia contratual ao consumidor, há a Resolução n.º 42/1998 do Grupo do Mercado Comum.

Ora, há uma série de protocolos, acordos e resoluções, sem que se possa falar em verdadeira harmonia e segurança ao consumidor no Mercosul. Aplicam-se aos conflitos originários das relações de consumo, onde sejam partícipes consumidor de um Estado membro e fornecedor de

---

[37] MEIRA MATOS, Adherbal. *Direito Internacional Público*. Rio de Janeiro: Renovar, 1996, p. 417.

[38] O Grupo Mercado Comum foi instituído com pelo Protocolo de Ouro Preto, como uma das fontes jurídicas do Mercosul, havendo emitido algumas Resoluções que, indiretamente, protegem a pessoa do consumidor. O Protocolo de Ouro Preto doi ratificado pelo Brasil pelo Decreto Legislativo n.º 188/95.

[39] Protocolo de Buenos Aires: assinado em 1994.

[40] Protocolo de Santa Maria: aprovado pelo Conselho do Mercado Comum em 1996.

480   *Estudos de Direito Europeu e Internacional dos Direitos Humanos*

outro, as normas internas do local do domicílio do consumidor, o que pode gerar efetivamente um problema.

No caso dos fornecedores, que a lei brasileira é mais rígida quanto aos aspectos de segurança e qualidade dos produtos ou serviços, o que pode gerar um descompasso entre os produtos brasileiros, que já vivem sob tais normas, e os produtos ou serviços oriundos dos outros Estados membros, já que, por não haver legislação tão rígida, podem não ter as especificações necessárias, sendo impedidos de circular no mercado brasileiro, o que muitos consideram uma barreira não alfandegária para a livre circulação de produtos e serviços e contra os objetivos do Mercosul, mas com certeza, estão em total parceria com o Código de Defesa do Consumidor e os direitos e garantias que dele emanam.

Há que se discutir, derradeiramente, sobre o Protocolo de Montevideu, apresentado pelo Comitê Técnico n.º 7 da Comissão de Comércio do Mercosul, com o pressuposto de vigorar em dois anos, inclusive no Brasil. Tal protocolo é retrato de um flagrante retrocesso da proteção dos direitos e garantias do consumidor – em termos de comparação com o direito interno brasileiro e também direito interno argentino – tendo provocado reações nas mais diversas camadas da sociedade brasileira, nomeadamente o Ministério Público[41], a OAB, as entidades de defesa do consumidor, assim como gerado uma série de manifestações de repúdio, não só no Brasil, mas também na Argentina.

Enfim, esse é o ponto em que se encontra a situação do Mercosul, até a presente data, quanto aos direitos e garantias do consumidor. Tal situação será mais detalhadamente analisada quando falarmos das razões da não existência de um Regulamento Comum de Defesa do Consumidor, em termos de Mercosul.

Cumpre ainda salientar, que no estágio atual do Mercosul, não se pode falar em Direito Comunitário (como na União Européia Européia). Isso se deve ao fato de que, no caso do Direito Comunitário, não há que se falar em incorporação ou transformação de normas oriundas dos órgãos comunitários em norma de direito interno dos Estados membros, já que prevalecem as normas de Direito Comunitário sobre as normas internas dos Estados membros[42]. Em suma, em termos de Mercosul, ainda hoje

---

[41] Sobre o tema vide: REIS, Nelson Santiago. *Protocolo de Montevidéu, uma grave ameaça à defesa do consumidor. www.mp.pe.gov.br*

[42] Nesse sentido, ensina o Prof. Dr. Jorge Miranda: "*O problema tem-se posto com particularíssima acuidade diante das Comunidades Européias, cuja ordem jurídica forma um sistema extenso e compacto, em crescimento constante, e que se pretende autônomo*

A Protecção Internacional do Direito do Consumidor 481

falamos de aplicação das normas de Direito Internacional, não de normas de Direito Comunitário, ainda hoje, uma exclusividade da Comunidade Européia, inclusive porque originário desta.

3 – Consumidor e Direitos Humanos

O vetor impulsionador do sonho humanista foi, e ainda é, a idéia de uma comunidade internacional pacífica, solidária e fraterna. É certo também que a construção dos pilares para alcançar tais ideais se dá por intermédio de processos históricos de conquistas de direitos, nos mais diversos locais do globo, e que gradativamente, vão alcançando a esfera de importância de Direitos Humanos.

A definição de Direitos Humanos é dificultosa, face à sua natureza e plenitude de ideais. Trata-se, na verdade, de um conjunto de direitos imanentes ao ser humano, considerados inclusive desde a concepção, que tem por objetivo precípuo a garantia da dignidade da pessoa humana, e nomeadamente dos direitos à vida, liberdade, igualdade, integridade, enfim, todos os demais que são de igual importância, posto que indivisíveis e, que devem ser universalmente respeitados e aplicados, sem qualquer distinção.

Assim, é correto dizer que, desde *"a exibilidade e até a sacralização dos direitos humanos de que se fala hoje está relacionada a uma história de conquistas (de direitos) que não terá fim enquanto houver humanidade. Isso pode significar que nunca chegaremos a um estágio ideal de respeito aos direitos humanos; sempre haverá novos direitos sendo reclamados enquanto tais. O surgimento de novos direitos está vinculado às condições históricas favoráveis para a sua reivindicação."*[43]

Quanto ao Direito Internacional dos Direitos Humanos, *"corpus juris de proteção dos direitos do ser humano em todas as circunstâncias, dotado de autonomia e especificidade próprias, vem experimentando um*

---

em relação do Direito Internacional (ou melhor, ao restante Direito Internacional), com exigência de aplicação uniforme e dotada não só de efeito directo mas também de apurados meios jurisdicionais de garantia. E seu Tribunal de Justiça, numa ousada construção pretoriana, tem vindo, ao longo dos anos, a definir o primado do seu Direito sobre o Direito interno dos Estados-membros, incluindo o Direito Constitucional (...)" (Ob. Cit. p. 160).

[43] Cf. LIMA JR., Jayme Benvenuto. *Os direitos humanos econômicos, sociais e culturais*. Rio de Janeiro: Renovar, 2001. p. 70.

482   *Estudos de Direito Europeu e Internacional dos Direitos Humanos*

processo de evolução e expansão marcado por grande densidade e um dinamismo ímpar. Sua evolução tem refletido as crescentes necessidades de proteção da pessoa humana"[44]. Evolução esta que não finda, posto que, o processo evolutivo do homem também não pára, apontado a cada momento histórico para uma faceta que se mostra em evidência. Mas tal deve se dar sempre, dentro dos parâmetros da indivisibilidade e da universalidade dos direitos do homem.

3.1 – Princípio da Universalidade

Tendo em vista que trata-se de tema de "recorrente importância"[45] no estudo dos direitos humanos, impõe-se a compreensão do Princípio da Universalidade dos Direitos Humanos, em virtude de uma crescente consciência universal acerca dos Direitos Humanos. Como consequência lógica, há que se falar em termos de importância da internacionalização dos Direitos Humanos, tendo em vista a primeira premissa apresentada, no sentido de ser objetivo dos humanistas a paz, a fraternidade e a solidariedade internações.

Ressalte-se que, *"identificar no outro um sujeito de direitos fundamentais, de direitos humanos básicos é uma idéia de igualdade"*[46]. Desta forma, quando falamos em universalidade dos referidos direitos, deve tal idéia estar contida sem exceções, isto é, aplica-se tal princípio à favor de qualquer pessoa, de qualquer lugar do mundo, sem qualquer tipo de distinção e discriminação. Ainda que a própria pessoa ou seu país de origem, não reconheça os Direitos Humanos como um Direito subjetivo de qualquer pessoa, devemos nós reconhecer tal direito em favor de quem quer que seja.

Ainda quanto ao universalismo dos direitos humanos, quando contraposto ao relativismo, isto é, às diversidades culturais, é certo que

---

[44] CANÇADO TRINDADE. Antônio Augusto. *Tratado de Direito Internacional dos Direitos Humanos, Vol. I, 2.ª ed.* Porto Alegre: Fabris Editor, 2003, p. 25.

[45] CANÇADO TRINDADE. Antônio Augusto. *Tratado de Direito Internacional dos Direitos Humanos, Vol. I, 2.ª ed.* Porto Alegre: Fabris Editor, 2003, p. 37.

[46] LIMA MARQUES, Cláudia e SCHIMITT, Cristiano Heineck. *Visões sobre os Planos de Saúde Privada e o Código de Defesa do Consumidor. In* ARANHA, Márcio Iório e TOJAL, sebastião de Barros (Org.) *Curso de Especialização à Distância em Direito Sanitário para Membros do Ministério Público e da Magistratura Federal*, 2001.

A Protecção Internacional do Direito do Consumidor   483

tem havido grande discussão sobre o tema[47]. Entretanto, não estão contrapostas as idéias de diversidade cultural e universalismo dos direitos do homem. Ao contrário, "*é, com efeito, a partir das particularidades ou da diversidade do gênero humano que se buscam valores universais, que se manifesta uma consciência universal*"[48]. Ora, em face à diversidade, cada povo necessita mais ou menos atenção a um determinado aspecto dos direitos do homem, em termos de proteção, mas é dentro de um contexto global, universal, que se vai de encontro à paz internacional.

3.2 – Princípio da Indivisibilidade

Ora, o princípio da dignidade da pessoa humana, refletindo-se no direito à vida – fonte primária de todos ou demais direitos – conclama todos os outros para sua real e prática efetividade. Isto se verifica porque, sem liberdade, igualdade, segurança, saúde, educação, garantia do consumo seguro, meio ambiente harmônico, desenvolvimento, etc., não há que se falar em garantia ampla ao direito à vida. Neste ponto, ressalte-se a magnitude do Principio da Indivisibilidade dos Direitos Humanos, pois expressa uma completa conquista de direitos, compartilhando-se o entendimento de que uma geração de direitos humanos não substitui a outra, nem prepondera-se, mas com ela interage[49]. Ora, podemos verificar que o que vislumbramos "*é o fenômeno não de uma sucessão, mas antes da expansão, cumulação e fortalecimento dos direitos humanos consagrados, a revelar a natureza complementar de todos os direitos humanos*"[50].

Face a essa natureza complementar, é certo que os Direitos do Consumidor estão inseridos no rol dos Direitos Humanos conquistados, em par de igualdade e importância com os demais, o que resulta na urgência de seu estudo. Ora, estando os Direitos do Consumidor inseridos dentro do contexto dos Direitos Humanos, devem ser garantidos e protegidos como tal. Assim, a preocupação brasileira quanto ao Regulamento

---

[47] CANÇADO TRINDADE. Antônio Augusto. *Tratado de Direito Internacional dos Direitos Humanos, Vol. I, 2.ª ed.* Porto Alegre: Fabris Editor, 2003, p. 277.

[48] CANÇADO TRINDADE. Antônio Augusto. *Tratado de Direito Internacional dos Direitos Humanos, Vol. III, 2.ª ed.* Porto Alegre: Fabris Editor, 2003, pp. 306/307.

[49] PIOVESAN. Flávia. *Direitos Humanos e o Direito Constitucional Internacional.* Max Limonade. São Paulo. 1997, p. 158/160.

[50] CANÇADO TRINDADE. Antônio Augusto. *Tratado de Direito Internacional dos Direitos Humanos, Vol. I, 2.ª ed.* Porto Alegre: Fabris Editor, 2003, p. 43.

484 *Estudos de Direito Europeu e Internacional dos Direitos Humanos*

Comum de Defesa do Consumidor (ao nível de Mercosul) é lícita e justa, inclusive porque, crescendo no Brasil a preocupação com os Direitos Humanos, cresce o nível de consciência protetiva e garantidora dos direitos do consumidor.

Note-se a preocupação da própria Igreja Católica em apontar o Princípio da Indivisibilidade, na Encíclica *Mater et Magistra*[51]. Assenta--se ainda que *"trata-se de um aspecto central no ensinamento do Magistério: os direitos do homem, todos os direitos do homem, são indivisíveis. Não será, portanto, possível, contrapor os direitos civis e políticos aos direitos econômicos, sociais e individuais"*[52].

3.3 – Classificação por gerações ou dimensões: crítica

Face às considerações *supra*, há que se falar da relevância do estudo dos Direitos Humanos no âmbito internacional, no sentido de entender o sistema de proteção internacional que hoje é dada aos Direitos Humanos, assim como sua relevância e importância prática nas relações internacionais atuais.

Por conseguinte, há também que se falar da classificação dos Direitos Humanos em gerações ou dimensões[53]. Ressalte-se que só acreditamos válida tal classificação, se exclusivamente para fins didáticos, já que parece proporcionar um visualizar do crescer histórico/cronológico de sua importância[54]. Tal se dá, tendo em vista que, não é a referida teoria, espelho do Princípio da Indivisibilidade dos Direitos Humanos, que está diretamente ligado à compreensão destes em caráter uno, integral, indi-

---

[51] Carta Encíclica de João XXIII *Mater et Magistra*, de 15 de maio de 1961.

[52] FILIBECK, Giorgio. *Direitos do Homem de João XXIII a João Paulo II*. São João do Estoril: Ed. Princípia, 2000, p. 366.

[53] Quanto ao uso da terminologia gerações ou dimensões, profere o Prof. Dr. Canotilho a terminologia dimensões, julgando-a mais adequada. CANOTILHO, J.J. Gomes. *Direito Constitucional e Teoria da Constituição*. 6.ª ed. Ed. Almedina 2002. pp. 386, 387.

[54] Em resposta a um questionamento da Prof.ª Dra. Selma Aragão, no Seminário de Direitos Humanos das Mulheres: a Proteção Internacional, evento associado à V Conferência Nacional de Direitos Humanos em Brasília – maio de 2000, disse o Prof. Dr. Cançado Trindade: *"Essa conceituação de que primeiro vieram os direitos individuais e, nesta ordem, os direitos econômicos-sociais e o direito de coletividade correspondem à evolução do direito constitucional, É verdade que isso ocorreu no plano interno dos países, mas no plano internacional a evolução foi contrária. No plano internacional os direitos que apareceram primeiro foram os econômicos-sociais"* – www.dhnet.org.br.

A *Protecção Internacional do Direito do Consumidor*

visível, sem conceber seu fracionamento, posto que, em face deste, não haveria a efetiva proteção dos Direitos Humanos.

Classificam-se assim, consoante a teoria das gerações ou dimensões, os Direitos Humanos: 1) Direitos Humanos de Primeira Geração ou Dimensão: são os direitos de caráter essencialmente individual, também chamados civis e políticos, que são exercidos contra o Estado (liberdade, igualdade, vida, livre manifestação do pensamento, entre outros); 2) Direitos Humanos de Segunda Geração ou Dimensão: são os econômicos, sociais e culturais, de natureza coletiva, exercidos pela possibilidade de exigência de uma ação positiva do Estado (educação, saúde, trabalho, cultura, entre outros); 3) Direitos Humanos de Terceira Geração ou Dimensão: são os direitos transindividuais, ditos dos povos, coletivos e difusos (desenvolvimento, autodeterminação, meio ambiente, consumidor, entre outros); 4) Direitos Humanos de Quarta Geração ou Dimensão: são os que tem como objetivo a preservação do futuro para as gerações vindouras, desenvolvimento e consumo sustentável, além da biotecnologial, bioengenharia, bioética, manipulação genética e realidade virtual.

Como se observa, parece haver uma referência histórica que permeia a classificação ora adotada, e que pretende demonstrar a conquista dos povos em termos de Direitos Humanos. Refira-se que, de modo algum pode significar a compartimentalização dos mesmos, sob pena da não efetivação destes. *"A limitação prática dessa classificação é demonstrada pela incapacidade de estabelecer distinções claras entre boa parte dos direitos humanos"*[55].

Assim, dentro desse universo que é o estudo dos Direitos Humanos, chegamos à conclusão que, mesmo dentro do estudo de categorias dos direitos transindividuais, encontra-se o direito do consumidor, porém interagindo com os demais, em relevante nível de importância. Tal se dá necessariamente quando avaliamos o momento histórico atual, onde o homem *"vive em função de um novo modelo de associativismo: a sociedade de consumo (mass consumption society ou Konsumgesellschaft), caracterizado por um número crescente de produtos e serviços, pelo domínio do crédito e do marketing"*[56], em uma sociedade globalizada, onde desaparecem as fronteiras para o consumo, e surgem grandes problemas de ordem técnica, ética e jurídica.

---

[55] Lima JR., Jayme Benvenuto. *Os direitos humanos econômicos, sociais e culturais.* Rio de Janeiro: Renovar, 2001, p.78.

[56] Grinover, Ada Pellegrini e outros. *Código Brasileiro de Defesa do Consumidor comentado pelos autores do anteprojeto.* Rio de Janeiro: Forense Universitária. 1999. p. 6.

486   *Estudos de Direito Europeu e Internacional dos Direitos Humanos*

Podemos dizer que encontramos a importância do Direito do Consumidor – embora chamado pela doutrina de Direito Humano de Terceira Geração – em todas as demais gerações ou dimensões, como fundamental à garantia do direito à vida, à liberdade de escolha do produto ou serviço desejado, à igualdade de tratamento no momento de consumir produto ou serviço, na segurança que devem esses garantir, no direito à saúde (privada ou pública, já que o utente do sistema de saúde é consumidor de serviço) à educação (considerada serviço, prestada pelo poder público ou pelo particular, esse último com intensão de lucro), ao acesso à cultura, ao desenvolvimento sustentável baseado no consumo sustentável. Isto porque percorre o Direito do Consumidor árduo caminho dentre os demais Direitos Humanos, tanto enquanto direito que é, quanto garante de outros direitos.

Ora, a proteção e defesa dos interesses do consumidor é o reflexo de *"um verdadeiro exercício de cidadania, ou seja, a qualidade de todo ser humano, como destinatário final do bem comum de qualquer Estado, que o habilita a ver reconhecida toda a gama de seus direitos individuais e sociais, mediante tutelas adequadas colocadas à sua disposição pelos organismos institucionalizados, bem como a prerrogativa de organizar-se para obter esses resultados ou acesso àqueles meios de proteção e defesa"*[57].

Mas é absolutamente relevante ressaltar a posição do Prof. Dr. Cançado Trindade[58], no sentido de que tal classificação em gerações ou

---

[57] FILOMENO. José Geraldo Brito. *Manual de Direitos do Consumidor*. São Paulo: Ed. Atlas. 1999. P. 27

[58] Também em resposta ao questionamento da Prof.ª Dra. Selma Aragão, no Seminário de Direitos Humanos das Mulheres: a Proteção Internacional, evento associado à V Conferência Nacional de Direitos Humanos em Brasília – maio de 2000, disse o Prof. Dr. Cançado Trindade: *"Eu não aceito de forma alguma a concepção de Norberto Bobbio das teorias de Direito. Primeiro, porque não são dele. Quem formulou a tese das gerações de direito foi o Karel Vasak, em conferência ministrada em 1979, no Instituto Internacional de Direitos Humanos (...) Em primeiro lugar, essa tese das gerações não tem nenhum fundamento jurídico, nem na realidade. Essa teoria é fragmentadora, atomista e toma os direitos de maneira absolutamente dividida, o que não corresponde à realidade (...) Essa concepção tem causado um grande dano à evolução dos direitos humanos. Por exemplo, por que razão a discriminação é combatida e criticada somente em relação aos direitos civis e políticos e é tolerada como inevitável em relação aos direitos econômicos, sociais e culturais? Porque são supostamente de segunda geração e de realização progressiva (...) Creio que o futuro, na proteção internacional dos direitos humanos passa pela indivisibilidade e pela inter-relação de todos os direitos, como tenho dito em meus livros."* – *www.dhnet.or.br.*

A Protecção Internacional do Direito do Consumidor 487

dimensões é *"um mal-entendido que, gradualmente vem se dissipando"*[59], já que a teoria das gerações de direitos é *"histórica e juridicamente infundada, e tem prestado um desserviço ao pensamento mais lúcido a inspirar a evolução do Direito Internacional dos Direitos Humanos. Distintamente do que a infeliz invocação da imagem analógica da "sucessão geracional" pareceria supor, os direitos humanos não se "sucedem" ou "substituem" uns aos outros, mas antes se expandem, se acumulam e fortalecem, interagindo os direitos individuais e sociais"*[60]. Ou ainda, quando afirma que *"a teoria in vogue das chamadas "gerações de direitos", reminiscente da tríade liberté/egalité/fraternité, que, apesar do fascínio que tem exercido em certos círculos jurídicos, afigura-se historicamente inexata e juridicamente infundada"*[61].

3.4 – Consumo sustentável

A questão da implementação do direito do homem ao desenvolvimento, tem no consumo sustentável uma necessidade de efetivação inquestionável.

Em termos de cronologia histórica, *"nos anos sessenta voltavam-se as atenções ao desenvolvimento econômico internacional a fim de superar o agravamento dos desequilíbrios e a alta concentração de renda. Nos anos setenta deu-se ênfase no atendimento das necessidades humanas básicas e na redistribuição mediante o crescimento econômico. Na década de oitenta passou-se a se preocupar cada vez mais com os efeitos dos ajustes estruturais nas necessidades sociais e condições de vida. E agora, nos anos noventa, parece emergir um consenso universal voltado à erradicação da pobreza e à busca e realização do desenvolvimento harmônico sustentável"*[62].

Por conseguinte, o direito ao desenvolvimento passa a ser encarado como um direito humano[63]. *"O desenvolvimento diz respeito a todas as*

---

[59] CANÇADO TRINDADE. Antônio Augusto. *Tratado de Direito Internacional dos Direitos Humanos, Vol. I, 2.ª ed.* Porto Alegre: Fabris Editor, 2003, p. 43.

[60] CANÇADO TRINDADE. Antônio Augusto. *Tratado de Direito Internacional dos Direitos Humanos, Vol. I, 2.ª ed.* Porto Alegre: Fabris Editor, 2003, p. 43.

[61] CANÇADO TRINDADE. Antônio Augusto. *Tratado de Direito Internacional dos Direitos Humanos, Vol. II.* Porto Alegre: Fabris Editor, 1999, p. 127.

[62] CANÇADO TRINDADE. Antônio Augusto. *Tratado de Direito Internacional dos Direitos Humanos, Vol. II.* Porto Alegre: Fabris Editor, 1999, p. 265.

[63] Neste sentido: *"Este, em todo caso, parece ser o entendimento da decisão 48//141 (de 20 de dezembro de 1993) da Assembléia Geral das Nações Unidas, que, em seu*

pessoas humanas e a toda pessoa humana: é um processo integral que exige não só o respeito de todos os direitos do homem, mas comporta o reconhecimento de um direito dos povos ao seu desenvolvimento"[64].

Desta forma, o desenvolvimento deve ser encarado sob vários aspectos que o compõem, tais como, justiça social, equilíbrio econômico, ambiente sustentável, ampliação da capacidade de escolha das pessoas, entre outros, inclusive o consumo sustentável. Ora, no mundo gloabalizado, onde os capitais, bens e serviços circundam com enorme facilidade, é preciso controlar de alguma forma as agressões que possam pôr em risco as gerações futuras, e tal pode e deve ser feito também, por intermédio das relações de consumo.

Consumo sustentável nada mais é do que a utilização racional dos recursos naturais para satisfazer nossas necessidades. A razão de se levantar a bandeira do consumo sustentável está calcada no não comprometimento das gerações futuras, isto é, o objetivo precípuo do consumo sustentável é garantir que as gerações vindouras tenham *chance* de utilizar os recursos naturais que hoje existem.

Não se pode mais acreditar que os recursos naturais do nosso planeta são inesgotáveis, porque o avanço científico e tecnológico nos provam que, se não conseguirmos orientar o consumo e o próprio desenvolvimento das nações, por uma política de respeito ao meio ambiente, estará comprometido o futuro das gerações vindouras. A ironia é que, esse mesmo desenvolvimento científico e tecnológico é um dos responsáveis pelo consumo insustentável e, *"como se sabe, enquanto as necessidades do ser humano sobretudo quando alimentado pelos meios de comunicação em massa e pelos processos de marketing, são infinitas, os recursos naturais são finitos, sobretudo quando não renováveis*"[65].

Podemos também dizer que consumo sustentável é a aquisição, utilização e descarte de produtos e serviços para o atendimento das necessidades das presentes e das futuras gerações. *A contrario sensu*, consumo

---

preâmbulo, reafirma inter alia que "o direito ao desenvolvimento é um direito universal inalienável que é uma parte fundamental dos direitos da pessoa humana" (CANÇADO TRINDADE. Antônio Augusto. *Tratado de Direito Internacional dos Direitos Humanos, Vol. II*. Porto Alegre: Fabris Editor, 1999, p. 279).

[64] FILIBECK, Giorgio. *Direitos do Homem de João XXIII a João Paulo II*. São João do Estoril: Ed. Princípia, 2000, p. 367.

[65] GRINOVER, Ada Pellegrini e outros. *Código Brasileiro de Defesa do Consumidor comentado pelos autores do anteprojeto*. Rio de Janeiro: Forense Universitária. 1999, p. 20.

A Protecção Internacional do Direito do Consumidor 489

insustentável é inadequação na utilização dos recursos naturais, tais como a água, energia elétrica, papel, alimentos, ausência de coleta seletiva de lixo, enfim, e a não preocupação com as gerações vindouras[66].

A educação para o consumo sustentável é tarefa árdua, porém urgente, e que depende de uma política voltada para o meio ambiente e para a educação do consumidor. Na verdade, levando em conta o princípio maior da dignidade da pessoa humana, que respalda-se nos direitos e garantias fundamentais, podemos ter a certeza que a educação para o consumo sustentável é, ao mesmo tempo direito do consumidor, nesta qualidade e dever dos mesmo, que deve zelar pelo futuro da humanidade. Observe--se, não se trata exclusivamente de um direito de "saber o que é", posto que, tal direito, quando garantido, traz como consequência uma obrigação de observância do respeito ao meio ambiente e à dignidade humana.

O consumidor pode e deve fazer sua parte. Mudar os padrões de consumo, não quer dizer, de modo algum, consumir menos. Deve ser orientado o consumidor a fazer uma opção por produtos e serviços inteligentes e dignos do consumo sem medo. Assim, além de utilização racional dos produtos que adquire, pode selecionar para não adquirir, qualquer produto ou serviço que traga em seu bojo componente agressivo ao meio ambiente. É um processo de "seleção natural", onde o consumidor gradativamente retira do mercado pelo não uso, produto ou serviço que afronte o meio ambiente.

Assim, observamos o tema abordado em Seminário sobre os Direitos Econômicos, Sociais e Culturais na Colômbia, com conclusões idênticas: *"El objetivo básico de cualquier acción en esta materia debe ser instruir al consumidor para liberarlo de la sensacion de indefension que lo domina y conducirlo a que se asuma como un vigilante de las relaciones comerciales cuando vulneran sus derechos. Existe además una convergencia entre los denominados derechos de los consumidores y otros derechos colectivos y fundamentales. Deve llamarse especialmente la atención sobre la relacion entre consumo y medio ambiente. «Los consumidores no sólo tienen derechos sino tambien responsabilidades: el acto de comprar constutuye un voto a favor de un modelo econômico y social, y no se pueden ignorar las condiciones bajo las cuales se elaboran los productos, el impacto ambiental y las condicicones de trabajo»"*[67].

---

[66] Página do IDEC – Instituto de Defesa do Consumidor – www.idec.org.br.

[67] Toro, Beatriz Londoño. *El reconhecimento de los derechos humanos de los consumidores: un reto para Colombia – Seminário sobre Derechos Económicos, Sociales y Culturales.* Comision Internacional de Juristas, Colombia, 1996, p. 98.

490 *Estudos de Direito Europeu e Internacional dos Direitos Humanos*

Não se pode questionar a importância da mudança de hábito dos consumidores, vislumbrando o consumo sustentável, muito menos a preocupação mundial sobre tal assunto. Tem havido grande contribuição das Conferências Mundiais das Nações Unidas, nomeadamente a Conferência das Nações Unidas sobre o meio-ambiente e desenvolvimento (Rio de Janeiro, 1992), Conferência Mundial sobre Direitos Humanos (Viena, 1993), Conferência Internacional sobre população e desenvolvimento (Cairo, 1994), Cúpula Mundial para o desenvolvimento social (Copenhague, 1995), II Conferência Mundial sobre assentamentos humanos (Cairo, 1996) e a Cúpula Mundial para o Desenvolvimento Sustentável (Africa do Sul, 2002), conhecida como Rio +10, sendo relevantes os debates e a preocupação com o consumo sustentável, inclusive por parte dos Chefes de Estado que lá estiveram.

Há que se observar, entretanto, que no que tange aos países integrantes do Mercosul, o consumo sustentável é um desafio, posto que, estamos tratando de países onde há grande disparidade de distribuição de renda e educação, além da grande diversidade de vegetação e clima. Assim, devem tais países, unidos pelo ideal do Mercosul, buscar o consumo sustentável compatível com suas realidades e particularidades, sem tomar como padrão único e exclusivo o que se vê nos países desenvolvidos em termos de projetos para consumo sustentável. Entretanto, deve procurar-se utilizar tais projetos como moldes, a serem adequados às condições específicas do Mercosul, e de cada Estado-membro em particular.

O consumo sustentável é um dos alicerces do desenvolvimento sustentável. Assim, trata-se de uma responsabilidade[68] social, moral e política, que é de universal, transcendendo os interesses individuais. Não se trata de consumir menos, mas de consumir dentro dos parâmetros de inteligência e responsabilidade. Em verdade, é preciso desenvolver a consciência de que o ser humano deve ser o ponto central do desenvolvimento, o objetivo precípuo deste. Logo, não é o homem que deve estar à serviço do desenvolvimento, e no caso em tela, à disposição das necessidades de consumo que são criadas e lhe são impostas. Ao contrário, o

---

[68] *"El concepto << protección al consumidor >> involucra un universo de derechos, deberes y responsabilidades estrechamente ligados a la dignidad de la persona, el cual acentúa su importancia en el marco de la dinámica de las relaciones de mercado que caracterizan nuestra época".* (Toro, Beatriz Londoro. *El Reconocimiento de los Derechos Humanos de Los Consumidores: un reto para Colombia – Seminário sobre Derechos Economicos Sociales y culturales.* Comision Internacional de Juristas, Colombia, 1996, p. 97.).

A Protecção Internacional do Direito do Consumidor 491

consumo deve existir para satisfazer as necessidades do homem, desenvolvendo-se, sim, mas de modo adequado e não comprometedor do futuro da humanidade.

4. Direito do Consumidor no Brasil

4.1 – Princípios e normas constitucionais aplicáveis

Como já foi dito, a questão do Direito do Consumidor deve ser considerada dentro de uma perspectiva supra-estatal, *"inserindo-e, em última análise, no macro tema 'direitos humanos' e, pois, universais"*[69]. Tal se dá, tendo em vista que é o Direito do Consumidor direito humano fundamental.

"Ressalte-se que a Constituição Federal de 1988 pode ser considerada como super-rígida, uma vez que em regra poderá ser alterada por um processo legislativo deferenciado, mas, excepcionalmente, em alguns pontos é imutável (CF, art. 60 § 4.º – cláusulas pétreas)"[70]. Referende-se que o conflito entre as normas de natureza infra-constitucional com a Constituição será traduzido por inconstitucionalidade, e não terá qualquer valor no ordenamento interno. Isto posto, cabem as reflexões que ora se colocam.

No Brasil, a preocupação com o cidadão/consumidor consolidou a posição dos mesmos no título dos direitos e garantias fundamentais, no capítulo dos direitos e deveres individuais e coletivos, nomeadamente no art. 5.º inciso XXXII que diz expressamente que *"o Estado promoverá, na forma da lei, a defesa do consumidor"*[71], tratando-se neste ponto, de direito positivo de atuação do Estado e direito fundamental do consumidor. Assim, podemos observar no art. 1.º do Código Brasileiro de Proteção e Defesa do Consumdor – Lei n.º 8.078/90 – que sua elaboração e promulgação tem origem no texto constitucional[72].

---

[69] FILOMENO. José Geraldo Brito. *Manual de Direitos do Consumidor*. São Paulo: Ed. Atlas. 1999. P. 22.

[70] MORAES, Alexandre. *Direito Constitucional*. São Paulo: Ed. Atlas. 2001. P. 37.

[71] Constituição da Republica Federativa do Brasil.

[72] Importante posição sobre o tema: *"Parece-me, pois, que o intérprete deve considerar este mandamento constitucional e sua dupla hierarquia: para as pessoas físicas, o direito do consumidor é direito fundamental, sendo que o cidadão pode exigir proteção do Estado para os seus novos direitos subjetivos tutelares. Trata-se de um privilégio, uma*

492 *Estudos de Direito Europeu e Internacional dos Direitos Humanos*

Neste momento é preciso ressaltar que, tendo em vista a equiparação do consumidor com a figura do cidadão, serão também todos os princípios e normas constitucionais garantidores dos direitos do cidadão extensivos ou referentes ao consumidor[73].

No título referente à ordem econômica, há preocupação com o consumidor, que se traduziu de forma expressa no art. 170 do capítulo sobre os princípios gerais da ordem econômica, a saber: *"A ordem econômica, fundada na valorização do trabalho humano e na livre iniciativa, tem por fim assegurar a todos existência digna, conforme os ditames da justiça social, observados os seguintes princípios: (...) V – defesa do consumidor"*[74].

O art. 150 da Constituição em vigor, que trata das limitações do poder de tributar por parte do Poder Público diz em seu parágrafo 5.º que *"a lei determinará medidas para que os consumidores sejam esclarecidos acerca dos impostos que incidam sobre mercadorias e serviços"*[75].

Também é de legítima importância o disposto no art. 48 do Ato das Disposições Constitucionais Transitórias, estabelecendo que *"o Congresso Nacional, dentro de cento e vinte dias da promulgação da Constituição, elaborará Código de Defesa do Consumidor"*[76]. É certo que tal prazo foi em muito ultrapassado quando da promulgação do referido Código, mas o que realmente importa é salientar a conquista do povo brasileiro, no que se refere aos direitos e garantias do consumidor, até porque, a legislação que entrou em vigor tornou-se conhecida por sua modernidade, nível de garantias e proteção ao consumidor e efetividade prática no dia--a-dia do mesmo.

Resta ainda falar, já que trata-se nesse momento de discutir os princípios e normas constitucionais aplicáveis ao Direito do Consumidor

---

garantia, uma liberdade de origem constitucional, um direito fundamental básico. Para todos os demais agentes econômicos, especialmente para as pessoas jurídicas, o direito do consumidor é apenas um sistema limitador da livre iniciativa do caput do Art. 170 da CF/88, sistema orientador da ordem econômica constitucional brasileira." (LIMA MARQUES, Cláudia e outro. *Visões sobre os Planos de Saúde Privada e o Código de Defesa do Consumidor.* Artigo publicado no curso de Especialização à Distância em Direito Sanitário para Membros do Ministério Público e da Magistratura Federal, 2001).

[73] Cf. RIZZATTO NUNES, Luiz Antônio. *Comentários ao Código de Defesa do Consumidor.* Rio de Janeiro: Saraiva. 2000. P. 5.

[74] Constituição da Republica Federativa do Brasil.

[75] Constituição da República Federativa do Brasil.

[76] Constituição da República Federativa do Brasil.

A *Protecção Internacional do Direito do Consumidor* 493

como um amplo leque, e não somente quanto à lei consumeirista em vigor, da questão dos tratados e acordos internacionais firmados pelo Brasil nessa matéria.

Assim, diz o art. 5.º § 2.º da Constituição do Brasil que *"os direitos e garantias expressos nessa constituição não excluem outros decorrentes do regime e dos princípios por ela adotados, ou dos tratados internacionais em que a Republica Federativa do Brasil seja parte"*[77]. Logo, resta analisar tal determinação legal consoante suas implicações no direito interno brasileiro, quanto à matéria de Direito do Consumidor e, especificamente quanto à questão do Brasil enquanto Estado membro do Mercosul, pois tais relações entre direito interno e internacional são de complexidade presumível.

Cabe então, analisar as duas teorias que consideram tal questão: monistas e dualistas. Segunda os dualistas, *"o Direito Internacional e o Direito interno são dois mundos separados, dois sistemas com fundamentos e limites distintos. Nenhuma comunicação direta e imediata existe entre ambos"*[78]. Já os monistas, *a contrario sensu*, *"afirmam a unidade sistemática das normas de Direito Internacional e das normas de Direito interno. Esses ordenamentos são comunicáveis e inter-relacionáveis, um não pode ignorar o outro e tem de haver meios de relevância recíproca das respectivas fontes"*[79].

Ressalte-se que, dentro das duas teorias *supra* citadas, há diversas correntes mais ou menos radicais, e que a doutrina tradicional ainda coloca a Constituição Brasileira na corrente dualista[80]. Mas é preciso avaliar com cuidado tal questão, para verificarmos com segurança o que ocorre no caso da Constituição do Brasil, até porque, há corrente que entende que a posição do Brasil é mista[81].

Quanto aos Tratados Internacionais de Direitos Humanos, sua inserção no direito interno, consoante o art. 5.º § 2.º da Constituição Federal, que lhes atribui natureza de norma constitucional[82], havendo integração

---

[77] Constituição da República Federativa do Brasil.

[78] Cf. MIRANDA, Jorge. *Curso de Direito Internacional Público*. Cascais: Princípia. 2002. p. 139.

[79] Cf. MIRANDA, Jorge. *Curso de Direito Internacional Público*. Cascais: Princípia. 2002. P. 130.

[80] Consoante tal corrente, majoritária, podemos citar Prof. Dr. Jorge Miranda, Amílcar de Castro e outros.

[81] Consoante tal corrente: Prof. Dr.ª Flávia Piovesan.

[82] Há quem entenda de forma diversa, quanto à atribuição da equiparação dos tratados de Direitos Humanos à norma constitucional: *"No Brasil, a Constituição de 1988*

494   *Estudos de Direito Europeu e Internacional dos Direitos Humanos*

imediata dos mesmos, permitindo ao particular invocá-los imediatamente após a sua ratificação, sem necessidade de ato jurídico complementar[83].

Desta feita, observamos que, para tal teoria, o sistema adotado pelo direito brasileiro quanto aos Tratados Internacionais seria misto, isto porque, há aplicação imediata dos Tratados pertinentes de Direitos Humanos, mas aplicação diferenciada para os demais Tratados, ou seja, exige-se atuação do legislador ordinário para tanto[84]. Tal conclusão se deve à leitura conjunta do já referido art. 5.º § 2.º da Constituição com o art. 84, VIII do mesmo diploma legal, determina a competência do Presidente da República para celebração de tratados, acordos e atos internacionais, que entretanto, estarão sujeitos ao referendo do Congresso Nacional.

Importante notar que há ainda quem entenda ser ultrapassada a querela entre as teorias monistas e dualistas, sendo certo que, quando tratarmos da questão do primado entre normas internacionais ou internas, será sempre o que de melhor proteja os direitos humanos[85].

Enfim, a assinatura de tratados internacionais é de competência exclusiva do Presidente da República, que posteriormente serão aprovados, ou não, pelo Poder Legislativo que, após a aprovação remete novamente para o Presidente da República que deverá ratificar e promulgar, por Decreto, que será publicado no Diário Oficial da União, para que tenha, por fim, a executoriedade pretendida. Assim, equiparado o tratado à lei federal, fica sujeito ao controle de constitucionalidade, já que não pode opor-se à Carta Magna. Tal controle de constitucionalidade é de competência do Supremo Tribunal Federal, consoante o disposto no art. 102, III, 'b' da Constituição Federal.

---

não regula a vigência do Direito Internacional na ordem interna, salvo quanto aos tratados internacionais sobre Direitos do Homem, quanto aos quais o artigo 5.º, § 2.º, contém uma disposição muito próxima da do artigo 16.º, n.º 1, da Constituição da República Portuguesa de 1976, que, como demonstraremos adiante, deve ser interpretada como conferindo grau supraconstitucional àqueles tratados". (GONÇALVES PEREIRA, André e QUADROS, Fausto. *Manual de Direito Internacional Público – 3.ª ed.* Coimbra: Almedina, 2002, p. 103.

[83] CANÇADO TRINDADE, Antônio Augusto. *A Interação entre o Direito Internacional e o Direito Interno na Proteção dos Direitos Humanos. In* CANÇADO TRINDADE, Antônio Augusto (Org.). *A Incorporação das Normas Internacionais de Proteção dos Direitos Humanos no direito Brasileiro.* San José da Costa Rica/Brasília: IIDH, ACNUR, CIVC, CUE, 1996, p. 210.

[84] Cf. PIOVESAN, Flavia. *Direitos Humanos e Direito Constitucional Internacional.* São Paulo: Max Limonad. P.

[85] CANÇADO TRINDADE. Antônio Augusto. *Tratado de Direito Internacional dos Direitos Humanos, Vol. I.* Porto Alegre: Fabris Editor, 2003, p. 40.

A Protecção Internacional do Direito do Consumidor 495

No ordenamento jurídico brasileiro, há que se manter a harmonia entre os tratados e as normas constitucionais, porque, havendo conflito, a supremacia é, sem sombra de dúvida, da Constituição Federal. Essa é a postura adotada, inclusive, pelo Supremo Tribunal Federal, desde o julgamento do RE 71.154-PR, no sentido de sustentar a teoria dualista[86]. Há ainda a posição mais recente do Min. Celso Mello, nos seguintes termos: *"A questão da executoriedade dos tratados internacionais no âmbito do direito interno – analisado esse tema no âmbito do sistema constitucional brasileiro – supõe a prévia incorporação desses atos de direito internacional público ao plano da ordem normativa doméstica"*[87].

Note-se que o assunto é de suprema importância, tendo em vista que o Brasil é um dos países signatários do Mercosul, e que portanto, para a efetivação dos tratados e acordos realizados neste âmbito, tem se mostrado necessário todo o trâmite acima descrito. Tal acarreta uma discrepância na entrada em vigor nos ordenamentos jurídicos internos dos Estados membros, tendo em vista o maior ou menor tempo que se leva em tal processo, além de se correr o risco de não serem internalizadas normas que sejam consideradas inconstitucionais.

4.2 – O Código de Proteção e Defesa do Consumidor

O Brasil tem hoje um Código de Proteção e Defesa do Consumidor – Lei n.º 8.078/90 – que, consoante já foi dito, originou-se de disposição constitucional expressa. Muito embora o Brasil tenha buscado fonte de pesquisa e inspiração na legislação alienígena, é certo que *"a idéia de que o Brasil – e seu mercado de consumo – tem peculiaridades e problemas próprios acompanhou todo o trabalho de elaboração. Como resultado dessa preocupação, inúmeros são os dispositivos do Código que, de tão adaptados à nossa realidade, mostram-se arredios a qualquer tentativa de comparação com esta ou aquela lei estrangeira"*[88].

---

[86] *"Lei Uniforme sobre o Cheque, adotada pela Convenção de Genebra. Aprovada essa Convenção pelo Congresso Nacional, e regularmente promulgada, suas normas têm aplicação imediata, inclusive naquilo em que modificarem a legislação interna (...)"* (STF – RE 71.154-PR – Rel. Min. Oswaldo Trigueiro).

[87] ADIn 1480-3-DF.

[88] GRINOVER, Ada Pellegrini e outros. *Código Brasileiro de Defesa do Consumidor comentado pelos Autores do Anteprojeto*. Rio de Janeiro: Forense Universitária. 1999. p. 10.

496   *Estudos de Direito Europeu e Internacional dos Direitos Humanos*

Assim, com vista em compatibilizar o desenvolvimento econômico e tecnológico com a efetiva proteção dos consumidores, visualizando que, ambos são necessários para o crescimento e fortalecimento do Brasil, tando interna, quanto internacionalmente, foi promulgado o Código de Proteção e Defesa do Consumidor, legislação avançada, moderna e bem estruturada.

Cabe ressaltar ainda o caráter interdisciplinar da referida lei, onde podemos encontrar disposições de ordem cível, comercial, administrativa, penal e processual. Entretanto, há que se falar em autonomia do direito do Consumidor ou ciência Consumeirista, sendo certo que o Brasil, as grandes Faculdades de Direito já mantém em seu curriculo obrigatória a disciplina autônoma "Direito do Consumidor".

Faz-se necessário, portanto, identificar alguns conceitos oriundos da própria lei, para que se possa discutí-la ou entendê-la melhor. Assim, passamos à conceituação do Consumidor, fornecedor, produtos e serviços, de forma suscinta.

Consumidor, consoante o art. 2.º da Lei 8.078/90 – Código de Proteção e Defesa do Consumidor – é toda pessoa física ou jurídica que adquire ou utiliza produto ou serviço como destinatário final, restando ainda como complemento à tal definição, a disposição do parágrafo único do mesmo artigo, equiparando o consumidor a coletividade de pessoas, ainda que indetermináveis, que haja intervindo nas relações de consumo[89].

Ressalte-se, ainda, aos dispositivos do art. 17 do Código, que equipara aos consumidores qualquer vítima do evento danoso oriundo da relação de consumo (ainda que não seja o destinatário final, já que a lei fala em equiparação) e do art. 29 do Código, que equipara aos consumidores as pessoas determináveis ou não, desde que expostas as práticas comerciais[90].

Assim, podemos entender que se trata de um conceito amplo de consumidor, partindo do princípio de que todas as pessoas são consumidores, físicas ou jurídicas, em carácter individual ou não, porque estão potencialmente expostas a qualquer prática de consumo.

---

[89] Lei n.º 8.078/90 – "*art. 2.º – Consumidor é toda pessoa física ou jurídica que adquire ou utiliza produto ou serviço como destinatário final. Parágrafo único. – Equipara-se a consumidor a coletividade de pessoas, ainda que indetermináveis, que haja intervindo nas relações de consumo.*"

[90] Lei n.º 8.078/90 – "*art. 17 – Para os efeitos dessa Seção, equiparam-se aos consumidores todas as vítimas do evento*"; "*art. 29 – Para os fins desse capítulo e do seginte, equiparam-se aos consumidores todas as pessoas determináveis ou não, expostas às práticas nele previstas.*"

A Protecção Internacional do Direito do Consumidor 497

O conceito de fornecedor também é oriundo da lei, conforme já foi dito, sendo considerado fornecedor toda pessoa física ou jurídica, pública ou privada, nacional ou estrangeira, bem como os entes despersonalizados, que desenvolvam qualquer das fases de produção de bens ou fornecimentos de serviços, inclusive a distribuição e comercialização dos mesmos[91]. Em suma, o fornecedor nada mais é do que *"o protagonista das sobreditas 'relações de consumo' responsável pela colocação de produtos ou serviços à disposição do consumidor"*[92].

Quanto ao conceito de produto, é simples e abrangente, tendo considerado o art. 3.º § 1.º do Código como qualquer bem, seja ele móvel ou imóvel, material ou imaterial[93], isto é, qualquer objeto de interesse do consumidor, e nesta qualidade, capaz de satisfazer suas necessidades.

No que concerne aos serviços como objeto das relações de consumo, preocupou-se o Código em defini-los, no art. 3.º § 2.º, como sendo qualquer atividade fornecido ao consumidor, mediante remuneração, ressaltando-se que enumera-se taxativamente, além dos demais serviços, os de natureza bancária, securitária, financeira ou de crédito, justamente para não deixar margem de dúvidas de que tais atividades também são serviços prestados ao consumidor[94]. Note-se que também estão incluidos como serviços aqueles prestados pelo Poder Público directamente ou por concessão, inclusive porque o próprio art. 22 do Código dispõe sobre a eficiência, adequação e segurança que deverão ser primados dos serviços fornecidos nestes casos, inclusive dispondo que, quanto aos serviços considerados essenciais devem ser estes fornecidos de modo contínuo, pelo próprio caráter de essencialidade[95].

---

[91] Lei n.º 8.078/90 – "art. 3.º – *Fornecedor é toda pessoa física ou jurídica, pública ou privada, nacional ou estrangeira, bem como os entes despersonalizados, que desenvolvem atividades de produção, montagem, criação, construção, transformação, importação, exportação, distribuição ou comercialização de produtos ou prestação de serviços."*

[92] Grinover, Ada Pellegrini e outros. *Código Brasileiro de Defesa do Consumidor comentado pelos Autores do Anteprojeto.* Rio de Janeiro: fForense Universitária. 1999. p. 39.

[93] Lei n.º 8.078/90 – "*art. 3.º § 1.º – Produto é qualquer bem, móvel ou imóvel, material ou imaterial."*

[94] Lei n.º 8.078/90 – "*art. 3.º § 2.º – Serviço é qualquer atividade fornecida no mercado de conumo, mediante remuneração, inclusive as de natureza bancária, financeira, securitária e de crédito, salvo as decorrentes de relações de caráter trabalhista."*

[95] Lei n.º 8.078/90 – "*art. 22 – Os Órgãos públicos, por si ou suas empresas, concessionárias, permissionárias ou sob qualquer outra forma de empreendimento, são*

498   *Estudos de Direito Europeu e Internacional dos Direitos Humanos*

Ultrapassada a fase de conhecimento de tais conceitos, resta observar os direitos básicos consagrados ao consumidor, nos moldes da Resolução ONU n.º 39/248 de 1985, dispostos no art. 6.º do referido Código, quais sejam, a proteção da vida, saúde e segurança dos consumidores, nomeadamente quanto aos riscos provocados pelo fornecimento de produtos e serviços, principalmente os perigosos ou nocivos, educação e divulgação sobre os modos adequados de consumo, assim como a garantia da liberdade de escolha e igualdade nas contratações, informação adequada e precisa, com as especificações da qualidade, quantidade, características, composição, riscos e preços dos produtos ou serviços, sempre em lingua portuguesa, proteção contra publicidade enganosa e abusiva, métodos comerciais desleais ou coercitivos do consumidor, práticas e cláusulas abusivas, modificação das cláusulas contratuais tendo em vista de fato superveniente que onere excessivamente o consumidor, inclusive com base na Teoria da Imprevisão, a prevenção e reparação de danos morais e patrimoniais, individuais, coletivos e difusos[96], assim como acesso à justiça facilitado principalmente aos necessitados, inversão do ônus da prova a critério do magistrado, já que o Código consagra a Responsabilidade Objetiva do fornecedor, com base na Teoria do Risco da Atividade e, no caso dos Órgãos Públicos da Teoria do Risco da Administração Pública, adequada e eficaz prestação dos serviços públicos, enfim, é um rol abrangente e eficiente, que traduz uma possibilidade de segurança nunca antes vislumbrada pelo consumidor brasileiro, já que a lei consagra sua hipossuficiência na qualidade de consumidor, e, portanto, parte a ser protegida e resguardada[97].

---

obrigados a fornecer serviços adequados, eficientes, seguros e, quanto aos essenciais, contínuos."

[96] A definição de direitos individuais homogêneos, coletivos e difusos é oriundo da própria letra da Lei, da seguinte forma: *"art. 81 – a defesa dos interesses e direitos dos consumidores e das vítimas poderá ser exercida em juízo individualmente ou a título coletivo. Parágrafo único – A Defesa coletiva será exercida quando: I – interesses ou direitos difusos, assim entendidos, para efeitos deste Código, os transindividuais, de natureza indivisível, de que sejam titulares pessoais indeterminadas ligadas por circunstâncias de fato; II – interesses ou direitos coletivos, assim entendidos, para efeitos deste Código, os transindividuais de natureza indivisível, de que seja titular grupo, categoria ou classe de pessoas ligadas entre si ou com a parte contrária por uma relação jurídica base; III – interesses ou direitos individuais homogêneos, assim entendidos os de origem comum."*

[97] Lei n.º 8.078/90 – *"art. 6.º – São direitos básicos do consumidor: I – a proteção da vida, saúde e segurança contra os riscos provocados por práticas no fornecimento de*

A Protecção Internacional do Direito do Consumidor 499

Ressalte-se, que o Código é muito mais amplo e específico do que podemos descrever em um trabalho desta natureza. Mas cabe ainda salientar a questão da garantia legal, independente da contratual, a possibilidade da desconsideração da personalidade jurídica em determinadas hipóteses, com o objetivo de indenizar os danos ao consumidor, a questão dos cadastros de consumidores e a garantia de acesso aos consumidores sobre dados que lhes forem próprios, garantida tal possibilidade inclusive pelo *habeas data*, garantido constitucionalmente, conceituação de contrato de adesão e proteção contra suas cláusulas, obrigatoriedade de cautela na cobrança de dívidas para não causar constrangimento ao consumidor, proteção contra os vícios redibitórios, enfim, uma imensa gama protetiva e garantidora.

É certo que, na verdade, o que a Lei pretende é colocar em grau de igualdade o consumidor e o fornecedor de produtos ou serviços, objetivando o equilíbrio das relações consumeiras, porque são necessárias ambas as partes para fazer funcionar o mercado, mas devem estar equiparadas, nunca em patamares diversos.

Resta por fim, quanto aos dispositivos do Còdigo, ressaltar seu art. 7.º, tendo em vista que trata, além de outras coisas, dos tratados e convenções internacionais, lembrando que os direitos oriundos do Código não excluem outros oriundos dos tratados e convenções internacionais[98].

---

produtos e serviços considerados perigosos ou nocivos; II – a educação e divulgação sobre o consumo adequado dos produtos e serviços, asseguradas a liberdade de escolha e a igualdade nas contratações; III – a informação adequada e clara sobre os diferentes produtos e serviços, com especificação correta de quantidade, características, composição, qualidade e preço, bem como sobre os riscos que se apresentem; IV – a proteção contra a publicidade enganosa e abusiva, métodos comerciais coercitivos ou desleais, bem como contra práticas e cláusulas abusivas impostas no fornecimento de produtos e serviços; V – modificação de cláusulas contratuais que estabeleçam prestações desproporcionais ou sua revisão em razão de fatos supervenientes que as tornem excessivamente onerosas; VI – A efetiva prevenção e reparação de danos patrimoniais e morais, individuais, coletivos e difusos; VII – O acesso aos órgãos judiciários e administrativos, com vista à prevenção ou reparação de danos patrimoniais e morais, individuais, coletivos ou difusos, assegurada a proteção jurídica, administrativa e técnica aos necessitados; VIII – facilitação da defesa de seus direitos, inclusive com a inversão do ônus da prova, a seu favor, no processo civil, quando, a critério do juiz, for verosímil a alegação ou quando for ele hipossuficiente, segundo as regras ordinárias e de experiências; X – a adequada e eficaz prestação dos serviços públicos em geral."
    [98] *Lei n.º 8.078/90 – "Os direitos previstos neste Código não excluem outros decorrentes de tratados ou convenções internacionais de que o Brasil seja signatário, da*

500 *Estudos de Direito Europeu e Internacional dos Direitos Humanos*

Cumpre observar que, a leitura de tal dispositivo legal deve ser feita, consoante acima já exposto, em respeito e observância à Constituição Federal. Neste momento, teremos duas perspectivas distintas: tendo em vista que o Direito do Consumidor faz parte do rol dos Direitos Humanos, e com base no Art. 5.º § 2.º da Constituição Federal, poderemos entender pela imediata exigibilidade dos tratados internacionais em matéria de consumo ou; tal observância aos tratados e convenções dos quais o Brasil seja signatário somente tem obrigatoriedade prática após o processo de internalização, por Decreto Legislativo, devidamente ratificado e publicado.

4.3 – A posição do Brasil no que tange ao Direito do Consumidor no Mercosul e a questão do Regulamento Comum

Finalmente, resta-nos falar acerca da posição do Brasil, como Estado membro do Mercosul, no que tange aos direitos e garantias dos consumidores.

No que tange aos tratados e convenções internacionais, a posição sustentada pelo Supremo Tribunal Federal, inclusive quanto aos tratados e convenções oriundos do Mercosul, é a seguinte:

"Mercosul – Carta Rogatória passiva – Denegação de exequatur – Protocolo de medidas cautelares (Ouro Preto/Mg) – inaplicabilidade, por razões de ordem constitucional – ato internacional cujo ciclo de incorporação, ao direito interno do Brasil, ainda não se achava concluído à data da decisão denegatória do exequatur, proferida pelo Presidente do Supremo Tribunal Federal – relações entre o Direito Internacional, o Direito Comunitário e o Direito Nacional do Brasil – Princípios do Efeito Direito e da Aplicabilidade Imediata – ausência de sua previsão no sistema constitucional brasileiro – inexistência de cláusula geral de recepção plena e automática dos atos internacionais, mesmo daqueles fundados em Tratados de Integração – Recurso de Agravo improvido. <u>A recepção dos tratados e convenções internacionais em geral e dos acordos celebrados no âmbito do Mercosul está sujeita à disciplina fixada na Constituição da República</u>"[99] (grifos nossos).

---

legislação interna ordinária, de regulamentos expedidos pelas autoridades administrativas competentes, bem como dos que derivem dos princípios gerais do direito, analogia, costumes e equidade."

[99] STF – CR 8279 AgR / AT – Argentina, Rel. Min. Celso de Mello.

A Protecção Internacional do Direito do Consumidor

Portanto, ao observarmos o acima descrito, é basilar ressaltar a posição do Supremo Tribunal Federal ao afirmar categóricamente que não existe previsão constitucional para a aplicabiliade imediata de tratado internacional em geral e também de tratados oriundos do Mercosul.

Necessário ressaltar que os tratados internacionais, oriundos do Mercosul, vêm sendo incorporados no ordenamento jurídico brasileiro[100], mediante a observação das etapas de apreciação na Câmara dos Deputados e no Senado Federal, consoante a Constituição Federal em vigor. Note-se que *"recentemente, no processo de revisão constitucional, o plenário do Congresso Nacional recusou alterar a redação do artigo 4.º da Constituição Federal, em cujo texto o relator, Deputado Nelson Jobim, propusera incluir cláusulas de vigência automática daqueles tratados e acordos internacionais ratificados de que o Brasil seja signatário. A posição do plenário sequer abriu exceção para o contexto latino-americano"*[101].

Fica, então, esclarecida a posição do Supremo Tribunal Federal Brasileiro e do próprio Congresso Nacional sobre o tema. Entretanto, é preciso que se esclareça o porquê da posição de rejeição do Brasil à assinatura do Regulamento Comum de Direitos do Consumidor, nos termos em que foi proposto em 1997[102].

Ora, é nítido o elevado nível de proteção e garantia de direitos do consumidor ao nível do ordenamento jurídico interno do Brasil, nomeadamente após o advento do Código de Proteção e Defesa do Consumidor, já discutido *supra*. Assim, ratificado e regularmente promulgado um Regulamento Comum, este terá primazia sobre o Código de Defesa do Consumidor, não em virtude de critério hierárquico, posto que se tratariam ambas de leis federais, mas em razão do critério cronológico, que orienta a vontade mais recente do legislador[103].

---

[100] São exemplos recentes: Protocolo de Montevidéu sobre o Comércio de Serviços do Mercosul (Decreto Legislativo n.º 335/2003, publicado do Diário Oficial da União em 25/07/2003), Acordo-quadro sobre Meio Ambiente no Mercosul (Decreto Legislativo 333/2003, publicado no Diário Oficial da União de 25/07/2003.

[101] MARTINS, Estevão de Rezende. *A Apreciação de Tratados e Acordos Internacionais pelo Congresso Nacional. In* CANÇADO TRINDADE, Antônio Augusto (Org.). *A Incorporação das Normas Internacionais de Proteção dos Direitos Humanos no direito Brasileiro.* San José da Costa Rica/Brasília: IIDH, ACNUR, CIVC, CUE, 1996, p. 210.

[102] Protocolo de Montevidéu.

[103] ADIn 1480-3-DF, Rel. Min. Celso Mello: " *A eventual precedência dos atos internacionais sobre as normas infraconstitucionais de direito interno somente ocorrerá – presente o contexto de eventual situação de antinomia com o ordenamento doméstico*

502 *Estudos de Direito Europeu e Internacional dos Direitos Humanos*

Desta feita, não se pode admitir que, se deixe retroagir ou restringir o alcance de proteção aos consumidores brasileiros, consagrada no Código de Defesa do Consumidor, ainda que se considerando a importante e necessária integração econômica do Mercosul. É preciso que o Regulamento Comum traga ao menos uma igualdade de direitos e garantias já existentes no ordenamento interno brasileiro, mas o que realmente deve representar é um avanço integral para os Estados membros do Mercosul.

O Brasil não desconhece, e nem poderia, questões de natureza prática, que envolvem toda essa discussão sobre a matéria. Exemplificativamente, um consumidor brasileiro dispõe de mais garantias e direitos oriundos da relação de consumo, do que um consumior uruguaio, estando protegido de forma mais abrangente e significativa. Em contrapartida, um fornecedor brasileiro deverá, em tese, ter maiores cuidados com produtos inseridos no mercado nacional, face ao Código, do que no Uruguai, gerando uma possibilidade de manter a produção de dois tipos de produtos, um para o mercado interno, mais exigente e protegido, e outro para o uruguai. É certo que não estamos discutindo aqui a má fé deste fornecedor, mas dentro da legislação existente hoje, seria insólito, porém reletivamente plausível.

De outra forma, conhece o Brasil os problemas que serão acarretados por um Regulamento Comum nos moldes protetivos do Código. Nomeadamente para a indústria dos demais Estados membros, serão verificadas algumas dificuldades, já que as indústrias no Brasil estão tecnicamente preparadas para suportar as exigências da lei, e as dos demais Estados membros ainda estão em sintonia inferior, talvez não tanto a Argentina.

Ainda assim, concretiza-se o pensamento no sentido de que o interesse na existência de um Regulamento Comum de Direito do Consumidor é condição *sine qua non* da própria existência do Mercosul, nos termos de seus objetivos.

Podemos verificar que o Protocolo de Montevidéu sobre o Comércio de Serviços do Mercosul foi trazido à legislação interna brasileira pelo Decreto Legislativo n.º 335/2003, publicado no diário Oficial da União de 25 de julho de 2003. Ressalte-se, entretanto, que não se trata de um Regulamento Comum de Proteção e Defesa do Consumidor, mas tão somente de regulamenteção comum sobre a livre circulação do comércio

---

– *não em virtude de uma inexistente primazia hierárquica, mas, sempre, em face da duplicação do critério cronológico (lex posterior derrogat priori) ou, quando cabível, do critério da especialidade."*

A *Protecção Internacional do Direito do Consumidor* 503

de serviços entre os Estados-membros do Mercosul. Também o Acordo-quadro sobre meio ambiente do Mercosul foi objeto do mesmo trâmite. Assim, até o presente momento, os tratados internacionais oriundos do Mercosul, somente tem passado a entrar em vigor, no Brasil, com o *status* de lei ordinária, após o trâmite já descrito no Congresso Nacional.

5 – Conclusão

Isto posto, resta-nos concluir sobre os questionamentos principais do presente trabalho, quais sejam: *quid juris* se o direito do consumidor é regulado de forma diversa por norma internacional e por norma nacional, em termos de Mercosul, qual será a norma a ser aplicada? Deve ser ratificado um Regulamento Comum de Proteção e Defesa do Consumidor, no âmbito do Mercosul, independente da abrangência do conteúdo?

Assim, após análise do contexto histórico do crescimento do Direito do Consumidor na esfera da ONU, da Comunidade Européia e no Mercosul e, após transpor a posição atual do Supremo Tribunal Federal, no que tange aos princípios e normas constitucionais aplicáveis aos tratados e acordos internacionais, juntando à estes a certeza de ser o Código de Proteção e Defesa do Consumidor do Brasil, uma das melhores, senão a melhor, ordem positiva sobre proteção e defesa do consumidor, em esfera global, chegamos às seguintes conclusões:

Ab initio, entendemos que os Direitos do Consumidor encontram-se na esfera dos Direitos Humanos, corroborado tal entendimento pelos Princípios da Universalidade e Indivisibilidade.

No Brasil, levando-se em conta a forma como têm sido trazidos à legislação interna do Brasil os tratados internacionais, estão os mesmos sujeitos ao controle de constitucionalidade, ainda que tais tratados e convenções sejam oriundos do Mercosul. Portanto, passam a fazer parte do ordenamento jurídico brasileiro com o *status* de lei ordinária. Para que um tratado ou acordo internacional oriundo do Mercosul passe a ser exigível é preciso que seja trazido à legislação interna dentro dos trâmites apontados na Constituição Federal em vigor.

Assim, sendo certo que Código de Proteção e Defesa do Consumidor do Brasil é abrangente no que tange aos direitos e garantias do consumidor – embora não seja perfeito – não deve ser ratificado e promulgado qualquer tratado ou convenção internacional que diminua o âmbito de sua proteção. Isto, partindo da posição *supra*, adotada pelo Supremo Tribunal Federal no sentido de que qualquer tratado oriundo do Mercosul estará sujeito ao

504   *Estudos de Direito Europeu e Internacional dos Direitos Humanos*

processo de internalização para ser exigível. Não se pode admitir que qualquer tratado ou acordo internacional que seja menos benéfico ao consumidor afaste a melhor legislação interna vigente, trazendo um retrocesso legislativo e social.

Entretanto, dentro da premissa inicial de que os Direitos do Consumidor estão dentro do rol de Direitos Humanos consagrados internacionalmente, há que se ter em vista a posição segundo a qual os tratados e acordos internacionais de direitos do homem tem aplicabilidade imediata[104]. Ainda assim, quanto à questão do primado da norma interna ou da norma internacional, concordamos que *"não cabe mais insistir na primazia das normas do direito internacional ou do direito interno, como na doutrina clássica, porquanto o primado é sempre da norma – de origem internacional ou interna, que melhor proteja os direitos humanos"*[105].

O Mercosul é uma realidade e uma exigência do momento histórico-econômico-social atual, e precisa acelerar seu processo de integração, em todos os níveis, inclusive no que concerne aos direitos e garantias do consumidor, que é na verdade, a razão de existência do mercado. Mas tal processo de integração deve ser feito com zêlo e respeito aos direitos e garantias já existentes no ordenamento jurídico interno dos Estados membros, especialmente no caso do Brasil, que tem legislação mais protetiva.

Logo, há que se ter um Regulamento Comum de Proteção e Defesa do Consumidor. Todavia, deve este ser elaborado de modo a ser o mais abrangente e protetivo possível, de modo a não trazer em seu bojo, nomeadamente no caso do Brasil, o retrocesso jurídico e social que se teme. Uma solução possível, pode ser, no caso de eventualmente o Regulamento aprovado não ter o mesmo nível de proteção da legislação interna do Brasil, a imposição de reservas, no sentido de ressalvar a aplicação, no que for mais benéfico, do Código de Proteção e Defesa do Consumidor.

Pode haver uma grande dificuldade, em caso de se verificar a existência do Regulamento menos protetivo, mais com a reserva de se manter, no que for mais benéfico, o Código do Consumidor brasileiro. Isso porque haveria que se determinar quais dispositivos seriam mais ou menos benéficos. E tal somente se daria no dia-a-dia dos tribunais. Entretanto,

---

[104] Neste sentido: Prof. Dr. Cançado Trindade, Prof. Dr. André Pereira Gonçalves, Prof. Dr. Fausto Quadros.

[105] CANÇADO TRINDADE, Antônio Augusto. *Tratado Internacional dos Direitos Humanos, vol. I, 2 ed.*, Porto Alegre: Fabris Ed., 2003, p. 40.

seria uma solução mais justa para o consumidor brasileiro, já agraciado com ampla proteção.

Pensamos que a discussão sobre o tema ainda deve ser longa e exaustiva, já que os direitos do consumidor, enquanto direitos do homem, se refletem também em contraprestação do próprio consumidor, que deve estar alerta, com fins ao benefício próprio, da comunidade nacional e internacional e, da garantia de um futuro melhor para as gerações vindouras.

6 – REFERÊNCIAS BIBLIOGRÁFICAS

CANOTILHO, J.J. Gomes. *Direito Constitucional e Teoria da Constituição.* 6.ª ed. Coimbra: Ed. Almedina, 2002.

CANÇADO TRINDADE, Antônio Augusto. *Tratado de Direito Internacional dos Direitos Humanos. Vol. I.* Porto Alegre: Fabris Editor, 2003.

CANÇADO TRINDADE, Antônio Augusto. *Tratado de Direito Internacional dos Direitos Humanos. Vol. II.* Porto Alegre: Fabris Editor, 1999.

CANÇADO TRINDADE, Antônio Augusto. *Tratado de Direito Internacional dos Direitos Humanos. Vol. III.* Porto Alegre: Fabris Editor, 2003.

CANÇADO TRINDADE, Antônio Augusto. *A Interação entre o Direito Internacional e o Direito Interno na Proteção dos Direitos Humanos. In* CANÇADO TRINDADE, Antônio Augusto (Org.). *A Incorporação das Normas Internacionais de Proteção dos Direitos Humanos no Direito Brasileiro.* San José de Costa Rica/Brasília: IIDH, ACNUR, CIVC, CUE, 1996.

DALLARI, Pedro Bohomoletz de Abreu. *O Mercosul perante o sistema constitucional brasileiro. In Mercosul – seus efeitos jurídicos, econômicos e políticos nos Estados-membros.* 2.ª ed. São Paulo: Ed. Livraria do Advogado, 1997.

D'OLIVEIRA MARTINS, Margarida Salema e D'OLIVEIRA MARTINS, Afonso. *Direito das Organizações Internacionais. Vols. I e II.* Lisboa: AAFDL, 1996.

DUPUY, René Jean. *Droit Déclaratoire et Droit International.* Lyon: Presses Universitaires de Lyon, 1986.

ESCARAMEIA, Paula. *O Direito Internacional Público nos Princípios do Século XXI.* Coimbra: Almedina, 2003.

FIGUEIRAS, Marcos Simão. *Mercosul no Contexto Latino-Americano.* 2.ª ed. São Paulo: Atlas, 1997.

FILIBECK, Giorgio. *Direitos do Homem de João XXIII a João Paulo II.* São João do Estoril: Principia, 2000.

FILOMENO. José Geraldo Brito. *Manual de Direitos do Consumidor.* São Paulo: Ed. Atlas, 1999.

508 *Estudos de Direito Europeu e Internacional dos Direitos Humanos*

FROUFE, Pedro Madeira. *A Noção de Consumidor a Crédito à Luz do Ordenamento Comunitário e Português (Algumas Notas Críticas).* Revista de Direito Comparado Português e Brasileiro. Julho-Dezembro 1999 – Tomo XLVIII – Números 280/282.

GONÇALVES PEREIRA, André e QUADROS, Fausto de. *Manual de Direito Internacional Público.* Coimbra: Almedina, 2002.

GRINOVER, Ada Pellegrini e outros. *Código Brasileiro de Defesa do Consumidor comentado pelos autores do anteprojeto.* Rio de Janeiro: Forense Universitária, 1999.

GUERRA MARTINS, Ana M. *O Direito Comunitário do Consumo. In* MENEZES LEITÃO, Luis (Org.). *Estudos do Instituto de Direito de Consumo, vol. 1.* Coimbra: Almedina, 2002.

HUBERMAN, Leo. *História da Riquesa do Homem.* 21.ª ed., Rio de Janeiro: LTC Ed., 1996.

LIMA JR., Jayme Benvenuto. *Os direitos humanos econômicos, sociais e culturais.* Rio de Janeiro: Renovar, 2001.

LIMA MARQUES, Cláudia e SCHIMITT, Cristiano Heineck. *Visões sobre os Planos de Saúde Privada e o Código de Defesa do Consumidor. In* ARANHA, Márcio Iório e TOJAL, Sebastião Botto de Barros (Org.). Curso de Especialização à Distância em Direito Sanitário para Membros do Ministério Público e da Magistratura Federal, 2001.

LIZ, Jorge Pegado. *Introdução ao Estudo e à Política do Consumo.* Lisboa: Notícias Ed., 1999.

MELLO, Celso D. de Albuquerque. *Direito Constitucional Internacional. 2.ª ed.* Rio de Janeiro: Renovar, 2000.

MENDES, Victor. *Direitos Humanos, Declarações e Convenções Internacionais.* Lisboa: Vislis Ed., 2002.

MIRANDA, Jorge. *Curso de Direito Internacional Público.* Princípia: S. João do Estoril, 2002.

MIRANDA, Jorge. *Manual de Direito Constitucional. Tomo IV.* Coimbra: Coimbra Editora, 2000.

MOREIRA, Adriano. *Estudos da Conjuntura Internacional.* Lisboa: Publicações Dom Quixote, 1999.

NASCIMENTO, Walter Vieira do. *Lições de História de Direito. 6.ª ed.* Rio de Janeiro: Forense, 1991.

PIOVESAN. Flávia. *Direitos Humanos e o Direito Constitucional Internacional.* São Paulo: Max Limonade, 1997.

RAMOS, Rui Manuel Gens de Moura. *Da Comunidade Internacional e do Seu Direito.* Coimbra: Coimbra Ed., 1996.

A Protecção Internacional do Direito do Consumidor 509

RESENDE MARTINS, Estevão de. *A Apreciação de Tratados e Acordos Internacionais pelo Congresso Nacional. In* CANÇADO TRINDADE, Antônio Augusto (Org.). *A Incorporação das Normas Internacionais de Proteção dos Direitos Humanos no Direito Brasileiro.* San José da Costa Rica/Brasília: IIDH, ACNUR, CIVC, CUE, 1996.

RIBEIRO, Manuel de Almeida. *A Organização das Nações Unidas.* Coimbra: Almedina, 2001.

SARAIVA, Rute Gil. *Sobre o Princípio da Subsidiariedade.* Lisboa: AAFDL, 2001.

SILVA, José Afonso da. *Curso de Direito Constitucional Positivo.* 9 ed. São Paulo: Malheiros Editores, 1993.

SOUZA, Miriam de Almeida. *A Política legislativa do Consumidor no Direito Comparado.* Belo Horizonte: Ed. Ciência Jurídica, 1996.

TORO, Beatriz Londoño. *El reconhecimento de los derechos humanos de los consumidores: un reto para Colombia – Seminário sobre Derechos Económicos, Sociales y Culturales.* Comision Internacional de Juristas, Colombia, 1996.

TOUSCOZ, Jean. *Direito Internacional.* Portugal: Publicações Europa-América, 1993.

VARGAS, Angelo Luiz de Souza. *O Direito e suas implicações contemporâneas – Mestrado em Direito das Relações Sociais.* Centro Universitário Moacyr Sreder Bastos, Rio de Janeiro, 1998.

Sites consultados:

ALLEMAR, Aguinaldo. *Breves anotações sobre a tutela estatal à relação de consumo no Direito Estrangeiro – www.allemar.ufu.br.*

Direitos Humanos – *www.dhnet.org.br*

LAFER, Celso. *10 Anos de Mercosul – www.camara.gov.br.*

MATHIAS DE SOUZA, Carlos Fernando. *O Mercosul e o direito de Integração – www.camara.gov.br*

Página do IDEC – Instituto de Defesa do Consumidor – *www.idec.org.br.*

Página do Supremo Tribunal Federal – *www.stf.gov.br.*

SANTIAGO REIS, Nelson. *Protocolo de Montevidéu, uma grave ameaça à defesa do consumidor – www.mp.pe.gov.br.*